Otto Kersten

Baron Carl Claus von der Decken's Reisen in Ost-Afrika in den Jahren 1859 bis 1865

Otto Kersten

Baron Carl Claus von der Decken's Reisen in Ost-Afrika in den Jahren 1859 bis 1865

ISBN/EAN: 9783742845313

Hergestellt in Europa, USA, Kanada, Australien, Japan

Cover: Foto ©ninafisch / pixelio.de

Otto Kersten

Baron Carl Claus von der Decken's Reisen in Ost-Afrika in den Jahren 1859 bis 1865

Baron

Carl Claus von der Decken's

Reisen in Ost-Afrika

in den Jahren 1859 bis 1865.

Herausgegeben im Auftrage der Mutter des Reisenden,

Fürstin Adelheid von Pless.

Erzählender Theil.

Mit zahlreichen Abbildungen, gezeichnet von G. Heyn, E. Heyn, G. Sundblad und Anderen, und Karten von B. Hassenstein.

Zweiter Band.

Leipzig und Heidelberg.
C. F. Winter'sche Verlagshandlung.
1871.

Baron

Carl Claus von der Decken's

Reisen in Ost-Afrika

in den Jahren 1862 bis 1865.

Nebst Darstellung von **R. Brenner's** und **Th. Kinzelbach's** Reisen
zur Feststellung des Schicksals der Verschollenen,
1866 und 1867.

Bearbeitet

von

Otto Kersten,
früherem Mitgliede der von der Decken'schen Expedition.

Neue Reisen im Inneren und an der Küste. Die ostafrikanische Inselwelt (Madagaskar, Seschellen, Réunion, Nossibé und Komoren). **Reisen in den Ländern der Galla und Somali.**

Erläutert durch 15 Tafeln, 16 eingedruckte Holzschnitte und 8 Karten.

Leipzig und Heidelberg.
C. F. Winter'sche Verlagshandlung.
1871.

Ihrer Königlichen Hoheit

der

Frau

Kronprinzessin Victoria von Preussen

Princeß Royal von Großbritannien und Irland

in tiefster Ehrfurcht gewidmet.

Vorwort zu Band II.

Das Erscheinen dieses zweiten Bandes, mit welchem der erzählende Theil des v. d. Decken'schen Reisewerkes abschließt, hat sich über Erwarten lange verzögert, weil Richard Brenner, welcher die letzten Abschnitte ursprünglich bearbeiten wollte, durch andere Unternehmungen hieran verhindert wurde. Erst gegen Ende vorigen Jahres stellte sich Dieses als gewiß heraus, und nun erst konnte ich daran gehen, das Angefangene selbst zu vollenden. Ich unterzog mich dieser Arbeit nicht ohne Widerstreben, da ich die nördlichen Gebiete Ostafrikas, welche es zu schildern galt, nicht selbst kennen gelernt habe. Aus diesem Grunde darf ich wol bei den „Reisen in den Ländern der Galla und Somali" auf ganz besondere Nachsicht rechnen; ich habe allerdings keine Mühe gescheut, um aus dem mannigfachen, ungeordneten und zum Theil sich widersprechenden Materiale ein klares Bild von Verhältnissen und Bewohnern jener noch so wenig bekannten Gebiete zu geben, doch alles Dies kann, wie ich nur zu gut fühle, den Mangel eigener Anschauung nicht ersetzen.

Auch für den Zeichner der Karten, Herrn B. Hassenstein in Gotha, war aus oben angeführtem Grund ein bedeutender Verzug erwachsen, indem derselbe erst lange nach Zeichnung der zur ersten Abtheilung gehörigen Blätter zum Abschluß der vier letzten gehen konnte, zu welchen früher Herr R. Brenner seine Hilfe durch Mittheilung seiner werthvollen Reiseresultate zugesagt hatte. Andererseits war in den letzten Monaten das Interesse der Welt von den großen, vor unseren Augen sich vollziehenden Begebenheiten so völlig in Anspruch genommen, daß solcher Aufschub nicht allzuviel zu bedeuten hat, möglich sogar, daß er von Nutzen für das Schicksal des Buches gewesen.

Vorliegender Band enthält weniger Abbildungen als der erste, dafür aber eine weit größere Anzahl von Karten. Durch diese ist nun im Ganzen auf zehn Blättern die Ostküste Afrikas von 10° südl. bis 4° nördl. Breite, zumeist im Maßstabe von 1:300,000 bis 1:1,000,000 zur Darstellung gekommen, desgleichen das Innere an drei verschiedenen Stellen, und von den Inseln: Angasija, Moali, Nossibé, Madagaskar und Réunion, und diese Kartenbilder werden ergänzt durch Profile und zahlreiche Kartons. Eine elfte Karte, im Maßstabe von 1 : 7,500000, vom Tanganikasee bis zu den Seschellen und von 8° Nord bis 23° Süd reichend, gibt eine Uebersicht aller Routen von der Deckens und seiner Begleiter, sowie der Hauptergebnisse aller bis zur Mitte dieses Jahres auf dem interessanten Gebiete gemachten Reisen oder Erkundigungen, wie die von Livingstone, Krapf, Speke, Guillain, Léon des Avanchers, Mauch u. A.

Ganz besondere Sorgfalt habe ich auf das alphabetische Register für den gesammten erzählenden Theil verwendet, da ich aus Erfahrung weiß, wie sehr die Brauchbarkeit eines Buches dieser Art durch ein ausführliches Inhaltsverzeichniß erhöht wird. Etwaige Ungenauigkeiten desselben wolle man bei meiner jetzigen Entfernung vom Druckorte zu Gute halten.

Auch bei der Bearbeitung dieses Bandes bin ich von Freunden sowie von den Vorständen der Königl. Bibliotheken von Leipzig und Berlin bereitwilligst unterstützt worden; ihnen Allen, namentlich aber Herrn Konsul Dr. G. Wetzstein, welcher die im Nachtrage gegebenen Uebersetzungen arabischer Briefe in liebenswürdigster Weise fertigte, den herzlichsten Dank für ihre Güte!

Der an verschiedenen Stellen des Reisewerkes zum Ausdrucke gekommene Wunsch, „daß soviel Opfer seitens des Reisenden und seiner Begleiter und seitens seiner Familie nicht vergebens gebracht sein mögen“, begleite das Buch in die Weite! Möge besonders auch bei der Neugestaltung Deutschlands das Ziel, nach welchem von der Decken strebte, nicht aus den Augen gelassen werden!

Jerusalem, im December 1870.

Otto Kersten.

Inhaltsverzeichniß des zweiten Bandes.

Viertes Buch. Neue Reisen im Inneren und an der Küste.

Zwanzigster Abschnitt.

Nach dem Eisenlande Usanga.

Einundzwanzigster Abschnitt.

Im Lande der Masai.

Zweiundzwanzigster Abschnitt.

Besteigung des Kilimandscharo.

Dreiundzwanzigster Abschnitt.

Abschied vom Suaheli-Binnenlande.

Vierundzwanzigster Abschnitt.

Wanderungen und Jagden an der Küste.

Fünfundzwanzigster Abschnitt.

Ein Wort über die Kerbthiere des Binnenlandes und der Küste.

Fünftes Buch. Die ostafrikanische Inselwelt.

Sechsundzwanzigster Abschnitt.

Madagaskar.

Siebenundzwanzigster Abschnitt.

Die Seschellen.

Achtundzwanzigster Abschnitt.

St. Denis, Hauptstadt von Bourbon.

Neunundzwanzigster Abschnitt.

Rundreise auf der Insel Réunion.

Dreißigster Abschnitt.

Salazie und der Piton des Neiges.

Einunddreißigster Abschnitt.

Ueber die Berge nach Cilaos.

Zweiunddreißigster Abschnitt.

Der Vulkan auf Réunion.

Dreiunddreißigster Abschnitt.

Abschied von den Maskarenen.

Vierunddreißigster Abschnitt.

Nossibé.

Fünfunddreißigster Abschnitt.

Annäherung an das Ziel.

Sechsunddreißigster Abschnitt.

Groß-Komoro und sein Feuerberg.

Siebenunddreißigster Abschnitt.

Ende der Irrfahrt.

Sechstes Buch. Reisen in den Ländern der Galla und Somali.

Achtunddreißigster Abschnitt.

Vorbereitungen.

Neununddreißigster Abschnitt.

Die Flüsse der Formosabai.

Vierzigster Abschnitt.

Fahrt nach Norden.

Einundvierzigster Abschnitt.

Tage des Unglücks.

Zweiundvierzigster Abschnitt.

An der Mündung des Djuba-Flusses.

Dreiundvierzigster Abschnitt.

Stromaufwärts.

Vierundvierzigster Abschnitt.

Bardēra und die Somali.

Fünfundvierzigster Abschnitt.

Ende der Expedition.

Sechsundvierzigster Abschnitt.

Feststellung des Schicksals der Verschollenen.

Anhang.

Das Land Witu und die südlichen Galla.

Lebensbilder der Verstorbenen.

Bilder und Karten des zweiten Bandes.

Die Bilder sind, falls nichts Anderes bemerkt, nach selbstgefertigten Photographien gezeichnet, die Karten nach allen vorhandenen Quellen und den Aufnahmen von der Deckens und seiner Begleiter.

I. Eingedruckte Holzschnitte.

II. Tafeln.

III. Karten.

Bemerkung über die richtige Betonung
der im Buche und auf den Karten vorkommenden Namen.

Alle mehrsilbigen Suaheliwörter — welche man leicht daran erkennt, daß sie auf einen Selbstlauter ausgehen — haben den Ton auf der vorletzten Silbe (wie Kisimkási, Schangáni, Nasimója), falls Dies nicht ausdrücklich anders angegeben ist. Die arabischen Namen — welche zumeist auf einen Mitlauter ausgehen — haben fast durchgängig den Ton auf der letzten Silbe (wie Imām, Omān, Sultān, Maskāt). Weil einem arabisch gebildeten Ohre Nichts abscheulicher klingt als die bei uns so verbreitete Aussprache Súltān, Hárĕm u. s. w., haben wir die richtige Aussprache und Betonung in möglichst auffälliger Weise durch das bei uns übliche Dehnungszeichen „h" (wie Sultahn, Harehm, Imahm) bezeichnet. Hierbei bemerken wir jedoch ausdrücklich, daß dieses „h" nicht als wirklicher Buchstabe in dem arabischen Worte selbst vorkommt; wandert daher der Ton bei Zufügung einer Endsilbe, so fällt es, eben weil es blos Dehnungszeichen ist, selbstverständlich wieder weg, Sudahn z. B. wird Sudănése. Werden arabische Wörter durch Anhängung eines Selbstlauters suahelisirt, so haben sie wie echte Suaheliwörter den Ton auf der vorletzten Silbe, gleichviel ob diese vorher schon betont war oder nicht, z. B. Arăb (Araber) ist im Suaheli M'arábu, Sultān (Herrscher) wird Sultáni. Die Wörter Kiloa und Sansibar haben den Ton auf der drittletzten Silbe. In zweifelhaften Fällen gibt das Register am Schlusse dieses Bandes Auskunft.

Berichtigungen.

Auf Seite 32 Zeile 2 von unten lies Südwesten statt „Südosten".
" " 66 " 1 von oben lies Isokuni statt „Sokani".
" " 74 " 1 von unten lies } Seine statt „Senne".
" " 75 " 7 von oben lies }
" " 81 " 23 von unten lies Ampulex statt „Ampulex".
" " 119 " 17 von unten lies besuchten Eilande bewohnt statt „bewohnten Eilande besucht".
" " 123 " 8 von oben fällt Staatseinrichtung und Verwaltung weg, da Dieses in Anmerkung 41 behandelt ist.
" " 156 " 2 von oben lies Carstens'schen statt „Carsten'schen".
" " 157 " 13 von oben lies (46) statt (47).
" " 165 " 15 von unten lies Soutane statt „Sondane".
" " 174 " 12 von oben ist hinter „Wärme" einzuschalten: „der Niederschläge".
" " 190 " 17 von unten lies fernen statt „fremden".
" " 193 " 22 von oben lies der statt „des".
" " 198 " 4 von oben lies Februar statt „April".
" " 208 " 8 von oben lies Nossimitsiu statt „Nossimitsu".
" " 258 " 18 von oben u. a. O. lies Linck statt „Link".
" " 261 " 9 von oben lies 2. Oktober statt „1. September" und Zeile 18 von unten 1. December statt „30. November".
" " 262 " 17 von unten lies Penguin statt „Penquin".
" " 320 " 10 von unten lies Geledi statt „Bardĕra".
" " 340 " 14 von oben lies Mtepe statt „Mtpe", und Zeile 17 von oben 7 statt „4".
" " 357 " 23 von unten lies Feredschi statt „Feredischi".
" " 364 " 16 von oben lies Donderobo statt „Denderobo".

Nachzutragen für Band I.:

Auf Seite 54 Zeile 9 von oben: die Insektensammlungen Cooke's sind jetzt durch die Güte des Herrn Dr. Hagen in Cambridge an den Bearbeiter des Entomologischen Bandes, Herrn Dr. Gerstaecker, übersendet worden (s. Wissenschaftlichen Theil, Band III., II. des Reisewerkes).
" " 140 " 14 von oben lies Juli statt „September".
" " 239 " 13 von oben während des 4. Juli „hier zu bleiben", fällt weg.
" " 239 " 15 ist nach „Weitermarsch" einzufügen: am nächsten Tage früh 6 Uhr.
" " 298 " 13 von oben lies Naruma statt „Nurumu".

Neue Reisen im Inneren und an der Küste.

Zwanzigster Abschnitt.

Nach dem Eisenland Usanga.

Erster Brief eines jungen Afrikareisenden: Lob der Seefahrt. Begegnung mit dem Baron in Sansibar. Ankunft in Mombas. Häusliche Einrichtung und Lebensweise. Ausflüge. Der Fremde als Medicinmann. Mustafa und seine Frauen. Neujahrstanz der Suaheli. Besuch eines Häuptlings aus dem Inneren. Stand und Gang der Reiseangelegenheit. Letzte Tage in Mombas. Ein böses Vorzeichen. Wo die Nachtlager aufgeschlagen wurden. Ankunft und Aufenthalt in Wanga. Aussonderung der Untüchtigen. Abschied in bester Stimmung. — Sadi's Rede an die Träger. — Wanderung bis Mbaramu. — Mehrtägiger Mangel. — Der Elephantenjäger Msuskuma und die Seinigen. — Erlebnisse bis zur Ankunft in Kisuani. — Bei Sultahn Kmerio. — Kranke zurückgelassen. — Wie wir die Ngurunga's trafen. — Mundvorrath für die Reise. — Irrwege nach Usanga am Ugonogebirge. — Unser Lager. — Die Eingeborenen und ihr Herrscher. — Besteigung des Berges durchgesetzt. — Gewinnung und Verarbeitung des Eisenerzes. — Der Kilimandscharo in den Wolken. — Arbeiten eines Schmiedes. — Dschaggaschwerter und andere Waaren aus Ugonoeisen.

Geliebte Eltern und Geschwister!

Ohne Tisch und Stuhl sitze ich vor der Thür einer schlechten Hütte des Küstenstädtchens Wanga, von welchem aus wir morgen unsere Reise ins Innere antreten werden, und rufe mir die Erinnerungen der letzten sechs Monate zurück, um sie Euch mitzutheilen, bevor Neues sie in den Hintergrund drängt. Zu Anfang dieses Jahres hatte ich keine Ahnung, daß die Erfüllung meines sehnlichsten Wunsches, einige Zeit lang in Afrika zu reisen, welchen ich gehegt, so lange ich selbstständig denke, mir nahe bevorstände, ja, daß sie überhaupt möglich wäre — und jetzt befinde ich mich inmitten der fremdartigen Welt, habe bereits einen fünftägigen Probemarsch hinter mir, stehe im Begriff, die mir liebgewordene Küste zu verlassen, und nehme Abschied von Euch, meine Lieben, auf wer weiß wie lange!

Ihr werdet schelten, daß ich nicht eher geschrieben; erfahrt Ihr aber, was ich in den letzten Monaten habe sehen und lernen müssen, so werdet Ihr begreifen, daß ich nicht Ruhe besaß zum Schreiben: die mannigfachen Eindrücke verwirrten mich — vielleicht bin ich noch jetzt nicht im Stande, das bisher Gesehene Euch in einem klaren Bilde vorzuführen.

Als wir die Elbe hinter uns gelassen, trieb uns ein günstiger Wind in wenigen Tagen nach dem Kanal von England und an den herrlichen Ufern der reichen, stolzen Insel vorüber, aus der grünen Nordsee hinaus in das weite, blaue Weltmeer. Mehr als zwei

Monate lang, von Madeira an bis zur St. Vincentspitze auf Madagaskar, habe ich außer der engen Welt, auf welcher ich lebte, Nichts als Himmel und Meer gesehen. Oft habe ich mich stundenlang in die Beschauung Beider vertieft, und jemehr ich sie betrachtete, destomehr habe ich Schönheiten und Wunder an ihnen gefunden. Daß mich das Meer begeistert, daß ich mit Entzücken auf eine dreimonatlange, gar oft als langweilig bezeichnete Seereise zurückblicke, wundert Euch vielleicht; wer aber dieses Meer beobachtete in allen seinen Stimmungen, wer an sonnigen Tagen hinunterblickte in die blaue, unendliche Tiefe und die silberweißen Schaumperlen verfolgte in ihrem Entstehen und Vergehen, wie sie aufsteigen aus der Tiefe, sich oben zu feinem Gischt verbreiten, wie sie die Wellen krönen oder im Kielwasser die Spur des Schiffes zeigen, wer das Meer gesehen hat in seiner Erregung, wann es vom Sturme zerwühlt haushohe Wogen wirft und das machtlose Schiff hin und her schleudert, und in seiner Ruhe, wann es nach tagelanger Windstille, friedlich athmend gleichsam, nur noch lange, flache Wogen bewegt: Der wird mich verstehen, wenn ich sage, daß solche Reise keineswegs zu den langweiligen gehört, vor Allem für Den nicht, welcher ihre Eindrücke zum ersten Male in sich aufnimmt. Und nicht nur solche Annehmlichkeiten der Seereise, auch ihren wohlthätigen Einfluß auf Leib und Seele muß ich rühmen; denn, erschöpft von der Fülle der Geschäfte, welche in den letzten Tagen auf mich eingestürmt, betrat ich das Schiff, gestärkt und erfrischt verließ ich es wieder. Dies habe ich aber nicht blos dem göttlichen Nichtsthun, welchem ich mich hingab, zu verdanken, sondern namentlich auch der köstlichen, reinen Seeluft. Sie heilt die Kranken und kräftigt die Gesunden, und Mancher, der zu Haus ein Weichling war, hat auf See seinen Körper gestält, daß er unempfindlich wurde gegen Frost und Hitze, gegen Wind und Wetter. Auf See, glaube ich, sind die am Lande so gefährlichen Erkältungen fast unmöglich, und selbst jäher Wärmewechsel schadet Nichts; wir haben, um nur Eines anzuführen, im Laufe weniger Wochen alle Klimate durchsegelt, sind aus dem Winter Europas durch die Tropenglut nach dem Gebiete der Eisberge jenseit des Vorgebirges der guten Hoffnung, von da in die Frühlingsluft zwischen Madagaskar und dem Festland und endlich unter die fast senkrechten Sonnenstralen Sansibars gekommen, und keiner der Reisegefährten hat irgend eine Unbequemlichkeit verspürt! Kurz, ich bin in jeder Beziehung mit dieser Seefahrt zufrieden, bereue es auch keinen Augenblick, daß ich nicht den kürzeren Weg über Egypten einschlagen konnte. Dort würde ich allerdings um Vieles mehr gesehen haben, aber ich hätte den Genuß entbehren müssen, unvorbereitet und ohne Uebergang, wie durch Zauberschlag, in den fernen Welttheil versetzt zu werden.

Auf die erste Begegnung mit dem Baron von der Decken, welchem ich mich, ohne ihn anders als durch die Aussagen Dr. Barths zu kennen, auf drei Jahre verpflichtet hatte, war ich begreiflicher Weise höchst gespannt. Bei dieser Begegnung sowol als bei dreimonatlichem Zusammenleben mit ihm habe ich einen Eindruck gewonnen, welcher mich zu den besten Hoffnungen für die Zukunft berechtigt: der Baron ist ein „Gentleman" im besten Sinne des Wortes. Dazu besitzt er vorzügliche Kenntnisse in Allem, was zu solchen Reisen nöthig ist, und zeigt den Eingeborenen gegenüber eine Geschicklichkeit des Benehmens, welche ihn selbst bedeutend scheinende Hindernisse leicht überwinden und ihn rascher als Andere zum Ziele gelangen läßt.

Sansibar zeigte sich mir von der angenehmsten Seite: ich kam zur kühlen Jahreszeit an, hatte fleißig zu arbeiten und lernte daher die Plagen der Langeweile, welche dort erschrecklich sein sollen, nicht kennen; die wunderbar schöne Natur entzückte mich, und die angenehme Geselligkeit und Gastfreundschaft der Europäer heimelte mich an. Dies Alles Euch näher auseinander zu setzen, verspare ich mir auf späterhin.

Am 18. August waren unsere Vorbereitungen beendet, und wir schifften uns auf einem kleinen Schooner ein, welchen der Sultahn zur Ueberfahrt überlassen hatte. Unsere Gesellschaft bestand aus dem Baron, seinem Reisemarschall Koralli, dem gleichzeitig mit mir angekommenen Jäger Androk und aus mehreren eingeborenen Dienern; von Thieren nahmen wir drei Hunde mit, welche bei den Jagden im Inneren gute Dienste leisten sollten, und fünf Esel. Schon am nächsten Morgen erreichten wir Mombas, unser vorläufiges Reiseziel.

Sobald wir vor Anker gegangen, kam Mustafa, ein Sohn des Festungskommandanten, an Bord, um dem Baron wie früher seine Dienste anzubieten. Unter seinem Beistande bewerkstelligten wir in strömendem Regen noch an demselben Tage die Ausschiffung unseres Gepäcks und die nothdürftige, erste Einrichtung des stattlichen Hauses, welches bereits vorher für uns geräumt worden war. Tags darauf besuchten wir den seit vielen Jahren hier ansässigen Missionär Rebmann sowie den Befehlshaber der Festung und den Statthalter des Sultahns. Es würde zu nicht Viel führen, wollte ich in der kurzen Zeit, welche mir zu Gebote steht, Euch Alles beschreiben, was in Mombas meine Aufmerksamkeit in so hohem Grade fesselte. Ich begnüge mich daher, Euch einstweilen eine kurze Darstellung unserer Einrichtung und Lebensweise zu geben, um Euch zu zeigen, daß es mir in diesem fernen Winkel der Erde ganz vortrefflich geht, daß Ihr Euch um mich nicht sorgen dürft.

Unser Haus — in welchem, beiläufig bemerkt, der Baron bei seinem früheren Aufenthalt in Mombas schon gewohnt hatte — ist ein zweistöckiges, steinernes Gebäude. Das Erdgeschoß nehmen unsere Schwarzen ein, im zweiten befinden sich des Barons Zimmer und einige Vorrathsräume, und im dritten wohnen Koralli, Androk und ich. Steinerne Treppen verbinden die einzelnen Stockwerke, und innerhalb jeder Reihe von Zimmern läuft ein mit unseren Gewehren, Säbeln und Aexten geschmückter Säulengang hin, welcher durch einen geräumigen aber unbedeckten Lichthof erhellt wird. Von außen nimmt das Haus sich sehr stattlich aus, im Inneren aber ist es überaus einfach, fast ärmlich eingerichtet — die Zimmer sind Nichts als öde Räume zwischen kahlen, weißgetünchten Wänden, erhellt durch fensterlose Oeffnungen. Dennoch haben wir uns recht behaglich darin eingerichtet, wir haben unsere Geräthe und Kisten und das landesübliche, mit Fliegennetz versehene Bett aufgestellt, welches zugleich auch als Sofa und Stuhl dient; dazu sind die Zimmer kühl und gewähren eine allerliebste Aussicht über Stadt, Hafen und das weite Meer. Stundenlang kann man zum Fenster hinaus schauen, ohne zu ermüden. Da ziehen zur Zeit der Ebbe, während welcher das Wasser zwölf bis vierzehn Fuß unter den höchsten Wasserstand sinkt, die Fischer auf gebrechlichen Kähnen hinaus nach der Korallenbank im Norden des Hafens und kehren bei Beginn der Flut mit reicher Beute beladen zurück, mit mannslangen Fischen, fußgroßen Krebsen und anderem Gethier, welches sie dicht vor unserem Hause ans Land bringen; da tummeln sich badende Kinder beiderlei Geschlechts am felsigen Ufer und in der plätschernden Flut — Ihr könnt Euch kaum vorstellen, wie hübsch die kleinen, drallen Gestalten ganz ohne Aufsicht spielen und nixengleich tauchen und schwimmen, und wie schön das glänzende Braun ihrer Haut, noch gehoben durch eine weiße Perlenschnur um den nackten Leib, sich ausnimmt; zu anderen Zeiten werden sonderbar gebaute Fahrzeuge gegen Flut und Wind aus dem Hafen in offene See gebracht von einem Gespanne mehrerer Boote, in welchem singend und jauchzend die schwarze Mannschaft mit aller Kraft ihre Paddelruder handhabt; bietet aber die Nähe Nichts, so wird das Auge gefesselt von dem nur durch einen schmalen Kanal geschiedenen Festlande, auf welchem man deutlich die Wipfel der Palmen erblickt und mit dem Fernrohre sogar die von einem Baume zum anderen springenden Affen, oder man erfreut sich an der herrlichen Landschaft zu Seiten des weit in das hügelige Land gestreckten Meeresarmes.

Wir hatten mehrere Tage zu arbeiten, um uns die einfachsten Bequemlichkeiten zu verschaffen. Vor Allem machte uns die Küche einige Mühe, weil wir für dieselbe erst einen hölzernen Rauchfang errichten mußten. Später führten wir ein ziemlich regelmäßiges Leben:

wir standen vor Tageshelle auf, genossen um acht Uhr ein treffliches, warmes Frühstück, bestehend aus Kaffee oder Chokolade, gebratenem Lammfleisch, Huhn oder Beefsteak, Kartoffeln und Reisbrod, arbeiteten bis gegen zwei Uhr, nahmen darauf ein reichhaltiges Mittagessen von ähnlicher Zusammensetzung wie das Frühstück ein und begaben uns, sobald die Hitze ein wenig nachgelassen, in das Freie, um Insel und Festland kennen zu lernen und unsere Sammlungen zu vervollständigen. Bald gingen wir zu Fuße, bald fuhren wir in einem allerliebsten, vom Sultahn von Sansibar geliehenen Boote an den Ufern des Meeresarmes von Mombas hin, und immer kehrten wir im hohen Grade befriedigt von dem Gesehenen und Erlebten heim. Solche Ausflüge, von denen wir uns nur durch Regenwetter abhalten ließen, waren für uns Neulinge eine treffliche Vorschule für die künftige Reise, wir gewöhnten uns dabei an Hitze und Anstrengungen und lernten mit den Eingeborenen umgehen. Der Baron, Koralli und Androk lagen unterwegs der Jagd auf größere Thiere, namentlich auf Vögel ob, während ich hauptsächlich den Fang von Insekten übernahm. Ab und zu sprachen wir in einer Schamba oder Pflanzung vor, um uns an frischgepflückten Kokosnüssen oder an „Milch von der Kuh weg" zu erquicken. Bei anbrechender Dunkelheit kehrten wir nach Hause zurück, nahmen danach Thee und Abenbrod ein, arbeiteten noch ein wenig oder spielten einige Partieen Schach und begaben uns gegen 10 Uhr zu Bett, um am Morgen wieder bei Zeiten thätig sein zu können. Die regelmäßige Lebensweise und das gesunde, angenehme Klima von Mombas verfehlten nicht, den vortheilhaftesten Einfluß auf unser Befinden auszuüben; wir sammelten Kräfte, welche, wie wir hoffen, für die Dauer der Reise in das Innere ausreichen werden. Zugleich machten wir uns mit der Pflanzen- und Thierwelt einigermaßen bekannt und brachten während der wenigen Wochen unseres Aufenthaltes eine recht ansehnliche Sammlung auf. Hierbei unterstützte uns die Jugend von Mombas bereitwilligst, anfangs freilich oft in ungeschickter Weise, denn man brach den Heuschrecken die Springfüße aus, damit sie nicht so leicht entkommen könnten, und verübte andere Unthaten mehr, welche das in Menge Herbeigebrachte für unsere Sammlungen untauglich machten.

Mit den Eingeborenen kamen wir täglich in Berührung. Eines Tages, es war Ende August, zum Neujahrsfeste der Suaheli, hatten wir Gelegenheit, einem höchst anziehenden Schauspiele beizuwohnen: die Eingeborenen führten auf einem freien Platze außerhalb der Stadt einen Tanz auf. Es war ein Leben wie auf unseren Jahrmärkten oder Vogelschießen, nur daß dort, auf der Festwiese zu Mombas, die Menge und Mannigfaltigkeit der Schausteller nicht so groß war. Ueberall, wohin wir uns wandten, begrüßte man uns mit freundlichem jambo (guten Tag). Offenbar erfreut und geehrt durch unsere hohe Gegenwart, räumte man uns die besten Plätze ein, brachte uns sogar die wenigen Stühle herbei, welche in der Nähe aufzutreiben waren. Alle Theilnehmer am Tanze, Männer wie Frauen, hatten sich aufs Beste geputzt d. h. buntfarbige Kleider angezogen, das Haar zu wunderlichen Bauen aufgethürmt, die Stirn mit gelber und die Augenränder mit schwarzer Farbe beschmiert. Durch diese Malereien gewannen die sonst so friedlichen Leute ein ganz erschreckliches Aussehen, sodaß man sich vor ihnen hätte fürchten können, wenn nicht aus Mienen und Geberden Aller die lachendste Fröhlichkeit geleuchtet hätte. Der Tanz selbst besteht in einem einförmigen Hin- und Hergehen mit feierlichem Schwenken der Schwerter. Hierzu ertönen eigenthümliche, übrigens recht anmutige Melodien in Moll, bisweilen von einem gellen, trillernden Lachen der Frauen unterbrochen oder vom Rasseln eines sonderbaren musikalischen Geräthes — nebeneinander gebundene, mit Sand oder Erbsen gefüllte Schilfstücken, welche von dem ausübenden Künstler auf das Lebhafteste geschüttelt werden. Auffällig war es uns, daß viele Männer in Frauentracht und Weiber in Manneskleidung tanzten; in Sansibar hatten wir solche Mummerei niemals beobachtet. Beim Weggehen beschenkte der Baron die Musiker mit einem Thaler. Noch am anderen Tage waren die guten Leute so glücklich und dankerfüllt, daß sie vor unser Haus kamen, um dem großmütigen Spender ein Ständchen zu bringen — dieser nahm es für geschehen an und entließ die Künstler mit einigen freundlichen Worten.

Einst besuchte uns ein Wakambahäuptling mit seinen Frauen, ein echter sogenannter Wilder, etliche Tagereisen von hier aus dem Inneren gebürtig. Der Baron hatte diesen Mann kommen lassen, um von ihm Nachrichten über sein Land einzuziehen. Er zeigte ihm und den Seinen die Herrlichkeiten unseres Haushaltes und entließ sie reichlich beschenkt. Allem, was sie sahen, spendeten sie ihren ungetheilten, in seinen Aeußerungen oft sehr spaßhaften Beifall. Mehr noch als Revolver, Hinterladungsgewehre, Stockdegen und die Musik einer Ziehharmonika bewunderten sie die Gelehrigkeit unserer Windhunde. Ueber diese geriethen sie im wahren Sinne des Wortes außer sich vor Staunen und Entzücken. Daß ein Hund auf ein Wort seines Gebieters hin „guten Tag" sagt, wie sie sich ausdrückten, d. h. die Pfote gibt, schien ihnen unerhört; als er aber vollends über einen vorgehaltenen Stock sprang, hin und zurück, so oft man es verlangte, wollten sie vor Lachen bersten und sich gar nicht wieder beruhigen. Eine am Abend angezündete Rakete brachte tiefen Eindruck hervor; sie erschraken gewaltig über das brausende und zischende Feuer, welches bis zu den Sternen emporstieg und bei dem Herunterfallen sogar einige derselben mit herunterriß (es waren nämlich einige Leuchtkugeln im Satz). Sie werden nach der Heimkehr in ihr Dorf den lautlos lauschenden Stammesgenossen Wunderdinge von den weißen Fremdlingen erzählt haben, von der Macht, welche diese über die Elemente besitzen, von der Klugheit, durch welche sie zu allem Diesen befähigt werden und welche sie sogar dem Viehe mitzutheilen verstehen.

Ueberaus nützlich für uns waren die Dienste von Mustafa, dem Sohne des Festungskommandanten. Er weilte von früh bis Abends in unserem Hause, um fortwährend zur Hand zu sein, besorgte allerlei Aufträge, begleitete uns auf den Ausflügen, verschaffte uns überall gastfreundliche Aufnahme, wußte Streitigkeiten mit den Eingeborenen durch einen Machtspruch schnell zu entscheiden, kurz, war uns geradezu unentbehrlich, war uns Alles in Allem. Mustafa ist Dschemmedari oder Hauptmann von einer Schar Beludschen, wohnt aber nicht, wie sein Vater, in der Festung, sondern in seiner eigenen Hütte in der Stadt. Wir gingen öfters dort vorüber und ließen uns für kurze Zeit auf der Ruhebank unter dem Schattendache nieder; dann kamen seine Frauen heraus und brachten uns Früchte oder Kokosnüsse zur Erfrischung. Diese Weiber, eine Araberin aus Maskat und drei oder vier Negerinnen von der hiesigen, hellfarbigen Rasse, wurden durchaus nicht so streng gehalten, als man Dies von arabischen Frauen gewöhnlich glaubt. Vielleicht hat unser Umgang vortheilhaft auf ihren Eheherrn gewirkt und ihn bestimmt, wenigstens uns gegenüber von der abgeschmackten, starren Sitte seines Volkes abzugehen. Sie verkehrten ganz harmlos und zutraulich mit uns, kamen sogar einige Male nach Sonnenuntergang (bei Tage dürfen sie nicht ausgehen) in unser Haus, um die hier aufgespeicherten Wunderdinge zu betrachten. Immer brachten sie ein kleines Geschenk mit, von dem sie wußten, daß es uns Freude machen würde, eine schöngeflochtene Matte, eine der reizenden Zwergantilopen des Landes, einen wohlschmeckenden Reiskuchen u. dgl. mehr. Nachdem sie uns durch ihr kindliches Fragen und Plaudern ein Stündchen unterhalten, entfernten sie sich, nicht ohne vom Baron beschenkt worden zu sein und zwar mit Dem, was auch solchen Damen am meisten Freude macht, mit einem schönen, blanken Thaler.

Ihr werdet lachen, wenn ich Euch sage, daß ich mir den Ruf eines guten Arztes erworben habe. Dies ist aber durchaus nicht so schwer, wie Ihr vielleicht denkt. Wer die Wirkung einiger weniger Heilmittel kennt und es versteht, die Hindernisse hinwegzuräumen, welche die Kranken selbst der heilenden Natur in den Weg legen, Der wird, und wenn er noch weniger ärztliche Kenntnisse besäße als ich, den Eingeborenen in den meisten ihrer Leiden mit Rath und That sich nützlich machen können. Was ist es denn auch, woran diese Leute kranken? theils sind es Verdauungsstörungen — denen weiß ja jede alte Frau abzuhelfen; theils ist es Fieber — solche Kranke lernt man, zumal wenn die Fälle so leicht sind wie hier an der Küste, sehr schnell und mit Sicherheit heilen; endlich auch sind es Schwären und offene Wunden — bei diesen thun warme Umschläge, Schneiden, Aetzen und vor Allem Reinlichkeit Wunderdinge, denn erst durch Unsauberkeit und lange Vernachlässigung sind die Leiden dieser Art so schlimm geworden, wie man sie hier häufig sieht. Ich behandle meine Kranken oft etwas barbarisch, ich schneide und beize ohne Erbarmen, Keiner aber verzieht eine Miene, Keiner gibt einen Laut von sich; sie glauben, Das könne gar nicht anders sein. Geld bringt mir dieser Theil meiner Thätigkeit nicht ein, wol aber dankbare Zuneigung, welche sich bald in freundlichen Worten, bald in kleinen Geschenken von Obst u. dgl. äußert. Mit wahrem Vergnügen erkenne ich immermehr, daß auch die Dunkelfarbigen, so wenig Manche Dies zugeben wollen, den meisten guten Regungen zugänglich sind.

Einige Wochen waren vergangen, ohne daß der eigentliche Zweck unseres Aufenthaltes in Mombas, die Reise in das Innere vorzubereiten, viel gefördert worden wäre. Anfänglich hatte der Baron geglaubt, in dem Karawanenführer Rajoro, welchen er schon früher kennen gelernt, einen passenden Mann zu einer Reise nach Ukambani und Kikuju, dem Lande des Schneeberges Kenia, gefunden zu haben. Bei den Verhandlungen aber, welche deshalb eingeleitet wurden, stellte es sich heraus, daß er sich getäuscht; Rajoro wollte sich auf keine schriftlichen Verpflichtungen einlassen, weil, wie er sagte, Hungersnoth in Ukambani herrsche und somit das Vorwärtskommen sehr zweifelhaft erscheine. Es wurde also dieser Reiseplan aufgegeben und ein anderer erwogen, welcher unter dem Beistande des erfahrenen Mukurugensi (Karawanenführer) Sadi zur Ausführung kommen sollte. Sadi hatte früher drei Jahre lang im Lande der Masai gelebt und rühmte sich, durch eine Menge Verschwägerungen und Brüderschaften einigen Einfluß dort zu besitzen. Er behauptete außerdem, bei diesem Hirten- und Räubervolke in hoher Achtung zu stehen, weil er bei seiner letzten Reise einen Angriff von bewaffneten Scharen ihres Stammes tapfer zurückgeschlagen, dabei siebenundzwanzig Leute getödtet und hundert verwundet hätte, und erfreute sich, wie Andere sagten, in Folge einer glücklichen Profezeiung eines großen Rufes als Zauberer und Regenmacher. Der Baron schloß ohne Verzug mit ihm einen Vertrag ab, nach welchem Sadi sogleich fünfzig Thaler und nach der Heimkehr hundert Thaler empfangen sollte gegen das Versprechen, uns durch das ganze Masailand zu führen; jeder Träger der zu bildenden Karawane sollte sieben Thaler vor und sieben Thaler nach der Reise erhalten und eine besondere Belohnung im Fall einer glücklichen Rückkehr. Alle, welche von diesem schnellen Uebereinkommen erfuhren, namentlich aber Rebmann, verwunderten sich in hohem Grade, daß man eine so wichtige Sache, zu welcher sonst tage- und wochenlange Besprechungen nöthig wären, so sehr übereilt habe, und zogen daraus Folgerungen für den unglücklichen Verlauf der Reise, sprachen sogar Zweifel an dem Zustandekommen derselben aus. Ihre Furcht war jedoch unbegründet; wenigstens rechtfertigte Sadi während des Aufenthaltes in Mombas vollkommen die gute Meinung, welche wir von ihm hegten, und nahm sich mit Eifer aller ihm obliegenden Arbeiten an. Eine rege Thätigkeit begann nun, Träger wurden angeworben, Waaren zu Bündeln geformt, Fehlendes ergänzt und Entbehrliches zur Seite gestellt; zugleich wurden die Kranken mit noch größerer Entschiedenheit behandelt, damit sie sobald als möglich unserer Hilfe nicht mehr bedürften.

Leider dauerte das Anwerben der Träger längere Zeit, als wir gehofft. Endlich griff der Baron zu einem Mittel, welches sich schon früher bewährt hatte: er setzte einen naheliegenden Tag, den 24. August, als Auszahlungstag und letzte Frist für die Anmeldungen fest auf die Gefahr hin, mit einer nicht vollzähligen Karawane abreisen zu müssen. In Folge dessen meldeten sich die Leute in Menge, etwa dreißig mehr, als überhaupt gebraucht wurden. Nach diesem glücklichen Ergebniß wurde der 3. Oktober als Tag der Abreise bestimmt.

Die kurze Zeit bis dahin verstrich uns schnell genug. Der Baron berichtigte seine Rechnungen in der Stadt, schrieb Briefe nach Sansibar und Europa, übergab dem Banian die entbehrlichen Sachen zum Aufheben; Koralli und Androk beschäftigten sich mit Herrichtung des Reisegeräthes, schliffen die Aexte und Beile und kauften die nöthigen Vorräthe ein; ich verpackte meine Sammlungen, prüfte nochmals meine Instrumente und quälte mich, mein Gepäck so einzurichten, daß es die mir bewilligten fünfunddreißig Pfund nicht überschritt. Da galt es sorgfältig auszuwählen zwischen dem Unentbehrlichen und dem Angenehmen; kein Mittel wurde verschmäht, welches zur Erreichung des Zweckes dienen konnte; sogar eingebundene Bücher halbirte ich, um nur das Nothwendigste daraus mitzunehmen. Die letzten Tage über war ich so beschäftigt, daß ich mir nur fünf Stunden Schlaf zu gönnen wagte.

Am 2. Oktober war ein Festtag für die Träger: es wurden zwei schöne, fette Ochsen geschlachtet und das Fleisch nebst anderen, für fünf Tage genügenden Lebensmitteln vertheilt. Wie Geier um ein Aas, so sammelten sich unsere Leute um die zu Boden geworfenen Thiere; jedem Messerschnitte des Schlächters wurde mit gierigen Augen gefolgt, jedes Stück, welches in andere Hände ging, eifersüchtig beobachtet, und wer sein Theil erhalten, entfernte sich freudig erregt mit der köstlichen Beute. Der Baron versicherte mir, daß die Träger nicht ruhen würden, bevor Alles vertilgt wäre, und sollte der Schmaus bis zum nächsten Morgen dauern.

Der Vorsicht halber, um Aufenthalt durch Säumige zu vermeiden, ließen wir in der letzten Nacht alle Leute in unserem Hause schlafen. Dennoch hatten zwei der Träger es möglich gemacht, nach Einbruch der Dunkelheit zu entschlüpfen, und gegen Mitternacht kam die Nachricht, daß drei andere sich ebenfalls mit ihren Gewehren entfernt hätten. Sofort wurden sechs Soldaten ausgeschickt, um die Ausreißer in ihrem vermutlichen Heimatsorte aufzusuchen. An Schlaf war begreiflicher Weise nicht mehr zu denken.

Früh fünf Uhr begann die Karawane sich vor der Thüre zu sammeln, um sechs Uhr wurden die Gepäckstücke, sowie Kugeln und Feuersteine für die Gewehre ausgegeben, und eine Stunde später fand der Aufbruch statt. Im letzten Augenblicke noch erschienen die Flüchtlinge; sie behaupteten, sie hätten nur beabsichtigt, ihren Angehörigen Lebewohl zu sagen, und würden sicherlich auch ohne die Soldaten zurückgekommen sein. Da man sie nicht gut ernstlich bestrafen konnte, wurden ihnen wenigstens die unbequemsten und schwersten Gepäckstücke zugetheilt.

Langsam setzte der Zug sich in Bewegung, vornweg Koralli und Androk, hinterher wir mit dem Zolleinnehmer, dem Festungskommandanten und einigen Angesehenen der Stadt. Durch einen tüchtigen Regenguß aufgehalten, erreichten wir erst nach einer Stunde die andere Seite der Insel Mombas; hier nahmen wir Abschied von unseren Begleitern und fuhren auf vier bereit stehenden Booten über den schmalen Meeresarm nach dem Festlande.

Die Sonne brannte fürchterlich — sie ging heut gerade durch den Zenith — kein Lüftchen milderte die Hitze. Wir lernten das Reisen sogleich von der schlimmsten Seite kennen; denn vorher hatte Keiner von uns daran gedacht, sich ohne Noth der Mittagssonne auszusetzen. Am schlimmsten ging es den armen Hunden. Luftschnappend liefen sie im Trabe von einem Busche zum anderen und ruhten hier, um den Schatten thunlichst auszunützen, bis unser stetiges Vorrücken eine neue Anstrengung nöthig machte. So sehr wir auch mit uns beschäftigt waren, wir konnten nicht umhin, den gequälten Thieren unsere vollste Theilnahme zuzuwenden; wir gaben ihnen ab und zu etwas Wasser, hielten auch öfters längere Zeit, doch ohne daß es uns gelungen wäre, ihre Leiden in beträchtlichem Grade zu mildern. Schon nach halbstündigem Marsche stürzte der eine der Windhunde zuckend um, wand sich noch einige Male krampfhaft am Boden und verendete! Mit schmerzlichem Bedauern ließen wir das schöne Thier zurück und wanderten, gedrückt von der Erinnerung an das böse Vorzeichen, schweigsam weiter.

Gegen ein Uhr erreichten wir einen Sumpf, den See Teka, wie ihn die Eingeborenen nennen, und schlugen hier unter einem prächtigen, sonderbar gewachsenen Baum unser Lager auf. Im Wasser, im Schilf und auf den Bäumen ringsum wimmelte es von Geflügel; aber wir mußten auf die Jagd verzichten und bei den Leuten bleiben, um nicht sogleich am ersten Tage Veranlassung zu Unordnung zu geben. Ich bedauerte Dies lebhaft, tröstete mich jedoch mit der schon öfters gemachten Erfahrung, daß solche Jagden in dichtem Schilf und Busch nicht viel werth sind, weil es nur in seltenen Fällen gelingt, der erlegten Beute habhaft zu werden, selbst wenn man genau weiß, wohin sie gefallen ist.

Der Abend in der schweigsamen Wildniß unter freiem Himmel war unbeschreiblich schön. Noch lange lag ich wachend auf meiner einfachen Ruhestätte, lauschte dem Zirpen einzelner Grillen, verfolgte den Flug der Leuchtkäfer, welche munter spielend im Schilfe hin und her huschten, und gab mich wechselnden Gedanken hin.

Wir schliefen vortrefflich, obwol wir einmal durch Regen geweckt wurden, und brachen zeitig am Morgen wieder auf. Fünf Tage hatten wir bis Wanga zu wandern. Der Weg führte bald durch angebautes Land — durch Kokoshaine und Felder, in denen die Hütten der Eingeborenen stehen — bald durch Graswildniß, bald dicht am Meeresstrande hin. Abends lagerten wir in einem Dorf, oder auch weit ab von menschlichen Wohnungen, wie es gerade der Zufall fügte. Eine unserer Lagerstätten war wirklich prachtvoll zu nennen: eine schmale Schlucht, wahrscheinlich das ausgetrocknete Bett eines Baches, auf beiden Seiten umgeben von mächtigen Bäumen, welche ihre Zweige zu einem großartigen Dache über uns wölbten. Hier wurde es zeitig dunkel; vorn stralte noch matt der Dämmerschein des zu Rüste gehenden Tages herein, hinten aber gähnte die Höhle in undurchdringlicher Finsterniß; ringsum flackerten lustig die Lagerfeuer, schwarze Gestalten kauerten in allen erdenklichen Stellungen davor oder huschten hin und her — der Anblick hatte etwas Geisterhaftes, etwas „Hochromantisches", erinnerte lebhaft an die Räuberscenen, wie man sie auf unseren Bühnen sieht.

Ein anderes Mal hielten wir zur Nacht auf einer weiten, hier sandigen, dort schlammigen Ebene, welche bei Hochflut unter Wasser stehen soll. In überreicher Fülle goß der Vollmond sein bläulich-weißes Licht über die einförmige Landschaft aus; Hyänen heulten und winselten in der Nähe und Ferne; bisweilen auch glaubten wir ein mächtigeres Grunzen und Brüllen wie von Flußpferden zu vernehmen. Es war wunderschön, hier wachend zu träumen, nur wurden wir leider, als wir des Träumens müde waren, durch zahllose, kleine Mücken, welche uns in wirklich unausstehlicher Weise umsummten und bekrabbelten, am Einschlafen verhindert.

In den letzten Tagen hatten wir häufig kleine Flüsse oder vielmehr Salzwasseradern und sumpfige Stellen zu durchwaten, waren deshalb in fortwährender Verlegenheit, ob wir die Schuhe anbehalten und durch Schlamm und Wasser verderben, oder barfuß gehen und uns die Füße von den spitzen Wurzeln der Manglebäume zerstechen lassen sollten. Es schien, als ob unser Führer die schlechtesten Stellen heraussuchte und die weitesten Umwege wählte, denn nach Aussagen der Anderen, welche früher dieselbe Straße gegangen, hatten wir um die letzte Strecke zurückzulegen, mindestens doppelt so lange gebraucht, als nöthig gewesen wäre. Wir sahen übel aus, verbrannt, bestaubt und bis weit herauf mit Schlamm überzogen und bespritzt.

Lager am See Teka.

Einer unserer Leute war vorausgeeilt, um unsere Ankunft im Städtchen zu melden und ein Haus für uns herrichten zu lassen; wir fanden, als wir selbst anlangten, Alles nach Wunsch vorbereitet und konnten, ohne erst lange warten zu müssen, uns sofort der Reinigung und Pflege unseres geplagten Leibes widmen.

Die ganze Einwohnerschaft nahm Antheil an einem so freudigen Ereignisse, wie unsere Ankunft es war; ein Schwarm von Neugierigen umstand unser Haus bis zum späten Abend, und wenn die Einen uns verließen, geschah Dies nur, um Anderen Platz zu machen. Ich fand viel Vergnügen daran, mit den Leuten zu verkehren, mich mit ihnen zu unterhalten, so gut es eben bei meiner dürftigen Kenntniß der Sprache gehen wollte. Der Baron suchte indessen seine alten Freunde auf, welche er auf seiner vorigen Reise kennen gelernt, vor Allem die Familie des Arabers Raschidi. Schon kurz nach unserem Eintreffen hatten Raschidis Familienglieder Boten geschickt und fragen lassen, ob der Europäer sie nicht besuchen wolle; als er endlich kam, war des Jubels kein Ende. Gewiß zwei Stunden lang blieb der Baron bei den freundlichen Leuten. Zum Abschied erhielt er von der einen Tochter des Hauses eine allerliebste Strohmatte geschenkt, auf welcher er während der Reise schlafen sollte. Er sprach mit Bewunderung von den geselligen Tugenden Raschidi's und rühmte ihn als einen der wenigen Eingeborenen, welche dem Fremden herzlich entgegenkommen und ihm dienen, ohne dabei eigennützige Gedanken zu hegen.

Während des kurzen Küstenmarsches hatte es sich herausgestellt, daß unsere Karawane mancherlei unbrauchbare Glieder zählte; es mußte daher eine Ausmerzung der bösen Elemente vorgenommen werden, obgleich voraussichtlich sich kein Ersatz in Wanga finden ließ. Sechs widerspenstige Träger wurden fortgeschickt in der Erwartung, daß Dies einen guten Eindruck auf die Anderen hervorbringen würde. Unsere Karawane war somit, zumal wir bereits sechs Träger durch Davonlaufen und zwei Esel durch Krankheit verloren hatten, beträchtlich geschwächt. Wir suchten uns zu helfen, indem wir die überzähligen Waarenbündel an die weniger belasteten Leute vertheilten. Auch der Jäger Androk mußte uns verlassen, weil er, trotz seiner Riesengestalt und seines anscheinend kräftigen Baues, sich nicht für derartige Fußmärsche eignete; er ging in Begleitung zweier Diener, welche sich nur für den Aufenthalt in Mombas vermiethet hatten, nach Sansibar zurück und nahm unsere Briefe, unsere bisherigen Sammlungen und den übriggebliebenen, gleichfalls untauglichen Windhund mit sich.

Wir Anderen befinden uns vortrefflich. Namentlich ich fühle mich frisch und kräftig wie noch nie und hege die besten Hoffnungen für die eigentliche Reise, welche weit weniger beschwerlich sein soll als ein Marsch längs der Küste; ich bin glücklich im Rückblick auf Das, was ich bereits gesehen und erfahren habe, und freue mich unbeschreiblich auf Das, was mir noch bevorsteht. Wie Ihr seht, stehe ich gewissermaßen noch in den Wonnemonaten meines Reiselebens. Wenn ich aber auch geneigt sein mag, in dieser Stimmung Alles von der besten Seite anzusehen, so glaube ich, selbst nach meinen geringen bisherigen Erfahrungen, doch behaupten zu dürfen, daß die Fährlichkeiten, welche dem Reisenden begegnen und jedenfalls auch uns bevorstehen, nur von der Ferne aus ungewöhnlich schlimm erscheinen, nicht aber es sind, wenn man sich mitten darin befindet. Gebt Euch daher keinen unnöthigen Sorgen hin und schreibt mir nur recht bald, was zu erfahren ich mich sehne: daß *Ihr* Euch wohl befindet — daß es *mir* gut gehe, dafür will ich schon nach Kräften selbst sorgen. Lebt wohl auf lange! Es grüßt Euch tausendmal

Euer

Wanga, den 8. Oktober 1862. getreuer Sohn und Bruder.

Früh acht Uhr verließen wir Wanga. Nach zwei kurzen Tagemärschen durch eine üppige, parkgleiche Landschaft südlich von dem Umbaflusse lagerten wir am Abende des 11. Oktober an der Grenzscheide dieses von den Wadigo bewohnten Küstenstriches, in der Nähe eines Hügels, hinter welchem die echt afrikanische Bodenbeschaffenheit, die dürre, verbrannte Steppe, aber auch zugleich ein trefflicher Jagdgrund für allerlei Wild beginnen sollte. Auf Verlangen des Barons hielt Sadi eine Rede an die Träger; er ermahnte sie, von nun an sich dichter beieinander zu halten und vor Allem auch ohne Lärm zu marschiren, damit das Wild nicht verscheucht und die Aufmerksamkeit etwa umherstreifender Masai nicht auf die Karawane gelenkt würde. Tags darauf betraten wir in der That ein Land von völlig verändertem Aussehen: die frische, grüne Grasdecke des Küstengürtels fehlte dem trockenen, rothen Lehmboden des Binnenlandes; niedrige, blattlose, ziemlich regelmäßig stehende Dornbüsche waren die einzigen Erzeugnisse des Pflanzenwuchses; nur wenige, unbedeutende Bodenerhebungen gewährten hier und da etwas Abwechselung in der trostlosen Einöde. Anfangs mußten wir uns mühsam zwischen Dornbüschen hindurchwinden, an einzelnen Stellen sogar mit dem Hirschfänger den Weg bahnen. Später kamen wir in offneres Land, in welchem wir ohne Schwierigkeit die Kompaßrichtung innehalten konnten. Wir lugten mit Aufmerksamkeit nach Zebras, Girafen und Straußen, welche sich bisweilen schon hier finden sollen, bemerkten aber, außer Fährten von Dickhäutern und Wiederkäuern, nur ab und zu in bedeutender Ferne einige Trupps von Antilopen. Am Nachmittag erreichten wir den Dalaonibach, welcher zwischen einer doppelten Reihe prächtiger, dunkellaubiger Bäume dahinfließt; hier schlugen wir das Lager auf. Eine Menge der merkwürdigsten Vögel belebten die anmutige Landschaft. Die Jäger streiften bis zum Dunkelwerden umher und waren auch glücklich genug, unsere Sammlung durch einige neue Arten zu bereichern.

Bald durch verdorrte Wildniß, bald an belebendem Wasser hin wanderten wir mehrere Tage weiter, anfänglich auf pfadlosem Boden, dann aber auf einem sogenannten großen Wege. Unter „groß" darf man übrigens hier nur „lang", nicht „breit" verstehen. Oft sind solche „Karawanenstraßen", auf welchen nicht Zwei nebeneinander Platz haben, nur durch das Fehlen der Grasnarbe kenntlich, nicht selten aber auch beinahe unwegsam durch die im vormals weichen Boden eingedrückten Fußstapfen von Elephanten und Nashörnern. Bekanntlich sind diese Thiere zumeist die alleinigen Wegebereiter und Wegebesserer der Wildniß; auf buschigem und waldigem Boden wenigstens würde ohne ihre Vorarbeiten der Mensch nur mit Mühe vordringen können.

Wir näherten uns einer von prächtigem Blau überdufteten Bergkette. Durch die wunderbare Klarheit und Durchsichtigkeit der Luft, welche uns die unbedeutendsten Einzelnheiten, die Steine und Büsche auf den Höhen ganz deutlich erkennen ließ, wurden wir verleitet, die Entfernung doppelt so gering zu schätzen, als sie wirklich war. Alle neu in das Land gekommenen Jäger leiden unter solcher Täuschung: sie erlegen anfangs Nichts und glauben dann, das Wild sei ungemein schwer verwundbar, während sie doch selbst durch ihr zu niedriges Zielen ihr Mißgeschick verschulden. Am sechsten Reisetage traten wir, nachdem wir mehrere Bäche überschritten, in einen weiten, von den schon längst bemerkten Bergen umschlossenen Kessel ein, innerhalb dessen der schon mehrmals erwähnte Halteplatz Mbaramu liegt, der erste Ort, an welchem wir uns wieder mit Lebensmitteln versorgen konnten. In einem Wäldchen von großen Bäumen am Ufer eines munteren Baches nahmen wir Platz. Der Anblick der üppigen Pflanzenwelt erquickte uns ungemein, da wir tagelang fast Nichts als kahles Land und Dornbüsche gesehen. Da die Bewohner der Berge nicht sogleich in das Lager kamen, hatten wir Muße genug, uns in der Nähe umzusehen und unserem Vergnügen nachzugehen; wir fanden reiche Jagdbeute, Vögel sowol als auch schöne Kerbthiere mancherlei Art.

Unsere Vorräthe gingen stark auf die Neige, und noch immer wurde der ersehnte Markt nicht eröffnet, weil der Sultahn von Mbaramu noch nicht die Erlaubniß dazu gegeben hatte. Es gelang wol, einige Lebensmittel zu erwerben, doch nur soviel, daß die Hälfte der Träger gesättigt werden konnte; die anderen mußten wohl oder übel fasten. Am zweiten Tage nach unserer Ankunft endlich erschien ein Mann mit großem Gefolge, überreichte ein Geschenk von Zuckerrohr und Bananen und stellte sich als Sultahn vor. Der Baron traute ihm indessen nicht ohne Weiteres, weil er es auf der vorigen Reise mit einem Anderen zu thun gehabt hatte. Diese Vorsicht erwies sich als nicht überflüssig; denn kurz darauf kam ein Bote von dem wirklichen Herrscher, brachte dessen Schwert als Zeichen, daß er bald kommen würde, und entschuldigte das lange Ausbleiben seines Herrn durch den weiten, beschwerlichen Weg.

Erst am Morgen des 17. Oktober traf der sehnlich Erwartete ein, nachdem er durch eine als Zeichen der Freundschaft vorausgeschickte Ziege sich nochmals hatte anmelden lassen. Er brachte ein kleines, mageres Thier mit sich, welches er Ochse nannte, und wünschte lebhaft, die gebührende Abgabe sogleich in Empfang zu nehmen. Man bedeutete ihm, daß er sich gedulden müsse, bis eine für zwei Tage genügende Menge Mais und Bohnen eingekauft wäre. Hierauf brachte er ein neues Geschenk von zwei Ziegen, einige Bündel Bananen und etwas Honig und erhielt dafür, als gegen Mittag unsere Bedürfnisse gedeckt waren, zehn Doti Amerikano, drei Stück buntes Zeug, einen Spiegel und ein Taschenmesser.

Da wir jetzt keinen Grund mehr hatten, uns länger in Mbaramu aufzuhalten, bereiteten wir uns zur sofortigen Abreise vor. Wir wanderten noch bis zur einbrechenden Dunkelheit weiter und lagerten dann inmitten der wasserlosen Einöde unter einigen Dornbüschen. Neben uns hatte eine andere Reisegesellschaft, welche seit Kurzem in nähere Beziehung zu uns getreten war, ihr Lager aufgeschlagen, die des Elephantenjägers Msuskuma aus Wanga. Sie war nach uns von der Küste aufgebrochen und holte uns einige Tage später am Umbaflusse ein. Anfänglich vermied es der Baron, mit diesen Leuten zusammenzutreffen; als er sie aber in Mbaramu näher kennen lernte, fand er es vortheilhaft, sich mit ihnen zu vereinigen, theils, weil unsere bewaffnete Macht dadurch beträchtlich verstärkt wurde, theils, weil Msuskuma durch seine Verbindungen im Inneren uns von großem Nutzen zu sein versprach. Folgender Vertrag war mit ihm verabredet und abgeschlossen worden: der Elephantenjäger sollte

seine Reise nach der unsrigen einrichten, aber überall getrennt von uns übernachten;

nicht vor uns oder bevor es ihm gestattet wäre auf Wild feuern;

uns als Führer dienen bis zum See Jipe und von da auf die Ugonoberge, wo seine Mutter wohnte;

dort die Erlaubniß erwirken zur Besteigung des Berges und zur Besichtigung der Orte, an welchen die Waugono ihr weit und breit berühmtes Eisen gewinnen.

Hierfür sollte er bei seiner Trennung von uns einen Schein über eine an der Küste zu erhebende Summe von zwanzig Thalern erhalten.

Die Gesellschaft bestand aus dem Elephantenjäger, seinen zwei Weibern und dreißig wohlgekleideten und -bewaffneten Leuten. Auf dem kurzen Marsche schon und mehr noch in unserem heutigen Lager bot sich Gelegenheit, unsere neuen Reisegefährten näher kennen zu lernen. Msuskuma ist ein behäbig aussehender, kräftig gebauter, untersetzter Mann von etwa vierzig Jahren, mit einem runden, fetten, von nicht übermäßig starkem Bart umfaßten Suaheligesichte; seinem Aeußeren und seinem Benehmen nach scheint er aufgeklärter und zuverlässiger zu sein, als die Küstenbewohner, Araber wie Suaheli, gewöhnlich sind. Sein Elephantenjäger-Geschäft betreibt er zunftmäßig, und seine Karawane umfaßt außer einer Mehrzahl von Lehrlingen und Gehilfen auch einige Fundi oder Meister. Unter letzteren war Fundi Amri, sein Oberaufseher oder Lieutenant, der bemerkenswertheste und jedenfalls ein sehr brauchbarer Mann. Durch den Namen „Elephantenjäger" darf man sich nicht verleiten lassen zu glauben, daß diese Leute die Elephanten selbst erlegten, deren Zähne sie nach der Küste bringen; der Hauptgewinn bei dem Geschäfte besteht vielmehr im Einkaufe des Elfenbeins, welches die Eingeborenen auf irgend eine Weise erbeutet haben. Von Msuskumas Weibern war die eine sehr groß und schlank und von nicht üblen Gesichtszügen, die andere klein, dick und eher häßlich als schön. Beide hatten etwas Gewandtes und Einschmeichelndes in ihrem Benehmen, verstanden vortrefflich „Konversation zu machen", d. h. hatten immer etwas Scherzhaftes zu erzählen oder zu erfragen; stundenlang konnte man sich mit ihnen unterhalten, ohne Langeweile zu empfinden. Bei Reisen im dortigen Lande ist es eine große Bequemlichkeit, Weiber mit sich zu haben, weil diese weniger Ansprüche machen und mehr leisten als männliche Diener. Immer sind sie die Ersten, oft einige Meilen den Anderen voraus. Kommt ihr Herr und Gebieter am Halteplatz an, so findet er bereits Lager und Mahlzeit in bester Weise hergerichtet. Ein in solcher Begleitung reisender Suaheli vermeidet also alle Unannehmlichkeiten, mit denen wir täglich auf dem Marsche zu kämpfen hatten (s. Bd. I. S. 233).

Um möglichst zeitig an den nächsten Wasserplatz zu gelangen, begaben wir uns bereits früh vier Uhr auf den Weg. Die Landschaft gewann ein freundlicheres Aussehen, jemehr wir uns dem Paregebirge näherten. In Gondja, dem vielbesuchten Lagerplatze gegenüber der Wasserfallkette Thorntons (s. Bd. I. S. 313), hielten wir zur Mittagsmahlzeit. Ohne daß wir Gewehre abgefeuert hätten, kamen eine Menge Wapare herbei, gut aussehende, kräftig gebaute Männer, welche an Hals und Armen mit Zierrathen von Messing- und Eisendraht beladen waren und ihre Haare mit einer rothen Thonfettsalbe zu zierlichen Löckchen geringelt hatten. Einer von ihnen, wahrscheinlich ein Häuptling, trug einen Schmuck von aufrecht stehenden Straußenfedern um Stirn und Haupt. Sie brachten Schafe, Bananen und Zuckerrohr und hätten uns ihre Waaren gern zu billigen Preisen verkauft; allein wir mußten die dargebotene Gelegenheit unbenutzt lassen, weil wir keine Träger zum Fortschaffen des Erhandelten hatten, übrigens auch noch hinreichend mit Lebensmitteln versehen waren.

Noch fünf Stunden gingen wir weiter, ohne jedoch den beabsichtigten Lagerplatz in Pare erreichen zu können. Zuletzt wurde es so finster, daß wir kaum unsere Vordermänner erkennen konnten. Am Rande eines Waldes angelangt, machten wir Halt; die letzten unserer Träger kamen erst eine volle Stunde nach uns an. Ermüdet, wie wir waren, hatten wir nicht Lust, den Schlaf zu meiden, bis ein gutes Mahl bereitet wäre; wir streckten uns also, nachdem wir einen dürftigen Imbiß zu uns genommen, ohne Weiteres auf unserem Lager aus. Ein halbstündiger Marsch am anderen Morgen brachte uns an unser Ziel, an denselben allerliebsten Platz in einer Bucht des Paregebirges, welcher bereits auf voriger Reise besucht worden war. Dieser Ort bietet wirklich Alles, was Landschaften schön macht, prächtige Bäume, wilde Felspartieen und plätscherndes Wasser d. h. letzteres in unserem Falle erst dann, als wir uns durch Abfeuern der Gewehre gemeldet hatten: die Wapare hatten es abgesperrt, aus Furcht, daß die wilden Masai durch die Vortheile des Platzes sich verleiten lassen könnten, hier zu lagern.

Nach einiger Zeit kamen die Bewohner von den Bergen herab, wohlgebildete, ziemlich hellfarbige, zumeist mit ledernen Schürzen bekleidete und mit bunten Perlen im Ueberflusse behängte Leute. Sie mochten glauben, daß wir ihrer Lebensmittel dringend bedürftig wären; denn sie forderten die übertriebensten Preise, verlangten sogar, daß noch vor der Eröffnung des Marktes eine Abgabe von einem Doti für den Zauberer erlegt werden sollte. Der Baron wies diese Unverschämtheit gebührend zurück und drohte mit Abreise, falls man sich bis Mittag nicht anders besonnen hätte. Daß Dies wahr werden könnte, erschien den Eingeborenen unmöglich; sie lachten höhnisch und verharrten bei ihrer Forderung. Als aber die Frist nahezu abgelaufen war und Anstalten zum Aufbruche getroffen wurden, malte sich Verwunderung auf Aller Mienen, und als wir wirklich fortzogen, begannen die in ihren Berechnungen Getäuschten, laut zu schimpfen und zu schmähen, und verfolgten uns noch lange mit ihren Verwünschungen. Es mußte ihnen in der That höchst ärgerlich sein, ohne irgend welchen Gewinn ihre schweren Bündel auf schlechten Wegen soweit hergeschafft zu haben und nun wieder zurückschleppen zu müssen.

Durch ein ziemlich frisches Gelände am Fuße der Pareberge hin wandernd, kamen wir drei Stunden später nach dem gleichfalls von früherher bekannten Kisuani. Diesmal war der sonst knietiefe Bach, welchem der Ort seinen Namen verdankt (Kisuani = auf der Insel) völlig ausgetrocknet, und erst beim Graben fand sich in drei Fuß Tiefe eine nur nothdürftig für die hundertdreißig Mann der vereinigten Karawane ausreichende Flüssigkeit von strengem, metallischen Geschmack.

Am anderen Morgen (20. Oktober) ließen sich trotz wiederholten Abfeuerns der Gewehre keine Verkäufer von Lebensmitteln sehen. Wir hätten leicht in unangenehme Lage gerathen können und bereuten schon, uns gestern nicht versorgt zu haben. Um Nichts unversucht zu lassen, schickte Msuskuma zwei seiner Leute aus, welche die Eingeborenen mündlich zum Markte einladen sollten. Dies half; es wurden Lebensmittel in Menge herbeigebracht und ohne vieles Handeln zu billigen Preisen verkauft. Das lange Ausbleiben der Leute erklärte sich aus ihrer Angst vor den Masai welche vor einiger Zeit hier gewesen waren, die Bewohner der Berge durch Flintenschüsse herbeigelockt, sie beraubt und Viele getödtet hatten. Eben deshalb wollte auch Sultahn Kmerio, des Barons alter Bekannter, den Verkauf nur außerhalb des Lagers gestatten, auf einem freien Platze, welcher eine weite Umsicht zuließ, und auch Dies erst dann, als wir versprochen hatten, im Fall eines Angriffs von Seiten der Masai ihm kräftigst Beistand zu leisten.

Kmerio benahm sich vortrefflich; er schenkte uns Nachmittags einen stattlichen Ochsen und ließ uns am anderen Morgen von seinen drei Töchtern Fleisch, Milch, Honig und Butter bringen. Namentlich der Honig erfreute unser Herz, weil unser Zuckervorrath knapp zu werden anfing; die unangenehme Aussicht, unversüßten Thee genießen zu müssen, rückte also wieder in weite Ferne hinaus.

Zwei gerad anwesende Männern von den Ugonobergen versprachen, uns nach ihrer Heimat zu geleiten, und schlossen zur Bekräftigung des Bundes Blutsbrüderschaft mit einem unserer Führer und mit einem Manne Msuskumas. Am Tage der Abreise, am 22. Oktober, kamen sie nicht zur bestimmten Stunde. So brachen wir denn ohne sie auf in der Hoffnung, daß die gewandten Fußgänger uns bald nachkommen würden. Auch in Kisuani mußten wir wie schon vorher in Mbaramu zwei Kranke unter der Pflege des Sultahns zurücklassen; es wurde ein gutes Entgeld versprochen für den Fall, daß sie gesund an die Küste geliefert würden. Bereits seit mehreren Tagen hatten sie an rother Ruhr gelitten und waren in kürzester Zeit bis auf die Knochen abgemagert, sodaß sie kaum sich zu bewegen, geschweige denn Lasten zu tragen vermochten. Bei unserer Ankunft an der Küste hatten wir die Freude, zu erfahren, daß wir uns nicht in dem Sultahn getäuscht hatten.

An den Ngurunga (s. Bd. I. S. 312), dem letzten Wasserplatze vor dem See Jipe, holten die Waugono, unsere künftigen Führer, uns ein. Wir hielten einige Stunden, um uns für den bevorstehenden, langen Marsch zu stärken. Eine Menge Anzeichen deuteten darauf hin, daß die Masai kurz zuvor hier gerastet hatten: Mist von Rindvieh lag auf dem Gestein und, zur Schande dieser Barbaren sei es gesagt, auch im Wasser (die Suaheli nehmen stets Rücksicht darauf, Nachfolgenden das Wasser nicht zu verderben, geben sich sogar Mühe, die Richtung anzuzeigen, in welcher es zu finden ist), und abgenagte Knochen bedeckten den Boden in der Nähe mehrerer Feuerstätten. Wir freuten uns, daß die wilden Nomaden bereits das Land geräumt hatten; wären sie hinter uns gewesen, so würden wir schwerlich ein gefährliches Zusammentreffen mit ihnen haben vermeiden können.

Es mußte hier lange nicht geregnet haben, denn der Wasserspiegel dieser engen, steilwandigen Löcher stand drei bis vier Fuß unter dem Rande. Er war dicht bedeckt mit todtem und halbverfaultem Geflügel. Unter diesen Leichen krabbelten noch lebende Vögel, und über die kleinen hinweg streckten sich mächtige Adler, nur noch matt mit den Flügeln schlagend. Die armen Thiere waren vermutlich weither gekommen, um ihren Durst zu stillen, hatten sich aber von der Wasserfläche nicht mehr erheben können und waren so verunglückt. Trotz der Steilheit der Wände erschien es mir wunderbar, daß ein Vogel in solchem Loche weder sich aufzuschwingen, noch auch an den rauhen Wänden emporzuklettern vermochte; später hineinfallende wenigstens hätten, meiner Meinung nach, doch leicht im Stande sein sollen, von den Leibern der früher ertrunkenen aus hinwegzufliegen! Demnach scheint es, daß selbst kleine und gewandte Vögel immer ziemlich viel Luft unter sich haben müssen, um Gebrauch von ihren Flügeln machen zu können.

Bei der Betrachtung der kreisrunden Aushöhlungen im Sandstein drängte sich mir ohne Weiteres die Ueberzeugung auf, daß sie durch Umherkreisen von Steinen in anfangs nur unbedeutenden, unregelmäßigen Vertiefungen entstanden sein müßten. Später habe ich noch mehrere Male ähnliche Bildungen gesehen, das eine Mal zwischen den Endarabergen und der Küste ebenfalls in Sandstein in einem ganz ähnlich gebildeten Flußbette, das andere Mal auf der Insel Réunion in, wenn ich nicht irre, vulkanischem Gestein: in allen diesen Fällen mußte ich wenigstens die Möglichkeit einer solchen Entstehungsweise anerkennen. Leider wußte ich damals nicht, daß Thornton, indem er sich der Ansicht des Barons (s. Bd. I. S. 238) anschließt, diese Art der Erklärung mit Gründen bekämpft; sonst würde ich selbstverständlich keine Mühe gescheut haben, um Spuren von kreisförmiger Reibung an den Wänden, sowie am Boden das Verhandensein von Steinen nachzuweisen, welche zu anderer Jahreszeit vom schnellströmenden Wasser darin umhergetrieben werden.

Während ich das Wasser nach Thieren für meine Sammlungen untersuchte, vernahm ich das jämmerliche Winseln unseres einzigen Hundes Leo, eines schlechterzogenen Mischlings aus Sansibar. Ich lief lange umher, ehe ich entdecken konnte, woher die Stimme kam. Der Ungeschickte hatte sich vorwitzig einer kleineren Ngurunga genähert, um daraus zu saufen, war hineingefallen und plätscherte nun hilflos unter dem ersoffenen Geflügel umher. Wäre er in eines der entfernteren Löcher gefallen, so würde er wol schwerlich gefunden worden sein; er hätte dann desselben jämmerlichen Todes verbleichen müssen wie die leichtbeschwingten Segler der Luft.

Am Abende lagerten wir mehrere Stunden von hier in der dornigen Wildniß vor der querüber laufenden Kisungukette. Der Baron hatte das Glück, aus beträchtlicher Entfernung eine schöne Antilope zu erlegen, welche mindestens ebensoviel Fleisch hatte als ein starker Ochse. Dies war auf dieser Reise das erste Mal, daß wir Wildbraten hatten. Man sieht, daß es ganz unmöglich ist, mit einer einigermaßen zahlreichen Karawane vom Ertrage der Jagd zu leben, selbst wenn man in diesem wildreichen Lande jede sich bietende Gelegenheit benutzt und bedeutende Umwege nicht scheut: Flugwild ist hier nicht häufig genug, um auch nur die Tafelbedürfnisse der Europäer zu decken, größere Thiere aber darf man nur einige Mal im Monat zu erbeuten hoffen. Begreiflicher Weise gibt man sich alle denkbare Mühe, um das durch einen glücklichen Zufall erbeutete Fleisch möglichst lange vor dem Verderben zu schützen. Es im Rauche oder in der Sonne zu dörren, ist nur bei längerem Aufenthalte thunlich; dagegen haben wir es vortheilhaft gefunden, es fein zu zerhacken, mit einer gewissen Menge von Mehl oder zerkrümeltem Schiffszwieback zu Kugeln zu formen und diese in Fett zu braten. Solche „Fleischbiskuits“ halten sich viele Tage lang und sind gewiß eines der bequemsten Reisenahrungsmittel. Das auf gewöhnliche Weise gebratene Fleisch nimmt schon am zweiten Tag einen widrigen Geruch an, ist aber trotzdem noch zu verwenden, wenn man es in zollgroße Scheiben schneidet, an dünne Stäbchen spießt und nochmals mit ein wenig Fett über hellem Feuer brät: dieser Spießbraten ist ungemein saftig und wohlschmeckend und verräth nicht im Mindesten seine Entstehung aus beinahe verdorbenem Fleische; in Bezug auf Zartheit übertrifft er das Fleisch von frisch geschlachteten Thieren bei Weitem, weil dieses, selbst geklopft und zerhackt, ziemlich hart und zäh ist. In Fett gebratene Leber läßt sich ohne weitere Vorbereitung lange aufheben; man kann sie ihrer trockenen Beschaffenheit wegen in der Tasche mit sich führen, um jederzeit, wann der Hunger Einem ankommt, einen Imbiß zu nehmen.

Eine Stunde nach Mittag am 24. Oktober erreichten wir den südlichen Schilfkranz des Jipesees. Einzeln und in langen Zwischenräumen kamen die vom beschwerlichen Marsch übermüdeten Träger nach. Anderen Tages brachen wir zeitig nach den Ugonobergen auf. Unsere leichtfüßigen Begleiter führten uns sonderbare Wege durch abgebrannte Flächen, durch mindestens zehn Fuß hohes Schilf und durch einen dichten Gürtel von Busch und Wald. Der beim Gehen soviel Leute aufgewirbelte Staub von Erde, Asche und Kohle drang bis in das Innerste von Nase, Mund und Ohren und machte das Athmen der ohnehin schon erstickendheißen Luft zu einer Qual. Wir kamen aus einem Dickicht in das andere, es schien, als ob unsere Führer selbst nicht recht den Ort ihres Heimatdorfes wüßten. Endlich gelangten wir auf einen freien, mit Zuckerrohr, Reis und Bananen bepflanzten Platz. Niemand von uns hätte geglaubt, ein so herrliches Land inmitten dieser Wildniß zu finden: jetzt erst wurde uns klar, daß jene Dickichte nur die natürlichen Verschanzungen der friedlichen Bergbewohner bilden, und daß unsere Führer, wahrscheinlich um den guten Weg nicht zu verrathen, uns einen so abscheulichen geleitet hatten. In der Nähe der Berge vor uns dampften riesige Feuer in weiten Gruben, ganze Bäume brannten und kohlten darin; daneben standen dunkle Gestalten, welche mit lebhaftester Theilnahme dem Gange des Brandes folgten und ihn gelegentlich durch Schüren förderten. Gern hätten wir uns die sonderbaren Oefen — denn so Etwas mußten die Feuerlöcher doch vorstellen — näher angesehen, doch wurden wir bedeutet, daß wir uns nach dem Lagerplatz der Karawane zu begeben hätten.

Auf noch schlechteren Wegen als vorher wurden wir in einem weiten Bogen nach einem zweiten, nicht weit von dem anderen entfernten Platz geführt und dann längs einer schmalen Wasserleitung durch Bananen- und Zuckerrohrpflanzungen von wunderbarer Ueppigkeit weiter bis unter einen riesigen Affenbrodbaum. In Mannshöhe maß der Baum siebenundfünfzig englische Fuß im Umfange; hervorspringende Theile seines Stammes bildeten ringsum geräumige Nischen, in deren jeder ein oder zwei Mann Unterkommen oder wenigstens Schutz gegen Regen finden konnten; das Laubdach war so dicht, daß wir von keinem Sonnenstral belästigt wurden. Man nannte das Land umher, sozusagen eine Bucht zwischen zwei vorspringenden Ausläufern des Ugonogebirges, Usanga. Den Versicherungen Msukumas und unserer Führer zufolge sollten wir hier die Lagerstätten und die Gewinnung des vortrefflichen Ugonoeisens kennen lernen, welches durch einen großen Theil Ostafrikas verbreitet ist und höher geschätzt wird als das beste schwedische.

Kurz nach unserer Ankunft fanden sich Scharen von Eingeborenen im Lager ein, zumeist athletisch gebaute, schön gewachsene Menschen, von denen viele über sechs Fuß maßen. Einige der Frauen hatten wirklich tadellose Gestalt und namentlich eine klassisch geformte Büste. In ihrem Aeußeren ähneln die Waugono den Wapare; der Hautfarbe nach scheinen sie verschiedenen Stämmen anzugehören: der Baron meinte, daß die einen von ihnen, sehr lichtfarbige Leute von hübscher Gesichtsbildung, mit den Wadschagga, die anderen, hellchokoladenfarbenen mit den Wapare verwandt seien. Auf solche Verwandtschaft und Mischung läßt auch die etwas hart und rauh klingende Sprache schließen, welche von den Suaheli nicht verstanden wird.

Als Bekleidung oder Schmuck tragen die Männer ein kleines Fell auf dem Rücken, vorn hingegen nicht die geringste Bedeckung. Die Weiber haben um die Lenden zwei Lederschürzen gebunden, deren größere den Hinteren bedeckt; ob sie letzteren Theil für den verschämteren halten, wie Dies anderorts in Afrika der Fall ist, oder ob ihnen das größere Fell nur als Unterlage beim Sitzen dienen soll, vermochten wir nicht zu enträthseln. Nur bei einzelnen Vornehmen sah man Baumwollenzeug. Von Schmucksachen gewahrten wir die bereits mehrfach erwähnten, den Oberarmmuskel bis auf den Knochen zusammenpressenden, zweitheiligen Elfenbeinspangen, Ringe und Puffen oder Stulpen von schneckenförmig aufgerolltem Messing- und Eisendraht an den Armen, Drahtkragen von Mühlsteinform am Halse, endlich Gehänge von Glasperlen und hier und da einen Kopfputz von Straußenfedern. Das mit einem Gemenge von Fett und rother Erde gesalbte Haupthaar hängt in dünnen Strängen und Locken schwer herab. Einige Männer haben oberhalb und unterhalb der Kniee Fäden mit herabhängenden Fellstreifchen befestigt — die Umschnürung der Muskeln soll Kraft und Ausdauer zu langen Märschen geben — und tragen eine Menge Büchschen und Fläschchen für Schnupftabak, Arzeneien u. dgl. an verschiedenen Stellen des Körpers.

Dem Sultahn Jeremia, welcher auf dem Berge wohnt, war sogleich durch einen Boten Nachricht von uns gegeben worden. Noch an demselben Abende kam Seburi, einer seiner Söhne, mit einem Geschenk von Bananen und Zuckerrohr. Am anderen Morgen erschien der Herrscher selbst, ein alter, mit Messingringen an Hals und Armen behangener Mann. Er übergab einen Ochsen und gestattete nach langen Verhandlungen die Eröffnung des Marktes. Mehrere hundert Leute waren herbeigekommen, um Bohnen, Mais, Reis, süße Kartoffeln, Zuckerrohr, Kürbisse und Butter zu verkaufen. Sie verführten einen so tollen Lärm, daß man bisweilen die Nächststehenden nicht verstand; dreimal mußten wir den Handel abbrechen, um sie zu einem ruhigeren Verkehre zu veranlassen. Durchschnittlich verkauften sie zu gemäßigten Preisen und ohne vieles Gerede, wenigstens nachdem Einige von ihnen, welche den Handel zu lange hinzogen, vom Platze fortgeschickt worden. —

Es schien nicht, als ob wir die Erlaubniß zur Besteigung des Berges erhalten würden. Jeremia bezeigte seine Unzufriedenheit über das erhaltene Geschenk, forderte seine Belohnung im Voraus und außerdem eine Gabe für den Zauberer. So verging unter erfolglosen Redereien die Zeit bis gegen Abend. Zuletzt führte der Sultahn seine Töchter vor, vielleicht als schweres Geschütz, um durch ihre Liebenswürdigkeit uns zum Nachgeben zu bewegen; der Baron aber, in hohem Grade mißvergnügt über den Gang der Verhandlungen, entließ sie wieder, wie sie gekommen waren d. h. mit leerer Hand.

Am folgenden Tage (26. Oktober) nahm Jeremia sein gestriges Wesen wieder auf. Schon hatten wir alle Hoffnung aufgegeben, hier Etwas zu erreichen, als er nachgab, wahrscheinlich weil er einsah, daß wir eher zurückkehren als in seine übertriebenen Forderungen willigen würden: er ließ seinen Sohn mit dem Karawanenführer Sadi Blutsbrüderschaft schließen und erklärte sich bereit, uns noch in dieser Stunde auf den Berg zu führen.

Wir rüsteten uns schleunigst und verließen gegen zwölf Uhr das Lager. Nach dritthalb Stunden überaus beschwerlichen Marsches langten wir auf dem Kamme der Gebirgskette an. Von hier aus wandten wir uns seitwärts nach einem von duftigen Höhen umgebenen Bergkessel, dessen Wände mit Bananenpflanzungen und einzelnstehenden Hütten bedeckt waren; die Milde der köstlichen Bergluft, die liebliche Schönheit der Ruhe und Frieden athmenden Landschaft entzückten uns umsomehr, als wir auf dieser Reise das erste Mal eine Niederlassung der Eingeborenen betraten.

Von der anderen Seite des Thales her brachten einige Weiber schwere Lasten; es war Eisensand, wie wir beim Näherkommen erfuhren. Eine hübsche, junge Frau, welche sich Brust und Gesicht mit dem rothen Saft einer Beere verziert hatte, zeigte uns die Gewinnung des Erzes. Sie hob eine Schaufel voll Sand aus dem Bett eines Baches auf, schlemmte in einfachster Weise die leichteren Theile hinweg, bis nur noch die kleinen, glänzendschwarzen, schweren Kristalle übrig waren, eine Art Magneteisensand, wie man ihn auch auf Sansibar am Strande findet. Vermutlich rührt dieses Erz von der Zersetzung eines eisenglimmerhaltigen Gneises her, welcher überall zu Tage steht. Leider konnten wir, weil die Sonne sich zum Untergange neigte und wir noch heute das Lager erreichen wollten, dem eisenführenden Bache nicht bis zu seinem Ursprunge folgen, um uns von der Richtigkeit dieser Ansicht zu überzeugen.

Der Sultahn bot uns seine Hütte zum Uebernachten und Lebensmittel zur Bereitung des Abendbrodes an. Er redete uns so dringlich zu, in seinem Dorfe zu bleiben, daß es schien, als ob er fürchte, wir könnten noch bei Nacht, ehe wir ihm sein Geschenk gegeben, das Lager verlassen. Wir blieben jedoch bei unserem Vorsatz und begaben uns nach kurzem Aufenthalt auf den Rückweg.

Außerhalb des Thalkessels bestimmten wir durch den Siedepunkt des Wassers die Höhe des Kammes und nahmen einige Winkel nach wichtigen Aussichtspunkten. Vor uns gewahrten wir ein breites Stück vom See Jipe und jenseit desselben die Buraberge; nach Norden zu war die Ferne größtentheils von Wolken verhüllt. Unter diesen fiel mir eine von blendend weißer Farbe und sonderbarer Bildung auf. Als ich sie dem Baron zeigte rief er freudig aus: „Das ist ja der Kilimandscharo!" Ich betrachtete den berühmten Berg, welcher sich meinen Blicken so unerwartet bot, mit einem Gemisch von staunender Bewunderung und Begeisterung; er zeigte sich weit großartiger und schöner, als ich mir ihn vorgestellt.

Im Lager wieder angelangt, nahmen wir Vergleichsmessungen mit dem Barometer vor und legten danach am Abende den Platz durch astronomische Beobachtungen fest; dann bereiteten wir Alles zum morgenden Aufbruche vor.

Auf unsere Fragen über die weitere Zubereitung des Eisenerzes erfuhren wir, daß der geschlemmte Sand am Fuße der Berge geschmolzen werde; man schichtet ihn in tiefen Gruben mit Holz, zündet den Brand an und unterhält das Feuer fünf Tage lang — Das also sind die flammenden und rauchenden Oefen, welche uns beim Betreten des Usangagebietes in Erstaunen gesetzt hatten! Nach dem Erkalten der Glut findet das zusammengefrittete und mit Schlacken gemengte Eisen sich auf der Sohle des Herdes. Eine Probe davon erhielten wir verstohlener Weise von einem der Waugono zugesteckt, welchem wir ein gutes Geschenk versprochen hatten. Dieses rohe Eisen wird im Schmiedefeuer zu kleinen Hacken verarbeitet, in welcher Gestalt es auch in den Handel kommt.

Die schönen Waffen und Schmuckgegenstände, welche die Ostafrikaner aus Eisen zu fertigen verstehen, kennen wir schon von der ersten Dschaggareise her; in welcher Weise sie mit Hilfe der einfachsten Werkzeuge bereitet werden, erfahren wir am besten aus der Beschreibung, welche uns Thornton von dem oben (Bd. I. S. 276) erwähnten Besuche bei einem Schmied in Kilema gibt. „Wir trafen", erzählt Thornton, „den Meister innerhalb eines länglichrunden, von hoher, lebendiger Hecke umschlossenen Hofes bei seiner Arbeit. Er zeigte uns der Reihe nach alle seine Künste. Zuerst führte er uns zu der außerhalb des Zaunes gelegenen Schmiede, welche in ihrer Einrichtung wesentlich mit den Suaheliwerkstätten Sansibars übereinstimmt. Seine Hämmer sahen aus, als ob sie von Europa her eingeführt wären, doch versicherte uns der Mann, daß er sie selbst gefertigt habe. Als Ambos dienten einige harte, glatte Steine. Das Gebläse ist doppelt wirkend und besteht aus zwei gegerbten, in Form von Säcken hergerichteten Fellen, deren jedes an seinem unteren Ende an der Gabel eines ausgehöhlten, mit einem Steine beschwerten Baumastes festgebunden ist, während das obere Ende einen langen Schlitz zeigt, längs dessen zwei flache Stöcke befestigt sind; indem man die Bälge mit der Hand öffnet und emporhebt, schließt und niederdrückt, erzeugt man einen Luftstrom, welcher durch die Gabelröhre vereinigt und in einen Herd einfachster Art geleitet wird. Der Meister trug ein wenig Feuer zum Ofen, legte Holzkohlen darauf und fachte die Glut kräftig an. Dann erhitzte er mehrere Stücke altes Eisen und schweißte sie mit Zuhilfenahme eines Schweißmittels, bestehend aus den Brocken einer großen Muschel, zusammen. Ebenso vereinigte er mehrere alte Messer in kleine Barren und hämmerte diese zu längeren Stücken von vierkantigem Querschnitte aus. Zwei solche Stäbchen, an einem Ende zusammengeschweißt, am anderen etwas auseinander gebogen und mit einem darüber gleitenden Ringe versehen, bilden eine sehr wirksame Zange, welche zum Drahtziehen gebraucht wird, wie wir sogleich sehen sollten."

„Der Schmied erhitzte eine Rolle dicken Draht in einem leichten Feuer von Blättern und Stroh zu dunkler Rothglut. Während dieses langsam brannte, richtete er sein Zieheisen her, eine weiche Eisenplatte, deren Löcher je nach Bedürfniß durch Hammerschläge verengt, oder durch Eintreiben eines glatten Dornes erweitert wurden. Dann hämmerte er den Draht am Ende dünner, fettete ihn gehörig ein, steckte ihn in das Zieheisen, spannte das durchgekommene Stück in die Zange, setzte sich auf den Boden, legte die Ziehplatte zwischen seine Füße, zog einen langen Lederstreifen durch die Zange, faßte diesen mit der Hand an und beugte sich schnell rückwärts, sodaß der Draht ein kleines Stück verlängert ward. Als durch mehrmaliges Wiederholen derselben Arbeit etwa eine Fußlänge des Drahtes verdünnt worden, stand unser geschickter Freund auf, ging an eine zwischen Pfählen befestigte, mit zahlreichen Löchern durchbohrte Pfoste, legte das Zieheisen in eine Kerbe hinter dieser, steckte den Draht durch das Loch, befestigte die Zange wieder am spitzen Ende und zog nun ein größeres Stück aus. Begreiflicher Weise erweiterte sich das Loch in der ungehärteten Ziehplatte ziemlich schnell, und der letzte Theil des Drahtes ging mit Leichtigkeit hindurch; es gehört also nicht wenig Mühe dazu, um eine ganze Rolle gleichmäßig zu ziemlicher Feinheit auszustrecken."

„Darauf sahen wir uns den feinen, auf diese Weise gewonnenen Draht an, aus welchem die hier so beliebten Schmuckkettchen bereitet werden. Der gefällige Künstler befriedigte unsere Neugierde, indem er auch noch an einer solchen Kette zu arbeiten begann. Er wickelte den feinen Draht um ein dickeres, stricknadelförmiges Eisen und schnitt längs desselben hin die ganze Schneckenwindung mit einem scharfen Meisel in kleinere Ringe, von denen jeder ein Gliedchen bildet — ganz in derselben Art, wie Dies auch unsere Handwerker thun."

„Wir blieben wol anderthalb Stunden lang bei dem geschickten Manne. Der Baron bestellte beim Weggehen einige Kettchen, ein Schwert, ein Paar Messer und Lanzenklingen; der Schmied nahm jedoch nur ersteren Auftrag an und weigerte sich entschieden, Waffen zu fertigen oder zu verkaufen." —

Von all den hübschen Eisenwaaren, welche in Dschagga verfertigt werden, zeichnen sich besonders die Schwerter durch Schönheit der Arbeit und durch zweckmäßige Gestaltung aus. Das eine Ende, welches mehr als die Hälfte der Länge einnimmt, ist achtkantig und mit einer hölzernen Schale umgeben oder mit Fäden, Leder und Metalldraht umwickelt, um der Hand einen besseren Griff zu bieten. Das andere, kürzere Ende bildet ein lanzettförmiges, mehrere Zoll breites Blatt, welches in der Mitte durch eine Rippe verstärkt und an beiden Seiten zu einer kräftigen, unter starkem Winkel geneigten Schneide zugeschliffen ist. Man verwahrt diese Waffe in einer kurzen, sauber gearbeiteten, mit eingebrannten

Figuren verzierten Scheide von steifem, gelben Leder und trägt sie, wie Dies auch die Suaheli und Araber an der Küste thun, frei in der Hand, nicht um die Hüfte geschnürt. Zum Abhauen von Baumästen, welche dem Wanderer oft den Weg versperren, ist Nichts besser geeignet als ein Dschaggaschwert: sie halten sich sehr lange scharf, obgleich sie nur aus dem weichsten Eisen gefertigt sind; die eigenthümliche Gestalt der Klinge verhütet ein Ausgleiten; die Schneide trifft den Gegenstand gerade mit dem Mittelpunkte der Schwere, durchschneidet ihn also möglichst leicht. Ein Hieb mit unseren Schwertern, Hirschfängern und Faschinenmessern ist nicht halb so kräftig, weil bei ihnen der Schwerpunkt weiter nach hinten, nach dem Griffe zu liegt. An einzelnen Orten, z. B. in der früheren hannöverischen Armee, hat man, um den beregten Uebelstand zu vermeiden, Faschinenmesser mit sehr starkem, hohlen Rücken eingeführt, in welchem sich etwas Quecksilber befindet; dieses vermehrt, durch die Schwungkraft nach vorn getrieben, die Wucht des Hiebes nicht unbeträchtlich — den Dschaggaschwertern kommen aber auch diese Schneidewerkzeuge in ihrer Wirkung nicht gleich.

Von ähnlicher Gestalt wie die Schwerter fertigt man auch kleine, ein bis anderthalb Spannen lange Messer, gleichfalls mit kurzer Scheide; sie werden gewöhnlich in einer Falte oder einem Knoten des Kleidungsstückes getragen. Ein Schwert mit Scheide kann man, wenn es überhaupt gelingt, Jemand zum Verkaufe zu bewegen, für sechs Armlängen Baumwollenzeug und fünfzehn Stränge feine, rothe Samsamperlen kaufen. Schwerter wie Messer sind im ganzen Lande hoch geschätzt und werden von den Karawanen häufig nach der Küste gebracht.

Diese Eisenindustrie beweist, daß die Ostafrikaner keineswegs auf so niedriger Stufe stehen, wie manche Reisende uns glauben machen wollen. Es ist unnöthig, darauf hinzuweisen, was Leute, welche ohne Anweisung und mit den rohesten Hilfsmitteln so geschickt arbeiten, erst leisten müßten, wenn sie mit stälernen Werkzeugen versehen wären.

Einundzwanzigster Abschnitt.

Im Lande der Masai.

Aelteste Sagen der Masai und Wakuasi. — Masai im Kampfe. — Wohnungen und Lebensweise. — Regierungsform. — Verachtung gegen andere Völker. — Verkehr mit den Karawanen. — Familienleben. — Altersklassen der Männer. — Tod und Fortleben. — Glaube an das Wirken der Gottheit. — Von Usanga bis zum See Jipe. — Bienen fallen die Karawane an. — Unser eisernes Boot. — Fahrt über den See. — Nächtliche Geschäfte. — Wanderungen im Sumpfe. — Ein Fieberanfall. — Msuskuma verläßt uns. — Alte Bekannte aus Dafeta im Lager. — Nochmals im Sumpfdickicht. — Jagd auf Elephanten. — Durch die Ebene bis an den Rufu. — Tropischer Sternenhimmel. — Ein Flußübergang. — Die ersten Masai. — Eine Wiese im Walde. — Ungeberdige Leute. — Unser zweites Lager in Aruscha. — Die Eingeborenen im Verkehre mit uns. Aeußeres, Tracht und Schmuckgegenstände. — Büffeljagd. — Arbeitstheilung. — Strafgericht an drei Dieben. — Eine verhängnißvolle Weissagung. — Verhandlungen mit den Aeltesten von Aruscha. — Botschafter vom Sultahn Dschuaka von Sigrari. — Endliche Entscheidung. — Die letzte Möglichkeit in Angriff genommen.

Im grauen Alterthume wohnte auf dem Berg Orldoinio Eibor (Weißberg, Kenia der Wakamba) ein Mann, welcher über jedes menschliche Wesen erhaben war. Engai selbst (der Himmel, Gott) hatte ihn auf diesen Berg gesetzt, und das Volk erblickte in ihm einen Halbgott, einen Vermittler zwischen Gott und den Menschen, und nannte ihn Neiterkob d. i. Glanz oder Gabe des Landes.

Hiervon vernahm Endschemasi Enauner, ein Mann, welcher einsam und allein mit Sambu, seiner Frau, auf dem hohen, aber nicht mit Schnee bedeckten Berge Sambu lebte, im Süden des Orldoinio Eibor. Er begab sich auf den Weg mit seinem Weibe, suchte Neiterkob auf und bat ihn, er möchte seine Ehe fruchtbar machen. Der Geheimnißvolle erhörte sein Gebet und segnete Sambu, daß sie ihrem Manne mehrere Kinder gebar; zugleich unterrichtete er Endschemasi in der Kunst, die in den Wäldern wild lebenden Kühe zu zähmen. Eines Tages war Neiterkob von dem Berge verschwunden. Endschemasi und Sambu suchten lange nach ihrem Wohlthäter und kehrten endlich, als sie ihn nicht fanden, nach ihrem Heimatsberge Sambu zurück.

Endschemasis Nachkommen, die Wakuasi, wurden wie Sand am Meer und verbreiteten sich nach allen Richtungen in die ungeheure Ebene. Jetzt haben sie hauptsächlich das Gebiet rings um den weißen Berg inne, welchen sie als ihren Stammort betrachten. Ihre Stammesbrüder, die Masai, wohnen am Berge Sambu (Meru?) und in dessen Umgebung. Beide Völkerschaften sind durch Sprache, Sitten und Gewohnheiten nahe verwandt, hassen sich aber auf das Aeußerste und verfolgen einander, wo sie sich treffen; nur in dem einen

Gefühle sind sie einig, in der Feindschaft gegen die anderssprachigen und anderslebenden Küstenvölker. Nach Krapf, dem wir fast Alles verdanken, was wir über diese Völker wissen, sind die Masai und Wakuafi semitischen Ursprungs. Ihre Sprache hat gewisse Beziehungen zu einem alten Arabisch, doch nähert sich die der Wakuafi schon einigermaßen den südafrikanischen Mundarten.

Wie einstmals Hunnen, Mauren und Türken die Völker Europas heimsuchten, so können den Ostafrikanern die Wakuafi und namentlich die Masai als „Geißel Gottes" gelten. Diese wilden Völker fürchten nicht das Feuergewehr: gar manche Karawane mit fünfhundert bis tausend Bewaffneten haben sie vernichtet, und selbst den geübten Soldaten der arabischen Macht an der Küste haben sie siegreich gegenüber gestanden. Beim Beginn eines Kampfes mit Suaheli werfen sie sich auf den Boden, decken sich mit ihren langen Schilden und warten, bis die Flintenmänner ihr Pulver und Blei verschossen haben; dann aber erheben sie sich, schreiten mit Wurfkeulen und Spießen zum Angriff und lassen nicht ab, bis die Schlacht entschieden ist, sei es nun zu ihrem oder zu der Feinde Gunsten. Und ob Hunderte von ihnen fielen, die übrigbleibenden Tausende weichen nicht zurück, sie fechten den ganzen Tag, ohne nach Essen und Trinken zu fragen, und siegen endlich doch durch ihren Ungestüm und ihre Ausdauer. Bisweilen freilich kommt es vor, daß die Masai empfindliche Niederlagen erleiden, sowol unterwegs von tapferen Karawanen, welche ihre Angriffe zurückschlagen, als auch bei einem Einfall in das Land friedlicher Leute, wenn diese sich ermannen und sie mit blutigen Köpfen heimschicken.

Durch ihre Ueberlieferungen werden die Masai und Wakuafi gewissermaßen auf Raub und Plünderung angewiesen: „Engai", sagen sie, „hat alles Vieh ausschließlich für uns geschaffen; wenn wir es anderen Stämmen entführen, so holen wir nur unser Eigenthum zurück." Sie sind Hirten und haben als solche keine festen Wohnsitze. Allerdings errichten sie sich bei Beginn der Regenzeit Hütten aus Stöcken und Stangen welche sie mit Ochsenhäuten und Kuhmist decken; aber nach einigen Monaten, wann die Weide schlecht zu werden anfängt, verlassen sie ihr Obdach und wandern nach anderen Orten aus, wo sie besseres Gras finden. Ihr Hausgeräth, Töpfe, Körbe, Ledersäcke, Kürbisflaschen u. dgl. befestigen sie auf Sonda's oder Bettstellen und bürden sie Eseln auf, da sie selbst zu stolz sind, um Lasten zu tragen. Wie es scheint, kehren sie zur Zeit der Regen nach denselben Hütten zurück. Diese stehen gewöhnlich nicht einzeln, sondern zu größeren, von Dornhecken umgebenen Niederlassungen oder, wenn man will, Dörfern vereinigt. In solchen Gemeinschaften hat jede Familie ihren eigenen Weiler und außerhalb der Umzäunung einen eigenen Weideplatz, auf welchem das mit besonderen Marken gezeichnete Vieh zumeist von Knaben gehütet wird.

Die Masai und Wakuafi leben fast ausschließlich von dem Ertrag ihrer Heerden, von Fleisch, Milch und Butter. Außerdem findet nur noch der Honig Gnade vor ihren Augen. Stämme in der Nachbarschaft von ackerbauenden Völkern bestellen wol auch das Feld mit Bohnen, Mais, Mtama und Bananen, aber, wie es scheint, einzig zum Gebrauche der Weiber und Kinder — Männer verachten die elende Pflanzennahrung. Fische werden, in sonderbarer Uebereinstimmung mit den Gebräuchen der katholischen Kirche, nicht für Fleisch angesehen, und demgemäß werden sie denn auch nicht gegessen; ebenso berührt man Hühner nicht, vielleicht, weil man sie, wie Dies die Galla thun, für — Geier hält.

Wie es sich bei oft umherziehenden, wenig seßhaften Völkern nicht anders vermuten läßt, ist die Regierungsform im Allgemeinen eine patriarchalische, auf den Häuptern der Familie oder des Stammes beruhende: der Aelteste oder Stammvater übt, im Frieden wenigstens und in den engen Grenzen der Gemeinde, die höchste Gewalt und das Richteramt aus. In unruhigen Zeiten jedoch, wann es nöthig ist, die ganze Kraft des Volkes zusammen zu halten, genügt diese Einrichtung nicht; man hat es deshalb vortheilhaft gefunden, noch ein gemeinschaftliches Oberhaupt, einen Anführer oder Häuptling, Orlkibroni, einzusetzen, welcher zugleich die Stelle eines Orleibon d. i. Oberpriesters oder Zauberers vertritt und als solcher nicht blos im Frieden Regen herbeiführt für die dürstenden Felder, sondern auch im Kriege mit seiner Zauberkunst die Feinde zurückschlägt und vernichtet. Er wird nach Tüchtigkeit erwählt, wird abgesetzt, falls er sich seines Amtes unwürdig zeigt, und sogar getödtet, wenn er dreimal nacheinander eine Schlacht verloren. Ihm zur Seite stehen, jedenfalls als Räthe und Minister, die Aeltesten oder Oberhäupter der einzelnen Stämme. Seine Macht stützt sich hauptsächlich auf die jungen Leute oder Ilmurän (Einheit Orlmurän), die jungen Männer von achtzehn bis fünfundzwanzig Jahren, welche jederzeit zum Waffendienste bereit sind. Ein Theil von ihnen streift umher auf Raubzügen, ein anderer beschützt das Vieh auf der Weide und ein dritter, eine Art Landwehr, vertheidigt, wann die Anderen ausgezogen sind, die Weiber, Kinder und Alten, welche zu Hause bleiben. Sie führen Spere, Schilde und Streitkolben (beide von der Bd. I. S. 264 beschriebenen Art); letztere wissen sie mit Sicherheit auf beträchtliche Entfernung zu schleudern. Bogen und Pfeile verschmähen sie als Waffen der Feigen. Ihre Anführer oder Alten tragen einen Stock als Zeichen ihrer Würde, aber keine Waffen.

Ein unbändiger Stolz und das lebhafteste Gefühl der Freiheit und Unabhängigkeit beseelt die Masai und Wakuafi. Gegen andere Völkerschaften, zumal wenn diese wie die Suaheli Sklavenarbeit verrichten d. h. das Feld bebauen und Lasten tragen, hegen sie die größte Verachtung. Zu solchen Arbeiten würde sich auch der Niedrigstgeborene unter ihnen nicht verstehen, selbst nicht, wenn er in Gefangenschaft geriethe, als Sklave nach der Küste geschleppt und grausam behandelt werden sollte — er bewahrt sich als Sklave die Gesinnung eines freien Mannes und würde eher sterben, als sich auf diese Art entehren. Völlig Besitzlose unter ihnen verstehen sich höchstens dazu, im Lande umherzuziehen und für Reichere Felle und Stoffe zu Kleidungsstücken zusammenzunähen, woraus erhellt, wie gering bei jenen Barbaren die Schneider geachtet sind.

Sklaven ihres eigenen Stammes und wol auch andere besitzen beide Hirtenvölker nicht. Nach Kämpfen untereinander tödten die Masai ihre männlichen Wakuafigefangenen, die Wakuafi aber verkaufen die gefangenen Masai als Sklaven nach der Küste. Dagegen leben zwei Stämme, die Wandurobo und Elkonono — wahrscheinlich Ueberreste ehemals mächtiger Völker — in größter Abhängigkeit von den Wakuafi: die Elkonono, geschickte Grobschmiede, fertigen Spieße, Schwerter und Messer für ihre Herren, die Wandurobo aber jagen Elephanten und liefern das erbeutete Elfenbein ab; sie wohnen in schlechten, mit Gras bedeckten Hütten und nähren sich hauptsächlich von Elephantenfleisch; sie sprechen die Wakuafisprache, besitzen aber, wie es scheint, auch eine eigene Mundart. In ähnlichem Verhältnisse stehen die Wamau zu den Masai.

Gegen Fremde sind Masai wie Wakuafi mißtrauisch; sie betrachten alle Diejenigen, welche bewaffnet in ihr Land kommen, als Ilmagnati oder Feinde (so werden auch die Wakuafi von den Masai genannt) — unbewaffnet aber wagt sich Niemand zu ihnen. Gewöhnlich sind die Karawanen, welche mit diesen Völkern Handel zu treiben gedenken, nicht unter fünfhundert Mann stark und mit Flinten bewaffnet. Sie verabsäumen keine Vorsicht, um sich vor Feindseligkeiten zu schützen; im Wakuafilande z. B. suchen sie, wenn sie sich einem Dorfe nähern, einzelne Frauen oder Männer zu fangen und bitten sie unter Versprechung eines Geschenkes, den Aeltesten zu melden, daß Kaufleute angekommen seien und die Erlaubniß zum Handeln begehren; findet das Gesuch Genehmigung, so kommen die Angesehensten selbst heraus, bringen, selbstverständlich in Erwartung einer Gegengabe, einen Ochsen zum Gruß, und das Geschäft beginnt.

Reisende, Arme und Gebrechliche von ihrem Volke behandeln sie gütig und erquicken sie mit Trank und Speise. —

Will bei den Masai oder Wakuafi ein junger Mann heirathen, so wendet er sich an die Eltern oder Verwandten seiner Auserwählten, welche in der Regel nicht jünger als zwanzig Jahre sein darf, und zahlt ihnen, falls sein Antrag genehmigt wird, eine Anzahl Kühe als Entgelt. Vor der Verehelichung wird das Mädchen beschnitten, dann mit Punkten von weißer und rother Farbe bemalt und im elterlichen Hause dem Bräutigam übergeben. Zur Feier des Tages werden einige Kühe geschlachtet und, nachdem man Brust und rechten Hinterfuß dem Häuptling gesendet, von den Anverwandten des Paares verzehrt; als Würze des Mahles dient gegohrenes Honigwasser. Von nun an ist die Frau alleiniges Eigenthum ihres Mannes. Ihr früherer Besitz oder Das, was sie von den Eltern mitbekommen, wird den Weibern nicht genommen; sie behalten ihre eigene Heerde für sich und leben von dem Ertrage derselben, so jedoch, daß bei dem Schlachten einer Kuh die Männer den besten Theil, sie selbst aber nur Füße, Hals und Haupt erhalten — Nieren und Leber sind der Antheil der alten Leute, welche deshalb auch Nieren- oder Leberesser heißen. Gewöhnlich nimmt der Mann zwei Frauen, um in allen Verhältnissen wenigstens eine zu haben.

Kinder werden auf gewöhnliche Weise auferzogen. Mißgestaltet geborene läßt man leben, so lange Engai ihnen Leben verleiht. Knaben werden im dritten Lebensjahre beschnitten, Mädchen, wie bereits erwähnt, erst kurz vor ihrer Verheirathung. Eine unbeschnittene Person ist diesen Völkern ein Gräuel und hat keinen Zutritt in der Gesellschaft; solch' unreiner Sohn kann seinen Vater nicht beerben, ein solches Mädchen darf für Andere keine Speisen bereiten, und ihr entstammende Kinder sind dem Tode verfallen. Knaben von einer bestimmten Altersstufe werden durch die Aeltesten ihres Stammes in den Sagen der Voreltern unterrichtet; hierfür hat ein jeder Schüler dem Lehrer einen Ochsen zu entrichten. Vom vierzehnten Jahre an verlassen sie die Gesellschaft der Mütter und der Frauen und gesellen sich zu den Jünglingen oder Kriegern (Ilmurān), vor der Hand als deren Diener, mit dem siebzehnten Jahre aber als ebenbürtige Genossen. Männer vom fünfundzwanzigsten Jahre an, namentlich wenn sie geheirathet haben und eigenen Viehstand besitzen, sind nicht mehr ausschließlich zum Kriegsdienste bestimmt. Je nach ihrem Alter werden sie wieder als Elkiĕko oder jüngere Männer, als Esabuki, Männer von vierzig bis sechszig Jahren, und als Elkidscharo oder Elkimirischo d. i. Aelteste oder Greise unterschieden. Letzteren wird von der Jugend große Verehrung gezollt; keiner der jungen Leute würde es wagen, sich in Gegenwart der Alten zu setzen, ohne vorher Erlaubniß erhalten zu haben.

Die Todten werden nicht eigentlich beerdigt, weder, wenn sie im Hause gestorben, noch wenn sie auf dem Schlachtfelde gefallen sind: man legt sie im Freien, zumeist unter Bäumen, auf den Boden und bedeckt sie mit Gras oder Steinen, mit einem umso größeren Haufen, je höheres Ansehen sie im Leben genossen. Geschrei und Musik findet hierbei nicht statt. Nur kleine Kinder begräbt man in der Hütte (?) der Familie zugleich mit dem Hunde, welcher von klein auf ihr Gespiele war. Unmittelbar nach Eintritt des Todes ändert man den Namen des Verstorbenen, weil man fürchtet, daß dessen Geist, wenn er seinen Namen hört, erscheinen und die Lebenden beunruhigen könne; so heißt z. B. der Vater nach dem Tode Orlojit, während er im Leben Baba oder Ménie hieß, die Mutter aber Enain anstatt Engnodon. Eine Verehrung der Abgeschiedenen, wie sie bei den Wanika üblich, scheint hier nicht stattzufinden, wenigstens ruft man die Geister nicht als Vermittler zwischen Mensch und höchstem Wesen an, betrachtet vielmehr die Mittlerschaft des Neiterkob für ausreichend.

Wie bereits erwähnt, haben diese Hirtenvölker einen schwachen Begriff von einem höchsten Wesen, welches sie als Engai (Himmel, Regen, Gott) bezeichnen, ein Wort, welches somit fast vollkommen dem Mungu oder Mulungu der Angehörigen des südafrikanischen Sprachstammes entspricht. Eben weil ihnen Gott und Himmel gleichbedeutend ist, verdenken es die Wakuafi den mahammedanischen Küstenbewohnern sehr, daß sie beim Gebete niederknieen und sich verbeugen, bis sie mit der Stirne den Erdboden berühren; „diese Leute", sagen sie, „wenden ihrem Gott den Hinteren zu!" Dies erklärt auch, warum die Masai den Kilimandscharo „Doinio Engai" (Berg Engais) nennen: er ist der Berg, woher ihnen der Regen, eine Aeußerung Gottes, kommt. Sie glauben, daß Engai im Regen gegenwärtig sei und halten es deshalb für unehrerbietig, in der Hütte oder unter einem Baume zu verweilen, während es regnet.

Hat längere Zeit Dürre geherrscht, so rufen die Bedrängten Engai durch Vermittlung des Halbgottes Neiterkob an: „O Himmel, ich bitte Dich, das Land mit Gras bekleiden zu lassen." Diese Worte sprechen oder singen sie in eigenthümlicher, gemessener Weise unter Tanzen und Springen. Wollen sie eine Bitte an Engai dringlicher machen, sei es nun um Regen, Gesundheit oder Kriegsbeute, so geloben sie, einen Ochsen zu schlachten und dessen Fleisch unter die Leute zu vertheilen. Auch an ein unmittelbares, richterliches Eingreifen der Gottheit glauben sie, wie es scheint, da Gottesgerichte bei ihnen im Schwange sind. Wird nämlich Jemand eines Verbrechens angeklagt, so muß er, wenn der Thatbestand sich nicht ermitteln läßt, einen Eid oder Mümak schwören; danach gießt ihm der Orleibon (Zauberer, Arzt, Häuptling) ein Gebräu aus Wurzeln und Fleischstückchen in den Mund: ist der Mann schuldig, so erstickt er an dem Fleische, welches ihm in der Kehle stecken bleibt.

Frühmorgens am 27. Oktober stellte Sultahn Kmerio von Usanga sich ein und nahm sein Geschenk in Empfang, drei Doti weißes, zwei Stück buntes Zeug und eine Anzahl Perlenschnüre. Zwei Stunden nach Sonnenaufgang begaben wir uns auf den Weg, dem neuen Ziele zu, der Landschaft Aruscha an der Grenze des Masaigebietes. Unser früherer Wegweiser von Kisuani führte uns wiederum durch alle Bodenschwierigkeiten, welche er nur auffinden konnte. Es gereichte uns zur hohen Genugthuung, daß er, als wir endlich ins Freie gekommen waren aber schon wieder einem neuen Dickicht entgegen gingen, in eine Wildfalle stürzte; gebührender Maßen wurde der ortskundige Mann von uns und unseren Leuten tüchtig verspottet. Gegen Mittag gelangten wir an den See. Wir wanderten längs seines Westufers nordwärts auf einer kahlen, von den Ugonobergen allmählich nach dem Wasser zu sich senkenden, rothen Lehmebene, welche nahe dem Schilfkranze mit unzähligen, weißgebleichten Muschelgehäusen und hier und da mit den unverweslichen Ueberresten großer Schildkröten bedeckt war. Nach einer Stunde kamen wir an eine lichte Stelle im Schilfe, wo sich uns zum ersten Mal ein Blick auf den Seespiegel eröffnete. Hier ließen wir uns unter einigen schönen Gummi-Mimosen nieder.

Die Feuer brannten bereits, die Msigo waren zur Lagerstätte zurecht gelegt, und eben wollten wir daran gehen, es uns bequem zu machen, als der Schreckensruf Niuki, Niuki! (Bienen) erscholl. Als ob das Wort sie versteinert hätte, verharrten die erfahrenen Träger genau in derselben Stellung, in welcher sie sich eben befanden; keiner wagte, sich zu regen, aus Furcht, die durch den Rauch unserer Feuer gestörten Thiere, welche in immer dichteren Scharen uns umschwärmten, noch mehr zu reizen. Die Hunde und Esel stürzten, von den wütenden Immen gepeinigt und verfolgt, wie rasend und ohne auf den Weg zu achten in das Weite, gerad über mein Bett hinweg, sodaß ich kaum wußte, wie ich mich und die neben mir aufgestellten Uhren schützen sollte. Jetzt war Alles still bis auf das unangenehme Summen. Eine lange, bange Viertelstunde, während welcher nur der Anblick der in den sonderbarsten Stellungen bewegungslos dasitzenden oder stehenden Neger Veranlassung zu einiger Heiterkeit gab, dauerte dieser Zustand fort. Endlich räumten die Bienen das Feld, sonst hätten wir Dies thun müssen. Nach langer Zeit erst gelang es uns, die Esel wieder einzufangen.

Da wir, der Jagd und der Messungen halber, einige Zeit zu verweilen gedachten, schlugen wir ein Zelt auf. Noch waren wir mit der weiteren Einrichtung beschäftigt, als ein tüchtiger Regenschauer uns zwang, das Obdach zu benutzen. Später setzten wir ein in Hamburg gebautes eisernes Boot zusammen, um es am nächsten Tage zur Fahrt auf dem See zu benutzen. Es bestand aus sieben Theilen, deren keiner über fünfzig Pfund wog. Vorder- und Hintertheil von gleicher, zugespitzter Gestalt waren die leichteren und stellten dicht verschließbare Luftkästen dar, welche uns schon oft zur Aufbewahrung und Weiterschaffung von Getreide gedient hatten. Die fünf anderen Theile bildeten jeder einen selbständig schwimmenden Kasten; einer von diesen genügte, die Last eines Mannes zu tragen. Bei Flußübergängen hatten wir schon öfters die einzelnen Kästen benutzt; wir setzten uns auf die in der Mitte befindliche Bank und ließen uns, vorsichtig das Gleichgewicht haltend, von einem im Wasser watenden Neger nach dem anderen Ufer ziehen oder schieben. Hier auf dem See Jipe sollte das mit soviel Mühe hergebrachte Boot zum ersten Male in seiner ganzen Länge dienen.

Ruhig lag der See, noch vom Regen geglättet, vor uns, ein trübes, übrigens angenehm schmeckendes Wasser von heller, ockergelber Färbung, an dessen gegenüberliegendem Ufer sich mehrere Hügel aus einer leicht ansteigenden, mit einzelnen Bäumen und Büschen bestandenen Ebene erhoben. Kaum hundert Schritt von uns schwammen fünf bis sechs Flußpferde, nur mit dem plumpen Kopf und den spitzen Ohren die Wasserfläche überragend — ein namentlich für mich überaus anziehendes Schauspiel: mit Sehnen wünschte ich den folgenden Tag herbei, an welchem das Boot uns mitten zwischen die Riesenthiere führen sollte.

Der Regen begann am Abende wieder und hörte den größten Theil der Nacht über nicht auf. Gegen Sonnenaufgang unternahm der Baron einen Spaziergang nach einem benachbarten Hügel, um der Jagd obzuliegen und zu sehen, ob nicht ein günstiger Punkt zur Vermessung des Sees sich finden ließe; mit pfundschweren Lehmklumpen an den Füßen kehrte er, in jeder Weise unbefriedigt, zurück. Von Neuem strömte der Regen herab. Wir krochen in das Zelt und spielten, da wir nichts Besseres anzufangen wußten, eine Partie Schach auf einem kleinen, zusammenlegbaren Brete mit aufzusteckenden Figuren, zum ersten Male wieder seit dem Verlassen von Mombas.

Vier Uhr Nachmittags endlich klärte es sich auf; ohne zu zaudern benutzten wir die wenigen Stunden bis zur Dunkelheit zu einer Fahrt über den See. Breite Paddelruder, welche in Sansibar von Negern und nach Negerart gefertigt worden waren, dienten uns zur Vorwärtsbewegung des Bootes. Nachdem wir längere Zeit nur ein bis zwei Fuß Wasser gemessen hatten, senkte der Grund sich auf sieben bis zehn und elf Fuß unter der Oberfläche. Diese Seichtigkeit des Sees war uns nicht überraschend, schon die schwache Senkung der Ufer ließ darauf schließen; denn beträchtliche Tiefen findet man bekanntermaßen zumeist nur in Gebirgsseen zwischen steilabfallenden Felswänden. Die Ueberfahrt dauerte fünfviertel Stunden. Kurz nach unserer Ankunft begann es zu dämmern. Um die bei einer Nachtfahrt möglichen Fährlichkeiten wie Anrennen an ein Flußpferd u. A. m. zu vermeiden, setzten wir uns nach kurzem Aufenthalte wieder in Bewegung. Wenige Bootlängen erst hatten wir uns vom Ufer entfernt, als plötzlich ein großes Krokodil neugierig emportauchte, wie um die Fremden in dem noch nie gesehenen, schwimmenden Kasten zu betrachten. Der Baron riß sein Gewehr empor. Es war nicht Zeit und Raum, es wie gewöhnlich anzulegen; er hielt es in freier Hand, streckte es der Bestie entgegen und feuerte ihr die Schrotladung in die Schnauze — der Unhold verschwand mit dieser Prise und ließ sich nicht wieder sehen. Wir fuhren ungestört weiter über die ein wenig aufgeregte Wasserfläche. Nicht selten grunzten Flußpferde in geringer Entfernung von uns. Daß sie uns feindselig angreifen würden, fürchteten wir nicht, wol aber, daß sie uns durch ihre Neugierde und Ungeschicklichkeit zu einem unangenehmen Bade verhelfen könnten; deshalb strengten wir alle unsere Kräfte an. Nach fünfundsechzig Minuten harten Ruderns erreichten wir den Lagerplatz.

Der Himmel war völlig wolkenlos, und in hellem Glanze leuchteten Mond und Sterne. Hinter den Hügeln jenseit des Sees stieg langsam das prächtige Sternbild des Orion auf: ich hatte es seit der Seereise nicht wieder gesehen und begrüßte es mit lebhaftester Freude als Bekannten aus der Heimat. Die günstige Gelegenheit benutzend pflanzte ich meinen Meßkreis auf und beobachtete einige Stunden lang Höhen der Gestirne, um die Lage des Platzes genau festzustellen. Dicht am Rande des Sees ließen die Flußpferde ihr dem Neulinge fürchterliches Brüllen ertönen, dazu fiel ein starker, Alles durchdringender Thau, sodaß ich froh war, als ich meine Arbeiten beendet hatte. Währenddessen war der Baron mit Koralli auf den Anstand gegangen in der Hoffnung, der Karawane durch einen glücklichen Schuß frisches Fleisch zu verschaffen. Eben als ich fertig war, kehrten sie zurück, gleichfalls vom Thau durchnäßt und durchkältet. Sie hatten in kurzer Entfernung nördlich vom Lager Stand genommen und auch glücklich ein Flußpferd in schußgerechter Entfernung gesehen. Der Baron feuerte, es stürzte. Koralli jubelte: „Es liegt, es ist todt!" verabsäumte aber darüber die nothwendige Vorsicht, noch einmal zu schießen — das Thier raffte sich auf und verschwand im Wasser, war also, wennschon es tödtlich verwundet sein mußte, für uns verloren.

Am 29. Oktober brachen wir zeitig auf. Nordwärts, dem Ende des Sees zu wandernd, kamen wir bald in anmutigere Landschaft: feines, kurzes Gras bedeckte den vorher kahlen, rothen Boden, und üppig grünende Bäume zeigten sich in größter Anzahl in der Nähe des Wassers; kleineres Gethier kroch in Menge auf dem saftigen Rasen, und frischgetretene, mächtige Fußstapfen legten Zeugniß ab von dem Wildreichthume der Gegend.

Allgemach erreichten wir einen starkströmenden Fluß von etwa dreißig Fuß Breite und vier Fuß Tiefe, durch welchen nach Msuskuma unser Weg führen sollte. Der Uebergang über diese Wasserader war rasch bewerkstelligt; jenseits aber begann ein ausgedehnter Sumpf, in welchem wir zwei Stunden lang umherzuirren hatten, ehe wir den Ausweg fanden. Dichtes Schilf und riesiger, zehn bis fünfzehn Fuß hoher Papyrus hemmte unsere Schritte, und die Abwechselung zwischen Schlamm und tieferem Wasser wurde überaus beschwerlich. Unvorsichtiger Weise hatte ich vorher meine Schuhe ausgezogen. Meine armen Füße mußten Dies schwer büßen, denn ich trat auf spitzige Wurzeln, verwundete mich an scharfen, eckigen Körpern und rieb mir an mehr als einer Stelle die Haut auf; dazu kam noch die fortwährende Besorgniß, von dem Ungeziefer des Wassers, namentlich von den riesigen Wasserwanzen gestochen zu werden, von denen die eine Art über zolllang ist. Schlimmer noch als ich selbst litten meine Reisegefährten, welche sich bei dem gestrigen Jagdvergnügen arg erkältet hatten und nun in fieberhaftem Zustande dahinstolperten. Der Baron wurde außerdem in heftigster Weise von Dysenterie befallen. Noch ehe wir uns herausgefunden, sank er erschöpft zu Boden; sechs Leute trugen ihn weiter bis auf das Trockene. An dem ersten, einigermaßen passenden Platze schlugen wir das Lager auf, obwol die Weiterreise nicht minder dringend geboten schien als die Ruhe. Einige Stunden Schlaf und eine tüchtige Gabe Chinin besserten zu unserer großen Beruhigung den wirklich bedenklichen Zustand des Barons.

Mitten im Sumpfe waren uns einige Leute aus Dafeta begegnet, welche erzählten, es wären Masai zwischen Aruscha und Dafeta gesehen worden. In Folge dessen änderte Msuskuma seinen Entschluß, uns nach Aruscha zu begleiten, und verließ uns unter dem

Vorwande, nicht genug Lebensmittel zu haben, noch an demselben Tage, um sich ohne Verzug in das gesicherte Gebiet von Dafeta und von da aus weiter nach Dschagga zu begeben. Selbstverständlich hatte der Baron keine Lust, dem Elephantenjäger zu Gefallen die hohen Abgaben in jenem Landstriche zu erlegen; er ließ ihn ruhig ziehen und beauftragte ihn nur, uns zuverlässige Leute als Führer für den Weiterweg zu schicken.

Anderen Tages trafen die schon von letzter Reise her bekannten Mamburi und Banafumo im Lager ein. Mit bedenklicher Miene erzählten sie nach Austausch der üblichen Begrüßungen, daß fünfzig Mann einer von den Masai zersprengten Karawane aus Pangani in Dafeta weilten, und daß die andere Hälfte derselben Karawane vor den Barbaren nach Aruscha geflüchtet sei. „Ihnen selbst drohe", fuhren sie fort, „die höchste Gefahr, wenn sie mit uns gingen; allein wenigstens würden sie uns auf keinen Fall begleiten, sie müßten ihrer sechs sein, damit sie auf dem Rückweg einige Sicherheit vor Masai, Rhinozeros und Büffeln hätten." Da sie überdies drei Tage Bedenkzeit forderten und dringend wünschten, daß wir vorher mit ihnen nach Dafeta gingen, verzichtete der Baron auf ihren Beistand, worauf sie erklärten, noch an demselben Abend abreisen zu müssen. Ohne Abschied zu nehmen, gingen sie fort. Wir hielten sie nicht zurück, obgleich die Träger, welche schon über den Gang der Verhandlungen sich beunruhigt hatten, ihre Besorgniß auf verschiedene Weise zu erkennen gaben; es schien, als ob sie nur geringes Zutrauen in Sadis Befähigung zum Führeramte setzten. Kaum war eine Viertelstunde vergangen, als die beiden Wadafeta zurückkamen und gelassen, als ob Nichts vorgefallen wäre, erklärten, sie wollten die Nacht hier zubringen und die Karawane am anderen Morgen auf den Weg geleiten. Natürlich konnte uns Dies nur angenehm sein. Unter Sadis Regendach fanden sie das gewünschte Unterkommen.

31. Oktober. Unsere Führer schritten in nördlicher Richtung voran, durch eine angenehme Landschaft, zwischen einzelnstehenden Hügeln und Felsen hin; geradewegs nach Westen zu gehen, unserem Ziele Aruscha zu, hielten sie des undurchdringlichen Sumpfes und Waldes wegen für unmöglich. Bald wurde die Aussicht etwas freier, und links vor uns kam der stralende Kilimandscharo zum Vorschein. Nach zwei Stunden verließen uns die Wadafeta an einem Pfade, welcher „unfehlbar" über Kahe und Aruscha leiten sollte, ohne von einem anderen durchschnitten zu werden. Sie erhielten jeder zwei Stück weißen und zwei Stück blauen Stoff, nahmen das Geschenk mit stoischem Gleichmut in Empfang, maßen es wiederholt nach und verließen uns ohne ein Wort des Dankes.

Einige Stunden lang ging Alles gut; der Weg war, wenn auch nicht gebahnt, so doch gangbar. Auf der weiten Ebene standen Büsche von Fettpflanzen mit cylindrischen Blättern. Später erschienen, zum ersten Male wieder, seit wir die Küste verlassen, Gruppen von Dumpalmen und einzelne Affenbrodbäume. Gegen Mittag kamen wir in einen ausgedehnten Wald und endlich an trübe, mit haushohen Sumpfpalmen dicht umkränzte Wasserlachen. Wir überschritten mehrere Pfützen und Bäche und brachen uns öfters mit Hirschfängern und Beilen Bahn, ohne jedoch ein Ende unseres Mühens zu sehen. Sowol wir wie die Führer wußten schließlich nicht mehr wo aus noch wo ein; deshalb machten wir gegen drei Uhr am trockenen Ufer eines Flüßchens Halt und schickten Leute aus, welche den morgen zu benutzenden Weg auskundschaften sollten.

Kurze Zeit darauf kamen einige der Pfadsucher zurück mit der Nachricht, daß sie Büffel gehört hätten. Der Baron begab sich mit Einigen, welche die Elephantenbüchsen trugen, sofort auf den Weg. Ich schloß mich ihm ohne Bewaffnung an, nicht wenig gespannt, so mächtige Thiere in Freiheit zu sehen. Wir traten aus dem Wald ins Freie, auf eine mit wenigen Bäumen und Büschen bestandene Wiese. Hier gewahrten wir — allerdings nicht Büffel, aber eine zahlreiche Heerde Elephanten, gewiß einige vierzig, weibliche Thiere mit Jungen. Elephantenmütter anzugreifen, war freilich ein verzweifeltes Unternehmen, doch konnte der Baron der Verlockung nicht widerstehen. Er birschte sich mit seinen Begleitern bis auf etwa sechzig Schritt an, soweit es eben die spärliche Deckung erlaubte. Gewiß zehn Minuten lang sah er dem Treiben der riesigen Dickhäuter zu. Sein Entschluß, das Abenteuer zu bestehen, blieb unverändert. Er suchte sich das nächststehende größte Weibchen aus, zielte nach dem Schulterblatt und feuerte. Ein markdurchdringender Schmerzensschrei, wie ein schmetternder Trompetenton, erschallte, das Thier brach zusammen, erhob sich aber wieder und trabte den anderen, wutschnaubenden Ungethümen nach, welche in schwerem, schnell förderndem Galopp, glücklicher Weise nicht nach uns zu, davon eilten — eine dichte Wolke Staubes verhüllte in Kurzem die Heerde der flüchtigen Riesen. Der Baron schoß noch einmal blindlings in das Gewirr, lud dann schleunigst wieder und folgte den blutigen Spuren seines Opfers.

Sobald der erste Schuß gefallen war, hatten unsere Begleiter, selbst einer, welcher Elephantenjäger zu sein vorgab, die Flucht ergriffen. Erst als alle Gefahr verschwunden, kamen sie wieder herbei und schlossen sich uns an. Das angeschossene Weibchen blieb bald hinter den anderen zurück; es hielt in seinem Laufe öfters an, wässerte, mistete und verlor unglaubliche Mengen sogenannten Knochenschweißes: offenbar war es schwer verwundet, es schien eine sichere Beute des glücklichen Schützen zu sein. In raschem Laufe kamen wir über einen ziemlich stark fließenden Bach hinweg bis in den Wald; aber ehe wir noch das Thier erreichten, entlud sich ein heftiges Unwetter in nicht enden wollendem Regen und verwischte alle Schweißspuren. Da auch die Dunkelheit hereinbrach, mußten wir leider von der Verfolgung abstehen. Der Baron bot Dem, welcher der Fährte nachspüren wollte, zehn Thaler, also ungefähr ebensoviel, als der Lohn eines Trägers während der ganzen Reise beträgt; Keiner aber ließ sich dazu bereit finden, die Furcht überwog die Geldgier.

Anderen Morgens hatten wir noch lange in Sumpf und Wald umherzuirren, ehe wir in die offene, trockene Ebene gelangten. Sie zeigte wieder dasselbe Aussehen wie die gestern verlassene: fettblätterige Büsche bedeckten die mit niedrigem Grase bestandene Fläche, und dazwischen stand ab und zu ein Affenbrodbaum. Wir gewahrten wie auch schon gestern viele Steine von Kopfgröße, wahrscheinlich vulkanische Bomben, wie man sie in der Nähe von Feuerspeiern so oft findet. Die Ugonoberge zur Linken, den Kilimandscharo zur Rechten, schritten wir in oftmals wechselnder Richtung einem im Westen auftauchenden Höhenzuge, dem Aruschagebirge, zu, an dessen Fuß unser Reiseziel liegen mußte. Trotz angestrengten Laufens legten wir nur wenig Weg zurück, weil wir durch häufige Bodenschwierigkeiten zu Zickzackbewegungen genöthigt wurden. Die einzige angenehme Unterbrechung bei dem ärgerlichen Pfadsuchen wurde uns durch ein Rhinozeros bereitet, welches wir mit seinem Jungen plötzlich vor uns liegen sahen. Lautlose Stille ringsumher. Der Baron zielte einen Augenblick, drückte los — doch das Zündhütchen versagte! Ehe er Zeit hatte, ein anderes aufzusetzen, gab Koralli eine Kugel aus seiner kleinen Büchse ab, aber zu kurz: scheinbar unverwundet sprang das Thier empor und wandte sich zum Angriff. Im Nu hatten die Träger, welche schon vorher ihre Msigo auf den Boden geworfen, die nächsten Bäume erklettert; erst als die wütende Mutter, durch die Flintenschüsse einiger Mutigen erschreckt, das Weite gesucht hatte, kamen sie wieder herab.

Ein ansehnlicher, südwärts strömender Fluß, welchen wir seiner Wassermenge nach für eine Vereinigung des Seeausflusses mit den anderen bisher überschrittenen Gewässern, also für den Rufu oder späteren Pangani halten mußten, hemmte unsere Schritte. Ihn ohne längere Vorbereitung zu überschreiten, war unmöglich, wie sich bei genauer Untersuchung herausstellte; deshalb errichteten wir an seinem diesseitigen Ufer das Lager. Nachdem wir uns an einer Mahlzeit von Erbsen und frischschlachtenem Ziegenfleische gelabt, streckten wir uns auf die am Boden liegenden Baumwollenballen zum Schlafe nieder.

Mehrere Stunden vor Tagesanbruch weckte mich die wunderbare Helligkeit des Firmamentes. Die Fixsterne stralten, wie es auf dem Andengebirg und auf erhabeneren Hochebenen beobachtet wird, in ruhigem, planetarischen Licht und leuchteten, daß man bei ihrem Glanze fast lesen konnte. Auch außerdem lag Etwas in diesem Himmel, was ihn wesentlich von unserem nordischen unterschied. Es waren nicht fremde Sternbilder, welche durch ihren nie gesehenen Glanz mich blendeten — im Gegentheil, alle die schönsten unter ihnen kannte ich von der Heimat her — wol aber standen hier die bestleuchtenden Gruppen zu beiden Seiten des Himmelsgleichers gerad über mir, im durchsichtigsten Theile des Weltraums, nicht, wie bei uns, zur Hälfte im Dunstkreis der Erde. Und Das, dünkt mich, ist das ganze Geheimniß des Tropenhimmels!

Um den Strom vor uns nicht überschreiten zu müssen, gingen wir am nächsten Morgen rückwärts nach einem zweiten, etwa dreißig Fuß breiten Flusse, welcher nicht weit von unserem Lager in den anderen mündete. Er war brusttief und so reißend, daß die ersten Leute nur schwimmend hinüber gelangen konnten. Der Uebergang nahm nahezu vier Stunden in Anspruch. Zuerst wurde ein Baum gefällt, welcher zwar etwas ungeschickt fiel und deshalb nicht ganz bis an das jenseitige Ufer reichte, aber immerhin eine Art Brücke herstellte, freilich eine gegen zwei Fuß unter Wasser laufende; ein an beiden Ufern befestigter Strick stellte das Geländer dar. Dann bildeten die Leute aus eigenem Antrieb eine laufende Kette d. h. stellten sich einer in geringer Entfernung von dem andern auf den Baum und reichten sich das Gepäck zu, bis auch das letzte Stück hinüber befördert war. Wenig Schwierigkeiten verursachte das Uebersetzen der Menschen, destomehr das der Esel. Selbstverständlich konnte man sie nicht den Baumstamm betreten lassen, und durchzuschwimmen sträubten sich die vor Furcht und Aufregung zitternden Thiere in hartnäckigster Weise. Endlich schlangen ihnen die Träger einen Strick um den Hals, dessen Ende die auf dem anderen Ufer Befindlichen ergriffen: jene schoben, diese zogen, so mußten die widerspenstigen Thiere wohl oder übel mit dem Wasser Bekanntschaft machen. In dem feindlichen Element angelangt benahmen sie sich überaus täppisch, schwammen auf dem Rücken, den Kopf unter Wasser, strampelten auf verzweifelte Weise mit den Füßen und waren, als man sie glücklich hinüber gezogen, nur mit Mühe dazu zu bringen, daß sie auf das Trockene kletterten; der eine wäre fast ersoffen, der andere wurde von dem Stricke bis nahe zum Ersticken gewürgt, und alle bedurften langer Ruhe, ehe sie wieder einigermaßen zur Besinnung kamen.

Etliche hundert Schritt weiter hatten wir über einen zweiten, aber nur drei Fuß tiefen Fluß zu setzen; auch dieser vereinigt sich nicht weit von dem anderen mit dem Rufu. Durch die weite, von mancherlei Wild belebte Ebene uns weiter schlängelnd, gewahrten wir am Nachmittage Gruppen von hohen, kokosähnlichen Palmen und später auch Bananenpflanzungen. In dem bebauten Lande zeigten sich drei Eingeborene; sie beobachteten uns eine Zeit lang, pflückten dann Jeder ein Büschelchen Gras ab, näherten sich, als wir das Gleiche thaten, und führten uns an einen stattlichen Baum, unter welchem sich bald noch mehrere sammelten. Sie sprachen eine von dem Suaheli vollständig abweichende Sprache — es waren die ersten Masai, denen wir begegneten.

Zwischen Sadi und den etwas ungeberdigen Leuten entspann sich eine lange Unterhandlung über die im Voraus zu erlegende Abgabe. Erst als der Baron, ungeduldig ob des endlosen Geredes, sich in das Mittel schlug und bestimmt erklärte, er würde nicht mehr als vier Rollen Eisendraht, einige Stück Amerikano und zehn Stränge Glasperlen geben, fügte man sich und gestattete uns, den Grenzfluß zu überschreiten, ein gegen vierzig Fuß breites, nur knietiefes, aber sehr reißendes Wasser. Bis gegen Dunkelwerden wanderten wir nun bald zwischen Bananenpflanzungen hin, bald durch ein Gestrüpp von stachligen Solaneen, bald durch prächtigen, hohen Wald, bis wir auf eine inmitten desselben gelegene Wiese gelangten. Die vorgerückte Tageszeit veranlaßte uns, schon hier die Bündel abwerfen zu lassen, obwol der uns bestimmte Lagerplatz nicht weit mehr entfernt war. Wir wurden nicht müde, die Schönheit der frischen Waldwiese, welche uns so sehr an heimatliche Landschaften erinnerte, zu bewundern; namentlich entzückten uns die herrlichen, mimosenähnlichen Bäume, welchen die geschichtete Anordnung ihres Gezweiges und Laubes einen eigenthümlichen Reiz verlieh. Scharen von schwarzen und hellfarbigen Affen tummelten sich auf den Aesten, zeigten sich aber so scheu, daß wir nicht auf Schußweite nahekommen konnten. Hoch in der Luft schwebten Flüge krummschnäbliger Ibis, oft nur durch ihr einförmiges Schreien kenntlich. Und um unsere Lagerstätte wimmelte es von zudringlichem Geziefer, namentlich von Mücken und Schmeißfliegen, welche mit einer uns bisher unbekannten Frechheit ihren Geschäften nachgingen.

Die Nacht war hell und kühl, und es thaute stark; unsere Wolldecken waren am anderen Morgen zum Ausringen durchnäßt, und auf den Gummidecken stand, als ob es geregnet hätte, das Wasser in kleinen Pfützen. Nach dreiviertelstündigem Marsch erreichten wir unseren Lagerplatz, eine Waldwiese wie die vorige, aber mit freier Aussicht nach dem Kilimandscharo. Wir gingen sogleich daran, eine kleine Festung nach Art der verschanzten Masaidörfer herzustellen, einen Kreis von dicht nebeneinander stehenden Hütten mit einem Eingange nur von einer Seite her, in der Mitte die Zelte mit den Waaren.

Bald erschienen einige Masai im Lager, forderten Geschenke und Abgaben und schrieben uns mit hochtrabenden Reden die sonderbarsten Bedingungen vor. Als sie einsahen, daß auf diese Weise Nichts zu erreichen sei, drohten sie mit Krieg. Die Träger zitterten für ihr Heil und baten flehentlich, das Verlangen der Schrecklichen zu befriedigen, erboten sich sogar, ihren Reiselohn hierfür herzugeben; der Baron aber ließ sich nicht einschüchtern noch erbitten, sondern erklärte den Masai, daß er entzückt wäre, sie, die vielgerühmten Helden, auch in Kriegstracht kennen zu lernen. Schimpfend zogen die Ungestümen ab.

Die erwarteten Kriegerscharen kamen am anderen Morgen nicht; dagegen bedrohte uns ein anderer Feind, der Mangel, und diesem mußten wir den so hübsch eingerichteten Lagerplatz räumen. Mittag rückte heran, und noch hatten sich keine Verkäufer von Lebensmitteln blicken lassen Wir hatten Nichts als Gemüse, aus einer Art Spinat bereitet, zu essen. Jetzt war es an Sadi, seine Verbindungen im Masailande zu verwerthen. Der Zufall kam ihm zu Hilfe. Zwei Bekannte des Führers besuchten uns und gaben uns den Rath, eine Stunde weiter nach Südwesten zu gehen, wo wir den Dörfern näher sein und reichlich mit Lebensmitteln versorgt werden würden. Sie nahmen drei unserer Leute mit, um ihnen den Ort zu zeigen. Nach einigen Stunden kamen sie zurück und übergaben uns eine Ziege, mit welcher wir die Ceremonie des Kischongo (s. Bd. I. S. 262 u. 273) vornahmen. Da die Nachrichten günstig lauteten, folgten wir ihnen nach der bezeichneten Stelle, einem freien Platz außerhalb des Waldes, und errichteten hier, unter dem Schatten mächtiger Bäume, unsere Zelte und Hütten. In der Nähe sollte sich ein Dorf der Waaruscha und eines der eigentlichen Masai befinden, zu gleicher Zeit auch ein bewaffnetes Lager von einigen tausend Masai. Sadi begab sich sogleich in das benachbarte Masaidorf, um Verbindungen mit den Häuptlingen anzuknüpfen und namentlich die Eröffnung eines Marktes zu veranlassen.

Landschaftlich war dieser Lagerplatz mindestens ebenso schön wie der andere, und in Bezug auf die Aussicht übertraf er ihn sogar: außer dem vom Fuße bis zum Gipfel sichtbaren Kilimandscharo zeigte sich im Nordwesten der hohe, kegelförmige Meruberg und im Südosten, wenn wir eine kurze Strecke hinaustraten, die kaum einige Meilen entfernte Aruschahügelkette. Die weite Grasebene vor uns war an einigen Stellen mit Pflanzungen

Afrikanische Nashörner.

von Bananen, Bohnen und Mais eingefaßt, an anderen mit Wald und Gebüsch. In geringer Entfernung nordwärts vom Lager floß ein Bach und weiterhin ein größerer Fluß, vermutlich derselbe, den wir gestern überschritten hatten. —

An den folgenden Tagen besuchten uns die Eingeborenen in Menge, namentlich kamen viele Weiber mit Mais, Bananen, Erbsen und Bohnen zu Markte. Obwol die Preise nicht gerade niedrig waren, kaufte der Baron Alles, weil es in dem fremden Lande doppelt gefährlich war, durch Mangel an Lebensmitteln in Abhängigkeit von den Leuten zu gerathen. Bald war ein Vorrath für eine Woche zusammengebracht im Austausche gegen Eisen- und Messingdraht und gegen bunte, aus Stücken verschiedenen Stoffes zusammengenähte Zeuge, alles Waaren, mit denen wir uns auf Anrathen von Sadi überaus reichlich versehen hatten. Der anderwärts so beliebte Amerikano wurde nur in seltenen Fällen angenommen.

Nirgends noch hatten wir soviel Drahtschmuck gesehen. Die Frauen waren an Armen und Beinen förmlich gepanzert mit Eisen-, seltener Messingdraht; am Halse trugen sie Mühlsteinkragen und in den Ohrläppchen schneckenförmig zusammengewundene, schwere Scheiben. Männer und Weiber hüllten sich fast ausschließlich in weiches Leder. Bei den Männern sind zwei bis drei Fellchen in zierlichster Weise mit doppelten Nähten zu einem schurzähnlichen, an der unteren Seite mit langen Fransen verzierten Kleidungsstücke zusammengefügt; von den Frauen wird, wie in Usanga, ein kleinerer Schurz vorn zur Bedeckung der Blöße, ein größerer hinten getragen. Viele Schmuckgegenstände der Waarusha gleichen denen der Wapare, Wadafeta und Wadschagga (s. Thorntons Beschreibungen). Namentlich finden sich die aus zwei Klammern von Holz oder Elfenbein zusammengebundenen Oberarmspangen wieder und die das Loch im Ohrläppchen so ungebührlich erweiternden, hohlen oder massiven Holzringe. Bei Denen, welche letzteren Schmuck herausgenommen, war das Ohrläppchen so zerdehnt, daß es bequem bis nach den Mundwinkeln herabgezogen sowie über die Ohrmuscheln zurückgeschlagen werden konnte; einige der Leute hatten wirklich, wahrscheinlich als eine Art Morgentracht, die Ohrläppchen in dieser Weise übergestülpt und so ihr Gehör in überraschender Weise verkleinert. Hier und da waren Kopfputze aus aufrechtstehenden Straußenfedern zu bemerken. Außerdem sahen wir bei den Männern häufig eiserne, gewiß eine Spanne lange Schellen von Form unserer Kuhglocken oberhalb des Kniees befestigt.

Wahrscheinlich ist diese Tracht, welche sich im Allgemeinen der der Nachbarvölker so sehr nähert, nur bei den Grenzstämmen der Masai in Gebrauch. Ueber Tracht und Schmuck der Bewohner aus dem Inneren des Masaigebietes wissen wir Nichts, da noch kein Reisender bis dorthin vorgedrungen ist, auch keiner Gelegenheit gehabt hat, die Masai auf ihren bis an die Küste ausgedehnten Raubzügen näher zu beobachten.

In ihrem Wuchs und Körperbau erschienen uns die Waarusha weniger stattlich als die Bewohner des Pare- und Ugonogebirges; das zarte Geschlecht zumal konnte sich in keiner Beziehung mit den oft schön zu nennenden Frauen jener Stämme vergleichen — möglich indeß, daß nur alte Weiber zum Handel in das Lager geschickt, junge Frauen und Mädchen aber zurückgehalten wurden.

Alle Leute, mit denen wir beim Handel verkehrten, benahmen sich ruhig und anständig; nur in seltenen Fällen wurden sie durch ihre Neugier lästig, dann aber ließen sie sich mit wenigen Worten zurückweisen. Sie betrachteten mit viel Theilnahme alle die sonderbaren Geräthe, welche wir mitgebracht hatten, und bewunderten vorzugsweise einen verkleinernden Spiegel und ein Opernglas, in welche ich sie blicken ließ. Wie auch anderwärts setzte man viel Vertrauen in unsere Heilkunst, ja, man suchte sogar sich dankbar zu zeigen für den ertheilten Rath: ein Mann, dessen kranker Mutter wir ein wenig Bittersalz verabreicht hatten, entschädigte uns mit einer Kürbisflasche voll Honig. Selbst freundschaftliche

Beziehungen fehlten nicht; wir erhielten bisweilen Geschenke an Fleisch, Mais und Bananen, und einige Leute erboten sich, die Jäger auf ihren Ausflügen zu begleiten.

Bei solchem Verkehre merkte man nicht, daß man es mit den schrecklichen Masai zu thun hatte. Anders aber war es, beobachtete man die Männer in ihrem Benehmen bei Verhandlungen, wenn sie, die hölzernen Streitkeulen schwingend, ihre Ansichten und Anforderungen stolz vertheidigten, oder sah man Krieger, wie sie prahlerisch in vollem Waffenschmucke vor uns auf- und abgingen. Und dieses Selbstgefühl, das Bewußtsein ihrer gefürchteten Macht und Stärke, zeigt sich in Gesicht, Haltung und im ganzen Auftreten schon bei unmündigen Knaben, welche das Vieh auf die Weide treiben. Freilich artet dieser Stolz oft bis zur Lächerlichkeit aus. So kehrte einmal während unserer Anwesenheit ein Trupp Masai von einem Streifzuge nach der Küste zurück. Obgleich sie achtundzwanzig Todte und viele schwer Verwundete verloren hatten, erzählten sie großsprecherisch von ihren Heldenthaten, zeigten die den Wakamba geraubten Schmucksachen und sprachen von zahlreichen Kuhheerden, welche sie erbeutet haben wollten, während sie doch nur einige Ziegen mitgebracht hatten. Wie erbärmlich ihr Prahlen war, schienen sie übrigens recht wohl zu fühlen; denn, als Decken sie fragte, wo sie ihre erschlagenen Kameraden gelassen hätten, und warum sie diese nicht ebenfalls zur Schau umhertrügen, wurden sie merkwürdig kleinlaut und schlichen Einer nach dem Anderen von dannen. —

Eines Morgens fünf Uhr ging der Baron auf die Jagd, begleitet von drei Trägern und zwei Waaruscha, Letumo und Selengele. Bei stundenlangem Suchen hatten sie nur alte Fährten in Menge gesehen, aber kein Wild außer einer Girafe und einer Antilope, welche schon auf große Entfernung flüchtig wurden. Endlich kletterte Selengele, um bessere Aussicht zu gewinnen, auf einen hohen Baum. Von hier aus gewahrte er drei grasende Büffel. Der Baron birschte sich bis auf etwa siebzig Schritt an, konnte jedoch, obgleich er lange wartete, keinen günstigen Zielpunkt gewinnen. In seiner Ungeduld feuerte er auf eines der Thiere unter einem spitzen Winkel. Es wankte, fiel aber nicht; dagegen stürzte sofort der größte Bulle wutschnaubend auf den Schützen los — eine viertelpfündige Kugel durchbohrte die Brust des Ungethüms, es zog sich langsam zurück und brach einige Augenblicke darauf laut röchelnd zusammen. Die anderen beiden Büffel entkamen. Währenddessen hatten die Aruschahelden sich auf einen hohen Termitenhügel geflüchtet; sie blieben auf ihrer Burg, bis das an der Erde liegende, todtwunde Thier eine Kugel in das Herz erhalten und danach durch Abschneiden des Halses ganz unschädlich gemacht worden war. Zwei der Begleiter wurden nach dem Lager zurückgeschickt, um vierzig Mann herbeizuholen, welche das Fleisch des erlegten Thieres fortschaffen sollten; der glückliche Jäger aber schweifte weiter in der Ebene umher. Es gelang ihm, auf noch zwei Büffel zum Schusse zu kommen, doch entgingen ihm beide, obwol sie, dem starken Schweiße nach zu urtheilen, schwer verwundet sein mußten.

Nach zwei Stunden kamen die bestellten Träger an. Sie zerwirkten das erlegte Thier (welches mindestens soviel Fleisch besaß wie zwei Ochsen) in seiner eigenen Haut und schafften alles Verwendbare bis auf das letzte Stück fort. Die erste der etwa anderthalb Zoll langen Kugeln hatte am Blatte gesessen, es aber nicht durchdrungen oder zersplittert, war vielmehr von dem harten Knochen bis auf zwei Drittel der Länge zerschnitten worden!

Ziemlich ermüdet erreichte man gegen Sonnenuntergang das Lager. Die Träger schwelgten schon im Vorgenusse der Fleischfülle, welche ihrer wartete, und ließen sich durch ihre Gier verleiten, noch vor der Vertheilung Einiges zu entwenden, namentlich den Unterkiefer, welchen wir der Merkwürdigkeit halber aufzubewahren gedachten. Der Baron drohte, es würde Keiner einen Bissen von dem Fleische erhalten, bevor nicht das Gestohlene herausgegeben wäre; doch die bewilligte Frist verstrich, ohne daß der Thäter sich meldete. Zur unglaublichen Verwunderung unserer Leute wurde sämmtliches Fleisch, mit Ausnahme einiger Stücke für unsere Küche, an die Waarufcha verschenkt, denen die noch nie dagewesene Großmut ebenso sonderbar vorkam.

Trotz des Wildreichthums der Ebene waren nicht alle Jagdausflüge von so günstigem Erfolge begleitet, weil die Thiere immer die Angreifer bemerkten und von dannen sprengten, ehe es gelang, auf Schußweite anzukommen. Von größerem Wild wurde Nichts weiter als eine weibliche Antilope, von der Größe eines Esels und diesem an Gestalt und Behaarung ähnlich, erlegt, und zwar durch einen Glücksschuß, denn die nachher abgemessene Entfernung betrug 280 Schritt; die Suaheli nannten das Thier Kulu (nicht Kudu) und sagten, das Männchen trage Hörner. Außerdem wurden ein Affe, ein großer Regenpfeifer, eine Trappe, Wassergeflügel, Perlhühner und eine drei Fuß lange Waraneidechse erbeutet.

Wir hatten strenge Arbeitstheilung eingeführt. Der Baron besorgte die Einkäufe, die Verhandlungen und die große Jagd, Koralli hielt die Lagergeräthe und Sammlungen in Ordnung und überwachte die Träger, ich aber beschäftigte mich mit allerlei wissenschaftlichen Messungen und mit dem Fangen solcher Thiere, welche ohne den Gebrauch des Schießgewehres zu erlangen waren; bei den Mahlzeiten oder wann wir sonst zusammen kamen, erzählten wir einander, was jeder gethan und beobachtet hatte. Bei dieser Vertheilung gingen die Träger leer aus. Sie hatten Nichts zu thun als zu schlafen, zu schwatzen, und umher zu lungern, und kamen dabei auf allerlei dumme Gedanken, wie sie eben der Müßiggang erzeugt. Waren sie beschäftigt, wie auf der Reise, so hatten wir alle Ursache, mit ihnen zufrieden zu sein; jetzt aber entwickelten sich, von der Langeweile ausgebrütet, alle schlimmen Anlagen ihres Stammes in bedenklicher Weise. Nicht genug, daß diese Träger, denen doch Alles gewährt wurde, was sie zu ihrer Nahrung brauchten, sich an dem Büffelfleisch vergriffen hatten: sie vergingen sich auch an dem Eigenthume der Waarufcha, streiften in den benachbarten Pflanzungen umher, schleppten Bananen, Maiskolben und andere Leckerbissen in Menge fort und brachten uns so, den leicht reizbaren Eingeborenen gegenüber, in nicht geringe Verlegenheit. Es galt, ihnen eine eindringliche Lehre zu geben und zugleich den Geschädigten zu zeigen, daß nicht wir, sondern unsere Leute Schuld trügen an dem begangenen Unrechte. Der Baron hielt strenges Gericht, ließ, da Niemand sich meldete, Haussuchung halten und fand bei dreien der Leute gestohlenes Gut unter den Lagerstätten versteckt. Nachdem die Missethäter stehend festgebunden worden, erhielten sie vor den Augen der Masai je zwanzig Streiche mit frisch abgeschnittenen Stöcken; die Führer selbst vollzogen die Züchtigung, und zwar so kräftig, daß jeder Schlag einen blutigen Striemen erzeugte. Keiner der armen Sünder gab einen Laut von sich, obwol sie sich schmerzlich an dem Pfahle wanden, an welchen sie gefesselt waren. Der Kläger konnte nicht umhin, der Strenge unserer Gerechtigkeitspflege Anerkennung zu spenden, verlangte jedoch außerdem eine Entschädigung von zehn Ziegen, wie Dies hier Sitte sei. Als er sah, daß er mit seiner Forderung nicht durchkommen würde, ließ er sich mit einem Doti Amerikano und der Zurückgabe der noch vorgefundenen Maiskolben und Bananen abfinden. Um Wiederholungen solcher Unannehmlichkeiten zu vermeiden, wurden die Träger fortan mit Auffädeln von Perlen und ähnlichen Arbeiten beschäftigt. —

Die inzwischen geführten Verhandlungen mit den umwohnenden Häuptlingen der Masai hatten zu keinem besonders günstigen Ergebniß geführt. Schon am ersten Tage kam ein Bruder des Sultahns Sebedi von Kisongo, einem Masaidorfe nicht weit von unserem Lager, und erklärte, daß wir unter keiner Bedingung weitergehen dürften; eine Weissagung habe sie belehrt, daß Unglück das Land betreffen würde, wenn wir es beträten. „Sebedi", sagte er, „habe vor einem Monat einen weißen Ochsen, ein schwarzes Schaf und eine rothe Ziege geschlachtet und aus den Eingeweiden der Thiere gesehen, daß, sobald der Regen vorüber welcher damals in Strömen floß, rothe Menschen von der Küste herkommen würden (diese Bezeichnung paßte nicht übel auf uns, denn die Sonne hatte uns arg verbrannt), und daß, wenn diese das Gebiet der Masai beträten, alles Vieh sterben und alles Wasser versiegen würde. Der Weg nach der Küste zurück solle uns übrigens nicht verwehrt sein."

An demselben Tage hatte auch eine Unterredung mit den Aeltesten von Aruscha stattgefunden, welche einen mageren jungen Ochsen nebst etwas Mais und Bananen brachten und dafür ein Gegengeschenk forderten. Der Baron bot ihnen fünf Doti Amerikano, fünf Stück buntes Zeug, achtzig Ringe Eisendraht und etwa acht Pfund Perlen. Die Aeltesten wiesen die Gabe zurück; zugleich aber weigerten sie sich auch, die ihrige wieder an sich zu nehmen, und verlangten, wir sollten ihr Land verlassen. Decken erklärte ihnen kurz und bündig, „sie möchten versuchen, ihn mit Gewalt zu vertreiben, er würde ihnen zu begegnen wissen. Ihr Geschenk aber möchten sie liegen lassen, er würde es nicht anrühren; Korn und Bananen sollten verfaulen und der Ochse von den Raubthieren gefressen werden; er sei nicht gewohnt, von so ungeberdigen Leuten Geschenke zu nehmen." Unter drohenden Reden entfernten sich die Abgesandten.

Endlich wurden auch Verhandlungen angeknüpft mit dem Sultahn Dschuaka von Sigrari, aus dessen Ortschaft einige Leute gerad anwesend waren. Diese fanden sich bewogen, noch in der Nacht aufzubrechen, um ihrem Herrn die Ankunft der Weißen zu melden und ihn aufzufordern, daß er uns den Eintritt in sein Land gestatte und uns durch einige Angesehene abholen lasse. „Der Sultahn von Kisongo," sollten sie ihm sagen, „habe sich uns feindlich gezeigt; wolle Dschuaka uns an dessen Stelle Aufnahme gewähren, so würde es sein Schade nicht sein." Die Boten erhielten zwei Feilen und einige Perlen zum Geschenk; acht Ringe Eisendraht sollten sie erhalten, wenn sie günstige Antwort brächten.

Die Aeltesten von Aruscha erklärten Tags darauf, daß sie das gestern zurückgewiesene Geschenk annehmen wollten. Gleichzeitig kamen Boten aus Kisongo; sie machten im Auftrage Sebedis dem Reisenden Vorwürfe, daß er Leute nach Sigrari geschickt habe, und stellten einen Ausgleich mit ihrem Sultahn in Aussicht, „falls man ein gutes Herz zeige" d. h. sie mit Geschenken überschütte. Offenbar befürchtete Sebedi, er könne, wenn der Sultahn Dschuaka sich bereitwillig finden ließe, des Eintrittsgeschenkes verlustig gehen. Decken erklärte, daß er erst, wenn die Botschaft aus Sigrari eingetroffen, sich auf Unterhandlungen einlassen werde. Noch bevor Dies geschah, schickte Sebedi von Neuem Gesandte mit einem Ochsen als Freundschaftsgabe. Dabei aber wiederholte er unter allen erdenklichen Vorwänden sein früheres Verbot, gestattete jedoch, daß wir des Handels wegen einige unserer Leute weiter vorschicken sowie, daß wir im nächsten Jahre wiederkommen dürften, möglich, daß dann das Orakel günstiger laute. Der Baron wies den Ochsen zurück und erwiederte, „er werde seinen Gott bitten, daß er das ganze Jahr über keinen Regen fallen und alle Kühe im Lande sterben lasse, weil Sebedi die Wasungu so ungastlich behandle; wiederkommen würde er vielleicht, aber dann als Feind und mit großer Kriegsmacht, um ihn zu strafen."

Die viertägige Frist, welche die Leute aus Sigrari zur Besorgung ihres Auftrags sich ausgebeten, war verstrichen, und ein weiterer Tag entschwand, ohne daß die Antwort kam. Sadi rieth, noch einmal vierundzwanzig Stunden zuzugeben. Endlich, am nächsten Abende, trafen die Abgesandten Dschuakas ein; sie meldeten, daß sie den Auftrag hätten, die Weißen in ihr Land zu geleiten und sie zu beschützen. Da sie jedoch kein Zeichen der Freundschaft brachten, vielmehr in ungestümer Weise eine Kuh und eine Ziege zur Nahrung für sich forderten, hielt es der Baron für besser, ihrer Aufforderung nicht zu entsprechen. In diesem Vorsatze bestärkten ihn Alle, von denen er glauben konnte, daß sie es gut mit ihm meinten; „eine solche Gesandtschaft", hieß es, „sei ganz gegen alle Sitte und lasse befürchten, daß die Leute Böses im Schilde führten."

Am nächsten Tage trugen die Boten aus Sigrari von Neuem ihr Verlangen vor, aber immer noch weigerten sie sich, uns irgend eine Sicherheit für ihre guten Absichten zu geben; sie ließen sich auf keine Weise bewegen, das Kischongo mit uns auszutauschen oder mit Mukurugensi Sadi Blut zu trinken: ihnen zu folgen, wäre eine an Wahnsinn grenzende Thorheit gewesen. Als Entgelt für die gehabte Mühe erhielt jeder von ihnen ein Stück Zeug, einen Ring Eisendraht und ein Perlenhalsband; es wurde ihnen bedeutet, daß wir das Land verlassen würden, falls sie sich binnen zwei Tagen nicht anders besonnen hätten. Aber auch nach Ablauf dieser Frist beharrten die Leute bei ihrer Weigerung. Der Baron traf, da die Verhandlungen mit Sebedi ebenfalls ergebnißlos blieben, sofort Anstalt zur Weiterreise.

Nach Dschagga zu gehen, war die einzige Möglichkeit, welche uns blieb; denn der größte Theil unserer für den Geschmack der Masai berechneten Tauschmittel war für eine Reise in andere Länder werthlos, und der Rest genügte eben nur, um mit einem kleinen Umwege nach der Küste zurück zu gelangen. Der Baron beschloß, diesmal nach Lambungu und Moschi zu gehen weil das frühere Verhalten der Herrscher von Madschame und Kilema ihn nicht ermutigt hatte, seinen Besuch in diesen Gebieten zu wiederholen; vielleicht ließ sich von dort aus eine Besteigung des Kilimandscharo ermöglichen. Beinahe wäre auch dieser Plan vereitelt worden. Selengele, einer von den Begleitern Deckens auf seinen Jagdausflügen, berichtete, daß die Waaruscha einen Kriegs- und Raubzug nach Uru im Dschaggalande unternehmen wollten, hauptsächlich zur Erbeutung von Weibern und Vieh. Glücklicher Weise gelang es durch kräftiges Abreden und Warnen, die Leute von diesem Vorsatz abzubringen.

Einer der Eingeborenen wollte uns seinen Dschaggasklaven als Wegweiser mitgeben, verlangte aber dafür mehr als eine halbe Trägerladung Waaren; als wir, um den Aufenthalt nicht unnöthig zu verlängern, darein willigten, stellte er seine Forderungen immer höher, sodaß schließlich die Verhandlungen abgebrochen wurden und wir uns entschieden, den Weg selbst zu suchen. Sadi und die Träger schüttelten freilich bedenklich die Köpfe, als sie vernahmen, daß wir, die wir noch nie in Lambungu gewesen, ohne Führer aufbrechen wollten.

Noch vor der Abreise verloren wir einen der drei uns gebliebenen Esel, jedenfalls durch den Stich einer Donderobofliege (s. Bd. I. S. 249). Zuerst zeigten die Geschlechtstheile und die Leistendrüsen eine beträchtliche Geschwulst; diese breitete sich dann weiterhin aus und machte schließlich jede Bewegung unmöglich; Blut und Eiter floß aus der Nase, ja sogar aus den Augenhöhlen, und eine völlige Entkräftung zeigte das nahe Ende des Thieres an.

Am Morgen des 14. November war Alles zum Aufbruche bereit. Drei Führer, welche sich freiwillig eingestellt hatten, geleiteten uns auf einer guten Furt über den Aruschafluß bis in die Ebene und verließen uns, nachdem sie die Richtung angedeutet, welche wir verfolgen sollten. Letzteres war allerdings ziemlich überflüssig, denn, wo ein Wegweiser wie der Kilimandscharo vor den Augen leuchtet, kann von einem Verirren nicht die Rede sein.

Zweiundzwanzigster Abschnitt.

Besteigung des Kilimandscharo.

Zwei Nashörner auf zwei Schuß erlegt. — Ein Schlachtfest. — Wo ein Aas ist, da sammeln sich die Adler. — Am Fuße des Kilimandscharo. — Bergaufwärts ins bewohnte Land. — Verhandlungen mit den Wadschagga. — Unser Lagerplatz in Uru. — Verlockendes Anerbieten. — Erste Unterredung mit Sultahn Saïa. — Schönheit der Töchter des Landes. — Ein Heirathsantrag. — Kampf zwischen dem guten und bösen Princip. — Die Alten tragen den Sieg davon. — Auszug mit Hindernissen. — Der Elephantenjäger taucht wieder auf. — Wie die Suaheli das Wegweiseramt versehen. — Empfang in Moschi. — Mangelhafte Zeitrechnung unterwegs. — Koralli's Leiden. — Aussichtspunkte. — Der Manki Kimandara und seine Mutter Madjake. — Blinder Lärm. — Die Blutsbrüderschaft soll Alles ermöglichen. — Noch eine Heirathsgeschichte. — Leute aus Lambungu im Lager. — Endliches Gelingen. — Aufbruch bei Mondschein. — Erste Nacht auf dem Berge. — Pflanzenwuchs beim Weitermarsche. — Tanzende Kobolde. — Eine wandernde Familie. — Abendfrische. — Aufsteigen bis zur Montblanchöhe. — Warum ein Weitergehen unthunlich war. — Desborough Cooley's Spitzfindigkeiten. — Beobachtungen auf dem höchsterreichten Punkte. — Zurück nach dem vorigen Nachtlager in 10,000 Fuß Meereshöhe. — Kalte Früharbeit. — Verlaufen durch Schuld der Führer. — Irrfahrten im Regen. — Ein Ueberfall im Walde. — Wieder auf dem Wege. — Baumfarne und wilde Bananen. — Letzte Nacht im Freien. — Willkommen im Lager. — Kimandara's Geschenk. — Rückblick auf die Besteigung des Kilimandscharo: Formen und Farben der Pflanzen in verschiedenen Höhen. Die Thiere des Berges. Bodenbeschaffenheit. — Nutzen der Besteigung hoher Berge.

Wir wanderten durch eine Ebene von demselben landschaftlichen Charakter wie die früher, vor dem Betreten des Aruschagebietes, durchschrittene. An der Spitze des Zuges gingen die Jäger; ich hielt mich, mit Sammeln von Kerbthieren beschäftigt, im Nachtrab. Auf einmal ertönt ein wildes Geschrei, die Träger werfen ihre Msigo zur Erde, stürzen nach rechts und links in die Büsche und verbergen sich, so gut es angeht. Wurden wir von einem Feinde angegriffen, oder brachen reißende Thiere in unsere Reihen? Wie Dem auch sein mochte, ich hielt es für das Gerathenste, mich gleichfalls in Sicherheit zu bringen; denn ich trug die zur Längenbestimmung dienenden astronomischen Uhren, welche ich bisher glücklich genug vor allen Unfällen bewahrt. Kaum hatte ich einige Schritte zur Seite gethan, als mehrere Büchsenschüsse krachten: die Büsche theilen sich und zwei ungeheure Thiere schießen in rasendem Galopp an mir vorüber; dann höre ich einen schweren Fall und unmittelbar darauf ein Jubelgeschrei der Neger, welche der Stelle zueilen, wo das eine Thier gestürzt war. Dort fallen sie über ihre Beute her, ein großes, schwarzes Nashorn, und durchsäbeln ihr mit elenden Messern den Hals.

Die scheußlich rissige Haut des Ungeheuers glich einer halbvertrockneten Schlammpfütze, gewiß zur Hälfte bedeckt mit einer Unzahl kleiner Fliegen, welche bald in geringer Höhe darüber schwärmten, bald wieder sich setzten. Das Riesenthier maß zwölf Fuß fünf Zoll von Kopf bis Schwanz und hatte fünf Fuß acht Zoll Schulterhöhe. Von den Schützen erfuhr ich, daß außer diesem noch ein zweites, kleineres Nashorn erlegt worden, ein drittes aber entkommen sei; ein jedes war mit einem Schusse gefällt worden, das größere mit einem Viertelpfundballe Deckens, das kleinere mit einer gewöhnlichen Büchsenkugel Korallis, welche, wie sich später herausstellte, das Herz getroffen.

Ein eigenthümliches Schauspiel gestaltete sich vor unseren Blicken. Die Haut war von der oberen Seite des Thieres abgelöst und vom Bauch an auf der Erde ausgebreitet worden, eine riesige, blutgefüllte Schüssel bildend, auf welcher das Fleisch zerlegt und vertheilt werden sollte. Bis fast an die Schultern mit dem dunklen Safte besudelt, wühlten die schlachtenden Neger in dem noch zuckenden Fleische und in den ungeheuerlichen Eingeweiden. Als das Fleisch oberhalb der Rippen hinweggeräumt und auch das Genießbare aus der Bauchhöhle entfernt war, schaufelten die Metzger das dicke, halbgeronnene Blut mit ihren Händen aus der Höhlung, um auch zu den unteren Theilen gelangen zu können. Am liebsten wären unsere Träger einige Tage hier geblieben, um die herrliche Beute vollständig auszunützen; sie erhielten jedoch nur zwei Stunden Zeit und mußten, nachdem sie sich mit Fleisch für einige Tage versorgt, noch weit über die Hälfte davon liegen lassen. Die auf der Nase sitzenden Hörner, welche auffällig kurz, dem Anscheine nach abgebrochen waren, nahm der Baron als Siegeszeichen mit.

Während wir vorher weit und breit keinen Vogel gesehen, waren jetzt alle Bäume ringsum mit Geiern dicht besetzt. Ohne sich zu rühren, saßen die plumpen, häßlichen Thiere oft zu fünf bis sechs auf einem Aste friedlich nebeneinander, alle den Blick nach der Beute gewandt, welche ihnen in Kurzem zu Theil werden sollte. Das urplötzliche Erscheinen dieser an Zahl immer noch zunehmenden Vogelschar konnten wir uns nur dadurch erklären, daß wir annahmen, sie hätten in ungeheurer Höhe geschwebt, in welcher sie dem menschlichen Auge entschwinden, und wären dann, durch ihren scharfen Blick in Kenntniß gesetzt von dem tief unten Geschehenen, herabgestoßen, hierdurch den anderen Kunde gebend von dem für sie so wichtigen Ereigniß. Durch den Geruch konnten diese Abdecker der Wildniß nicht aufmerksam geworden sein, da das Fleisch ja noch frisch war; übrigens ist es bekannt, daß dieser Sinn bei Geiern ungemein schlecht ausgebildet ist.

Mit etwa soviel als dem Fleische dreier Ochsen beladen, setzten wir gegen zwei Uhr unsere Wanderung fort. Einige Stunden später erreichten wir einen ausgedehnten Sumpf, wahrscheinlich die Südseite desselben Morastes, welcher im vorigen Jahre den Reisenden Aufenthalt verursacht hatte; der Kilimandscharo lag so nahe vor uns, daß wir die Bananenpflanzungen der Eingeborenen mit dem Fernrohre deutlich erkennen konnten. Die Landschaft hatte sich einigermaßen verändert: während vorher niedrige Fettpflanzenbüsche und einzelne Bäume die Ebene bedeckten, zeigten sich jetzt, wie in der Nähe der Küste, wieder stattliche Baobab und zwischen ihnen ab und zu Armleuchter-Euphorbien, Wolfsmilchbäume mit sonderbaren, steilaufstrebenden Aesten. Wir lagerten unter freiem Himmel und genossen mit Behagen eine kräftige Suppe sowie gebratenes Fleisch von dem erlegten Nashorn; alles, namentlich Lende und Leber, war überaus wohlschmeckend und zarter, als wir der Größe des Thieres nach erwartet hatten.

15. November. Auf schon gestern erforschtem Wege umgingen wir den Sumpf und folgten dann verschiedenen Elephantenpfaden soviel als möglich in der Richtung, in welcher nach unserer Meinung Lambungu liegen mußte. Etliche Stunden lang ging es durch ziemlich offenes Land, später durch Schilf, Busch und Wald, zuletzt in gelinder Steigung bergauf. Immer steiler stiegen wir aufwärts längs einer Schlucht hin, in deren Tiefe

ein starker Fluß rauschte, und immer höher wurde der Wald zu unserer Seite. Gegen zehn Uhr erreichten wir einen verwilderten, mit Laubholz durchwachsenen Bananenhain, offenbar eine verlassene Ansiedelung, vermutlich dieselbe, von welcher Rebmann erzählt, daß sie gelegentlich eines Krieges zwischen Lambungu und Madschame verwüstet wurde (s. Bd. I, S. 287). Als sich vor uns ein Gewirr von fernen Stimmen vernehmen ließ, hielten wir an und schickten Sadi mit einigen Leuten auf Kundschaft aus. Lange Zeit verstrich, ohne daß Antwort kam. Ebensowenig kehrten auch später ausgeschickte Leute zurück; Niemand wußte sich ihr Ausbleiben zu erklären. Um der Ungewißheit unseres Zustandes ein Ende zu machen, begab sich der Baron in Begleitung von Koralli und zwei Trägern selbst auf den Weg. Wiederum verging eine Stunde in peinlicher Erwartung, als endlich mehrere Leute kamen, um mich und die Karawane abzuholen. Wir überschritten zwei kleine Flüsse und gelangten nach etwa zwanzig Minuten auf einen freien Platz, auf welchem der Baron inmitten einer Anzahl Eingeborener saß, neben Sadi und den anderen Abgesandten, die es für bequemer gehalten hatten, mit den Wadschagga Neuigkeiten auszutauschen, als den Wartenden Nachricht zu geben! Wir befanden uns, wie uns mitgetheilt wurde, im Gebiete des Sultahns Sa'a von Uru. Zwei Krieger waren abgeschickt worden, um die Erlaubniß des Herrschers zum Durchzug nach Lambungu auszuwirken. Es wurde uns gerathen, diese Nacht über im Lande zu bleiben, weil Lambungu zu weit wäre, als daß wir es heute noch erreichen könnten; am anderen Tage wollte man zu jeder beliebigen Stunde Führer nach dem verbündeten Lande bereit haben.

Bevor wir weiter gingen, sollten wir das Kischongo mit den Eingeborenen wechseln. Da es ungebührlich lange dauerte, bis das hierzu nöthige Thier herbeigebracht wurde, verlor der Baron die Geduld und verließ den Platz, um sich auch ohne Führer nach Lambungu durchzuschlagen. Man gab uns die besten Worte und Versprechungen, um uns aufzuhalten, doch wir gingen weiter. Immer dringlicher wurden die Bitten der uns folgenden Leute; da erschien gerade zur rechten Zeit, als wir eben an der Grenze angekommen waren, Msame, ein Bruder des Sultahns, gefolgt von Leuten, welche ein schönes Schaf führten. Wir standen von unserem Vorhaben ab. Die Wauru ergriffen das lautlos sich wehrende Thier und zogen ihm, noch bevor sie es schlachteten, in schändlicher Schinderei ein Stück Haut von der Stirn; dann schnitten sie dieses in Streifen, durchstachen sie in der Mitte und steckten sie abwechselnd sich und einem von uns an den Finger.

Nunmehr stand unserem Weitermarsche kein Hinderniß mehr entgegen. Von den schnell dahinschreitenden Wauru geleitet, kamen wir bald an einen Schanzgraben, welchen ein etwa zwanzig Fuß langes und höchstens vier Zoll breites Bret unter einem Winkel von zehn bis fünfzehn Grad überbrückte. Wir sowol als auch die Träger scheuten uns, diesen Uebergang zu benutzen, sahen aber auch keine Möglichkeit, durch die steilwandige Schlucht hinab und auf der anderen Seite wieder emporzuklettern, ersuchten deshalb die Eingeborenen, uns einen besseren Weg zu zeigen. Diese schienen sich über unsere Unschlüssigkeit in hohem Grade zu ergötzen; ohne ein Wort zu sagen, ergriffen sie die schweren Gepäckstücke — darunter einige Kisten, welche von zwei Mann getragen werden mußten — und schafften sie mit der größten Leichtigkeit und Sicherheit über den schmalen Steg auf die andere Seite des Grabens. Es blieb uns Nichts übrig, als denselben Weg einzuschlagen; ein Jeder that Dies, so gut er konnte, der Eine, indem er auf dem Brete ritt, der Andere, indem er auf dem Bauche liegend sich hinüber arbeitete. Die Esel wurden auf einem anderen, weiteren Wege um die Schlucht geführt. Bergauf und bergab wandernd, an hübschen Wasserleitungen und tiefen Schanzgräben vorüber, bald auf gutem, bald auf schlechtem Pfade, immer aber durch ein üppig grünendes Land, erreichten wir kurz vor

Sonnenuntergang den ziemlich kleinen, doch reizend gelegenen Lagerplatz, eine von eingehegten und wohlbewässerten Bananenpflanzungen umgebene Grasfläche. Uns gegenüber und durch ein tiefes Thal von uns getrennt, standen prächtige, hohe Waldbäume; vor uns ragten die beiden Schneegipfel des Kilimandscharo in wirklich aufregender Nähe empor — wir konnten deutlich jeden Busch und Felsblock erkennen und gewissermaßen schon jetzt den Weg in Augenschein nehmen, welchen wir bei der Besteigung einzuschlagen haben würden; im Westen erhob sich der kegelförmige Meruberg mit den vor ihm liegenden Hügelketten, und darüber hinaus zog sich, so weit wir sehen konnten, die Ebene des Masailandes.

Der Sultahn schickte Brennholz, Bananen, einen Topf voll Honig und ein Schaf. Später kam er selbst in das Lager, doch fand wegen der vorgerückten Tageszeit keine Unterredung mehr statt. Er sagte uns nur, wir möchten bei ihm bleiben und von Uru aus die Besteigung des Berges unternehmen; er würde Alles thun, um uns zufrieden zu stellen. Dieser Vorschlag hatte viel Verlockendes; der Berg schien wirklich von hier aus besonders leicht zugänglich zu sein. Der Baron beschloß also, wenigstens einen Tag in Uru zu warten, um zu sehen, wie die Verhandlungen sich anlassen würden.

Im Gefolge seiner Familie und einer Anzahl Krieger kam Sultahn Sa'a zeitig am Morgen ins Lager. Er ließ sich an dem in der Nähe befindlichen Maschingo nieder, einem runden, mit Steinen abgegrenzten Platz, in dessen Mitte sich eine Hütte und, zwischen drei Bäumchen, ein Felsblock befinden; dieses ist der heilige Ort der Wadschagga, an welchem alle wichtigen Geschäfte wie Schauris, Zauberbräuche und Trinkgelage vorgenommen werden. Der Baron ging mit zwei Führern auf Sa'a zu und setzte sich, da dieser sich nicht erhob, ohne weitere Begrüßung ihm gegenüber. Eine längere Pause entstand, während welcher die Wadschagga ihrem Herrscher ab und zu Etwas in das Ohr flüsterten, bis dieser endlich aufstand, dem Reisenden die Hand reichte und „jambo“ sagte. Decken begrüßte ihn in derselben Weise und sprach: „Willst Du, Sa'a, daß ich in Deinem Lande bleiben soll, so versorge mich und meine Leute mit Lebensmitteln, siehe zu, daß wir den Kibo bald besteigen können, gestatte uns, Vögel zu schießen, Blumen zu pflücken und unsere Geräthe zu gebrauchen, und belästige uns nicht durch Forderungen. Versprichst Du, dies Alles zu thun, so will ich meine Absicht, nach Lambungu zu gehen, aufgeben und Dich nach der Rückkehr vom Berge mit einem reichen Geschenk erfreuen.“ Sa'a, ein neunzehnjähriger, junger Mann von schlankem Wuchs und angenehmen Aeußeren, willigte nach einer Berathung mit seinen Verwandten in Alles, bedingte sich aber wenigstens drei oder vier Tage Zeit aus, um gute Führer zu beschaffen, da er nicht Leute geben könne, welche den Weg nicht genau kennten. Dann bat er, der weiße Mann möge ihn als seinen Sohn ansehen und sich nur immer an ihn wenden, wenn er Etwas bedürfte; es solle Alles geschehen, was dazu dienen könne, uns zu befriedigen. Sein Benehmen hatte etwas einschmeichelnd Kindliches; er trat gegenüber dem Msungu, welcher ihm an Alter und Erfahrung so weit überlegen war, schüchtern, fast ängstlich auf; erfüllte er seine Versprechungen nur zum kleinsten Theile, so hatten wir alle Ursache, den Zufall zu segnen, welcher uns hierher geführt. Der Baron gab, um gleich anfangs einen guten Eindruck hervorzubringen, ihm und seinen Verwandten und Räthen ein Geschenk von weißem und bunten Baumwollenzeug, einige Halsbänder, Glasperlen und kleine Spiegel, und vertheilte Perlen unter die Leibgarde. Alle waren über solche Freigebigkeit erstaunt, weil doch eben im Schauri ausgemacht worden war, daß sie vor der Besteigung des Berges kein Geschenk erhalten sollten, noch darum bitten dürften. Es wurde ihnen bemerkt, daß es die Art der Wasungu sei, bescheidene Leute zu beschenken, unverschämten dagegen Alles zu verweigern.

Befriedigt verließen die Besucher das Lager. Wir begannen darauf, uns häuslich einzurichten, schlugen die Zelte auf und bauten eine Küche, ein Waarenlager und ein

Schaurihaus. Das hierzu nöthige Holz und Bananenstroh wurde uns in Menge von jungen Mädchen und Frauen herbeigebracht. Die Schönen des Landes, welche wir auf diese Art zu sehen bekamen, zeichneten sich durch Ebenmaß des Wuchses sowie durch anmutige, stolze Haltung bei Weitem vor den bisher gesehenen Weibern aus. Es war ein wirklicher Kunstgenuß, diese glänzendbraunen Gestalten zu betrachten, wie sie mit leichtem, schwebenden Schritt ihre Lasten in das Lager oder an diesem vorbei nach einem entfernten Marktplatze trugen. Indem sie die auf dem Haupte ruhenden Bündel mit emporgestreckten Armen stützten, zeigten sie die Vollkommenheit ihrer körperlichen Formen, den herrlichen Bau ihrer Brust und das sanfte Rund ihrer Ellbogen in vortheilhaftester Weise: ein Dschaggamädchen, in dieser Stellung modellirt, würde in den Museen Europas sicherlich die Bewunderung aller Kenner auf sich ziehen.

Junge Mädchen hatten entweder ihre Lenden mit einem Bananenblatt umgürtet, dessen frisches, saftiges Grün einen lieblichen Gegensatz bildete zu dem glänzenden Broncebraun der Haut, oder trugen nur eine etwa handgroße Schürze von dicht nebeneinander hängenden Drahtkettchen zur Bedeckung der Blöße. Frauen kleideten sich in Lederschurze. Mit Schmucksachen waren sie spärlich versehen; Armbänder namentlich sah man verhältnißmäßig selten, Gehänge von kleinen, rothen Samsamperlen dagegen bei einzelnen in reicher Menge. Nicht minder einfach war die Tracht der Männer. Jüngere Leute gingen ganz nackt, ältere trugen gegerbte Felle oder Stücke rothgefärbtes, am unteren Ende mit fast fußlangen Fransen verziertes Baumwollenzeug und zwar hauptsächlich zur Bedeckung des Rückens, sodaß wir nicht gehindert waren, Beobachtungen anzustellen über die Verbreitung eines vermeintlich mahammedanischen Gebrauches — wir sahen Vorhaut und Beschneidung nebeneinander.

Nächsten Tages erschien Saʼa mit kleinem Gefolge im Lager; er bat seinen Gast um die Erlaubniß, ihn Baba (Vater) nennen zu dürfen, und versicherte, daß in zwei Tagen die Besteigung des Kibo stattfinden könne. Der Baron zeigte ihm einen Revolver, die großen Elephantenbüchsen und die Hinterlader und schoß, um einen Begriff von der Wirkung der Feuerwaffen zu geben, einen über dem Lager kreuzenden Raubvogel aus der Luft. Dies setzte Alle in höchstes Erstaunen und belustigte sie zugleich. Sie wünschten, noch einen zweiten, ziemlich weit entfernten Vogel heruntergeholt zu sehen; doch wurde ihrem Begehren nicht entsprochen, weil es unklug gewesen wäre, sich der Möglichkeit eines Fehlschusses auszusetzen. Saʼa fragte dann, ob sein Vater nicht während des Aufenthaltes in Uru eine Frau zu nehmen wünsche? er möge sich unter den Mädchen des Landes selbst diejenige aussuchen, welche ihm am besten gefalle, und ihr seine Zuneigung durch ein kleines Geschenk zu erkennen zu geben; danach würde er (Saʼa) die Auserwählte in das Lager schicken.

Ueber dieses eigenthümliche Anerbieten sagt der Baron: „Es ist während meines Aufenthaltes in Afrika nicht das erste Mal, daß mir die Eingeborenen, gewissermaßen zur Befestigung der Freundschaft, eine Ehe vorschlagen. Die jungen Mädchen, welche zur Brautschau kommen, sind anfangs ängstlich bei dem ungewohnten Anblicke des Europäers, gewinnen jedoch nach einigen freundlichen Worten Zutrauen und verrathen durch Blick und Wesen, wie sehr sie sich vor allen ihren Genossinnen dadurch ausgezeichnet fühlen, daß ein ihrer Meinung nach so hoch über ihnen stehendes Wesen sich mit ihnen beschäftigt. Auf Saʼas Vorschlag ging ich wenigstens scheinbar ein, theils um meine freundschaftlichen Gesinnungen zu bezeigen, theils um einigen Einblick in das Frauenleben der Wadschagga zu gewinnen. In Folge dessen besuchte mich gegen Abend Saʼas einzige Frau; sie trat ohne Furcht ins Zelt, gab mir eine Kürbisflasche voll Milch sowie ein Säckchen voll Bohnen zum Geschenk und erzählte mir geheimnißvoll, daß ihre Schwägerin Liebe zu mir gefaßt habe und meine Hausfrau zu werden wünsche, falls ich nicht bereits eine andere Wahl getroffen.

Darauf brachte sie des Sultahns Schwester, ein prächtig gewachsenes Mädchen mit angenehmen, freundlichen Gesichtszügen. Die Kleine lächelte schüchtern, als ich den Blick auf sie richtete, und ging vergnügt von dannen, nachdem ich ihr ein kleines Geschenk überreicht und ihr versprochen hatte, mit ihrem Bruder Rücksprache zu nehmen." —

So freundlich auch anfangs die Beziehungen zwischen dem Reisenden und dem jungen Sultahn sich gestaltet hatten, sie nahmen bald eine Wendung zum Schlimmen. Saïa stand unter dem Einflusse seiner böswilligen Verwandten und Räthe und verstand nicht, sich ihren fortwährenden Aufreizungen und Umtrieben zu entziehen; er hatte, sowenig auch seine Zuneigung zu dem Fremden sich änderte, nicht den Mut, sich offen den Seinen zu widersetzen. Der zum Aufbruch nach dem Kilimandscharo bestimmte Tag war herangekommen, aber weder die versprochenen Führer, noch Saïa oder einer der Seinen ließen sich sehen. Endlich wurde ein Bote an den Sultahn geschickt und er ernstlich an die Erfüllung seines Versprechens gemahnt. Kurze Zeit darauf erschien der junge Mann, brachte eine ausgezeichnet schöne, fette Kuh zum Geschenk und erklärte, daß er nicht zum Lügner an seinem Vater werden wolle, obgleich sein Onkel und Andere ihm auf alle erdenkliche Weise widerstrebten; für heute allerdings sei es ihm nicht möglich gewesen, die Führer zu beschaffen, morgen aber sollten sie ganz bestimmt da sein. Am anderen Tage standen wir schon vor Sonnenaufgang vollständig gerüstet da, doch die Führer kamen nicht, so lange wir auch warteten — man suchte aufs Neue, die Sache hinauszuschieben. Nach langem Unterhandeln erschien gegen Mittag Saïa und sagte, die Führer seien bereit, unserem sofortigen Aufbruche stehe Nichts entgegen; kurz darauf aber forderte er wieder auf Antrieb seines Onkels sein Geschenk und den Lohn für die Führer im Voraus. Später wurde der Baron in die Versammlung der Alten berufen. Sie erklärten, sie könnten nicht für die Führer einstehen, ja, scheuten sich nicht, offenbar feindselige Absichten durchblicken zu lassen. Unter solchen Umständen erschien es gerathen, Uru baldmöglichst zu verlassen; ob freilich anderswo sich mehr erreichen ließe, Das war bei den unberechenbaren Lügen und Ränken der Wadschagga überaus zweifelhaft.

Noch einmal sandte der Baron eine Botschaft zum Sultahn, um Führer wenigstens für die bereits angekündigte Abreise von Uru zu erlangen; Saïa aber, oder vielmehr seine Sippschaft, schlug das Begehren ab und drohte, unseren Weggang mit Gewalt zu verhindern. Wie sehr es den Alten mit ihren Drohungen Ernst war, bewiesen sie, indem sie das am Lager vorbeifließende Wasser ableiten ließen, allen Verkehr mit uns verboten und endlich sogar unseren Trägern, welche das Wasser an einen ferneren Orte holen wollten, feindlich entgegentraten.

Des Sultahns Frau und seine junge Schwester kamen am Abend und erzählten, es sei ihnen zwar von ihren Verwandten verboten worden, mit dem Fremden zu verkehren, doch hätten sie sich heimlich entfernt, um ihrem Freunde mitzutheilen, daß Saïa durchaus keine Schuld an dem Vorgefallenen habe; er sei nur zu schwach, um seine guten Absichten wider den Willen seiner Umgebung durchzusetzen.

Alle unsere Sachen waren zusammengepackt. Der Baron wachte die ganze Nacht hindurch für die Sicherheit der Karawane. Bei seinen Rundgängen fand er auf jeder Seite des Ausgangs aus dem Lager einen kleinen Trupp Dschaggakrieger, welche aber, sobald er nahte, eiligst in die Bananenpflanzungen zurückwichen. Morgens $5^1/_2$ Uhr am 20. November setzten wir uns in Bewegung. Koralli führte den Zug, der Baron deckte den Nachtrab; die Gelehrten und die Esel gingen, wie bei Napoleons egyptischem Feldzug, in der Mitte. Wir hielten eine südsüdöstliche Richtung ein, um möglichst bald aus dem bewohnten Lande herauszukommen. Ueberall am Wege standen bewaffnete Eingeborene welche mit ihren Kriegshörnern und Schlachtgesängen einen ungebührlichen Lärm verübten, sich aber in angemessener Entfernung hielten. Nach anderthalber Stunde kamen wir an einen tiefen

Wallgraben. Das Hinüberschaffen der Esel verursachte viele Schwierigkeiten, da die störrigen Thiere sich beharrlichst weigerten, ihren Führern in die Tiefe zu folgen. Wir wickelten ihnen wollene Decken um den Leib und umschnürten sie mit langen Stricken, um sie mit Gewalt an der einen Wand des Grabens hinab und auf der anderen in die Höhe zu ziehen. Kaum hatten wir diese Vorbereitungen beendet, als die Wadschagga eine längs des Grabens laufende Wasserleitung öffneten, in der nicht zu verkennenden Absicht, die steilen Lehmwände schlüpfrig zu machen und uns so den Uebergang zu erschweren. Zum Glück gelang es den bereits auf der anderen Seite befindlichen Trägern, die Bewaffneten zu verjagen und den Zufluß des Wassers zu hemmen.

Lange schon waren wir in den Pflanzungen umher gewandert, und immer noch hatten wir den Ausweg nicht gefunden. Wir bedeuteten den Leuten, daß es ihr eigener Vortheil sei, wenn sie uns auf dem geradesten Weg aus dem Lande führten, aber vergebens. Demzufolge sahen wir uns nicht veranlaßt, dem Mutwillen der Träger, welche ohne alle Rücksicht die mit Bohnen und Kartoffeln bestellten Beete zertraten, Einhalt zu gebieten. Endlich schien man sich einer besseren Einsicht zu erschließen und bot uns die lange verweigerten Führer an, freilich nur zum Scheine; denn die Schurken führten uns stundenlang hin und her, ohne uns an die Grenze des Landes zu bringen: offenbar hatten sie den Auftrag, uns bis zum Einbruche der Dunkelheit aufzuhalten, um den Wauru günstige Gelegenheit zu einem räuberischen Ueberfalle zu bieten. Als wir diese Absicht merkten, gingen wir auf die in einiger Entfernung folgenden Aeltesten zu, schlugen die Gewehre auf sie an und drohten, sie niederzuschießen, wenn sie nicht augenblicklich ihr verrätherisches Benehmen änderten und uns den nächsten Weg zeigen ließen. Dies wirkte: die Krieger stoben auseinander, und die Räthe versprachen zitternd, unserem Begehren zu willfahren. Sie hielten Wort. Gegen vier Uhr erreichten wir den Platz, an welchem vor fünf Tagen das Schaf geschlachtet und das Freundschaftszeichen gewechselt worden war. Die Führer zeigten sich überaus ängstlich und eilten von dannen, sobald sie die Erlaubniß dazu erhielten; ihren Lohn, den sie sich am nächsten Morgen holen sollten, ließen sie aus Furcht im Stiche.

Schon unterwegs war uns gesagt worden, daß der Fundi Hadschi, einer von den Leuten des Elephantenjägers Msuskuma, in Uru angekommen sei; wir hatten jedoch dieser Nachricht nicht getraut, weil wir vermuteten, man wolle uns dadurch nur aufhalten. Jetzt erschallten Flintenschüsse von den Bergen herab; es schien, als ob die Wadschagga nicht gelogen hätten. Wir feuerten gleichfalls einige Gewehre ab und erwarteten, daß Jemand uns weitere Nachricht brächte. Da Dies bis zum anderen Morgen nicht geschah, schickten wir zwei Leute nach dem Grenzgraben zurück. Eben wollten wir unsere Reise fortsetzen als sie wiederkamen mit der Kunde, daß der Fundi allerdings in Uru gewesen, aber bereits auf dem oberen Wege nach Moschi zurückgegangen sei; er habe nur ein Schaf und einige Bund Bananen in Empfang nehmen wollen, welche Sultahn Tatuo von Lambungu seinem Meister geschenkt und bis hierher entgegengeschickt habe. Weit entfernt, diesem Berichte vollen Glauben zu schenken, ließen wir uns doch durch ihn bestimmen, unsere Schritte nach Moschi anstatt nach Lambungu zu lenken, in der Hoffnung, daß unser alter Reisegefährte von Mbaramu her, wenn er wirklich dort wäre, uns in unseren Bemühungen um die Besteigung des Kilimandscharo unterstützen werde.

Auf demselben Wege, welchen wir herwärts eingeschlagen hatten, verließen wir das Land. In dem verwilderten Bananenwalde fanden wir eine Fruchttraube, welche vorher unreif am Boden lag, völlig gereift wieder, zur großen Freude der Träger und auch unser selbst, denn reife Dschaggabananen sind gar eine köstliche Leckerei und nur selten zu bekommen, da man sie nicht auf den Markt bringt. Dann wanderten wir durch Wald, Buschdickicht und hohes Gras am südlichen Abhange des Kilimandscharo hin weiter. An einem der vielen Bäche und Flüsse, welche wir zu überschreiten hatten, griff uns ein Bienenschwarm an, fast an der nämlichen Stelle, an welcher der Baron das Jahr zuvor in gleicher Weise aufgehalten wurde. Es schien, als ob die kleinen Thiere uns am Flußübergange verhindern wollten, so wütend fielen sie uns an; beinahe anderthalb Stunden dauerte es, bis sie sich wieder beruhigt hatten.

Beim Marsche durch die Ebene bethätigten unsere Führer wieder einmal recht deutlich ihre Unkenntniß des Weges und sogar der Richtung, in welcher wir zu gehen hatten. Nur auf gebahnten Pfaden, auf denen ein Verlaufen nicht möglich, wissen sie genau Bescheid; wo diese aufhören, finden sie sich nicht zurecht, gestehen Dies aber durchaus nicht zu, sondern führen die ihnen vertraute Karawane in Zickzack und Bogen, kreuz und quer, bis man endlich, der Umwege müde, die Führung selbst übernimmt und sich mit Hülfe „der kleinen Uhr, welche immer den richtigen Weg zeigt" (so nennen die Träger den Kompaß), wieder zurecht findet. Nun sitzen die eben erst ihrer Unwissenheit Ueberführten wieder auf dem großen Pferde; jeden Busch, jeden Stein behaupten sie zu kennen, kommen aber, falls man ihnen die Leitung überläßt, in kürzester Zeit wieder auf den Holzweg. So geschah es auch jetzt. Bereits am ersten Abende hatten wir einen Lagerplatz erreicht, welcher nach des Barons Meinung ganz in der Nähe des von Moschi herabkommenden Flusses liegen mußte. Unser Mkurugensi führte uns aber am anderen Tage trotz aller Widerrede vorwärts, dann, als er unsicher wurde, in weiten Bogen nach rechts und links, nach vorn und wieder zurück, bis wir schließlich an einen auf der vorigen Reise zu Messungen benutzten Hügel kamen, bei welchem es dem Baron klar wurde, daß er wirklich Recht gehabt hatte. Wir gingen ein langes Stück zurück, dann einige Stunden lang auf beschwerlichem Wege bergaufwärts und erreichten zuletzt den Grenzgraben und die ersten Bananenpflanzungen von Moschi. In Kurzem stießen einige Eingeborene zu uns; nach echter Dschaggaart weigerten sie sich, ohne ein beträchtliches, im Voraus zu zahlendes Entgelt uns den Weg nach dem Lagerplatze zu zeigen; lachend sagten sie, wir wären ja gezwungen, ihnen zu willfahren, da wir ohne ihre Hilfe uns unmöglich durch die Pflanzungen finden könnten. Der Baron schob die Leute bei Seite, ging in der ihm gut dünkenden Richtung weiter und hatte das Glück, den richtigen Weg zu treffen. Jetzt glaubten die Wadschagga ihren Vortheil darin zu finden, wenn sie uns ihre Dienste anböten; wir verzichteten jedoch darauf.

Nach dreiviertel Stunden hielten wir auf einem freien Platz in der Nähe einer tiefen, südwärts laufenden Schlucht und feuerten einige Gewehre ab. Zu unserer großen Freude kamen bald darauf vier von Msuskumas Leuten. Unter ihrer Führung erreichten wir, nicht ohne daß die Wadschagga noch einmal versucht hätten, uns aufzuhalten, gegen vier Uhr Nachmittags den Ort, wo der Elephantenjäger seine Hütten errichtet hatte. Wir wurden auf das Herzlichste begrüßt und sogleich mit allen Herrlichkeiten des Landes, mit frischem Fleisch und Bananen, mit Honig, Butter und Milch versorgt und, da die Zubereitung unserer eigenen Speisen doch längere Zeit gedauert haben würde, sogar mit gekochtem Reis von der eben gedeckten Tafel Msuskumas — eine große Erquickung für uns, denn unser Reisvorrath war längst schon aufgezehrt. Das Gepäck ward aufgestapelt, der Platz gesäubert, darauf das Kischongozeichen gewechselt zwischen uns und dem geheimen Rathe Mnene, einem nicht ungebildeten Manne, welcher früher einmal die Küste besucht hat und etwas Suaheli versteht und spricht. —

Unterwegs waren wir in Zweifel gewesen, ob wir einen Tag mehr oder weniger zählen sollten; der Baron hatte nämlich, wie sich jetzt herausstellte, bei dem nachträglichen Aufzeichnen der Verhandlungen mit Saïa das an zwei Tagen Geschehene in einen zusammengezogen. Wir hatten uns nicht verständigen können, wer von Beiden Recht habe, und unsere Begleiter, welche sonst immer, behufs Abhaltung ihrer Gebete, die Wochentage merken, konnten uns ebenfalls keine Auskunft geben; hätten wir den genaue Rechnung führenden Elephantenjäger nicht getroffen, so würden wir in dieselbe Verlegenheit gerathen sein, welcher Robinson Crusoe durch Einschneiden von Kerben in einen Baumstamm zu entgehen suchte. Uns als halben Astronomen wäre es übrigens nicht schwer gewesen, den verlorenen Tag wiederzufinden; das einfachste „Recept" hierzu ist: man leite die Breite des Ortes aus der Mittagshöhe eines Sternes ab, berechne hieraus sowie aus der gemessenen Mittagshöhe der Sonne die Abweichung (Entfernung vom Himmelsäquator) derselben und suche mit dieser schnell sich ändernden Größe in einer astronomischen Tafel den Tag, welcher hierzu am besten stimmt.

Ermüdet von dem beschwerlichen Weg und von dem Beantworten der tausend Fragen Msuskumas und seiner Weiber, begaben wir uns zeitig zur Ruhe. Wir schliefen unter freiem Himmel, obwol ein kalter Wind von dem Berge wehte; Koralli, der sich sehr unwohl fühlte, brachte die Nacht in dem großen, auf Suaheliart aus Holz und Lehm erbauten Hause Msuskumas zu. Er sowie der Baron hatten häufig an Fieber und Dysenterie gelitten seitdem sie sich am See Jipe bei dem Anstand auf Flußpferde erkältet; während aber der Baron sich allmählich wieder erholte, wollte es mit Korallis Besserung nicht recht vorwärts gehen, weil er die einfachsten Vorsichtsmaßregeln, welche schon der gesunde Mensch beobachtet, verabsäumte und sein Leiden durch fortwährende kleine Erkältungen wieder verschlimmerte. Nachts schlief er zumeist unbedeckt, am Tage setzte er sich ohne Grund der Sonne aus, und, was er so verdorben hatte, glaubte er dann durch starke Gaben von Heilmitteln wieder gutmachen zu können. Vernünftigen Zureden blieb er unzugänglich, und freundliche Worte wies er in einer Weise zurück, daß man die Lust verlieren mußte, sich mit ihm zu beschäftigen. Zuletzt weigerte er sich hartnäckig, Arzenei zu nehmen, vertraute sich dagegen trotz unseres Abmahnens den Suaheliquacksalbern an; diese gossen ihm ein schmuziges Gebräu in den Hals, durch welches er, wie nicht anders zu erwarten, eher kränker als besser wurde. So herzliche Theilnahme wir auch für unseren dienstwilligen und nützlichen Gefährten empfanden, sahen wir uns doch schließlich genöthigt, die vollständige Besserung seines Zustandes der Alles heilenden Zeit zu überlassen; offenbar mußte seine krankhafte Stimmung erst gehoben werden, ehe an ein Gesunden des Körpers zu denken war, und hierfür schien Nichts geeigneter zu sein, als Einsamkeit und Ruhe.

Der Lagerplatz in Moschi gefiel uns bei Weitem nicht so gut wie der in Uru verlassene, hauptsächlich weil er keine umfassende Aussicht gestattete. Wir sahen nur einen Theil vom Gipfel des Kilimandscharo und, traten wir etwas weiter hinaus, ein Stück der Ebene mit den Ugono- und Aruschabergen. Wollten wir auch den Meru sehen, so mußten wir durch einen Bananenwald einige hundert Schritt nach Westen zu, bis vor das Haus des Sultahns, gehen; dort wiederum waren von demselben Standpunkt aus nicht der Meru und beide Gipfel des Kibo zugleich sichtbar, die Ebene im Süden aber gar nicht. Stiegen wir etwa eine Stunde weit an dem östlichen Rande der Thalschlucht empor, an welchem unser Lager sich befand, so überblickten wir von einer Stelle aus allerdings die unermeßliche Ebene vom Meruberg an bis zum Ugonogebirg und den östlichen Ausläufern des Dschaggabergstockes, doch nicht den Kilimandscharo. Nur durch Vereinigung der Messungen von allen drei Standpunkten aus ließ sich eine genügende Vollständigkeit erreichen. —

Zu guter Stunde am 23. November besuchte uns der Sultahn Kimandara, ein hübscher junger Mann von zwanzig und einigen Jahren. Er überreichte eine schöne, weiße Kuh und erging sich dann mit seinem Gefolge in geschwätziger Bewunderung unserer Schätze. Lange Zeit verstrich, ehe die Besucher zu wichtigeren Besprechungen vermocht werden konnten. Sie wußten, daß wir den Kilimandscharo zu besteigen wünschten, sprachen von der Gefahr, der sie sich aussetzten, wenn sie die Erlaubniß gäben, welche andere, mächtigere Mankis verweigert hätten, und benutzten diesen Umstand geschickt zur Begründung ansehnlicher Forderungen; „der Msungu könne tüchtig bezahlen", meinten sie, „da er ja doch den Berg nur besteigen wolle, um Schätze zu holen." Decken ließ sich nicht auf Erklärungen und Widerlegungen ein, sondern fragte einfach, „ob man das große Geschenk für die Erlaubniß zur Bergbesteigung haben wolle oder nicht", und fügte hinzu, „die Wadschagga möchten die Schätze, welche sie auf dem Berge vermuteten, selbst herabholen; er würde Nichts dawider haben, wenn eine Anzahl damit beauftragter Leute ihn begleiteten". Es dauerte lange, bis Kimandara versprach, seinen Gast auf den Berg zu führen; als Entschädigung verlangte er ein kleines Geschenk vor der Besteigung und ein größeres, welches er aber vorher sehen müsse, nach der Rückkunft. Dies wurde ihm bewilligt. Um unsere freundschaftlichen Gesinnungen darzuthun, überreichte der Baron acht Doti Amerikano, sieben Stück buntes Zeug, fünf Halsbänder, drei Spiegel, zwanzig Nähnadeln, zwei Messer und eine Feile, ein Geschenk, in welches der Sultahn, seine Mutter Madjake, drei seiner Verwandten und der Geheimrath Mnene sich theilten. Den Löwenantheil nahm Madjake: sie scheute sich nicht, als die Vertheilung bereits beendet, gewisse besonders hübsche Sachen gegen Anderes einzutauschen, was ihr minder gefiel; Keiner wagte eine Widerrede, und ihr Sohn lächelte verlegen, als schämte er sich, daß er, der Sultahn, in Gegenwart Fremder sich Solches bieten lassen müsse. Das Geschenk verfehlte seine Wirkung nicht; namentlich die Königin Mutter war sehr gnädig, sie verabschiedete sich mit den schmeichelhaften Worten, „ihr Herz sei erfreut über ihren Freund, den Msungu."

Dieser Kimandara ist derselbe, welcher sich auf Deckens voriger Reise (s. Bd. I. S. 279) als nicht besonders liebenswürdiger Herrscher gezeigt. Sein damaliges Verhalten schien von dem böswilligen und bettelhaften Sultahn von Kilema veranlaßt gewesen zu sein; denn jetzt, in seinem eigenen Lande, benahm er sich so zuvorkommend, daß wir die besten Hoffnungen für die Erreichung unseres Zweckes hätten schöpfen müssen, hätten wir nicht gelernt gehabt, den ersten Eindruck als durchaus unwesentlich zu betrachten. In Gesellschaft seiner herrschsüchtigen, übrigens aber zärtlich um ihn besorgten Mutter schien er sich nicht recht behaglich zu fühlen; er besuchte uns so oft als möglich allein, und dann erst zeigte er sich von seiner liebenswürdigsten Seite. Sein Schwatzen und seine kindlichen Fragen waren wirklich höchst ergötzlich, durch seine Zutraulichkeit erinnerte er an Saïa, den freundlichen Manki von Uru. Alles, was er sah, erfreute ihn, und die unbedeutendsten Dinge, welche man ihm gab, nahm er dankbarst auf. Das größte Vergnügen bereiteten ihm eine Mundharmonika und ein Fingerring, den ich aus einem Maria-Theresia-Thaler durch Anlöthen eines Blechringes gefertigt hatte: der stattliche Schmuck, welcher die drei mittleren Finger bedeckte, machte ihn so stolz, daß er Niemandem mehr die Hand geben wollte! Allen unseren Arbeiten sah er mit größter Theilnahme und ohne Mißtrauen zu; ja er begleitete mich sogar auf einem meiner Ausflüge nach dem oben erwähnten Aussichtspunkte und hielt so lange aus, bis ich meine Messungen beendet hatte. Er fragte auch den Baron, ob er nicht mit an die Küste gehen oder wenigstens einige seiner Leute mitschicken dürfe, damit sie dort Etwas lernten, und ob wir nicht Lust hätten, uns bei ihm niederzulassen.

Mutter Madjake kam gleichfalls oft ins Lager und zeigte die beste Stimmung, wenigstens, wenn sie ihre gute Stunde hatte d. h. nicht angesäuselt war. „Wir wissen recht wohl", sagte sie zu wiederholten Malen zum Baron, „wie viel Vortheil Deine Freundschaft uns bringt; durch Deinen Einfluß kann mein Herzenssöhnchen einst ein ebenso großer Mann werden, wie früher Sultahn Mamkinga von Madjame war. Wir fürchten nur bisweilen die Feindschaft der anderen Wadschagga; denn diese werden uns aus Neid bekriegen, wenn sie erfahren, daß wir für die Besteigung des Berges ein so großes Geschenk empfangen. Dies soll uns übrigens nicht hindern, Dir zu dienen, wenn Du versprichst, uns in einem etwaigen Kriege Beistand zu leisten.“ Litt sie jedoch an den Folgen übermäßigen Tembogenusses, so gestand sie ganz offen, daß ihr der Kopf etwas schwer sei, und bat, wichtige Verhandlungen auf einen anderen Tag zu verschieben.

Ebenso kamen uns die Unterthanen Kimandaras freundlich entgegen; sie bezeigten uns sogar ungewöhnliche Ehrerbietung, denn sie nannten uns bei der Anrede immer Manki (Sultahn oder großer Herr), während wir anderorts nur „Msungu“ oder „Bana“ hießen. Einmal nur befürchteten wir einen Umschlag, freilich ohne Noth. Eines Abends, als wir uns zur Ruhe begeben wollten, ertönte in der Nähe des Lagers Kriegsgeschrei. Der Baron übertrug Koralli und mir die Sorge für das Lager und ging mit Msuskuma und zehn bewaffneten Leuten dem Lärmen zu. Nachdem wir eine Weile nicht ohne Besorgniß gewartet, brachten uns etliche Leute die Nachricht, daß ein festlicher Tanz vor des Sultahns Wohnung aufgeführt werde. Wir folgten ihnen, um das Schauspiel mit anzusehen. Kimandara hatte das Haus seiner Mutter verrammelt, danach seine Krieger zusammenberufen, sie in drei Haufen getheilt und mit ihnen unter gellendem Geschrei zu tanzen begonnen, wie, um der Mutter zu zeigen, daß er nun selbständig geworden sei. Madjake aber wußte die Thür zu öffnen und nahm in gleicher Bewaffnung wie die Krieger an dem Tanze Theil. Anfangs führten die einzelnen Trupps einen Scheinkampf unter sich aus; dann ordneten sie sich zu einer langen Reihe, gingen im Gänsemarsch im Kreise umher, sangen, daß sie die tapfersten der Wadschagga seien, daß sie die Nachbarstaaten Kirua und Pokomo bekriegen und viele Kühe und Sklaven als Beute heimführen wollten; hierzu schlugen sie im Takte der Gesänge mit kleinen Stäben auf Schild, Sper oder auf die Eisendrahtpanzerung des Oberarmes. Schließlich löste sich das Ganze in ein allgemeines Trinkgelag auf.

Trotz der großen Freundlichkeit des Herrschers und der Seinen gingen die Verhandlungen nicht so rasch vorwärts, als wir es gewünscht hätten. Madjake namentlich, ohne welche Nichts endgiltig abgemacht werden konnte, fand es öfters angenehmer, beim Bananenweine zu sitzen, als den Schauris beizuwohnen. Als Dies sich wiederholte, ließ der Baron ihr sagen, er werde nach Kirua gehen und mit dem dortigen Manki gemeinschaftliche Sache machen, wenn man das gegebene Versprechen nicht endlich auslöse. Der Sultahn und sein Haus erschraken nicht wenig ob dieser Botschaft. In einem langen Schauri wurde berathen, was wol zu thun sei, um den Msungu zu besänftigen; man beschloß, Kimandara solle Blutsbrüderschaft mit ihm schließen. Der Baron, welcher dann in die Versammlung geholt wurde, willigte ein, obwol ihm die unsaubere Ceremonie im höchsten Grade zuwider, und fünf Minuten später waren er und Kimandara sowie der Karawanenführer Sadi und Tukio (der Pflegevater des Sultahns und Madjakes vertrauter Freund) „ein Herz und eine Seele“. Die Unkosten beliefen sich auf zwölf Stück Baumwollenzeug.

Kimandara bat nun seinen neuen Blutsbruder, er möge sich eine Frau aussuchen, damit sein Herz noch mehr an die Wadschagga gefesselt werde. Des Gastfreundes Wahl war schnell getroffen. Er hatte schon vorher ein selbst nach europäischen Begriffen reizend zu nennendes junges Mädchen gefunden; ihr Körper war von tadellosem Ebenmaße, der Ausdruck ihres Gesichtes schelmisch und angenehm. Wenn sie am Zelte vorbei kam, schielte sie neugierig nach den ihr so wunderbaren Sachen; rief er sie, so trat sie zögernd ein, und schenkte er ihr einige Perlen, so stralte ihr Gesicht vor Vergnügen. Noch ein anderer Grund wirkte bestimmend bei dieser Wahl. Der Sultahn hatte nämlich gleichfalls ein Auge auf dieses Kind geworfen und in einer eifersüchtigen Anwandlung ihr verboten, fernerhin in das Lager zu kommen, ja, sie in einem verschlossenen Hause verborgen gehalten; jetzt sollte es sich zeigen, ob der junge Mann wirklich die Gesinnungen besaß, welche er zur Schau trug. Kimandara gerieth in große Verlegenheit, als er den Wunsch seines

Blutsbruders vernahm; die Liebe zu dem Mädchen und die Furcht, das soeben gegebene Wort zu brechen, kämpften sichtlich in ihm. Alle erdenklichen Vorwände suchte er heraus, um den wiedergewonnenen Freund zu einer Aenderung seines Entschlusses zu vermögen. „Du bist“, sagte er, „viel zu bescheiden, Du mußt Dir ein hübscheres Mädchen aussuchen; warte doch mit Deiner Wahl bis nach der Besteigung des Kibo, es ist zu befürchten, daß die junge Frau Dir in der Zwischenzeit untreu werde; nimm dieses Mädchen nicht, sie ist bereits in mich verliebt“ (doch hatte sie sich beklagt, daß sie von ihm festgehalten würde) u. dgl. mehr. Aus alle Dem schloß der Baron, daß Kimandara auch sein Wort hinsichtlich der Besteigung des Berges nicht halten werde; er schied ziemlich kalt von ihm und begann, sich wieder ernstlich mit dem Gedanken zu beschäftigen, was er anfangen würde, falls seine düstere Ahnung einträfe. Viermal schon war ihm durch die Wankelmütigkeit der Wadschagga die Besteigung des Berges vereitelt worden: jetzt war seine Geduld zu Ende; es galt, nun einmal Ernst zu zeigen — die Feindschaft zwischen Kirua und Moschi sollte hierzu Gelegenheit bieten.

An demselben Tage kamen gegen zwanzig Leute aus Lambungu nach Moschi; sie brachten Bohnen zum Verkaufe, wol nur als Vorwand, um den eigentlichen Zweck ihrer Reise, eine Berathung wegen des beabsichtigten Krieges mit Kirua, zu verdecken. Gleich uns waren sie durch die Wildniß am Fuße des Berges gegangen, weil sie sich gefürchtet hatten, an dem in der Nähe des oberen Weges gelegenen, mit Kirua verbündeten Pokomo vorbeizuziehen. Sie eröffneten uns eine letzte Aussicht, indem sie erzählten, ihr Sultahn Tatuo habe an demselben Tage, an welchem wir Uru verlassen, Boten ausgeschickt, um uns zu einem Besuch in seinem Lande aufzufordern.

Unser Schicksal sollte sich schon Tags darauf entscheiden. Kimandara erschien am frühen Morgen im Lager; er wurde kalt und gemessen empfangen. In hohem Grade betroffen, entfernte er sich, „um die Führer nach dem Kilimandscharo sogleich zu beschaffen und das Herz seines Bruders wieder zu gewinnen“. Gegen Mittag meldete sich wirklich ein Mann als Führer an, und zwei Stunden später wurde ein zweiter vom Sultahn selbst gebracht. Sie vollzogen mit zwei Leuten unserer Karawane die Ceremonie des Milchtrinkens und schwuren dabei, daß sie uns nicht verlassen und uns den besten Weg führen wollten, den sie kennten; brächen sie ihr Wort, so sollte der Trunk ihnen zu Gift werden und ähnliche Redensarten mehr. Zum Schlusse trank Kimandara noch mit einem der Führer Milch und sagte beiden, sie würden nach der Rückkehr auf das Strengste bestraft werden, wofern sie ihren Verpflichtungen nicht getreulich nachkämen. Darauf bat er uns, heut Abend schon aufzubrechen und außerhalb des Schanzgrabens zu schlafen, damit das Unternehmen nicht durch neue Ueberlegungen seiner Mutter und seiner Krieger hintertrieben würde. So waren wir also genau wieder an demselben Punkte angelangt, wo der Baron vierzehn Monate zuvor in Kilema sich befunden!

In größter Eile ward Alles zur Reise vorbereitet; Instrumente wurden eingepackt, Lebensmittel hergerichtet und Anordnungen für die auf fünf Tage berechnete Dauer unserer Abwesenheit getroffen. Die schon in Uru ausgewählten Leute bildeten unsere Begleitung. Dazu gab uns Msuskuma drei Männer von seiner Schar mit, in der Hoffnung, daß sich unterwegs Gelegenheit zur Elephantenjagd bieten könne: sie sollten uns in allen Umständen beistehen, sich nach des Barons Anordnungen richten und dafür die Hälfte von dem zu gewinnenden Elfenbein erhalten. Koralli, welcher sich noch immer unwohl fühlte, blieb zurück, um das Lager zu überwachen. Kurz nach Sonnenuntergang kamen wir fort; alle Suaheli, unsere eigenen sowol wie Msuskumas Leute, gaben uns das Geleit.

Der Mond erhellte unseren Weg. Wir stiegen längs der Thalschlucht empor bis zu einem kleinen, freien Platz und schritten dann in nördlicher Richtung weiter. Voran leuchteten uns die Führer, seltsam in das ihnen zum Schutze gegen die Kälte gegebene Baumwollenzeug gewickelt. An dem tiefen, steilwandigen, das ganze Land umziehenden Wallgraben angelangt, zauderten sie lange, ehe sie uns den geheimen Weg zeigten, welcher hinüber in das freie, obere Land führt. Noch öfters verursachten sie Aufenthalt; bald wollten sie ihre eigenen Lebensmittel nicht tragen, bald wünschten sie an einer ungeeigneten Stelle zu lagern, kurz, sie schienen sich nicht recht in die ihnen zugetheilte Rolle finden zu können. Ohne viel Rücksicht auf ihr Gebaren zu nehmen, wanderten wir bis nach neun Uhr fort und hielten dann auf einer offenen, mit dünnem Grase bedeckten Ebene. Nachdem wir Thee mit einem Imbiß eingenommen, breiteten wir unsere Gummidecken über den von Thau benetzten Boden, legten unsere Gewehre und Instrumente darauf, und streckten, durch weitere Decken selbst gegen Kälte und Nässe geschützt, unsere Glieder zur Ruhe aus.

Sobald die Helligkeit des anderen Morgens uns weckte, erhoben wir uns. Es war merklich kühl, wie nach der Höhe des Platzes nicht anders zu erwarten (nach einer Barometerablesung befanden wir uns mehr als sechstausend Fuß über der Meeresfläche und etwa fünfzehnhundert Fuß über dem Lager zu Moschi). Zitternd vor Frost setzten wir nach einem dürftigen Frühstücke die Reise fort. Bald erhob sich die Sonne, unsere vom abgestreiften Thau durchnäßten Kleider trocknend und die durchfrorenen Glieder wärmend.

Pflanzengebilde auf dem Kilimandscharo.

Zunächst kamen wir durch ein Wäldchen von nicht sehr hohen Bäumen, untermischt mit Unterholz und buschartigen, steifblätterigen Farnen, dann durch Wald von immergrünen, mit ellenlangen Bartflechten behangenen Bäumen, endlich auf eine allerliebste Grasfläche, welche, da sie mit zahlreichen, violetten Glockenblumen und mit knabenkrautartigen Orchideen bestanden war, uns lebhaft an die sommerlichen Wiesen der Heimat erinnerte. In der Nähe eines Felsens, an dessen Fuß ein klares Wasser rann, rasteten wir gegen Mittag, um unsere Mahlzeit bereiten zu lassen.

Obwol die Steigung bis hierher eine ganz allmähliche gewesen war, fühlten wir uns doch ziemlich ermüdet, namentlich weil wir während des Marsches im Walde häufig über umgestürzte Bäume zu klettern gehabt, abgesehen davon, daß wir die Last unseres Leibes binnen sechs Stunden um viertausend Fuß gehoben und in dieser Zeit nur einmal am Rande eines plätschernden Waldbaches gerastet hatten.

Es dauerte über zwei Stunden, bis unsere Bohnen gar wurden; die Zwischenzeit verbrachten wir auf die angenehmste Weise mit Ausruhen, Anstellung einiger Beobachtungen und Umherstreifen auf der so mancherlei Neues bietenden Hochwiese. Von den hier wachsenden Pflanzen fielen mir, außer den eben erwähnten, namentlich eine Art Riedgräser auf, welche äußerlich dem Papyrus ungemein ähneln, nur viel niedriger sind als dieser, und mehrere mannshohe, krautartige Stauden, welche durch ihre sonderbare Gestalt und Gruppirung die Vorstellung erweckten, als wären es Kobolde, die einen wundersamen Reigen tanzten.

Auf dem Weiterwege gewahrten wir seitwärts vor uns einen starkrauchenden Grasbrand und, als wir näher kamen, einen Mann mit Weib und Kind. Bei unserem Anblick ergriffen sie schleunigst die Flucht, ohne auf unsere freundschaftlichen Winke und Zurufe zu achten. Unserem Vermuten nach gehört diese Familie dem fast überall ausgewiesenen

Stamme der Wandurobo an; wahrscheinlich hatten sie das Gras selbst entzündet, um das Erwachsen besseren Futters zu veranlassen und somit Wild und Bienen anzulocken.

Gegen fünf Uhr machten wir Halt in der Nähe einer mit Regenwasser gefüllten Bodenvertiefung. Um der Kälte der Nacht besser begegnen zu können, schlugen wir ein kleines, für zwei Mann ausreichendes Zelt auf, welches die für solche Ausflüge unschätzbare Eigenschaft besaß, kaum zwanzig Pfund zu wiegen und sich leicht verpacken zu lassen. Die Leute suchten Holz für die Nacht zusammen, krumme, knieförmige, dürre Wurzeln und Aeste ohne Blatt und Trieb, vermutlich die Ueberreste eines kiefernähnlichen Gewächses, von welchem ich später einen Stock mit Blättern und Fruchtzapfen fand. Ich begab mich einige hundert Schritt weit seitwärts, stellte mein Meßgeräth auf und nahm zahlreiche Winkel nach beiden Kilimandscharogipfeln und nach der Sonne. Schon während der Arbeit fühlte ich, wie mir die Kälte unter die Nägel kroch und Finger und Zehen vor Frost erstarrten; als ich bei Dunkelwerden meine Sachen zusammenpackte, war ich derartig durchfroren, daß ich mich nicht einmal durch Umherspringen und durch die kräftigsten Hand- und Armbewegungen wieder erwärmen konnte: erst als ich den Thee eingenommen und mich, in dickes Winterzeug gekleidet, unter meine wollenen Decken verkrochen hatte, fühlte ich mich wieder behaglich.

Am nächsten Morgen, Sonnabend den 29. November, brachen wir zeitig auf und gingen drei Stunden lang ohne Unterbrechung weiter. Wir kamen nur langsam vorwärts, weil wir uns von der anstrengenden Bewegung in der verdünnten Luft angegriffen fühlten. Um unsere Gesellschaft beweglicher zu machen, ließen wir den Troß der Träger sowie unsere ohnedies überflüssig gewordenen Führer zurück und wanderten, einzig begleitet von dem jungen Anamuri und drei mit Theodolit, Barometer und Gewehren belasteten Leuten, dem Westgipfel des Kilimandscharo zu. Das Steigen wurde immer beschwerlicher, immer häufiger mußte gehalten werden. Sämmtliche Träger klagten über Schwäche und Kopfschmerz; auch ich fühlte mich unbehaglich, und sogar der allen Strapazen gewachsene Baron ging nicht frei aus. Eine Bodenwelle nach der anderen erklommen wir, und noch sahen wir den Fuß des Domes nicht vor uns, vielmehr thaten sich, sobald wir den nächsten Kamm erreicht, immer neue Thäler und Landrücken auf. Dazu verhüllte ein dichter werdender Nebel die Aussicht; das Holz wurde spärlich und hörte endlich ganz auf; Wasser fand sich gar nicht mehr, vermutlich, weil die vom Schnee genährten Rinnsale in Folge der eigenthümlichen Bodenbildung nach einer anderen Seite hin Abfluß fanden.

Was sollten wir unter diesen Umständen thun? Die Grenze des Schnees lag nur noch zwei- bis dreitausend Fuß über uns, und diese wenigstens zu erreichen, erschien höchst wünschenswerth; doch ließ sich auch die Dringlichkeit der Gründe nicht verkennen, welche uns zur Rückkehr mahnten. Hierzu mußte uns namentlich auch die Rücksicht auf unsere Schwarzen bestimmen, welche ernstlich litten und bei längerem Verweilen, ohne Mittel, sich zu erwärmen, voraussichtlich den ungewohnten Verhältnissen erlegen wären. Der Entschluß, so nahe dem Ziele umzukehren, wurde uns nicht leicht; aber die Erwägung, daß bei unserer mangelhaften Ausrüstung eine vollständige Besteigung des schneebedeckten Gipfels ohnehin unmöglich sein würde, gewährte uns einigen Trost. Auch verhehlten wir uns nicht, daß eine blose Wanderung durch die öden Steinflächen bis an die Schneegrenze nur geringen Nutzen bringen könnte, nachdem wir durch soviele Messungen von den verschiedensten Standpunkten aus unumstößlich dargethan hatten, daß der Kilimandscharo sein Haupt bis weit über die Linie des ewigen Schnees hinauf erstreckt. Würde Herr Desborough Cooley, welcher den Berichten früherer Reisenden nicht glaubte, welcher späteren Messungen mißtraute blos aus dem Grunde, weil sie seine unbegründeten Annahmen widerlegten — würde dieser im Uebrigen so verdiente, aber in diesem Punkte starrköpfige Alte uns geglaubt haben, wenn wir ihm erzählten, daß wir den Schnee mit eigenen

Händen berührt hätten, würde er aus einer Flasche voll geschmolzenen Schnees sichrere Schlüsse haben ziehen können, als aus unseren Zahlen? Für solche Leute hat Nichts beweisende Kraft: zeigt man ihnen eine Photographie, welche den Gipfel des Berges noch heller wiedergibt als den wolkenfreien Tropenhimmel, so werden sie sagen: „das Glänzende ist weißer Quarz oder Kalkstein"; erzählt man ihnen, daß man beobachtet hat, wie nach Regen im Thale der Schnee auf dem Berge weiter herabrückte und danach bei fortwährendem Sonnenschein wieder von unten an verschwand, so werden sie Dies für eine Täuschung erklären; und können sie endlich gar nicht mehr umhin, das Vorhandensein von erstarrtem Wasserdunst anzuerkennen, so werden sie, obgleich kein Beispiel auf der Erde dafür spricht, mit Keckheit behaupten: „dann ist der Berg wenigstens nicht mit Schnee, sondern mit Reif bedeckt!" Solchen Leuten zu Liebe hatten wir aber nicht Lust, auch nur einen einzigen Schritt zu thun, geschweige denn, uns und unsere Mannschaft den Fährlichkeiten auszusetzen, mit denen Kälte, Hunger und Durst uns bedrohten.

Nach mancherlei vergeblichen Versuchen gelang es uns, ein schwachglimmendes Feuer zu entzünden; wir nährten es mit zarten Haidekräutern und bestimmten dabei den Siedepunkt des Wassers zu 69°,8 R. Das Barometer zeigte einen Quecksilberstand von 464,5 Millimetern, statt 760 am Meere. Hieraus berechnete sich die Höhe dieses höchsten von uns erreichten Punktes zu 14043 Fuß englisch (13176 par. Fuß oder 4280,3 Meter); daß bei einer solchen Verdünnung der Luft unsere Glieder, welche bekanntlich nicht von uns, sondern hauptsächlich vom Drucke der Atmosphäre getragen und zusammengehalten werden, uns im eigentlichsten Sinne des Wortes *schwer wurden*, kann nicht verwundern. Wir nahmen darauf einen Winkel nach der einzig sichtbaren Schneelinie am westlichen Berggipfel und begaben uns schließlich auf den Rückweg, da das Wetter sich inzwischen nicht aufgeklärt hatte und überhaupt sich nicht aufhellen zu wollen schien.

Beim Abwärtssteigen sammelten wir Steine und Pflanzen. Hierbei verloren wir, durch den Nebel getäuscht, den Weg, fanden ihn jedoch glücklicher Weise nach einigem Suchen wieder. Die von uns zurückgelassenen Leute hatten in bekannter Sorglosigkeit fast all ihr Wasser ausgetrunken; wir selbst besaßen gerade noch soviel, um eine kräftige Bouillontafelsuppe kochen zu können. Nachdem wir uns erquickt, wanderten wir in schnellem Schritt unserem vorigen Lagerplatze zu. Da der Nebel sich in immer stärker werdenden Regen gewandelt, schlugen wir schleunigst das Zelt auf und zogen ringsum einen Graben, welcher uns vor Ueberschwemmung schützen sollte; von unseren Leuten stellten sich einige aus ihren Matten ein leichtes Regendach her, andere suchten Zuflucht in engen Höhlen, welche ich in abwärts laufenden Felswällen (aller Wahrscheinlichkeit nach erstarrte Lavaströme) entdeckt hatte.

Lange vor Sonnenaufgang weckte mich Anamuri, wie ich ihm aufgetragen hatte, falls der Himmel klar wäre. Ich kroch heraus aus dem warmen Obdach und beobachtete, zitternd und zähneklappernd, Höhen von Jupiter, Sirius und Sonne, sowie Winkel nach beiden Kilimandscharogipfeln und nach der Sonne. Um sieben Uhr kamen wir zum Aufbruch. So durchnäßt und durchkältet wir auch anfangs waren, wir befanden uns, als wir unseren Mittagskochplatz vom Freitag erreichten, von innen und außen durchwärmt, bereits wieder in guter Verfassung.

Die Führer behaupteten, einen näheren Weg zu wissen. Obwol wir ihnen nicht recht trauten, folgten wir ihnen. Späterhin stellte es sich heraus, daß wir ganz von unserer Richtung abgekommen waren; doch konnten wir, weil der Wald zu dicht war, nicht zeitig genug wieder einlenken. Als wir in der Höhe von sechs- bis siebentausend Fuß einigermaßen ins Freie kamen, erkannte der Baron, daß wir uns westlich von *Uru*, also *einige Königreiche zu weit rechts* befanden: die Schurken von Führern gestanden jetzt, daß sie die günstige Gelegenheit hatten benutzen wollen, um nach entfernten Bienenstöcken zu sehen!

Wir wandten uns nun seitwärts und gingen oder krochen vielmehr auf holperigen Pfaden in östlicher Richtung weiter. Zur Erhöhung aller Unannehmlichkeiten begann ein langdauernder Platzregen zu fallen, welcher die rothe Erde in den kleinen, zum Weiterkommen dienenden Rinnsalbetten in Schlamm verwandelte und unseren Marsch nicht wenig erschwerte. Ich namentlich mußte alle Vorsicht aufbieten, um das Chronometer vor Schaden zu schützen.

Lange ging es in weiten Windungen auf und ab durch das Gestrüpp, bis wir nach vergeblichen Versuchen und wiederholtem Umkehren einen leidlichen Weg erreichten. Während wir ruhig auf diesem dahinschritten, ertönte plötzlich ein wildes Geschrei: eine Schar nackter, stämmiger Gesellen zeigte sich auf der Höhe; mächtige, rohgeschäftete Spere schwingend, stürzte sie auf uns zu. Die Lage war unangenehm; unsere Träger hatten im Nu ihre Bündel, die Elephantenjäger ihre Gewehre weggeworfen und waren verschwunden, ehe wir es uns versahen — nur der mutige Anamuri hielt bei uns aus. Wir drei stellten uns mit angeschlagenen Büchsen den Angreifern, etwa dreißig an Zahl, drohend gegenüber. Auch ihnen schien die Sache bedenklich zu sein; denn sie hielten an im Laufe und ließen sich auf Unterhandlungen ein, obwol es ihnen ein Leichtes gewesen wäre, uns zu überwältigen und zu berauben, falls sie überhaupt solche Absicht hatten. Der Baron sagte, wir hätten uns auf der Elephantenjagd verirrt, und ersuchte sie, uns auf den Weg nach Moschi zu bringen. Jene stellten sich als Leute aus Uru vor. Sie waren in den Wald gegangen, um Bäume zur Fertigung von Bienenkörben zu fällen; „ihre Arbeit", meinten sie, „wäre noch nicht beendet, sie könnten uns also nicht begleiten; wir brauchten indessen nur dem Wege zu folgen, um sicher nach Moschi zu gelangen".

Jetzt fanden sich auch unsere feigen Begleiter ein, da sie sahen, daß die Angelegenheit, wie fast immer, sich friedlich beilegte. Einen der Moschiführer trafen wir beim Weiterweg erst nach einer Viertelstunde wieder; er hatte sich die ganze Zeit über in einem Busche versteckt gehalten. Die Wauru kamen uns bald darauf nach und boten sich freiwillig als Wegweiser an; der Baron versprach ihnen drei Kitamba Amerikano als Entgelt, wenn sie diese, da wir keine Waaren bei uns hatten, im Lager abholen wollten. Mit schnellen Schritten ging die Schar der Führer uns voran längs einer starken, mühlgrabenähnlichen Hauptwasserleitung einem Flußthale zu, in welchem der tropische Pflanzenwuchs sich in seiner ganzen Pracht und Fülle zeigte. Riesige Bananenstauden mit mehr denn zwölf Fuß langen, sammetweichen Blättern, auf denen noch einzelne Regentropfen glänzten, standen in Lichtungen zwischen ungeheueren Waldbäumen, und neben ihnen erhoben die wunderbaren Baumfarne ihre bezaubernd anmutige Krone. An diesen Farnen ist Alles leicht und zierlich, die langen Wedel, welche in der Luft zu schweben scheinen, und die schlanke Säule des Stammes: einzig die jungen, unentwickelten Blätter, welche noch krummstabförmig zusammengerollt sind, könnten, von so eleganten Formen umgeben, als etwas Plumpes gelten. Nach anderthalb Stunden verließen uns die Wauru an der Grenze ihres Landes, hocherfreut über einige Ehrenschüsse, welche wir ihnen beim Abschiede weiheten. Ihren Lohn ließen sie im Stiche, da keiner von ihnen den Mut hatte, selbst nach dem befreundeten Moschi zu gehen.

In der Höhe von sechs- bis siebentausend Fuß dahinwandernd, erreichten wir gegen fünf Uhr Nachmittags einen Bach und richteten uns, da sich kein besserer Platz fand, in seiner Nähe zum Uebernachten ein; die beiden Moschiführer hatten nicht übel Lust, die Reise auch in der Dunkelheit fortzusetzen, doch drangen sie mit ihrem von der Furcht eingegebenen Vorschlage nicht durch. Alles war vom Regen durchweicht, und erst nach langem Suchen fanden wir etwas trockenes Holz, um Feuer anzünden zu können. Wir bereiteten unsere Mahlzeit, trockneten unsere Kleider über der Glut und suchten darauf unsere bescheidene Ruhestätte auf, eine abschüssige Fläche, auf welcher wir beim Schlafen mehr saßen als lagen. Ringsum war der Boden von leuchtenden Pünktchen bedeckt; bei näherer Untersuchung ergab es sich, daß die Lichtentwickelung nicht von Asseln herrührte, wie wir anfangs vermuteten, sondern von faulendem Holze.

Früh fünf Uhr begaben wir uns wieder auf den Weg. Etwa um sieben Uhr schnitten wir den früher benutzten Pfad, und zwei Stunden später kam uns das Lager in Sicht. Wir feuerten die Gewehre ab und vernahmen voller Freude die donnerndhallende Antwort von unten. Bald darauf kamen uns der inzwischen ziemlich genesene Koralli, Msustuma und Andere entgegen; gegen zehn Uhr zogen wir in das Lager ein, von Allen auf das Herzlichste begrüßt und beglückwünscht wegen Ausführung des vorher für so schwierig gehaltenen Unternehmens.

Kimandara schickte sofort ein Schaf zur Wiederholung des Kischongo. Später kam er selbst in das Lager. Er empfing das vorher bestimmte Geschenk (20 Doti Amerikano, 10 Stück buntes Zeug, 2 Eierperlen- und 2 Messinghalsbänder, 10 Stück Eisendraht, 2 Feilen, 2 Messer und 2 Spiegel); von den Führern erhielt, zum großen Mißvergnügen des Sultahns, der eine, durch dessen Verschulden wir den falschen Weg eingeschlagen hatten, gar keinen Lohn, und der andere, welcher bei dem Ueberfalle der Wauru so feig gewesen, einen geringeren.

In Folge der langen Dauer unseres Rückwegs war ein großer Theil der von vierzehntausend bis herab nach siebentausend Fuß Meereshöhe gesammelten Pflanzen verdorben; das Uebriggebliebene war jedoch immerhin noch genügend, eine Vorstellung von dem Charakter der Flora des Kilimandscharo zu geben. Am besten hatten sich die Farne gehalten, welche der Baron mit großer Vorliebe gesammelt hatte: sie dienten später Herrn Dr. Kuhn in Berlin als Grundlage zu seiner vortrefflichen Arbeit: „Filices Deckenianae“ (s. wissenschaftl. Theil).

Bei dieser meiner ersten Besteigung eines tropischen Berges war ich nicht wenig gespannt gewesen, zu sehen, in welcher Weise der Pflanzenwuchs nach der Höhe zu abnimmt, und wie die einzelnen Vegetationsgürtel sich voneinander abgrenzen. Ich fühlte mich einigermaßen enttäuscht; denn, wäre ich nicht durch mehrfaches Lesen naturwissenschaftlicher Schriften schon im Voraus belehrt gewesen, ich würde den Wechsel der Pflanzengebiete nicht besonders auffällig gefunden haben. Wir kamen aus dem grünenden Weidelande und den Bananenwäldern von Moschi über neue Grasflächen, durch ein an Farnen reiches Gebüsch in großartigen Hochwald, darauf wieder über Wiesen nach ausgedehnten, mit gelbblühenden Ginsterbüschen bedeckten Matten, später in Haidekraut und endlich auf ein aller Vegetation bares, steiniges Feld. Bei dem Hinuntergehen aber fanden wir diese so verschiedenartigen Bestände in anderer Weise angeordnet und dazu noch etwas Neues, was wir vorher nicht gesehen hatten, nämlich Baumfarne, wilde Bananen und einzelne Palmenarten. Alles Dies, ausgenommen die Abnahme der Pflanzenfülle nach oben, konnte einen Unbefangenen oder Unvorbereiteten nicht befremden: die Landschaft machte den Eindruck eines großartigen Parkes, in welchem man von schönen Rasenplätzen in Gruppen hoher Bäume tritt und von da wieder in schattige Gebüsche oder zwischen Blumenbeete. Jetzt erst wurde mir klar, wie sehr das Verdienst und der Scharfsinn eines Humboldt zu bewundern ist, welcher uns zuerst auf die Nothwendigkeit und den Grund dieser Uebergänge aufmerksam machte und die neue Wissenschaft von der geographischen Vertheilung der Pflanzen schuf!

Mit großem Interesse beobachtete ich die durch Abnahme von Licht und Wärme bedingte Veränderung in den Farben der Pflanzen: auch diese Erscheinung würde vermutlich meine Aufmerksamkeit nicht erregt haben, wenn ich nicht früher Bemerkungen über einen ähnlichen Gegenstand gelesen hätte, über die Farbe der in verschiedenen Tiefen des Meeres lebenden

Fische. In größter Höhe hatte die Landschaft ein mattes, graues oder weißliches Aussehen; niedrige, behaarte, zumeist schon vertrocknete Haidebüsche herrschten vor. Weiter unten trat Violett an niedrigen Blümchen auf, und später ein kräftiges Gelb an den Alles überwuchernden Ginsterbüschen. Im Walde aber, welcher bis zu acht- oder neuntausend Fuß emporreicht, fanden sich Blumen der buntesten Farben, unter ihnen auch alte Bekannte oder wenigstens Verwandte von solchen: graurothblühender Wegebreit, geruchlose Veilchen, wunderschöne Strohblumen und prächtige Lilien, letztere freilich keine Bodenbewohner, sondern Schmarotzer, welche von umgestürzten Baumriesen ihre Nahrung ziehen.

Die Thierwelt war im Allgemeinen nicht so mannigfaltig, als wir erwarteten. Wir sahen nur wenig Wild — einen Affen und ein Eichhörnchen, einen Raben, etliche Nashornvögel und Falken oder Weihen — dagegen zahlreiche Spuren von Elephanten, Schweinen, von einem Einhufer, einem großen Zweihufer und eine Fährte ähnlich der eines Fuchses. Elephanten selbst bekamen wir nicht zu Gesicht, sondern nur deren unverkennbare Losung; den Aussagen der Leute zufolge sollten sie bis zu beträchtlicher Höhe nicht selten sein.

Spärlich waren auch die Gliederthiere vertreten. Oberhalb unseres in zehntausend Fuß Meereshöhe gelegenen Nachtlagers fanden wir nur noch einzelne kleine Spinnen, welche sich in kurzen Sprüngen auf dem steinigen Felde bewegten, zumeist Weibchen mit ihrem Eiersacke hinter sich. Die Ausbeute an Käfern betrug nur vier oder fünf Stück. Unter ihnen ist ein Laufkäfer von der Gattung Karabus ganz besonders merkwürdig. Herr Dr. Gerstäcker, welcher die Bearbeitung der Deckenschen Insekten gütigst übernommen hat, sagt über das Vorkommen dieses Käfers, welchen er dem Reisenden zu Ehren benannt hat: „Eine Karabusart, welche weit entfernt von allen ihren Gattungsverwandten im äquatorialen Afrika vorkommt, ist für die Insektengeographie ein Phänomen, zumal die Gattung nach den bisherigen Erfahrungen überhaupt der Tropenzone fehlte; das Vorkommen des Carabus Deckeni in einer Höhe von achttausend Fuß (auf dem Kilimandscharoberge) liefert aber wieder den Beweis dafür, eine wie wichtige Rolle die senkrechte Erhebung des Bodens und die davon abhängige Verminderung der Temperatur bei der geographischen Verbreitung selbst solcher Gattungen spielt, welche sich in der überwiegenden Mehrzahl ihrer Arten genau an bestimmte Breitengrade binden.“

Nur unwesentlich ist die Bodenkunde durch unsere theilweise Besteigung des Kilimandscharo bereichert worden. Wir haben wol eine Menge Gesteinsproben gesammelt, doch stimmen diese im Wesentlichen mit den von der ersten Dschaggareise mitgebrachten überein: alle sind vulkanischer Abstammung, die einen jünger, die anderen älter. Auffällig erschien es uns, daß in einer Höhe von neun- bis zehntausend Fuß und darüber der rothe Boden, welcher so charakteristisch für die Ebene und für den unteren Gürtel des Kilimandscharo ist, durch eine schwarze Moorerde ersetzt wird — diese, in dem unfruchtbaren, oberen Gebiete pflanzlichen Ursprungs, jene, umgeben von der üppigsten, tropischen Vegetation, ein Zersetzungsprodukt vulkanischer Gesteine.

Für unsere Messungen war der lang ersehnte, mit so großen Opfern erkaufte Ausflug von wenig Nutzen gewesen. Daß sich uns großartige Aussichten auf bisher noch nicht gesehene Gebiete eröffnen würden, konnten wir füglich nicht erwarten, weil wir von Süden her kamen und die Landschaft nach dieser Seite hin uns genügend bekannt war. Hätten wir freilich den Sattel des Kilimandscharo erreichen können, so würden wir, falls die Aussicht nicht durch höhere Kämme versperrt gewesen, allerdings nach Norden und Westen zu einen weiten Blick in ein unbekanntes Land genossen haben. Derartige Aussichten aber von so hoch gelegenen Punkten sind immer eine unsichere Sache und gewähren in den meisten Fällen durchaus nicht die Vortheile, welche man nach soviel Anstrengung zu erwarten berechtigt ist. Für Fernmessungen ist ein niedriger Berg weit geeigneter, z. B. der fünfzehn- bis sechzehntausend Fuß hohe Meru, welcher fast zu allen Tageszeiten wolkenfrei ist; von ihm aus muß allerdings die Umschau eine großartige sein, denn man würde, wie man durch Rechnung leicht nachweisen kann, die Bodenerhebungen an der Küste und an den Seen des Inneren zugleich sehen können sowie die Bergriesen nördlich vom Kilimandscharo, den Kenia, Amboloila und andere — Messungen, wie man sie auf diesem doppelgipfligen Berge anstellen könnte, wären sicherlich einen Abstecher, ja eine eigens dazu ausgerüstete Reiseunternehmung werth.

Bei weiterem Vordringen würden wir möglicher Weise einen Einblick gewonnen haben in den Bau des Kilimandscharo; doch ist es wahrscheinlich, daß mehrere ähnliche, nicht viel weiter hinaufreichende Ausflüge diesen Zweck viel gründlicher und einfacher erreichen lassen. Faßt man demnach Alles zusammen, so hat unsere theilweise Besteigung des Kilimandscharo — abgesehen natürlich von den mitgebrachten Sammlungen — weniger ein wissenschaftliches als ein touristisches Interesse gehabt. Dennoch bereute der Baron die deshalb gebrachten Opfer nicht; wir waren vollständig zufrieden mit dem Erreichten, weil wir nicht mehr erwartet hatten — man besteigt ja die großen Berge hauptsächlich deshalb, um sie **bestiegen zu haben!**

Dreiundzwanzigster Abschnitt.

Abschied vom Suaheli-Binnenlande.

Letztes Schauri mit Kimandara. — Aufbruch. — Lager am Südostende des Jipe. — Post nach Sansibar. — Jagdvergnügen. — Vermessung des Sees. — Lebensmittel aus Usanga. — Zweites Lager am See. — Wie man Schildkröten tödten kann. — Zwei Tage marschirt, ohne Wasser zu finden. — Ein Mann verloren! — Am Buragebirge. — Ein rührend-schöner Brauch. — Ungastlichkeit der Wabura gegen uns. — Nach Ndara. — Ein Ausreißer. — Lebensmittelnoth. — Wirkung des Aberglaubens. — Bis zum ersten Wakambadorfe. — Weihnachtsfest in Kiriama. — Wieder auf einer Schamba. — Ankunft und Aufenthalt in Mombas. — Zum Sylvesterabend im Freundeskreise zu Sansibar.

Noch am Abende nach unserer Rückkehr vom Kilimandscharo entspann sich ein längeres Schauri. Der Baron hatte Kimandara aufgefordert, ihm ein junges Mädchen zu geben oder, wenn er Dies nicht wolle, einen Knaben. Hierbei kam es ihm nur darauf an, zu erfahren, ob der Sultahn besser als die anderen Wadschagga Wort halte: das Mädchen würde er sofort zurückgegeben, den Knaben mit nach der Küste genommen haben, um ihn dort unterrichten zu lassen und von ihm die Dschaggasprache zu erlernen. Hätte der junge Mann Einsicht und Fähigkeiten gezeigt, so würde der Reisende ihn später selbst nach Dschagga zurückgebracht und sich eine Zeit lang bei Kimandara niedergelassen haben, um geordnete Verhältnisse im Lande einzuführen und Boden für Verbreitung der Gesittung nach dem Inneren zu gewinnen.

Kimandara weigerte sich unter verschiedenen Vorwänden, sein Versprechen zu halten. Dann kam er von der Sache ab und klagte, der Msungu habe ihn in die Gefahr gestürzt, von den benachbarten Fürsten mit Krieg überzogen zu werden, und ihn im Verhältniß hierzu nicht reichlich genug belohnt. Schließlich wiederholte er seine Forderung, daß wir gemeinschaftlich mit ihm einen Kriegszug gegen das Land Pokomo unternehmen sollten, dessen Sultahn ihm öfters das Wasser entzogen habe; er wünschte, den feindlichen Herrscher durch Beraubung von Leuten und Vieh zu bestrafen, und bot Theilung der zu erwartenden Beute an. Begreiflicher Weise konnte sich der Baron an einem solchen, vom Zaune gebrochenen Kriege nicht betheiligen, wennschon er sich nicht geweigert haben würde, seinem Gastfreunde beizustehen, falls dieser seinetwegen ernstlich belästigt worden wäre. Die Versammlung löste sich ohne eigentliches Ergebniß auf. Decken erklärte, Moschi bald verlassen zu wollen; Kimandara bat, noch einige Tage zu warten, die früheren Versprechungen sollten dann wahr gemacht werden.

Zwei Tage verstrichen, ohne daß etwas dergleichen geschah; Kimandara brachte nur einige Gegenstände, welche sein Gast gewünscht hatte, zwei Spere, ein Schwert und die gestickte Schürze eines Mädchens, wofür er ein angemessenes Gegengeschenk erhielt. Da wir somit in Moschi Nichts mehr zu suchen hatten, begannen wir, uns zur Heimreise zu rüsten. Msuskuma erhielt die versprochenen zwanzig Thaler schon hier in Waaren ausgezahlt, theils weil ihm Dies angenehmer sein mußte, theils weil dadurch die Bündel unserer Träger erleichtert wurden. Wir vertheilten für vier Tage Lebensmittel, halb in Bohnen, halb in Bananen, und nahmen außerdem einen für drei Tage ausreichenden Vorrath mit.

Am Morgen des 4. December setzten wir uns wieder in Bewegung, nachdem wir von Msuskuma und seinen Leuten, von Madjake, Tukio und Mnene Abschied genommen. Kimandara erschien zu unserem Befremden nicht; man sagte, er sei schon in aller Frühe nach einem benachbarten Berge gegangen, wo ein Schauri wegen des bevorstehenden Krieges abgehalten werden sollte. Fundi Amri, welcher uns schon früher öfters als Führer gedient hatte, der beste von des Elephantenjägers Leuten, brachte uns auf den richtigen Weg.

Wir überschritten, außer einigen Bächen, den Goni- und Kilemafluß, lagerten Nachmittags vier Uhr am Mamba, gelangten anderen Tages nach fünfstündigem Marsch an den Dafetafluß, hielten hier über Mittag, gingen dann östlich von Dafeta hin und lagerten vier gute Stunden später in der Nähe des Sees. Am 6. December kamen wir zeitig an die offene Wasserfläche. Längs des Ostufers südwärts wandernd, erreichten wir nach Mittag den schon auf der ersten Reise benutzten Lagerplatz und richteten uns in einem acht bis zehn Fuß hohen Gestrüpp für einige Tage häuslich ein. Gegen Abend bot sich uns eine vortheilhafte Gelegenheit, die Nachricht von unserer baldigen Rückkehr nach Sansibar gelangen zu lassen. Es zog eine Pangani-Karawane, bestehend aus einigen dreißig Trägern und zehn bis zwölf Eseln, alle stark mit Elfenbein belastet, auf ihrer Heimreise vom Masailande vorüber; die Führer versprachen, das vom Baron in Eile geschriebene Briefchen gewissenhaft an den hanseatischen Konsul zu besorgen.

Eine Anzahl der Träger ging nach Usanga, um neue Lebensmittel zu beschaffen, während wir uns mit Jagd und Messungen beschäftigten. Leider kam nur wenig Wild zum See, weil das Land allenthalben feucht und mit üppigem Grase bedeckt war; trotz langen Umherstreifens und Anstandstehens wurden nur Wasser- und Sumpfvögel erlegt, unter diesen eine Menge der prächtigen Königs- oder Kronenkraniche (Grus regulorum Licht.). Einmal nur hatte Decken einen tüchtigen Keuler angeschossen; da trat ein Löwe unvermutet auf den Platz; die neue Gefahr schien dem bereits erschöpften Thiere frische Kräfte zu verleihen, es sprengte hurtig davon und verschwand im Dickicht. Auch der Störenfried von Löwen, vermutlich einer von der stattlichen Familie, deren Bekanntschaft Decken im vorigen Jahre gemacht, wurde unsichtbar, noch ehe es möglich war, ihm eine Kugel zuzusenden; an den folgenden Tagen ließ er wol öfters seine Stimme erschallen, kam aber nicht wieder zum Vorschein.

Während die Jäger sich in dieser Weise beschäftigten, unternahm ich eines Nachmittags einen Ausflug nach zwei an demselben Ufer gelegenen Anhöhen, um Winkel nach dem See zu messen. Auf dem einen der Hügel übernachtete ich, den anderen bestieg ich am nächsten Morgen; nach mancherlei kleinen Abenteuern traf ich in finsterer Nacht wieder im Lager ein. Von meinem Standpunkte aus, unserem Lager vom 27. und 28. Oktober gegenüber, stellte sich der See als ein langer, schmaler, gerader Streifen dar, während er von Norden aus gesehen eine S-förmige Krümmung hatte und an beiden Enden gegabelt erschien. Außer der gewöhnlichen Methode, nach welcher man von zwei Endpunkten einer wagerechten Standlinie aus Horizontalwinkel nach den verschiedenen Punkten der aufzunehmenden Fläche mißt, hatte ich, weil es bei der Unbestimmtheit der Seeufer schwierig war, die gemessenen Punkte wiederzufinden, eine andere angewendet: ich benutzte eine senkrechte Linie, die mit dem

Barometer möglichst sorgfältig ermittelte Höhe meines Standpunktes über dem Wasserspiegel des Sees, als Basis (Standlinie) und maß die Höhenwinkel unterhalb der Ebene des Gesichtskreises, unter denen die betreffenden Visirlinien die Seefläche trafen; hieraus sowie aus der Krümmung der Erde und aus der Richtung der Visirlinien ermittelte ich dann die Entfernung jedes gemessenen Punktes der Wasserfläche. Die so berechneten Orte stimmten in überraschender Weise mit den Schnittpunkten der auf die andere Art gemessenen Richtungswinkel. Selbstverständlich ist dieses Verfahren, welches gestattet, von einem Orte aus eine vollständige Aufnahme zu machen, nur bei der Vermessung stehender Gewässer von einem nahegelegenen, hohen Standpunkte aus zu brauchen.

Am Mittag des 10. December kehrten die ausgesandten Leute mit einem reichlichen Lebensmittelvorrath von Usanga zurück, begleitet von vier Waugono (darunter unsere ehemaligen Führer), welche eine Ziege überreichten und Bohnen und Flaschenkürbisse zum Verkaufe brachten. Zwei unserer Leute hatten das in sie gesetzte Vertrauen gemißbraucht, um Handel auf eigene Rechnung zu treiben; sie sahen einer angemessenen Strafe in Mombas entgegen. Die Waugono kehrten noch am Abende nach ihren Bergen zurück.

Tags darauf verließen wir das Lager und wandten uns nordwärts, einer kleinen Landzunge zu, in deren Nähe wir größeren Wildreichthum zu finden hofften. Von den neuerworbenen Lebensmitteln mußten gegen fünfzehn Packete, in einem Busche verborgen, zurückgelassen werden, da wir nicht Träger genug hatten, um Alles fortzuschaffen. Etwa eine Meile südlich von der Landzunge lagerten wir und errichteten zum Schutze gegen die Sonne einige Hütten, weil mehrfache Erfahrungen gezeigt hatten, daß die Wärme in den geradezu von der Sonne beschienenen Zelten unerträglich ist. Später wurde das in den Verstecken Zurückgelassene nachgeholt.

Die Jäger sahen sich in ihren Hoffnungen getäuscht; außer zahlreichem Flugwilde zeigten sich nur Flußpferde und Krokodile, und diese wurden, da sie zu nicht viel nützen konnten, verschmäht. Der Insektenfang dagegen lieferte eine sehr gute Ausbeute. Beim Umherstreifen an den Ufern des Sees zogen wir auch mehre Schildkröten von anderthalb Fuß Länge aus dem Wasser. Sie sollten unserer Sammlung einverleibt werden. Um die armen Geschöpfe möglichst wenig zu quälen und zugleich eine Verletzung von Haut und Schale thunlichst zu vermeiden, gaben wir uns alle Mühe, sie vor dem Schlachten auf irgend eine Weise zu tödten; doch ihre Lebenszähigkeit spottete aller Anstrengungen. Schließlich blieb uns Nichts übrig, als die ringsum festgepanzerten Thiere bei lebendigem Leibe an beiden Seiten zu zersägen und dann erst den Tod durch Verletzung der edleren Theile herbeizuführen. Diese anscheinende Grausamkeit darf übrigens das Gewissen des Thierfreundes nicht allzu sehr beunruhigen; denn solche träge, blöde, mit so geringer Gehirnmasse begabte Thiere besitzen sicherlich auch nur wenig Empfindung. In Magen und Darm der von uns geöffneten Schildkröten fand sich kein thierischer Stoff, nur grob gekautes Gras und Schilf vor. Panzer und Haut wurde getrocknet, das Fleisch theils gebraten, theils zu Suppe verkocht; beide Gerichte schmeckten mittelmäßig, die Suppe ward erst durch Zugießen von Tafelbouillon genießbar.

Später, in Mombas, wo ich öfters Gelegenheit hatte, Landschildkröten zu zerlegen, stellte ich umfassendere Tödtungsversuche an. Ich setzte das Thier, den Kopf nach unten, in einen mit Wasser gefüllten Eimer, ich schnürte den Hals mit einer Schlinge so fest als möglich zusammen — aber selbst nach tagelangem Luftabschluß lebten sie noch munter wie zuvor; ich stach eine starke Nadel zwischen Kopf und ersten Halswirbel und bewegte sie seitwärts, um Rückenmark und Gehirn zu trennen (was bei anderen Thieren sofortigen Tod zur Folge hat) — umsonst, die Schildkröte blieb lebendig; ich suchte sie zu vergiften, blies mit einer spitzen Glasröhre Alkohol in Mund und Nasenlöcher, wiederholte Dies mit einer Lösung von dem überaus giftigen Cyankalium, blies diese Flüssigkeit sogar in die Augenhöhlen und unter die an einer kleinen Stelle losgelöste Haut — die Schildkröte lebte zu meiner Verzweiflung fort. Selbst Kopfabschneiden hilft Nichts; denn der abgeschnittene Kopf beißt noch tagelang um sich, und ebenso lange bewegen sich die Glieder des Rumpfes. Das einzige Mittel, eine Schildkröte zu tödten, ohne sie zu öffnen, scheint zu sein, man legt sie längere Zeit in eine Kältemischung; denn gegen Kälte sind die sonst so zähen Thiere überaus empfindlich.

Sonntag den 14. December früh 5½ Uhr verließen wir den See und stiegen nach einer langsam sich erhebenden, dünn bewachsenen Ebene empor, in welcher wir nach ziemlich neunstündigem Marsche hielten. Unterwegs hatten wir nicht ein einziges Mal Wasser angetroffen, ebensowenig an dem Ort unseres Nachtlagers; doch hatten wir in dieser Beziehung unsere Wanderung nicht unvorbereitet angetreten: die Träger waren mit einer für zwei Tage berechneten Menge fertiggekochter Bohnen versehen, und wir hatten für unseren und unserer Diener Bedarf zwei kleine Fässer und einen Blecheimer voll Wasser mitgenommen. So reichlich dieser Vorrath erschien, so war er doch, selbst bei großer Sparsamkeit, eben nur genügend, da wir, Dank der Unkenntniß unseres Karawanenführers, auch am anderen Tage kein Wasser antrafen. Sadi führte uns, obgleich unser Ziel, die Buraberge, im Osten vor uns lag, zumeist in ostsüdöstlicher und südöstlicher Richtung weiter, in der Hoffnung, einen von den Karawanen begangenen großen Weg zu schneiden. Wir waren zehn und eine halbe Stunde lang bis zur beginnenden Dunkelheit gegangen, hatten aber den Weg noch nicht gefunden, auch keinen Wasserplatz erreicht.

Leider hatte der anstrengende Marsch durch die Wildniß uns ein Opfer gekostet: einer der Sklaven Sadis, welcher schon längere Zeit gekränkelt hatte und so abgemagert war, daß er einer Mumie glich, war zurückgeblieben, ohne daß Jemand es bemerkt hätte. Sechs Leute wurden ausgeschickt, um ihn zu suchen; sie kamen unverrichteter Sache zurück — der Aermste war unrettbar verloren! Ein anderer Mann, welcher unterwegs vom Brustkrampf befallen worden, fand sich glücklich wieder zu uns.

Wir lagerten in einem mit Busch durchsetzten Walde. Offenbar konnte das ersehnte Wasser nicht mehr weit entfernt sein. Die Träger, so ermüdet sie auch waren, gönnten sich keine Ruhe, um es noch heute aufzufinden. Dreißig von ihnen erhielten hierzu Erlaubniß und zogen in östlicher Richtung aus. Wir warteten stundenlang, ohne daß sie zurückkamen. In der Besorgniß, sie möchten sich verirrt haben, feuerten wir von fünf zu fünf Minuten Flintenschüsse ab und hatten die Genugthuung, gegen neun Uhr unsere Leute anrücken zu sehen. Sie brachten nur wenig und schlechtes Wasser mit. Ihren Berichten zufolge hatten die Masai an dem Bache gelagert; nach der Frische des Viehkothes und nach dem Aussehen der Feuerstellen zu urtheilen, konnten sie erst an diesem Morgen weitergezogen sein.

Nachdem wir am Morgen des 16. December den Wald durchdrungen, erreichten wir gegen neun Uhr den Bach, an welchem die Karawanen gewöhnlich ihr Lager aufschlagen. Der von einem ungeheuren Baum überschattete Platz war ringsum von dichtem Gestrüpp umgeben, durch welches nur ein einziger Zugang führte, und stellte so eine natürliche Festung dar, wie sie den Eingeborenen gegenüber nicht stärker nöthig war.

Die Bewohner des Buragebirges werden uns von Rebmann (Krapfs Reisen in Ostafrika II.) als meist elend aussehende, durch die Aermlichkeit und den Schmuz ihrer Wohnungen sowie durch häufigen Nahrungsmangel herabgekommene Menschen geschildert. Von ihrer Sinnesart weiß der Glaubensbote, welcher auf seiner ersten Dschaggareise mehrere Tage in dem Bergdorfe Muasangombe verweilte und täglich mit den Einwohnern und ihrem Häuptlinge Maina verkehrte, nichts Schlimmes zu berichten; die Erzählung einer Ceremonie, welche bei seinem Abschiede von dort stattfand, bringt sogar einen überaus vortheilhaften

Eindruck auf jeden Unbefangenen hervor, da sie von einer wahrhaft kindlichen Gemütseinfalt zeugt. „Maina", erzählt Rebmann, „überreichte mir zuerst ein Gefäß voll Dschofi, (ein aus Zuckerrohr bereitetes Getränk) nachdem er unter Murmeln geheimnißvoller Worte dreimal einen Mundvoll von der Flüssigkeit auf die Erde gespieen hatte; dann verlangte er, ich solle an einer nun vorzunehmenden feierlichen Handlung mich betheiligen. Ich weigerte mich Dessen, weil ich die Worte, welche dabei gesprochen wurden, nicht verstand. Mein Führer Bana Cheri war hierüber sehr unwillig, fügte sich aber endlich und trat an meiner Stelle ein. Es wurde ein Rind gebunden und zur Erde geworfen; darauf nahmen Maina und Bana Cheri Grasbüschel in die Hand und sprachen in einem Gemisch von Kisuaheli und Kiteita halb singend folgende Formel, welche ich mir nachmals Wort für Wort vorsagen ließ und aufschrieb: **Mgeni hu atoka kuao adscha kuangu, Maina tugore tupatane mimi nai tuseme tu-ki-zeka. Tufoye Mulungu pamenga nti ipoe; ukongo ufume muzi wangu; mgeni hu huko aenendako asione kindu ndiani; asikomoe na miba, asikomoe na kisiki; asionane na nzofu, asionane na mbea, asionane na Emmessa; a-ki-fika kirima, Wakirima wa-m-zeke. Mimi natereva koma ndeo wangu na sa mayo wangu, mfischeni mtu hu. Fudsche tuonane mimi nai, tuzeke kana tuzekao. Afike kua salama, asiangamike ndiani, na kindu hiki ni-m-padscho, ale ngolo akwe ikae kidscha; muili, u-si-m-ume!** Zu Deutsch etwa: Dieser Fremdling ging aus von den Seinigen, kam zu mir (und sprach): „Maina, laß uns verhandeln, damit wir einig werden, laß uns miteinander reden und froh sein." Wir wollen Gott gemeinschaftlich bitten, daß er das Land heile (es herrschte damals gerade eine Krankheit in Bura); daß die Krankheit weiche von meinem Dorfe; daß dieser Fremde, wohin er gehe, kein (unrechtes) Ding auf dem Wege sehe; daß er nicht aufgehalten werde durch Dornen und Dickicht; daß er nicht zusammentreffe mit Elephanten, Nashörnern und mit den Masai; daß er den Berg erreiche und daß die Wadschagga ihn erfreuen. Ich bitte auch die Seele meines (verstorbenen) Vaters und meiner Mutter, sie mögen diesen Mann anlangen lassen. Und wo wir auch zusammentreffen, wollen wir uns freuen, so wie wir jetzt vergnügt sind. Er (Rebmann) lange an in Frieden, verirre sich nicht auf dem Wege, genieße, was ich ihm gebe (das Fleisch des geschlachteten Ochsen), es möge ihm gut bekommen und seinem Leibe nicht wehe thun." Danach gaben sie dem Ochsen die Grasbüschel zu fressen, welche sie während des Gebetes in der Hand gehalten, und schlachteten ihn; die Hälfte des Fleisches erhielt ich mit auf den Weg."

Weniger Günstiges erzählt Krapf von den Bewohnern der Abhänge des Buragebirges: ein Stamm derselben, die Aëndi (d. i. Jäger oder Räuber), durchstreift die Wildniß, überfällt die Karawanen und nimmt diesen die Elephantenzähne ab. Ebenso hatte auch Decken im vorigen Jahre die Wabura von unvortheilhafter Seite kennen gelernt; sie waren stark betheiligt gewesen an den Feindseligkeiten, durch welche die Wateita am Kadiaro seine Karawane so ernstlich bedrohten, vielleicht auch an dem räuberischen Einfalle, welchen eben diese Wateita einige Zeit danach in das Land Usambara unternahmen. Es war also aller Grund vorhanden, gegen die Wabura auf der Hut zu sein, da wenigstens einige Stämme verdächtige Gesinnungen besaßen. Ernstliche Besorgnisse jedoch brauchten wir bei der Festigkeit unseres Lagers nicht zu hegen.

Durch unsere Signalschüsse gerufen, kamen nach einiger Zeit gegen dreißig Leute herbei. Sie brachten jeder einen Stengel Zuckerrohr und forderten sogleich Geschenke und Abgaben. Der Baron verweigerte den Zoll, weil er das eigentliche Buragebiet noch gar nicht betreten hatte, und nahm auch ihre Gaben nicht an; denn, hätte er Alle so entschädigen wollen, wie sie es wünschten, so wäre die geringe Menge Zuckerrohr so theuer wie ein Ochse zu stehen gekommen. Mißmutig entfernten sich die Wabura.

Am folgenden Tage erschien der Häuptling Maina und ersuchte uns, näher an den Bergen zu lagern; wir wären so weit von seinem Dorfe entfernt, daß er nicht einmal ein Geschenk bringen könne; er müsse fürchten, daß wir keine guten Absichten hätten. Diesem Verlangen wurde nicht nachgekommen, weil unter den Begleitern Mainas sich einige der Haupträdelsführer vom Kadiaro befanden.

Es war uns heute so wenig als gestern gelungen, irgend welche Lebensmittel zu erhandeln. Im Grunde genommen konnte uns Dies ziemlich gleichgiltig sein, da wir die von Usanga geholten Bohnen noch nicht aufgezehrt hatten und überdies nur eine starke Tagereise vom nächsten Markt entfernt waren. Wir verließen den ungastlichen Platz am 18. December früh fünf Uhr. Indem wir einem nach dem Kadiaro führenden Pfade folgten, gelangten wir aus dem feuchten Bachthal ins Freie, in die gewöhnliche afrikanische Landschaft, die rothe, mit einzelnen Dornbüschen und Bäumen bestandene Ebene. Dann gingen wir in östlicher Richtung auf die vor uns liegenden Ndaraberge zu, rechter Hand den Kadiaroberg liegen lassend und linker Hand den Ndihi. Unterwegs begegneten wir einigen dreißig Wakambajägern, doch ließen wir uns nicht in Unterhaltung mit ihnen ein. Nach neun Stunden guten Marsches erreichten wir einen geeigneten Platz in der Nähe der Ndaraberge und lagerten hier, wie am Abende vor der Ankunft am Bura, in beginnendem Busch und Wald. Wiederum vermißten wir einen Träger, einen gewissen Baraka, welcher öfters Diebereien begangen hatte. Er war jedenfalls absichtlich zurückgeblieben, aus Furcht vor der in Mombas zu erwartenden Strafe. Sein Msigo hatte er zurückgelassen, jedenfalls weniger seiner Gewissensruhe wegen, als um sich die Rückkehr nach der Küste nicht ganz unmöglich zu machen; denn derartige Diebstähle eines Karawanenträgers werden dort, selbst nach längerer Zeit, auf das Strengste geahndet. Anderen Tages hatten wir noch einen Sumpf zu durchwaten, ehe wir in die schönen Mtama- und Maispflanzungen der Eingeborenen und dahinter in das von Hügeln und Felskegeln eingeschlossene Karawanenlager von Ndara kamen.

Sadi hatte uns Viel erzählt von dem hier zu erwartenden Ueberfluß und von der Freigebigkeit des Häuptlings Wangai. Wir hofften, uns in kurzer Zeit für die nächsten Tagemärsche versorgen zu können, und erwarteten ruhig die Eröffnung des Marktes. Allein wir sahen uns getäuscht; es wurden nur kleine Mengen von Zuckerrohr und Bohnen zum Verkaufe gebracht und so übertriebene Preise gefordert, daß an einen Handel nicht zu denken war. Der Häuptling, welchen wir baten, er solle seinen Einfluß zu unseren Gunsten verwenden, versprach Alles, that aber Nichts, sei es nun, daß er nicht wollte, oder daß er keine Macht über seine Unterthanen besaß. Auch am zweiten Tage kam kein Markt zu Stande; doch brachte uns Wangai eine alte, magere Ziege und ein Beutelchen voll Bohnen, kaum genug zur Nahrung für uns und unsere Diener. Bei den Trägern war Schmalhans Küchenmeister, da wir den geringen Rest der in Usanga gekauften Bohnen für den äußersten Nothfall aufbewahren mußten; sie begannen zu murren, und einer von ihnen forderte sogar, von den anderen aufgereizt, mit lauter Stimme Nahrung. In dieser Verlegenheit gab der Baron einem Jeden fünfzehn Stränge Perlen mit dem Bedeuten, sie möchten sehen, wie sie damit auskämen. Die Leute zerstreuten sich nach allen Winden und kamen nach einiger Zeit mit wenigstens soviel Bohnen zurück, als zur Stillung des größten Hungers nöthig war. Inzwischen waren wir glücklich genug gewesen, eine Kuh zu erhandeln, und diese wurde sofort geschlachtet und vertheilt.

Um kein Mittel unversucht zu lassen, sagte der Baron zu dem Häuptling, daß wir, falls er uns nicht besser versorge, Ndara verlassen würden. Eine derartige Drohung allein bringt zwar nur wenig Eindruck hervor, wol aber die Besorgniß, der erzürnte Msungu, welcher ja mindestens für einen Zauberer und Regenmacher gilt, könne durch seine Künste dem Lande schaden. Von der Macht solch abergläubischer Furcht hatten wir soeben ein

Beispiel erlebt, nur war die Erkenntniß, daß es gerathen ist, die Fremden gut zu behandeln, leider ein wenig zu spät gekommen. In Bura nämlich, wo längere Zeit Dürre und Mangel geherrscht, waren nach unserem Weggange die Leute auf den Gedanken gekommen, daß wir die Macht haben könnten, die Landplage zu verschlimmern oder abzuwenden, jenachdem wir feindlich oder freundlich gesinnt wären; deshalb hatten sie einige Männer ausgeschickt, um unsere Gunst wiederzugewinnen. Am ersten Tag unseres Aufenthaltes trafen diese ein. Anfangs wußten wir uns nicht zu erklären, warum die Leute die weite Reise unternommen hätten; den wahren Grund wenigstens erriethen wir nicht, höchstens dachten wir daran, daß man auch die Waendara zu Feindseligkeiten gegen uns aufhetzen wolle. Wir waren daher nicht wenig erstaunt, als einer der Abgesandten, Lugo mit Namen, an den Baron herantrat, ihm einen Maria-Theresia-Thaler überreichte und sich in höflicher Weise Baumwollenzeug dafür ausbat; was er mit dem Tuche anfangen wollte, sagte er nicht. Tags darauf kam Lugo wieder ins Lager mit einer Ziege, welche er für den Amerikano eingetauscht, und ersuchte uns, dieselbe als Geschenk zu nehmen und mit ihm das Kischongozeichen zu wechseln. „Seine Landsleute", sagte er, „wären des Regens dringend bedürftig und bäten, der Msungu solle ihr Freund sein und den Segen nicht länger vom Lande fernhalten." Der Baron versicherte ihnen, daß er durchaus nicht ihr Feind sei und ihnen Böses weder zugewandt habe noch zuwenden wolle; freilich verspüre er nach der gleichgiltigen Aufnahme, welche ihm geworden, nur wenig Lust, die Wabura wieder zu besuchen, zumal sie schon früher unfreundliche Gesinnungen gegen Reisende gezeigt hätten. — Leider ließ sich Wangai nicht durch ähnliche Ueberlegungen zur Freigebigkeit gegen uns bestimmen; in seinem Lande war ja, wie der Augenschein lehrte, Regen in Ueberfluß gefallen!

Nach einer halben Stunde Weges hatten wir am 21. December Morgens die blühenden Pflanzungen hinter uns und wanderten mit rüstigen Schritten ostwärts weiter durch die öde Steppenlandschaft. Der rothe, mit kleinen, weißen Quarzstücken und einzelnen Muscheln übersäete Lehmboden war insgemein mit dünnstehenden Mimosen bedeckt, an einem Orte jedoch mit Aloe- und Euphorbiengestrüppe so dicht verwachsen, daß wir nur mit Mühe, bald rechts und bald links kriechend, hindurchkommen konnten. Am ersten Tage trafen wir am Fuße des Maunguberges einige mit Wasser gefüllte, mit blaublühenden Nymphäen prangende Becken im Sandstein und gegen Abend in der offenen Ebene einige Pfützen. Nach einem anstrengenden Marsche gelangten wir nächsten Tages an mehrere von kleinen, braunen Krabben belebte Ngurunga's, welche sich in einem ausgetrockneten Flußbett oberhalb einer Senkung desselben fanden. Den Tag darauf sollten wir nach Sadis Versicherung schon bei Zeiten das erste Wanikadorf erreichen, waren aber bei Einbruch der Dunkelheit noch weit vom Ziele entfernt; wir lagerten an einem kleinen Sumpfe, wie wir deren mehrere bereits unterwegs getroffen hatten. Während dieser anstrengenden Reise waren fast täglich einige Träger zurückgeblieben; sie wurden jedoch, wenn auch erst nach langem Suchen, glücklich wieder eingebracht bis auf einen, welcher besonders viel Werg auf dem Rocken hatte.

Wir sammelten unsere Leute zu guter Stunde und ermahnten sie, unter Hinweisung auf das baldige Ende der Beschwerden, an diesem Tage fest aufzutreten und gut beieinander zu bleiben. Sie gingen besser, als wir es erwarteten; nur Einige, welche durch längere Leiden geschwächt waren, blieben etwas zurück. Nach etlichen Stunden bemerkten wir eine Veränderung im Aussehen der Landschaft: der Pflanzenwuchs ward frischer und dichter; hohe, zu größeren Gruppen vereinigte Bäume traten an Stelle der vereinzelten Büsche, und endlich zeigten sich auch stolze Palmenhäupter über dem Laubdache ferner Wäldchen! Noch ehe wir die hierdurch angezeigte Pflanzung erreichten, hatten wir einen kleinen Bach mit brackigem Wasser zu überschreiten, wiederum ein Zeichen, daß wir uns im Bereiche des Meeres befanden — eine köstliche Quelle in dürrer Einöde hätte uns nicht mehr erfreuen können. Bald begegneten uns einige Eingeborene. Von ihnen geleitet erreichten wir das Wanikadorf Mamangaro, welches bereits im Kiriamagebiete liegt, nicht weit von einer Ansiedelung der Wakamba. Der Häuptling, Namens Mambego, nahm uns freundlich auf, überreichte zum Gruß eine kleine Ziege und versprach, alles Gewünschte herbeizuschaffen, wenn wir nur bis morgen bei ihm verweilen wollten. Da Mombas, der Endpunkt unserer Landreise, so nahe lag, ließ sich der Baron auf keinen längeren Aufenthalt ein; „könne indessen", sagte er, „in kurzer Zeit ein Ochse geliefert werden, so sei er nicht abgeneigt, über Nacht hier zu bleiben, denn die Wasungu hätten heut ein großes Fest."

Es war der heilige Abend vor Weihnachten, den wir zu feiern gedachten. So glänzend, wie Dies im vorigen Jahr in Sansibar auf Anregen der Deutschen geschehen war, konnten wir allerdings das Fest nicht begehen — damals waren Hunderte von bunten Laternen auf der Schamba eines befreundeten Arabers in den Wipfeln der Palmen und Mangobäume aufgehängt worden, ein wahrhaft zauberischer Anblick, welcher selbst die stumpfsinnigsten der Eingeborenen zu lautem Jubel begeisterte: fröhlicher aber war unsere Feier doch, als Deckens Weihnachten im Jahre 1861, auf der unglücklichen Rückreise nach Kiloa; denn wir hatten Ueberfluß an Allem, was die gesegnete Küste bietet, und sahen nur angenehme Tage vor uns.

Schon früh vier Uhr wurden Leute nach Mombas gesandt, um unser Nahen zu melden. Anderthalb Stunden später setzten wir uns in Bewegung. Die Träger benahmen sich wie trunken vor Freude, daß sie die geliebte Heimat wieder erreichten; sie schrieen und lärmten, wichen in ihrem Uebermute bald rechts bald links vom Wege und konnten nur durch laute Zurufe und zeitweilige Ermahnungen mit dem Stocke zusammengehalten werden. Trotzdem legten wir in kurzer Zeit ein tüchtiges Stück Weg zurück und kamen schon gegen elf Uhr in die Nähe von Rebmanns Missionshaus. Hier trennte sich der Baron von der Karawane, um nachzusehen, ob Briefe und Zeitungen für ihn eingetroffen, während wir, nicht ohne von bekannten Suaheli öfters aufgehalten zu werden, weiter nach Schangame gingen, der nicht weit vom Meere gelegenen Schamba eines Beludschen, wo wir zu nächtigen gedachten. Der Besitzer versorgte uns mit Allem, was unser Herz begehrte. Da gab es Hühner, Eier, Bananen und vor allen Dingen wieder Reis, welcher uns jetzt als die köstlichste aller Speisen erschien. Die frischgepflückten Kokosnüsse, Mangofrüchte und Ananas, welche die Schamba in Fülle bot, schmeckten uns wie noch nie zuvor; wir thaten uns und unseren Leuten keinen Zwang an, weil wir aus längerer Erfahrung wußten, daß die Früchte dieser Küste, selbst reichlich genossen, Niemandem schaden. — Erst gegen Abend stieß der Baron zu uns. Er war bei Rebmann überaus freundlich aufgenommen worden und hatte zwar keine Briefe von Hause, wol aber günstige Nachrichten über manche ihm befreundete Personen erhalten.

Der nächste Tag, der erste des Weihnachtsfestes, war ein Freitag, der Juma oder Sonntag der Mahammedaner. Alle Leute, denen wir auf dem Wege durch die Pflanzungen begegneten, prangten in Feierkleidern, und selbst unsere Träger hatten sich mit dem Besten geschmückt, was sie noch besaßen. Eine wirkliche Feiertagsstimmung ergriff uns, als wir den schmalen Meeresarm von Makupa erreichten, welcher einzig uns noch von Mombas trennte.

Wir hatten lange zu warten, bevor ein Fahrzeug erschien, uns nach dem anderen Ufer zu bringen. Die Zeit verging schnell in Unterhaltung mit herbeikommenden Suaheli; sie wußten mancherlei Angenehmes zu erzählen und wurden dafür mit Neuigkeiten aus dem Inneren erfreut. Auf der Insel empfing uns eine zahlreiche Volksmenge. Wie im Triumphe zogen wir in die Stadt. Unser altes Haus war leider besetzt, doch fanden wir einstweilen in Rebmanns leerer Wohnung ein Unterkommen.

Am nächsten Tage wurden die Gehalte ausgezahlt: die Träger erhielten, den Vorschuß inbegriffen, ein jeder zwölf Thaler statt vierzehn, weil wir nur nach Dschagga und nicht nach dem Masailande gekommen waren, die Führer je neunzehn Thaler und Mukurugensi Sadi fünfundsiebzig. Nachdem sie die Gewehre und Kalebassen abgeliefert hatten, entfernten sich alle hocherfreut, mit Ausnahme der wenigen, welche wegen begangener Ungebührlichkeiten noch eine kurze Haft abzubüßen hatten.

Es lag uns daran, möglichst bald nach Sansibar zu kommen; alle deshalb angeknüpften Verhandlungen scheiterten aber an der Unverschämtheit der Schiffseigner. Schon machten wir uns darauf gefaßt, auch noch das Neujahr in Mombas zu erleben, da fand sich unerwartet ein geeignetes Fahrzeug. In wenigen Stunden schafften wir unser Gepäck an Bord; von frischem Winde getrieben, segelten wir der heimischen Insel zu. Bereits am 30. December saßen wir wieder am gastlichen Tische des O'Swald'schen Hauses, und Tags darauf feierten wir im Kreis unserer europäischen Freunde den Sylvesterabend, gerad einen Monat nach der Besteigung des Kilimandscharo.

Vierundzwanzigster Abschnitt.

Wanderungen und Jagden an der Küste.

Sichtbarkeit des Kilimandscharo von der Küste aus. — Der französische Reisende Grandidier. — Ankunft in Wanga. — Huldvolle Herablassung den Eingeborenen gegenüber. — Ein kleiner Unfall bei Muoa. — Astronomische Beobachtungen. — Harte Arbeit auf dem Kiluluhügel. — Was wir erreichten. — Verkehr mit den Wadigo. — Unangenehme Folgen einer Erkältung. — Traurige Geschichte zweier Ginsterkatzen. — Kleine Begegnisse. — Unser Lager auf dem Jomboberge. — Wassersnoth. — Erfolg unserer Bemühungen. — Ein Steppenbrand. — Abschied von Wanga. — Ein Wink für spätere Reisende. — Leiden und Freuden des Buschlebens. — Eine Vergnügungsfahrt. — Erwachen im Kinganiflusse. — Erste Begegnung mit Flußpferden. — Auf dem Anstande. — Fahrt stromaufwärts. — Flußpferdjagd mit Büchse, Degen, Netz und Kanone. — Nächtliches Gelag in der Wildniß. — Wettfahrt von Bagamoio nach Sansibar. — Erlebnisse unserer Nachfolger. — Werth eines Menschenlebens. — Die Beute wird nach Sansibar gebracht und skeletirt. — Verwundbarkeit des Flußpferdes. — Deckens früheres Jagdvergnügen bei Magagoni. — Das Flußpferd in Ost-Afrika, seine Gestalt und Lebensweise. — Ertrag der Jagd.

Bei einer Besteigung des Sokanihügels im Wanikalande hatten die Eingeborenen dem Baron gesagt, sie sähen zuweilen gegen Sonnenuntergang, wann sie die Gefäße zur Aufnahme des Tembo in den Kokospalmen aufhängten, den Gipfel des Kilimandscharo. Diese Beobachtung erschien um so bemerkenswerther, als einige Zweifler den Umstand, daß dieser beinahe 19000 Fuß hohe Berg von der kaum 150 Meilen entfernten Küste noch nicht gesehen worden war, als Beweis gegen das Vorhandensein von Schneebergen in Ostafrika benutzt hatten. Schon damals wünschte Decken, sich zu überzeugen, ob die Eingeborenen Recht hätten; doch fügte es sich erst im Jahre 1863, also ein volles Jahr nach Beendigung der zweiten Dschaggareise, daß ich in seinem Auftrag einige Aussichtspunkte zu diesem Zwecke besuchen konnte.

Zu dieser Zeit weilte in Sansibar ein liebenswürdiger Franzose, Namens Alfred Grandidier, ein ausgezeichneter Reisender, welcher schon in sehr jungen Jahren die wichtigsten Punkte von Frankreich, Italien und Spanien besucht, später Nordamerika durchstreift, Forschungen in Südamerika angestellt und sich dann mit dem reichen Schatze seiner Erfahrungen nach Indien gewendet hatte, wo er zwei Jahre lang dem Studium des Volkslebens und der großartigen Baudenkmäler oblag. Ein schlimmes Unwohlsein, welches ihn in Ceylon befiel, hatte ihn veranlaßt, sich nach der Insel Réunion einzuschiffen, welche ihres gesunden Klimas wegen berühmt ist; durch ungünstige Winde war er nach Sansibar verschlagen und durch mangelnde Reisegelegenheit längere Zeit hier aufgehalten worden. Als er von seinen Leiden einigermaßen genesen, war er eifrigst bestrebt, unsere merkwürdige Insel und die Festlandsküste durch eigene Untersuchung genauer kennen zu lernen. In ihm fand ich einen vortrefflichen Reisegefährten. Wir vereinigten uns, die Unkosten des Ausfluges gemeinschaftlich zu tragen und reisten am 26. Oktober auf einer Dau nach Wanga ab, wo wir unsere Untersuchungen beginnen wollten. Mehrere von „Speke's Getreuen", welche kurz vorher von ihrer denkwürdigen Reise durch das Innere von Afrika zurückgekehrt waren, und einige andere Neger begleiteten uns als Diener und Träger.

Die Fahrt ging schnell von Statten; schon am anderen Tage hatten wir die Küste in der Nähe von Wanga erreicht. Unser Schiffer mußte erst lange Erkundigungen einziehen, ehe er die ziemlich versteckt liegende Stadt finden konnte. Schnell wurde es in Wanga bekannt, daß wieder Wasungu da wären. Alte Bekannte, wie der Araber Raschidi und der Elephantenjäger Msuskuma mit seinen Weibern, besuchten uns, und Scharen von Neugierigen belagerten unsere Hütte, um unser fremdartiges Thun und Treiben zu beobachten. Wir entzogen uns ihren Blicken nicht, verrichteten vielmehr alle unsere Arbeiten im Freien, vor den Augen der versammelten Menge, und gewannen dadurch ganz entschieden an Beliebtheit. Am meisten gefiel es den Leuten, daß wir auch vor der Thür aßen und so Jedermann Gelegenheit boten, die wunderbare Handhabung der Messer, Gabeln und Löffel an den weit hergekommenen Meistern dieser Kunst anzustaunen. Uns erschien es natürlich und selbstverständlich, daß wir soviel Aufsehen erregten; wären die Eingeborenen gleichgiltig bei unserem Auftreten geblieben, wir würden uns verletzt gefühlt haben. Man befindet sich hier in derselben Stellung wie „höchste Personen" in Europa, welche es gleichfalls mißliebig bemerken, wenn ihnen das „Volk" bei ihren alltäglichen Handlungen, im Theater oder auf Spazierfahrten u. dgl., nicht die gewohnten Huldigungen darbringt d. h. sich herandrängt und sie verwundert anstarrt.

Wir hatten erfahren, daß die besten Aussichtspunkte in der Umgegend der Jomboberg (Wasinpik der Seekarte) und der Kiluluhügel wären, und beschlossen, letzteren zunächst zu besuchen. Am Nachmittag des 30. Oktobers segelten wir auf unserem Fahrzeuge südwärts längs der Küste hin; mit eintretender Dunkelheit erreichten wir die kleine Bucht von Muoa, das Ziel unserer Fahrt. Bei der Ausschiffung ereignete sich ein Unfall, welcher, so unbedeutend er an und für sich war, doch nachträglich durch seine Folgen sehr unangenehm wurde. Das Boot unseres Fahrzeugs, ein ausgehöhlter Baumstamm ohne Schwerter oder Ausleger und demgemäß sehr wackelig, gerieth durch die Ungeschicklichkeit eines Negers ins Schwanken und füllte sich, ehe wir es uns versahen, zur Hälfte mit Wasser. Leider war auch mein Kleidervorrath mit überschwemmt worden, sodaß ich meinen durchnäßten Anzug nicht wechseln konnte.

Der Vorsteher oder Schulze des Dorfes begrüßte uns am Lande und räumte uns sofort die Hälfte seiner Hütte ein. Er sprach seine Freude aus, einmal Wasungu hier begrüßen zu können, von denen ihm einige Weitgereiste soviel Gutes erzählt hätten. Ohne viel Zeit zu verlieren, begannen wir mit unseren astronomischen Beobachtungen. Wir ließen, um allem Argwohn zu begegnen, die Vornehmen der Ortschaft durch das Fernrohr sehen und die Bewegungen der Sterne beobachten; diese Leutseligkeit erwarb uns die größte Anerkennung der guten Dorfbewohner. Ziemlich durchkältet zog ich mich nach Beendigung der langen Arbeit in die Hütte zurück und legte mich sofort zu Bett, in der Hoffnung, daß meine vortreffliche wollene Decke mich bald erwärmen werde.

Am anderen Morgen traten wir zeitig unsere Wanderung nach dem nur einige Stunden entfernten Kiluluhügel an. Das Fahrzeug schickten wir nach Wanga zurück, weil wir auf dem Heimwege zu Fuße zu gehen gedachten. Wir kamen durch eine ziemlich gut bebaute, hier und da mit Wald bestandene Ebene. Wie überall in den bewohnten Strichen wechselten Felder von Bohnen und süßen Kartoffeln mit Pflanzungen von Mhogo, Bananenstauden mit den palmenähnlichen Papay- oder Melonenbäumen ab, und dazwischen reckten ungeschlachte Baobabs ihre mächtigen, kahlen Aeste weithin in die Luft. Am Fuße des Kiluluhügels bemerkten wir ein von hohem Zaun umgebenes Dorf der Wadigo; um lästige Abgaben zu vermeiden, ließen wir es seitwärts liegen und gingen geradwegs durch schönen Wald und kräftigen, hohen Busch nach dem Gipfel, wo wir unser Lager aufschlugen.

Da sich nach keiner Seite hin eine Aussicht eröffnete, mußten wir uns bequemen, in gewissen Richtungen den Wald so weit zu fällen, daß wir über die Gipfel der tieferstehenden Bäume wegsehen konnten. Wir gingen unverzüglich mit unseren drei kleinen Aexten und einem Hirschfänger an das Werk. Dies war nicht so leicht, als wir anfangs vermeinten; denn die Bäume hatten zumeist eisenhartes Holz. Unsere Leute arbeiteten jedoch wacker, da wir ihnen mit gutem Beispiele vorangingen, und schon am Tage nach unserer Ankunft hatten wir die Schneißen für astronomische Beobachtungen nach den vier Hauptimmelsgegenden frei. Den Nordwesthau, welcher uns die Durchsicht nach dem Kilimandscharo eröffnen sollte, schnitten wir nur bis zu der Länge von einigen hundert Schritt aus, weil nach dieser Seite hin der Hügel so allmählich abfällt, daß wir noch Tage lang hätten fortarbeiten können, bis wir zum Ziele kamen. Uebrigens bot sich von einem stehengebliebenen, hohen Baum aus ein freier Blick über einen großen Theil des Gesichtskreises. Aber so aufmerksam ich auch mit meinem guten Glase die Ferne durchmusterte, von dem Kilimandscharo sah ich Nichts: die Ebene war mit einer unklaren Luftschicht wie mit einem Schleier überzogen.

Mehrere Tage blieben wir, um bessere Aussicht zu erwarten; allein auch bei hellerem Himmel zeigte sich kein hoher Berg, sei es nun, daß unser Standpunkt (850 Fuß über dem Meeresspiegel) zu niedrig, oder daß die Entfernung des Kilimandscharo (145 Meilen) zu groß war. Dagegen hatten wir Gelegenheit, die Lage des Hügels durch astronomische Beobachtungen festzustellen, die magnetischen Konstanten (34) des Ortes zu bestimmen und die von hier aus sichtbare Bucht von Muoa in früher beschriebener Weise (Bd. II. S. 59) aufzunehmen; auch wurde unsere Sammlung durch zahlreiche hübsche Insekten vermehrt.

Viel Unterhaltung bot uns der Verkehr mit den Wadigo vom Fuße des Hügels, welche uns öfters im Lager besuchten. Sie benahmen sich durchaus anständig: sie widersetzten sich weder unseren Beobachtungen noch der Waldverwüstung, verwehrten uns nicht, am Fuße des Hügels Trinkwasser zu holen, und baten sich auch keine Geschenke oder Abgaben aus. Letzteres nahm uns Wunder, weil die Eingeborenen an der Küste wie im Inneren dem Reisenden gegenüber jede Gelegenheit benutzen, um unter irgend einem Vorwand Ansprüche auf Zoll oder Entschädigung zu erheben; wir schlossen hieraus, daß die Sittenverderbniß, welche an den von Suahelikarawanen besuchten Orten herrscht, nicht im Wesen der Leute begründet, sondern erst durch den Verkehr mit den betrügerischen Händlern entstanden ist. Hier hatten wir es mit biederen Naturmenschen zu thun, denen weit mehr an guter Behandlung, als an schnödem Geldgewinne lag. Zeigten wir ihnen Etwas von unseren Merkwürdigkeiten, so freuten sie sich über alle Maßen, und schenkten wir ihnen eine Kleinigkeit, so dankten sie freundlich, ohne mehr zu verlangen. Das größte Vergnügen bereitete ihnen, wie früher auch den Masai, ein Operngucker, in dessen Okular und Objektiv ich sie abwechselnd sehen ließ, jodaß die Gegenstände bald in die Nähe gezogen, bald in weite Ferne gerückt erschienen. Ihre Verwunderung erreichte den höchsten Grad, als ich die große Linse losschraubte und damit die Sonnenstralen sammelte. Harmlos bat ich mir die Hand eines Nahestehenden zu einem Versuche aus und ließ den Lichtkreis kleiner und kleiner werden. Anfangs wußte der arme Bursche nicht, wie ihm geschah, auf einmal aber fuhr er wie von einer Schlange gebissen in die Höhe, stieß einen gellenden Schmerzensschrei aus und suchte, seine

Gefährten hinterdrein, in mächtigen Sätzen das Weite. Nahm ich später irgend einen kleinen, runden Gegenstand zwischen die Finger und ging damit auf die Schar der Eingeborenen zu, so glaubten sie, ich wollte sie verbrennen, und nahmen sammt und sonders unter Lachen und Schreien Reißaus.

In der Ueberzeugung, daß ein längeres Verweilen uns nicht viel fördern würde, verließen wir den Kiluluhügel am 4. November, den fünften Tag nach unserer Ankunft.

Schon auf dem Wege herwärts hatte ich in der Gegend der Leistendrüsen einen unangenehmen Druck gefühlt; nach dem Besteigen des Aussichtsbaumes, wobei ich wahrscheinlich einen zu weiten Schritt gethan, war das Gefühl schmerzhafter geworden, und es entwickelte sich eine Geschwulst, welche mehr und mehr zunahm. Das Uebel verschlimmerte sich täglich, weil ich mich nicht durch Ruhe schonen konnte, auch keine Arzeneimittel besaß, um die Geschwulst zu erweichen. Anfangs fiel mir das Gehen schwer; doch verlor sich unterwegs die Ungelenkigkeit des Beines nebst dem durch die Bewegung verursachten Schmerze größtentheils wieder. Nach einem langen Marsche durch hier und da von Wald unterbrochenes Wiesenland kamen wir gegen Abend in Wanga an. Obwol ich wenig mehr als die Ermüdung von dem langen, in vollem Sonnenbrande zurückgelegten Wege empfand, machte ich sofort warme Umschläge und setzte Dies auch — freilich ohne wesentlichen Erfolg — die folgenden Abende fort, während ich am Tage mit meinem Freunde die Wasserverbindung zwischen Wanga und dem Meere vermaß, welche auf der Seekarte fehlt, Jagdspaziergänge unternahm und die erbeuteten Gegenstände zubereitete. —

Unsere Sammlungen würden sehr dürftig geblieben sein, hätten wir uns nicht der Unterstützung der lieben Jugend von Wanga zu erfreuen gehabt. Die durch keinen Schulzwang behinderten Buben durchsuchten unermüdet Wald und Fluren und plünderten die Boote der heimkehrenden Fischer, um einige Pesa zu verdienen. Neben vielen unbrauchbaren Sachen brachten sie auch manches Gute, namentlich schöne Krebse und Fische und zwei allerliebste, junge Ginsterkatzen (Viverra Genetta L.), welche wir ihres einschmeichelnden Wesens halber sogleich lieb gewannen. Leider verschmähten die noch an Muttermilch gewöhnten Thierchen jegliche Nahrung, bis endlich Grandidier auf einen sinnreichen Einfall kam: er umwickelte eine Glasröhre unten mit weichem Baumwollenzeug, füllte sie von oben mit Milch und reichte sie unseren kleinen Pflegbefohlenen dar: sie tranken gierig mit behaglichem Schmatzen, und wir hatten die Freude, sie täglich munterer und zutraulicher werden zu sehen. Beide sahen sich in ihrem grauen, dunkelgestreiften Felle täuschend ähnlich, unterschieden sich aber durch ihr Benehmen; denn die eine schlüpfte, wenn man ihr den Rockärmel hinhielt, sofort hinein und kroch möglichst weit in die Höhe, die andere that Dies niemals. Ihre spätere Geschichte mag hier Platz finden, weil sie ein eigenthümliches Licht auf die Artung dieser Raubthiere wirft, deren angeborene Wildheit sich nicht verleugnet, auch wenn sie im Zimmer erzogen werden. Nach einigen Wochen, in Sansibar, begannen unsere Kätzchen, weichgekochten Reis zu fressen, den wir mit Milch und Ei anrührten. Sie nahmen sichtbarlich an Größe und Schönheit zu, wurden aber auch lebhafter und unartiger, sprangen über Tisch und Stühle und übten sich in täglichen Kämpfen unter sich. Nach Kurzem gewann der eine Bruder eine stärkere Entwickelung und suchte im Gefühle seiner Kraft den anderen überall zu verdrängen, sowol von der Schüssel als aus dem weichen Bette, welches ihnen gemeinschaftlich in einem Kistchen zubereitet worden war. Um die fortwährenden Beißereien abzustellen, gab ich jedem sein eigenes Lager. Der Große war aber so bösartig, daß er den Kleinen in keinem von beiden ungestört schlafen ließ. Eines Morgens fand ich Letzteren mit einer tüchtigen Bißwunde auf der Erde liegen; er war unempfindlich gegen meine Schmeicheleien, fraß nicht mehr und verendete noch im Laufe des Tages. Ich setzte ihn in ein großes Weingeistglas und band den Anderen zur Strafe daran fest. Doch dem kleinen Missethäter schien der Anblick seines Bruders Abel weniger unangenehm zu sein als der Strick, durch welchen er sich gefesselt fühlte. Ohne irgendwie Zerknirschung zu zeigen, sprang er ungeberdig hin und her, sodaß ich ihn wieder losband, um ihn auf andere Weise zu bestrafen, in seinen Kasten einsperrte und ihm den ganzen Tag über Nichts zu fressen gab. Als er am nächsten Morgen frei gelassen wurde, stürzte er sich mit Gier über sein gewöhnliches Futter; kaum war er aber fertig mit Fressen, so bekam er Zuckungen, und nach einer Stunde war er gleichfalls eine Leiche!

Am 9. November frühmorgens brachen wir nach dem Jomboberge auf. Wir durchschritten zuerst den bald sumpfigen, bald trockenen Boden nördlich von Wanga und wendeten uns dann westwärts durch ebenes, mit Kopal- und anderen Bäumen bestandenes Grasland. Gegen Sonnenuntergang kamen wir in die Nähe des Berges. Da wir nicht wußten, ob wir oben Wasser finden würden, lagerten wir in der Ebene, unter einem schönen Affenbrodbaume. Vor uns und zu beiden Seiten brannte in einiger Entfernung die Grasflur, doch waren wir allzu ermüdet, um Dies zu beachten; wir gaben uns der Hoffnung hin, daß ein günstiger Gegenwind unserer Bequemlichkeit zu Hilfe kommen werde, und legten uns nach einem spärlichen Mahle zum Schlafen nieder.

Bis eine Stunde nach Mitternacht ruhten wir sanft auf harter Erde, als wir durch einen stechenden Schmerz erweckt wurden. Unser erster Gedanke war an den Grasbrand; aber dieser war verlöscht, und dichte Finsterniß umgab uns. Das Stechen währte fort und begann an hundert anderen Stellen des Körpers. Inzwischen waren auch unsere Leute erwacht. Mit schnellbereiteten Fackeln beleuchteten sie — einen großen Ameisenhaufen: wir und unsere Sachen waren vollständig mit den bissigen Thieren überzogen, und fortwährend kamen neue Scharen, man wußte nicht woher. Jetzt wurden große Feuer angezündet, der Boden ringsum abgesengt, die Decken und Kleider ausgeschüttelt und abgesucht, und eifrigst gearbeitet, bis gegen fünf Uhr Morgens der Feind aus dem Felde geschlagen war. Dann gönnten wir uns noch ein Stündchen Ruhe.

Der Jomboberg ist höher, steiler und weniger leicht zugänglich als der Kiluluhügel; wir hatten über Felsblöcke und durch dichtes Unterholz zu klettern und zu kriechen und erreichten erst nach vier Stunden, zuletzt von einem tüchtigen Regenguß eingeweicht, den Gipfel. Auch hier war nach keiner Seite hin die Aussicht frei; zudem fand sich weder Wasser vor, noch eine ebene Stelle zum Lager. Nach dem Mittagessen schickten wir sechs Mann, die Hälfte unserer Leute, nach Wasser aus, während wir mit den Zurückgebliebenen unter fortdauerndem Regen den Platz reinigten und ebneten. Am Abende konnten wir uns endlich zwischen einigen Felsblöcken ausstrecken, in abschüssigen Lücken, gerade breit und lang genug, daß wir, auf der Seite liegend, darin Platz fanden.

Keiner der ausgesandten Leute kam zurück. Wir verzichteten also nothgedrungen auf ein gekochtes Abendbrod, da wir das uns gebliebene Wasser zum Trinken aufheben mußten. Unsere Neger litten Hunger und Durst, doch konnten wir sie nicht bedauern, da sie bei der Bergbesteigung den größten Theil ihres Wasservorrathes weggeschüttet hatten, um nicht allzu schwer tragen zu müssen. Erst am folgenden Mittag kamen die Wassersucher an; auch sie waren von der Strafe ereilt worden: sie hatten die Nacht in vollem Regen und ohne gegessen zu haben im Freien zubringen müssen.

Es regnete immer noch. Unsere wetterkundigen Begleiter sagten: „Es ist Neumond, der Mond wäscht sich." Den größten Theil des Tages über saßen wir im Zelt auf unseren Decken und unterhielten uns so gut als möglich mit den Ginsterkatzen, mit unseren Büchern und uns selbst. Nur mit Mühe erhaschten wir in helleren Stunden einige Beobachtungen. Am folgenden Tage klärte der Himmel sich etwas auf, aber obgleich wir stundenlang auslugten, wir bekamen den Kilimandscharo nicht zu sehen. Bei längerem Verweilen auf dem 2400 Fuß hohen Berge wären unsere Bemühungen vielleicht mit Erfolg gekrönt worden; doch konnten wir den günstigen Zeitpunkt nicht abwarten, weil die Geschwulst meines Beines immer schlimmer wurde. Ziemlich mißmutig verließen wir den Berg am fünften Tage nach unserem Weggang von Wanga.

Unterwegs sahen wir wieder ein fliegendes Feuer vor uns. Mit feinem Knistern verzehrte es das hohe, dürre Gras, und prasselnd knackten Gebüsch und Bäume, wenn die Flamme sie umhüllte und gierig an ihnen emporleckte. Nach den fabelhaften Erzählungen, welche man von den Prairiebränden in Amerika liest, mußte unsere Lage bedenklich erscheinen; unsere Neger aber, welche die Gefahren des „Busches“ sicherlich besser kannten als wir, verriethen nicht die geringste Verlegenheit und beruhigten hierdurch auch uns. Einer von ihnen ging aus, die Sache näher zu untersuchen; dann winkte er. Wir schritten, anfangs zagend, dann kühner, der zehn bis zwölf Fuß hoch auflodernden Feuerlinie entgegen, und schon nach einigen Schritten hatten wir sie hinter uns. Unsere schwarzen Begleiter, welche wir lobten ihres Mutes und ihrer Geschicklichkeit wegen, lachten und sagten, daß sie viel schlimmere Brände zu bewältigen wüßten, indem sie mit grünen, dichtlaubigen Zweigen tüchtig in das Feuer schlügen. Wasser gießen und Erde aufstreuen ist ganz ohne Nutzen.

Bei Sonnenuntergang erreichten wir das niedrige Land vor Wanga, welches zur Zeit weithin überflutet war; hunderte von Johanniswürmchen leuchteten auf dem Gebüsche zu beiden Seiten bis nahe an die Thore der Stadt. Halbtodt vor Ermüdung — wir hatten heut vierundzwanzig mit dem Pedometer gemessene Meilen zurückgelegt — kamen wir in unserem Hause an, wo wir unverweilt, ohne nach dem schnellbereiteten Frühstück, Mittags- und Abendbrod zu fragen, uns auf die Kitandas niederlegten.

Außer dem Kilulu- und Jomboberge waren uns noch die Jerebi- und die Kidangadanga-gruppe genannt worden als Punkte, von denen aus man unter günstigen Umständen den Kilimandscharo zu sehen bekäme. Weil aber der Baron auf seiner ersten und zweiten Reise schon die Jerebi-Kette überschritten hatte, auch in der Nähe des Kidangadanga gewesen war, verzichteten wir auf diese Ausflüge, zumal beide Orte drei tüchtige Tagereisen von der Küste und von den nächsten bewohnten Orten entfernt liegen, wir also sicherlich zehn bis vierzehn Tage zur Ausführung unseres Vorhabens gebraucht hätten. Ueberdies ließ mir der Zustand meiner Beingeschwulst eine möglichst schnelle Rückkehr nach Sansibar, wo ich Pflege und ärztlichen Rath finden konnte, dringender als je geboten erscheinen.

Nachdem wir Tags nach unserer Rückkunft vom Jomboberge unsere Sammlungen verpackt und noch einige Beobachtungen angestellt hatten, schifften wir uns ein. Der Wind begünstigte uns, und wir erreichten die Hauptstadt der Ostküste nach kaum vierundzwanzigstündiger Fahrt. Es war die höchste Zeit, daß ich zurückkam; denn mein Leiden hatte einen entzündlichen Charakter angenommen und begann mein Allgemein-Befinden zu beeinflussen. Auf das Geheiß des französischen Arztes, dessen Fürsorge ich mich anvertraute, mußte ich mein Lager für längere Zeit hüten und unablässig warme Umschläge machen, bis die Geschwulst sich erweichte und geöffnet werden konnte. Erst nach einer wochenlangen Nachkur war ich wieder fest auf den Beinen.

Nachmals bot sich uns keine Gelegenheit mehr, einen Ausflug zu gleichem Zweck unter besseren Verhältnissen zu wiederholen. Späteren Reisenden wird es leicht sein, Das zu erreichen, was wir verfehlten, da sie mit Hilfe unserer inzwischen gefertigten Karten schon vorher diejenigen Punkte auswählen können, welche die meiste Aussicht auf Erfolg bieten. Unsere Erfahrungen zeigen, wie nothwendig es ist, sich auf einen längeren Aufenthalt einzurichten; denn man kann nicht darauf rechnen, selbst in der besten Jahreszeit nicht, einen so weit entfernten Berg sogleich in den ersten Tagen zu Gesicht zu bekommen —

hat man doch in dem Kilimandscharolande selbst oft mehrere Tage zu warten, ehe das Haupt des Riesen aus dem Wolkenschleier hervortritt.

Gar Mancher, welcher gemütlich in geordnetem Hausstande dahinlebt, wird sich wundern, wie ein vernünftiger Mensch sich soviel Entbehrungen und Beschwerden aussetzen kann, blos um einen Berg zu sehen oder Ungeziefer zu erjagen: sie haben eine übertriebene Vorstellung von dem Ungemach, eine gar geringe von den Freuden des Buschlebens. Gerade diese „kleinen Leiden", welche wir im Vorstehenden mit besonderer Ausführlichkeit erwähnten, haben für den Reisenden einen nicht geringen Reiz, weil sie ihm einige Abwechselung in das langweilige Einerlei des Daseins bringen und sein Selbstvertrauen sowie seine Widerstandsfähigkeit gegen feindliche Einwirkungen erhöhen. Uebrigens bieten sich ihm Genüsse, wie sie der Stubenhocker nicht kennt. Die Ruhe auf hartem Lager nach einem langen, beschwernißreichen Marsche, ein einfaches Mahl oder ein Schluck schlechten Wassers, nachdem man den ganzen Tag über umhergewandert ist, ohne Etwas zu sich zu nehmen, erscheinen dem Reisenden köstlicher als alle Ueppigkeit Europa's. Wol könnte man solche Genüsse sich auch daheim verschaffen; doch wer besitzt Selbstüberwindung genug, sich Mangel aufzuerlegen, wo er von Fülle umgeben ist? — Wahre Sonnenblicke im Leben des Reisenden aber bieten ein hübscher Fund, eine lehrreiche Beobachtung oder gar eine wichtige Entdeckung; wird man in dieser Beziehung nur ein wenig vom Glücke begünstigt, so achtet man alle Mühsal gering und fühlt, wenn ermattet, neue Kräfte zu neuen Anstrengungen.

Auch die vielverbreitete Annahme, daß derartige Reisen Leben und Gesundheit in ungewöhnlichem Grade gefährden, ist unbegründet. Die Mehrheit der Leiden zieht man sich durch eigene Unachtsamkeit zu, nur wenige haben in der Beschaffenheit des Landes und des Klimas ihren Grund: gleiche Vergehen strafen sich in Europa wie in Afrika in gleicher Weise. Meidet man alles Schädliche thunlichst, so übt das Reisen sogar einen überaus vortheilhaften Einfluß auf das gesammte Wohlbefinden aus, weil die in unserem zahmen Leben so vielfach unterdrückte physische Seite des Menschen dabei wieder zur Geltung kommt, weil der Mensch unter freiem Himmel bei einfachen Speisen naturgemäßer lebt als in unseren entarteten Verhältnissen. In der Wildniß ist er entbunden von dem Zwange, welchen die Gesellschaft auflegt, er ist, so weit Dies überhaupt möglich, allein seines Geschickes Herr und Schmied, ein stolzes, erhebendes Gefühl! Und kehrt er nach längeren Streifzügen zurück in die „gesittete Welt", so genießt er, was diese ihm bietet, mit zehnfachem Vergnügen. Wer also kann und wem sich die Gelegenheit bietet, der reise und sehe sich um in der Welt und sammele, so lang er jung ist, Erinnerungen, an denen er im Alter sich erheitere und stärke!

Während des Nordostmonsuns $18\frac{63}{64}$ lagen zwei französische Kriegsschiffe im Hafen von Sansibar, die Hermione, eine mächtige Fregatte, und die Licorne, ein Transportschiff. Durch Grandidier wurde ich schnell mit den liebenswürdigen Officieren, namentlich letzteren Schiffes, bekannt. Weil diese Herren vor ihrer Abreise noch die Festlandsküste kennen zu lernen wünschten, veranstalteten wir einen gemeinschaftlichen Ausflug nach dem Kinganiflusse (35). Grandidier sorgte in glänzender Weise für den Lebensunterhalt der Gesellschaft, ich übernahm die Sorge für das Fortkommen und die Bequemlichkeit.

Auf einer für acht Tage gemietheten Dau gingen wir unter Segel; eine Anzahl mit Flinten und Säbeln bewaffneter Matrosen folgte uns in zwei Kuttern der Licorne und brachte zu Schießübungen eine sechspfündige Granatkanone mit, einen sogenannten Obusier. Wie es sich bei einer so bunt zusammengewürfelten Gesellschaft von sorglosen, jungen Leuten von selbst versteht, war die Ueberfahrt überaus heiter. Nachmittags fuhren wir ab, in der Nacht ankerten wir auf einer Bank im Sansibarkanal, und als wir am anderen Morgen erwachten, befanden wir uns schon mitten im Kingani.

Staunen und Bewunderung ergriff uns bei dem unerwarteten Anblicke, welcher sich dem noch schlaftrunkenen Auge bot. Das geräuschvolle Meer war unseren Blicken entschwunden, dunkellaubige Manglewälder umgaben uns von allen Seiten, und nur der breite, ruhig flutende Strom ließ uns errathen, auf welchem Wege wir in die fremdartige Landschaft eingedrungen waren. Kein Laut unterbrach die feierliche Stille, obwol reges Leben herrschte, wohin wir blickten; denn die Luft durchsegelten schöngefiederte Vögel, in dem Gezweige tummelten sich possenhafte Affen, prächtige Reiher stolzirten am schlammigen Ufer auf und ab, und im Flusse tauchten die schwarzen Ohren und Schnauzen riesiger Flußpferde auf.

Die Neulinge in der Wildniß brannten vor Begierde, den Ungethümen des Wassers einen Begriff von europäischen Feuerwaffen beizubringen. Wir überließen es dem schwarzen Koche Grandidiers, für unser Frühstück zu sorgen, und ruderten im Kutter so geräuschlos als möglich stromaufwärts. Bisher hatten wir nur einzelne Flußpferde gesehen; bald aber, als wir um eine Ecke bogen, eröffnete sich ein begeisternder Anblick auf eine Heerde von fünfzehn bis zwanzig Stück, welche dicht vor uns auf einer Schlammbank sich vergnügte. Wir duckten uns, ließen das Boot eine Strecke weit zurücktreiben, stiegen dann ans Land und schlichen uns vorsichtig an. Bis über die Knie sanken wir in den Schlamm zwischen dem Wurzelwerk der Manglebüsche, der Eine verlor seine Stiefel, der Andere fiel, Keiner achtete es, unaufhaltsam drangen wir vorwärts, bis wir die letzte Deckung erreichten.

Nicht zwanzig Schritt vor uns trieben die riesigen Dickhäuter ihr Wesen. Die Alten lagen zumeist tiefathmend am Strand und hielten ihr Morgenschläfchen, die Jungen spielten mit einigen liebenswürdigen Müttern im seichten Wasser. Wir zitterten vor Aufregung; die Freude an dem prächtigen Schauspiel und der Eifer, die Jagd zu beginnen, kämpften in uns einen schweren Kampf, doch siegte die Vernunft, und wir gaben uns feierlichst das Versprechen, nicht eher zu feuern, als bis ein verabredetes Zeichen gegeben würde.

Auf einmal kracht ein Schuß, die Thiere stieben auseinander, wälzen sich dem Wasser zu, und ehe wir zur Besinnung kommen, sind nur die fetten Rücken der größten Bullen und die plumpen Köpfe der anderen noch sichtbar. Die auf diese Zielflächen abgegebenen Schüsse blieben, wie vorauszusehen, ohne Erfolg. Was half es, sich über den Missethäter, welcher die Jagd verpfuscht hatte, in Vorwürfen zu ergehen? Wir kehrten nach dem Lager zurück und suchten bei dem ausgezeichneten Frühstück unseren Aerger zu vergessen. —

Alle Jäger waren jetzt der Ansicht, daß wir versuchen müßten, die heute beobachtete Heerde Nachts am Lande zu überraschen. Ueber den Ort, an welchem Dies zu geschehen hatte, konnten wir nicht zweifelhaft sein, da wir der Schlammbank gegenüber, am linken Ufer des Flusses, eine schöne Grasebene bemerkt hatten, welche allen Anforderungen der Flußpferde an einen Weideplatz zu genügen schien. Wir landeten gegen Abend etwas unterhalb und wählten uns ein passendes Versteck, von welchem aus wir den Fluß und die Ebene übersehen konnten. Die ganze Nacht über wachten wir abwechselnd in Abtheilungen von je zwei, jede eine Stunde, aber vergebens, die Flußpferde stiegen nicht ans Land. Vermutlich hatten sie, obwol kein Lüftchen sich regte, Witterung von uns bekommen und ihren Ausflug auf eine günstigere Zeit aufgeschoben. Als es hell wurde, gewahrten wir, daß die Heerde sich noch immer in der Nähe der Schlammbank, aber in ziemlich tiefem Wasser aufhielt. Der Fluß ist an dieser Stelle so breit, daß wir nicht hoffen durften, mit unseren Büchsen einen guten Schuß zu thun. Um aber wenigstens ein Vergnügen als Entschädigung für die Nachtwache zu haben, beschlossen wir, die Wirkung einer Kanonenkugel auf die Heerde zu versuchen. Der Kapitän ließ das mitgebrachte Geschütz auf das größte der Thiere richten, der Schuß krachte, die Kugel schlug mitten unter der Heerde auf, fuhr dann in die Schlammbank und platzte hier, Schlamm und Wasser haushoch mit sich emporreißend. Ob das Geschoß eines der Thiere verwundet oder getödtet hatte, konnten wir nicht erkennen, da alle unmittelbar nach dem Knall untertauchten und danach im tiefen Wasser blieben. Wie Dem auch war, die Beute hätten wir doch nicht erlangt, da sie, im Wasser erlegt, dem Jäger fast stets verloren ist.

Hier war Nichts mehr für uns zu hoffen; wir fuhren also weiter, um zu sehen, ob anderswo eine günstigere Gelegenheit sich fände. Bald veränderte sich die Scene, die Ufer wurden trockener und höher, und die einförmigen Mangledickichte machten schönem Walde Platz, welcher hier und da einen Blick nach der weiten Ebene gestattete. Einige Dau's nahmen Holz ein, während die Mannschaft anderer beschäftigt war, Bäume zu fällen. Flußpferde sahen wir nicht — vermutlich war ihnen das Wasser nicht mehr salzig genug — dagegen bemerkten wir am Ufer einige Krokodile, welche sich zu sonnen schienen: dem Lieutenant und dem Arzte, welche gestern unbesorgt im Flusse gebadet hatten, fuhr bei dieser Entdeckung ein gelinder nachträglicher Schreck in die Glieder. Allerwärts flogen Wasservögel in Menge auf, und am Ufer, welches wir darauf betraten, zeigten sich verschiedenartige Affen; auch Spuren von Panthern und Hyänen waren zu bemerken, doch enthielten wir uns der Jagd, da wir es hauptsächlich auf Flußpferde abgesehen hatten.

Im Lager wieder angelangt, fanden wir einige Häuptlinge aus der Nachbarschaft vor. Sie erzählten, daß in einem kleinen, von Wald eingeschlossenen Becken stromabwärts fortwährend Flußpferde anzutreffen seien, und boten sich uns als Führer an. Gegen Mittag begaben wir uns auf den Weg; eine Stunde später erreichten wir einen bei Ebbe ziemlich abgeschlossenen Tümpel, in welchem sich auch wirklich zwei große Flußpferde tummelten, leider etwas weit ab und in ungünstiger Stellung. Lange warteten wir vergeblich, daß die Bestien sich nahen sollten; endlich feuerten wir auf ein gegebenes Zeichen Alle zugleich auf die nächststehende — sie verschwand augenblicklich im Wasser und kam erst nach mehreren Minuten wieder empor mit einer großen Wunde am Kopfe. Wiederum mit einem Hagel von Kugeln empfangen, tauchte das erschreckte Thier von Neuem unter, um einige Zeit darauf an derselben Stelle zum Vorschein zu kommen. Die Franzosen schossen theils mit Büchsen, theils mit Flinten, in welche sie leich passende, eiserne Cylinder (lingots) luden; als grobes Geschütz dienten uns die auf Viertelpfundkugeln eingerichteten Elephantenbüchsen des Barons. Wir setzten das Scheibenschießen lange fort, bis das immer matter werdende und in immer kürzeren Zwischenräumen auftauchende Flußpferd sich auf eine entfernte Sandbank in der Mitte des Pfuhles zurückzog.

Jetzt waren die Matrosen, welche dem Schauspiele schon längst mit Ungeduld zugesehen hatten, nicht mehr zu halten; sie wollten durchaus thätigen Antheil an der Jagd nehmen; der Kapitän mußte ihnen die Erlaubniß zum Angriffe geben. Vollständig entkleidet, den Säbel im Munde, schwammen die beherzten Männer der Sandbank zu. Als sie wieder Grund unter sich fühlten, nahmen sie die Waffen in die Hand und näherten sich langsam dem verwundeten Riesen, um ihm durch einen guten Stoß den Garaus zu machen. Schon waren sie ihm ziemlich nahe gekommen, da sprang er brüllend und schnaubend empor und stürzte in entsetzlicher Wut auf die neuen Gegner ein. Es wäre unsinnig gewesen, das erboste Thier bei dem nun entstehenden Gewirre durch Feuern zurückzuschrecken. Mit Bangen sahen wir, wie es den in wilder Flucht davonstürzenden Matrosen näher und näher rückte; kaum zehn Schritt noch war es von ihnen entfernt, als der letzte an das sichere Land stieg. Langsam zog das Flußpferd sich in das tiefere Wasser zurück.

Vom blosen Wiederbeginne des Feuers durften wir uns Nichts versprechen; es galt, die Sache anders anzufangen. Zufällig hatten die Matrosen eine Senne mitgebracht, ein etwa fünfhundert Fuß langes Fischnetz, wie es sich an Bord der Kriegsschiffe findet. Mit diesem gedachten sie das Flußpferd auf höheren Grund zu ziehen, vielleicht daß wir dann einen guten, tödtlichen Schuß anbringen könnten; der Kapitän hatte Nichts dagegen. Entzückt, daß ihnen wieder eine thätige Rolle zufiel, begannen sie sofort das Werk. Sie theilten sich in zwei Abtheilungen, trugen das eine Ende des Netzes an das gegenüberliegende Ufer der Lache und gingen dann zusammen in gleicher Geschwindigkeit auf uns zu. Nach Kurzem ward das Flußpferd von der Senne erreicht, es fühlte den sanften Zug, gab nach und ließ sich zu Aller Verwunderung bis auf etwa zwanzig Schritt von unserem Standpunkte heranziehen, wo es mit einem Viertel seines mächtigen Körpers aus dem Wasser hervorragte. Wir feuerten zu gleicher Zeit; unsere Schüsse mußten ausnahmslos gesessen haben, hatten jedoch keine tödtliche Wunde verursacht, denn der Koloß sprang rückwärts über das Netz und barg sich von Neuem in dem tiefen Wasser. Ein neues Treiben begann. Auch jetzt brachten die Matrosen unser Opfer eine gute Strecke näher; aber ehe es noch eine günstige Stellung hatte, kroch es hinterrücks durch das Netz, ein ungeheures — Loch hinterlassend.

Der Abend fing an zu dämmern. An eine Fortsetzung der Jagd war nicht zu denken, da wir noch weit vom Lager entfernt waren; wir zweifelten übrigens nicht im Mindesten, daß der angeschossene Riese noch in dieser Nacht verenden müßte, und hofften, ihn am anderen Morgen entweder allein oder mit Hilfe der Eingeborenen aufzufinden, denen wir eine gute Belohnung zugesagt hatten. Mehr, um das prächtige Schauspiel einer Schlammfontaine zu haben, als um das im Wasser beinahe verborgene Thier zu tödten, feuerten wir vor dem Aufbruch noch einen Schuß mit dem Obusier ab. Währenddessen zogen die Matrosen die Senne ein; sie fanden in den Maschen eine Menge schöner Fische, weit mehr, als wir allein verbrauchen konnten, genug für uns und unsere dunkelfarbigen Begleiter. Ueberaus befriedigt verließen wir den Platz, an welchem wir mit Flinte und Säbel, mit Kanone und Fischnetz auf Flußpferde gejagt und gefahndet hatten.

Unsere Mahlzeit war längst fertig, als wir in das Lager kamen. Fleisch von Ziegen und Schafen, sowie Reiherbraten bildeten die ersten Gänge; dazu briet unser geschickter Koch einige der Fische auf dem Roste; den Nachtisch lieferten uns die mitgenommenen „Konserven". Mit einem fröhlichen Gelage bei Bier, Wein und Champagner beschlossen wir den Abend. Wir sprachen von den Erlebnissen des Tages, stimmten heimatliche Lieder an und tanzten um ein mächtiges Feuer eine Polonnaise, zu welcher wir die Musik pfiffen und sangen. Mißbilligend schüttelten unsere Neger die Häupter. Daß so gesetzte Menschen wie die Wasungu sich in so läppischen Bewegungen gefielen, konnten sie nicht begreifen. Offenbar dachten sie, obgleich sie uns sicherlich Unrecht thaten: „unsere Herren haben des Weines zu viel genossen; da sind wir Muslimin doch bessere Menschen, wir befolgen das Gebot des Profeten und geben uns keine Blöße."

Am anderen Morgen besuchten wir noch einmal den Tümpel. Von dem Flußpferde war Nichts mehr zu finden; das Thier hatte sich jedenfalls zum Sterben einen Ort entfernt von dem Schauplatze seiner Leiden gewählt und zu seiner letzten Reise den Ebbestrom benutzt. Wir sprachen unterwegs in **Bagomoio** (36) vor, blieben aber nur die Nacht über da.

Bei der Heimfahrt setzten die Matrosen ihre Ehre darein, unsere Dau zu besiegen, und der Nahosa wieder that sein Möglichstes, sich nicht von dem kleinen Boote werfen zu lassen. So plump unser Fahrzeug aussah, es hielt sich wacker und blieb mit dem Kutter fortwährend auf gleicher Linie. Ein eben solcher Wettstreit war schon früher, im Jahre 1858, einmal entschieden worden durch eine Regatta, welche die Kaufleute von Sansibar und die Officiere einiger Kriegsschiffe veranstaltet hatten: beim gewöhnlichem Segeln vor oder bei dem Winde siegten die Daus; wo es aber galt, zu kreuzen, hatten die leichter zu wendenden europäischen Boote den Vortheil.

Die Erzählung unserer kleinen Erlebnisse reizte die Officiere der Hermione gleichfalls zu einer Jagdpartie auf Flußpferde. einige Kameraden von der Licorne dienten ihnen als Führer. Sie waren glücklich genug, zwei Flußpferde zu erlegen. Leider kam hierbei ein beklagenswerther Unfall vor. Eine Kugel prallte von dem Rücken eines Flußpferdes ab und tödtete zwei Neger, welche, den Schützen unsichtbar, von dem dichten Wipfel eines Baumes aus der Jagd zugesehen hatten. Alle waren im höchsten Grade betroffen. Um sie zu trösten, sagte ein dabeistehender arabischer Scheich, „die Getödteten wären nur Sklaven, ihr Verlust also von keinem Belang". Der Eigenthümer der beiden Unglücklichen trieb seine Gastfreundschaft gegen die Fremden so weit, daß er durchaus keine Entschädigung annahm! Auf demselben Lagerplatze, welchen auch wir inne gehabt hatten, wurde die Jagdgesellschaft Nachts durch eine unangenehme Nässe geweckt. Ringsum schwammen alle leichten Gegenstände, und die schwereren Kisten fingen eben an, flott zu werden — es war die Zeit der Hochflut. Es blieb Nichts übrig, als sich mit guter Miene in das Mißgeschick zu fügen, da es zu einer Aenderung des Lagerplatzes zu spät war.

Eines der erlegten Flußpferde wurde im Schlepptau nach Sansibar gebracht und in der Nähe der Nasimoia mit hohem Wasser auf das Trockene gesetzt. Jung und Alt strömte hinaus, um das Ungethüm anzustaunen; denn, wie bereits erwähnt, verirrt sich nur höchst selten eines dieser Thiere bis hierher, und nur Wenigen ist es dann vergönnt, es zu sehen. Ich erbat mir die Jagdbeute, welche bereits unerträglich zu müffen begann, zum Geschenk und ging, als meine Bitte großmütig gewährt wurde, mit einem Dutzend Uniamesi-Leuten — den einzigen hier, welche sich vor Aas nicht ekeln — sofort an die Arbeit, um das Knochengerüst zu gewinnen. Haut und Fleisch wurden in Streifen abgelöst, das gröblich gereinigte Gebein auf Eseln nach der Stadt geschafft. Hier kochte ich es mehrere Stunden lang in einem großen Kessel, welchen ein Hamburger Kaufmann, Herr Rieck, mir freundlichst überlassen hatte, bis das sitzen gebliebene Fleisch so mürbe geworden, daß man es mit leichter Mühe abschaben konnte. Zur Verpackung erforderte das ganze Skelet eine drei Fuß nach jeder Richtung messende Kiste. Es befindet sich zur Zeit noch auf einem Gute des Barons, dem ich es überließ, wird aber später wahrscheinlich in einem öffentlichen Museum aufgestellt werden.

Dem obenerzählten Scheibenschießen nach könnte es scheinen, als ob das Flußpferd ein gefeites, kugelfestes Thier sei. Das ist es aber keineswegs, wennschon sich nicht läugnen läßt, daß Kugeln von ein bis zwei Loth Gewicht, selbst in geringer Entfernung abgeschossen, ihm nur wenig anhaben, und daß selbst schwerere den dicken Schädel nur selten gefährlich verletzen. Zumal Schüsse von oben, wie man sie vom Lande oder von einem Schiffe aus auf die im Wasser schwimmenden Thiere anbringt, durchdringen nur im günstigsten Falle, wenn sie beinahe rechtwinkelig auftreffen, die Haut, weil diese am Rücken ihre größte Dicke (bis zweieinhalb Zoll) erreicht; gewöhnlich bleiben sie in der Mitte des Felles stecken oder reißen nur eine Furche hinein, ohne daß der Inhaber anscheinend Etwas von der Verwundung spürt. Auf der Seite aber bohren sich große Kugeln und auch kleinere, wenn sie nur von einer doppelten Pulverladung getrieben werden, mit Leichtigkeit in das Fell und die darunter liegende Fettschicht und gelangen, falls die Schußweite nicht gar zu groß, bis zu den edleren Theilen. Oft genügt eine einziges, gut angebrachtes Geschoß, ein solches Ungethüm zu tödten, wie ein Jagdabenteuer beweist, welches Decken zu Anfang des Jahres 1862 bei Magagoni hatte.

„Mehrere Tage lang", erzählt der Baron, „war ich in Sümpfen und Flüssen umhergestreift; ich hatte viele Flußpferde schnauben und brüllen gehört, sie auch zu Gesicht bekommen, einige Male sogar Kugeln auf sie abgegeben, aber niemals eines erlangen können, weil sie, wenn verwundet, durch Untertauchen der weiteren Verfolgung sich entzogen. Endlich versuchte ich mein Glück bei Nacht, denn ich hatte gehört, daß zu dieser Zeit die Thiere ans Land kämen. Um neun Uhr Abends brach ich auf, in Begleitung von Koralli, Assani und zwei Führern. Bis vier Uhr Morgens streiften wir umher, bald einzeln, bald vereint, doch kein Flußpferd ließ sich blicken; im Wasser plätscherten und schnaubten sie wol, aber an das Land kamen sie nicht. Es wurde immer ungemütlicher. Der Himmel umwölkte sich so dicht, daß kein Lichtstral mehr zur Erde drang, man konnte buchstäblich nicht die Hand vor den Augen sehen. Einer um den Anderen fiel zu Boden, oder rannte mit dem Kopfe gegen Baumäste, und schließlich begann ein gelinder Regen herabzurieseln. Halbtodt vor Ermüdung gab ich die Jagd oder vielmehr das fortwährende Stolpern und Fallen auf und kehrte in verdrießlicher Stimmung nach meiner Hütte zurück. Weil ich nach solcher Anstrengung nicht sogleich zu schlafen vermochte, ließ ich ein Feuer anzünden und beschäftigte mich, meine Kleider an der Glut zu trocknen. Da sah ich, als das Wetter sich eben ein wenig aufklärte, in einem flachen Thale, meiner Hütte gerade gegenüber, eine dunkle Riesengestalt auftauchen. Sie näherte sich, es war ein Flußpferd, welches uns vor die Büchse lief, nachdem wir die ganze Nacht vergeblich gesucht hatten. Ich ergriff sofort meine Handkanone und eilte, mit mir Koralli, dem seitwärts nach dem Flusse zu wandelnden Thiere nach. Begünstigt vom Wind und von der vortrefflichen Beschaffenheit des Bodens — feuchter Sand, welcher kaum hörbar unter uns knirschte — hatten wir uns bis auf sechzig Schritt angebirscht, als das Ungethüm Zeichen von Unruhe zu geben begann, mit den Füßen stampfte und sich umwandte. Fast auf einen Schlag feuerten wir, ich meinen Viertelpfundball hinter die Schultern und Koralli seine kleine Kugel hoch auf das Rückgrat. Mit Windeseile flog das Thier davon, als ob es unverwundet wäre; aber kaum hundert Schritt weiter fiel es um und zuckte nicht mehr. Es war ein großes Weibchen, vier Fuß zehn Zoll hoch und, von der Nase bis zur Schwanzspitze, zehn Fuß sieben Zoll lang, nach Aussage der Leute das größte, welches jemals hier gesehen worden. Meine Kugel hatte das Herz durchbohrt. Um ein Andenken zu haben, ließ ich den Kopf ablösen und befahl, ihn nach dem Fahrzeuge zu tragen. Vier starke Männer legten Hand an; aber schon nach kurzer Zeit gaben sie die Arbeit auf, obgleich ich ihnen für ihre Mühe mehr bot, als sie sonst in einer ganzen Woche verdienen! Erst später, in Magagoni, fand ich einige Leute, welche meinen Auftrag übernahmen. Gegen Mittag kamen sie wie im Siegeszuge zurück. Die Bewohner des Städtchens sammelten sich staunend um das riesige Haupt; sogar der friedsame, mordhassende Banian konnte nicht umhin, seine Bewunderung kundzugeben."

Das Flußpferd (Hippopotamus amphibius L.) findet sich über ganz Afrika verbreitet. Im Norden ist es jetzt bis weit nach dem Inneren zurückgedrängt, während es früher noch an der Nilmündung hauste. In Ostafrika kommt es bereits unmittelbar an der Küste vor. Manche Orte meidet es, ohne daß man einen Grund dafür anzugeben wüßte; so fehlt es in der Nähe von Wanga, ist dagegen in der Bucht nördlich von der Wasin-Landzunge nicht selten. Der Elephantenjäger Msuskuma gab mir nachfolgende, im Süden von Wanga liegende Aufenthaltsorte des Flußpferdes an: Dschongoleani, Tanga, Mgoguani, Miangani, Nrumi, Mambani und Pangani; es wäre eine hübsche Aufgabe für Reisende und Jäger, den Gründen nachzuforschen, welche das Flußpferd bestimmen, diese Orte zu wählen, andere zu meiden. Am oberen Nil scheint der „Wasserbüffel" bedeutend größer zu werden, als an der ostafrikanischen Küste. Baker erwähnt ein von ihm erlegtes Thier, welches ohne den Kopf zwölf Fuß drei Zoll maß, was einer Gesammtlänge von mindestens fünfzehn Fuß entspricht. Uebrigens sind schon die um ein Drittel kürzeren Flußpferde Ostafrikas wahre Ungeheuer.

Man darf dreist behaupten, daß es keinen plumperen, ungeschlachteren Vierfüßler gibt als dieses doppellebige Scheusal. Auf dicken Beinen von kaum zwei Fuß Höhe ruht die schmuzige, dunkle Masse des Körpers, an Gestalt einem Wollsacke gleich, in der Mitte zwischen den vier Stützen fast die Erde berührend. Ueberaus häßlich ist der Kopf, welcher an der Schnauze seine größte Breite erreicht und nach oben zu, wo die kleinen, spitzen, der Größe nach etwa einem Hunde zukommenden Ohren sitzen, ganz beträchtlich schmäler wird. Auch die den Ohren nahestehenden Augen sind unverhältnißmäßig klein, desto größer aber die mächtigen Nasenlöcher und die Hautwammen, welche die langen Stoßzähne, die fürchterlichen Hauer des Thieres, ganz und gar verdecken.

In ihrem Gebaren gleichen die Flußpferde den Schweinen. Wie diese, suhlen sie sich am liebsten in Sumpf und Sudel und scheinen nur, wenn sie von gehöriger Schlammkruste überzogen sind, sich wohl zu fühlen. Die, welche wir am See Jipe und an der Küste angetroffen haben, waren harmlose Thiere; doch berichten Reisende aus Nord und Süd von boshaften Bestien, welche ohne jegliche Veranlassung Vieh und Menschen angreifen, zermalmen und zertreten. Solch tückische Wüteriche sollen alte Junggesellen sein, welche ihrer Bosheit wegen von der Heerde ausgestoßen und nun im Einzelleben immer grimmiger und feindseliger gegen alles Lebende wurden. Weibchen sind, den Aussagen aller Jäger zufolge, zumeist gutmütig und hängen mit staunenswerther Liebe und Zärtlichkeit an ihren Jungen; angegriffen und verwundet, decken sie die wehrlosen Kleinen mit ihrem Körper, stürzen sich aber nicht, wie man der Größe des Thieres und der Wildheit einiger ausgearteten Burschen nach vermuten sollte, auf den Angreifer, um ihn zu vernichten.

Allerwärts werden die Flußpferde verfolgt und gejagt, theils wegen des Schadens, welchen sie auf den Feldern anrichten, theils auch des Gewinnes halber. In Südafrika fängt man sie in Gruben oder erlegt sie durch die bekannten Klotzfallen, im Norden wie im Süden jagt man sie mit Speren und, wo Europäer hinkommen, mit Feuergewehren. Die großartigsten Flußpferdjagden werden, wie wir von dem Bremer Reisenden Mohr wissen, an den der Küste nahegelegenen Seen des Natallandes von unternehmenden Engländern ausgeführt, welche die Thiere in einer Woche dutzendweise erlegen und aus dem Verkaufe der ein bis zwei Zoll dicken Haut nicht unbedeutende Summen gewinnen. Soviel wir wissen, wird dieses panzerartige Fell hauptsächlich zu Kamelpeitschen (Karbatschen) und zu Spazierstöcken zerschnitten; eine einzige, mittelgroße Haut im Gewicht von acht bis zehn Centnern liefert zwei- bis dreihundert solcher Peitschen. In besonderer Weise behandelt, wird die für gewöhnlich filzartig aussehende Masse hart, durchscheinend, ja fast durchsichtig und nimmt eine vorzügliche Politur an. Käme sie in größeren Mengen in den Handel, so würde sie gewiß, sowol gehärtet wie auch gegerbt, die mannigfachste Verwendung finden; zahlreiche Proben von Erzeugnissen aus Flußpferdhaut haben bereits auf den großen Industrieausstellungen zu London und Paris ausgelegen. In Ostafrika verarbeitet man die Haut fast ausschließlich zu kleinen Schilden, welche namentlich beim Fechten mit dem Schwerte dienen.

Um derartige Schilde zu verfertigen, spannt man ein passendes, etwa zwei Fuß im Durchmesser haltendes Stück des feuchten Felles über einen im Boden eingerammten, eine Spanne hervorragenden Pflock, bindet es um diesen fest und läßt es trocknen. Die so entstandene kegelförmige, faltige Kappe wird mittelst einer Vorrichtung, welche dem Drehbogen der Uhrmacher gleicht, fein säuberlich abgedrechselt, dann mit einigen Messingstücken verziert und auf der inneren Seite mit einer Handhabe, gleichfalls aus Flußpferdhaut, versehen. Größere und feinere, hornartig durchscheinende Schilde von Backschüsselform kommen hauptsächlich aus Indien und Beludschistan. Selbstverständlich lassen sich auch aus dem Felle anderer Dickhäuter solche Schilde herstellen.

Außer der Haut liefert das Flußpferd einige hundert Pfund von einem Fett, welches als ganz vorzüglich gerühmt wird. Das Fleisch ist nach der Versicherung aller Jäger sowol frisch als getrocknet von ausgezeichnetem Wohlgeschmack und liefert einen nicht genug zu schätzenden Reiseproviant. Die wenigstens äußerlich mahammedanischen Neger der Ostküste verschmähen es zumeist; wird dort ein Flußpferd getödtet, so begnügt man sich, die in Europa sehr begehrten Zähne auszubrechen (diese liefern, da ihre Masse außerordentlich hart ist und niemals schwarz wird, einen vorzüglichen Stoff zur Fertigung künstlicher Gebisse), den größten Theil der Haut aber sowie alles Fleisch und Fett läßt der in Vorurtheilen befangene Ostafrikaner verderben und umkommen. Und doch würde man gerade hier einen reichen Gewinn von der Flußpferdjagd ziehen können, weil, die ungesunde Westküste Afrikas ausgenommen, diese Thiere vielleicht nirgends so nah an der Küste vorkommen, mithin so bequem zu erlegen und zu verwerthen sind. Ohne Uebertreibung darf man sagen, daß ein Reisender durch den Ertrag seiner Jagd allein seine Kosten decken kann, wenn er seine Beute bis in die kleinsten Theile richtig auszunutzen versteht.

Fünfundzwanzigster Abschnitt.

Ein Wort über die Kerbthiere des Binnenlandes und der Küste.

Vorherrschen der Geradflügler. — Termiten. — Die Kakerlaken und ihre Laster. — Abenteuerliche Formen der Geradflügler. — Ostafrikanische Heimchen. — Netzflügler. — Artverhältnisse der Käfer. — Ihre häufigsten Gattungen. — Die Honigbiene. — Stechende Immen. — Ameisen und Schlupfwespen. — Schmetterlinge sind spärlich. — Tsetse- und Donderobofliege. — Wie man sich gegen „Moskito's" schützt. — Mannigfaltigkeit der Schnabelkerfe. — Eine gefährliche Wanzenart. – Destillircikaden. — Laternenträger. — Anhang über Spinnenthiere: Sonderbare Formen und Lebensweise. Tag- und Nachtspinnen. Spinnenseide. Gattenliebe. Ungefährlichkeit der hiesigen Skorpione. Holzböcke oder Zecken. Prachtvolle Pflanzenmilbe.

Was wir bisher über die Säugethiere sagten, genügt vielleicht, eine Vorstellung von dem Wilde zu geben, welches unser Gebiet, die Küste und das Innere, bevölkert; die Vögel, von denen wir einige schon bei den Abschnitten Sansibar und Mombas erwähnten, sind in dem vierten Theile dieses Werkes von Hartlaub und Finsch, den Großmeistern afrikanischer Vögelkunde, in ausgezeichneter Weise bearbeitet worden; unseren wenigen Bemerkungen über die beiden anderen Klassen der Wirbelthiere wissen wir Nichts hinzuzufügen, als daß wir Fische nur selten (einige Welsarten) beobachteten und von der Abtheilung der Schlangen große oder durch ihre Giftigkeit merkwürdige Arten gar nicht: dagegen glauben wir die Klasse der Kerbthiere, welche eine so große Rolle im Haushalte der Natur spielt, nicht ganz mit Stillschweigen übergehen zu sollen. Wenn wir uns unterfangen, von den Kerfen des nur flüchtig von uns durchstreiften Landes zu sprechen, noch ehe Herrn Dr. Gerstäcker's wissenschaftliche Bearbeitung unserer Sammlungen fertig vorliegt, so geschieht Dies nur, um einige der auffälligsten und wichtigsten Formen hervorzuheben, deren Erwähnung bisher im Laufe der Erzählung keinen Platz gefunden hatte.

Bemerklicher als jede der anderen Ordnungen macht sich die der Geradflügler, an deren erster Stelle wir die kunstreichen und gesellig lebenden Termiten nennen müssen. Zwar treten die „weißen Ameisen", wie man diese Nagekerfe auch nennt, in Ostafrika nicht so häufig und verheerend auf, wie anderwärts; doch begegnet man ihnen überall, in den Wohnungen und auf dem Marsche. Dort bauen sie sich überwölbte Gänge in Holz und Lehm, hier schwärmen sie zur Begattungszeit umher, oder liegen mit abgebrochenen Flügeln hilflos am Boden, oder sind mit ihren ärgsten Feinden, den schwarzen Ameisen, in schnell endendem Kampfe begriffen. Spuren ihrer lichtscheuen, zerstörenden Thätigkeit sieht man auch nicht selten an Waarenballen, welche längere Zeit an der Erde gelegen haben, und ihre steinharten, hohen Burgen fallen allerorts ins Auge, in den Ebenen des Inneren sowol wie in der Nähe der Küste.

Weit auffälliger und lästiger sind die laufenden Geradflügler (Blattina oder schabenartige Thiere), die Stinkkerfe, wie man sie auch passend nennen könnte, Geschöpfe der widerwärtigsten Art in Anbetracht ihres häßlichen Aussehens, ihrer unheimlichen Geschwindigkeit und des verpestenden Geruches, welcher den meisten anhaftet und allen von ihnen berührten Gegenständen mitgetheilt wird.

Ist schon der bei uns häufig vorkommende „Russe, Preuße oder Schwabe“ ein Gräuel für Alle, die ihn kennen, so ist es sein größerer und unflätigerer Bruder in Sansibar, die über die ganze Welt verbreitete amerikanische Schabe, der Kakerlak (Cockroach der Engländer) in noch höherem Grade. Mit Kakerlaken wird man schon auf dem Schiffe bekannt. In den Häusern zu Sansibar werden sie Abends bei jedem Schritte lästig; da sitzen sie an der Decke, huschen an den Wänden hin oder schwirren durch die Luft, in den Wohnzimmern, in Küche und Vorrathsräumen, am liebsten aber in den geheimen Gemächern: wochenlang nach meiner Ankunft habe ich mich gescheut, einen solchen Ort am Abende zu besuchen, weil ich mit Schaudern daran dachte, daß eines der ekelhaften Geschöpfe mir über die Haut laufen könnte. Nichts ist vor ihrer Gefräßigkeit sicher; Brod und Mehlvorräthe werden von ihnen angenagt und besudelt, wollene Kleidungsstücke zerfressen, wenn man sie nicht häufig ausklopft und lüftet oder sie in dichtverschlossene, mit Insektenpulver und Kampher durchräucherte Kisten legt. Einmal, bei einem Ausfluge, dessen lange Dauer ich nicht voraussah, hatte ich Dies verabsäumt; bei der Rückkehr fand ich alle meine Tuchkleider „beschabt“ und durchlöchert, sodaß nicht ein Stück mehr brauchbar war. Sogar im Weine, in wohlverkorkten Champagnerflaschen haben wir Kakerlaken und zwar noch lebend getroffen (in St. Paul auf Réunion bei der Rückkehr von Cilaos); wie sie hineingekommen und wie es möglich gewesen, daß sie in der kohlensäurereichen Flüssigkeit auch nur eine Stunde leben konnten, ist uns allerdings ein Räthsel geblieben. Welch bösen Feind die Kakerlaken an dem Galago Sansibars haben, ist bereits (Bd. I. S. 64) erwähnt worden; auch eine prächtiggrüne Grabwespe (Ambulex compressa Fabr.) soll ihnen in gefährlicher Weise nachstellen.

Andere Schaben findet man in den Wäldern an der Küste nicht selten unter feuchtem, faulenden Laube; unter ihnen gibt es, soweit Dies bei einer Schabe möglich, einige ziemlich hübsche, wenigstens hübsch gezeichnete Arten.

Erfreulichere Erscheinungen bieten uns die Gruppen der Fang- und Gespenstheuschrecken (Mantis und Phasma), die räuberischen Gottesanbeterinnen mit ihren langen, übereinander gefalteten Vorderarmen, und die abenteuerlichen Formen der wandelnden Blätter, Aeste und Fäden, denen man in den Grasebenen des Binnenlandes auf Schritt und Tritt begegnet. Von den nicht minder häufigen Laub- und Feldheuschrecken (Locusta und Acridium) heben wir nur einige der auffälligsten hervor: die schlankgebauten Truxalis, die dickwanstigen, stachlichen Hetrodes, die geharnischten Pamphagus und ein schönes Acridium. Grabheuschrecken sind selten, doch sieht man bisweilen eine Maulwurfsgrille (Gryllotalpa) und hört noch häufiger ein Heimchen, welches wie die europäischen durch nächtliches, musikalisches Geräusch den Menschen erheitert oder ärgert, jenachdem es einzeln oder in Menge auftritt. Die in Ostafrika vorkommenden Hausgrillen zeichnen sich durch außerordentlich lange und zarte Fühlfäden aus; in ihrer Lebensweise kommen sie den unsrigen fast gleich: sie halten sich in Löchern und Ritzen verborgen oder ziehen sich in diese zurück, sobald sie etwas Verdächtiges bemerken. Ihre Sprungkraft und Geschicklichkeit ist so groß, daß es selten gelingt, sie „unterwegs“ zu fangen; doch kommt man durch einige Uebung des Gehörs leicht dahin, mit fast unfehlbarer Sicherheit den Ort ausfindig zu machen, von welchem her das Zirpen ertönt — die Sängerin aus ihrem Versteck zu ziehen, ist dann nicht schwer.

Ueber die letzten Gruppen der Ordnung, die Ohrenkriecher, Thierläuse, Eintagsfliegen u. dgl., ist nur zu bemerken, daß sie in unserem Gebiete wol in einzelnen Arten vorkommen, aber nicht so häufig und auffallend sind wie in den gemäßigten Strichen Europas. Wasserjungfern oder Libellen gewahrt man öfters an schilfbewachsenen Ufern der Bäche und Flüsse.

Am wenigsten haben wir von der ohnehin schwachen Ordnung der Netzflügler (Neuroptera) gesehen. Erwähnenswerth ist eigentlich nur der Ameisenlöwe, die Larve einer Myrmeleonart, welche nicht selten an der Küste in sandigem Boden ihre Fangtrichter wühlt, in deren Grunde sie auf Beute lauernd sitzt.

Desto reichhaltiger tritt die in mannigfacher Beziehung ausgezeichnete Ordnung der Käfer (Coleoptera) auf. Wir finden in Ostafrika nicht gerade besonders prachtvolle oder ungeheuerliche Arten wie in anderen Tropenländern, doch viele interessante und neue, was umsomehr überrascht, als unser Gebiet durch Bodenbeschaffenheit und Pflanzenwuchs den benachbarten von Abyssinien und Mosambik so nahe steht. Nach Gerstäckers Untersuchungen gehört weit über die Hälfte der von uns gesammelten Käfer neuen Arten an; am auffälligsten gestaltet sich dieses Verhältniß bei der Familie der Laufkäfer (Carabiden), bei welcher von einunddreißig Arten fünfundzwanzig neu sind; die bereits bekannten Arten sind meist im Kapland und in Natal zuerst gefunden worden. Unsere Sammlung besteht hauptsächlich aus Läufern, Blatthörnigen, Schwarzkäfern, Spanisch-Fliegen-Aehnlichen und Rüsselkäfern (Carabiden, Lamellicornien, Melasomen, Vesicantien und Curculionen), wie man Das fast überall in Afrika beobachtet hat.

Während die Geradflügler auch ziemlich dürres Land beleben, hängt das Vorkommen der Käfer wesentlich mit von dem Wasserreichthum und der dadurch bedingten Pflanzenfülle ab. Die auf Raub angewiesenen großen Laufkäfer (Anthia, Polyhirma u. A.) machen hiervon eine Ausnahme, da man sie häufig in dürrer Einöde über den Weg laufen sieht; die lebhaften, flugfertigen Sandkäfer (Cicindelen) hingegen finden sich nur da, wo es nicht an Wasser fehlt.

Die Gyriniden und Histeriden gehören zumeist bekannten und weitverbreiteten Arten an. Von den prachtvollen Bupresten, welche in den Tropen soviele große und schöne Arten darbieten, haben wir nur wenige sammeln können. Desto häufiger fanden wir Rosenkäfer und Dungkäfer (Cetonien und Coprophagen). Merkwürdig ist es, daß alle Thiere der letzteren Familie sich fast ganz auf die Gattungen Ateuchus, Gymnopleurus und Ontophagus beschränken. Der berühmte Ateuchus sacer L., der heilige Käfer der Egypter, welcher durch die Kothpillen, in die er seine Eier legt, schon bei den Alten Aufmerksamkeit erregte, fehlt auch hier nebst vielen Verwandten nicht; die Maikäferähnlichen (Melolonthen) sind ebenfalls durch mehrere Arten vertreten.

Ein ganz bestimmtes, afrikanisches Gepräge tragen die Mylabriden, die Verwandten unserer spanischen Fliege; sie nähern sich sehr den egyptischen Arten, welche durch breite, orangerothe oder gelbe Zeichnung auf den weichen, dunkelfarbigen Flügeldecken sich auszeichnen.

Die sehr zahlreichen, oft sonderbar gestalteten Schwarzkäfer (Melasomen) schließen sich in ihrem Aeußeren eng an die des Kaffernlandes an, gehören jedoch fast durchweg verschiedenen Arten an. Wenig Auffälliges bieten die Rüsselkäfer oder Curculionen, wennschon Demjenigen, welcher nur die deutschen Formen kennt, die langgestreckten, fast fadenförmigen Brenthus, welche man öfters am ausfließenden Safte der Bäume findet, sonderbar genug vorkommen. Langhörner oder Bockkäfer (Longicornien) sind nicht sehr artenreich, desgleichen die Blattkäfer (Chrysomelinen) und die Dreizehigen (Trimera), zu denen unsere Marienkäfer oder Coccinellen gehören.

Von den Hautflüglern oder Immen (Hymenoptera) haben wir schon öfters zu sprechen Gelegenheit gehabt. Die Honigbiene der Insel Sansibar, der Küste und des Inneren ist dieselbe (Apis mellifica L.), welche auch für uns arbeitet. Den dortigen Völkern wird sie überaus nützlich durch ihren Honig und ihr Wachs; ersterer wird im Lande selbst verbraucht, letzteres zum Verkauf an die europäischen Kaufleute nach der Küste gebracht. Fast überall in der Wildniß, selbst wo man meint, daß nie ein Mensch hingekommen, findet man die ausgehöhlten Klötze aufgehängt, in denen die nützlichen Thiere ihre wohlgeordneten Staaten einrichten.

Das Geschlecht der Wespen und Hummeln ist hauptsächlich an der Küste durch viele Arten vertreten und wird durch die Menge seiner Angehörigen nicht selten lästig. Namentlich die Grabwespen (Pelopoeus und Scolia) richten zuweilen durch die Art und Weise ihres Nesterbaues einigen Schaden an, wennschon dieser niemals beträchtlich ist. Ein eigenthümliches Aussehen haben die hiesigen Hummeln (Xylocopa) durch die rothe und gelbe Farbe ihres Körpers und ihrer Behaarung. Sie scheinen nicht stechlustiger zu sein als unsere heimischen Arten; wenigstens brachten unsere kleinen Sammelgehilfen in Mombas die Thiere in einer Weise, welche uns hierauf schließen ließ: sie hatten den wildsummenden Immen einen langen Faden um die Einschnürung ihres Leibes geschlungen und sie dann zu zehn oder zwölf an den Griff eines Stockes gebunden. Ebensowenig hat man sich vor stechenden Wespen zu fürchten, wol aber vor den Bienen, wie aus dem Bd. I S. 305 u. a. O. Mitgetheilten erhellt.

Lästiger als alle Ordnungsverwandte werden die in jeder Größe, Gestalt und Farbe vorkommenden, fürchterlich bewehrten Ameisen, von denen wir schon manches Stückchen erzählt haben. Eine rothe, sehr schmerzhaft beißende, in Gebüschen häufige Ameisenart nennen die Suaheli bezeichnend „heißes Wasser" (madji moto). Unter den ungefährlichen, gewöhnlich nur einzeln (?) lebenden Ameisen verdient eine Dorylusart ganz besondere Erwähnung, weil man von ihr bisher nur geflügelte Männchen, niemals aber Weibchen und Arbeiter gefunden hat. Durch Beobachtung der Angehörigen dieser Gattung, welcher Shuckard ihrer Merkwürdigkeit halber eine besondere Abhandlung gewidmet hat, könnten spätere Reisende sich ein großes Verdienst erwerben. Schlupfwespen (Ichneumoniden) sieht man verhältnißmäßig selten, vermutlich weil die ihrer Brut zur Nahrung und als Aufenthaltsort dienenden Raupen hier nicht in solcher Menge auftreten wie in Europa.

Die bei uns mit soviel Vorliebe gesammelten Schmetterlinge finden sich in Ostafrika ziemlich spärlich. An der Küste sieht man bisweilen größere Nachtschmetterlinge und Eulen (Sphingidae und Noctuina); im Inneren aber habe ich nur einige Male in unmittelbarer Nähe des Wassers (an den Ngurunga hinter Kisuani, in den Flußthälern bei Uru und in Ndara) Tagschmetterlinge beobachtet und gefangen, welche zumeist dem heimischen Schwalbenschwanze nahe stehen, und täubchenähnliche Schmetterlinge in dem dürren Gebüsch bei dem Lager am Südostende des Jipesees. Auffällig sind leichte, schneckenförmige Gehäuse, welche man an der Küste bisweilen am Gezweige angeklebt sieht, vermutlich die Bauten einer Psyche- oder Sackträgerart.

Fliegen (Diptera) kommen dagegen in Menge vor und werden Menschen und Vieh oft lästig und verderblich. Wem wäre der schrecklich klingende Name Moskito nicht bekannt? Wer hätte nicht von der berüchtigten Tsetsefliege gehört, welche ganze Stämme zum Auswandern zwingt und weite Länderstrecken veröden macht? Allerdings findet sich die in Süd- und Nordafrika so häufige Tsetse (Glossina morsitans Westw.) nicht gerade in den auf den Reisen nach Dschagga von uns durchzogenen Gebieten, sondern mehr in den Ländern der

Galla und Somali (von ihr und von den Verwüstungen, welche sie dort anrichtet, wird späterhin die Rede sein); dafür aber gibt es hier eine Stellvertreterin in der den Eseln gefährlichen Donderobofliege (s. Bd. I, S. 249). Von Bremsen-Arten (Tabanus), welche im Norden Afrikas das Vieh in oft unglaublicher Weise belästigen, hört man hier Nichts, wahrscheinlich aus dem Grunde, weil die Heerden nicht in der sonnigen Ebene weilen, sondern zumeist auf schattigen und kühleren Bergen, wohin diese blutdürstigen Fliegen sich selten verirren.

Den größten Plagen ist man oft durch Mücken der verschiedensten Art ausgesetzt, weniger in dem Inneren als an der Küste, an den Ufern der Flüsse und an dem zeitweise überschwemmten Meeresstrande. Nicht ein Jeder scheint ihnen recht zu sein, um ihren Durst zu stillen, wenigstens wird Dieser mehr, Jener minder von ihnen gequält. Ich z. B. habe, während die Anderen unter ihren Fliegennetzen durch die fortwährende Angst, gestochen zu werden, in höchste Aufregung geriethen, mich niemals sehr über die Mücken oder, wenn man will, „Moskitos" zu beklagen gehabt. Vielleicht war auch die Art und Weise, in welcher ich mich gegen die tausendmal verwünschten Stechfliegen zu schützen suchte, besonders wirksam: ich legte mich Nachts auf die Seite, hüllte mich bis an den Hals in meine Wolldecke, bedeckte den Kopf mit einem breitkrempigen Hute, von welchem ein leichtes, seidenes Taschentuch über das Gesicht herab fiel; die wenigen Blutsauger, welche sich hinter meiner Verschanzung befanden, waren bald gesättigt und somit unschädlich. Auch durch Insektenpulver-Tinktur soll man Fliegen und Mücken sowie überhaupt alle anderen Kerfe fernhalten können.

Flöhe fehlen oder sind wenigstens nicht so häufig wie bei uns.

In fast ebenso großer Mannigfaltigkeit als die Geradflügler treten die Schnabelkerfe oder Halbflügler (Rhynchota oder Hemiptera) auf. Prachtvolle, buprestengleiche Schildwanzen (Callidea 12-punctata Fabr.) kommen neben unscheinbaren Langwanzen vor, dicke Gestalten neben spindeldürren, riesengroße neben kleinen, und neben den Wanzen des Landes auch die des Süßwassers und schlanke, leicht über die Flut dahinschreitende Meerwanzen. Die Gruppe der Cicaden ist gleichfalls reich vertreten, wenn auch nicht durch ungewöhnlich schöne und große Arten; Läuse sollen in allen ihren abscheulichen Spielarten vorkommen.

Die Bettwanze, diesen fürchterlichen Plagegeist der gemäßigten Landstriche, kennt man kaum, dagegen finden sich an manchen Orten geflügelte Verwandte, deren Stiche weit schlimmere Folgen haben, als die harmlosen Scherze der Cimex lectularia L.; verwundet Einen solch ein Ungethüm an der Hand, so kann man sicher sein, daß der ganze Arm bis zum Halse hinauf sich mit zollgroßen, schmerzhaften Aufläufen bedeckt. Ob die riesigen Wasserwanzen (Nepa u. A.) sich am Menschen vergreifen, können wir nicht mit Bestimmtheit sagen; wir haben uns ihnen gegenüber aber jederzeit so benommen, als ob ihre Gefährlichkeit im Verhältniß zu ihrer Körpergröße stände. Eine Tugend haben die hiesigen Wanzen, soviel wir deren kennen: sie stinken nicht, oder wenigstens nicht in dem Maße wie unsere Bettgäste oder die fatalen Baumwanzen (Pentatoma). Von einem besonderen Schaden oder Nutzen, welchen dieses Geschlecht bringt, wissen wir Nichts zu berichten; vielleicht könnte man die saftaussondernde Thätigkeit einiger Cicaden als der Ausbeutung fähig bezeichnen, bis jetzt aber ist die Flüssigkeit, welche von gewissen, mit Cicadenarten besetzten Bäumen fast unablässig abtropft, nicht näher untersucht worden. Ein massenhaftes Auftreten von Schnabelkerfarten — wie bei unseren Feuerwanzen (Pyrrhocoris) und Blattläusen (Aphidina) — haben wir nur in geringem Grade, bei einigen Langwanzen (Lygaeodes) und bei einer Laternenträgerart (Pyrops tenebrosa Fabr.), beobachtet.

Auch in dieser Ordnung bietet, soweit die Durchsicht unserer Sammlungen Dies erkennen läßt, das ostafrikanische Küstenland einige neue, interessante Arten.

Zum Schlusse lassen wir noch einige Bemerkungen über die Spinnenthiere folgen, welche den Kerfen in vielen Beziehungen nahe stehen. Spinnen findet man hier von einer seltenen Größe und Pracht, und ebenso wie die Schönheit ihrer Färbung entzückt den Sammler auch die Wunderlichkeit ihrer Formen. Da gibt es Tarantel- oder Geißelskorpione (Phrynus) mit fingerlangen, fürchterlich bewehrten Fangarmen, dornenbesetzte, den Grapsus-Krabben ähnliche Gasteracantha, zwei- bis dreimal so breit als lang, und hühnereigroße Buschspinnen (Mygale); gepanzerte Arten, welche man kaum mit dem Finger zerdrücken kann, und weiche, leicht verletzbare; unscheinbare, graue Spinnen und prachtvolle, meist in glänzendem Gelb, Schwarz und Silberhaar prangende Arten. Dem eingehenden Beobachter ist vor Allem die Lebensweise und das Vorkommen der hiesigen Spinnen anziehend und lehrreich. Vom Meeresstrande bis hinauf zu 14,000 Fuß Höhe am Kilimandscharo haben wir Spinnen (eine Salticusart?) gefunden; hier hüpfen sie wie unsere Jagdspinnen in kurzen Sprüngen am Boden umher, dort bauen sie Netze aus einer zähen, dunkelgelben Seide, welche den Wanderer bei dem Durchdringen des Gebüsches aufhalten, daß er bei ihrer Berührung fast zurückprallt; an anderen Stellen aber wohnen Mygale-Arten heerdenweise in Erdlöchern, welche sie mit einem genau passenden, in einem Gelenk beweglichen Deckel verschließen (man erkennt diese Klappen, welche die Inhaberin bei ihren Ausflügen offen läßt, leicht durch den Seidenglanz ihrer inneren, übersponnenen Fläche). Die fast durchgängige Zweitheilung in Tag- und Nachtthiere findet man auch bei den Spinnen wieder: die einen gehen bei Tag ihrem Raubgewerbe nach, und andere stürzen sich zur Nachtzeit auf ihre Beute, wobei sie durch ein unglaublich scharfes, die dickste Finsterniß durchdringendes Gesicht unterstützt werden. Das Verdienst, hierauf aufmerksam gemacht zu haben, gebührt dem ausgezeichneten Forscher M. Vinson, dem Verfasser eines trefflichen Werkes über die Spinnen Madagaskars und der Maskarenen, welches auf Kosten der Kolonialverwaltung von Réunion herausgegeben wurde. Fast Alles, was Vinson über die Lebensweise der dortigen Spinnen sagt, gilt auch für die hiesigen, ja es ließen sich vielleicht hier noch weiter gehende, merkwürdige Beobachtungen anstellen, wenn einer der auf Sansibar Ansässigen auf dem vorgezeichneten Wege fortschreiten wollte. Eine hübsche Aufgabe wäre es auch, die Spinngabe der schönen, großen Epeira-Arten näher zu untersuchen; Mancher, dessen Aufmerksamkeit durch die auf den Dächern der Häuser ausgespannten festen Gewebe erregt wurde, hat wol schon daran gedacht, daß diese wundervolle, gelbe Seide sich vielleicht in größerer Menge erzeugen und vortheilhaft verwerthen ließe; zu einem ernstlichen Versuche ist es aber (in Sansibar) noch nicht gekommen.

Ueberaus auffällig ist mitunter das Größenverhältniß der beiden Geschlechter, namentlich bei der Gattung Epeira. Sieht man ein so winziges, unscheinbares Männchen auf dem Rücken der dicken, prächtig gekleideten Gattin umherspazieren, das eine so groß wie eine Erbse, die andere wie eine kleine Wallnuß, so kann man sich anfangs gar nicht denken, daß die beiden, so grundverschiedenen Geschöpfe derselben Art angehören sollen; hat man sich aber von der Wahrheit des Sonderbaren überzeugt, so muß man zu der Ansicht kommen, daß ein solches Weibchen eine Schreckensherrschaft über ihren Eheherrn ausüben könne. Daß Dies wirklich der Fall ist, hat man nicht selten Gelegenheit zu bemerken, wie es ja auch von unseren Spinnen bekannt ist, daß ein Weibchen ihren Gatten gemütlich verspeist, nachdem es sich eben seiner Zärtlichkeit erfreut hat.

Dem Menschen gefährlich ist keine dieser Spinnen. Ebensowenig sind es die kleinen und mattgefärbten Skorpione; man fürchtet sie weit weniger als die Hundertfüßler, von deren

Gift wir schon früher (Bd. I. S. 54) sprachen. Auf der Reise sowol wie im Lager und zu Hause haben wir und unsere Leute bisweilen Skorpione gefunden, aber niemals sind wir von ihnen belästigt worden. Einmal beim Insektenfange fiel mir einer dieser bewehrten Burschen in den Aermel zwischen Hemd und Fleisch; ich schüttelte mich ein wenig, und das Thierchen fiel zu Boden, ohne mir Etwas zu Leide zu thun.

Weit unangenehmer werden die Holzböcke, Zecken oder Wildläuse (Ixodea). Scheinbar harmlos und mit eingefallenem Bauche sitzen sie an den Grashalmen; kommt ihnen aber irgend ein Geschöpf nahe, so hängen sie sich an und füllen in kurzer Zeit den Wanst mit Blut. Sie quälen die frei umherschweifenden Thiere sowol wie das gezähmte Vieh, saugen sich an Eseln und Hunden fest und verschonen sogar den Menschen nicht mit ihrer Schmarotzerei. Merkwürdig war es mir, auf einer großen Waraneidechse eine harthäutige Zecke zu finden, welche dieselbe schwarze und gelbe Färbung und Zeichnung hatte wie der Gast, von dessen Säften sie sich nährte; hierdurch wurde es mir wahrscheinlich, daß die meisten Thierarten von besonderen Zecken heimgesucht werden, wie ja auch anderes Ungeziefer, Flöhe, Läuse und dgl., nicht überall umher schmarotzen, sondern auf ganz bestimmte Geschöpfe angewiesen sind.

Endlich erwähne ich noch eine prachtvolle, purpurrothe Pflanzenmilbe (Trombidium tinctorium Fab.) mit sammetartigem, weichen, mattglänzenden Körper, durch Gestalt und Färbung unserem kleinen Trombidium holosericeum L. ähnlich, aber von der Größe einer Bohne; wir haben sie an dem Westufer des Jipesees nicht weit von seinem Ausfluß in Menge gefunden.

Die ostafrikanische Inselwelt.

Sechsundzwanzigster Abschnitt.

Madagaskar.

Die Gruppe der ostafrikanischen Inseln. — Madagaskar, ein mangelhaft bekanntes Land. — Grandidier über Süd-Madagaskar. — Schätze der drei Reiche. — Eigenthümlichkeiten der Flora und Fauna. — Ein ausgestorbener Riesenvogel. — Ursprung der Bevölkerung. — Sakalaven und Hova's Kampf um die Oberherrschaft. — Sieg der Liebe. — Erste Versuche europäischer Mächte, sich auf Madagaskar festzusetzen. — Französischer Einfluß. — Radama I. — Bemühungen der Engländer. — Umgestaltung des Heer- und Staatswesens. — Huldigung aller Häuptlinge der Insel. — Radama's Tod. — Blutherrherrschaft der Königin Ranavaluna. — Segensreiches Wirken Laborde's. — Der Kronprinz Rakoto. — Beziehungen zu Europa. — Die Beschießung von Tamatave und ihre Folgen. — Ellis und Lambert in Tananarivo. — Der Sturm bricht los. — P. Jouen wieder am Platze. — Rakoto kommt als Radama II. ans Ruder. — Europäischer Einfluß auf seiner Höhe. — Sitten, Glaube und Staatsverhältnisse der Madagassen. — Baron von der Decken in Minterano. — Fahrzeuge der Eingeborenen. — Die Barre. — Lage der Stadt und Einrichtung der Hütten. — Aeußeres der Sakalaven. — Besuch bei den Statthaltern. — Die Königin Naruva von Menabé. — Ihre Zuthulichkeit. — Nächtlicher Tanz der Frauen. — Der Schooner im Flusse. — Verkehr mit den Bewohnern, ihre Sittlichkeit. — Quellen des Flusses. — Fahrt nach Kanatzi. — Der Häuptling und Schmied. — Im Ebenholzwalde. — Jagdbeute. — Letzte Stunden in Kanatzi. — Ein französisches Kriegsschiff in Minterano. — Beleidigte Ehemänner. — Die Etincelle und ihr Auftrag. — Ausflug südwärts. — Kapitän John White. — Am Sisibungiflusse. — Bestrafte Mißgunst. — Besuch am Lande. — Bei schlechtem Wetter zurück nach Minterano. — Rückfahrt nach Sansibar mit fünfzig Ziegen an Bord. — Fürchterlicher Seesturm. — Die Etincelle verschollen.

In dem wunderreichen warmen Meere zwischen den südlichen Ausläufern der alten Welt liegt „die Perle der Inseln", ein gelobtes Land für Naturforscher und Reisende, für gewinnlustige Händler, für Sendboten jeden Bekenntnisses, welche sich Seelen, und für Staaten, welche Besitz und Herrschaft zu gewinnen streben — Madagaskar, die große afrikanische Insel, die drittgrößte des Erdballs. Gleichwie Amerika durch eine gewaltige Naturkraft von der Ländermasse der östlichen Erdhälfte losgerissen zu sein scheint, so sieht Madagaskar aus wie ein im Süden von Mosambik abgelöstes Stück Afrika. Im Norden und Osten gruppiren sich punktgleiche Inselchen um das mächtige, an Flächengehalt etwa Frankreich gleichkommende Eiland: die Komoren, Amiranten, Seschellen und Maskarenen, alle durch Lage, Bodenbeschaffenheit und Erzeugnisse dem „großen Lande" zugehörig, mit ihm ein scharf gekennzeichnetes Gebiet bildend, die ostafrikanische Inselwelt.

Soviele Reisende auch Madagaskar besucht haben, man weiß im Ganzen erst wenig von der schönen, großen Insel. Wer freilich die mit Gebirgszügen, Flüssen und Namen bedeckten Karten betrachtet, muß glauben, daß der Entdeckungsreisende dort wenig mehr zu thun habe. Aber diese Gebirge sind Truggebilde der Zeichner, die Flüsse theilweise nicht vorhanden oder von anderem als dem angegebenen Lauf, und die Namen sind hauptsächlich das Ergebniß von Erkundigungen — sind doch selbst die Küstenumrisse nur äußerst mangelhaft gezogen. Bekannt ist uns nur die nördliche Provinz Ankara, die Ostküste von St. Marie bis Mananzari und der zum Theil am Strande hin, zum Theil durch dichten Wald führende Weg nach Tananarivo sowie die Umgebung der Hauptstadt. Um ein Beispiel unserer Unkenntniß zu geben, führe ich ein Wort meines Freundes Alfred Grandidier an, welcher seit einigen Jahren sich die Erforschung Madagaskars zur Aufgabe gemacht hat. „Die Reisenden," sagt er in der Einleitung zur Beschreibung des von ihm entdeckten Propitheeus Verreauxi, „welche die Landschaft Ankova besuchten, welche die prächtigen Reis- und Getreidefelder der Ostküste sahen oder durch die großen, schönen Wälder von Ankara zogen, haben uns immer den üppigen Pflanzenwuchs Madagaskars und die unvergleichliche Fruchtbarkeit seines Bodens in den glänzendsten Farben gemalt; sie sprechen ausnahmslos von dem „Zauber dieser herrlichen Insel, deren Luft durchdrungen ist von den Wohlgerüchen der lieblichsten Pflanzen, deren immergrüne Gehölze die Glut der Sonne mildern". Wie war ich überrascht, nur Wüsten zu finden, wo ich lachende Landschaften mit Fruchtfeldern und volkreichen Dörfern erwartete, eine trostlose Trockenheit, wo ich, von den Karten betrogen, Wasserläufen auf jedem Schritte zu begegnen hoffte! Die Beschreibungen, welche wir so oft gelesen und bewundert haben, gelten nicht für jene unermeßlichen Strecken im Süden, welche bis zu diesem Tage unerforscht geblieben waren; und wenn die Natur all ihre Schätze verschwenderisch über gewisse Gebiete der Insel ausschüttete, so hat sie andere vernachlässiget: der ganze Raum westlich und südlich von 31° 20' südlicher Breite und 47° östlicher Länge von Greenwich ist eine weite, sandige, schattenlose Ebene, ein 350 bis 500 Fuß hohes Plateau, welches kaum einige niedrige Hügelketten aufzuweisen hat; in ihm sind Flüsse (man zählt deren nur vier auf einer Küstenlänge von sechshundert Meilen, und von diesen ist keiner schiffbar) ja selbst kärgliche Wasseransammlungen eine Seltenheit."

Wie sich aus der eben angezogenen Stelle ergibt, hat Madagaskar in diesem Punkte viel Aehnlichkeit mit dem afrikanischen Festlande, welches gleichfalls hier die üppigste Fruchtbarkeit, dort wieder dürre Einöden zeigt. Diese eigenthümlichen Verhältnisse sind theils durch die Beschaffenheit des Bodens, theils durch die Richtung der Winde bedingt: das nördliche, von einer 8000 bis 10,000 Fuß hohen Kette von Granit- und Basaltbergen durchzogene Madagaskar, im Bereiche der feuchtigkeitbringenden Monsune gelegen, ist eines der reichsten Länder, Südmadagaskar hingegen, ein erst in jüngerer Zeit dem Meere entstiegenes Land, von verhältnißmäßig trockenen Passatwinden bestrichen und ohne bedeutende Höhenzüge, welche diesen ein wenig Wasser entziehen könnten, ist so unfruchtbar, wie eine Sandwüste nur sein kann, und läßt allein in der Nähe der spärlichen Wasserläufe einiges Gedeihen zu.

Es kann nicht unsere Absicht sein, die Naturgeschichte Madagaskars ausführlich zu behandeln; nur einen Ueberblick wollen wir geben über die Reichthümer, welche das herrliche Eiland birgt, und über einige der auffälligsten Formen des Thier- und Pflanzenreichs.

Madagaskar bietet vor Allem ein treffliches Eisenerz, aus welchem die Eingeborenen seit Jahrhunderten das Metall gewinnen, und dazu die schönste, schwefelfreie Steinkohle. Bei der Geschicklichkeit der Madagassen müßte es ein Leichtes sein, ausgedehnte Hüttenwerke anzulegen und mit den Erzeugnissen derselben den ganzen Osten zu versorgen. Außerdem gibt es Anthracit und Braunkohlen; alle diese Brennstoffe und namentlich die Steinkohlen würden gerade hier von außerordentlichem Werthe sein, weil im indischen Meere die von Dampfern und Zuckerfabriken gebrauchten Kohlen, welche mit ungeheuren Kosten von Europa herbeigeschafft werden müssen, drei- bis fünfmal so theuer zu stehen kommen als bei uns. Von anderen Bodenerzeugnissen erwähnen wir silberhaltiges Bleierz, Kupferkies, Gold und edle

Steine sowie ausgezeichnete Bausteine, Porzellanerde, Marmor, Kreide und Steinsalz. Hierdurch sind, da es an gelehrigen Arbeitern nicht fehlt, die Grundbedingungen zu einer blühenden Gewerbs- und Handelsthätigkeit gegeben, umsomehr, als die Handelslage der mit den schönsten Häfen ausgestatteten Insel eine ausgezeichnete ist.

Nicht weniger bietet dem Menschen das Pflanzenreich. Die Lage der Insel in dem heißen Erdgürtel und ihre Erhebung bis zu den Grenzen des Pflanzenwuchses, die Fruchtbarkeit des Bodens und die Feuchtigkeit der Luft auf der größeren, nördlichen Hälfte lassen uns schon im Voraus erkennen, daß hier alle Nutzpflanzen der Erde gedeihen müssen. Eine Aufzählung derselben wäre überflüssig, bemerkt sei nur, daß die hauptsächlichsten Kulturgewächse bereits mit größtem Vortheil erbaut werden: fast ohne Zuthun des Menschen wachsen hier das Zuckerrohr, von welchem es eine der Insel eigenthümliche Abart gibt, die Baumwollstaude, der Tabak, Kaffee, Kakao, Indigo, Gewürze, über ein Dutzend öl- und harzerzeugende Gewächse, europäisches Getreide, Wein und Früchte der gemäßigten Himmelsstriche; dazu bringt das Land eine Menge Faserstoffe hervor, welche sich zu den schönsten und festesten Geweben, und Hölzer, welche sich zum Häuser- und Schiffsbau sowie zu feinen Tischlerarbeiten eignen. Bis jetzt hat von allen Erzeugnissen des Pflanzenreiches der Reis die größte Wichtigkeit erlangt, da er von besserer Beschaffenheit ist als der beste indische und in solcher Menge erzeugt wird, daß Bourbon und Mauritius ganz, das portugiesische Ostafrika, Sansibar und andere Gebiete zum Theil damit versorgt werden.

Wie die Maskarenen durch ihren Reisbedarf von Madagaskar abhängen, so sind sie auch angewiesen, ihr Schlachtvieh, Ochsen, Schafe und Schweine, von dort zu beziehen. Dampfer und Segelschiffe bringen ihnen von Tamatave und Foulepoint aus in regelmäßigen Fahrten alle diese Lebensbedürfnisse; fiele diese Zufuhr aus, die Bewohner beider Inseln müßten verhungern. Wir könnten noch von dem Geflügel sprechen, mit welchem die vorüberfahrenden Schiffe sich versorgen, von den trefflichen Fischen, von den nutzbaren Karett- und Riesenschildkröten, von den Erzeugnissen der madagassischen Bienen und Seidenwürmer, doch würde man hierdurch nicht mehr erfahren, als was bereits bekannt: daß Madagaskar eines der gesegnetsten Länder der Erde ist.

Einiger Eigenthümlichkeiten der madagassischen Flora und Fauna müssen wir noch gedenken. Bambuse, Palmen, Orchideen und Farne scheinen auf der großen Insel einen ihrer ausgezeichnetsten Verbreitungsbezirke zu haben. Ellis erzählt von Wäldern, welche hauptsächlich aus Arekapalmen bestehen, und kann die Schönheit und Wunderlichkeit der hiesigen Orchideen, von denen er eine Menge neue Arten mit nach Europa brachte, nicht genug bewundern. Eine der Insel eigenthümliche Palme, Sagus Ruffia oder Raffia, ist für die Eingeborenen von größter Wichtigkeit, da sie ihnen den Stoff zu ihren Geweben, zu ihren Matten und Kleidungsstücken liefert; die hieraus gefertigten, Laï und Ramba genannten Tuche, welche sich durch Festigkeit, Dauerhaftigkeit und Schönheit auszeichnen, würden gewiß auch in Europa Beifall finden, namentlich als Ueberzüge für Stühle und Sofas. Eine Grasart, deren Namen wir nicht erfahren konnten, dient zu Flechtwaaren von unübertroffener Weiche und Zartheit.

Höchst charakteristisch für Madagaskar ist der berühmte „Baum des Reisenden" (Ravenala der Madagassen), welcher im Anfangsbilde dieses Abschnittes dargestellt ist, ein Verwandter der Bananenstaude. Der Name des sonderbaren, wie breitgedrückt aussehenden Gewächses rührt daher, daß da, wo die Blattstiele dem Stamme angefügt sind, zu allen Zeiten eine Menge Wasser sich findet, welches den Reisenden zur Erquickung dient. Ueberaus auffällig ist auch die Redala, ein im Umfange bis sechzig Fuß messender Baum ohne Zweige und Aeste, mit nur wenigen, an kurzen Stengeln sitzenden Blättern in der Höhe des Stammes; sein Holz ist so leicht, daß ein daraus gefertigtes, langes Boot bequem von zwei Knaben getragen werden kann. Nach dieser Beschreibung Wallace's scheint die Redala, im Aeußeren wenigstens, der Adansonia ähnlich zu sein.

Eine traurige Berühmtheit hat der Tange- oder Tanginbaum erlangt, dessen Fruchtkern bei den Gottesgerichten der Madagassen Anwendung findet. Das Trinken des aus der Bohne bereiteten Gifttrankes hat in den meisten Fällen den Tod oder lebenslängliches Siechthum zur Folge; dennoch aber, und obgleich diese Unschuldsprobe jetzt gesetzlich abgeschafft ist, erbieten die Madagassen, in unbegreiflichem Vertrauen auf die Gerechtigkeit ihrer Götter, sich bei den geringsten Streitigkeiten zum Tangin-Trinken, etwa wie bei uns der Pöbel Alles durch Fluchen und Schwören zu erhärten bereit ist. Wirkt der Tangin nicht in so schrecklicher Weise, so war zumeist Priestertrug im Spiele — die Gabe des Giftes wurde verringert, oder ein Gegengift, ein Brechmittel u. dgl. beigefügt.

Der Thierwelt Madagaskars fehlen die Ungeheuer, welche das Festland von Afrika bevölkern; das größte wilde Thier, welches auf der Insel vorkommt, ist der Büffel und nächstdem das in mehreren Arten verbreitete Schwein. Ihr eigenthümliches Gepräge erhält die Fauna Madagaskars durch die Halbaffen, die Lemuren, Propithekus, Indris, Chirogalen und Andere. Wie überwiegend das Vorkommen dieser Thiere ist, ergibt sich aus jeder auf Madagaskar zusammengebrachten Sammlung. So hatte Grandidier unter neununddreißig Arten der von ihm erbeuteten Säuger zweiundzwanzig Lemuriden im weiteren Sinne. Unter diesen befinden sich mehrere bisher unbekannte, und deren Anzahl wird fast durch jede Reise um einige neue vermehrt. In ihrem Aeußeren, in Wesen und Lebensweise stehen einige der Lemuriden Madagaskars dem Galago Sansibars nahe; selbstverständlich bietet eine so große Familie eine Menge Abweichungen und Sonderbarkeiten dar. Die merkwürdigsten Geschöpfe dieser Art sind jedenfalls Propithecus diadema Benn. und der von Grandidier entdeckte Propithecus Verreauxi, halbnächtliche Thiere von weißgelblicher Farbe welche hauptsächlich in den dürren Gebieten im Süden und Südwesten der Insel zu Hause sind.

Großes Aufsehen erregte seiner Zeit ein erst neuerdings lebendig nach Europa gebrachtes Wunderthier, welchem die Männer der Wissenschaft lange keine Stellung in ihren Lehrgebäuden anzuweisen wußten, das Aye-Aye (Chiromys Madagascariensis Geoff.), der Eichhornmaki oder das Fingerthier, ein Mittelding zwischen Eichkatze und Lemur, zwischen Nagethier und Affe, ein Thier, welches ebensoviel Sonderbarkeiten in seiner Lebensweise hat wie im Baue seines Körpers.

Noch lange könnten wir fortfahren mit der Aufzählung der merkwürdigsten Formen einzig der Säugethiere, welche fast durchaus unserer Insel ausschließlich angehören; doch lassen wir es mit diesen wenigen Typen bewenden und nennen nur den Tanrek oder Borstenigel noch, einen auf Madagaskar und den Komoren in mehreren Arten verbreiteten Insektenfresser von der Größe unseres Maulwurfes.

Nicht endigen würden wir, wollten wir auch nur das Merkwürdigste der übrigen Thierklassen hervorheben: die Kraft der hiesigen Natur, Eigenthümliches und Sonderbares hervorzubringen, ist so groß, daß man, um nur ein Beispiel zu erwähnen, unter den zweihundert bis 1861 bekannt gewordenen Vögeln Madagaskars sechsundneunzig eingeborene gefunden hat, und in einer neueren Sammlung (Grandidier's) unter hundertfünfzig Arten vierundneunzig, ein Verhältniß, wie es wol nirgends wieder vorkommt. Dabei gibt es unter ihnen die außerordentlichsten Gestalten, welche, wie der um die Vogelkunde Afrikas hochverdiente Hartlaub sagt, „jeden bekannten Typus verläugnen und unserem Bemühen, sie natürlich zu klassifizieren, die größten Schwierigkeiten entgegensetzen". Aus diesem Grunde fühlten sich auch manche Forscher versucht, Madagaskar als eigenen Welttheil und Schöpfungsmittelpunkt zu betrachten.

Eines Wortes müssen wir noch den ausgestorbenen Riesenvogel Madagaskars würdigen, den Aepyornis maximus Geoff. Man kennt Nichts von ihm als die Eier; sie übertreffen die des Straußes fünf- bis sechsmal an Größe, ein einziges hat ungefähr soviel Inhalt als hundertfünfzig Hühnereier. Dieses merkwürdige Geschöpf, von dessen Gestaltung und Größe wir keine richtige Vorstellung haben, wohnte in dem öden Süden der Insel; die letzten seines Stammes scheinen noch gelebt zu haben, als das Land sich zu bevölkern begann, wennschon keine Ueberlieferung Dies nachweist.

Der Ausspruch eines berühmten Reisenden, daß in Afrika die Völkerkunde den anziehendsten Gegenstand der Forschung bildet, gilt in erhöhtem Maße für Madagaskar. Durch die Einwohnerschaft dieser großen Insel kommt ein völlig neues Element in das afrikanische Völkergewimmel, ein Element, welches für Fortschritt und Gesittung vielleicht befähigter ist als selbst das hochstehende Volk der Araber. Ueber den Ursprung der Madagassen läßt sich etwas Bestimmtes nicht sagen, doch ist soviel beinahe gewiß, daß die heutige Bevölkerung nicht eine eingeborene, sondern eine eingewanderte ist. Aller Wahrscheinlichkeit nach kamen die ersten Ansiedler von dem benachbarten Afrika herüber, dunkelfarbige, dem Kaffernstamm angehörige Neger (in dem Bd. I. S. 75 gefaßten Sinne); auch Menschen von weißer Hautfarbe sollen in frühesten Zeiten auf Madagaskar seßhaft gewesen sein und hier eine gewisse Herrschaft ausgeübt haben — vermutlich Araber, welche auf ihren Zügen noch vor Beginn unserer Zeitrechnung sich hier niederließen. Diese Einwanderung wurde später überflügelt durch Ansiedler malaiischen Stammes, welche, durch Wind und Strömung begünstigt, von dem asiatisch-australischen Inselmeere den Weg hierher fanden. Ob diese verschiedenen Bestandtheile sich rein und voneinander getrennt erhielten, oder ob sie sich mannigfach vermischten und so ein neues Volk bildeten, wissen wir nicht, doch ist Ersteres das Wahrscheinlichere; denn noch jetzt ist die Bevölkerung Madagaskars in zwei große Gruppen geschieden, in die dunkelfarbige der Sakalaven und in die hellere, olivenbraune der Hova — von den einstmaligen arabischen Ansiedlern findet man nur wenige Spuren.

Gemäß der Lage ihrer Heimat haben diese beiden verschiedenen Stämme ihren Sitz auf verschiedenen Seiten der Insel, die Hova im Osten und im Inneren, die Sakalaven im Westen. Ursprünglich mögen letztere zahlreicher und mächtiger gewesen sein; ihre Ueberlieferungen erzählen von manchem Heldenkönige, welcher erobernd durch das Land zog und seinen Nachkommen die Herrschaft über die große Hälfte der Insel sicherte: im Laufe der Zeiten aber entwickelten sich die höher begabten Hova gedeihlicher, und jetzt sind sie die unbestrittenen Herren Madagaskars, wenigstens wagen die ihnen unterworfenen Stämme nach jahrzehendelangen blutigen Kämpfen keinen Widerstand mehr.

Die Geschichte des Kampfes um die Oberherrschaft auf Madagaskar ist traurig, aber auch erhebend, jenachdem man sie betrachtet. Weite Strecken Landes sind verwüstet, tausende von beiden Stämmen vernichtet, tausende der Sakalaven zur Auswanderung getrieben worden: aber in diesen Kämpfen ist die den Fortschritt und die Bildung vertretende Hovamacht erstarkt zu einem mächtigen, verhältnißmäßig wohlgegliederten und wohlgeordneten Staate, welcher Bürgschaften für fernere, segensreiche Entwickelung bietet, und in ihm treten Herrscher auf, denen sich eine gewisse Größe nicht absprechen läßt, so schwer es auch vielen von uns wird, Tugenden an Andersfarbigen anzuerkennen. Der Name Radama, welchen zwei Hovakönige ruhmvoll führten, wird immer einen guten Klang in der Geschichte haben; er überstralt durch seinen Glanz die Schwächen seiner Träger.

Als in Europa das französische Kaiserreich zertrümmert ward, entspannen sich auf Madagaskar die ersten Zwistigkeiten zwischen Hova und Sakalaven. Rabudu, Königin von Menabé, wollte sich von ihrem Gemahle Miakala trennen, wurde aber von diesem nicht freigegeben. Ihr Vetter, der Hovakönig Radama I., benutzte diesen Vorwand, um von seiner Hauptstadt Tananarivo aus mit Heeresmacht in Minterano einzufallen. Inzwischen starb Miakala; darauf hin zogen sich die Truppen mit einiger Beute und den erhaltenen Geschenken nach Ankova, dem Stammlande der Hova, zurück.

Miakala hatte drei Söhne hinterlassen, Ramidra, Ulilatsi und Kelsambaie. Ersterer bestieg nach längeren Streitigkeiten mit seinen Brüdern den väterlichen Thron. Ulilatsi flüchtete sich nach Tananarivo, um hier Schutz und Hilfe zu suchen. Radama nahm den Vertriebenen freundlich auf; die Gelegenheit, in Menabé einzuschreiten, welche sich durch diesen bot, war ihm überaus willkommen, denn er hatte schon längst mit innerem Grimme zugesehen, daß einige Hovagebiete den Sakalaven zinsbar waren. Zuerst knüpfte er mit Ramidra Verhandlungen an; da diese jedoch zu keinem Ergebnisse führten, schickte er im Jahre 1820 ein Heer in seines Nebenbuhlers Land. Der Feldzug fiel unglücklich aus. Radama verlor indessen den Mut nicht, er ließ seine Truppen besser ausrüsten und brachte unter kräftigster Unterstützung seiner Großen und des ganzen Volkes eine neue Streitmacht von 70 bis 80,000 Mann zusammen. Auch diese Unternehmung hatte ein trauriges Ende: der zahllose Troß des auch von Weibern begleiteten Heeres erschwerte dessen Vorwärtskommen und Verpflegung; der Feind stellte sich nicht in offener Feldschlacht, sondern zog sich überall zurück, nachdem er die Lebensmittel bei Seite geschafft und die Felder verwüstet hatte — um ein Drittel schwächer, durch Hunger und Fieber beinahe aufgelöst, mußte die Kriegsmacht Radamas zu Ende der guten Jahreszeit zurückkehren.

Da gab es große Trauer im Lande, da war fast keine Familie, welche nicht einen der Ihrigen zu beklagen gehabt hätte. Trotzalledem gaben König und Volk die Hoffnung nicht auf; sie rüsteten sich zu neuem Kampfe, suchten jedoch die früheren Ursachen ihres Mißgeschickes zu vermeiden. Vor Allem wurden die Soldaten noch besser geschult; dann ließ man nur tüchtige Krieger nebst den unbedingt erforderlichen Trägern Theil nehmen; damit aber Diejenigen, welche zu Hause blieben, auch das Ihrige bei dem großen Unternehmen thäten, mußten sie, ein Jeder nach seinem Vermögen, Geld und Waffen beisteuern. 13,000 Mann auserlesene Truppen und 7000 Träger zogen im März des Jahres 1822 (?) unter dem Jubel der Bevölkerung aus. Schneller als vordem erreichten sie das Gebiet von Menabé, ungestüm nahmen sie die tapfer vertheidigte Festung Ramidra's; der offene Kampf aber, den zu beginnen sie vor Begierde brannten, kam bei des Feindes geschicktem Zögern nicht zu Stande, und beinahe wären sie wiederum unverrichteter Dinge heimgekehrt, hätte Radama nicht plötzlich seinen Kriegsplan geändert. Er sah, daß diesem Gegner durch Gewalt der Waffen allein nicht beizukommen war und erreichte durch Verhandlungen, was der Schlachtengott ihm versagt: er heirathete seines Feindes Tochter und schloß mit ihm einen ehrenvollen Frieden.

Von dieser Zeit an blieb, kleinere Wechselfälle ungerechnet, das Glück den Hova treu; sie unterwarfen sich nach und nach den größten Theil der Insel bis hinauf nach Norden und erhielten das Volk durch die Festungen, welche sie überall anlegten, mit verhältnißmäßig geringer Streitmacht in Gehorsam.

Allein hat Radama seine Thaten freilich nicht vollführt; ohne den Beistand einiger ihm ergebenen Europäer würde er jedenfalls nicht das Ziel seines Ehrgeizes erreicht haben. Dennoch gebührt ihm das Verdienst, die Wichtigkeit europäischer Künste erkannt und die Dienste der Fremden geschickt benutzt zu haben, ohne dadurch seine Herrschaft im eigenen Lande zu gefährden. Ein kurzer Rückblick auf die Geschichte der fremden Einwirkungen, welche wir schon beiläufig erwähnten, mag dazu dienen, einiges Licht auf die allmähliche Entwickelung der madagassischen Zustände zu werfen.

Um die Mitte des siebzehnten Jahrhunderts war es den Franzosen nach mehrfachen unglücklichen Versuchen geglückt, an einigen Punkten der Küste von Madagaskar Fuß zu fassen und sogar im Inneren großen Einfluß zu gewinnen; sie betrachteten bereits die Insel als französisches Eigenthum und sahen mit größter Hoffnung der Zukunft entgegen. Da verdarb die Ungeschicklichkeit ihrer Beauftragten und namentlich ihrer Priester Alles: ein Aufstand brach los, die den Glauben des Volkes verhöhnenden Geistlichen wurden niedergemacht, die anderen Fremdlinge getödtet oder vertrieben.

Viele Jahrzehende hindurch hatten nun die Madagassen nur noch Verkehr mit den Flibustiern oder Seeräubern, welche damals den indischen Ocean unsicher machten, einer bunten Schar von Abenteurern fast aller seefahrenden Völker Europas. Diese verwegenen Gesellen hatten ihre Zufluchtsorte auf Madagaskar und standen auf gutem Fuße mit den Eingeborenen, welche durch sie mit europäischen Waaren versorgt wurden. Als im Jahre 1721 die vereinten Seemächte den Schlupfwinkel der gefürchteten Scharen aufgefunden und zerstört und deren Raubschiffe verbrannt hatten, legten die früheren Freibeuter sich auf den Handel und zwar auf die verwerflichste Art desselben, auf den Sklavenhandel. Sie reizten die Eingeborenen zum Kampfe untereinander, kauften für Feuerwaffen die Kriegsgefangenen und verhandelten diese namentlich nach den Maskarenen, wo die Arbeiter fortwährend in größter Menge gebraucht wurden.

Lange Jahre hören wir Nichts wieder von Madagaskar, bis endlich im Jahre 1767 die französische Regierung ihre früheren Kolonisationspläne wieder aufnehmen ließ. Diese Versuche scheiterten theils an der Feindseligkeit der Eingeborenen, welche sich der früheren Unterdrückungen von Seiten der Fremden noch wohl erinnerten, theils an der Unzulänglichkeit der bewilligten Mittel, theils auch an dem Widerstreben der Verwaltung auf Mauritius, welche von dem Aufblühen einer ausgedehnten Besitzung Nachtheile für ihre Insel befürchtete.

Einmal nur schien es, als ob Madagaskar europäisch werden müßte, nachdem der geschickte und kühne Abenteurer Graf Benjowski die Oberherrschaft über die ganze Insel auf eine fast wunderbare Weise erlangt hatte. Doch sein Erscheinen glich einem schönen Meteor, welches eine Zeit lang mit seinem Glanze Alles erhellt, bald aber am Himmel verschwindet: im Jahre 1776 (?) leisteten ihm alle madagassischen Völker den Eid der Treue, 1785 (?) fiel er im Kampfe gegen die Truppen der eifersüchtigen Verwaltung der Maskarenen.

Wenn somit Frankreich, zuletzt durch die Revolution und durch lang andauernde Kriege behindert, eigentliche politische Erfolge auf Madagaskar nicht erreichte, so hatten doch französische Kaufleute und Unternehmer dort großen Einfluß gewonnen. Viele von ihnen waren mit Madagassinnen verheirathet, und ihre Abkömmlinge nahmen angesehene Stellungen in der Verwaltung ein; französische Tracht und Lebensweise, Sitten und Sprache fanden bei diesen Halbfranzosen und durch sie bei den Eingeborenen des Landes schnellen Eingang.

Wichtig wurde der fremde Einfluß erst im Jahre 1810, als Radama I., der aufgeklärte und freisinnige König zur Herrschaft gelangte. Schon sein Vater Jamboasalama hatte den größten Theil der bisher unbotmäßigen Hovastämme unterworfen und seiner Herrschaft auch nach Norden hin Bahn gebrochen, indem er seine Kriegsgefangenen als Sklaven verkaufte für Schießgewehre zur besseren Bewaffnung seiner Soldaten. Von ihm hatte Radama einen hohen Sinn geerbt, welcher nach nichts weniger als nach der Errichtung eines großen, die ganze Insel umfassenden Reiches trachtete. Hierzu mußten ihm die Fremden behilflich sein; er begünstigte sie auf mannigfache Weise und setzte mit ihrer Hilfe manche Einrichtung durch, welche den ursprünglichen Anschauungen seines Volkes widerstrebte.

Zur Zeit der Thronbesteigung Radamas fielen die Schwesterinseln Bourbon und Ile de France (jetzt Réunion und Mauritius) in die Hände der Engländer. Der dort eingesetzte Statthalter Sir R. Farquhar lenkte im Jahre 1813 seine Aufmerksamkeit auf Madagaskar und namentlich auf dessen einsichtsvollen und strebsamen König. Vor Allem wünschte er, die dort angesehenen Franzosen auszustechen und die Abschaffung des Sklavenhandels durchzusetzen. Gestützt auf die Behauptung, daß Madagaskar als früheres Anhängsel der Maskarenen (wie die Franzosen behaupteten) zugleich mit diesen Inseln englisch geworden sei, verbot er im Jahre 1815 den Bewohnern der Insel Bourbon, welche eben wieder unter französische Herrschaft gelangt war, jeglichen Verkehr mit Madagaskar. Im December desselben Jahres ließ er Port Luquez durch den Kapitän Lesage besetzen und knüpfte Verhandlungen mit den dortigen Häuptlingen an, freilich ohne viel Erfolg zu erzielen. Er sandte darauf einen gewandten Unterhändler, M. Chardenoux, nach Tananarivo; dieser schloß einen geheimen Vertrag mit Radama und beredete ihn, zwei seiner jüngeren Brüder nach Mauritius zu schicken, wo sie unter der Leitung des einsichtsvollen Hastie eine sorgfältige Erziehung erhielten. Schon zwei Monate nach deren Ankunft, im September 1816, ging Lesage mit reichen Geschenken nach Tananarivo, begleitet von vielen Handwerkern und dreißig Soldaten, welche dem König einen Begriff von europäischen Truppen beibringen und ihn bestimmen sollten, seine Armee nach englischem Muster einzurichten. Wie nicht anders zu erwarten, wurde Lesage gut empfangen. Es gelang ihm, am 14. Januar 1817 einen Vertrag mit Radama abzuschließen, in welchem dieser sich verpflichtete, gegen eine jährliche Entschädigung von zweitausend Pfund Sterling den Sklavenhandel in seinem Reiche zu unterdrücken.

Während Lesage nach Mauritius zurückging, blieb der Sergeant Brady mit einigen Soldaten in Tananarivo. Dieser tüchtige und diensteifrige Mann errang sich bald eine der einflußreichsten Stellungen an Radamas Hofe; seinen unermüdlichen Bemühungen hat es der König hauptsächlich zu verdanken, daß die Armee so gut geschult werden konnte, und daß die Feldzüge gegen die Sakalaven in den Jahren 1820 und 1821 nicht unglücklicher abliefen. Zugleich mit ihm und nicht minder nützlich wirkte ein Franzose, Namens Robin, als Sprachlehrer, Sekretär und General Radamas.

Was Farquhar durch Nachgiebigkeit und Geschenke so geschickt erreicht hatte, setzte sein Nachfolger (oder vielmehr sein Stellvertreter während längerer Abwesenheit) wieder auf das Spiel, indem er den Abmachungen Hastie's seine Bestätigung versagte und demgemäß die ausbedungene Entschädigung nicht abschickte. Radama, welcher dem Vertrag auf das Strengste nachgekommen war, ja selbst drei seiner Verwandten wegen Widersetzlichkeit gegen das Verbot der Sklavenausfuhr hatte enthaupten lassen, fühlte sich auf das Unangenehmste berührt, als die erwartete Sendung ausblieb; er gestattete den Sklavenhandel wieder und beschloß, allen Verkehr mit den wortbrüchigen Engländern aufzugeben. Da traf Farquhar, der eigentliche Statthalter im Jahre 1821 wieder in Mauritius ein; unverweilt ging er daran, die Fehler seines Stellvertreters gut zu machen. Hastie, sein Abgesandter, hatte einen schweren Stand, doch setzte er endlich eine Erneuerung des früheren Vertrages durch, indem er dem Hovakönige vorstellte, wie segensreich die Abschaffung des Sklavenhandels für sein ganzes Volk, wie vortheilhaft für ihn und seine großen Pläne die Freundschaft Englands wäre. Auf seiner Reise hatte Hastie vielfach Gelegenheit, von dem gewaltigen Umschwunge Kenntniß zu nehmen, welchen die Bemühungen Bradys und Robins in den wenigen Jahren seiner Abwesenheit zu Stande gebracht hatten, auch bemerkte er mit Mißvergnügen, daß der Einfluß der Franzosen um ein Beträchtliches gestiegen war.

In den nun folgenden Jahren brachte Radama die Unterwerfung der Insel zum Abschluß, freilich nicht, ohne seine und des Landes Kräfte gewaltig anzustrengen. Dafür hatte er im Jahre 1826 den Triumph, die Fürsten fast aller Stämme der Insel in Tananarivo versammelt und ihm vor einer ungezählten Menschenmenge Huldigung und Tribut darbringen zu sehen. Die Feierlichkeit schloß mit einer Schaustellung seiner gut ausgerüsteten Truppen, ein Anblick, welcher auch den verwegensten Häuptlingen die Hoffnung benahm, sich jemals wieder der eisernen Hand des Hovakönigs entziehen zu können.

Bei dieser kriegerischen Thätigkeit vernachlässigte Radama die Beförderung des Glückes seiner Unterthanen nicht: Vorrechte und Mißbräuche wurden abgeschafft, Schulen errichtet, Straßen und Brücken gebaut und die Gewerbsthätigkeit auf jede denkbare Weise gefördert, namentlich durch Einführung von neuen Handwerken und Künsten. Radama könnte als ein Wunder von Vollkommenheit erscheinen, wenn er nicht bei seiner Tapferkeit und Ausdauer, bei seiner Milde, Gerechtigkeit und Weisheit einem Laster gehuldigt hätte, welches ihn vorzeitig zu Grunde richtete: er trank und hatte eine solche Leidenschaft für geistige Getränke, daß er ihnen nicht mehr zu entsagen vermochte; sein hierdurch und durch die Anstrengungen eines vielbewegten Lebens geschwächter Körper unterlag vorzeitig einer Krankheit, welche er sich auf einem Ausfluge nach Tamatave zugezogen hatte. Radama I. starb im kräftigsten Mannesalter am 27. Juli 1828, nachdem er achtzehn Jahre lang, seit seinem achtzehnten Jahre, ruhmvoll die Herrschaft geführt hatte. —

Eine lange Zeit des Umsturzes und des Schreckens kam nun über das Land. Ranavaluna, die erste Gemahlin Radamas, hatte durch Mord und List sich auf den Thron zu schwingen gewußt. Ihr Erstes war, alle Verwandten ihres Gatten (mit Ausnahme eines Neffen Ramanetaka, welcher durch seine Schlauheit ihren Nachstellungen entkam) zu tödten; dann erklärte sie den mit den Engländern abgeschlossenen Vertrag für ungiltig, schaffte die durch die Fremden eingeführten Verbesserungen größtentheils ab, verfolgte das Christenthum und huldigte, den unzufriedenen Großen zu Liebe, vielleicht auch aus eigenem Antriebe, den alten Götzen, welche unter Radama ihr Ansehen beinahe völlig eingebüßt hatten. Blutig, wie ihr Anfang, war ihre Regierung bis zum Ende. Hatte sie eine Zeit lang gewütet, so kamen allerdings wieder Jahre der Ruhe; plötzlich aber brach ihr Teufelsgeist wieder hervor und sie schlachtete ihre Unterthanen zu Hunderten und Tausenden dahin, sodaß sie sich den Beinamen Kaligula im Weiberrocke zur Genüge verdiente. Zu den gräßlichsten Ereignissen ihrer Schreckensherrschaft gehören die Christenverfolgungen in den Jahren 1845 und 1849. Ranavaluna marterte die Anhänger der neuen Lehre mit ausgesuchter Grausamkeit, um sie von dem Gotte der verhaßten Fremden abwendig zu machen, und weihte alle Widerstrebenden — und Dies waren fast Alle — dem gräßlichsten Tode. Auf ebenso unmenschliche Weise unterdrückte sie die Aufstände, welche der glücklich entkommene Prinz Ramanetaka bei den Sakalaven im Westen und Norden anzettelte, und schwer ließ sie danach ihre Hand auf dem unglücklichen Volke lasten, damit diesem die Lust verginge, sich aufs Neue zu erheben.

In den ersten Jahren dieser Schreckensherrschaft kam durch die Wechselfälle einer Seereise Laborde, ein Franzose von ungewöhnlicher Bildung des Geistes und Herzens, nach Madagaskar. Er wußte großen Einfluß auf die tyrannische Königin zu gewinnen und förderte das Wohl des Landes in bewundernswerther Weise, indem er Eisenwerke, Glas- und Porzellanfabriken errichtete, die Wege verbessern ließ und eine Menge der wichtigsten Neuerungen einführte. Alles Dies that und leitete er allein mit nur wenigen Gehilfen; was er nicht verstand, erlernte er, um es für sein zweites Vaterland zu verwerthen, kurz, er war ein seltener Mann, und ohne seine segensreiche Thätigkeit würde nur wenig von dem Guten, was Madagaskar jetzt zeigt, zur Entwickelung gekommen sein. Die größten Verdienste erwarb er sich durch die Erziehung des jungen, zwei Jahre (!) nach Radamas Tode geborenen Prinzen Rakoto, welcher nachmals zur Regierung gelangte; er legte die Keime der edelsten

Gesinnungen in den jungen Mann und erweckte in ihm die wärmste Begeisterung für das Wohl Madagaskars. Was wir über Prinz Rakoto durch den englischen Missionär Ellis und durch den französischen Préfet apostolique Père Jouen erfahren, muß uns mit Bewunderung erfüllen für die Anlagen und die Herzensgüte des jungen Mannes und für die Fähigkeiten und Absichten seiner Erzieher.

Mit den europäischen Mächten blieb Ranavaluna immer ab und zu in Berührung. So schrieb sie 1836 einen Freundschaftsbrief an König Louis Philipp von Frankreich; im Jahre darauf schickte sie eine Gesandtschaft nach England, und 1841 bestellte sie in Paris Schmucksachen und Kleider für sich und ihre Beamten (kostbare Uniformen und was sonst zu einem Hofstaate gehört) sowie fünfundzwanzigtausend Gewehre und ein kleines Küstenkriegsschiff, zusammen für eine halbe Million Thaler; dazwischen aber fielen wieder Kämpfe und Feindseligkeiten mit den Europäern, zuerst mit den Franzosen allein, welche bis zum Jahre 1830 sämmtliche Küstenpunkte mit Ausnahme der kleinen Insel St. Marie verloren, später mit den verbündeten Franzosen und Engländern, welche im Jahre 1845 die Küstenfestung Tamatave erfolglos angriffen.

Nach dieser Zeit stockte viele Jahre lang aller Verkehr mit Madagaskar. Zuerst brachen sich die Franzosen wieder Bahn. Im Jahre 1855 glückte es einem geschmeidigen und unternehmenden Handelsmanne, dem Zuckerpflanzer Lambert aus Mauritius, Zugang nach Tananarivo zu erhalten. Lambert hatte weitausschauende, eigennützige Pläne. Als er fand, daß sich hier Etwas erreichen ließe, eilte er nach Paris, um den Kaiser für seine Zwecke zu gewinnen. Im Jahre 1857 kehrte er mit Geschenken im Werthe von zehntausend Thalern an den Hof Ranavalunas zurück. Ihn begleitete, von ihm überredet, die reiselustige Frau Ida Pfeifer, eine ausgezeichnete Künstlerin auf dem Fortepiano. Ihr hinreißendes Spiel entzückte die gleich allen Madagassen musikliebende Königin und ihren Hof. In Freude und Festlichkeiten vergingen die Tage; Ranavaluna schien nicht mehr die alte zu sein. Plötzlich aber wurde ihr Mißtrauen rege, gleichviel ob mit oder ohne Grund, und nun begann eine neue Zeit des Schreckens und der Verfolgung für Einheimische und Fremde. Die Königin wollte von einer Verschwörung zu Gunsten des Prinzen Rakoto Kunde erhalten haben. Bei einem Festessen theilte sie Dies gelassen den vor Schreck erstarrenden Gästen mit, von denen sofort der größte Theil verhaftet wurde, unter ihnen die drei Franzosen Laborde, Jouen und Lambert und die beklagenswerthe Ida Pfeifer. Letztere vier erhielten das Leben geschenkt, mußten aber zu ihrem Entsetzen der Hinrichtung von zweitausend verdächtigen Hova-Edelleuten beiwohnen, wurden dann auf den schlechtesten Wegen und viermal langsamer, als Dies gewöhnlich geschieht, durch die ungesundesten Gegenden nach der Küste gebracht und bei Todesstrafe auf ewig aus dem Lande verwiesen.

Ranavalunas Zorn mußte bald verraucht sein, denn einige Jahre später treffen wir P. Jouen wieder in Tananarivo und zwar in ebenso angesehener Stellung wie vordem; er berichtet viel Günstiges von den Fortschritten der katholischen Religion, sowie von seinem Einfluß auf den liebenswürdigen Prinzen Rakoto und dessen Gemahlin Raboda, unter Anderem, daß er deren angenommenes Kind, den vierzehn Monate alten Prinzen Ratahiri, in feierlichster Weise getauft und ihm dabei den Namen Raphael beigelegt habe, welcher eine merkwürdige Aehnlichkeit mit den madagassischen, durch die Vorsilbe „Ra" gekennzeichneten Adelsnamen hat. —

Später als den Franzosen gelang es den Engländern, nach der unglücklichen Unternehmung auf Tamatave die freundschaftlichen Beziehungen mit Madagaskar wieder herzustellen. Zweimal, in den Jahren 1853 und 1854, ging der englische Missionär Ellis nach Tamatave, um Verhandlungen mit der Königin anzuknüpfen (beim letzten Mal übergab er eine von den Kaufleuten in Port Louis, der Hauptstadt von Mauritius, aufgebrachte Entschädigungssumme von fünfzehntausend Thalern); aber erst im Jahre 1857, als Lambert mit Ida Pfeifer angekommen war, erhielt er die Erlaubniß, nach Tananarivo selbst zu kommen. Er wurde ausgezeichnet aufgenommen und schied nach einem Monat Aufenthalt mit den schönsten Hoffnungen für das kräftig emporstrebende Land, welchem unter der Regierung des aufgeklärten Kronprinzen Rakoto eine glänzende Zukunft erblühen mußte. —

Die große Wendung, welche alle Freunde des Fortschrittes mit Sehnsucht erwarteten, trat im Jahre 1861 ein: Ranavaluna starb am 16. August im Alter von dreiundsiebzig Jahren. Rakoto beseitigte auf eine geschickte Weise und ohne Blutvergießen, welches seinem milden Wesen widerstrebte, seinen Nebenbuhler und Vetter Ramboasalama und gewann unter Mithilfe des Oberbefehlshabers der Truppen das Volk, daß es ihm als dem neuen Könige von Madagaskar huldigte; er nannte sich als solcher Radama II., und seine Gattin vertauschte ihren Namen Raboda mit Rasaherina. Der Jubel im Lande war grenzenlos, und nicht weniger als die Eingeborenen freuten sich die Fremden, denen nun eine goldne Zeit bevorstand. Engländer und Franzosen wetteiferten, die Gunst der Verhältnisse auszunützen: katholische und protestantische Missionäre bemühten sich, den Prinzen für ihre Lehre zu gewinnen, die Einen brachten Bibeln, die Anderen leiteten einen Briefwechsel mit dem Papste ein; die Staatsmänner bauten weiter auf dem Grunde, welchen die Priester legten. Am geschicktesten gingen die Franzosen vor. Eine Gesandtschaft unter dem Kommandanten Dupré, bei welcher Lambert nicht fehlte, brachte im Juli des folgenden Jahres einen prächtigen Krönungsschmuck für Radama und Rasaherina, ein Geschenk der kaiserlichen Majestäten von Frankreich, und Laborde veranlaßte mit den in Tananarivo ansässigen Franzosen eine Krönungsfeierlichkeit in großartigstem Maßstabe. Solche Anstrengungen hatten denn auch den Erfolg, daß Radama sich zur Abtretung der herrlichen, drei ausgezeichnete Häfen umfassenden Bucht von Diego Juarez (Antombuk-Bai) in Norden der Insel bereit finden ließ.

Wie es später unter der Regierung des zweiten Radama auf Madagaskar zuging, werden wir im weiteren Verlaufe der Erzählung sehen, welche uns wiederholt mit den Ereignissen in unmittelbare Berührung bringt.

Während der Baron von der Decken zu Beginn des Jahres 1862 die Ankunft seiner neuen Reisegefährten erwartete, bot sich ihm eine ebenso willkommene wie bereitwillig gewährte Gelegenheit zu einem Besuch auf Madagaskar durch den O'Swald'schen Schooner „Sansibar", welcher in dem Küstenplatze Minterano (ein, soviel wir wissen, noch nicht von Reisenden besuchter Ort) eine Ladung Ebenholz holen sollte. Nach einer Fahrt von zehn Tagen ging der Schooner am Nachmittag des 10. Februar im Angesicht seines Reisezieles und etwa vier Meilen vom Lande vor Anker, in $18^1/_4{}^\circ$ südlicher Breite an der Westküste der großen Insel. Einige Baumkähne kamen aus dem Fluß, an welchem die Stadt liegt, und auf ihnen auch der Komorianer Abdallah ben Dulab, der Aufkäufer des Hauses O'Swald. Abdallah sprach seine Freude aus, das Schiff und seine Gäste zu sehen, und rieth dem Kapitän, der bequemeren Einschiffung wegen im Flusse, dicht vor der Stadt, zu ankern; die Barre sei bereits früher von einem französischen Schiffe passirt worden.

In Folge dieses Rathes gingen am folgenden Morgen der Kapitän und der Baron an Land, um die Einfahrt genau zu untersuchen und dann, falls das Ergebniß ein günstiges, zur Flutzeit mit dem Schiffe einzulaufen. Die zur Ueberfahrt dienenden Boote der Eingeborenen, die sogenannten Lakka, sind etwa zwanzigmal so lang als breit und überaus leicht, schwimmen aber so sicher wie ein Bret, weil sie durch einen Ausleger oder ein Schwert im Gleichgewicht erhalten werden. Ein solcher „Schwebebaum", ein gegen achtzehn

Fuß langes, sechs Zoll breites und neun Zoll hohes, vorn und hinten zugeschärftes Stück Holz ist durch zwei querüber gelegte und auf der anderen Seite durch einen Querstock verstärkte Stangen von etwa zehn Fuß Länge mit dem an und für sich schwankenden Kahne fest verbunden, sodaß dieser eigentlich ein Doppelboot vorstellt. Bricht der Ausleger ab, dann ist allerdings Holland in Nöthen. Das Fahrzeug selbst besteht aus einem ausgehöhlten Baumstamme, welcher nach unten sowie nach den beiden fast gleichgebauten Spitzen scharf zuläuft und durch leicht angenagelte Breter einen erhöhten Bord erhält. Das hierzu verwendete Holz des hohen Mafaibaumes, welcher auf den Bergen, zwei Tage landeinwärts, wachsen soll, ähnelt in seinem Aussehen dem Ahornholze, ist aber so leicht wie Kork und so weich, daß es mit den unvollkommensten Werkzeugen bearbeitet werden kann. Wegen ihrer Leichtigkeit und der Schärfe ihres Baues übertreffen die Lakka jedes noch so gut gebaute und gelenkte europäische Boot an Schnelligkeit; dafür haben sie aber auch einige Unbequemlichkeiten, welche dem europäischen Reisenden viel zu schaffen machen: sie sind höchstens eineinviertel Fuß breit und nach unten zu so eng, daß man nicht weiß, wo man die Füße hinsetzen soll, und haben als Sitzplätze einige drei Zoll breite Querleisten, wahre Marterhölzer für Den, welcher solche Unterlagen nicht gewohnt ist.

Ueber eine Stunde dauerte die Fahrt. Wegen der Ungeschicklichkeit der Ruderer durchschnitt das Boot die Barre an einer falschen Stelle; es wurde schnell von den Wogen gefüllt, begann zu sinken und würde sicherlich untergegangen sein, wären nicht sämmtliche Neger über Bord gesprungen und hätten schwimmend das Fahrzeug im Gleichgewicht erhalten, bis es in ruhigerem Wasser ankam. Ohne weiteren Unfall erreichte man die anderthalb Meilen oberhalb der Flußmündung gelegene Stadt Minterano. Abdallah ben Dulab, welcher sich mit einer Menge Eingeborener zur Bewillkommnung aufgestellt hatte, bot den Besuchern gastfreundliche Aufnahme in seinem stattlichen Hause, dem größten der Stadt.

Minterano liegt auf dem linken Ufer eines gegen dreißig Schritt breiten, starkströmenden Flusses, welcher selbst bei Ebbe noch zweieinhalb Faden Wassertiefe hat. Die etwa dreihundertfünfzig außerordentlich kleinen Bambushütten des Städtchens sind von länglich-viereckiger Form und haben ein ziemlich steiles Dach; dieses und die Wände sind mit den getrockneten Blättern einer Palmenart dicht bedeckt und durchflochten. Ein paar auf den Boden ausgebreitete Matten, eine Kitanda und einiges Kochgeschirr bilden den ganzen Hausrath. Trotz dieser Aermlichkeit aber herrscht überall die größte Sauberkeit — Schmuz und Ungeziefer sind unbekannt. Auf dem anderen Ufer des Flusses befinden sich etwa dreißig womöglich noch kleinere und schlechtere Hütten.

Die Einwohner, dem großen Volksstamme der Sakalaven angehörig, sind hoch und schlank gewachsen; ihre Gesichtsbildung ist nicht gerade schön, aber durchaus nicht negerartig. Ebenso ist das Haar viel länger und zwar kraus, doch nicht wollig, wie bei den eigentlichen Negern, und der Bart ziemlich stark. Beide Geschlechter verwenden viel Sorgfalt auf die Anordnung und Pflege ihres Haupthaares; sie salben es reichlich mit Oel und flechten es zu dünnen, von Knoten unterbrochenen Strähnen zusammen. Europäische Anzüge, welche bei den Hova so beliebt sind, sieht man bei den hiesigen Sakalaven nicht. Die Männer tragen ein Tuch um die Lenden und bisweilen ein zweites, togaähnliches, welches sie malerisch um die Schultern schlingen; die Weiber kleiden sich wie die Negerinnen in Sansibar. Einige aus dem Süden gebürtige Frauen zeichneten sich durch sehr helle Hautfarbe vortheilhaft vor den anderen aus und konnten, selbst nach europäischem Geschmacke, für recht hübsch gelten; namentlich waren ihre dunklen, schwarzen oder braunen Augen von wunderbarem Glanze.

Kurz nach seiner Ankunft stattete der Reisende den beiden Statthaltern, zwei Brüdern, einen Besuch ab. Er fand in einem einfachen Hause zwei große, stark gewachsene Männer, welche sich weder in ihrem Aeußeren noch in ihrer Kleidung wesentlich vor den übrigen Sakalaven auszeichneten. Die in Suaheli geführte Unterhaltung drehte sich hauptsächlich um den Handel und um einen beabsichtigten Ausflug in das Innere, nach der Stadt des Sultahns Simarue. Darauf zogen die Häuptlinge Erkundigungen über Europa ein und stellten auch die so oft gehörte Frage, ob Engländer oder Franzosen mächtiger seien.

Nach dem Mittagsmahle von Fleisch, Curry und Reis, welches Abdallah gastlich darbot, suchte Decken die Königin Naruva auf, eine Tochter von Kelsambaie, dem Nachfolger des Königs Rainassa von Menabé. Naruva, eine große, etwas beleibte Frau im Alter von **22** bis **24** Jahren empfing ihren Besuch überaus freundlich, mit französischen Begrüßungsformeln, und setzte ihm Kognak vor; im Laufe der Unterhaltung wurde sie so zutraulich, daß sie Brüderschaft zu trinken begehrte, was ihr der Baron, ohne sie zu beleidigen, nicht gut abschlagen konnte. Ihre Wohnung war, so ist es hier Brauch, mit leeren Flaschen verziert, welche, an Fäden befestigt, in langen Reihen an den Wänden hängen. Blumenvasen, Suppenschüsseln und anderes Porzellangeschirr legten Zeugniß ab von ihrer früheren Würde und Wohlhabenheit. Sie mußte ehemals hübsch, wenn nicht schön gewesen sein, war sie doch jetzt noch eine ansehnliche Erscheinung, obschon ihr Gesicht durch deutliche Anzeichen gewohnheitsmäßiger Trunksucht einigermaßen entstellt wurde. Wein und andere geistige Getränke schienen ihr wie Wasser zu sein: seit dem Morgen hatte sie zwei Flaschen Kognak, ein Geschenk des Barons, vertilgt, ohne daß man ihr Etwas anmerkte! Ihre Trunksucht und ihr nicht eben sehr sittlicher Lebenswandel haben vielleicht ihre Vertreibung mit veranlaßt, wenngleich ein eigenmächtiger Vertrag, welchen sie mit den Franzosen abschloß, den Hauptanstoß dazu gegeben haben mochte. Sie erzählte die Geschichte selbst mit anscheinend großem Wohlgefallen und zeigte, wie um zu beweisen, daß sie wirklich eine große Königin sei, zwei Verträge mit den Franzosen vor. Eigentlich enthielten diese Papiere, welche mit einem Kreuz als Naruvas Unterschrift gezeichnet waren, nur das Bekenntniß, daß fünfhundert Ochsen an die Franzosen zu bezahlen seien; durch eine eingeflochtene Floskel aber, daß Naruva gleich den anderen Häuptlingen der Insel die Anrechte Frankreichs auf ganz Madagaskar anerkenne, bekamen sie einige Bedeutung. Soviel aus den Reden der entthronten Königin erhellte, hatte die den Franzosen feindlich gesinnte Partei das Gerücht ausgesprengt, Naruva hätte das Land an die Europäer verkaufen wollen, und dadurch das Volk in solche Aufregung versetzt, daß die bedrängte Frau einen Zufluchtsort außer Landes suchen mußte. Seitdem wohnt sie in Minterano; sie hat die Hoffnung noch nicht aufgegeben, einst (mit Hilfe der Franzosen) wieder als Königin in ihre Hauptstadt einziehen zu können. Der bei diesen Gesprächen genossene Franzbranntwein äußerte eine nicht ungewöhnliche Wirkung: Naruva wurde so liebenswürdig, daß der Reisende es für gerathen hielt, sich zu entfernen, um nicht in die Verlegenheit zu kommen, mit ihr die Scene von Joseph und Potiphars Weib aufführen zu müssen.

Da der Wind flau wurde und es allzu beschwerlich gewesen wäre, den weiten Weg zurückzurudern, nahmen der Baron und der Kapitän Abdallahs Einladung an, die Nacht an Land zuzubringen und sein aus Hühnern und Reis bestehendes Abendbrod mit ihm zu theilen. Kaum hatten sie sich zur Tafel gesetzt, als Naruva, von zwei ihrer Hofdamen und einem Soldaten begleitet, ihren Gegenbesuch abstattete. Sie mußte sich in der Zwischenzeit Branntwein verschafft haben, denn sie war übervoll, und Herz und Mund gingen ihr über. Trotzdem klagte sie über einen entsetzlichen Durst, welcher ihr gewiß die Nachtruhe rauben würde, wenn sie kein Mittel fände, ihn zu stillen, und bat dringend, ihr Freund und Duzbruder solle ihr doch noch eine einzige Flasche Kognak schenken. Decken schlug ihr diese Bitte rundweg ab, weil er fürchtete, er würde der Betteleien sich später nicht erwehren können, wenn er gleich anfangs so freigebig wäre.

Abends wurde ein Tanz am Strande aufgeführt. Die jungen Frauen und Mädchen im Alter von zehn bis fünfundzwanzig Jahren, welche ausschließlich daran Theil nahmen, wollten dadurch den Fremden eine Ehre erweisen und zugleich ihre Freude (s. unten) über die Ankunft eines Schiffes ausdrücken. Sie gingen singend auf und nieder, faßten sich ab und zu mit den Händen und bildeten Reihen, bewegten sich dann gegeneinander, um entweder wieder Kehrt zu machen oder sich zwischeneinander durchzudrängen, ganz wie Dies bei unseren Polonaisen und Kontretänzen geschieht.

Als gegen Mitternacht das anmutige Schauspiel beendigt war, bemühten sich die Reisegefährten umsonst, die erwünschte Ruhe zu finden: tausende von Mücken umschwärmten und umsummten sie und verscheuchten jeden Schlaf. Unter häufigen Spaziergängen am Strande und in der Stadt und unter dazwischen angestellten vergeblichen Schlafversuchen verging ihnen mit peinlicher Langsamkeit die Zeit bis zum Morgen. Mit Tagesgrauen fuhren sie, durch eine Tasse arabischen Kaffees gestärkt, an Bord des Schooners. Selbst an den seichtesten Stellen wurde die Wassertiefe genügend befunden; die Einfahrt sollte mit Eintritt der Hochflut gewagt werden. Nachmittag drei Uhr setzte das Schiff sich in Bewegung. Es stieß einigemal auf weichen Grund, kam aber glücklich in den Fluß und legte sich, von Abdallah durch Hissen der Hamburger Flagge gegrüßt, zwischen beide Ortschaften vor Anker.

Kaum lag der Schooner fest, als eine Menge Besucher an der Leiter emporkletterten, zumeist Verkäufer, welche Fleisch, Fische, Krabben, Eier, Milch und Wassermelonen sowie Spere, Messer und eigenthümliche, im Lande gewebte Stoffe ausboten. Diese Zeuge, genannt Laï und Ramba, sind außerordentlich geschmeidig und fest; die eine Art hat eine gelbe Naturfarbe, die andere zeigt hübsch eingewebte Muster. Sie werden mit großer Geschicklichkeit aus Baumfasern und einer Art feinen Grases gewebt, welches die Schiffsleute häufig mit auf die Reise nehmen, um ihre müßigen Stunden unterwegs mit Flechten von Cigarrentäschchen u. dgl. auszufüllen. Am meisten wurden leere Flaschen als Zimmerschmuck begehrt, dann Tassen, Schüsseln und Baumwollenstoffe; doch konnte man nicht viel kaufen, weil die Leute allzu hohe Forderungen stellten. Sie benahmen sich beim Handel nicht minder unverschämt als die Eingeborenen Innerafrikas, und ihre Mißgunst gegen die Europäer schien ihre Habsucht noch zu übertreffen, denn sie verkauften schließlich am Lande den größten Theil ihrer Waaren um die Hälfte des niedrigsten Preises, den sie an Bord hätten erzielen können.

Auch einige angesehene Bewohner der Stadt, Männer und Frauen, kamen an Bord, um das Schiff zu besehen; die meisten von ihnen brachten irgend ein kleines Geschenk mit, welches durch das Doppelte oder Dreifache seines Werthes zu erwiedern war.

Gegen Abend, als die Neugierigen und Verkäufer sich entfernt, stellten Besucher anderer Art sich ein, Frauen und Mädchen, welche die Insassen des Schiffes für die Entbehrungen des Seelebens zu entschädigen wünschten. Mehrere Kähne, gefüllt mit solchen Frauenzimmern, kamen an das Schiff heran, und fast leer verließen sie dasselbe wieder — die Zurückgebliebenen sollten am nächsten Morgen abgeholt werden. Diese „Sitte" scheint längs der ganzen Westküste Madagaskars eingebürgert zu sein, wenigstens erzählen die Schiffer von den verschiedensten Orten dasselbe; überall kommen, sobald der Verkehr frei gegeben wird, die gefälligen Damen in Scharen und nehmen Herberge an Bord, falls nicht der Kapitän ein Machtwort spricht.

So wenig man gegen die nichtgebundenen Frauen streng ist, so genau nimmt man es mit den verheiratheten. Seeleute, welche sich so weit vergessen, daß sie in die Hütten der Eingeborenen dringen, können leicht in ernstliche Unannehmlichkeiten gerathen, wennschon der Zorn der Eheherren vielleicht weniger in der Beleidigung der Hausehre seinen Grund hat, als in dem Bestreben, eine möglichst hohe Entschädigung zu erlangen. Wie die Sakalavinnen und im Allgemeinen die Madagassinen größere Freiheiten genießen als die Araberinnen, so stehen sie auch in höherem Ansehen als diese: sie werden, obgleich auch hier die Vielweiberei zu Hause ist, den Männern durchaus ebenbürtig erachtet. In ihrer Liebe zu ihren Kindern kommen sie den Müttern Sansibars gleich. Ihre Beschäftigung besteht in Führung des Haushaltes, in Feldbau und nebenbei in Mattenflechten, während die Männer Häuser und Fahrzeuge bauen, fischen und für die Sicherheit des Landes wachen.

Ein ausführlicheres Urtheil über die Eigenschaften und die Sinnesart der Sakalaven gibt unser Reisender nicht; hierüber müssen wir uns bei Guillain (37) Raths erholen. Dieser genaue Beobachter und ungemein gewissenhafte Forscher nennt die Sakalaven unruhig, eitel, lügnerisch, sorglos, mißtrauisch aus Unwissenheit und häufig grausam aus Aberglauben, erkennt aber auch ihre lebhafte Einbildungskraft und ihre Verstandesschärfe an, lobt sie als nicht rachsüchtig, als mäßig (?), kräftig, gewandt, ausdauernd, der Begeisterung fähig und meint, sie würden, wenn gut geschult und geführt, sehr brauchbare Soldaten abgeben. Den Hova zu widerstehen, sind sie nicht mehr im Stande, theils weil ihre Fürsten nicht untereinander einig sind, theils weil sie keine stehenden, wohlausgerüsteten Heere haben. Guillain schätzt die bewaffnete Macht aller Sakalaven auf 27,700 Mann (14,000 im eigentlichen Menabé, 3000 in dem von Menabé, 6700 in dem von Bueni abhängigen Ambongu und 4000 im südlichen Bueni) was einer Gesammtbevölkerung von nicht einmal 180,000 Seelen entspricht, und bemerkt, daß diese überall zerstreuten Scharen von kaum dreitausend Hovakriegern in Schach gehalten werden (11—1200 in Bueni und 1800 in Menabé). Leider erfahren wir aus Deckens Erzählung nicht, ob die beiden Statthalter Beamte der Hova sind, oder ob Minterano sich einer gewissen Unabhängigkeit erfreut: wir sind geneigt, Letzteres anzunehmen, weil Hovabeamte unter Radama des Zweiten Herrschaft sicherlich in europäischer Kleidung einherstolzirt sein würden.

Wie sich aus obiger Zusammenstellung ergibt, ist das Land der Sakalaven nur dünn bevölkert, eine Folge der langandauernden, blutigen Kriege mit den Hova. Guillain meint, daß die völlige Vernichtung der Sakalaven nur eine Frage der Zeit sei. Diese Behauptung gewinnt an Wahrscheinlichkeit, wenn man bedenkt, daß bei den Sakalaven Ackerbau und Gewerbthätigkeit, im Vergleich zu den Hova, auf sehr niedriger Stufe steht und der Handel überaus unbedeutend ist. In Bezug auf Bildung stehen die Sakalaven den Hova jedenfalls weit nach; nicht einmal ihre Häuptlinge können lesen oder schreiben, während diese Künste bei den Hova allgemein verbreitet sind. Ihre Religion ist ein rohes Heidenthum; die christliche Lehre hat bei ihnen nicht Eingang gefunden wie bei den seit langer Zeit von allerlei Missionären besuchten Hova, der Mahammedanismus nur an einzelnen Orten und gewiß sehr oberflächlich, da er den Grundeigenthümlichkeiten der hiesigen Rasse entschieden widerspricht. Ein eigenthümlicher Brauch, welchen man wol religiös nennen kann, die bei den Reisen in Ostafrika eine so große Rolle spielende Blutsbrüderschaft (Blutseid), hier Faditra genannt, findet sich durch ganz Madagaskar verbreitet (Aehnliches soll auch bei unseren Vorfahren üblich gewesen sein); er wird in etwas anderer Form vollzogen als dort und verschafft dem Reisenden Sicherheit der Person, schützt jedoch sein Eigenthum nicht, da er ja Gütergemeinschaft und zwar zwischen zwei sehr ungleich begüterten Personen zur Folge hat. Aberglaube ist hier wie überall in der Welt zu Hause.

Die nächste Umgebung von Minterano bietet wenig Anziehendes; sie ist sandig, dürr und fast allen Pflanzenwuchses bar. Zu größeren Ausflügen kam es nicht, weil Abdallah aus Handelseifersucht Alles aufbot, um diese zu verhindern. Nur einmal wurde eine Bootfahrt auf dem Flusse unternommen. Das Ende desselben, eine sumpfige Wiese, auf welcher zwanzig bis dreißig Quellen entspringen, wurde schon nach zwei oder drei Stunden erreicht; der starken Strömung des Flusses und der Menge seines dunkelrothen aber wohlschmeckenden Wassers nach hätte man glauben sollen, daß er weit aus dem Inneren, von den in der Ferne sichtbaren Bergen käme. Von der Wiese aus zieht sein Lauf sich anfangs durch eine Strecke Waldes, dann zwischen sandigen Ufern hin, welche dieselbe Beschaffenheit wie in der Nähe der Stadt zeigen. Einen ähnlichen Ursprung und Verlauf sollen die meisten Flüsse dieser Küste haben, so beträchtlich sie auch bei ihrer Mündung in die See erscheinen mögen.

Um wenigstens noch einen Punkt des Landes kennen zu lernen, schiffte Decken am 17. Februar sich auf einer Dau nach der etwa zwanzig Meilen nordwärts gelegenen Ortschaft Kanatzi ein, welche das meiste Ebenholz für die Ausfuhr liefert. Abdallah suchte zwar auch diesen Ausflug zu hintertreiben, doch gelang Dies ihm nicht, weil der Statthalter durch einige Flaschen Kognak gewonnen worden war. Koralli, Assani und ein Sklave des Statthalters begleiteten den Reisenden. Nach langer Fahrt erreichte das kleine Schiff Nachmittags drei Uhr die Mündung des unbedeutenden Flusses, an welchem Kanatzi liegt; eine Stunde später, bei Hochwasser fuhr es unter entsetzlichem Schreien und Lärmen der Mannschaft über die Barre, nicht ohne einige Male aufgestoßen und einige Sturzwellen übergenommen zu haben.

Kanatzi, ein aus etwa zweihundert Hütten bestehendes Dorf, liegt bei Weitem hübscher als Minterano. Die häßlichen Sanddünen erreichen schon in geringer Entfernung von der See ihr Ende, und auf der einen Seite beginnt ein dichter Urwald, auf der anderen ein grasreiches, schönes Hochland. Ein fetter, gutmütig aussehender kleiner Mann, der Häuptling und zugleich Schmiedemeister des Ortes, empfing den Reisenden freundlich und wies ihm zur Wohnung eine Hütte an, welche allerdings kaum mehr als mannslang und nur einige Fuß breit, doch überaus sauber war und somit ein angenehmes Obdach bot, wenn man es einmal ermöglicht hatte, durch die niedrige, als Thür bezeichnete Oeffnung hineinzukriechen. Da es kurz nach der Ankunft zu regnen anfing, konnte Decken nichts Besseres thun, als die Zeit in Gesellschaft seines Wirthes zu verbringen. Durch ein Gläschen Branntwein wurde der gute Mann gesprächig und erzählte in einem Gemisch von Englisch und Französisch seine Lebensgeschichte, namentlich seine Fahrten mit Kapitän Guillain, welchen er längere Zeit begleitet haben wollte; Dies schien seine Lieblingserinnerung zu sein, denn alle Augenblicke kam er von anderen Gegenständen auf diesen zurück.

Anderen Tages früh sechs Uhr ruderte der Reisende mit zwei Sakalaven und dem Sohne seines Wirthes eine halbe Stunde weit flußaufwärts bis nach dem Beginn eines Waldes, in welchem viel Ebenholz, „Mbingo" der Suaheli, gewonnen wird. Hier stieg die Gesellschaft aus. Hohe Bäume und Unterholz sind zu einem fast undurchdringlichen Dickicht vereinigt; Dornen finden sich gar nicht, Schlingpflanzen nur selten. Den Hauptbestandtheil des Waldes bilden die Ebenholzbäume, welche gegen hundert Fuß Höhe und neun Fuß Stammumfang erreichen. In der Farbe der Rinde ähneln sie unseren Buchen. Der gerade und schlanke Stamm entwickelt in halber Höhe seine weitästige, mit lorbeerartigen Blättern geschmückte Krone. Nur der kleinste Theil des Baumes, das schwarze Kernholz, kommt zur Verwendung; das weiche, weiße Splintholz und die zwei bis drei Zoll dicke Rinde werden entfernt und bleiben unbenutzt liegen. Es steht Jedermann frei, Bäume zu fällen und zum Verkauf nach der Küste zu schaffen; der Preis des Ebenholzes wird also wesentlich durch die Höhe des Arbeitslohnes und der Transportkosten bedingt. Der Hauptgewinn fällt den Zwischenhändlern zu, welche die Ladung aufkaufen und in die Hände der europäischen Kaufleute bringen; doch bleibt auch letzterem, selbst wenn sie das edle Holz erst auf dem Markte zu Sansibar kaufen sollten, immer noch ein beträchtlicher Vortheil. Nächstdem gibt es hier vorzugsweise Sandelholzbäume und eine Baumart mit einem sehr harten Holze von Ochsenblutfarbe; aus letzterem fertigt man Lanzenschäfte, ersteres wird zu Sandalen gebraucht, auch massenhaft nach Sansibar ausgeführt, wo es die Banianen zur Verbrennung ihrer Todten verwenden. Zwischen diesen Nutzhölzern stehen in dem üppigen Walde riesige Jackfruchtbäume von vierzig und mehr Fuß Umfang, große Euphorbien, Rhododendronbüsche und namentlich viele Nesselpflanzen mit fußbreiten Blättern. Die Thierwelt ist nicht minder reich und mannigfaltig. Vor Allem machten sich Trupps von weißen und gelben Lemuren bemerklich, welche sich vor den Eindringlingen durchaus nicht zu fürchten schienen, ja nicht einmal durch Flintenschüsse sehr erschreckt wurden. Einige von ihnen fielen den Jägern zur Beute; desgleichen wurden mehrere der hier in gewisser Verehrung stehenden Tauben erlegt.

Sehr befriedigt kehrte Decken gegen elf Uhr von seinem Ausfluge zurück. Der Häuptling, welcher gestern einige Flaschen Branntwein erhalten, schenkte ihm eine Ziege und einen Topf Milch als Gegengabe. Inzwischen war es im Dorfe bekannt geworden, daß der Fremde allerlei sonderbare Sachen sammele; die Leute brachten nun die verschiedensten Gegenstände in Menge herbei, darunter einen Tanrek oder Borstenigel, eine sieben Fuß lange Schlange (vermutlich Pelophilus madagascariensis Dum. et Bibr.), eine zwei Fuß lange, stachlige Eidechse und mehrere große Chamäleon.

Einen neuen Zuwachs erhielten die Sammlungen durch einen am Nachmittag unternommenen Ausflug nach dem vorgenannten Hochlande. Nach einer halbstündigen Wanderung in der sandigen Ebene stieg der Boden zu einer etwa zweihundertfünfzig Fuß hohen weiten Fläche an. Das mit schönem Grase bedeckte Erdreich war von lehmiger Beschaffenheit und roth gefärbt von einem Eisensteine, welcher an zahlreichen Stellen zu Tage steht; das Erz findet keine Verwendung bei den Sakalaven, da diese zu ihren Eisenarbeiten lieber alte Ankerketten u. dgl. benutzen, welche sie von den Schiffen um ein Billiges erhalten. Ein Stündchen weiter fanden sich ein Dutzend kleiner Seen oder Teiche, der größte von zwei Meilen Länge bei einer Viertelmeile Breite. Auf der grünenden Grasflur tummelten sich Rindviehheerden von mehreren hundert Stück; Enten, Taucher, Reiher und anderes Wassergeflügel belebten das Wasser. Viele der schönen Vögel wurden getödtet, doch nur zehn bis zwölf davon erlangt, weil die Eingeborenen sich weigerten, die ins Wasser gefallenen zu holen, aus Furcht, von den zahllosen Krokodilen gefressen zu werden. Mit Anbruch der Dunkelheit kehrten die Jäger nach dem Dorfe zurück. Dort angekommen, begannen sie sogleich, ihre Beute für die Sammlung zurecht zu machen. Die Leiber der abgebalgten Vögel gaben einen vortrefflichen Braten für die Abendtafel ab.

Zu seinem Leidwesen erfuhr Decken, daß die Matrosen sehr fleißig gewesen und die Ladung bereits vollständig eingenommen hatten. Da in der herannahenden schlechten Jahreszeit Seereisen sehr gefährlich sind, durfte er nicht wagen, seines Vergnügens halber den Schooner aufzuhalten, soviel Verlockung auch die reizende Umgebung des Ortes bot. Als er sich nach Verpackung aller seiner Sachen am späten Abende zur Ruhe begeben wollte, erschien der Häuptling und Schmied noch einmal, und zwar in völlig berauschtem Zustande. Er sang und lärmte, ohne jedoch die Höflichkeit gegen seinen Gast zu vergessen, und wälzte sich in seiner Seligkeit auf dem Boden umher, bis endlich seine Frauen sich über ihn erbarmten und ihn in seine Hütte trugen. Noch am anderen Morgen war er so duselig, daß er sich kaum auf den Füßen erhalten konnte; er ließ sich's aber nicht nehmen, seinen Besuch bis an das Ufer zu begleiten. Die Barre wurde glücklich überschritten; ein günstiger Wind trieb die Dau in vier Stunden nach Minterano.

Hier war indessen ein französisches Kriegsschiff, der Dampfer „Etincelle", angekommen, welchem Decken schon auf der Reise nach Kanatzi begegnet war. Er hatte sich gegen vier Meilen vom Lande ab vor Anker gelegt und Boote in den Fluß geschickt, um Holz und Lebensmittel einzukaufen. Noch am Abende lernte der Baron den ersten Lieutenant vom

Schiffe in dem Hause Naruvas kennen, wo der liebenswürdige junge Officier sein Hauptquartier aufgeschlagen zu haben schien. Am anderen Morgen machte er auch die Bekanntschaft des Kapitäns, welcher ihn brieflich eingeladen hatte, an einer Kreuzfahrt nach dem Süden Theil zu nehmen. Da dieser Ausflug nicht länger dauern sollte, als der Schooner noch hier beschäftigt war, nahm Decken das Anerbieten mit Vergnügen an und traf in Schnelle die nöthigen Vorbereitungen. Nach zweieinhalbstündiger Fahrt erreichte er das Kriegsschiff.

Kurz danach berichteten einige Matrosen von Feindseligkeiten seitens der Eingeborenen und baten um scharfe Patronen, daß sie sich vertheidigen könnten. Um den Streit friedlich zu schlichten, fuhr der Kapitän mit dem Baron und einem Dolmetscher selbst an Land, nahm jedoch keine Waffen mit, weil Dies Mißtrauen hätte erregen können. Die beiden Statthalter kamen ihnen mit Speren in jeder Hand entgegen, und kaum fünf Minuten waren vergangen, als sich an zweihundert Männer mit Lanzen und Flinten, dazu eine Menge bewaffnete Frauen um sie gesammelt hatten. Einige der Umstehenden entblödeten sich nicht, ihre Gewehre vor den Augen der Europäer scharf zu laden. Es entspann sich eine stürmische Unterredung, welche beinahe zwei Stunden währte. Die Hauptbeschwerde, daß einige Matrosen madagassische Frauen ohne Erlaubniß von deren Eheherren besucht hätten, stellte sich jedoch als im Wesentlichen unbegründet heraus, und die vorher so aufgeregte Menge verlief sich unter Lachen und Scherzen. Befriedigt kehrte der Kapitän mit seinen Begleitern an Bord zurück, nachdem er von den Häuptlingen einen Lootsen für die Fahrt nach dem Süden erhalten hatte.

Die Etincelle hatte im Krimkrieg als Kanonenboot gedient. Später wurde sie durch Anstücken eines Vorder- und Hintertheiles verlängert und nach Ostafrika geschickt. Durch jene Flickerei war sie ein höchst unbrauchbares Fahrzeug geworden: sie segelte weder gut noch dampfte sie mit einiger Geschwindigkeit, da sie mit halber Dampfkraft und mit ausgespannten Segeln bei leidlicher Brise nur fünf bis sechs Meilen in der Stunde zurücklegte; sie konnte nur für fünf Tage Kohlen einnehmen; ihr schwächlicher Bau gestattete nicht, die Kanonen beider Seiten zugleich abzufeuern; das Zwischendeck war nicht ganz fünf Fuß hoch, kurz, es war fast Nichts an dem Schiffe zu loben als die sehr große und bequeme Kajüte des Kapitäns. Uebrigens wurde es sehr sauber gehalten, und die Mannschaft, etwa sechzig Franzosen von ungewöhnlich großem Schlag und zwölf Neger, arbeitete schnell und lautlos und war außerordentlich höflich und zuvorkommend. Nicht genug konnte Decken, welcher neun Tage an Bord der Etincelle weilte, die liebenswürdige Aufmerksamkeit des Kapitäns und seiner Officiere rühmen; sie übten die geselligen Tugenden der Franzosen in ausgezeichneter Weise. Von dem Kommandanten der Flottenstation zu Bourbon hatte die Etincelle den Auftrag erhalten, Erkundigungen in einer streitigen Angelegenheit einzuziehen, welche schon seit 1860 spielte. Es handelte sich um eine der vielen Strandräubereien, wegen deren die Küste von Madagaskar berüchtigt ist. Im genannten Jahre war auf dem Menabégebiete ein französisches Schiff auf den Grund gerathen; die Eingeborenen hatten nichts Eiligeres zu thun gehabt, als die Mannschaft zu tödten und die Vorrathsräume zu plündern. Der damalige Befehlshaber des französischen Geschwaders in diesen Gewässern hatte in unbegreiflicher Schwäche und Nachsicht den verbrecherischen Sakalaven nur eine Buße von fünfhundert Ochsen auferlegt, anstatt sie die europäische Gerechtigkeit in ihrer ganzen Strenge fühlen zu lassen und eine Genugthuung zu fordern, wie sie dem vergossenen Blute angemessen war. Damals herrschte in Menabé noch die Königin Naruva; sie hatte das oben erwähnte Papier unterschrieben, in welchem sie sich schuldig bekannte, die fünfhundert Ochsen zu bezahlen, sich aber wahrscheinlich nicht ernstlich mit dem Gedanken beschäftigt, diese Schuld jemals zu berichtigen; ebensowenig thaten Dies jetzt ihre früheren Unterthanen. Seit einiger Zeit war ein neuer Befehlshaber in Bourbon eingetroffen, ein unternehmender und thatkräftiger

Mann, welcher die Fehler seines Vorgängers wieder gut zu machen bemüht war und unter Anderem auch die Etincelle ausgeschickt hatte, um zu erfahren, ob und wann die Entschädigungssumme bezahlt werden sollte.

Am 23. Februar, dem Tage nach der Abfahrt von Minterano ging das Schiff in der Nähe von Menabé, etwa drei Meilen vom Lande, vor Anker. Wo die Stadt eigentlich lag, davon hatte Niemand eine Ahnung, am wenigsten aber der von Minterano mitgenommene Lootse; die Karten waren so mangelhaft, daß man sich auf ihnen nicht zurecht finden konnte. Zum Glücke tauchte nach Kurzem ein Baumkahn auf. Sein Inhaber kam an Bord, stellte sich als Kaptain John White (sein eigentlicher Name war Sanguruki) vor und versprach, das Schiff in den Fluß und nach der Stadt zu führen, welche einige Meilen oberhalb der Mündung läge. Der Befehlshaber der Etincelle nahm dies Anerbieten an, erklärte aber, da er die Treulosigkeit und Hinterlist derartiger Leute kannte, daß er Herrn John White an der Raa aufknüpfen würde, wenn das Schiff zufällig auf Grund geriethe.

Während diese Verhandlungen geführt wurden, kamen die schon vorher zur Sondirung ausgeschickten Boote zurück und meldeten, daß an den meisten Stellen sich nicht einmal ein Faden Wasser fände. Der biedere Lootse war in sichtlicher Verlegenheit; es war offenbar, daß er keine Befugniß hatte, sein Amt auszuüben; jedenfalls hatte ihn nur die Hoffnung auf ein Geschenk, wenn nicht gar eine schlimme Absicht veranlaßt, dem Kapitän seine Hilfe anzubieten. Man verfuhr gnädig mit ihm; man schickte ihn an Land mit dem Auftrage, den zehnjährigen König Teüka und seine Räthe zu einer Unterredung aufzufordern sowie Vorräthe zu beschaffen, an denen das Schiff Mangel litt.

Nächsten Morgen erschienen acht mit Lebensmitteln und Holz beladene Laklas. Nur zwei der Händler ließen sich bereit finden, ihr Holz zu einem angemessenen Preise zu verkaufen, die anderen gingen mit ihren übertriebenen Forderungen nicht herab und warfen endlich, da sie hiermit Nichts erreichten, ihre Waare ins Wasser, um der Mühe überhoben zu sein, sie wieder an Land zu schaffen. Zu ihrem größten Aerger ließ der Kapitän das Holz auffischen und bekam somit umsonst, was die Käufer ihm nicht für Geld gegönnt hatten.

Unter endlosen Botschaften vom Lande vergingen zwei Tage, ohne daß man dem Ziele näher gekommen wäre. Die Häuptlinge sprachen viel von Freundschaft und Liebe, thaten aber nicht, was man wünschte; sie kamen nicht an Bord, „weil sie das Wasserfahren nicht vertragen könnten", beraumten aber auch keine Versammlung am Lande an. Am dritten Tage endlich sollte Alles bereit sein. Der Kapitän begab sich in Begleitung Deckens mit zwei Officieren und einer zahlreichen, stark bewaffneten Mannschaft in drei Booten auf den Weg. Sie fuhren in die Mündung des Sisubungiflusses ein und stiegen an der bezeichneten Stelle ans Land. Unter Trompetenschall und begleitet von dreißig Mann mit Flinten und aufgesteckten Bajonetten näherten sie sich einem verzierten Zelte, unter welchem einige fünfzig Leute saßen. Die Versammelten gaben sich theils als Häuptlinge, theils als Gesandte von solchen aus, wurden aber bald durch Kreuzfragen als gewöhnliche Krieger entlarvt. Unter solchen Umständen führte die Verhandlung zu Nichts und der Kapitän kehrte an Bord zurück. Noch einige Tage lang wartete er, durch betrügerische Versprechungen hingehalten, dann aber ging er wieder unter Segel. Soviel hatte sich herausgestellt, daß die so gering zugemessene Buße von fünfhundert Ochsen gutwillig nicht bezahlt werden würde; die Eingeborenen waren durch die unglückliche Schwäche des vorigen Befehlshabers verwöhnt und glaubten, ungestraft mit den Vertretern der Mächte spielen zu dürfen. Es stand zu erwarten, daß man in Bourbon Kenntniß davon nehmen und auf das Strengste verfahren würde.

Oeftere Regengüsse und heftige Windstöße machten die Rückkehr zu einer ziemlich unangenehmen. Erst nach vier Tagen, am 2. März, kam die Etincelle in Minterano an. Decken nahm von seinem freundlichen Wirth Abschied und begab sich sogleich an Bord des Schooners, welcher seine volle Ladung eingenommen hatte und noch an demselben Tage mit Hochwasser den Fluß verlassen wollte. Zahlreiche Abschiedsbesuche nahmen die letzten Stunden in Minterano in Anspruch. Naruva und die Statthalter versicherten den Reisenden einmal über das andere ihrer innigsten Freundschaft und sprachen die zuversichtliche Hoffnung aus, daß er in Bälde wiederkommen und Handelsverbindungen mit ihnen anknüpfen werde; in dieser Voraussicht bestellten sie auch bereits eine Menge Waaren.

Ohne Schwierigkeit passirte das Schiff die Barre. Es legte sich außerhalb vor Anker und erwartete hier Abdallah, welcher anderen Tages mit dreien seiner Weiber, neun Dienern und einer Heerde von fünfzig Ziegen an Bord kam, um mit nach Sansibar zu fahren. Das kleine Fahrzeug war so voll gepfropft, unten mit Ladung und oben mit Menschen und Vieh, daß wirklich nicht mehr das geringste Plätzchen zu besetzen übrig blieb. Bei gutem Wetter wäre Dies noch erträglich gewesen; bald aber begann es zu regnen, ein heftiger Nordwind setzte ein, hieraus entwickelte sich in der Nähe der Komoren ein regelrechter Sturm, welcher unablässig mächtige Sturzseen über Bord warf, sodaß der Schooner im wahren Sinne des Wortes mehr unter als über dem Wasser fuhr, denn die Wogen füllten das Deck schneller, als dieses sich wieder entleerte: fünf Tage lang kam man nicht eine Meile vorwärts.

Der letzte Theil der Reise verlief rasch und glücklich; am zehnten Tage nach der Abfahrt von Minterano erreichte man den sicheren Hafen von Sansibar. Von den fünfzig Ziegen Abdallahs kamen zum großen Jammer ihres Eigenthümers blos zwölf mit dem Leben davon; einige waren als Opfer des Geizes gefallen, weil sie Nichts zu fressen bekamen, andere während des Unwetters umgekommen und wieder andere, trotz der saueren Mienen Abdallahs, in den Kessel des Schiffskochs gewandert.

Später erfuhr man, daß der Sturm, welcher das Schiff heimgesucht, ein Cycloon (38) gewesen war. Von der Etincelle hat Niemand wieder gehört — sie ist, wie nicht zu bezweifeln, beim Wüten jenes Orkanes mit Mann und Maus versunken!

Siebenundzwanzigster Abschnitt.

Die Seschellen.

Willkommene Reisegelegenheit. — Der Pleiad. — Leben an Bord. — Ankunft in Port Viktoria. — Die Gruppe der Seschellen und ihre Geschichte. — Unser Haus. — Preise der Lebensmittel. — Spaziergänge in Stadt und Umgegend. — Verheerungen des Orkans vom Oktober 1862. — Pflanzenwelt am Strand und in der Höhe. — Bambus, das zierlichste der Gewächse. — Die Destillirpflanze. — Die Wunderpalme der Seschellen. — Säugethiere und Vögel sind spärlich vertreten. — Riesenschildkröten. — Andere Kriechthiere. — Springende und kletternde Fische. — Das wandelnde Blatt. — Fang der Muschelthiere. — Gesellschaftliche Studien. — Mangel an gedeihlicher Entwickelung. — Zuträglichkeit des Klimas. — Unangenehmes Warten.

Am 6. April 1863 erschien auf der Rhede von Sansibar ein kleiner Dampfer unter englischer Flagge. Es war der Pleiad, welcher von Indien kam und in vier Tagen nach den Seschellen fahren wollte, um Colonel Playfair, den neuen englischen Konsul, abzuholen.

Dies paßte vortrefflich zu den Absichten des Barons. Er hatte nach der Rückkehr von der zweiten Dschaggareise den Beschluß gefaßt, die bisherige Art und Weise des Reisens aufzugeben, um statt dessen auf einem der Flüsse Ostafrikas so weit als möglich in das Innere einzudringen und erst von dem äußersten zu Wasser erreichbaren Punkte aus die Fußwanderung zu beginnen; ein zu diesem Zwecke geeignetes Dampfschiff war bereits in Europa bestellt, und die Zeit bis zu dessen Ankunft sollte mit einer Reise quer durch Madagaskar nützlich und angenehm ausgefüllt werden: dieses Ziel zu erreichen, bot die Fahrt des Pleiad die schönste Gelegenheit. Wir sehnten uns, von dem uns längst verleideten Sybaris-Sansibar fortzukommen, zumal wir Alle noch mehr oder minder an den Folgen der letzten Reise litten, der Baron und ich an Fieber, Koralli an Fieber und Dysenterie; wir verlangten nach Arbeit und

Beschwerden, wir fühlten es, daß schon die Luftveränderung genügen würde, um unsere Lebensgeister zu erfrischen. Diese gewaltige Reiselust empfand der Baron, welcher auf dem englischen Kriegsdampfer Gorgo einen Ausflug längs der Küste, von Lamu bis nach der portugiesischen Insel Ibo, und von da nach dem Komoreneilande Johanna unternommen hatte, noch nicht in dem Maße, wie wir Anderen, die wir monatelang sozusagen das Haus nicht verlassen hatten. Mit Feuereifer wurde Tag und Nacht gearbeitet, um zur bestimmten Zeit mit dem Herrichten und Einpacken aller erforderlichen Gegenstände fertig zu werden, und es gelang uns.

Am 11. April Morgens verschlossen wir die Wohnung und warteten in O'Swalds gastlichem Hause auf des Pleiad Rückkehr vom Wasserplatze. Da wir nicht wissen konnten, in welche Fährlichkeiten wir kommen würden, übergaben wir dem Hamburger Konsul, wie Dies bereits vor jeder größeren Reise geschehen, unsere wichtigen Papiere und unsere Verfügungen für den Fall eines unvorhergesehenen Ereignisses. Gegen Mittag gingen wir, von einigen Freunden begleitet, an Bord, und bald darauf setzte der Pleiad sich in Bewegung. Nur kurze Zeit genossen wir den lieblichen Anblick der an uns vorüberziehenden Küste, dann forderte die Natur ihre Rechte; wir sanken in tiefen Schlaf, welcher uns nach den Anstrengungen der letzten Tage wieder kräftigen sollte.

Unsere Reisegesellschaft bestand diesmal außer uns drei Europäern (der Jäger Androk war inzwischen, da sein Zustand sich nicht gebessert hatte, nach Europa zurückgekehrt) nur aus zwei schwarzen Dienern Namens Hammadi und Anamuri (ein Anderer als der bei der vorigen Reise erwähnte). Außerdem folgte uns der Windhund Schmoll, welcher gleichfalls die Küstenwanderung nicht hatte vertragen können; den anderen Hund Leo, den wir glücklich wieder nach Sansibar gebracht hatten, ließen wir zurück, weil er in der letzten Zeit sich durch seine Untugenden wahrhaft unausstehlich gemacht hatte — er befand sich jetzt auf der Zuckerpflanzung Seid Madjids und machte die Umgegend unsicher, indem er alle Leute anfiel, welche Eßwaaren trugen.

Der Pleiad ist ein kleiner Schraubendampfer von hundertfünfzig Tonnen Gehalt. Er wurde im Jahre 1857 für die englische Nigerexpedition erbaut, erwies sich aber als ungeeignet und diente seitdem verschiedenen anderen Zwecken. Obgleich er eine Maschine von dreißig Pferdekraft hat, also eine Pferdekraft auf je fünf Tons, legte er nicht mehr als fünf bis sechs Seemeilen stündlich zurück; als Segler war er nur mittelmäßig. Seine Kajüteneinrichtung fanden wir vortrefflich, war sie doch eigens für die Aufnahme vieler Gäste berechnet. Der kommandirende Mr. Hewison und sein Lieutenant Bishop, Officiere der früheren indischen Marine, nahmen uns mit außerordentlicher Zuvorkommenheit auf; schon am ersten Tage fühlten wir uns heimisch auf dem kleinen Schiffe.

Nach vierundzwanzigstündiger Fahrt stellte der Pleiad das Dampfen ein und begann, wennschon die Brise nicht übermäßig günstig war, Segel zu setzen; er mußte mit seinen Kohlen haushalten, denn er konnte nur einen für sechs Tage genügenden Vorrath bergen, nämlich für je anderthalb Tage bei der Ausfahrt aus jedem Hafen und für ebensoviel bei der Einfahrt. Uebrigens mochten wir den Pleiad als Segelschiff lieber denn als Dampfer, weil er, so lange die Maschine arbeitete, von einem unausstehlichen Rütteln und Poltern heimgesucht war.

Wir hatten längst die Erfahrung gemacht, daß es auf Seereisen fast unmöglich ist, eine ernstliche Arbeit vorzunehmen, und quälten uns deshalb nicht mit Vorsätzen, welche doch nicht zur Ausführung gekommen wären, umsomehr, da wir unsere Schlaffheit noch nicht völlig überwunden hatten. Unsere Zeit theilten wir so regelmäßig wie möglich zwischen Essen, Schlafen und Unterhalten ein: nach dem Aufstehen wurde Thee getrunken, um neun Uhr ein reichliches Frühstück eingenommen, zu Mittag ein „Lunch" von Bisquit, Apfelsinen und etwas Wein, um vier Uhr die Hauptmahlzeit, danach auf Deck der Kaffee und um sechs

Uhr der Thee; der Rest der Stunden verging mit Baden, Lesen, Schwatzen, Spielen und mit einigen unbedeutenden Arbeiten. Nur Sonntags trat eine kleine Abänderung in unserer „Beschäftigung“ ein, weil da von Spielen, nicht nur Karten-, sondern auch Schachspiel, nicht die Rede sein konnte, wollte man die gutkirchlichen Engländer nicht in ihren Anschauungen verletzen. Im Allgemeinen bringt die strenge Sonntagsfeier, namentlich an Bord größerer Schiffe, einen günstigen Eindruck hervor: die Mannschaft bis herab zu den farbigen Dienern kleidet sich festlich; der Kapitän hält ein- oder zweimal festlichen Gottesdienst nach englischer Weise d. h. er liest aus dem prayer book gewisse Abschnitte und Gebete vor, welche von den Anderen in summendem Tone nachgesagt werden; eine feierliche Ruhe herrscht überall, weil nur die nothwendigsten Arbeiten verrichtet werden — wird diese Strenge aber übertrieben, wie wenn man das Schachspiel verbietet oder die an einem bestimmten Tage des Monats abgehenden Dampfer zurückhält, falls dieser auf einen Sonntag fällt, so fallen Einem unwillkührlich die altjüdischen Gesetzesbestimmungen ein.

Bei flauem Wind und abwechselnden Stillen kamen wir nur langsam vorwärts. Am elften Tage befanden wir uns erst in der Nähe der Amiranteninselgruppe. Nächsten Mittag segelten wir an dem Afrikaeiland vorbei, den Morgen darauf fuhren wir in den Archipel der Seschellen ein, und gegen ein Uhr ankerten wir auf der engen Rhede von Port Viktoria auf Mahe. Ein Boot mit zwei Europäern legte bei uns an. Die Herren, der Arzt und der Oberste der Polizei, stiegen an Bord und fragten mit feierlicher Miene nach unseren Gesundheitspapieren und Pässen; wir konnten uns eines Lächelns nicht erwehren, daß wir in diesem fernen Erdwinkel mit solchen Fragen behelligt wurden, welche wir so lange Zeit nicht gehört hatten. Erst nachdem die Herren als Beamte ihre Pflicht gethan, traten sie uns als Gesellschafter und zwar als recht liebenswürdige entgegen; sie erkundigten sich nach unseren Wünschen und nahmen den Baron mit sich an Land, um ihm ein Unterkommen zu verschaffen.

Port Viktoria mit seinen sauberen, von kleinen Gärten umgebenen Holzhäusern nimmt sich recht freundlich aus. Von größeren Gebäuden fielen uns zwei auf, die englische Kirche etwa in der Mitte der Stadt und die damals im Bau begriffene katholische Kapelle im Norden. Der angenehme Eindruck des Ganzen wird durch die malerische Umgebung erhöht, durch die Berge, welche zumeist bis zum Gipfel bewaldet sind, oft aber auch kahle Felsen oder unbedeckte, rothe Erde zeigen, durch die tiefeingeschnittenen Schluchten und den grünenden Strand.

Die Seschellen, eine Gruppe von etwa fünfzig hohen und felsigen Inseln, welche steil aus unergründlicher Tiefe emporsteigen, liegen zwischen drei und fünf Grad südlicher Breite, gegen tausend Seemeilen östlich von Sansibar, etwa eben so weit vom Kap Gardafui und von den Schwesterinseln Bourbon und Mauritius entfernt. Ihr gesammter Flächeninhalt beträgt nicht ganz vier deutsche Geviertmeilen: hiervon kommt über die Hälfte allein auf die Insel Mahe; von den übrigen Inseln der Gruppe sind nur drei über ein Zehntel und zehn über ein Hundertel einer deutschen Geviertmeile groß.

Man ist berechtigt, anzunehmen, daß die Seschellen die höchsten Punkte einer untermeerischen Gebirgskette sind, einer Fortsetzung derjenigen, welche Madagaskar seiner Längsrichtung nach durchzieht. Dies machen auch die vielen in dieser Richtung sich findenden Riffe, Untiefen und kleinen Inseln wahrscheinlich. Der um die Erforschung des ostafrikanischen Küstenlandes hochverdiente Kapitän Boteler ist der Ansicht (Voyage to Africa, vol. II. p. 237), daß dieser untermeerische Gebirgszug sich auch westlich von den Seschellen weithin fortsetze; er meint, das „kabbelige“ oder gekräuselte Aussehen der Meeresoberfläche, welches dem Seefahrer dort an vielen Stellen auffällt, durch die Annahme erklären zu müssen, daß die großen Wellenbewegungen und Strömungen des Meeres sich an hochaufragenden, aber noch weit unter der Oberfläche befindlichen Bergkuppen brechen. Die Hauptmasse der

Seschellen besteht aus Granit, welcher in den Thälern und sanften Abhängen von fruchtbarer Erde überlagert, am Strande aber von Korallenriffen umsäumt ist: letztere bilden einen erhöhten Wall rings um die Inselgruppe und grenzen so ein Becken ab, dessen Tiefe (am Rande sieben bis neun Faden und noch weniger) nach der Mitte hin zunimmt (bis über dreißig Faden).

Es unterliegt keinem Zweifel, daß die Seschellen bereits den Portugiesen bekannt gewesen sind, da diese kühnen Seefahrer die Amiranten kannten und sowol von dieser Inselgruppe aus als bei dem Weitersegeln nach Indien zu die hohen Gipfel der Seschellenberge gesehen haben mußten (Boteler a. a. O.); vielleicht verstanden sie unter dem stolzen Namen „Amiranten" oder Admiralsinseln, mit welchem wir gegenwärtig die unbedeutende Gruppe niedriger und sandiger Inseln westlich von den Seschellen bezeichnen, sogar letztere selbst. Der Name „Seschellen", auch Seychellen geschrieben, ist der Inselgruppe in der Mitte des achtzehnten Jahrhunderts gegeben worden nach Morando de Seychelles, einem hervorragenden Officier der damaligen französisch-ostindischen Flotte. Die erste Erforschung und Aufnahme der Inselgruppe wurde im Jahre 1743 auf Befehl von Mahé de la Bourdonnais, dem Statthalter von Ile de France, durch Lazarus Picault ausgeführt. Im Jahre 1768 wurde eine französische Niederlassung auf der Hauptinsel „Mahe" gegründet. Wenige Jahrzehende darauf hatten sich die Ansiedler über die größeren Inseln der Gruppe verbreitet. Im Jahre 1825 betrug ihre Zahl bereits gegen siebentausend (nämlich 6000 Sklaven, 582 Weiße und 323 freie Schwarze), und ihr Reichthum an Vieh belief sich auf mehr denn tausend Stück; von dieser Bevölkerungsmenge kamen 1327 (?) auf die Insel Mahe. Nach einer neueren Zählung im Jahre 1861 belief sich die Seelenzahl auf nicht mehr als 7486. Man sagt übrigens, daß seit der Aufhebung der Sklaverei Zahl und Wohlstand der Bevölkerung beträchtlich abgenommen haben.

Bei dem gegen Ende des vorigen Jahrhunderts und später geführten Kriege zwischen Frankreich und England, welcher die ganze Welt erschütterte, blieben auch die Seschellen nicht unberührt: im Jahre 1794 erschienen englische Kriegsschiffe vor Mahe, ergriffen jedoch nicht förmlich Besitz von der unbefestigten Insel, sondern begnügten sich, eine Kapitulation mit den Einwohnern abzuschließen, nach welcher die Seschellen neutrales Gebiet sein sollten. Im Jahre 1806 wurde diese Abmachung erneuert und 1814 (?), also vier Jahre nach der Abtretung von Mauritius an die Engländer, gingen die Seschellen in britischen Besitz über; sie bilden seitdem einen unter der Statthalterschaft von Mauritius stehenden Bezirk, welcher von einem Civilkommissär verwaltet wird.

Die Nacht nach unserer Ankunft brachten wir noch an Bord des Pleiad zu, weil das Haus, welches der Baron für zwanzig Fünffrankenthaler monatlich gemiethet hatte, erst am folgenden Tage frei wurde. Am Morgen des 25. April siedelten wir über. Unsere neue Wohnung war ein auf Pfählen errichtetes, mit einer „Verandah" versehenes Haus, wie alle übrigen der Stadt aus Holz erbaut. Zu dem Erdgeschoß, welches einige Fuß über dem Boden stand, führten von drei Seiten Treppen; der Fußboden war gebohnt und die Wände hatten einen Firnißanstrich; das Hausgeräth war einfach, wie in Sansibar, aber genügend und bequem. In die Zimmer zu ebener Erde theilten wir uns, während die farbigen Diener den niedrigen Bodenraum einnahmen. Es wohnt sich sehr angenehm in solchen Holzhäusern, da sie verhältnißmäßig kühl und, was besonders wichtig, nicht feucht sind.

Wir hatten geglaubt, auf dem blühenden Eilande Mahe Ueberfluß an Allem zu finden, doch sahen wir uns arg getäuscht: die einzigen Nahrungsmittel, welche der Markt bietet, sind Fleisch vom Schwein und von der Schildkröte, Hühner und Fische, Reis, Maniok und ein wenig Gemüse; Schaffleisch wird gar nicht verkauft, und Ochsenfleisch nur dann, wenn ein Kriegsschiff im Hafen liegt. Da die Hühner mehr Knochen als Fleisch hatten und Fische nicht alle Tage schmecken wollten, aßen wir zum Frühstück um acht oder neun Uhr gewöhnlich Schweinefleisch und Schildkröte, zur Hauptmahlzeit um zwei oder drei Uhr aber zur mehreren Abwechselung — Schildkröte und Schweinebraten. Späterhin beherrschte die Schildkröte unsere Tafel; denn wir hatten bemerkt, daß die Schweine, welche zum Schlachten kommen, entweder gar nicht oder mit Unrat gefüttert werden.

Um einen Begriff von der Theuerung zu geben, welche auf dieser glücklichen Insel herrscht, wo dem Menschen Alles in den Mund wächst, lasse ich die Preise einiger Marktwaaren folgen. Ein Ei kostet sechs bis neun Pfennige, ein Pfund unraffinirter Zucker (in einem Orte, wo er selbst erzeugt wird) sechs Groschen, ein Pfund Brod zweieinhalb Groschen, zehn Bananen einen, ein Huhn zehn, eine Flasche Milch drei und ein Pfund Kaffee, der ebenfalls hier gebaut wird, zwanzig Groschen! Das einzige einigermaßen Billige ist der Reis, von welchem das Pfund mit nur einem Groschen bezahlt wird, aber nicht etwa deshalb, weil er in Menge auf der Insel erbaut würde, sondern weil das Reisland Madagaskar so nahe liegt. Abscheulich ist das Kleingeld, mit welchem man es im Marktverkehr zu thun hat. Einen ähnlichen Auswurf von Münzen gibt es wol nur noch in Hamburg; die Hamburger Schillinge und die sogenannten „Marqués“ (39) der Seschellen scheinen in der That Zwillingsgeschwister zu sein, so gleichmäßig unscheinbar, dünn und erbärmlich sehen sie aus: von beiden sieht man fast nie ein ebenes, nicht zerknittertes Stück. Außer den Marqués gibt es noch englische Scheidemünze, von größeren Münzen aber englisches, französisches und indisches Gold und Silber, sowie Maria-Theresia-Thaler, welche übrigens, trotz ihres höheren Werthes, nur fünf Franken gelten. —

Wir unternahmen täglich ein- oder zweimal längere Spaziergänge. In der Stadt erfreuten wir uns an den sauber gehaltenen Straßen, unter denen natürlich Viktoria-, Albert- und Regentstreet nicht fehlten, an den hübschen, mit Rosen gezierten Gärten und an den allerliebsten Gesichtern der Kreolinnen, welche uns oft aus ganz unscheinbaren Häusern entgegenlugten. Auf dem Wege und vor den Thüren gingen oder standen Mulattinnen und Negerinnen, alle auf europäische Weise gekleidet, zumeist in dunkle Stoffe. Ein besonders belebtes Bild bot uns der im Bau begriffene Hafendamm, an welchem eine Menge schwarze Sträflinge arbeiteten; an anderen Orten sahen wir wieder indische Kuli's und befreite Sklaven in Thätigkeit, von welch letzteren alljährlich einige hundert durch die Kreuzer hierher gebracht werden. Auffällig war uns die Menge der Branntweinläden in der Stadt — man sagte uns, der größte Theil der Steuererträge bestehe im Erlös aus Schnapshandel-Konzessionen; ebenso wunderten wir uns, mehrmals Geschäftsschilder von Auktionatoren zu sehen.

Im Hafen und in der Stadt waren die Spuren eines fürchterlichen Unwetters noch sichtbar, welches im vorigen Jahre die Seschellen heimgesucht hatte. Oberst Pelly schildert uns das Wüten dieses ersten hier beobachteten Cycloons in anschaulichster Weise. „Ich befand mich an Bord der Dampffregatte Orestes. Wir lagen nur einige hundert Schritt von den Riffen und kaum eine Meile vom Strande entfernt, konnten aber weder Land, noch Riffe, noch etwas vom Meere sehen — rings um uns gab es nur Schaum und Gischt und klatschenden, vom Sturme gepeitschten Regen. Nie habe ich so schreckliche Töne gehört, als das höllische Heulen und Brausen dieses Orkanes, der jetzt, wie erschöpft von seinem Wüten, einen Augenblick nachließ, um dann desto ungestümer wieder einzusetzen. Der Anblick des Landes nach dem Unwetter war traurig: steile Abhänge waren, vom Regen unterwaschen, in die Tiefe gerutscht, Gärten, Häuser und Menschen in ihrem Sturze begrabend; Bäche waren zu Strömen angeschwollen und rissen Alles mit ihren Fluten ins Meer; Bäume waren entwurzelt, Kokospalmen geknickt, und am Lande lagen die Wracks zerschellter Fahrzeuge. Der Wirbelsturm entwickelte sich aus dem Südost-Passate, ging durch Süd und

West nach Nordwest über, entfaltete hier seine größte Kraft und verlief sich endlich unter Fluten von Regen wieder im Passatwinde.“ In der Stadt zählte man achtzehn, auf den Pflanzungen etwa fünfundvierzig Opfer; der angerichtete Schaden wurde auf hunderttausend Franken veranschlagt. Mehrere Tage vergingen, ehe es gelang, die Leichen aller Verschütteten aufzufinden.

Einen wahrhaft erschütternden Bericht gibt uns ein anderer Augenzeuge, der Préfet apostolique der Seschellen, der Kapuziner Père Jérémie de Saglietta, welcher nur durch ein Wunder dem schrecklichsten Tode entging. „Am letzten Sonntag, nach der heiligen Messe,“ schreibt P. Jérémie, „während wir noch mit kirchlichen Handlungen beschäftigt waren, brach das Haus der Schwestern vom Orden St. Joseph de Cluny, das größte der ganzen Stadt, über uns zusammen, und ein wütender Wasserschwall, welcher Thiere, Bäume, Häuser und eine unglaubliche Menge Erde und Sand trug, riß uns hinweg. „Das ist der letzte Augenblick unseres Lebens“, rief ich, und in dieser Ueberzeugung gab ich Denen, die mich umstanden, die Absolution und empfahl meine Seele dem Herrn. Alsbald stürzte die Decke des oberen Stockes herab; ihre Trümmer begruben mich, zerschmetterten mich aber nicht: sie bedeckten mich schützend, und die Bäume und Balken in dem entfesselten Elemente sausten unschädlich über mir hin. Fünf Stunden lang hielt ich in dieser Lage aus, den mich umtosenden Schlamm bald verschlingend, bald wieder von mir gebend, und keinen Augenblick hatte ich das Bewußtsein verloren. Aber zuletzt fühlte ich, wie mir die Glieder erstarrten und die Sinne schwanden; mein Vertrauen auf Gott verließ mich indessen nicht, und ich begann den Psalm zu beten: „Herr, auf Dich traue ich, laß mich nimmermehr zu Schanden werden; errette mich durch Deine Gerechtigkeit“ u. s. w. Als ich bei den Worten: „in einer festen Stadt“ angekommen, wurde der Schlammstrom, welcher nahe daran war, mich zu ersticken, schwächer und schwächer und ließ mich wieder so weit frei, daß ich athmen konnte. Einige Zeit danach begann man, die mich deckenden Massen hinwegzuräumen. Das Erste, was ich wieder von der Außenwelt sah, waren die Leichen der kleinen Pensionärin Aglaé, der verehrungswürdigen Mutter Denise und der Schwester St. Victor, welche mir zu Füßen lagen. So saß ich denn auf den Trümmern wie Jeremias, dessen Namen ich trage, die Hände über die Brust gekreuzt und unendlichen Jammer im Herzen. Mein Gott, mein Gott, wie sollen meine Augen Thränen genug haben, um Tag und Nacht das Unglück meiner Nächsten und den Verlust meiner theuersten Kinder zu beweinen?“ —

Wandert man längs des Strandes von Mahe hin oder nach den Höhen empor, so gewahrt man allerorts die üppigste Fruchtbarkeit des Bodens, aber nur selten Spuren von Betriebsamkeit und Fleiß der Bewohner; man merkt es, daß die Leute nur soviel arbeiten als nöthig ist, ihr Dasein zu fristen und ihre Vergnügungen zu bestreiten. Die einzige Nutzpflanze, welche man in größeren Beständen trifft, ist die Kokospalme, aber sie ist nur deshalb beliebt, weil sie, ohne Mühe zu verursachen, reichlichen Ertrag liefert. Glücklich, wer einige hundert dieser Palmen besitzt; er kann im bequemsten Müssiggange leben, und dieses ist das Ziel, nach welchem Alle streben. Ausgedehnte Bananenpflanzungen sieht man selten oder gar nicht, von Zuckerrohr wird nicht mehr gebaut, als für den Bedarf der Insulaner unbedingt nothwendig ist; ebenso scheint es mit dem Kaffee und Tabak zu sein, welche hier in ganz vorzüglicher Güte gedeihen. Die Hauptgegenstände der Landwirthschaft sind Reis, Mais, süße Kartoffeln und namentlich der nichtsnutzige Maniok, doch wird selbst von diesen unentbehrlichen Nahrungsmitteln nicht soviel erzeugt, daß nicht bisweilen noch Einfuhr von Madagaskar her nöthig wäre.

Außer der Kokospalme gedeihen auf den Seschellen die Areka- und Sagopalme. Von Früchten und Gewürzen finden wir alle die herrlichen Erzeugnisse Sansibars wieder, dazu Kakao, Vanille und manche Geschenke Madagaskars und anderer gesegneter Länder. Die

Waldbach auf den Seschellen.

gelbblühende Baumwolle wächst wild, und die besten Nutzhölzer sind, trotz arger Verwüstungen, noch in Menge vorhanden. In den anmutigen Wäldchen, welche sich längs des Strandes hinziehen, trifft man häufig alte Bekannte, Kasuarinen, Tamarinden, Zimmtbäume, Betelpfeffersträuche und eine große Mannigfaltigkeit wilder Orangen- und Limonenarten, deren Stämmchen treffliche Spazierstöcke abgeben; zahllos aber sind die neuen Formen, welche noch von keinem Kundigen gesammelt und untersucht wurden, mit zum Theil merkwürdigen Eigenschaften.

Unter den Pflanzen, denen wir bisher noch nicht begegnet sind, nimmt vor Allem der Bambus unsere volle Aufmerksamkeit in Anspruch; wir finden ihn von ausgezeichneter Entwickelung bereits in der Stadt. Wer ein Bambusgebüsch zum ersten Male sieht, ist entzückt über die Anmut des Gewächses: es bringt durch die Schönheit seiner Formen und durch das Phantastische seiner Bildung einen Eindruck hervor wie ein Märchen auf das Gemüt des Kindes. Wir wüßten diesem duftigen Pflanzengebilde kein anderes gleichzustellen. An Pracht des Wuchses kommt ihm wol die Arekapalme und der Baumfarn gleich, doch ist deren Schönheit aus irgend einem Grunde nicht so ergreifend, vielleicht weil der stattliche Wipfel uns allzu fern liegt, vielleicht weil der hohe Stamm den Eindruck des Ganzen stört. Aehnliche Formen zeigen der buschartige Pandanus und die mit ihren feinen Zweigen und Blättern bis zur Erde herabhängende Trauerweide — beide aber, so schmuck sie auch sein mögen, erscheinen grob und plump im Vergleiche zu dem zierlichen Bambus. Wir wissen dieses herrliche Gewächs in der That mit nichts Anderem zu vergleichen als mit einer Fontaine von Blättern. Wie ein Springbrunnen glatt und gerade seine Stralen emporsendet und das zu feinen Tropfen zerstiebende Wasser danach in weitem, schönen Bogen wieder herabfallen läßt, so streben die fast armdicken Halme des königlichen Grases bis zu Baumhöhe kerzengerade empor, biegen sich oben sanft und runden sich mit ihren feinen Ausläufern und den zarten Blättchen oder vielmehr Fiederchen zur schönsten Wölbung. Auffallender noch wird diese Aehnlichkeit, wann ein leiser Wind sich erhebt und in den feinem Blattwerk raschelt: dann glaubt man in der That, ein Rauschen von Wasser zu hören, und wie dieses das Gemüt ergreift und die Einbildungskraft beschäftigt, so fühlt man sich vor einem Bambusgebüsch in merkwürdigster Weise zum Träumen und Schwärmen angeregt, namentlich wenn der Bambus, wie hier, so anmutige und doch zugleich wilde Waldbäche überschattet.

Einen ganz besonderen Genuß gewährte mir ein Ausflug nach dem Berge, dessen allabendlich von Wolken umschleiertes Haupt auf Port Victoria herabblickt. In den unteren Gürteln wuchern an dürren Stellen steifblätterige Farne, wo es feucht ist, Lykopodiumarten, welche ihre langen, mit schuppigen Blättern bedeckten Stiele oft auf unglaubliche Entfernung am Boden hinstrecken. Weiter oben finden sich ausgedehnte Grasflächen, auf denen man wilde, wässerig schmeckende Ananas findet. Dann treten zierliche Baumfarne und Schraubenpalmen auf. Die Pandanus der Berge unterscheiden sich wesentlich von den Formen, welche in Sansibar und an der Küste so häufig und auch hier, dicht über der Stadt, durch Verwandte vertreten sind: sie treiben zahlreiche Luftwurzeln bis zur Höhe von zwanzig und dreißig Fuß empor; auf diesen steht wie auf einem Gerüste der schlanke Stamm, und von ihm getragen und gehoben, überragt die schraubenförmig gewundene Blätterkrone die Höhen, als wollte sie geradezu in die Sonne blicken. Beim Erklimmen der steilen Felswände, neben denen diese Bildung sich vorzugsweise findet, leisten die Wurzeln und Stämme dieser Schraubenpalme große Dienste; man schwingt sich an ihnen mit Leichtigkeit auf die fast senkrechten Klippen und klettert dann mit Hilfe eines anderen Stammes von Stufe zu Stufe weiter. Hier gedeiht auch der wunderbare Nepenthes, die Destillirpflanze (eine Verwandte des bei uns eingebürgerten Pfeifenstrauches, Aristolochia), deren Blattstiel zu einem eigenthümlichen, pfeifenkopfartigen Gebilde erweitert ist. In diesem aufrecht stehenden Gefäße findet man stets eine Flüssigkeit, welche durch den engen Stiel „überdestillirt" zu sein scheint; ein klappenförmiger Deckel über der Oeffnung des Behältnisses mäßigt die Verdunstung dieses Wassers, paßt jedoch nicht genau genug, um der Zudringlichkeit von Gästen zu wehren: jedes der Gefäße, die wir öffneten, enthielt eine Menge Kerbthiere, welche hier eine süße Quelle gesucht, aber Gefängniß und Grab gefunden hatten. Dies erinnerte mich lebhaft an die Ngurunga bei Kisuani, welche den durstigen Vögeln so verderblich sind.

Die merkwürdigste aller Pflanzen kommt nicht auf Mahe selbst vor, sondern nur auf Praslin und dem benachbarten Eilande Curieuse: es ist die Palme, welche die sogenannte malediwische Kokosnuß, die Cocos de mer hervorbringt, die stolze Lodoicea Sechellarum Labill., der Baum der doppelten Kokosnuß. Jahrhunderte lang kannte man nur die riesige Frucht; die Portugiesen fanden sie zuerst an den malediwischen Inseln und an der Malabarküste angeschwemmt und glaubten, da sie nirgends einen Baum fanden, von dem sie stammen konnte, daß sie ein Erzeugniß des Meeres wäre, daher obige Namen, welche in fast alle Sprachen übergegangen sind. Erst im Jahre 1789 entdeckte man auf der Insel Praslin die Heimat der wunderbaren Frucht.

Die Lodoicea ist eine Fächerpalme. Ihr verhältnißmäßig dünner Stamm, welcher sechzig, ja achtzig bis hundert Fuß hoch wird, trägt fünfzehn bis zwanzig, mehr oder weniger gefaltete Blätter von zwanzig Fuß Länge und zwölf Fuß Breite. Die jüngsten, inneren wachsen gerade empor und sind noch sehr hellfarbig, fast gelbweiß; von den älteren fällt jedes Jahr eines ab und hinterläßt eine kreisförmige Narbe am Stamme (ein vierzigjähriger Baum auf Mauritius von dreizehneinhalb Fuß Höhe zählte neununddreißig Narben). Erst im dreißigsten Jahre beginnt die edle Palme zu blühen, und im hundertdreißigsten erreicht sie ihre volle Entwickelung. Männliche und weibliche Blüten wachsen auf verschiedenen Stämmen; erstere sind schlanke, gegen vier Fuß lange Kolben von Gestalt der Weidenkätzchen, letztere bilden kleine Knöpfe, welche zu fünf bis sechs an einem gemeinsamen Stiele sitzen. Aus ihnen entwickeln sich im Laufe eines Jahres die riesigen Früchte von eineinhalb Fuß Länge und zwanzig bis fünfundzwanzig Pfund Schwere; jede derselben enthält eine, zwei, drei, seltener vier der sogenannten doppelten Kokosnüsse. Diese sind ein Fuß lang und breit und von nierenförmiger Gestalt; ihren Namen verdanken sie einer tiefen Einkerbung, welche an dem breiteren Ende zwei, drei oder vier Lappen bildet. Unreif enthalten sie eine farblose Gallerte von höchst mittelmäßigem Geschmacke, welche man bisweilen auf die Tafel bringt, reif eine weiße, elfenbeinartige Masse. Erst ein Jahr, nachdem sie abgefallen sind, werden sie reif.

Die Palme von Praslin ist überaus nutzbar. Ihr Stamm liefert Balken zum Häuserbau und wird, da er ein weiches Mark hat, zu Röhren und Trögen verarbeitet. Das Holz besitzt eine außerordentliche Härte. Ein Herr auf den Seschellen, welcher sich ein Kästchen daraus verfertigen ließ, erzählte, daß der damit beauftragte Tischler bei allem Fleiß acht Tage lang daran arbeiten mußte, weil die besten Werkzeuge sich sehr rasch abnutzten und namentlich der Hobel nach jedem Stoße stumpf wurde. Die jungen, unentfalteten Blätter dienen zu schönen Flechtarbeiten: die auf den Seschellen gefertigten Strohhüte, Matten und Körbchen sind von den Maskarenen bis Bengalen geschätzt und berühmt, da sie eine große Biegsamkeit und Haltbarkeit besitzen und sich durch ihre schöne, weiße Färbung auszeichnen. Die Nuß wird jetzt in nicht unbeträchtlicher Menge nach Sansibar und von da nach Indien ausgeführt, wo sie wegen ihrer vermeintlich heilsamen Wirkung bei gewissen Krankheiten sowie auch bei Vergiftungen hoch geschätzt und theuer bezahlt wird. Früher, als die Nuß noch einzig aus dem Meere gefischt wurde, bezahlte man über hundert Pfund Sterling für eine einzige dieser Wunderfrüchte; jetzt stehen sie selbstverständlich nicht mehr so hoch im Preise, doch hat immerhin unser Kapitän Hewison, welcher bei jeder Reise nach den Seschellen einige hundert dieser Nüsse einnahm, ein gutes Geschäft mit seiner Ladung gemacht.

Bis jetzt ist es noch nicht geglückt, die Lodoicea anderswo heimisch zu machen, selbst auf den benachbarten Inseln nicht; vermutlich kommt Dies daher, weil man nur das eine Geschlecht des Baumes verpflanzt hat. Es steht zu befürchten, daß diese merkwürdigste aller Palmen ihrem Untergange entgegen geht und vollständig ausgerottet wird, wenn nicht die Verwaltung Bedacht nimmt, sie zu schützen. —

Trotz der reichen Pflanzenwelt sind die Seschellen arm an Landthieren. Einheimische Säugethiere finden sich, soviel wir wissen, gar nicht, selbst Hausthiere sind, mit Ausnahme der Hunde, in überaus geringer Anzahl vorhanden. Auch die Klasse der Vögel ist nur durch wenige Arten vertreten. Desto häufiger aber kommen Kriechthiere vor. Unter diesen fällt jedem Besucher zuerst die Riesenmeerschildkröte auf (Chelone Midas L. oder esculenta Merr.), welche in der Nähe des Hafens in geräumigen, der Flut geöffneten Becken oder Teichen gehalten wird und durch ihr Fleisch den Inselbewohnern eines der wichtigsten Nahrungsmittel liefert. Diese Schildkröte findet sich nebst der Elephantenschildkröte (Testudo nigra Dum.) auf den meisten ostafrikanischen Inseln in der Nähe von Madagaskar. Letztere wird namentlich auf der Insel Aldabra in großer Menge gefangen. Ein Hamburger Kaufmann, Namens Schmeißer, welcher diese Inseln im Jahre 1847 besuchte, berichtet, daß hundert Menschen, die Bemannung zweier Schiffe, in kurzer Zeit zwölfhundert solcher Schildkröten gefangen haben. Einzelne der Thiere erreichen das ungeheuere Gewicht von achthundert Pfund; in neuerer Zeit werden sie jedoch der häufigen Nachstellung wegen nicht mehr so groß. Das Fleisch, besonders die Leber, wird auf Bourbon und Mauritius hoch geschätzt. Die meisten der auf den Seschellen befindlichen Riesenmeerschildkröten werden von den Amiranten hergeschafft und bis zum Schlachten in den oben erwähnten Becken gehalten oder auch in den Gärten, wo sie unter den Schweinen umherlaufen und sich von Gras nähren. Wir haben das Fleisch dieser Schildkröte wohlschmeckend gefunden und es sehr gern gegessen, sind jedoch schließlich, als wir es täglich ein- oder zweimal auf der Tafel sahen, seiner auch überdrüssig geworden.

Häufig sieht man auch die Schuppen- oder echte Carettschildkröte (Chelone imbricata L.), deren Rückenschildplatten das kostbare Schildpad liefern.

Von anderen großen Kriechthieren soll noch das auf den ostindischen Inseln so fürchterliche Leistenkrokodil (Crocodilus biporcatus C.) vorkommen, doch haben wir während unseres einmonatlichen Aufenthaltes Nichts von ihm gehört, vermuten daher, daß es, wenn es überhaupt hier lebt, nur die kleineren, nicht von Menschen bewohnten Eilande besucht.

Neben diesen riesigen Scheusalen finden wir auf den Seschellen allerliebste, kleine Eidechsen, welche unseren deutschen nicht unähnlich sind; eine von ihnen (Pachydactylus cepedianus Péron) ist ausgezeichnet durch ihre prachtvolle, grüne Färbung, deren Glanz noch gehoben wird durch die über den ganzen Rücken vertheilten Flecken und Tupfen von dem brennendsten Roth. Die nächtlichen Gecko's treten hier noch viel häufiger als in Sansibar auf und werden durch ihre Ungeschicklichkeit und Unreinlichkeit lästig.

Eine weit größere Lebensfülle als das Land beherbergt das Meer. Playfair versichert, daß er hier in wenigen Tagen die schönsten und seltensten Fische in größerer Anzahl als irgend wo anders gefangen habe. Aus dieser Thierklasse erwähnen wir nur eine merkwürdige Art von springenden, kletternden und hüpfenden Fischen, welche man nicht selten außerhalb des Wassers auf Steinen oder auf Büschen sitzen sieht. Dieselben kaum spannenlangen Thierchen habe ich bereits früher bei Wanga und an mehreren Punkten der ostafrikanischen Küste gesehen, später auch auf den Maskarenen und in Nossibé. Sie haben zwei stark ausgebildete, fleischige, armartige Brustflossen, durch welche sie in ausgezeichneter Weise zum Klettern und Springen befähigt werden, und erhalten dadurch eine gewisse Aehnlichkeit mit großen Kaulquappen oder jungen Wassermolchen; sie bewegen sich so schnell, daß mir im Anfang alle Versuche, sie zu fangen, mißglückten. Die ersten Springfische, welche ich erbeutete, hatte ich durch wohlgezielte Steinwürfe erlegt; späterhin wurde ich durch die mit jeglicher Jagd vertraute Jugend von Rossibé mit einer anderen Fangweise bekannt. Meine kleinen Begleiter befestigten an das Ende einer langen Ruthe eine feine Schlinge von Palmenfasern, hielten diese, langsam von hinten ankriechend, dem auf dem Lande sitzenden Fische vor den Kopf, schnellten die Ruthe in die Höhe und fingen so fast unfehlbar das scheue, schnelle Thier.

Auffällig erschien mir die Insektenarmut der Seschellen. Ich bin wochenlang umhergestreift und habe außer einigen Bockkäfern fast Nichts erbeutet. Daß die Kerbthiere hier durch Vögel vertilgt worden, ist bei dem erwähnten Mangel an Vögeln nicht anzunehmen; jedenfalls war diese Thierklasse von Anfang an spärlich vertreten, wie Dies ja auch auf anderen weit vom Festlande abliegenden Inseln oder Inselgruppen der Fall ist. Umso merkwürdiger ist das Vorkommen einer eigenthümlichen Heuschreckenart, des wandelnden Blattes (Phyllium siccifolium L.). Alle die abenteuerlichen Bildungen, welche die Abtheilung der Geradflügler umfaßt, werden von dem wandelnden Blatte bei Weitem übertroffen. Das ganze Thier sieht, was Farbe, Gestalt und Zeichnung sowol des Ganzen als auch der einzelnen Theile, der Flügel, des Kopfes und der Beine betrifft, auf das Täuschendste einem hellgrünen Blatt ähnlich, nicht einem trockenen, wie der Gelehrtenname vermuten läßt, wenigstens im frischen Zustande nicht. Wer im Fangen der wandelnden Blätter keine Uebung besitzt, wird lange auf den Büschen suchen können, ehe er eines findet. Glücklicher Weise braucht der Sammler das merkwürdige Thier nicht selbst zu fangen; es wird ihm von dienstwilligen Knaben ins Haus gebracht, anderenfalls würde uns sein Vorkommen wahrscheinlich noch unbekannt sein. In Folge starker Nachstellungen ist das wandelnde Blatt ziemlich selten geworden und wird zu hohen Preisen angeboten; gewöhnlich fordern die Verkäufer einen Schilling für ein erwachsenes Thier und lassen nur kleinere für die Hälfte, etwa fünf Silbergroschen, ab. Die Engländer in Indien halten das wandelnde Blatt zu ihrem Vergnügen auf Blumenstöcken; es sitzt den ganzen Tag ruhig auf den Blättern oder läuft langsam umher.

Asseln und Tausendfüßler, auch die gefährlichen Hundertfüßler, sind auf den Seschellen in Menge vorhanden; Spinnen bekommt man nur selten zu Gesicht, Krustenthiere häufiger. In größter Auswahl sind Weichthiere vorhanden, sowol Land- wie Meerbewohner. Mit den prachtvollen Muscheln, welche sich hier finden, wird ein ziemlich ausgedehnter Handel getrieben, da fast alle vorüberziehenden Fremden sich eine kleine Sammlung zu erwerben suchen. Wiederum sind es die müßiggehenden Knaben, welche den Hauptantheil an diesem Geschäfte haben; sie laufen stunden- und tagelang am Strand umher, suchen die schönsten und am besten verkäuflichen, legen auch wol Fleisch als Köder in das Wasser und erbeuten namentlich auf diese Weise gewisse Arten in Menge. —

Wenn ein so kleines Gebiet wie das der Seschellen schon dem flüchtigen Beobachter zwei so einzige und merkwürdige Vorkommnisse bietet wie die Lodoicea und das wandelnde Blatt, so darf man schließen, daß der gründlich suchende Naturforscher noch viel mehr der interessantesten Sachen finden werde. Es ist zu verwundern, daß noch Niemand diese Inseln, welche die Mühe des Suchens so reichlich zu belohnen versprechen, zum ausschließlichen Forschungsgebiete erwählte.

Während ich, um unsere Sammlungen zu bereichern, mit einem kleinen Kreolenknaben, Namens Olivier, umherstreifte, widmete sich der Baron in Gesellschaft des Civilkommissärs Ward, mit welchem er schnell befreundet worden, dem nicht minder anziehenden Studium des Volkslebens. Unter „Volk" verstehen wir hier weder die zahlreichen Farbigen noch die wenigen, zumeist dem Beamtenstand angehörigen Engländer, sondern die eingeborenen Kreolen (40), welche den Kern der Gesellschaft bilden. Sie sind zumeist von

Mauritius oder Bourbon her eingewandert und ihrem Gewerbe nach früher entweder Seefahrer oder wenigstens in irgend einer Art bei der Seefahrt betheiligt gewesen. Schon aus diesen wenigen Angaben läßt sich von vornherein auf die Eigenart dieses Völkchens schließen: sie sind vor Allem französisch durch und durch; als Nachkommen von Seefahrern finden sie wenig Behagen an Ackerbau und bürgerlichen Gewerben, und als Kreolen sind sie träge, leichtlebig und sinnlich. Die Männer verbringen ihre Tage mit einem wenig beschwerlichen Handel oder in beschaulichem Nichtsthun, die Abende bei geistigen Getränken mit Billard- und Kartenspiel; die Weiber arbeiten wol ein wenig d. h. sie fertigen zierliche Körbchen, Hüte u. dgl. aus dem feinen Stoffe, welchen ihnen die Palme von Praslin liefert, doch thun sie nur soviel, als zur Vertreibung der Langeweile nothwendig ist — im Uebrigen denken sie hauptsächlich an Kleider, Putz und gesellige Vergnügungen.

Die Bewohner der Seschellen sind gastfrei und besitzen gesellige Talente in hohem Grade; die Damen namentlich zeigen eine Gewandtheit im Benehmen, wie man sie wol in Paris, nicht aber auf einer so entlegenen Insel sucht. Der Baron trat oft, ohne vorgestellt zu sein, in das eine oder das andere der Häuser und wurde überall mit den feinsten Formen empfangen, mit Gewandtheit unterhalten. Er bewunderte das Mundwerk der Seschellendamen und versicherte, daß es ihm niemals gelungen wäre, eine dieser gewandten Französinnen durch irgend eine Wendung des Gesprächs in Verlegenheit zu bringen.

In einem so paradiesischen, fast unter der Linie gelegenen Lande darf man nicht die Sittenstrenge des Nordens suchen. Die guten Leute auf den Seschellen thun sich untereinander wenig Zwang an, und noch weniger zurückhaltend sind sie gegen Fremde. Schon in den ersten Tagen bekamen wir einen Begriff von den hiesigen Verhältnissen. Es wurden von mehreren Seiten her an unsere Diener verschiedene Anfragen gestellt, und wir erfuhren auf unsere abschlägige Antwort hin, daß wir für Sonderlinge gehalten würden, weil wir die wenigen Wochen unseres Aufenthaltes einsam zu verleben wünschten. Es gilt nämlich hier für anständig, wenn ein Europäer, welcher nicht im Gasthofe wohnen will, seine Haushaltung von zarter Hand besorgen läßt; selbst hübsche Kreolinnen aus guter Familie, welche mit Verachtung auf die Mädchen der Halbwelt blicken würden, finden kein Arg darin, solch einen kurzlebigen Vertrag auf einige Wochen einzugehen. Und diese Damen verlieren nicht etwa ihr Ansehen in der Gesellschaft, im Gegentheil, sie sind, da sie zumeist die hübschesten, in allen feinen Kreisen, sogar bei den Bällen des Statthalters willkommen — wo sollte dieser auch für die eingeladenen lebenslustigen Officiere die nöthigen Damen herbekommen, da durchschnittlich fast alle dieselben Anschauungen haben? Auch der flüchtige Besucher, der Seemann, welcher nur wenige Tage im Hafen verweilt, bleibt nicht vergessen: auf den Seschellen ist für jedes Bedürfniß, für jeden Geschmack gesorgt, nur sind die ärmeren Fremden darauf angewiesen, sich mit dem farbigen Nachwuchse zu unterhalten. Wie überaus ungezwungen der hier herrschende Ton ist, mag eine Antwort zeigen, welche man nicht selten von den kleinen, hübschen, auf der Straße spielenden Kindern erhält. Fragt man nach Namen und Eltern, so erwiedern sie mit bewundernswerthem Freimut: „Ich heiße Charles, Alice u. s. w., meine Mutter ist Fräulein M., und mein Vater ist Kapitän N.“ Ein solcher Sohn eines Seemannes und einer Jungfrau war denn auch mein Olivier.

Nach dem oben Gesagten darf es nicht befremden, wenn die Seschellen sich nicht gedeihlich entwickeln. Sie sind schon seit längerer Zeit im Rückschritt begriffen und werden wahrscheinlich nicht eher wieder einen Aufschwung nehmen, als bis neue Ansiedler von größerer Thatkraft und Strebsamkeit in das Land kommen. Die Kreolen der Seschellen schreiben aber das Abnehmen ihres Wohlstandes anderen Umständen zu, namentlich ihrer Abhängigkeit von dem fernen Mauritius; sie wünschen sehnlichst, eine unabhängige Verwaltung zu erhalten, damit sie ihre Kuli's oder indischen Arbeiter, welche jetzt von Mauritius kommen, auf geradem

Wege beziehen können, damit die Prozesse nicht an einem fernen Orte ausgefochten zu werden brauchen, damit der Statthalter eine größere Freiheit in der Verwendung von Geldmitteln zum Besten des Landes erhalte u. s. fort. Ob die englische Regierung auf solche Wünsche eingehen wird, wissen wir nicht, wol aber ist uns bekannt, daß die Seschellen ihr eine zehrende Kolonie sind; denn sie kosten jährlich etwa sechstausend Pfund Sterling, während sie unmittelbar nur das Viertel einbringen, wie Dies übrigens wol bei allen kleineren überseeischen Besitzungen der Fall ist. Daß England die Seschellen wegen dieses Mißverhältnisses zwischen Einnahme und Ausgabe aufgeben werde, ist nicht zu vermuten, weil die durch ihr gesundes Klima berühmte Inselgruppe einen beliebten und wichtigen Erholungsort für die in Ostafrika kreuzenden Kriegsschiffe bietet. Durch einen solchen Beschluß würden übrigens die Seschellen arg geschädigt werden, da sie nicht im Stande sind, den Aufwand für Verwaltung, Sicherheitsdienst und Gerechtigkeitspflege selbst aufzubringen, geschweige denn noch an kostspielige öffentliche Arbeiten, Bau von Straßen, Hafenverbesserung u. dgl. zu denken.

Seit Mr. Ward's Statthalterschaft sind viele glückliche Aenderungen in den hiesigen Zuständen eingetreten, da genannter Herr sich des öffentlichen Wohlstandes in überaus thätiger Weise annimmt. Ein wirklicher Aufschwung aber wird, wie erwähnt, erst dann beginnen, wenn fremdes Kapital und fremde Arbeitskräfte sich hierher wenden; dazu ist jedoch vor der Hand wenig Aussicht vorhanden, weil die ganze Inselgruppe allzu unbedeutend ist, außerhalb des Weltverkehrs liegt und dem Handel keine Waaren bietet, welche man nicht auch anderwärts, an bequemer gelegenen Orten, holen könnte. Einige Wichtigkeit wird den Seschellen immerhin bleiben, weil sie in der Mitte der Poststraße zwischen Aden und den Maskarenen liegen. Die großen Dampfer, früher der englischen Peninsular and Oriental Steam Navigation P. and O. Company und jetzt der französischen Messageries Impériales, halten hier (mit Ausnahme der Monate Juni, Juli und August, zu welcher Zeit der Südwestmonsun sehr heftig weht) einige Stunden, um Briefe und Fahrgäste abzugeben und aufzunehmen. Für die in Sansibar ansässigen Europäer ist Dies eine höchst wichtige Sache, weil dadurch eine Hauptgelegenheit zu rascher Verbindung mit Europa geboten wird.

Während unseres vierwöchentlichen Aufenthaltes auf Mahe fanden wir das Klima außerordentlich angenehm, milder und gleichmäßiger selbst als in Sansibar. Daß es auch zuträglich sein muß, erhellt am besten aus dem guten Gesundheitszustande und der Langlebigkeit der hiesigen Kreolen. Wir selbst konnten diesen wohlthätigen Einfluß nicht spüren, da wir noch kleine Leiden von Sansibar her mitgebracht hatten. Koralli namentlich fühlte sich mit wenigen Unterbrechungen ziemlich unwohl; er litt an Dysenterie, ab und zu auch an Fieber, sodaß wir uns einiger Besorgniß nicht erwehren konnten. Der englische Arzt meinte indessen, sein Zustand sei nicht bedenklich, der Kranke werde auf der überaus gesunden Insel Réunion, welche unser nächstes Ziel war, sich schnell erholen, vorausgesetzt, daß er von seinen trüben Gedanken abließe, mit denen er, wie schon früher bei unbedeutenden Leiden, unablässig sich und Andere quälte.

So angenehm und schnell uns die Zeit bei unseren kleinen Beschäftigungen verging, so warteten wir doch mit Sehnsucht auf die Ankunft des Postschiffes, welches uns nach dem schönen Bourbon und somit einen Schritt näher an das wunderreiche Madagaskar bringen sollte. Der 17. Mai war der Tag seines gewöhnlichen Eintreffens; wir hatten daher bereits vorher alle unsere Sachen zusammengepackt und zur Einschiffung bereit gehalten: aber das Schiff kam nicht zur rechten Zeit, und wir hatten noch fünf unbehagliche Tage in dem öden, halb ausgeräumten Hause zuzubringen, ehe die sehnsüchtig beobachtete, auf dem benachbarten Berg aufgepflanzte Flagge sein Herannahen verkündete.

Achtundzwanzigster Abschnitt.

St. Denis, Hauptstadt von Bourbon.

An Bord des Postdampfers. — Fahrpreise und Gegenleistungen. — Eine Kunstreise um die Welt. — Ankunft in Port Louis. — Eindrücke von der Hauptstadt der Insel Mauritius. — Düsterer Anblick von Bourbon oder Réunion. — Allein auf dem Schiffe. — Eine entmutigende Nachricht. — Freundliche Aufnahme in der Evêché. — Koralli's Tod und Begräbniß. — Père Fava's liebenswürdige Fürsorge. — St. Denis im Vergleiche zu europäischen Städten. — Geistiges Leben. — Unterrichtswesen. — Wohlthätigkeitsanstalten. — Wirksamkeit der Jesuiten. — Staatseinrichtung und Verwaltung.

Eine lange Reihe von Negern schaffte unser umfangreiches Gepäck in Eile nach dem Hafendamme, während das Postschiff Nepaul bei der kleinen Insel St. Anne, der Rhede von Port Viktoria gegenüber, vor Anker ging. Wir beluden einen bereitstehenden Kutter und ruderten mit aller Kraft dem einige Meilen entfernten Dampfer zu. Unser Gepäck ward schleunigst emporgewunden; der Civilkommissär und der Agent der P. and O. Company, welche längst vor uns angekommen waren, hatten eben ihre Geschäfte beendet und bestiegen ihr leichtes Boot zur Rückfahrt. Unter Klirren hob sich der Anker, der Befehl des Kapitäns erschallte, und langsam setzte der Nepaul sich in Bewegung.

Alle Plätze an Bord waren bereits besetzt, doch erhielten wir durch die Gefälligkeit einiger Officiere noch ein Unterkommen. Der Baron zahlte für jeden Platz erster Kajüte fünfundzwanzig Pfund Sterling für eine fünftägige Ueberfahrt d. i. dreiunddreißigeindrittel Thaler täglich Dem Reisenden, welcher nur die europäischen Fahrpreise kennt, erscheint diese Summe ungeheuer; es ist aber zu bedenken, daß Alles, was die Dampfer in diesen entfernten Gegenden brauchen, Kohlen nicht ausgenommen, auf Segelschiffen von Europa herbeigeschafft werden muß und deshalb außerordentlich theuer zu stehen kommt. Obgleich die Schiffe durchschnittlich sehr gut besetzt sind, auch eine unglaubliche Menge Briefe und Packete zu befördern haben, kann die Gesellschaft doch nur bei beträchtlicher Unterstützung der Regierung bestehen.

Sehen wir zu, was für den Ueberfahrtspreis geboten wird! Auf einer Wendeltreppe gelangen wir in den unter Deck befindlichen „Salon“, das Speise- und Gesellschaftszimmer, einen stattlichen, reichgeschmückten Saal. Zu dessen Seiten führen die Thüren in die Kabinen oder Kojen, enge Verschläge, welche als Schlafraum für drei Personen zu dienen bestimmt sind: die Betten sind schmale, mit Matratzen gefüllte Kästen an der Wand, auf der Seeseite einer in Brusthöhe, auf der Kajütenseite zwei nach Kasernenart übereinander; ein kleines, rundes Fenster gestattet einen Blick ins Freie, aber nur selten den Zutritt frischer Luft, denn es ist zumeist verschlossen, weil bei nicht ganz ruhiger See die Wellen hereinschlagen. Einer allein könnte es trotz der Tropenwärme in einem solchen Käfig wol aushalten; aber mit noch Zweien hier zu schlafen, ist für Jeden, dem seine Lunge und Nase nur einigermaßen lieb sind, unmöglich. Die meisten der Fahrgäste ziehen es vor, die Nacht auf Deck oder auf den langen Tafeln des Speisesaals ausgestreckt zuzubringen; sie schaffen hierdurch sich und den in der Kabine Gebliebenen Erleichterung.

Für den Magen wird an Bord der indischen Dampfer in ausgezeichneter Weise gesorgt. Beim Aufstehen erhält man Thee, um 8½ Uhr ein kräftiges Frühstück, 11 Uhr findet der „Lunch" statt, 4 Uhr das „Dinner", und Abends 7 Uhr kommt Thee mit feinem Gebäck und verschiedenen geistigen Getränken auf den Tisch. Selterswasser steht zur freien Verfügung, aber, wie alles Andere, nur zu bestimmten Zeiten: wer außer der Zeit kommt, erhält Nichts, selbst nicht gegen Bezahlung. Eis gibt es leider nicht. Die Tafel ist so reich besetzt, daß wol Keiner unbefriedigt aufzustehen braucht. Nach englischer Sitte werden alle Gerichte zu gleicher Zeit aufgetragen. Das Zerschneiden und Vorlegen übernehmen die Officiere und einige kunstgewandte Fahrgäste; wer also einigen Hunger hat, muß sich nicht zu nah an einen der großen Braten setzen, weil er dort unaufhörlich mit Bestellungen belästigt wird wie „ein Stück vom Flügel", „ein recht gutes Bruststück", „etwas Fülle". Wein und Biere stehen zum freien Gebrauch auf der Tafel. Alle Speisen, vom Braten an bis zum Nachtisch und den feinen Zuckerbäckereien, sind von ganz vorzüglicher Beschaffenheit.

Wer nicht fünf Pfund täglich zu verwenden hat, kann zweiter Klasse fahren für die Hälfte des Preises. Er hat dann einen immerhin recht guten Mittagstisch, aber einen noch unbehaglicheren Schlafraum. Dritter Klasse, für ein Viertel des Preises erster Klasse, fahren nur farbige Bediente; sie werden ziemlich schlecht abgefüttert und müssen die Nacht auf Deck zubringen.

Die Reisegesellschaft an Bord des Nepaul bestand größtentheils aus Leuten von Bourbon und Mauritius, welche aus Paris zurückkehrten. Die reichen Kreolen besuchen nämlich, falls sie es irgend ermöglichen können, aller zwei bis drei Jahre einmal zu ihrer Erholung die „Metropole der Intelligenz und des Vergnügens". Unter allen Reisegefährten war gewiß der merkwürdigste ein allerliebster Knabe von zehn bis zwölf Jahren, welcher allein von England abgereist war, um seinen Vater, den Leiter der Eisenbahn auf Mauritius, aufzusuchen; er hatte durch sein selbständiges Auftreten, durch sein munteres und freundliches Wesen sich die Herzen aller Mitfahrenden erobert und gewann auch die unsrigen im Sturm. Außerdem fanden wir zwei Landsleute, den Violoncellvirtuosen Feri Kletzer aus Ungarn und den Pianisten Charles Wehle aus Böhmen; sie waren von Marseille über Tunis, Malta und Alexandrien gereist, hatten an allen größeren Orten Konzerte gegeben und beabsichtigten, über Indien und Singapore, China, Manilla, Java, Australien und Südamerika zurückzukehren. Anfangs erschien uns der Gedanke einer solchen „Kunstreise um die Welt" etwas abenteuerlich, doch gewannen wir aus der Unterhaltung mit den liebenswürdigen Künstlern, welche bereits in allen größeren Städten Westeuropas, in Rußland bis nach Nowgorod hin, in der Türkei, in Egypten, Palästina und Nordamerika konzertirt hatten, die Ueberzeugung, daß ihr Plan ein wohldurchdachter war; sie rechneten, daß sie auf diese Art nicht nur die Welt umsonst sehen, sondern auch einen guten Gewinn herausschlagen und späterhin sich durch die Beschreibung ihrer Reisen bekannt machen könnten. Herr Wehle hatte es verstanden, einen der ersten Pariser Pianofortefertiger für sich zu gewinnen; es wurden ihm von diesem Herrn an vier verschiedene Hauptpunkte, welche er berühren wollte, treffliche Instrumente vorausgeschickt, wogegen er durch sein ausgezeichnetes Spiel die Flügel des unternehmenden Fabrikanten empfehlen sollte. An Kletzer und Wehle schlossen wir uns näher an, da wir voraussichtlich noch längere Zeit mit ihnen zusammenzuleben hatten: sie gedachten, mit uns nach Tananarivo, der Hauptstadt von Madagaskar, zu reisen, um an dem Hofe des musikliebenden Königs sich hören zu lassen, wo seit Frau Pfeifer kein Tonkünstler wieder gewesen war.

Ab und zu erhielten wir den Besuch einiger Fahrgäste der zweiten Kajüte, welche als gebildete und wohlerzogene Leute freien Zutritt auf dem Quarterdeck hatten.

Die wenigen Tage der Fahrt vergingen schnell genug, da sich uns soviel Neues bot und die geschickte Anordnung der Tafelfreuden uns die Benutzung und Eintheilung der Zeit so sehr erleichterte; wir kamen hier noch weniger zum Arbeiten als auf dem Pleiad. Am fünften Tage tauchte am fernen Gesichtskreise die „Heimat von Paul und Virginie" auf, die Insel Mauritius mit ihren anmutigen Bergformen und ihren weiten Ebenen, auf denen wir beim Näherkommen deutlich die Wohnhäuser und Pflanzungen erkennen konnten. Ein reges Leben entwickelte sich an Bord des Nepaul. Alle waren in freudiger Aufregung, namentlich aber die Mauritianer, welche nach langer Abwesenheit ihre geliebte Heimat wiedersehen sollten. Sie suchten ihre besten, aus Paris mitgebrachten Kleider, ihre feinsten Handschuhe hervor, um ihren Freunden möglichst glänzend entgegentreten zu können. Die Bourbonianer, welche erst am anderen Tage ihr Ziel erreichten, betrachteten ihre glücklichen Nachbarn nicht ohne Neid. Wie es auf den Dampfern üblich, wurde von einem der muntersten Reisegefährten eine Lotterie veranstaltet, darin bestehend, daß eine Anzahl Loose zu je einem oder einigen Schillingen verkauft wurden, jedes mit Angabe einer Zeit von etwa fünf Minuten: Derjenige, dessen Nummer die Zeit enthält, zu welcher der Lootse das Deck des Schiffes betritt, gewinnt die Einsätze.

Das Bild wurde immer lebendiger. Mehrere Schiffe fuhren an uns vorüber in See, unter ihnen ein nach China bestimmter Dampfer mit Balancier-Maschine auf Deck; eine Schar von Booten näherte sich uns, allen voran das des Lootsen, welcher bald darauf an Bord stieg und den Oberbefehl übernahm. Endlich trat die Stadt Port Louis aus dem Walde von Masten und Flaggen hervor, welcher sie bisher verdeckt hatte — ein lachender Anblick: die freundlichen, weißgetünchten Häuser in dem europäischen Viertel am Strande, die Hütten der Madagassen und Neger weiter oben, die Wäldchen von Kasuarinen und anderen sonderbaren Bäumen ringsum, die üppige Landschaft mit ihren duftigen Höhen im Hintergrunde. Nach kurzer Fahrt befanden wir uns inmitten eines Gewimmels von zierlichen, schönbemalten Gondeln, aus denen die freundlichsten Grüße den Ankommenden entgegengewinkt wurden. Der Anker fiel, die Gesundheitsbeamten stiegen an Bord, und bald darauf ertönte das Wort, welches den Verkehr zwischen Schiff und Insel freigab. Jetzt entstand ein kaum zu beschreibendes Gedränge auf der nach dem Wasser führenden Treppe. Jeder der Mauritianer wollte zuerst die Seinen umarmen, jeder der Anderen das erste Boot besteigen.

Wir warteten, bis das Getümmel einigermaßen vorüber, und begaben uns dann, begleitet von Kletzer, Wehle und einem gemütlichen alten Gerichtsrathe, welcher von der westindischen Insel Martinique nach Bourbon versetzt worden war, an Land, um die kurze Zeit bis zum Sonnenuntergange noch bestens auszunützen. Durch die langen, wohlgeordneten Reihen der im Hafen liegenden Schiffe hindurch fuhren wir dem Strande zu, an der Marinekirche vorüber, einem alten Ausschußschiffe, in welchem jetzt Gottesdienst für die Seeleute gehalten wird. In Folge der Ankunft des Postschiffes herrschte ein überaus reges Leben auf dem Platz am Hafen und in den Straßen der Stadt. Die auffälligsten Gestalten, denen wir hier begegneten, waren die Madagassen, große, stämmige Gesellen von dunkelschokoladenbrauner Farbe, mit glänzendschwarzen, wohlgefetteten, in zierliche Zöpfchen geflochtenen Haaren, die indischen Kulis oder Lastträger, welche auf Mauritius die Stelle der arabischen Arbeiter in Sansibar vertreten, endlich die langzöpfigen Chinesen, welche hier und da aus dem bunten Gewimmel auftauchten. Einer von diesen Söhnen des himmlischen Reiches sah genau aus wie der andere; alle hatten dieselbe Kleidung, Haartracht und Gesichtsbildung, sodaß wir anfangs glaubten, wir begegneten immer wieder einem und demselben. Nächstdem erregten auch die englischen Soldaten durch ihr ungezwungenes, nach norddeutschen Begriffen „unsoldatisches“ Auftreten unsere Aufmerksamkeit: sie gingen in bequemster, nachlässiger Haltung umher, Arm in Arm, ohne Seitengewehr und — ein echter Unterofficier wird sich entsetzen — mit Spazierstöcken! einige von ihnen verschmähten sogar nicht, als es später zu regnen anfing, sich eines Schirmes zu bedienen!

Wir durchwanderten die breiten, von niedrigen Häusern eingefaßten, makadamisirten Straßen, bis die hereinbrechende Dunkelheit und der Regen die Menge vertrieb; dann versorgten wir uns in einem Cigarrenladen mit ausgezeichnetem, hier gefertigten Rauchkraute, ließen uns in einem ganz anständigen Kaffeehause von einem deutschen Kellner ein Glas Fruchteis für einen Sixpence (fünf Groschen) kredenzen und kehrten an Bord zurück. Da wir einige Minuten nach der Theestunde ankamen, erhielten wir, trotz aller Bitten und Geldgebote, weder Thee noch Abendbrod.

Abends zehneinhalb Uhr lichtete der Nepaul den Anker und dampfte dem Nachbareilande Bourbon zu. Als wir am anderen Morgen erwachten, hatten wir das Land in Sicht. Der erste Eindruck der vielgerühmten Insel war ein unfreundlicher, namentlich im Vergleiche zu dem heiteren Bilde, welches Mauritius mit dem prangenden Port Louis uns gestern geboten hatte. Ein leichter Nebel umhüllte die Höhen und ließ sie mit dem Himmel in Eins verschwimmen; schwarze, kahle Felsen tauchten aus dem Meere, und links von ihren schroffen Abstürzen zeigten sich düstere, unansehnliche Gebäude, die Häuser der Hauptstadt St. Denis. An dem dunkelfarbigen, mit kopfgroßen Rollsteinen bedeckten Strande brachen sich schwere Wogen, und die Rhede war öde und todt: nicht eine einzige Gondel kam uns entgegen, nur einige schwerfällige Boote ohne jeglichen Schmuck, offenbar Miethboote, näherten sich uns, von unsauberen Ruderern mühsam vorwärts getrieben. Blickte man hinab in die bewegte See, welche hier, wann sie am friedlichsten ist, vier bis sechs Fuß hohe Wogen rollt, so erschien das Fehlen der zierlichen Vergnügungsfahrzeuge allerdings begreiflich; und betrachtete man den rauhen Strand, so konnte auch die kräftige, plumpe Bauart jener Boote nicht mehr Wunder nehmen — die leichten Gondeln von Port Louis würden hier beim Anlegen zerschellen.

Das Ausschiffen der Fahrgäste sah sehr gefährlich aus: sie mußten den Augenblick abpassen, in welchem das Boot von der schwellenden See in gleiche Höhe mit der Landungstreppe gehoben wurde, und dann geschickt hineinspringen; Damen, welche hierzu nicht Mut und Geistesgegenwart genug besaßen, wurden wie Bälle hinuntergeworfen in das auf- und absteigende Gefährt, in welchem dienstwillige Arme sie empfingen. Noch beschwerlicher soll das Aussteigen sein an den Landungsbrücken (embarcadères), hölzernen oder eisernen Gerüsten, welche sich bis weit in die unruhige See erstrecken.

Der Baron ging an Land, um seinen verehrten Freund Père Amand Fava aufzusuchen, einen würdigen Geistlichen, welcher früher der Mission zu Sansibar vorstand und jetzt Generalvikar (Stellvertreter des Bischofs) von St. Denis war. Ich blieb mit Koralli an Bord; wir sollten, sobald sich ein Unterkommen gefunden, Nachricht erhalten.

Stunde auf Stunde verrann, ohne daß die ersehnte Botschaft kam. Die mit Löschen des Gepäckes beschäftigten Bootbesitzer bestürmten mich mit immer dringlicheren Zureden, ihnen an Land zu folgen. Sie stellten mir vor, daß ich doch nicht über Nacht an Bord bleiben könne, und ich mußte ihnen Recht geben, zumal auch die Herren vom Schiffe zu wünschen schienen, daß wir uns möglichst schnell entfernten: zwei Mahlzeiten waren vergangen, ohne daß man uns irgend Etwas verabreicht hätte; wahrscheinlich glaubte man, uns desto eher los zu werden, je weniger zuvorkommend man sich benähme. Doch erst spät am Nachmittag entschloß ich mich, einem der gelbfarbigen Kreolen in sein wenig einladendes Fahrzeug zu folgen. Glücklicher Weise traf ich an der Landungsbrücke den Baron meiner wartend. Es stellte sich heraus, daß ein Mißverständniß obgewaltet hatte; einige Zeilen, in denen ich aufgefordert wurde, mit dem Gepäck an Land zu kommen, waren an mich abgegangen, aber nicht mir, sondern einem Officier übergeben worden, welcher natürlich nicht Deutsch verstand. Da alle Gasthäuser der Stadt überfüllt waren, hatte der Baron nothgedrungener Weise Gebrauch gemacht von einem freundlichen Anerbieten P. Fava's, ein ihm gehöriges Haus zu beziehen. Das Erste, was er beim Landen vernommen, war eine Nachricht, welche, wenn sie sich bestätigte, alle unsere Hoffnungen auf eine Reise nach Madagaskar vernichten mußte: König Radama II. war ermordet und sein Land in voller Gährung! Man fürchtete das Schlimmste für die ansässigen Europäer und erwartete mit Bangen die nächste Post von der großen Insel. Uns blieb Nichts übrig, als vor der Hand in Réunion zu verweilen, denn es war immerhin möglich, daß spätere Berichte günstiger lauteten und wir den so schön ausgemalten Reiseplan dennoch ausführen konnten.

Wir waren bei P. Fava zum Abendessen eingeladen und gingen, da es gerade Zeit war, in seine Wohnung. Der innere Theil der Stadt nimmt sich weit besser aus als das am Strande gelegene Viertel mit seinen einfachen Häusern und seinen Magazinen von Schiffsgegenständen. Nach wenigen hundert Schritten gelangten wir an die geräumige, mit der Bildsäule des hochverdienten Mahé de la Bourdonnais gezierte Place du Gouvernement; im Hintergrunde der grünenden Rasenfläche erhebt sich das stattliche Haus des Gouverneurs. Der Route de Paris folgend, einer von zahlreichen Querstraßen rechtwinkelig durchschnittenen Hauptstraße, gewahrten wir rechter Hand das schöne Rathhaus (Hôtel de ville), und zur Linken, vor einer hübschen Kirche, einen reizenden, von prächtigen Palmen eingefaßten Platz, in dessen Mitte ein Springbrunnen plätschert. Von den Wohnhäusern sahen wir wenig, da sie zumeist, wenn sie nicht Handelszwecken dienen, seitwärts in ausgedehnten Gärten versteckt liegen; an den meisten Stellen begrenzen Mauern und Hecken die Straßen. Die Stadt war wenig belebt, weil Käufer und Kirchgänger, die Mehrzahl der Verkehrenden, wie man uns sagte, zu dieser vorgerückten Tageszeit Nichts mehr außerhalb ihrer Wohnungen zu suchen hatten.

Nach einer Viertelstunde Weges erreichten wir die Evêché, das Haus des Bischofs, entschieden das schönste Gebäude, welches wir bis hierher gesehen. Père Fava empfing uns mit größter Liebenswürdigkeit und stellte uns den Mitbewohnern des Hauses vor, dem zweiten Generalvikar, P. Lambert, und dem Sekretär der Evêché, P. Martin; wir wurden eingeladen, für die Dauer unseres Aufenthaltes in Réunion ihr Tischgast zu sein, und Dies in so liebenswürdiger Weise, daß der Baron es nicht abschlagen konnte. Später führte unser gütiger Wirth uns einige hundert Schritt weiter in das Haus Rue de St. Marie Nr. 4, welches er uns freundlichst als Wohnung angewiesen hatte.

Am anderen Morgen (29. Mai) wurde für den Preis von achtzig Franken (über zwanzig Thaler!) ein großes Boot gemiethet, um das Gepäck vom Schiffe zu holen. Nun erst kam auch Koralli an Land; denn gestern Abend war es zu spät gewesen, ihn noch abzuholen.

Schon in den letzten Tagen hatte Koralli wiederholt über Zunahme seines Unwohlseins geklagt; jetzt fühlte er sich ernstlich krank, sodaß es das Gerathenste schien, ihn ordentlicher Pflege anzuvertrauen. P. Fava vermittelte seine Aufnahme in das Hospital der Kolonie, und P. Lambert selbst geleitete ihn dorthin. Der Kranke fand die liebevollste Pflege, doch wurde sein Zustand von Tage zu Tage gefährlicher: ein Gehirnfieber stellte sich ein, Lungen- und Leberentzündung kam dazu, bereits am anderen Tage erkannte der Aermste von den ihn umgebenden Leuten nur noch den Baron, und am 5. Juni war er seinen Leiden erlegen! Wir waren erschüttert und auf das Schmerzlichste betrübt über das Schicksal des treuen Gefährten. Keiner von uns hatte gedacht, daß die Krankheit eine so schlimme Wendung nehmen könnte, und Koralli selbst hatte trotz seiner häufigen Klagen nicht geglaubt, daß ihm sein Ende so nahe bevorstände! Noch auf den Seschellen hatten wir oft Abends vor der Thür gesessen, hatten mit Vergnügen von Europa gesprochen und Pläne erörtert, was wir nach unserer Rückkehr dort beginnen würden — er war nur nach Réunion gekommen, um ein Grab in geweihter Erde zu finden!

Tags darauf fand bereits die Beerdigung statt. P. Fava ließ es sich nicht nehmen, dem Heimgegangenen die letzten Ehren zu erweisen; er segnete die Leiche im Hospital und darauf in der Kirche ein und brachte sie mit uns nach dem Kirchhof. Ein öder Weg längs des Strandes führt nach dem Orte der Ruhe. Die Grube, welche den Sarg aufnehmen sollte, wurde erst nach unserer Ankunft in dem schwarzen, lockeren Sandboden ausgeworfen, weil sie außerdem wieder von dem Winde verweht worden wäre. Der Generalvikar weihete die Erde, wir sprachen noch ein Gebet und verließen dann tiefbewegt den traurigen Platz. Ein einfaches schwarzes Kreuz mit Namensaufschrift bezeichnet die Stätte, wo Koralli ruht; durch eine Stiftung ist dafür gesorgt, daß sie in Ordnung bleibe und daß, dem Glauben des Verstorbenen gemäß, Messen für sein Seelenheil gelesen werden.

Abbé Fava nahm sich seiner Gäste auch ferner in der zuvorkommendsten Weise an: er überließ uns einen seiner Diener, einen jungen Kreolen, welcher allerdings nicht entfernt mit dem treubewährten Koralli zu vergleichen war, aber doch durch sein Bekanntsein mit den hiesigen Verhältnissen und seine Kenntniß der Suahelisprache uns gute Dienste leistete, und besuchte mit uns alle Sehenswürdigkeiten, sodaß wir in kürzester Zeit auf die angenehmste und bequemste Weise mit der Stadt bekannt wurden.

Es gewährt einen ganz eigenthümlichen Genuß, einen Ort, von welchem man früher Nichts oder nur wenig gehört hat, genauer kennen zu lernen und dabei die Erfahrung zu machen, daß man das Unbekannte allzu sehr unterschätzte. Mit einiger Verwunderung sahen wir, daß die Hauptstadt dieser Kolonie und, wie es schien, auch das ganze Land, durchaus keinen Vergleich mit Europa zu scheuen braucht, ja, daß ihre Einrichtungen in manchen Dingen die unsrigen übertreffen. Wir hatten die beste Gelegenheit, uns über alles Wissenswerthe zu unterrichten, eine bessere, als sie wol der Mehrzahl der Reisenden geboten ist: alle Thüren öffneten sich uns, wo wir mit dem Stellvertreter des Bischofs erschienen, und dessen sachkundige Erläuterungen verschafften uns einen Einblick in die innersten Verhältnisse. Gewöhnlich benutzten wir die Nachmittage zu unseren Ausflügen mit P. Fava; die näher gelegenen Orte besuchten wir zu Fuße, die entfernteren in dem Wagen der Evêché.

St. Denis, am rechten Ufer der Rivière de St. Denis auf einer allmählich vom Strand aufsteigenden Ebene erbaut, zählt gegen sechsunddreißigtausend Einwohner. Eine Trennung zwischen der Stadt der Europäer und dem Viertel der Schwarzen, wie sie noch in Port Louis besteht, kennt man nicht. Die Bevölkerung der Stadt hat ungefähr dieselbe Zusammensetzung wie dort, doch scheinen hier mehr die Weißen, Europäer und Kreolen, an Zahl zu überwiegen.

Daß St. Denis als **Hauptstadt und Sitz der Verwaltung** (41) alle diejenigen Anstalten umfaßt, welche man auch bei uns in derartigen Mittelpunkten findet, darf uns nicht Wunder nehmen; ebenso ist es nicht auffällig, hier eine Bank, einen Basar, Kammern für Ackerbau und Handel, Ausstellungen u. s. w. zu finden, denn diese Anstalten sind ja zum Verkehr und zum Gedeihen des Landes unentbehrlich. Auch das Vorhandensein von Theater, Wettrennen und anderen dem Vergnügen und der Erholung gewidmeten Einrichtungen überraschte mich nicht: wol aber bemerkte ich mit freudigem Erstaunen, daß hier eine große Regsamkeit herrscht, wie sie sich in vielen Mittelstädten und kleinen Residenzen nicht findet. Die Freunde der Wissenschaft bilden eine eifrige, auch in weiteren Kreisen bekannte Gesellschaft; sie haben ein vortreffliches Museum gegründet, welches ansehnliche Sammlungen von naturgeschichtlichen Gegenständen besonders der Maskarenen und der Nachbarinsel Madagaskar enthält, und einen botanischen Garten, dem Nichts fehlt als eine reichlichere Geldunterstützung von Seiten des Staates oder der Gemeinde. Und diese Gesellschaft zählt unter ihren Mitgliedern Männer von ausgezeichnetem Forschungsgeiste; wir nennen nur den jüngst verstorbenen Zoologen Coquerel, den verdienten Vinson (den Verfasser einer musterhaften Arbeit über die Spinnen Madagaskars und der Maskarenen), und bemerken, daß fast jeder Zweig der Naturwissenschaft seine bedeutenden Vertreter hat. Diese Männer aber sind nicht etwa blos Eingewanderte, welche ihre Bildung und ihr Streben aus Europa mitbrachten, sondern zum großen Theil Eingeborene, Kreolen, denen man eine große Lebendigkeit des Geistes abzusprechen geneigt ist. Ein Beweis, daß nicht nur einzelne Auserwählte solcher Richtung huldigen, liegt in der Theilnahme und Unterstützung, welche wissenschaftliche Bestrebungen in den gebildeten Schichten der Gesellschaft finden, hierfür spricht auch das Erscheinen eines Werkes, welches unserer Insel zur größten Ehre gereicht, des von Roussin herausgegebenen Album de la Réunion. Diese mit zahlreichen Bildern ausgestattete Zeitschrift erscheint in monatlichen oder halbmonatlichen Heften, bringt landschaftliche Ansichten, Portraits von hervorragenden Persönlichkeiten, Charakterbilder aus dem Leben der Eingeborenen und Studien aus dem Pflanzen- und Thierreiche, erläutert von einem unterhaltenden Texte. Wir haben mehrere Bände des „Album de la Réunion" durchblättert und aus dem reichen Inhalte mit wahrem Vergnügen erkannt, wie sehr man hier Antheil nimmt an der Erforschung des Landes, welcher diese Veröffentlichung hauptsächlich dient. Einen ebenso gediegenen Inhalt haben die „politischen Zeitungen, deren drei oder vier erscheinen; zwar bringen sie hauptsächlich Nachrichten aus der Kolonie und aus der großen Welt, doch lassen sie keine Gelegenheit vorübergehen, ihren Leserkreis zu belehren und aufzuklären über alle anderweitigen Ereignisse und Erscheinungen. Und die Bevölkerung hält sich gleichfalls von einer einseitigen Richtung fern; denn in den meisten Häusern liest man die drei Zeitungen, welche verschiedene, zum Theil entgegengesetzte Interessen vertreten, kirchliche, konstitutionelle und demokratische, eine wie die andere, um sich ein richtiges Urtheil zu ermöglichen.

Wenn somit durch Zeitschriften, Sammlungen, Bibliotheken, Ausstellungen u. dgl. den Bildungsbedürfnissen der Erwachsenen genügend Rechnung getragen ist, so sorgt man in nicht minder vorzüglicher Weise für den Unterricht der Jugend; und in diesem Punkte, glauben wir, kann manche Behörde einer europäischen Stadt oder Landschaft sich ein Beispiel nehmen an Dem, was auf der fernen Insel Réunion geschieht. Dabei dürfen wir nicht zu erwähnen unterlassen, daß aller Unterricht, der elementare sowol wie der höhere, in den Händen der Geistlichkeit liegt, weil andere Lehrer, welche nicht vom Staate unterstützt werden, es jenen Herren nicht gleich thun können. Dies thut jedoch unserem Lobe keinen Eintrag; denn die Geistlichen vernachlässigen trotz ihres Alleinrechtes (wenn man so sagen darf) den Unterricht nicht, nehmen sich seiner vielmehr mit solchem Eifer an, als ob ihnen die gefährlichste Mitbewerberschaft zur Seite ginge. So ist, um nur Eines zu erwähnen, in den höheren Schulen die Zahl der Lehrer im Verhältniß zu der der Schüler eine ungewöhnlich große, der Unterricht demgemäß ein sorgfältigerer, als in unseren überfüllten Schulklassen.

Die Volksschulen stehen unter der Leitung der Brüder der christlichen Schulen (frères des écoles chrétiennes), welche, zweiundsiebenzig an Zahl, neunzehn Anstalten gegründet haben und in diesen 2900 Kinder und 2400 Erwachsene unentgeltlich unterrichten. Hauptsächlich ihren guten Diensten und den Belehrungen der Geistlichkeit hat das Land es zu verdanken, daß die Aufhebung der Sklaverei, welche dem Wohlstand anderer Siedelungen so verderblich wurde, hier fast keinen Nachtheil ausübte, daß die plötzlich zu Citoyens (so nennen sich in possirlichster Weise die Neger noch jetzt) oder Bürgern gewordenen Sklaven ihren Herren und ihrer Arbeit treu blieben.

Für die höhere Ausbildung junger Leute besteht seit 1819 ein Lyceum (Lycée impérial), in welchem mehr als vierhundert Schüler im Alter von fünf bis zwanzig Jahren (ein Theil wohnt in der Anstalt selbst, der andere in der Stadt) durch fünfzig Lehrer unterrichtet werden. Wir haben diese Anstalt unter kundiger Führung besucht, haben die Wohnzimmer, Lehr- und Schlafsäle, Küche, Wäscherei und Alles, was dazu gehört, in Augenschein genommen und Alles aufs Beste, wie in Musteranstalten, geordnet und eingerichtet gefunden. Der Besuch dieser Schule nimmt so stark zu, daß man daran denken mußte, ein neues, noch stattlicheres Haus anzubauen; dieses wird jetzt wol längst vollendet sein.

Eine andere höhere Lehranstalt mit dreiundzwanzig Lehrern und drei Aufsehern, welche von 214 jungen Leuten aus den besten Familien besucht wird, ist das Kolleg der Jesuiten; es steht auf derselben Stufe wie bei uns die Gymnasien- und Realschulen. Père Etcheverrie, der auch als Dichter bekannte Vorsteher, und einige der Lehrer führten uns selbst durch alle Räume der Anstalt. In den überaus reichhaltigen Sammlungen, welche beim Unterrichte benutzt werden, erhielten wir einen Ueberblick über die verschiedensten Gegenstände aus fast allen Gegenden der Erde: wir sahen ausgestopfte Säugethiere und Vögel sowol wie Insekten, Muscheln, Mineralien, auch Gegenstände der Völkerkunde, Münzen, chinesische Bildwerke und Malereien. Dazu bietet das physikalische Kabinet eine Apparatsammlung, wie sie manches große deutsche Gymnasium nicht aufzuweisen hat. Und neben der Ausbildung des Geistes vernachlässigt man, wie die schönen Turn- und Spielplätze beweisen, die Pflege des Körpers nicht. Wir verbrachten bei den jovialen Patres einige sehr angenehme Stunden und erkannten aus der lehrreichen Unterhaltung mit ihnen mit Vergnügen, daß sie sämmtlich auf dem Höhepunkt ihrer Fachwissenschaft standen und sich durch Lesen der betreffenden Zeitschriften darauf erhielten. Als wir sie verließen, baten sie uns, doch recht bald wiederzukommen, dann aber eine große Kiste mitzubringen, damit wir Alles, was uns von ihren Sammlungen gefiele, mitnehmen könnten; sie würden durch ihre Verbindungen über die ganze Erde die entstehenden Lücken mit Leichtigkeit ausfüllen können. Selbstverständlich nahmen wir das allzu liebenswürdige Anerbieten nicht an.

In gleicher Weise wird für die Erziehung der Töchter höherer Stände gesorgt: diese liegt hauptsächlich in den Händen der Schwestern von Saint-Joseph de Cluny, einer einflußreichen und weitverbreiteten geistlichen Gesellschaft, welche in der Kolonie einundzwanzig Anstalten besitzt und hundertdreiundvierzig Schwestern nebst dreißig Novizen zählt. Ihre musterhaft eingerichtete Schule zu St. Denis umfaßt sechzig Pensionärinnen und dreißig in der Stadt wohnende Schülerinnen, welche von sechzehn Schwestern unterrichtet werden. Wir hatten nicht gewagt, zu hoffen, daß wir auch diese Erziehungsanstalt für junge Damen zu sehen bekommen würden; doch P. Martin, der Leiter derselben, zeigte uns selbst Alles, was kennen zu lernen uns angenehm sein konnte. Auch hier hatten wir der Vortrefflichkeit aller Einrichtungen und der Zuvorkommenheit der Vorsteherinnen vollste Anerkennung zu zollen. Darauf, daß wir Protestanten waren und als solche auftraten (wir blieben in der Kapelle stehen, während unsere geistlichen Begleiter ehrfurchtsvoll niederknieten und ein Gebet sprachen), schien man kein Gewicht zu legen.

Weit mehr noch wurden wir durch die Wohlthätigkeitsanstalten gefesselt, durch die Waisenhäuser, Hospitäler, Rettungshäuser und andere; in ihnen lernten wir die Aufopferung und Hingebung der katholischen Gesellschaften in ihrer ganzen Größe kennen. Und nicht nur wir, die wir zu den Spitzen der Geistlichkeit in näherer Beziehung standen, auch Andere, welche wir dort einführten, namentlich mehrere Mauritianer, wurden von Bewunderung durchdrungen für das auf diesen Gebieten Geleistete.

Die merkwürdigste dieser Anstalten ist die Providence. P. Fava, ihr würdiger Vorsteher, führte uns selbst nach den weitläufigen Gebäuden und Ländereien nördlich von der Stadt. Zuerst nahmen wir die dazugehörige Ecole agricole et professionelle in Augenschein, in welcher hundertachtundzwanzig Kinder unter Leitung von sechs geistlichen Brüdern in allerlei Gewerben und im Ackerbau unterwiesen werden. Beim Eintritt in das Grundstück bemerkten wir zuvörderst kleine Gärtner, dann Tischler, Rademacher und Schmiede, ferner Steinmetze und Baumeister, welche am Neubau einer Kirche arbeiteten. Am meisten des Anziehenden bot uns die Eisengießerei und Werkstatt für Ausbesserung von Maschinen: wie Gnomen und zwerghafte Berggeister trugen dunkelfarbige Bürschchen die schweren, mit der weißglühenden Masse gefüllten Gießlöffel nach den Formen und handhabten sie in geschicktester Weise, während andere Knaben vor den Dreh- und Hobelbänken arbeiteten und wieder andere schwere Hämmer schwangen. Für das Land ist diese Werkstatt von nicht geringem Nutzen, weil sie eine Menge Kinder, welche außerdem sich auf den Straßen oder in den Gefängnissen umhertreiben würden, in angemessener Weise beschäftigt sowie allerlei Arbeiten übernimmt und ausführt, für die es an geschickten Kräften nicht fehlt. Die Verwaltung zahlt für den Unterhalt eines jeden der aufgenommenen Kinder täglich einige Sous, doch ist diese Summe verhältnißmäßig gering und wird allein durch den Ertrag des Gemüsebaues bei Weitem übertroffen. Man kann also immerhin sagen, daß die nützliche Anstalt sich selbst erhält, ja mehr noch, sie erübrigt auch nicht unbeträchtliche Summen und verwendet diese zu steter Erweiterung und Verbesserung des Vorhandenen. In Europa würde man derartiges Bestreben mit Benutzung von Kindern oder Sträflingen wohlfeiler zu arbeiten, als andere Unternehmer nicht billigen können; hier aber, wo Arbeitskräfte vorhanden sind, ihnen aber die Anleitung fehlt, wo das Handwerk danieder liegt und nur einzelne Gewerbszweige blühen, welche wiederum des Handwerks sehr bedürfen, weil sie außerdem Alles vom Mutterlande einführen müßten, hier ist die Thätigkeit einer solchen Anstalt überaus zweckmäßig und wohlthätig und kann nicht genug gelobt werden, sowol in Betracht Dessen, was sie dem Lande nützt, als auch aus Rücksichten der Menschlichkeit überhaupt.

Auf demselben Grundstück befindet sich ein Hospital für hundertzweiundvierzig alte und schwache Leute beiderlei Geschlechts. Diese finden Wohnung und Unterhalt und werden von sechs barmherzigen Schwestern und einem Bruder gepflegt. Wir durchliefen die geräumigen, vortrefflich eingerichteten Säle des Hauses und sahen die mannigfachsten Krankheiten und Gebrechen, zugleich aber auch auf den Gesichtern der Insassen eine Zufriedenheit und ein Behagen, aus denen man erkennen konnte, daß diese guten Alten in ihrem Leben sich niemals so wohl befunden hatten wie jetzt, am Ende ihrer Tage.

Eine andere Anstalt, welche ich selbst zu besuchen nicht Gelegenheit hatte, von der aber der Baron mit größter Anerkennung sprach, ist die von den Jesuiten geleitete Ressource. Einhundertsechzig junge Madagassen, neunzig Knaben und junge Männer und siebzig Mädchen, genießen hier christliche Erziehung und werden in Handwerken unterrichtet. Da die Madagassen viel Begabung für Musik besitzen, läßt man jeden der Schüler zugleich ein

Instrument erlernen; der Baron hörte ein von ihnen aufgeführtes Konzert an einem der Feste der Anstalt und spendete den Leistungen der jungen Leute alles Lob. Bei dieser Erziehung läßt man es nicht bewenden: sind die Zöglinge herangewachsen, so verheirathet man sie und schickt sie nach ihrem Vaterlande zurück, in der richtigen Voraussetzung, daß ein christliches Ehepaar Sitten und Glauben sich leichter erhalten könne als ein Einzelner, welcher bei seinen heidnischen Landsleuten so mannigfachen Versuchungen ausgesetzt ist.

Sieht man solche Leistungen und Bestrebungen, so schwinden Einem alle Vorurtheile gegen die vielgeschmähten Jesuiten; selbst ihr erklärter Feind muß anerkennen, daß die „Brüder Jesu" in derartigen Dingen eine außerordentliche Thätigkeit entfalten und Alles mit Geschick und Sachkenntniß angreifen. In den Staaten Europas mag es gerathen erscheinen, ihnen entgegenzutreten; hier aber, in Kolonien und in den Ländern der Barbaren selbst, wo Uebergriffe ihrerseits nicht gut möglich sind, unterstütze man sie oder lasse sie wenigstens ruhig gewähren — sie verstehen es wie nicht so leicht Andere, die Gleichgiltigen und die Feinde der Gesittung für ein würdigeres Leben zu gewinnen, sie sind Missionäre ersten Ranges!

Neunundzwanzigster Abschnitt.

Rundreise auf der Insel Réunion.

Wie man Karten lesen muß. — Die zwei Brennpunkte der Insel. — Einsturz-Erscheinungen beim Vulkane. — Hochebenen, Kesselthäler und Ravinen. — Kampf der Elemente um Bourbon. — Bootfahrt nach Possession. — Verwüstungen durch Ras de marée. — Die trockene Hälfte des Landes. — Stare als Retter der Kolonie. — St. Paul, die zweite Hauptstadt. — Wie man hier Kunststraßen baut. — Landschaftliches. — St. Louis. — Fröhliche Gesellschaft in St. Dominique. — Die Rivière de St. Etienne. — Herrn Deshayes' Zuckersiederei. — St. Pierre und seine Hafenbauten. — Eigenthümlichkeiten der Festessen auf Réunion. — Die Landschaft verändert sich. — Im Gebiete des Vulkans. — Großartige Anstrengungen für Brücken- und Wegebau. — Der feuchteste Landstrich. — Das Johannesfest in Bras-Panon. — Eine Vanillenpflanzung. — Zurück nach St. Denis.

Landkarten zu lesen und zu verstehen ist eine nicht ganz leichte Sache. Viele erblicken selbst in den besten Karten Nichts als einen mit Namen versehenen Grundriß des Landes; Wenige nur sind im Stande, nach der Zeichnung sich eine plastische Vorstellung zu bilden, die dargestellten Gegenstände so zu sehen, wie sie in der Natur wirklich sind — und diese Vorstellung zu ermöglichen, ist doch ein Hauptzweck der Karten. Wer diese Kunst des Kartenlesens sich aneignen will, muß reisen mit der Karte in der Hand, muß schon vor Beginn einer Reise die besten der vorhandenen Karten durchmustern und versuchen, ob er sich danach die Natur richtig vorstellen kann, muß dann das Bild, welches er in seinem Geiste geschaffen, mit der Wirklichkeit vergleichen und es nach dieser berichtigen: übt er die so errungene Fähigkeit immer von Neuem, so wird er in Kurzem dahin kommen, daß er auf der Karte nicht mehr Striche und Schattirungen sieht, sondern nur noch den Gesammteindruck, daß die Unebenheiten des Bodens sich vor seinen Augen erheben, als ob sie modellirt wären. Wenn Seereisen in der Nähe der Küste geeignet sind, uns einen Begriff zu verschaffen von den Maßstäben der Karten und von den Grenzen zwischen Land und Wasser im Verhältniß zu den Umrissen auf dem Papiere, so können Gebirgsreisen ganz besonders dazu dienen, uns das „Terrain", die Oberflächenbeschaffenheit, zu verdeutlichen; namentlich werden Kreuz- und Querwanderungen auf einem engen, gutbegrenzten Gebiete, auf einem Eilande, wie unser Réunion es ist, diesen Dienst zu leisten vermögen. Versuchen wir, ehe wir unsere Wanderung antreten, zuvörderst aus der Karte zu errathen, was wir von Réunion zu erwarten haben!

Réunion oder Bourbon hat die Gestalt eines Eirunds, einer Ellipse, deren beide Brennpunkte, sei es nun zufällig oder aus Nothwendigkeit, die beiden hervorragendsten Berge der Insel sind, der Piton des Neiges, ein alter, schon seit Menschengedenken erloschener Feuerberg, und der Vulkan, ein fast alljährlich noch in Thätigkeit begriffener. Zwischen diesen Hauptbergen und Mittelpunkten der Erhebung dehnen sich weite, durch Kämme und Abfälle unterbrochene Hochebenen, und von ihnen aus senkt sich das Land der See zu, hier allmählich, dort jäh, an anderen Stellen in Absätzen oder Terrassen. Eine ganz eigenthümliche Erscheinung, wie wir sie auch auf anderen größeren Vulkaninseln finden, bieten die ungeheuren, kesselförmigen Thäler und Schluchten und die steilen, fast senkrechten Abstürze, welche hier und da das höhere Land von dem niederen trennen.

Bei dem Vulkane, welcher letztere Erscheinung am einfachsten bietet, gewahren wir auf den ersten Blick, daß der Herd der unterirdischen Thätigkeit, in dessen Mitte der Feuerberg sich befindet, durch einen Wall oder Damm vollständig abgeschlossen und diese engere Umgrenzung wiederum von einer zweiten, weiteren umgeben ist. Die Sachkundigen behaupten, in Vorzeiten sei der Vulkan aus einer Ebene von gleicher Höhe mit der umgebenden Plaine des Remparts emporstiegen, dann aber, als durch die fortdauernden Ausbrüche leere Räume sich bildeten und die hohl liegende Rinde dem Drucke nicht mehr zu widerstehen vermochte, in die Tiefe gesunken; später haben sich neue Höhlungen gebildet, welche ähnliche Einstürze zur Folge hatten: auf diese Art seien die beiden mächtigen Stufen entstanden, die erste das schmale, mantelförmige Stück Land zwischen den beiden Enclos, die zweite die engbegrenzte Fläche, aus welcher der Kegel des Feuerberges mit seinem doppelten Schlunde sich erhebt.

Anderer Art sind die drei Einsenkungen um den Piton des Neiges, welchem sich im Südwesten der Grand Bénard fast ebenbürtig zur Seite stellt: Cilaos im Süden, Salazie und der Cirque de la rivière des Galets im Norden; sie stellen geschlossene Kessel dar mit einem schmalen, schluchtartigen Ausgang nach See zu und voneinander geschieden durch jäh abfallende, schmale Rücken. Vielleicht läßt sich die Entstehung dieser Kessel sowie der breiteren unter den zahlreichen Schluchten der Insel ebenfalls auf obige Art, durch stattgehabten Einsturz, erklären, was auch die Schichten und Streifen andeuten, welche sich auf den gegenüberstehenden Wänden, nur in verschiedener Höhe, wiederholen.

Nächstdem fällt auf unserer Karte das Vorhandensein der vielen sogenannten Ebenen auf: sie sind entweder die obersten Flächen der ehedem aus dem Meere gehobenen Masse (wie die Plaine des Salazes und des Cafres), oder bilden Stufen und Terassen, Ruhepunkte der Erhebung oder des Einsturzes (wie die Plaine des Palmistes); die Mehrzahl von ihnen aber stellt kleine, stark geneigte Flächen dar (wie die Plaine des Fougères und des Chicots im Norden), welche nur im Vergleich mit der rauhen Beschaffenheit des übrigen Landes als Ebenen gelten können. Die einzige wirkliche Ebene von größerer Ausdehnung ist Champ Borne bei St. André im Nordosten der Insel.

Wer die Karte von Réunion nur flüchtig betrachtet, wird sich wundern über die Menge der größeren und kleineren Flußläufe. Aber nicht alle die schwarzen, der See sich zuschlängelnden Linien sind Zeichen für Flüsse (Rivières) im eigentlichen Sinne des Wortes, die meisten bedeuten Schluchten (Ravines), tiefe, jähe Risse und Sprünge in der harten Felskruste des vulkanischen Eilandes, im Kleinen dasselbe, was die obenerwähnten Kessel im Großen sind. Diese für gewöhnlich trockenen Ravinen fördern zur Regenzeit unglaubliche Mengen Wassers von den Höhen herab; sie stellen dann tosende Ströme dar, welche Felsen zertrümmern und mächtige Steinblöcke in ihrem schäumenden Falle nach dem Meere hintreiben. Ihre Wut ist jedoch in enge Grenzen gebannt und vertobt sich in diesen machtlos; sie schaden dem Lande nur insofern, als sie bisweilen auf kurze Zeit den Verkehr unterbrechen, ebenso wie auch der von doppelten Mauern umschlossene Vulkan selbst in seinen wildesten Ausbrüchen ungefährlich ist.

Die Insel Bourbon, aus ungemessener Tiefe des Meeres emporgehoben durch die Kraft des Feuers, wird von einem wilden Meere umbraust und umflutet, welches die „Schaumentstiegene" wieder zu verschlingen droht; sie wird vielleicht von denselben Kräften, denen sie ihre Entstehung verdankt, dereinst wieder vernichtet werden: aber dieses auf zwei Seiten von den fürchterlichsten Naturkräften bedrohte Stück Land, welches eine kurze Vergangenheit und möglicher Weise eine ebenso kurze Zukunft hat, blüht wie ein Paradies und ist wol die schönste der Inseln — so wenigstens meint Jeder, der sie besucht und durchwandert hat!

Mehrere Wochen waren uns in angenehmster Weise unter Ausflügen, Beobachtungen und in regem Verkehre mit den liebenswürdigen Bewohnern von St. Denis vergangen; doch fühlten wir uns nicht völlig befriedigt, wir wünschten sehnlichst, die schöne Insel auch an anderen Stellen kennen zu lernen. Père Fava, welcher damals eine Inspektionsreise rings um die Insel antrat, bot sich uns in der liebenswürdigsten Weise als Führer an und forderte uns auf, ihm in Begleitung von P. Martin nachzufolgen.

Am 20. Juni früh viereinhalb Uhr holte der joviale Sekretär der Evêché uns ab und geleitete uns nach der Landungsbrücke, von welcher aus eine halbe Stunde später das einem Privatmanne gehörige Postboot abfuhr. Der Morgen war kühl, und ein leichter Nebel verhüllte uns einen Theil der Aussicht; indessen verloren wir dabei nicht viel, weil die Landschaft zur Seite Nichts weniger als anziehend ist: zwischen St. Denis und la Possession, dem Ziele unserer Fahrt, gewahrt man nur schwarze, steile Felswände, welche sich bis zur Höhe von einigen tausend Fuß aus dem unruhigen Meere erheben, und hier und da eine wilde Schlucht, welche einen Blick in das ebenso schwarze, rauhe Innere gestattet. Das durchlöcherte Segel unseres Bootes ward von einem flauen Winde nur unregelmäßig geschwellt; wir fuhren ziemlich zwei Stunden lang, ohne das kaum acht Meilen entfernte la Possession auch nur zu Gesicht zu bekommen. Endlich begannen die indischen Kulis, welche zu zehnt die Besatzung des Bootes bildeten, mit Riesenkraft ihr Werk zu fördern; sie sprangen alle zugleich auf die Bänke, tauchten die Schaufeln ihrer langen Ruder tief in das Wasser und ließen unmittelbar darauf, die Riemen vorwärts reißend, sich so gewaltsam auf ihre Sitze niederfallen, daß sowol das Boot als ihr Körper Schaden genommen hätte, wenn nicht beide von festester Bauart gewesen wären. Trotz seiner Plumpheit glitt nunmehr das Fahrzeug ziemlich schnell dahin. Die Felswand zur Linken ward nach und nach niedriger, ein schmaler Streifen ebenen Landes erschien vor uns, und endlich zeigte sich der mit kopfgroßen Rollsteinen bedeckte Strand von la Possession. Einen eigentlichen Landungsplatz gibt es in diesem Städtchen nicht: die Boote werden mit Stricken emporgezogen, bis ihre Spitze auf dem Trockenen steht; ob hierbei die Reisenden von Spritzwellen eingenäßt werden oder gar ein Bad nehmen, wenn das Fahrzeug nicht ganz gerade hinaufgeschleift wird, das kümmert Niemanden.

La Possession (42) ist die einzige Stadt der Insel, welche ihren Namen nicht von einem Heiligen entlehnt hat. Ob sie aus diesem Grunde so ganz ohne Bedeutung geblieben ist, wie Dies der Fall zu sein scheint, wissen wir nicht; soviel aber ist sicher, daß sie von den zahlreichen Reisenden, welche von St. Denis aus westwärts fahren oder von dort zurückkehren, nur im Vorbeigehen berührt wird. Und dieser Verkehr hat sich in der letzten Zeit noch wesentlich verringert, seit eine wöchentliche Dampfschiffverbindung zwischen den drei Hauptstädten der Insel St. Denis, St. Paul und St. Pierre, mit Uebergehung von Possession eingerichtet worden ist. Man müßte es auch Jedem verdenken, der, ohne besondere Absichten dabei zu haben, auch nach dieser Einrichtung noch sich den barbarischen Ruderknechten anvertraute oder, was fast noch unangenehmer ist, die langweilige, in hundert Bogen gewundene Straße über die Berge benutzte.

Der Flecken la Possession besitzt außer einer hübschen Kirche und einem Vorrathshause für Marinebedürfnisse kein bemerkenswerthes Gebäude. Beim Umherstreifen bemerkten wir an den Häusern und Gärten die Spuren einer ungewöhnlichen Wasserflut, welche vor einiger Zeit die Ortschaft heimgesucht hatte. „Das Meer war", wie die Leute erzählten, „urplötzlich auf eine schreckenerregende Weise angeschwollen und weit über die Ufer getreten, hatte dabei mit dem Wüten seiner Wogen Alles zertrümmert, was ihm erreichbar war, und danach, Hausgeräth und ganze Gebäude mit sich fortführend, sich wieder auf seinen früheren Stand zurückgezogen." Dieses eigenthümliche, vorher durch Nichts angezeigte Aufwallen des Meeres welches auch anderwärts, namentlich auf Inseln, bisweilen beobachtet wird, kommt auf Réunion nicht selten vor und wird von den Bewohnern der Küste mehr gefürchtet als der schlimmste Wirbelsturm. Man nimmt an, daß die Ras de marée, so nennt man solche Meeresschwellungen, durch weitab vorüberziehende Orkane verursacht werden; sie finden hauptsächlich in der schönen Jahreszeit vom April bis November statt, in welcher auch die Gestade zwischen den Maskarenen und dem Kap der guten Hoffnung am meisten von Stürmen heimgesucht werden. Auf offener See bemerkt man Nichts von den Ras de marée; nur einzelne große Wogen verrathen, daß etwas Besonderes im Werke sei.

Um acht Uhr begann der Stellwagen, wie man die Diligencen der Messageries impériales auf Réunion wol am besten bezeichnen kann, seine Fahrt. Glücklicher Weise waren nicht so viele Fahrgäste da, als der Wagen numerirte Sitzplätze zählte; sonst hätten wir uns arg zusammendrängen müssen. Wir fuhren eine Strecke lang an dem dunklen, sandigen Strande hin, dann über die Rivière des Galets. Die Straße war gut erhalten und an vielen Stellen von Filaosbäumen umsäumt (Casuarina lateriflora Lamk.), denselben, welche wir schon auf Mauritius, auf den Seschellen und, in ähnlicher Art wenigstens, auch auf Sansibar kennen gelernt haben. Auffällig war die große Anzahl von Staren (Martin oder Merle des Philippines, Acridotheres tristis Vieill.), welche auf der Straße und in den Feldern umherhüpften und vor dem Wagen her von Baum zu Baum flogen. Sie werden als die Wohlthäter der Kolonie geehrt, weil sie sich schon mehrmals als ausgezeichnete Kerbthiervertilger bewährt haben. Ihre Geschichte erinnert an das Schicksal der Sperlinge unter Friedrich dem Zweiten von Preußen. Im Jahre 1765 wurden sie von dem hochverdienten Poivre eingeführt, damit sie den Verwüstungen der von Madagaskar eingeschleppten, allen Ackerbau unmöglich machenden Heuschrecken einen Damm setzten. Als die Noth vorüber, bildete sich bei den Ackerbauern die Meinung aus, daß die Stare auch die Sämereien von den Feldern wegpickten; man eröffnete deshalb einen Vernichtungskrieg gegen die nützlichen Thiere, welcher deren Ausrottung zur Folge hatte. Bald stellte sich jedoch die Nothwendigkeit heraus, noch einmal Stare einzuführen, und um diese vor Jägern oder unverständigen Feinden besser zu schützen, erließ man ein Verbot der Jagd auf „Martins" und alle anderen Vögel, dessen Uebertretung an Freien mit einer Geldbuße von fünfhundert Franken, an Sklaven mit Todesstrafe (?) geahndet ward; es wurde sogar untersagt, Stare im Käfige zu halten. Dank diesem Schutze vermehrten die nützlichen Vögel sich in außerordentlicher Weise und fraßen, als sie keine Heuschrecken mehr vorfanden, auch die übrigen Kerfe hinweg, sodaß bereits Bory de Saint Vincent, welcher zu Anfang dieses Jahrhunderts die Insel durchforschte, über das fast völlige Fehlen der Insekten klagte. Auch uns war es bei unseren Wanderungen in der Umgegend von St. Denis aufgefallen, daß wir Käfer und ähnliches Gethier nur selten zu sehen bekamen und zumeist nur solche Arten, welche geschützt in Holz oder unter Steinen leben; damals aber hatten wir den Grund hiervon der vorgerückten Jahreszeit zugeschrieben.

Nach einer Stunde schneller Fahrt erreichten wir St. Paul, die Hauptstadt einer der größten Gemeinden und, wenigstens jetzt noch, die zweite Stadt der Insel. Früher war diese

Ortschaft viel bedeutender als St. Denis, diente sie doch sogar eine Zeit lang als Sitz der Regierung; jetzt aber geht sie stetig zurück und verliert viel namentlich an die rasch sich aufschwingende Handelsstadt St. Pierre. St. Paul ist der Sitz eines Assisenhofes und eines Tribunales erster Instanz, wird beide jedoch bald nach St. Pierre übersiedeln sehen, wenn Dies nicht bereits geschehen ist. Daß diese Stadt, vor allen anderen der Insel begünstigt durch eine vortreffliche Rhede, sich so unvortheilhaft entwickelt, schreibt man der Urtheilslosigkeit oder Blindheit ihrer Bewohner zu, welche sich auf den Gedanken gesteift haben, es müsse in der Nähe der Stadt (in der schlammigen und von Flugsand gefährdeten Lagune) ein künstlicher Hafen gebaut werden, während doch die Bai südöstlich vom Kap la Houssaye einen vollkommen genügenden natürlichen Hafen bietet. Anstatt nun ihre Stadt oder wenigstens die an dem Verkehr betheiligten Häuser dorthin zu verlegen, geben sie sich thatenlosen Klagen hin, daß ihr Plan nicht die gewünschte Beachtung findet.

Die Stadt St. Paul deren Straßen gerade, aber unregelmäßig angelegt sind, besitzt eine große, aber mittelmäßig gebaute Kirche, einen hübschen Basar, eine Kaserne, welche früher Magazin der indischen Kompagnie war, ein Hospital und ein großes Gefängniß; die übrigen Gebäude sowie auch die Landhäuser der Reichen erschienen uns nicht sehr bemerkenswerth, destomehr aber gefiel uns die allerliebste Umgebung. Wären z. B. die mit prächtigen Bäumen gezierten Anlagen in der Nähe der Lagune (étang) besser im Stande gehalten, so könnten sie der schönste Spaziergang der Insel sein.

An allen Straßenecken sahen wir große Anschlagezettel, welche die Konzerte von Kletzer und Wehle für die nächsten Tage verkündigten. Daneben prangten die einer englischen Kunstreitergesellschaft, welche schon seit einiger Zeit in einer großen Bude Vorstellungen gab. Wir trafen später unsere Virtuosen; sie hatten, wie auch in St. Denis, wo sie in dem schönen Theater vor vollem Hause gespielt, reichlich geerntet und wollten sich nun nach Mauritius wenden.

Nachdem wir in dem Gasthofe der Stadt ein gutes Frühstück eingenommen, stiegen wir wieder in den Postwagen. Bisher waren wir immer in der Ebene gefahren, jetzt aber wand sich der Weg nach einer steilen Anhöhe der Rampe von St. Paul empor. Eine Menge Knaben trieben mit Stöcken und Peitschen die Maulthiere und Pferde unseres Gespannes unabläßig an; auch der Kutscher that redlich seine Pflicht, sodaß wir hurtig vorwärts kamen. Oben angelangt, genossen wir einen allerliebsten Blick auf die gerade unter uns liegende, in einem Walde von Laubbäumen und Palmen halbversteckte Stadt.

Daß man die Straße den Berg hinauf geführt hatte, während es doch so einfach gewesen wäre, sie längs des Strandes fortlaufen zu lassen, wunderte uns nicht wenig. Unser Reisegefährte erklärte uns, daß Letzteres allerdings mehr im Interesse der Kolonie, Ersteres aber in dem der Zuckerpflanzer gewesen wäre, deren Siedereien sich zumeist in der Höhe befinden. Diese angesehenen Herren hatten, als die Anlegung der Rundstraße beschlossen wurde, im Conseil général ihre Ansicht durchgesetzt, nicht ohne wesentlich von den leitenden Ingenieuren unterstützt zu werden, welche auf diese Art mehr Geld und Ehre zu verdienen gedachten. Jetzt hat man eingesehen, wie schlecht damals die Kolonie von ihren Beamten und Vertretern berathen war, und hat, trotz der großen Opfer, welche Dies erheischt, eine neue Straße längs des Strandes hin gelegt; man hofft, daß die geringeren Unterhaltungskosten derselben allmählich den Schaden wieder einbringen.

Wir befanden uns jetzt in einem weiten, von hohen Bergen und Felswänden eingeschlossenen Halbkessel, in dem heißesten und trockensten Theile der Insel. Die Winde, welche in diesen Breiten Jahr aus Jahr ein von Osten her wehen, entladen sich ihres Dunstgehaltes größtentheils schon auf den hohen Bergen, welche sie überschreiten müssen, und berühren die tiefere, von der Sonne durchglühte Landschaft auf ihrem Weiterwege nur wenig, können ihr also weder Kühlung noch Feuchtigkeit bringen. In diesem ohnehin regenarmen Jahre war die Dürre ganz besonders auffällig: die Zuckerrohrfelder, an denen wir vorbei kamen, gewährten einen traurigen Anblick, umsomehr als gleichzeitig der Fraß eines in gefährlicher Weise überhand nehmenden Insektes (43) viel Schaden angerichtet hatte, sodaß die Besitzer wol kaum ein Viertel der gewöhnlichen Ernte erwarten durften.

Die Zuckersiedereien waren immer schon von Weitem kenntlich, theils durch ihre Dampfessen, theils durch hohe, mit eigenthümlichen Flaggen versehene Stangen — religiöse Zeichen der indischen Arbeiter, deren Wohnungen gruppenweise in der Nähe der Fabrikgebäude stehen. Auf den Feldern und in den Gehöften herrschte die größte Stille, da die arbeitsvolle Zeit der Ernte noch nicht herangekommen war.

In unaufhörlichen Windungen senkte der Weg sich wieder in die Nähe des Meeres hinab. Mehrere kleine Brücken, welche über die zahlreichen Schluchten führten, zeichneten sich durch ihr nettes Aussehen und ihre feste Bauart aus. Unter den hier wachsenden Pflanzen fielen uns namentlich kugelförmige Aloes und Agaven mit riesigen, armleuchterartigen Blütenstengeln auf.

Mit einmaligem Wechsel unseres Gespannes kamen wir nach St. Leu, dem Hauptort eines Verwaltungsbezirkes, einem unbedeutenden Flecken, welcher nur aus einer einzigen Straße besteht. Noch einmal zog der Weg sich in die Höhe; bei der Chapelle des Avirons näherte er sich wieder dem kahlen, mit schwarzem Flugsande bedeckten Strande. Der Sand — von den Meereswogen zerriebenes, vulkanisches Gestein — lag hier in ebenen Schichten, dort zu Dünen aufgeweht; auf weite Strecken hin war kein Felsstück oder Stein zu sehen.

Gegen vier Uhr erreichten wir das unbedeutende Kirchdorf St. Dominique, wo wir der Verabredung gemäß P. Fava treffen sollten. Der hiesige Curé (Pfarrer) P. Eymard, den wir früher als Mitglied der Mission zu Sansibar kennen gelernt, theilte uns mit, daß unser Gastfreund in St. Louis weile und erst am nächsten Tage kommen werde; er war so liebenswürdig, uns in seinem Einspänner selbst dorthin zu bringen. Wir verschafften uns Unterkommen in dem Hotel der Stadt, einem einfachen, doch weitläufigen Breterhause, und suchten dann P. Fava bei dem Geistlichen auf. Wir wurden genöthigt, zum Abendtische zu bleiben. Unser Wirth, ein geborner Lothringer, unterhielt sich aus Höflichkeit immer in deutscher Sprache mit uns, obwol ihm diese augenscheinlich schwerer wurde als die französische. An ihm, dem feingebildeten Manne, bewährte sich nicht das sonst so richtige Wort, „daß die Elsässer mit keiner der beiden Sprachen gut umzugehen wissen“; er sprach sein Deutsch noch ziemlich rein, legte jedoch, nach Art der Franzosen, den Ton häufig auf die letzte Silbe. Alle Mitglieder der zahlreichen Tischgesellschaft beeiferten sich, uns Aufmerksamkeiten zu erweisen und es den Geistlichen von St. Denis, welche wir von so vortheilhafter Seite kennen gelernt hatten, an Artigkeit gleich zu thun. In angenehmster Stimmung zogen wir uns nach aufgehobener Tafel in unser Hotel zurück, während unsere geistlichen Begleiter bei dem Curé blieben. Die Zimmer und Betten im Gasthofe waren recht gut, aber die Zudecken bestanden nur aus einem Ueberzuge, welcher mich wenigstens nicht genügend gegen die Frische der Nacht schützte, obwol ich alle meine Kleider zu Hilfe genommen hatte.

Am nächsten Morgen, einem Sonntage, rasteten wir und sahen uns in der Stadt um. Ein mit rauschendem Wasser gefüllter Kanal durchzieht die freundlichen Straßen. Die Häuser sind, wie fast überall, von Holz erbaut und auf der Wetterseite zumeist durch eine Schicht Schindeln geschützt, ähnlich wie man bei uns in manchen Gegenden die Hausgiebel mit Schiefer belegt sieht. In Folge des Feiertages herrschte reges Leben in St. Louis. Farbige bildeten die Mehrzahl der umherstehenden und wandelnden Menge; sie gingen barfuß, trugen Strohhüte und waren mit leichten baumwollenen, hauptsächlich blauen oder weißen Stoffen bekleidet. Die Gesichter Aller zeigten die den Negern angeborene Heiterkeit und Sorglosigkeit in erhöhtem Maße; man sah es den Leuten an, daß sie in glücklichen Verhältnissen lebten. Unsere geistlichen Freunde sagten, diese Farbigen wären ihre eifrigsten Zuhörer und die willigsten Kinder der Kirche.

Das stattlichste Gebäude in St. Louis ist das noch nicht ganz vollendete Gotteshaus, ein durch vierundzwanzig schöne Basaltsäulen in drei Schiffe getheilter Steinbau. Völlig ausgebaut wird diese Kirche, nächst der Kathedrale von St. Denis, vielleicht die schönste der Kolonie sein; jetzt fehlt allerdings noch das Geld zur Vollendung. Bis dahin behilft man sich mit einer Nothkirche; denn die alte Kirche hat durch mehrere Orkane so stark gelitten, daß sie außer Dienst gesetzt werden mußte.

Père Eymard holte uns in seinem Gespanne zu einem gemeinsamen Frühstück auf seiner Pfarre ab. Es war ein fröhliches Mahl in dem kleinen Kreise alter Bekannter, und manch harmloser Scherz von Seiten der würdigen Herren kam zum Vorschein. Unser Wirth namentlich machte sich durch seine witzigen Einfälle und einige scherzhafte Lieder sehr um die Unterhaltung und Erheiterung verdient, und sein treuer Hund beeiferte sich nicht minder, die liebenswürdigste Seite seines Wesens zu zeigen. Das gelehrige Thier hatte auf Befehl seines Herrn schon mehrmals Kleinigkeiten von einem Gaste zum andern getragen; als ihm längere Zeit keine Beschäftigung gegeben wurde, brachte es plötzlich aus eigenem Antrieb einen Schuh unter der Tafel hervor, welchen einer von der Gesellschaft, jedenfalls ohne Verrath zu fürchten, ausgezogen hatte; unter nicht enden wollendem Gelächter wurde der Besitzer der lästig gewordenen Fußbekleidung ausfindig gemacht. In fröhlichster Weise vergingen einige Stunden. Wir fühlten uns bei den katholischen Geistlichen so angenehm angeregt, daß wir uns nach Hause unter biedere Pastoren der alten Schule versetzt glaubten. Solche würdige Männer, welche ihren Pflichten mit wahrer Aufopferung obliegen, dabei aber die Freude am Dasein nicht verlieren und auch Anderen die Fröhlichkeit nicht mißgönnen, stehen in grellem Gegensatze zu den Kopfhängern, wie sie die neue protestantische Richtung mancherorts hervorbringt.

Der liebenswürdige Geistliche fuhr uns um zwei Uhr nach St. Louis zurück. Wir bestiegen einen schon am Morgen gemietheten Wagen und eilten nach herzlichem Abschiedsgruß auf der Gürtelstraße weiter. Hinter der Stadt kamen wir durch die Rivière de St. Etienne, einen der wenigen Flüsse, welche das ganze Jahr hindurch Wasser haben. Sein Hauptarm kommt aus dem Kessel von Ciloas, der zweite, der Bras de la Plaine, sammelt die Niederschläge aus dem östlichen Theile der Plaine des Cafres. Die schnelle Strömung des Wassers und das rauhe, mit großen Steinen und Felsblöcken erfüllte Bett zeigen deutlich, daß hier der Unterlauf noch nicht zur Ausbildung gekommen ist. Ebenso ist es mit den übrigen Flüssen der Insel: keiner von ihnen, einige ganz unbedeutende ausgenommen, hat seine gebirgische Wildheit verloren, und in Folge dessen ist keiner, selbst der wasserreichste nicht, schiffbar — sie üben fast nur hemmende und zerstörende Wirkungen aus, während die Ströme Europas zumeist wichtige Verkehrswege sind. Manche der hiesigen Flüsse, darunter die Rivière de St. Etienne, sind zu Zeiten so ungestüm, daß auch die festeste Brücke ihrem Wüten nicht widerstehen würde: man überschreitet sie auf holperigen Furten, so lange nicht das Hochwasser jeglichen Verkehr unmöglich macht.

Auf der Höhe jenseit des Flusses steht eine der bedeutendsten Zuckerfabriken der Kolonie. Unsere freundlichen Führer stellten uns dem Besitzer vor, Herrn Deshayes, welcher uns auf das Zuvorkommendste aufnahm und uns selbst seine Anstalt zeigte. Wir fanden vorzügliche Einrichtungen und Maschinen sowie in allen Räumen die größte Reinlichkeit und Ordnung. Es war eine Vergrößerung im Werke, welche es ermöglichen sollte, noch einmal soviel Zucker (vier Millionen Kilogramm) als bisher fertig zu bringen. Mit der Siederei ist eine Rumdestillation verbunden. In den meisten Fabriken der Insel gewinnt man aus den zuckerhaltigen Abfällen einen ganz abscheulichen Branntwein, welcher nur bei den Negern oder den Kreolen der niederen Klasse Abnehmer findet; Herr Deshayes aber versteht es, dem rohen Rum durch eine von ihm erfundene Kühlungs- und Reinigungsweise allen üblen Beigeschmack zu entziehen und ein wirklich feines Getränk daraus herzustellen. Seine Musterpflanzung hat er aus einer Wüste hervorgezaubert. Wir mußten den freundlichen Mann in seine bequem und geschmackvoll eingerichtete Wohnung begleiten und von seinem berühmten Rum kosten; wir konnten nicht umhin, demselben unsere volle Anerkennung zu zollen.

Der auf beiden Seiten mit Filaos oder Kasuarinen bestandene Weg führt weiterhin durch eine wenig anziehende, steinige Gegend bis nach St. Pierre. P. Fava brachte uns bei dem freundlichen Curé der Stadt unter und fuhr dann, obwol es bereits zu dunkeln anfing, nach St. Joseph weiter, wo wir am nächsten Tage wieder mit ihm zusammentreffen wollten. Der Curé, ein gewandter Schachspieler, und die anderen Geistlichen der Pfarre waren sehr gebildete Leute und angenehme Gesellschafter, mit denen wir uns bis zum späten Abend auf das Beste unterhielten.

Am Morgen unternahmen wir einen Spaziergang durch die Stadt. St. Pierre ist mit großer Regelmäßigkeit auf einer nach dem Strande zu sich senkenden Fläche erbaut und erhält durch einen Kanal, welcher die Straßen in mehreren Armen durchfließt, eine den anderen Städten fehlende Zierde. Die vielen hübschen Wohnhäuser und Gärten ließen uns erkennen, daß in dieser zweiten Handelsstadt der Insel große Wohlhabenheit herrscht. Von öffentlichen Gebäuden sind nur der stattliche Gerichtshof, das Rathhaus, welches auf einem geräumigen, mit schönen Anlagen verzierten Platze liegt, die Schule und eine Gendarmeriekaserne der Erwähnung werth. Wir verließen die immerhin einförmigen Straßen bald und begaben uns nach dem im Bau begriffenen Hafen, von welchem wir schon soviel sprechen gehört hatten. Diese großartige Unternehmung ist nicht nur für St. Pierre von höchster Wichtigkeit, sondern auch für die ganze Kolonie, welche bekanntermaßen keinen Hafen besitzt. Als das Bedürfniß hervortrat, den Schiffen einen Zufluchtsort zu bieten, durchforschte man die Küsten auf das Sorgfältigste und kam dabei zu der Ueberzeugung, daß St. Pierre der einzige Ort sei, wo ein solcher sich anlegen ließe. Man ging ungesäumt ans Werk, und die am nächsten betheiligte Stadt sowol als die Verwaltung der Kolonie boten alle Kräfte auf, dem immer fühlbarer werdenden Uebelstande möglichst schnell abzuhelfen. Dennoch rückte das Werk nicht nach Wunsch vorwärts, da die erforderlichen Geldmittel nur langsam aufgetrieben werden konnten. Zur Zeit unseres Besuches fanden wir die Ummauerung eines für dreißig bis vierzig Schiffe berechneten Hafenbeckens vollständig fertig und den großen Damm, welcher einen äußeren Hafen abschließen und die Gewalt der Wogen brechen soll, zum größten Theile; man begann eben, das noch abgeschlossene Becken auszubaggern, doch förderte die Arbeit nicht sehr, weil die in Europa bestellten Maschinen noch nicht angekommen waren. Später sollte dann durch Oeffnung des Mauerwerkes die Verbindung mit dem Meere hergestellt und der Hafen zur Benutzung übergeben werden. Man setzt große Hoffnungen auf diesen Hafen; derselbe wird jedoch nichts Vollkommenes sein, da er wol gegen die Gewalt der Wogen schützt, nicht aber gegen die Wut der gerade hier sehr heftigen Winde.

Wenn wir die Rührigkeit und den Unternehmungsgeist der Bewohner von St. Pierre anerkennen müssen, so können wir nicht umhin, die Bemerkung fallen zu lassen, daß der Drang, im Aeußeren vorwärts zu kommen und Geld zu verdienen, hier alle Thätigkeit in übertriebenem Maße in Anspruch nimmt, der Kern von allem Dichten und Trachten ist: Kunst und Wissenschaft und andere Dinge, mit denen sich nicht unmittelbar Gewinn erzielen läßt, scheinen nicht zu gedeihen. Ein sprechendes Zeugniß für die einseitige Richtung der Einwohnerschaft legt auch die hiesige Kirche ab, die einzige der 28,000 Seelen zählenden Stadt, ein durchaus unwürdiges Gebäude, welches fast für ein Dorf zu schlecht ist.

Zu der Gemeinde von St. Pierre gehört die gesammte Plaine des Cafres und das „Entre-deux“ genannte Gebiet zwischen den zwei Armen der Rivière de St. Etienne. Die große Ausdehnung der kirchlichen und Verwaltungsbezirke auf Réunion hat viele Uebelstände zur Folge; Dies merkt man namentlich hier, wo einzelne Gebiete fast vollständig von dem Verkehre mit anderen abgeschlossen sind und die Einwohnerschaft sich bis in die Mitte der Insel erstreckt. Schon längst hat man das Bedürfniß gefühlt, die Zahl der „Kommunen“ zu vermehren; bisher sind aber die hierauf gerichteten Bemühungen immer noch an dem Widerstreben einflußreicher, beim Fortbestehen des jetzigen Zustandes betheiligter Gemeindemitglieder gescheitert.

Nachmittags fuhren wir in einem Miethwagen in geringer Entfernung vom Strande hin weiter. Die Landschaft zu beiden Seiten war hübscher als irgend eine der bisher gesehenen: die Mais- und Bohnenfelder waren in bestem Zustande, und die Rohrkrankheit hatte nicht so traurige Verheerungen hervorgebracht. Ganz besonders hübsch nahmen sich die nahe an der Straße gebauten, von zierlichen Blumengärten und Palmenwäldchen umgebenen Häuser aus.

Dicht vor St. Joseph trafen wir P. Fava, welcher eine neuerbaute Kirche in der Nähe eingeweiht hatte. Wir gingen mit ihm nach dem Hause des Curé und fanden hier, obwol unsere Gesellschaft vier Personen zählte, die freundlichste Aufnahme und Herberge für die Nacht. Zum Abendessen waren wir bei einem Freunde der geistlichen Herren eingeladen, welcher eine Zuckerpflanzung außerhalb der Stadt besaß, zugleich Arzt und Bürgermeister von St. Joseph war und sonst noch ein Dutzend Ehrenämter bekleidete. Der Herr Bürgermeister &c. holte uns mit seinem Gespann ab und führte uns nach seiner allerliebsten, auf einer Höhe gelegenen Villa; unterwegs erzählte er uns, daß er früher auf den Seschellen eine Zeit lang als Arzt gewirkt habe. Er und seine Frau, eine feingebildete Dame, welche den lebhaftesten Antheil an Reisen und den Fortschritten der Erdkunde nahm, boten Alles auf, um uns auf das Angenehmste zu unterhalten.

Es verlohnt sich, daß wir einige Worte sagen über die Art und Weise, in welcher ein Diner auf Réunion verläuft. Das Mahl selbst ist ebenso eingerichtet wie überall in den Kolonien und Indien d. h. Speisen und Getränke sind von großer Mannigfaltigkeit und ausgezeichneter Güte, da man sich in der Ferne nicht gern Das versagt, was für andere, fehlende Genüsse einen Ersatz bieten muß. Eigenthümlich aber erscheint die Sitte, auf jeden der Gäste einen Trinkspruch auszubringen: keiner der Geladenen geht leer aus, alle werden in der aufmerksamsten und feinsten Weise mit einem schmeichelhaften Toast bedacht und müssen natürlich zur Erwiederung ihre Rednergaben in Bezug auf den Wirth und seine Familie glänzen lassen. Wir kannten diesen Gebrauch schon von den verschiedenen Festessen her, denen wir in St. Denis, namentlich bei den Herren Geistlichen, beigewohnt hatten. Im Anfang ist es peinlich, vor einer größeren Gesellschaft, welche man eben erst kennen gelernt, mit Lobsprüchen überschüttet zu werden; bald aber gewöhnt man sich daran, und jetzt hatten wir bereits im Voraus an diesen Brauch gedacht und uns durch Erkundigungen über die Verhältnisse unseres Wirthes aufs Beste vorbereitet, um den an uns gestellten Anforderungen genügen zu können. — Sobald das letzte Gericht verzehrt ist, kommt ein trefflich bereiteter Kaffee auf die Tafel; man füllt die außerordentlich kleine Tasse bis zur Hälfte mit Zucker in kleinen, kandisähnlichen Kristallen, läßt dann den Kaffee darauf gießen, schüttet, nachdem man ihn geschlürft, die Tasse voll Rum, spült damit den Rest des Zuckers zusammen und trinkt den Inhalt auf einen Zug. Jetzt erscheint ein zierliches, verschließbares Kistchen auf der Tafel, welches sechs oder zwölf feine

Karafen mit den ausgezeichnetsten Liqueuren enthält (zwei Sorten Chartreuse, den orangegelben Curaçao, Absynth, Kognak, Arak u. dgl. m.) nebst einer entsprechenden Anzahl Gläser, sodaß ein Jeder das ihm am besten behagende Getränk wählen kann. Solche Liqueurkistchen sind in Bourbon außerordentlich beliebt; sie fehlen wol in keinem Haushalte, welcher Anspruch auf behagliche Einrichtung macht. In einem Lande, wo man dem Magen öfters etwas Geistiges bieten muß, sind sie auch wirklich recht bequem und angenehm, da sie gewissermaßen eine Hausapotheke — für Gesunde darstellen. Die Toastliebhaberei und das Trinken so verschiedenartiger geistiger Flüssigkeiten gibt den hiesigen Diners einige Aehnlichkeit mit den schwedischen, wie man sie oft beschrieben findet.

In später Abendstunde brachte unser freundlicher Wirth uns nach der Cure (Pfarrei) zurück. Schon früh fünf Uhr am nächsten Tage fuhren wir mit der Diligence weiter; wir hatten wiederum das Glück, den Wagen mit nur wenig Reisenden besetzt zu finden, konnten uns also ganz nach Bequemlichkeit einrichten. War schon gestern die Landschaft auffällig verändert, so fanden wir heute den Gegensatz zu dem früher Gesehenen noch viel beträchtlicher: wir waren in die feuchte, von den herrschenden Winden bestrichene Hälfte der Insel eingetreten (Partie du Vent), nicht wie die Verwaltung sie annimmt (44), sondern wie die Natur sie gebildet hat. Die Frische und Schönheit der reich mit Orchideen geschmückten Wälder wirkten außerordentlich wohlthuend auf das an trockene Steinflächen und verkümmerte Pflanzungen gewöhnte Auge. Dazu wurde die Landschaft immer großartiger, je weiter wir fuhren: steile Felswände und rauhe, zum Theil wieder dicht bewachsene Lavaströme zeigten uns an, daß wir einem Schauplatze gewaltiger Naturkräfte naheten. So gespannt wir waren, das Gebiet des Vulkans in Augenschein zu nehmen, von welchem wir schon in St. Denis soviel erfahren, wir mußten uns noch eine Weile gedulden, weil der Kutscher seine Pferde wechseln und der freundliche Curé von St. Philippe sein Frühstück mit uns theilen wollte.

Wir kamen noch über zwei größere Lavaströme (Coulées) — wahrscheinlich sehr alten Ursprungs, denn sie waren bereits wieder mit prächtigem Walde und üppiger Schmarotzervegation bedeckt — ehe wir durch die riesige Umfassungsmauer (Grand Enclos) des Feuerherdes in den Grand Brûlé eintraten, eine vier Meilen weite, dunkle Fläche von Trümmern und Schlacken, welche sich in starker Neigung nach dem Feuerberge emporzieht. Das Bild war keineswegs so düster und unbelebt, als wir erwartet. Große Waldinseln, welche der Feuerstrom verschont hatte, standen hier und da in dem erstarrten Gesteine; auf jüngeren, doch immerhin noch alten Strömen waren rundblätterige Büsche und schlanke Filaos emporgewachsen; anderorts hatten Farnkräuter, Moose und Flechten sich angesiedelt, und selbst die Lava neuesten Ursprungs war stellenweise mit den Anfängen jungen Pflanzenlebens wie mit einem leichten Flaume bedeckt. Im Allgemeinen freilich erscheint die dunkle, sonnendurchglühte Brandstätte traurig und öde genug: diese Gruppen hoher Bäume inmitten der Lava sind ja nur Ruinen des großartigen Waldes, welcher einst dieses Feld bedeckt hat, und den jüngst emporgesproßten Pflanzen sieht man es an, wie schwer es ihnen wird, ihr Leben auf der rauhen Steinfläche zu fristen.

Schwarz ist die Hauptfarbe der jüngsten Gesteine Bourbons; Braunroth und Ochergelb sind aber gleichfalls hier und da vertreten. Die Formen, welche die Lava beim Erkalten angenommen, sind eigenthümlich genug; auch ohne zu wissen, wie diese Ströme entstanden sind, müßte man aus ihrer Gestalt schließen, daß sie einstmals ein halbflüssiger Teig gewesen, welcher, über unebenen Boden fließend, hier sich emporstaute, dort Lücken zwischen den Armen ließ und sich vertheilte; wo der Strom eine Hemmung fand, bildeten sich breite, runde Wülste, anderwärts dagegen blieb die Oberfläche verhältnißmäßig glatt.

Ein Ausbruch des Vulkans von Réunion soll überaus großartig sein. Sobald die Kunde sich verbreitet, daß der Berg zu speien anfange, begibt sich Jeder, der irgendwie von seinen Geschäften loskommen kann, auf den Weg, um das erhabene Schauspiel zu genießen. Fuhrwerk soll dann Goldes werth sein; man sagte uns, daß für den einfachsten Wagen fünf- bis zehnmal höhere Preise gefordert und bezahlt würden als für ein feines Geschirr zu anderen Zeiten. Zu beiden Seiten des Einschließungswalles sammeln sich die Zuschauer. Kühnere begeben sich in den Brûlé selbst, um Alles möglichst nahe anzusehen; einige Bevorzugte haben vielleicht auch auf einem Schiffe Platz gefunden und bewundern von See aus den Gesammteindruck, während Jene die Einzelnheiten des Bildes genießen. Langsam rückt der Feuerstrom heran. Er nähert sich einer der Waldinseln: im Nu steht das Unterholz in Brand, gierig lecken die Flammen an den hohen Bäumen empor, bald sind Blätter und Aeste verzehrt und die Stämme verkohlt, die einen sinken hin, die anderen bleiben in erbarmungswürdiger Dürre aufrecht stehen. Immer weiter wälzt sich die zähflüssige Masse. Jetzt erreicht sie ein Wäldchen von größerer Ausdehnung: da sieht man, kaum ist es zu glauben, einen Mann mit Weib und Kind hervorspringen, arme Kreolen der niedrigsten Klassen (petits créoles), welche in dem so lange verschont gebliebenen Busche ein kümmerliches Dasein fristeten und nun mit der Hacke und dem eisernen Kochkessel, ihren einzigen Habseligkeiten, flüchten vor dem langsam aber unwiderstehlich vordringenden Feinde, dem sie so lange Trotz geboten.

Die durch den großen Brûlé führende Straße war im besten Zustande; bereits einige Tage nach dem großen Ausbruch im Jahre 1859, dem letzten, welcher Lavaströme bis in das Meer sandte, war sie vollständig wieder hergestellt. Außerhalb der Straße hat man freilich beschwerliches Wandern, und eine Besteigung des Feuerberges über die rauhen Lavaflächen hinweg würden wir für unmöglich gehalten haben, hätten unsere Begleiter uns nicht versichert, daß man von hier aus am schnellsten und bequemsten an die „Esse" (fournaise) käme. Mühsam, meinten sie, sei der Weg trotzdem, nicht nur wegen der Unebenheit und Rauhheit des Bodens, wegen der zahlreichen offenen oder nur dünn überdeckten Höhlungen und Spalten, sondern auch, weil die dichten, dunklen Steine die Sonnenstralen mit größter Begierde aufsaugen und eine überaus lästige Wärme verbreiten.

Jenseit des Brûlé zeigt die Pflanzenwelt eine gleiche Fülle und Frische wie schon vor St. Philippe. Wir sahen hier aus eigener Anschauung, was wir so oft schon gehört und gelesen hatten, daß verwitterte Lava das fruchtbarste Erdreich gibt, und konnten uns jetzt erklären, warum die Anwohner des Vesuv, des Aetna, der Vulkane Javas u. s. w. sich durch die fortwährend drohende Gefahr und die bereits erlittenen Verluste nicht abschrecken lassen, immer von Neuem Ansiedelungen in der Nähe des feurigen Schlundes zu beginnen. Wir gingen bisweilen ein Stück neben dem Wagen her, um die schöne Natur besser genießen zu können. Reizende Blumen reckten ihre bunten Köpfe aus saftigem Grase empor, Erdbeeren und Himbeeren reiften am Wege, und der Ueppigkeit der Pflanzenwelt entsprach ein reiches Thierleben.

In Ste. Rose, einem Städtchen innerhalb der äußeren Umschließung des Vulkangebietes, hielt unser Geschirr über Mittag. Unsere Reisegefährten wurden von der Geistlichkeit des Ortes und der Umgegend empfangen und uns für einige Stunden entführt. Wir gingen nach dem Gasthaus, in welchem wir eine zahlreiche Gesellschaft versammelt fanden. Nach Tisch überschritten wir auf einer noch im Bau begriffenen Brücke die Rivière de l'Est, welche den größten Theil der im Gebiete des Feuerberges fallenden Wasser durch eine steilwandige, weite Schlucht dem Meere zuführt. Die Ueberbrückung dieses Flusses hat schon bedeutende Summen verschlungen, weil die Uebergänge nach einiger Zeit immer wieder weggerissen wurden. Von den früheren Erfahrungen Nutzen ziehend, errichtet man die neue Brücke an einer anderen Stelle, in der Hoffnung, den zerstörenden Wirkungen des Stromes hier besser begegnen zu können.

Auf Réunion erfordert die Anlegung und Unterhaltung der Straßen einen ungeheueren Aufwand von Geld und Arbeit. Hier sind es die tosenden Wasser, welche in kürzester Zeit oft kilometerlange Strecken des so mühsam hergestellten, theueren Weges und die festesten Brücken hinwegreißen, dort ist der Vulkan mit seinen das Meer erreichenden Lavaströmen der Zerstörer der menschlichen Arbeit; hier muß man über die Schluchten kunstvolle Brücken bauen, da die Straßen in weiten Bogen oder langem Zickzack auf Anhöhen leiten, um sie auf der anderen Seite wieder hinabzuführen. Aber die Kolonie hat all die großen Opfer gern gebracht; solcher Aufwand war nothwendig, weil man hier, wo ein beständig unruhiges Meer gegen die meist steilen Küsten schlägt, wo kein einziger sicherer Hafen den Schiffen Zuflucht vor Stürmen gewährt, wo man weder schiffbare Kanäle noch Flüsse hat, weil man hier allein auf die Straßen als Verkehrsmittel angewiesen ist. Seit man die Nothwendigkeit ausgedehnter, guter Verkehrswege erkannt, hat man die für die kleine Insel gewiß ungeheuere Summe von mehr denn fünfundzwanzig Millionen Franken auf den Bau von Straßen und Brücken verwendet, Alles aus eigenen Mitteln, ohne das Land mit Schulden zu belasten, ohne die Hilfe der Regierung in Anspruch zu nehmen! Und nicht genug, daß man die alten Wege auf das Beste unterhält, eine Arbeit, welche hier wegen der hohen Löhne ganz besonders theuer ist, mehrere Abtheilungen von der Arbeiterschar des Atélier Colonial (45) sind fortwährend beschäftigt, das die Insel durchziehende und durchkreuzende Wegenetz zu vervollständigen und zu verbessern. Die erste Route de Ceinture (route impériale du tour de l'île) in der Länge von 232 Kilometern ist fertig; jetzt arbeitet man daran, eine zweite Straße in der Höhe von 1300 bis 2800 Fuß rings um die Insel zu führen, die Route Henry Delisle (deuxième route de ceinture). Ebenso sind die bewohnten Gebiete des Inneren von trefflichen Wegen für Fuhrwerk oder für Reiter durchzogen, und da, wo es erst Fußwege gibt, ist man eifrig beschäftigt, die Straßen auch für anderen Verkehr brauchbar zu machen. Außerdem hat man, um eine bessere Bewässerung der trockenen Gebiete zu ermöglichen, großartige Kanäle angelegt, und jetzt geht man daran, den von erleuchteten Geistern ausgesprochenen Gedanken eines Gürtelkanals auszuführen, welcher sich in einer Höhe von drei- bis viertausend Fuß hinziehen und die Wasser der Höhen von den Orten, wo sie überflüssig vorhanden sind, hinwegführen soll nach anderen, welche des Lebenselementes entbehren: er wird das Innere der Insel aufschließen und Höhen bewohnbar machen, welche bisher öde und unbebaut waren. Man kann es in der That den Bewohnern von Réunion nicht verdenken, wenn sie mit Stolz auf ihre schöne Heimat blicken, nicht nur wegen der Fülle der Gaben, welche die Natur über sie ausgeschüttet hat, sondern auch in Anbetracht Dessen, was hier der Mensch in stetem Kampfe mit feindlichen Mächten erringt.

Von hier an betraten wir ein neues Gebiet, die Abdachung der Plaine des Palmistes und der Plaine des Salazes, das fruchtbare, feuchte Küstenland, welches sich bis zur Rivière du Mât hinzieht, nach dem Inneren zu sich stufenweise erhebend. Hier regnet es mehr als an irgend einem anderen Theile der Insel: von den kalten Bergen gestaut, geben die Ostwinde in fast täglichen Regengüssen ihre Feuchtigkeit ab. In St. Benoît beträgt jährlich die Gesammtmenge der wässerigen Niederschläge gegen 220 Zoll, also etwa achtmal mehr als durchschnittlich in Deutschland. Die Wasser stürzen sich in zahllosen, kleinen Fällen von den Höhen herab, vereinigen sich dann bei ruhigem Laufe zu stärkeren Bächen und eilen, in vier Hauptstrombetten gesammelt, dem Meere zu. In vollem Regen zogen wir in St. Benoit ein.

Wir suchten ein Unterkommen im Hotel, während unsere Begleiter sich bei ihren Amtsbrüdern einquartierten. Eben wollten wir an der starkbesetzten „Table d'hôte" Theil nehmen, als P. Fava zurückkam und uns eine Einladung des Curé überbrachte. Keine Ausrede half uns los, wir mußten wohl oder übel dem gastfreundlichen Manne Bescheid thun. Wir hatten es nicht zu bereuen, denn wir brachten in angenehmer Gesellschaft einen höchst vergnügten Abend zu. Einer der Gäste, der Curé einer benachbarten Ilette — einer Art Insel zwischen zwei Schluchten oder Regenbetten ähnlich wie das von den Dschaggareisen her bekannte Kisuani der Suaheli — trug namentlich durch die lustigen Lieder, welche er mit wohlklingender Stimme vortrug, zur Erheiterung bei: diese Abendmahlzeit war ein würdiges Seitenstück zu dem fröhlichen Frühstück in St. Dominique.

Am anderen Morgen fuhren wir nach Bras-Panon zur Feier des Johannisfestes, zu welcher von allen Seiten die Geistlichen herbeigekommen waren. Die Kirche sah von außen nicht eben hübsch aus, war dagegen im Inneren geschmackvoll eingerichtet und ausgeschmückt. Ein Uebelstand jedoch war namentlich heute, bei der ungewöhnlich großen Menge der Theilnehmer, sehr bemerklich — die geringe Höhe des Raumes. Wir erhielten gute Plätze dicht am Altar und konnten der ansprechenden, außerordentlich klar gehaltenen Rede P. Favas Wort für Wort folgen.

Nach dem Gottesdienste vereinigte uns ein festliches Frühstück. In meinem Tischnachbar, dem Curé von St. André, lernte ich einen durch joviales Wesen und vielseitige Bildung ausgezeichneten Mann kennen. Er war in den Naturwissenschaften zu Hause, wußte auf dem Gebiete des deutschen Schriftthums Bescheid, sprach, obwol geborener Franzose, unsere Muttersprache recht gut und erregte unsere Bewunderung auf das Höchste durch den fehlerlosen Vortrag des Göthe'schen Liedes: „Es war einmal ein König" 2c. Seine Vielseitigkeit erklärte sich daraus, daß er, bevor er sich dem Dienste der Kirche widmete, eine Stelle in einem chemischen und später in einem anatomischen Lehrsaale bekleidet hatte; und seine Liebe zum Deutschen schrieb sich aus seiner Freundschaft mit einem jungen Grafen her, welcher in Bonn studirt und ihm so Vieles von Deutschland erzählt hatte, daß er selbst sich mit deutscher Sprache und Literatur zu beschäftigen begann.

Nach dem Mahle sahen wir uns den hübschen Pfarrgarten und die Umgegend ein wenig an. Der liebenswürdige Curé gesellte sich zu mir, beantwortete mir alle meine neugierigen Fragen, half mir sogar mit Käfer sammeln und führte mich endlich in eine ausgedehnte Vanillenpflanzung. Bisher hatte ich die gewürzreiche Orchidee nur in Gärten gesehen, in denen sie mehr zum Vergnügen der Besitzer gezogen wurde, wennschon man nicht verschmähte, die Schoten für späteren Gebrauch aufzuheben: hier sah ich zum ersten Mal eine Anlage im Großen, welche genügte, den Vanillenbedarf eines ganzen Landes zu befriedigen. Die Pflanzung glich einem Bohnen- oder Schotenfelde unserer heimischen Gärtnereien; an kreuzweise übereinander gebundenen Stangen kletterte das rankende Gewächs mit den fleischigen, glänzendgrünen Blättern empor. Der Gewinn, welchen diese Pflanzung abwirft, ist überraschend groß, nimmt jedoch alljährlich ab, weil in Folge des größeren Ertrages der Preis der Vanille zurückgeht. Wie die edle Dattelpalme muß auch die Vanillenliane künstlich befruchtet werden, wenigstens in Ländern, wo das die Befruchtung vermittelnde Insekt fehlt. In der Geschichte der Entdeckung dieses Befruchtungsgeheimnisses gleicht die Vanille dem Muskatnußbaume, nur daß es hier nicht ein einsichtsvoller Ansiedler, sondern ein ungebildeter Schwarzer war, welcher das Geheimniß den Pflanzern von Réunion enthüllte. Im Jahre 1840 brachte der junge Edmond, so hieß der Entdecker, den Staub der selteneren männlichen Blüte mit den weiblichen in Berührung, und siehe da, das bisher unfruchtbare Gewächs gab den schönsten Ertrag. In kurzer Zeit verbreitete sich der beinahe schon wieder aufgegebene Anbau der Vanille über die ganze Insel, und schon im Jahre 1843 erntete man nicht unbeträchtliche Mengen des Gewürzes. Die Zubereitung der grünen Schoten, namentlich das Schwitzen- und Abwelkenlassen derselben, muß mit größter Sorgfalt vorgenommen werden, soll die Waare einen guten Preis im Handel erzielen. —

Mit verschiedenen Gelegenheiten, fahrend und reitend, gelangten wir am Nachmittage durch grünende Felder und Auen über St. André und das Quartier Français nach Ste. Suzanne, wo wir die Post zu treffen hofften. Der Wagen kam, doch war nicht genug Platz für uns vorhanden, weil der Postmeister, trotz allen Zuredens, nicht mehr als vier Personen außer dem Kutscher einsteigen lassen wollte. Ich blieb zurück, um mit einem Miethwagen weiterzufahren, und unterhielt mich einstweilen mit dem Curé der Ortschaft. Er erzählte mir mancherlei von den kirchlichen Verhältnissen und erklärte mir unter Anderem, warum auf der Insel die vielen Kirchen gebaut wurden, zu deren Einweihung P. Fava hauptsächlich seine Rundreise unternommen hatte. „Seit der Emancipation der Schwarzen" sagte er, „hätten die alten Kirchen nicht mehr ausgereicht, weil die neubekehrten und in die vollen bürgerlichen Rechte eingesetzten Neger sich in immer zunehmenderer Menge zu den Predigten gedrängt hätten, sodaß jetzt zwei Drittel von den Besuchern des Gottesdienstes und namentlich der Messe aus Farbigen beständen."

Während wir, über Dies und Jenes plaudernd, im Garten auf- und abgingen, rollte ein leichter Wagen heran, dessen Insasse mich zu meiner Verwunderung lebhaft grüßte und mir winkte. Er hielt an. Beim Nähertreten erkannte ich in ihm einen von den Reisegefährten an Bord des Nepaul, welcher mir schon bei der Ankunft in Port Louis und St. Denis durch Erklärung der sich vor uns aufthuenden Landschaft gefällig gewesen war. Als er von meiner Verlegenheit hörte, nöthigte er mich zum Einsteigen. Ich zögerte nicht, das freundliche Anerbieten anzunehmen, und bald darauf fuhren wir hurtig dem vorausgeeilten Postwagen nach. Die Zeit verstrich mir in angenehmster Unterhaltung; der junge Mann war außerordentlich bewandert, er nannte mir die Namen, erzählte mir die Geschichte fast aller Menschen, Pferde und Häuser, welche wir unterwegs trafen. In der Stadt angelangt, fuhr er mich bis in die Evêché, in welcher kurz vorher der Baron mit unseren Wirthen angekommen war. Mit einem freundlichen: „Auf Wiedersehen!" verabschiedete er sich. Wir sahen uns nie wieder.

Meine bisherigen Reisegefährten waren nicht wenig über mein schnelles Eintreffen erstaunt. In fröhlichen Gesprächen über das zusammen Erlebte und über Pläne zu neuen gemeinschaftlichen Ausflügen vergingen uns einige Stunden; dann begaben wir uns mit dem wärmsten Danke für all das Angenehme, was wir durch Vermittelung unserer liebenswürdigen Gastfreunde genossen, nach unserem trauten Haus am Ende derselben Straße.

Dreißigster Abschnitt.

Salazie und der Piton des Neiges.

Bis St. André. — Straße nach dem Herzen der Insel. — Wasserreichthum. — Hellbourg. — Kaffeepflanzungen. — Im Badeort. — Der Brunnen von Salazie. — Erschließung des Inneren und Entdeckung der Quelle. — Was wir in Salazie trieben. — Aufbruch nach dem Piton des Neiges. — In Flußbetten bergaufwärts. — Beschwerden und Gefahren des Weiterwegs. — Caverne des Musards. — Die „kleinen Kreolen" und ihre Geschicklichkeiten. — Lebensmittel in Blechbüchsen. — Wärme und Witterung in der Höhe. — Ueber den Wolken. — Ein Vollkreis-Regenbogen. — Spärlicher Pflanzenwuchs. — Ausblühungen von Eis. — Ein ländliches Frühstück. — Großartige Ausschau. — Das Felsgerüst der Insel. — Frühere Wanderer und ihre Urkunden. — Trockenheit und Verdunstungskälte. — Höhlenbildung. — Nachtlager in der umgekehrten Hundsgrotte. — Bodenbeschaffenheit, Pflanzen und Thiere der höchsten Ebene. — Ein saurer Entschluß. — Der Gürtel der Farne und Bambuse. — Wieder im Badeort. — Weg nach der versteinernden Quelle. — Ursprung und Beschaffenheit des Wassers. — Andere warme Quellen der Insel. — Der Rückweg. — Rückreise nach St. Denis.

Bereits am 29. Juni waren wir wieder unterwegs, um einen der anziehendsten inneren Bezirke der Insel, den Cirque de Salazie, zu besuchen und den über zehntausend Fuß hohen Piton des Neiges zu besteigen. Wiederum erfreuten wir uns vortrefflicher Reisegesellschaft, da P. Martin zu dieser Zeit gerade Geschäfte in Salazie hatte. Um unabhängig zu sein, fuhren wir diesmal nicht in der Diligence, sondern in einem Miethwagen. Wir rollten schnell über die aus steiler Schlucht hervortretende Rivière des Pluies durch die fruchtbare, gutbebaute Landschaft, welche wir schon vor einigen Tagen gesehen, aber damals wegen der eintretenden Dunkelheit nicht deutlich hatten in Augenschein nehmen können.

Zu beiden Seiten der Straße stehen die dem Fremden so auffälligen Kugelaloës, die Vacoua (eine überaus nützliche Art Pandanus oder Schraubenpalme, aus welcher hier jährlich drei Millionen Säcke zur Versendung des Zuckers und Kaffees bereitet werden) und ab und zu auch Reihen von Filaos. Zwischen Gärten und Feldern hindurch gelangten wir an den beiden Städtchen Ste. Marie und Ste. Suzanne vorbei, deren Bewohner vom Landbau, theilweis auch von ein wenig Fischfang und Rhederei leben, nach dem ansehnlicheren St. André, neben St. Louis die einzige nicht dicht am Meere erbaute Stadt der Kolonie. St. André, in dem Champ Borne gelegen, einem fruchtbaren Stück Anschwemmungsland, dem größten ebenen Striche der Insel, ist eigentlich nur eine Straße; die Häuser und Gärten ziehen sich wol eine Stunde weit längs des Hauptweges hin.

Nachdem der Kutscher die Pferde gewechselt und wir bei dem heiteren Curé einen Imbiß genommen, fuhren wir, dicht hinter der Stadt rechts umbiegend, auf gut unterhaltener

Straße ziemlich steil empor in dem Thal der Rivière du Mât, des Abzugskanals für die Wasser des Kessels von Salazie. Unsere neuen Pferde waren bei weitem nicht so tüchtig wie die früheren, und doch hätte Dies der Beschwerlichkeit des Weges halber eigentlich umgekehrt sein müssen. So kamen wir denn nur langsam vorwärts, hatten aber dafür das Vergnügen, die prächtige Landschaft mit destomehr Muße betrachten zu können. Kurz nachdem wir in das enge, von hohen Felswänden eingeschlossene Thal des Flusses eingetreten, hatte das Bild sich umgewandelt: nicht nur die Wildheit der Felspartien und die Steilheit des Weges standen im lebhaftesten Gegensatz zu der glatten, einförmigen Gegend, welche wir bisher durchfahren, auch der Pflanzenwuchs war durchaus verschieden. Von Feldern war keine Rede mehr, man sah die Natur in ihrer Ursprünglichkeit, in einer Fülle, wie sie nur in den Tropen durch reichliche Feuchtigkeit hervorgebracht werden kann. Die köstlichste Frische der Luft und des Lebens herrschte in dem engumschlossenen Thale: aus allen Felsritzen rieselte und perlte es, von der Höhe herab stürzten zahllose kleinere und größere Wasserfälle, weiter unten sich zu ruhigeren Rinnsalen sammelnd, welche sich mit dem ansehnlichen Flusse vereinigten; und das im prächtigsten Grün prangende Gesträuch zu Seiten des Weges und auf den Vorsprüngen der Felswände war reichlich besetzt mit glitzernden Thautropfen oder besprengt mit dem Staube der Kaskaden.

Zum ersten Male bei unseren Wanderungen auf Réunion sahen wir hier Baumfarne (arbres fougères). Dieses überaus zierliche Gewächs scheint nur da zu gedeihen, wo Wasser in größtem Ueberflusse vorhanden; hierfür spricht ebenfalls sein Vorkommen auf dem Kilimandscharo, denn auch dort hatten wir Farnbäume nur in einem von Feuchtigkeit dampfenden Flußthale gefunden.

Die Mannigfaltigkeit der Pflanzenwelt, gegen welche das spärliche Thierleben umsomehr abstach, und die fortwährende Veränderung der wirklich großartigen Landschaft boten unabläßig Unterhaltung und Abwechslung. Bei dem Baron rief die Gestaltung und der Wasserreichthum des Thales alte Erinnerungen wach an seine Reisen in Algier; er hatte dort in der Ravine de la Chiffa zwischen Medeah und Blidah überraschend Aehnliches gefunden. Den größten Theil des Weges gingen wir zu Fuß, theils um seine Schönheit besser zu genießen, theils um rascher vorwärts zu kommen. Einige Stunden nach Beginn unserer Bergfahrt erweiterte sich das Thal des Flusses, dessen grünblaues Wasser rasch über die Felsblöcke seines tiefen Bettes dahin schoß — wir betraten das kesselförmige Gebiet von Salazie. Bald darauf überschritten wir eine hübsche Lattenbrücke und betraten den Hauptort der Gemeinde, Hellbourg genannt nach dem vielverdienten Kapitän Hell, welcher im Jahre 1838 Statthalter der Insel wurde. Von Hellbourg an, einem freundlichen kleinen Flecken mit einer hübschen Kirche, einer Mairie und einer Schule der geistlichen Brüder, beginnt ein gut erhaltener, bis zum Badeort führender Reitweg (route des cavaliers). Wir begaben uns sogleich nach der Schenke, in der Hoffnung, dort einen Ersatz für unseren Wagen zu erhalten; allein wir fanden blos ein einziges Pferd, welches übrigens nicht einmal vielversprechend aussah. Nachdem wir ein bescheidenes Frühstück eingenommen und bei dem Curé vorgesprochen hatten, leider nur um zu erfahren, daß er in Geschäften abwesend, setzten wir unsere Reise fort. Der Baron ritt; er hatte den schlechteren Theil erwählt, denn das unglückliche Pferd litt an kurzem Athem und blieb aller hundert Schritte stehen, um Kräfte zu sammeln und Luft zu schöpfen, sodaß der Reiter endlich absteigen und das arme Thier am Zügel hinter sich herziehen mußte. Wir Anderen schritten und kletterten auf den sogenannten petits Chemins, welche die zahlreichen Windungen des Reitweges abschneiden, rüstig vorwärts. Die Landschaft ist hier etwas wilder als vorher; die oft senkrechten Bergwände sind mit Moos bedeckt, und auch die Pflanzendecke der Tiefe gewinnt ein anderes Ansehen.

Nach einigen Kilometern Weges, etwa in der Mitte zwischen beiden Ortschaften, breitet sich eine kleine Ebene aus, zu deren Beginn der Wasserhühnerteich (mare à poules d'eau, vermutlich ein alter Krater) in anmutiger Umgebung liegt. Hinter der gutbebauten Fläche kommen wir wieder aufwärts, bald durch ursprüngliches Land, bald durch ansehnliche Kaffeepflanzungen. Wir betrachteten die immergrünen Kaffeesträucher mit besonderer Theilnahme, weil wir an dem vortrefflichen Kaffee des Landes uns schon so oft erquickt und uns längst darauf gefreut hatten, einmal die Orte zu sehen, an denen er am besten gedeiht. Die Sträucher oder Bäumchen erreichen eine Höhe von acht bis zwölf Fuß; die Aeste sind lang, dünn, ungetheilt, leicht nach unten gebogen und mit gegenständigen, lorbeerähnlichen, glänzenden Blättern besetzt. Die weißen, kurzgestielten Blüten ähneln denen des Jasmin; aus ihnen entwickelt sich eine rothe Beere, welche an Gestalt und Größe etwa mitten inne steht zwischen der Korneliuskirsche und der gewöhnlichen Kirsche. Das ziemlich farblose, angenehm schmeckende Fleisch umhüllt zwei harte, längliche Samen, die Kaffeebohnen, welche, mit ihren flachen Seiten aneinanderliegend, von einer knorpligen Haut, dem sogenannten Pergament, umschlossen sind und so einen einzigen Kern darstellen. Die aus dem Kaffeesamen gezogenen Pflänzchen werden, wenn sie einige Größe erreicht, in abwechselnden Reihen (in Quincunxgestalt) auf das ihnen angewiesene Feld gesetzt, zwischen sie andere Gewächse von angemessener Größe, welche dazu dienen, die Kaffeepflanzen vor allzu starkem Sonnenbrand und heftigen Winden zu schützen, gewöhnlich der Ambrevaden-Strauch (Cytisus cajan L.) — ein naher Verwandter des Goldregens oder Bohnenbaums (Cytisus laburnum L., falsches Ebenholz) — oder die Malabar-Akazie (Mimosa lebbek L.), ein stattlicher, zur Blütezeit prächtiger Baum.

Daß Bourbon sich vorzüglich für den Kaffeebau eignen müsse, schlossen die ersten Ansiedler schon aus dem Vorkommen von mehreren wilden Kaffeearten, café marron (marron, ursprünglich von entlaufenen Negern geltend, nennt man hier alles Wilde im Gegensatz zu dem Kultivirten). Man führte Bohnen von Mocka ein, später auch von Aden und zog einen Kaffee, welcher dem besten arabischen an Güte nur wenig nachstand, den westindischen aber bei Weitem übertraf. Der Anbau des Kaffees breitete sich schnell über die ganze Insel aus und wurde eine der ansehnlichsten, fast die ausschließliche Quelle des Wohlstandes. Im Jahre 1817 wurden bereits sieben Millionen Pfund Bohnen auf den Markt gebracht, allein bald kam diese Kultur in Verfall, namentlich weil man nicht mehr so streng wie früher auf die Güte der Waare hielt, sie weniger sorgfältig zubereitete und Kaffee von auswärts einführte, um ihn als Bourbonkaffee wieder zu verkaufen. Als dann schließlich der Alles überwuchernde Anbau des Zuckerrohrs begann, wurde der Kaffee immermehr vernachlässigt, und bald wurden die Erträge so gering, daß sie nur noch für den Bedarf der Bevölkerung ausreichten.

Kurz vor dem Badeort hatten wir nochmals eine Brücke zu überschreiten, welche zwei den Fluß zusammendrängende Felswände verbindet; dann stiegen wir wieder durch schöne Kaffeepflanzungen empor und auf der anderen Seite hinab in einen mit Häusern besetzten Thalkessel, in dessen Sohle, neben einem rauschenden Bache, das Badehôtel sich erhebt. Der Besitzer der Anstalt, Herr Daniel, stand vor der Thür und empfing uns, die Hände in den Hosentaschen, die Cigarre im Munde, gab sich aber nicht die geringste Mühe, uns Wohnung zu verschaffen. Erst nach halbstündigem Umherlaufen gelang es uns, ein kleines, an die Schattenseite einer feuchten Felswand gebautes Breterhaus ausfindig zu machen. Freilich war dieses Unterkommen bescheiden genug — es enthielt zwei kleine Gemächer, jedes sieben Fuß im Geviert, ausgestattet mit einem Bett, einem Stuhle und einem an die Wand befestigten Brete, welches als Tisch in jedem Sinne des Wortes zu dienen bestimmt war; doch bedachten wir uns nicht lange und ergriffen Besitz von diesem

„Pavillon." Wir hängten Barometer und Thermometer auf und richteten uns so gut als möglich ein. Père Martin reiste noch an demselben Abende nach Hellbourg zurück, da er am folgenden Tage bei Zeiten nach St. Denis zu kommen wünschte.

Der Brunnen von Salazie ist eine warme, kohlensäurehaltige Quelle, welche 0,12% feste Bestandtheile enthält, hauptsächlich kohlensaure Salze von Natron, Magnesia und Kalk; sie hat eine Temperatur von 26° R. und eine Ergiebigkeit von stündlich 225 bis 350 Liter. In einer Felsspalte im Bette des sogenannten Bras-sec, welche so niedrig liegt, daß sie bisweilen vom Fluß überflutet wird, entspringen die drei die Badequelle bildenden Wasserfäden. Zum Trinken benutzt man den Brunnen so, wie er aus der Fassung läuft, für Bäder wird er in einem geräumigen Becken gesammelt und dann beim Gebrauche bis zu dem gewünschten Grade erwärmt.

Das Bad liegt beinahe dreitausend Fuß über der Meeresfläche in einem ziemlich engen Thalkessel. Es zeichnet sich keineswegs durch ein sehr schönes Klima aus; denn die Ostwinde, welche sich in dem Thale fangen, geben hier, durch die steilaufsteigenden Felswände abgekühlt, einen beträchtlichen Theil ihrer Feuchtigkeit ab, sodaß Nebel und Regen nicht selten sind. Als mittlere Jahrestemperatur ist 15,°2 R. anzunehmen; der höchste hier beobachtete Wärmegrad beträgt 22,°4 und der niedrigste, dessen man sich freilich nur einmal entsinnen kann, 1,°6 R. Zur Zeit unseres Aufenthaltes schwankte die Wärme zwischen 9° und 15° R. In der trockenen Jahreszeit, während welcher man die Feuchtigkeit des Thales nicht so sehr empfindet, bietet Salazie übrigens einen angenehmen und gesunden Aufenthalt, wennschon für Kranke und Gebrechliche die Unebenheit des Bodens, welche bei jedem Spaziergang ein Steigen und Klettern bedingt, beschwerlich genug ist. Durch seine leichte Zugänglichkeit wird der Werth des klimatischen Kurortes Salazie wesentlich erhöht. Von St. André aus, welches zweimal täglich mit der Hauptstadt in Verbindung steht, ist der Weg nur dreiundzwanzig Kilometer lang, und von diesen können fünfzehn im Wagen, die übrigen zu Pferd oder auf Tragstühlen zurückgelegt werden.

Noch zu Ende der zwanziger Jahre dieses Jahrhunderts war Salazie vollständig unbekannt. Th. Cazeau, ein unternehmender Kreole, drang zuerst, im Jahre 1829, mit unglaublichen Schwierigkeiten bis zum Mare à poules d'eau vor. Die Geschichte seiner Ansiedelung gibt ein lehrreiches Beispiel, wie große Erfolge der Mut und die Ausdauer eines Einzelnen selbst unter den schwierigsten Umständen erzielen können. Um zur nächsten menschlichen Wohnung zu gelangen, hatte Cazeau von seiner Hütte aus zwei Tage lang zu wandern und dabei fünfunddreißig Mal die Rivière du Mât zu überschreiten. Schwoll der Fluß an, so blieb der bedrängte Pflanzer oft wochenlang von der Außenwelt abgeschnitten, gerieth sogar, bevor er zum ersten Male geerntet, in nicht geringe Noth. Doch seine Felder trugen reichlich, und er hatte die Freude, bald Andere seinem Beispiele folgen zu sehen. Bald drangen die Ansiedler weiter in der schönen Wildniß vor, und einer von ihnen, Villers-Adam, ein unerschrockener Jäger, welcher den verwilderten Ziegen (cabris) nachspürte, entdeckte im Jahre 1831 die warme Quelle von Salazie.

Begreiflicher Weise war es für die junge Niederlassung von größter Wichtigkeit, in bessere Verbindung mit der Küste zu treten, und in dieser Hinsicht erwarb sich namentlich Pierre Cazeau, ein Bruder des ebengenannten Pioniers von Salazie, die größten Verdienste; er klärte einen Pfad aus, baute Brücken und verminderte so die Länge und die Beschwerden des Weges ganz beträchtlich. Das erschlossene Paradies wurde nun auch von Vergnügungsreisenden besucht, und endlich gingen unternehmende Köpfe daran, den Gesundheitsbrunnen, den ersten, welcher in der Kolonie bekannt wurde, auszubeuten. Von den Behörden bestätigt und mit Vorrechten ausgestattet, bildete sich eine Gesellschaft Daniel u. Comp., welche ein Kurhaus mit Wohnungen zur Aufnahme der Fremden errichtete. Der Ruf der Quelle, des Klimas und der landschaftlichen Schönheiten von Salazie verbreitete sich bis nach der Schwesterinsel Mauritius, es kamen auch von dorther Gäste. Nach Errichtung eines Sanitarium für Militärpersonen — auf der sonnigen Höhe am Eingange des Thales, dem „Etablissement Thermale" gegenüber — gewann das junge Bad einen neuen Aufschwung, weil die Besucher jetzt auch ärztliche Hilfe fanden.

Hierbei blieb die Unternehmungslust nicht stehen; immer neue Ansiedler jener so nützlichen Klasse, welche jede Nachbarschaft unbequem findet, drangen vorwärts in die noch unbekannten Thäler, und bald war die Erforschung des Kessels von Salazie beendet, alles bebauungsfähige Land in Besitz genommen.

Die noch ziemlich zahlreiche Badegesellschaft zählte namentlich viele Mauritianer; mit einigen derselben, unseren täglichen Tischgästen, wurden wir schnell bekannt. Einen großen Theil seiner Zeit verbrachte der Baron in Gesellschaft von Herrn Victor Bellier und dessen liebenswürdiger Gemahlin, einer überaus feingebildeten Frau, welche er später noch manchmal wiedersehen sollte. Wir lebten sehr regelmäßig; die feststehenden Zeitmarken lieferten die gemeinschaftlichen Mahlzeiten um zehn Uhr Morgens und sechs Uhr Abends. Was der Ort selbst für die Tafel bietet, ist nur unbedeutend: Geflügel, Reis, Bohnen, Erbsen und Palmenkohl; doch verstand es der treffliche Koch, Herr Cuisard, dessen Frau in Hellbourg die Wirthschaft führt, aus dem Wenigen Etwas zu machen. Immerhin war jedoch das Beste bei den Mahlzeiten die angenehme Unterhaltung, welche schon ein halbes Stündchen vorher auf dem freien Platze vor dem Kurhaus begann. Als ein großer Theil der Gäste, unter ihnen auch unsere besten Bekannten, das Bad verließen, war die allerdings schöne Natur das Einzige, was uns Unterhaltung gewährte.

Von dem Arzte des Hospitals, einem thätigen Reisenden, welcher seine freien Stunden dazu benutzte, alle sehenswerthen Punkte zu besuchen, und dabei vortreffliche Skizzen aufnahm, erhielten wir guten Rath, wie wir die Besteigung des Piton des Neiges am besten ausführen könnten; durch seine Vermittelung gewannen wir auch einen erfahrenen Führer und sechs Träger für den beabsichtigten Ausflug. Schon war Alles vorbereitet, der gefällige Cuisard war dabei, Brod für uns zu backen und die sonst nöthigen Lebensmittel herzurichten: da bekam der Baron eine starke Geschwulst der Leistendrüsen, sodaß er nicht an eine Fußwanderung denken durfte, und ich wurde von einem Fieber befallen, welches mich so schwächte, daß ich nur mit Anstrengung die wenigen Stufen nach dem Gesellschaftssaale hinabsteigen konnte. Weil es jedoch zu spät war, um Träger und Führer noch abzubestellen, beschloß ich, wenigstens einen Versuch zur Besteigung zu machen.

Freitag den 3. Juli früh sechseinhalb Uhr brachen wir auf. Der Weg führte uns über eine kleine Anhöhe hinweg nach dem Bras de Fontaine, einem Zuflusse der Rivière du Mât, und dann in dem rauhen, mit Felsblöcken erfüllten Bette dieses Waldstroms über eine Stunde lang aufwärts. Später stiegen wir über einige bewaldete Erdwälle in das Bett des Bras sec, an welchem der Badeort liegt. Für meine gewandten, barfüßigen Begleiter war es eine Kleinigkeit, die steilen Felsen zu erklimmen; mir aber fiel das Steigen ziemlich schwer, weil mir in Folge des gestrigen Fiebers die Beine noch wehe thaten und ich meiner dicken, dreisohligen Stiefeln wegen ganz besondere Vorsicht aufwenden mußte, um auf den oft schlüpfrigen, schrägen Flächen nicht auszurutschen. In beiden Flüßchen bemerken wir nur hier und da etwas Wasser; es fließt dieses zumeist unter dem lockeren Gesteine hinweg und kommt nur da, wo der Untergrund minder durchlässig, zum Vorschein. Gegen zehn Uhr erreichten wir das Cap anglais, eine steile, von dichtem Wald umgebene Felswand.

Hier hielten wir, um etwas Fleisch, Brod und einen Schluck Wasser mit Kognak zu uns zu nehmen.

In derselben Weise wie wir, durch Emporklettern in Flußbetten und Ravinen, waren auch die ersten Erforscher der Insel in das Innere eingedrungen. Durch diese natürlichen Straßen, welche vom Mittelpunkt aus nach allen Seiten dem Meere zustralen, wurde ihnen ihre Mühe außerordentlich erleichtert, und einzig diesem Umstande ist es zuzuschreiben, daß schon in so frühen Zeiten wie im Jahre 1658 eine brauchbare Karte der Insel gezeichnet werden konnte.

Von unserem Frühstücksplatze bogen wir links in den Wald ab. Bald ging es an Abgründen hin, bald an steilen Gehängen empor auf Wegen, wie man sie abscheulicher sich nicht denken kann. Alle Glieder hatte man anzustrengen, um sich aufrecht zu erhalten und vorwärts zu kommen: Hände und Füße waren in gleicher Thätigkeit, und die Kniee, ja sogar das Gesäß leistete bisweilen vortreffliche Dienste; meine dicken Stiefeln aber, welche mir vorher lästig oder überflüssig erschienen, sowie die fast unverwüstlichen Winterkleider, die ich der Vorsicht halber angelegt, lernte ich hier so recht schätzen. Oft waren die Abhänge, an denen wir in die Höhe klettern mußten, nahezu senkrecht, und nur eine dünne Wurzel oder ein Loch im Felsen gab dem Fuß eine Stütze; oft aber auch war der einzige Anhalt die bereitwillig dargebotene Hand des Führers; andere Male wieder führte ein nur handbreiter Pfad längs einer steilen Felswand hin, zu deren Seite die unabsehbare Tiefe gähnte. Die schlimmsten Stellen waren die sogenannten Plumées (so wenigstens verstand ich den Namen) deren wir fünf oder sechs zu passiren hatten — Orte, wo ein Erdsturz Halt gefunden: die herabgerutschten Bäume und Büsche standen fast wagerecht aus den gerad abfallenden Wänden hervor, und über diese Stämme und Wurzeln hinweg oder zwischen ihnen hindurch mußten wir steigen oder kriechen, oft hunderte von Schritten weit, ohne den Erdboden zu berühren.

Mehr als drei lange Stunden dauerte diese Uebung. Ich mußte häufig stehen bleiben, um zu verpusten (siffler, wie meine Kreolen sagten). Dazu litt ich sehr vom Durst, denn wir hatten seit dem Cap anglais kein Wasser wieder gefunden; die Zunge klebte mir, im wahren Sinne des Wortes, am Gaumen. Endlich kamen wir an einen hohen, steilwandigen Felsen, welcher jedes Weiterkommen unmöglich zu machen schien. Aber meine barfüßigen Führer wußten, obschon sie Packete von fünfunddreißig Pfund Gewicht auf dem Rücken trugen, mit wahrer Katzenbehendigkeit hinaufzuklimmen, indem sie Zehen und Finger in wunderbar geschickter Weise gebrauchten. Ohne ihre Hilfe hätte ich umkehren müssen, und selbst, als einige von ihnen glücklich nach oben gekommen, folgte ich erst nach einigem Bedenken ihrem Beispiele und that, was sie mir hießen: der Eine hielt mir die Hand hin, daß ich darauf treten sollte, ein Anderer reichte mir von oben seinen Stock, dem Dritten stieg ich auf die Schulter und so langte ich, geschoben und gezogen, auf der Höhe an. Ich that noch einen Blick in die schwindelerregende Tiefe und warf mich dann, zum Tod erschöpft, auf den Rasen. Meine Willenskraft war gebrochen, und Alles, was um mich her vorging, ließ mich gleichgiltig; wäre ein Stein gewichen und hätte mich mit fortgerissen in den stillen Abgrund, ich würde keinen Schritt zur Seite gethan haben, um mich zu retten — so schimpflich hatten ein kleines Ungemach und die Nachwehen eines eigentlich unbedeutenden Fiebers mich beeinflußt!

Erst nach einiger Zeit gelang es meinen Begleitern, mich aus meiner Theilnahmlosigkeit zu wecken. Wir wanderten etwa fünf Minuten weiter nach einer Höhle, wo wir Ruhe und Erquickung fanden, nach der Caverne des Musards (Höhle der Maulaffen, vielleicht weil man hier einen Blick nach unten hat, oder weil man ausruht?). Ich trank von dem kühlen Wasser einer Pfütze dicht daneben, wickelte mich in meine Decke und sank in einen tiefen Schlaf, aus welchem ich, wunderbar gestärkt und erquickt, nach einer Stunde erwachte. Gern wäre ich jetzt noch weiter gegangen, um den nächsten Tag einen kürzeren Marsch bis zum Gipfel des Piton des Neiges zu haben; aber der Führer erklärte, es sei für heute zu spät, weil der nächste Halteplatz zweieinhalb Stunden von hier entfernt sei. Da er mir versprach, am anderen Morgen zwischen vier und fünf Uhr bei Mondenschein aufzubrechen, fügte ich mich, wenn auch mit einigem Mißbehagen, und meine Begleiter fingen an, ihre Mahlzeit zu bereiten.

Die sogenannten petits Créoles haben eine Menge von Geschicklichkeiten und Handgriffen, welche alle darauf hinausgehen, Geld zu sparen und mit den vorhandenen Mitteln möglichst viel zu erreichen. Schon beim Beginne des heutigen Marsches hatte ich mich gefreut über die Schnelligkeit, mit welcher meine Begleiter sich für ihre Lasten billige Tragbänder verfertigten, besser als theuere Stricke und Gurte, aus dem Bast eines gewissen Strauches; jetzt erregten sie wieder meine Bewunderung durch ihr einfaches Feuerzeug. Dieses besteht aus einem fingerlangen und zolldicken, mit trockenem, faulen Holze (Mulm) gefüllten Bambusrohr, in welches ein rundes Stück Holz als Deckel paßt. Ueber dem geöffneten Büchschen schlugen sie mit einem Flintenstein und dem Taschenmesser Funken, setzten so im Nu den Inhalt des Bambus in Glut, entzündeten hieran ein größeres Stück von dem Mulm, welchen sie stets in der Tasche führen, und bald flackerte, von dem überall umherliegenden Holze genährt, ein lustiges Feuer. Wurde der Bambus mit seinem Deckel, welcher an einem Riemchen herabhing, verschlossen, so verlöschte die vorher so lebhafte Glut und hinterließ einen ausgezeichneten Zunder.

Auf ihren Wanderungen haben die Kreolen stets eine Marmite bei sich, einen gußeisernen, auf drei Füßen stehenden Kessel, groß genug, das Essen für die ganze Gesellschaft aufzunehmen. Meine Begleiter füllten den ihrigen mit Mais, fügten ein wenig Speck und Zwiebel dazu, gossen Wasser darauf und stellten ihn auf das Feuer. Begreiflicher Weise wurde in der beträchtlichen Höhe, welche wir erreicht hatten, das harte Korn nicht mehr gar — muß man doch schon in Salazie, viertausend Fuß tiefer, hierauf verzichten; die Kreolen aber lassen sich Dies wenig kümmern, sie haben schon härteres Zeug gegessen und würden, wenn Noth an den Mann ginge, auch den ungekochten Mais zu kauen und zu verdauen wissen. Ich war neugierig, wie sie es anfangen würden, ohne Gabel, Löffel und Teller aus dem großen Kessel zu essen, in welchem die Masse immer noch langsam wallte. Auch für diesen Fall hatten sie sich vorgesehen: sie zogen ein fußbreites Baumblatt aus ihrem Kober oder Ränzchen, legten es auf die Erde und schütteten das heiße Essen in kleinen Mengen darauf aus; hier kühlte es sich in kürzester Zeit ab, und sie konnten fast unverweilt beginnen, ihren Hunger zu stillen — nach Negerart mit den Fingern.

Die armen „kleinen Kreolen" hatten sich durch ihre Anspruchslosigkeit und Gewandtheit meine volle Theilnahme und Achtung erworben. Ihr ganzes Wesen hatte etwas Angenehmes; sie waren dienstreich und behilflich, wo sie konnten, und suchten nicht, wie Dies sonst die Führer thun, den Reisenden auszubeuten und zu benachtheiligen. Mancherlei habe ich von ihnen gelernt, und mit Vergnügen denke ich zurück an die in ihrer Gesellschaft verbrachten Tage. Ihre sanfte Sprache klingt einschmeichelnd und gemütlich, ist aber anfänglich nicht ganz leicht zu verstehen, weil viele Wörter verstümmelt, andere in ungewöhnlicher Bedeutung gebraucht werden und gewisse Laute eine Umänderung erleiden. **Sch** z. B., sei es nun **G** oder **Ch** geschrieben, wird stets durch **S** ersetzt. Mir kam die Kreolensprache vor wie eine Sprache der Kinder, wie ein Daalen oder Dalschen, und vielleicht eben dadurch wurde sie so herzgewinnend. Ob eine eigenthümliche Zungenbildung, oder nur Bequemlichkeit in der Handhabung der Sprachwerkzeuge die Ursache des Fehlens und Verstümmelns mancher Laute ist, vermag ich nicht zu entscheiden.

Mein Abendbrod bestand aus einer Suppe von Tafelbouillon, aus Brod, Fleisch und Leberwurst mit Trüffeln von der Carsten'schen Fabrik in Lübeck. Solche Wurst, welche mit feinem Fett in luftdichte Blechbüchsen eingelassen ist und so sich beliebig lange hält, ist ein wahrer Leckerbissen und, wie überhaupt alle die sogenannten Konserven (Tins oder Weißbleche der Engländer), Fleisch, Fisch, Suppen, Gemüse u. dgl. in zugelötheten Blechbüchsen, ein sehr bequemes Reisenahrungsmittel. Bei kleineren Ausflügen oder bei Reisen längs der Küste wenigstens sind sie unschätzbar, da sie einen ausgezeichneten Wohlgeschmack besitzen und die Möglichkeit geben, eine kräftige Nahrung in wenigen Minuten herzustellen; selbst bei Reisen in das Innere, wo man doch so beschränkt ist in Mitteln zum Fortschaffen, kann man nicht umhin, einige solcher Dosen zur Stärkung Kranker und Genesender mitzunehmen, umso eher, als die leeren Gefäße noch gut zu verwenden sind, um kleinere Thiere luftdicht und insektensicher zu verpacken.

Die Nacht war hell und kühl, die Quecksilbersäule des Thermometers sank bis auf 2° R., stieg aber wieder bis auf 4°,6, als einige Stunden vor Sonnenaufgang ein starker Nebel zu fallen begann. Die mittlere Tageswärme war nahezu 8° R. gewesen, denn soviel zeigte das Wasser in der vorerwähnten Pfütze. Da Dies im Juni war, also zur kältesten Zeit, so mußte die Temperatur des Jahres weit höher sein; sie läßt sich auf etwa 13.° R. berechnen. Nach vielfachen, an verschiedenen Orten der Insel angestellten Beobachtungen sinkt nämlich die Wärme bei einer Erhebung um je 250 Meter um 1° C.; an der Küste beträgt sie durchschnittlich 24½° C., also hier, in 2000 Meter Höhe, 8° weniger d. i. 16½° C. oder etwas mehr als 13° R.

Für gewöhnlich weht auf den Höhen im Inneren der Insel die Nacht über der Wind geradwegs nach der Küste zu, ein Landwind, am Tage hingegen ein Ostsüdostwind, der Passat. Auffällig ist es dem Reisenden, daß er bei einer gewissen Erhebung oft in Nebel und Regen wandert, während unten sowol wie auf den höchsten Kuppen der Himmel kein Wölkchen zeigt. Die Schicht dieser feuchten Dünste haftet aber dem kalten Gebirge als solchem an, ist also eigentlich nicht Das, was man unter Wolken versteht, eine frei in der Luft schwebende Anhäufung von theilweis verdichtetem Wasserdampf. Diese Erscheinung, daß die obersten Gipfel die Nebeldecke überragen, erklärt sich daraus, daß sie nicht mehr von dem feuchten Südostpassate getroffen werden, sondern schon, wenigstens zu gewissen Zeiten, im Bereiche des oberen rückkehrenden Passates liegen, welcher im heißesten Gürtel der Erde aufsteigt und in allmählich abnehmender Höhe nach beiden Polen zu abfließt.

Weil die dichten Regennebel (brumes), wie sie in dem mittleren Gebieten der Berge Bourbons oft tagelang herrschen, dem Wanderer und Jäger nicht selten gefährlich werden, weigerten meine Führer sich, das Lager zu verlassen; da sie jedoch den Weg genau kannten, ließen sie sich endlich zur Fortsetzung der Reise bewegen. Fünfeinhalb Uhr verließen wir unseren Lagerplatz. Ein frischer Wind trieb uns feine, eisige Tröpfchen entgegen und machte die am meisten ausgesetzten Theile des Gesichts fast erstarren; die Führer schützten sich mit der Hand gegen die schneidende Kälte, ich wickelte mich in mein Plaid. Als wir höher kamen, wurde es etwas heller, und um sechsdreiviertel Uhr waren wir bereits oberhalb des Nebels. Das Wolkenmeer dehnte sich unter uns gleich einer weiten, weißlichen, ein wenig gewellten Ebene aus, nur vom Piton des Neiges, Grand Bénard und Vulkan, den höchsten Punkten des Gebirges, überragt; in der Ferne verdeckte es die See und verschwamm mit dem Gesichtskreis, sonst hätten wir, sagten die Führer, vielleicht die Insel Mauritius zu sehen bekommen als einen feurigen Streifen an der Grenze zwischen Luft und Wasser.

Kurz nachdem wir den Staubregen oder Nebel verlassen, bot sich uns ein prächtiges Schauspiel. Wir standen am Rande des von dem Gespritzel erfüllten Thalkessels von

Salazie, welcher eben anfing, von der Sonne beleuchtet zu werden; da gewahrten wir, auf die Nebelwand gemalt, einen vollständig geschlossenen Regenbogen oder vielmehr einen Regenkreis. Sein Fußpunkt war uns so nahe, daß ein vorgehaltener Stock bis in die zarten Farben hineinreichte; der Höhepunkt des Kreises mochte kaum vierzig bis fünfzig Fuß Fuß entfernt sein. Er war in etwa einem halben rechten Winkel vor uns aufgerichtet, während ein gewöhnlicher Regenbogen mit seinem Höhepunkte zumeist auf den Beschauer herabgeneigt zu sein scheint, als ob er nach vorn überfallen wollte. Einen derartigen Regenkreis soll man bisweilen unter günstigen Umständen von den Masten eines Schiffes aus beobachten können, nur daß er dann wagerecht unter dem Beobachter liegt wie ein Ring, welcher auf der Nebelmasse schwimmt.

Von der Caverne des Musards an ist der Pflanzenwuchs ziemlich spärlich. Dazu sind die Büsche sämmtlich entlaubt. Meine Begleiter erzählten mir, früher wären die Höhen vom schönsten Buschwalde, von den sogenannten Ambavilles des Hauts (47) bedeckt gewesen, einige Reisende aber hätten leichtsinniger Weise den Bestand durch Feuer zerstört. Die Spuren des Brandes sah man noch deutlich an den verkohlten Aesten und Stämmen; seine Urheber waren leider, wol aus übergroßer Nachsicht oder Nachlässigkeit der betreffenden Behörden, unbestraft geblieben. Ein heftiger, orkanähnlicher Sturm (coup de vent) hatte viele der abgestorbenen Stämmchen vor einigen Monaten geknickt. Durch ihn soll auch der Weg unterhalb der Caverne des Musards, welcher früher ziemlich bequem war, so ungangbar geworden sein; denn eine Menge als Anhalt dienende Büsche wurden weggerissen und durch den begleitenden Regen ganze Flächen herabgeschwemmt mit Allem, was darauf und daran war.

Nach langem Steigen kamen wir auf die fast ganz kahle, nur mit Moos und Flechten bedeckte Ebene, aus welcher sich der höchste Gipfel des Gebirges, der Piton des Neiges, erhebt; ich bestimmte durch Barometerablesung ihre Höhe zu 8000 Fuß. Die meisten meiner Leute verließen mich hier, um mit dem entbehrlichen Gepäck nach der seitwärts gelegenen Caverne du four, unserem heutigen Nachtlager, zu gehen. Ueberall auf dem Wege fanden wir Ausblühungen von dünnen, anderthalb Zoll hohen Eissäulchen. Sie waren mit einer schwachen Schicht emporgehobener Erde bedeckt, sodaß man, wenn man von oben darauf sah, noch wirklich festen Boden vor sich zu haben glaubte. Das Herauswachsen solchen Eises hat schon manchen Wanderer auf diesen Bergeshöhen in Erstaunen gesetzt. Er hatte vielleicht Abends vor die Höhle, in welcher er schlief, einige Kisten gesetzt und sah beim Aufstehen am anderen Morgen, daß diese ein Stück in den Boden gesunken waren. Schon dachte er an eine vulkanische Erscheinung oder ein Erdbeben; er ging näher, um die Sache genau zu untersuchen, da sank auch er in den Boden ein: der wahre Hergang wurde ihm klar, und die so schnell entworfenen Erklärungsversuche stürzten in sich selbst zusammen wie die erdbedeckten Eissäulchen, welche dazu Veranlassung gegeben. Auch bei uns hat man bisweilen Gelegenheit, solch zierliche Eisvegetation zu beobachten, namentlich wenn eine kalte Nacht einem warmen Tage gefolgt ist. Es sind verschiedene Erklärungen dieser eigenthümlichen Erscheinung aufgetaucht; ich halte folgende für die wahrscheinlichste: das die feuchte Erde erfüllende Wasser folgt bei dem Abkühlen derselben seiner Neigung, zu kristallisiren, und formt sich zu kleinen Prismen, welche, da sie beträchtliche leere Räume zwischen sich lassen, über die Oberfläche emporsteigen müssen und dabei eine leichte Schicht von Erde oder Moos mit sich nehmen, sodaß der Boden ganz unverändert erscheint, während er doch hohl und morsch ist. Dieselbe Neigung zur Bildung solcher Eissäulchen zeigt sich auch in Schneelagern, welche bei der Wärme des vorausgegangenen Tages bis in das Innerste hinein feucht wurden und dann nach einer kalten Nacht wieder durchfroren; hier bemerkt man sie jedoch verhältnißmäßig selten, weil die Säulchen von einer glatten Eisrinde bedeckt sind, man also bei flüchtiger Prüfung einen gewöhnlichen Schneehaufen vor sich zu haben meint.

Einige Pfützen, welche wir unterwegs trafen, waren gleichfalls mit ziemlich starkem Eise bedeckt; an einer derselben hielten wir, um das Frühstück einzunehmen. Eine große Eisscholle diente mir als Teller; ich aß den Rest meiner Trüffelwurst mit etwas Schiffszwieback und trank einige Blechbecher voll eisgekühlten Champagner — ein herrliches Mahl, dessen ich mich jetzt noch gern erinnere. Hier lernte ich den Schaumwein erst in vollem Maße würdigen: die anderen Getränke, welche ich mitgenommen, Kognak und Rum, waren mir bei solchen Wanderungen zu stark und brennend; sie trockneten den dürren Gaumen noch mehr aus, statt ihn zu erfrischen und zu kühlen.

In ziemlich steiler Steigung erklommen wir einen Kegel von rothbraunem und ockergelben Schutt, den Piton Rouge, das gewöhnliche Ziel der den Piton des Neiges besuchenden Wanderer. Ein großartiger Blick über die höchsten Punkte der Insel eröffnete sich uns hier, ein noch erhabenerer in ihr zerrissenes Innere, in die Kessel, denen die Rivières du Mât, de St. Etienne und des Galets entströmen. Staunend fand ich, daß die Vorstellung, welche ich mir von der Schroffheit jener Abstürze nach der Karte gebildet hatte, von der Wirklichkeit bei Weitem übertroffen werden. Am jähesten fallen die Felswände nach dem fast kreisrunden Kessel von Cilaos ab, in welchem dicht vor uns, in dem Trou de bois rouge, der Bras rouge entspringt, ein Quellfluß der Rivière de St. Etienne. Der Gedanke an ein Hinabsteigen in diese Tiefe, welchen ich vorher gehegt, verging mir, als ich den ersten Blick in den Abgrund warf. Und dennoch versicherten mich die Führer, daß man früher, als der Holzbestand an den Felswänden besser gewesen, bisweilen hinabgeklettert wäre; freilich brauchte man mindestens acht Stunden, um jene kleinen Teiche zu erreichen, auf denen ich mit dem Fernrohr deutlich die Enten schwimmen sah.

Allmählicher senkt sich der Abfall nach den beiden nördlichen Kesseln. Salazie bot uns nicht viel des Anziehenden, da seine Tiefe von Nebeln erfüllt war; doch sahen wir darüber hinaus den Strand zwischen Ste. Marie und St. André und erkannten deutlich den Leuchtthurm von Ste. Susanne. Durch das Thal der Rivière des Galets genossen wir einen hübschen Blick nach dem Strande von St. Paul und Possession, und nach der anderen Seite hin schweifte das Auge über die Plaines de Salazes und des Cafres hinweg nach dem die Wolken überragenden Vulkan. Von hier aus mußte der Feuerspeier wirklich leicht zu erreichen sein, was uns schon Dr. Cassien versichert hatte, der vielgewanderte Arzt des Hospitals von Salazie. Leider konnte ich an einen solchen Ausflug nicht denken, weil meine Lebensmittel nur auf kurze Zeit berechnet waren.

Die Bildung des Felsgerüstes oder des Rückgrats der Insel, auf dessen höchstem Punkte wir hier standen, ist eine überaus merkwürdige. Von drei Seiten her laufen die Kämme zwischen den drei Kesseln in dem Gros Morne zusammen. Die Endpunkte der Ausläufer bilden: nach Osten zu der Piton des Neiges mit seiner Erweiterung nach der Plaine de Salazes, nach Westen der fast ebenso hohe Grand Bénard und nach Norden der Morne de Fourche, von welchem aus der Grat sich in zwei Arme gabelt. Die zackige, „les trois Salazes" genannte Felsgruppe, welcher der Bezirk von Salazie seinen Namen verdankt, befindet sich in geringer Entfernung westlich von unserem Standorte, dem Point de Vue, sie wird als unzugänglich betrachtet. Ihre drei Zacken werden mit hölzernen Gabeln verglichen, die man vor dem Feuer in die Erde steckt, um darauf den Bratspieß zu drehen, welche Vorrichtung die Madagassen „Salaze" nennen.

Fast alle bis hierher gelangte Wanderer hatten ihre Namen in irgend einer Weise zu verewigen gesucht. Der Curé von St. Leu, ein großer Fußreisender, dessen Bekanntschaft wir auf der Rundreise machten, hatte ein Kreuz aufgepflanzt, und dieses hatte wiederum

Anderen gedient, ihre Bemerkungen darauf einzuschneiden. Auch auf dem Felsen fand ich Namen eingegraben, unter anderen den des Ingenieurs Schneider, welcher im Jahre 1824 die Insel vermessen hat. Die ausführlichste Urkunde entdeckten wir in einer umgestürzten Weinflasche unter einem Felsen: ein Stück Kartonpapier mit den Namen von sechs Herren aus Mauritius und Bourbon — nebst Dr. Cassien — und von zwei Kreolenführern, darunter ein zierliches Verschen von Lieutnant Perlière aus Mauritius. Manche Reisende binden ein Stück Baumwollenzeug von sechs bis acht Meter Länge an einen Stock, um dann vom Badeort aus den Ort erkennen und Anderen zeigen zu können, auf welchem sie die unvergleichliche Aussicht genossen. Da ich nicht soviel Stoff zu verwenden hatte, opferte ich ein Taschentuch, auf welches ich Namen und Datum schrieb, damit ein in nächsten Zeiten kommender Wanderer Nachricht finde von seinem unmittelbaren Vorgänger. Später wollten es die Führer mit ihren Luchsaugen von Salazie aus gesehen haben, doch kann ich nicht glauben, daß ein so kleines Stück Zeug so weithin erkennbar sein soll.

Während vorher der Wind aus Ost-Süd-Ost gekommen war, wehte er jetzt aus Norden. Es war durchaus nicht so kalt, als ich nach der Höhe des Standpunktes erwartet hatte; an geschützten Orten betrug die Temperatur 8° R., und das von der Sonne beschienene Gestein zeigte eine viel beträchtlichere Wärme. An einigen Stellen freilich maß der Boden nur 1° R., wahrscheinlich weil er noch einige der obenerwähnten Eissäulchen enthielt. Die Luft war außerordentlich trocken; denn als ich die mit Baumwollenzeug umwickelte Kugel des Thermometers befeuchtete, sank die Quecksilbersäule in Kurzem um sechs Grad. Aus dieser Trockenheit erklärt sich auch das Vorkommen von Eis, da meinem Minimumthermometer zufolge die Luftwärme nicht auf den Gefrierpunkt gesunken war — das Eis mußte durch Verdunstungskälte entstanden sein. In noch größerem Maße wirkt diese auf den Abhängen des Grand Bénard nach St. Paul zu, dem trockensten Gebiete der Insel. Dort holen die „kleinen Kreolen" aus einer regelmäßig ausgebeuteten Eisgrube (glacière) das Roheis und schaffen es nach St. Denis, wo man es zur Kühlung der Getränke und zu der Fertigung von Eiscrême benutzt. Wir hatten, wann wir Abends im traulichen Zimmer des P. Martin saßen, öfters ein Glas voll dieser köstlichen Erfrischung genossen, welche von umherziehenden Verkäufern mit dem gellenden Rufe: „glace! glace!" angekündigt wird. Neuerdings benutzt man die erst nach langstündigem Steigen auf beschwerlichen Wegen zu erreichende Eisgrube nicht mehr so sehr, da man es vorzieht, mit einer überaus einfachen Maschine durch Anwendung von Ammoniakgas künstliches Eis zu bereiten.

Nachdem ich Alles, was ich wollte, gesehen und beobachtet, brach ich mit meinen Führern vom Piton Rouge auf und begab mich nach der Caverne du Four, welche wir eine Stunde später, um vier Uhr, erreichten. Diese Höhle ist weit geräumiger als die Caverne des Musards und läßt die Art und Weise ihrer Bildung deutlich erkennen. Ihr Name „Backofenhöhle" läßt schon auf ihre Gestalt schließen: sie ist eine lange, niedrige Oeffnung unter einem Lavagewölbe. Solche Höhlen — offenbar dadurch entstanden, daß, als die obere Kruste des Lavastromes bereits erstarrt war, die teigartig flüssige Masse im unteren Theile noch langsam weiter strömte — finden sich häufig auf der Insel, die eine bis zu einer Tiefe von einigen hundert Metern. Sie sind eine große Wohlthat für den Gebirgsreisenden, da sie Obdach gegen Wind und Wetter gewähren. Es wohnt sich ganz gut in ihnen, doch nur so lange man kein Feuer anzündet; denn dann erfüllt sich der Raum bis etwa einen Fuß hoch über dem Boden mit dichtem Dampfe, sodaß nur, wer mit einer besonderen Rauchlunge begabt ist, Luft schnappen kann, ohne unausgesetzt zu husten: umgekehrt, wie in der Hundsgrotte bei Neapel, wo die schwere, giftige Luft den Boden bedeckt, ist hier die Luft nur dicht über dem Boden athembar, und man darf, um nicht zu ersticken, sich nicht setzen oder stellen. Eine andere Unannehmlichkeit wird durch die

Feuchtigkeit verursacht, welche vom Athmen, vom Feuerbrennen und vom Wasserkochen herrührt. Sie verdichtet sich an der kalten Decke des Gewölbes und fällt unablässig tropfenweise auf die Insassen herab; wer nicht eine Gummidecke oder einen großen Hut zur Verfügung hat, welcher wenigstens Kopf und Gesicht schützt, wird durch die endlos fallenden Tropfen im Schlafe gestört und erwacht am Morgen steif vor Frost und Nässe.

Das Gestein der Caverne du Four, eine dunkelfarbige Lava, ist an vielen Stellen mit einer weißen, salzartigen Kruste bedeckt, welche wahrscheinlich beim Erstarren der feuerflüssigen Masse sich ausschied. Von dem vulkanischen Ursprung der ganzen Ebene umher zeugen allerlei Erscheinungen: alte Lavaströme, Steindämme, wie wir sie auch am Kilimandscharo gesehen, Schuttkegel aus einem scharfkantigen Sande von oberflächlich verwitterter, poröser Lava und vulkanische Bomben, von Kuchen- oder Kugelgestalt je nach der Festigkeit, welche die emporgeschleuderten Schlackenmassen hatten, als sie die Oberfläche erreichten. Bei der Höhe der Ebene (etwa 8000 Fuß) und bei der rauhen und festen Beschaffenheit des Bodens war begreiflicher Weise der Pflanzenwuchs sehr ärmlich; wir sahen zwar einzelne grüne Büsche, doch hauptsächlich nur graue Eiskräuter, Flechten und Moose, welche die dünne Erdschicht und die Felsen bedeckten. Von Thieren bemerkte ich einige Fliegen und mehrere kleine Spinnen; und damit diesen ein Feind nicht fehle, huschten hier und da einige Oiseaux blancs (Zosterops borbonica Gray) nach spärlicher Beute umher. Auch verwilderte Ziegen sollen sich bis hierher versteigen, doch bekamen wir keine zu sehen, Dank den vieljährigen eifrigen Nachstellungen der jagdlustigen Kreolen.

Am anderen Morgen begab ich mich auf den Rückweg, nachdem ich mich an einer Tasse Chokolade erquickt. Schon nach anderthalb Stunden erreichten wir die Caverne des Musards. Die Nebel, welche anfangs über den Höhen gelagert, begannen bei dem frischen, östlichen Winde sich rasch zu zerstreuen, und in dem Kessel von Salazie wurde es heller und heller. Ich war der Meinung, daß die Führer diesmal einen anderen, minder beschwerlichen Weg einschlagen d. h. mich erst bei dem „das Fenster" (la fenêtre) genannten Abstieg nach dem Thale führen wollten, und freute mich schon im Voraus auf die hübsche Aussicht, welche sich mir bei der zunehmenden Klarheit der Luft auf dem Wege längs des Abfalls der Plaine de Belous bieten mußte; meine Begleiter aber sagten, es würde heut sicherlich noch regnen und dieser Weg dann schlimmer sein als jener. Die Wiederholung der abscheulichen Kletterei von vorgestern war mir höchst unangenehm, doch tröstete mich der Gedanke, daß Dies jetzt sicherlich zum letzten Male geschehe — ich ahnte nicht, daß mir dieser Kelch noch einmal beschieden war!

Das Hinabsteigen über den ersten steilen Felsen war natürlich schwieriger als das Hinaufklettern, und ich zagte anfangs, mich den Händen meiner Führer zu vertrauen; aber es ging Alles gut, auch waren die Beschwerden des Weitermarsches nicht so groß, als ich erwartet hatte. Wir kamen rasch vorwärts, und ich fand unterwegs noch Zeit, eine Anzahl Pflanzen zu sammeln. Das Vorherrschen der Farne von Baum- und Krautgestalt fiel mir vor Allem auf; ich sah da wunderbare Formen, welche ich, ohne die eigenthümliche Besamung der Blattränder, niemals für Angehörige dieser Familie gehalten hätte. Leider zeigten die Baumfarne, für welche ich von jeher eine gewisse Vorliebe besaß, keine so schöne Gestalt wie weiter unten im Thale der Rivière du Mât: es waren ziemlich unscheinbare, in ihrer ganzen Tracht unseren Kopfweiden nicht unähnliche Stämme, über und über mit Schmarotzerpflanzen aus derselben und anderen Familien bedeckt. Nächstdem bewunderte ich die Menge von verschiedenartigen, zierlichen Bambusen mit kaum federkieldicken Stengeln. Bei den Kreolen heißen sie „Calumets" und gelten als Mittel zur Höhenbestimmung, da sie sich in einem ziemlich scharf begrenzten Gürtel in gewisser Erhebung über dem Meere finden; man sagt z. B.: „eine Stunde unterhalb oder oberhalb der Calumets im Thale des und des Baches" und erreicht dadurch eine vollständig genügende Bezeichnung des Ortes.

Meine Führer hatten mit ihrer Voraussagung Recht gehabt. Noch ehe wir das Cap anglais nach zweistündigem Springen und Stolpern erreichten, begann ein feiner, Alles durchdringender Regen. Da wir einmal naß waren, setzten wir uns, ohne weiter nach einem Obdach zu suchen, auf der offenen Felsplatte zum Frühstück nieder, an demselben Orte, welcher uns schon vorher zu gleichem Zweck gedient hatte; mit größtem Behagen trank ich den Rest meines immer noch schäumenden Sektes. Vierzig Minuten nach Mittag setzten wir die Reise fort; drei Viertelstunden danach trafen wir die erste Palme, einen Palmiste rouge, eine halbe Stunde später erreichten wir das Bett des Bras de Fontaine, welchem wir siebzig Minuten lang bis drei Uhr folgten, und halb vier Uhr langten wir vor unserem Pavillon in Hellbourg an.

Wir hatten zum Herabsteigen von der Caverne des Musards knapp fünf Stunden gebraucht, während der Hinaufweg etwa sieben Stunden in Anspruch genommen hatte. Ich fühlte mich verhältnißmäßig wenig ermüdet, nur in dem Knie empfand ich einen stechenden Schmerz, den ich aber nicht als Folge der Anstrengung, sondern des vorausgegangenen Fiebers betrachtete. Nachdem ich meine vollständig durchnäßten Kleider gewechselt und die gesammelten Pflanzen eingelegt hatte, ging ich mit dem Baron nach dem Speisesaale. Wir verbrachten den Abend sehr vergnügt bei Schaumwein, welchen wir mit Eis vom Berge kühlten; ich hatte nämlich auf Anrathen meiner Führer am Abende vorher eine Anzahl Eisschollen übereinander gelegt und den über Nacht zusammengefrorenen Klumpen mit herabgebracht.

Tags nach meiner Rückkunft vom Piton des Neiges verließ der Baron Salazie, um sich in die warmen Gebiete der Küste zu begeben; seine Drüsengeschwulst sollte, wie er hoffte, dort schnell und für immer verschwinden. Ich blieb einige Tage länger im Bade, hauptsächlich um die versteinernde Quelle (Source pétrifiante) zu besuchen, von welcher wir schon so Vieles gehört und auch hübsche Uebersinterungen der verschiedensten Art, ähnlich denen des Karlsbader Sprudels, gesehen hatten.

Am 8. Juli begab ich mich auf den Weg, begleitet von einem jungen Mann aus St. Denis und zwei Kreolen-Führern. Man hatte uns vielfach versichert, daß der Weg abscheulich sei; wir überzeugten uns jedoch, daß er weit weniger beschwerlich und viel angenehmer ist als die meisten Spaziergänge in der Nähe des Badeortes. Zwei Stunden lang schritten wir durch junge Ansiedelungen, durch Pflanzungen von Mais, Bohnen, Tabak und Kaffee oder durch Wald von erquickender Frische. Die zierlichsten der Gewächse, Bambuse und Baumfarne, sahen wir hier in selten schöner Entwickelung. Und nicht das Auge allein erquickte sich an der Pracht der Pflanzenwelt, auch Gaumen und Magen waren reichlich bedacht: wir fanden an den Gehängen die köstlichsten Himbeeren in solcher Fülle, daß wir uns Alle daran hätten sättigen können, wenn wir es nicht vorgezogen hätten, ein Plätzchen für das kräftige, von Herrn Cuisard bereitete Frühstück zu lassen.

Schon anderthalb Stunden vor der Ankunft erkannten wir den Wasserfall der Quelle, und als wir näher kamen, unterschieden wir deutlich die gelbrothe Färbung des Sinterabsatzes auf dem Felsen. Nach dreistündigem Marsch erreichten wir die etwa tausend Fuß über dem Badeort Salazie gelegene Source pétrifiante. Sie entspringt am Fuße des Grates, welcher, die drei mittleren Kessel der Insel trennend, in dem Gros Morne gipfelt, und von dem wir auf dem Wege von der Caverne des Musards zum Piton des Neiges hinabgeblickt hatten. In der Nähe betrachtet, ist sie nicht so großartig, als es uns vorher schien, weil Das, was wir für einen Wasserfall hielten, nur ein von der Quelle überrieselter, im

Winkel von 30° geneigter Absturz des Felsens ist. Ich klomm gegen hundertfünfzig Fuß hoch an der schlüpfrigen Wand empor und sah hier eine kleine Quelle aus dem Gestein hervorkommen, eine zweite aber in doppelter Höhe. Beide vereinigen sich, überziehen, vielleicht durch noch eine oder mehrere verstärkt, den ganzen Felsblock und fallen in Absätzen nach der Rivière de Fleur jaune herab. Alles, was mit dem Wasser in Berührung kommt, Steine, frische Pflanzen und Stücke trockenen Holzes, wird mit einer ochergelben bis hellrothen Steinmasse überzogen. Am Fuße des Felsens ist dieser kalkartige Absatz ziemlich dicht und fest, weiter oben aber viel lockerer, und in den kleinen Becken, in denen die Quellen selbst sich sammeln, besteht er nur aus einem graugelben Sande. Nach der Menge des aufgelösten Kalkes zu schließen, muß die Quelle viel Kohlensäure enthalten, doch sprudelt sie bei ihrem Austritt aus dem Felsen nicht sehr stark. Das Wasser ist klar und von alkalischem, nicht unangenehmen Geschmacke; es zeigt je nach den Stellen, an denen man mißt, eine Wärme von 15,4° bis 16° R., während der Fluß, mit dem es sich vereinigt, nur 11° Wärme hat.

Jeder der drei Kessel, welche den Gros Morne umgeben, hat seine warme Quelle: Cilaos die ergiebigste, der Cirque de la rivière des Galets die kräftigste (die Schwefelquelle von Mafatte) und Salazie die besuchteste; sie alle scheinen ihren Ursprung in dem vulkanischen Inneren des Piton des Neiges zu haben, und alle kommen in Bach- oder Flußthälern zum Vorschein, weil in diesen tiefsten Einschnitten des Bodens ihrem Hervordringen die wenigsten Hindernisse entgegenstehen. Außer diesen bekannten Quellen gibt es wahrscheinlich noch viele andere, welche bisher noch nicht aufgefunden worden sind, namentlich weil sie, wie eben erwähnt, an den Rändern der Flußbetten oder in diesen selbst entspringen. Bei meinen Spaziergängen in Salazie habe ich öfters die Wärme des Wassers verschiedener Bäche gemessen und dabei gefunden, daß einige in nicht unbeträchtlichem Grade die Mittelwärme des Ortes überschreiten. Ginge man in solchen Bachbetten aufwärts bis zu der Stelle, an welcher sich wieder die gewöhnliche Temperatur findet, und dämmte danach das Wasser oberhalb ab, so würde man mit Leichtigkeit die warme Quelle finden, welche die Temperatur des ganzen Baches erhöht. Begreiflicher Weise würden die so aufgefundenen Quellen, eben weil sie auf der Sohle des Wasserlaufes münden, nur in den wenigsten Fällen unmittelbar zu verwerthen sein.

Von versteinernden Quellen sollen gleichfalls mehrere auf Réunion vorhanden sein, doch ist keine der bisher bekannt gewordenen so bedeutend wie die am Beginne der Rivière de Fleur jaune. Eine derselben findet sich in der Nähe von Salazie nicht weit vom Bette des Bras de Fontaine, aber sie dringt blos tropfenweise aus dem Felsen und ist fast nur an dem Sinterabsatz zu erkennen, welcher ihre Umgebung gelbroth färbt.

Nachdem wir unser treffliches Frühstück eingenommen und eine Anzahl der hübschesten Versteinerungen gesammelt hatten, begaben wir uns gegen zwei Uhr auf den Rückweg. Wir kamen diesmal durch längere Strecken Waldes; die Kreolen machten mich hier auf eine Menge Sträucher von wildem Kaffee (café marron) und auf die Betelliane als auf besonders nützliche Gewächse aufmerksam. Eindreiviertel Stunden lang hatten wir hauptsächlich das Thal desselben Flusses verfolgt, in welchen die versteinernde Quelle ihr Wasser ergießt. Dann gingen wir am linken Ufer des Bras de Mare d'affouches hin und überschritten endlich die Rivière du Mât, welche alle diese Zuflüsse aufnimmt, in der Nähe des Piton d'Encheine — dieser einzelnstehende, schon im Anfange der Straße nach Salazie sichtbare Felskegel, verdankt seinen Namen einem entflohenen Sklaven (nègre marron), Namens Encheine, welcher hier vierzehn Jahre lang sicher vor seinen Verfolgern lebte und so zu einer gewissen Berühmtheit gelangte. Bisher hatte der Weg eine rothe oder rothbraune Farbe gehabt, ähnlich wie sie der Boden der Ebenen Innerafrikas oder der unteren Abhänge des Kilimandscharo zeigt; im Bette der Rivière du Mât aber fanden wir hauptsächlich nichtvulkanische Steine von blaugrüner Farbe. Es wollte mir vorkommen, als ob der blaugrüne Schein, welchen ich am Wasser dieses Flusses unterhalb Hellbourg bemerkt hatte, mit der Farbe dieses Gesteines im Zusammenhange stände.

Ziemlich ermüdet kamen wir gegen fünf Uhr an den ersten Häusern des Badeortes wieder an. Wir waren durchaus befriedigt von Dem, was der Ausflug uns geboten hatte; denn wir hatten außer der gewiß merkwürdigen Quelle eine schöne, ursprüngliche Natur gesehen und uns erfreut an dem schnellen, stetigen Vordringen des Anbaues in diesen Gebieten, welche vor wenigen Jahren noch unbewohnt waren.

Da ich in Salazie Nichts weiter zu suchen hatte, packte ich meine Sachen zusammen und ging am folgenden Tag in Begleitung einiger Träger nach Hellbourg. Diesmal brauchten wir in ziemlich raschem Laufe nur anderthalb Stunden. Nach langem Bemühen machte ich eine Fahrgelegenheit ausfindig, die beste, welche hier aufzutreiben war: ich miethete ein Pferd für fünfzehn Franken und borgte mir dazu das Wägelchen des freundlichen Curé. Der Besitzer des Pferdes kutschirte. Bald nach unserer Abfahrt geriethen wir in einen Nebel, welcher sich schließlich zu einen kräftigen Platzregen verdichtete. Naß bis auf die Haut erreichten wir nach fünfviertel Stunden schneller Fahrt St. André.

Von hier an dachte ich die Diligence zur Weiterreise nach St. Denis zu benutzen. Zuvor wechselte ich, um mich vor Erkältung zu bewahren, in dem gastfreien Hause des Curé meine Kleider, versäumte jedoch darüber, trotz aller Eile, den Abgang der Post. Da ich keine Lust verspürte, bis zum nächsten Morgen in St. André zu bleiben, suchte ich einen Wagen zu miethen. Wol eine halbe Stunde wanderte ich zwischen der langen Häuserreihe des Städtchens hin, ehe ich das nächste Bureau de voitures erreichte. Der Besitzer war eben mit seiner Familie bei dem Abendessen und bat mich, nachdem wir Handels einig geworden, sein Gast zu sein. Ich schlug es nicht aus, weil ich hungrig genug war und fürchten mußte, die guten Leute durch eine ablehnende Antwort zu beleidigen. Das Mahl war sehr bescheiden, noch bescheidener das Eßgeräth: die ganze Familie, bestehend aus Vater, Mutter und einigen munteren Kindern, begnügte sich mit einer Schüssel, einem Löffel und zwei Gabeln — ein Messer war nicht vorhanden.

Nach Sonnenuntergang fuhren wir ab; drei Stunden später kam ich nach Hause.

Einunddreißigster Abschnitt.

Ueber die Berge nach Cilaos.

Ein kühner Plan. — Trauriger Triumph. — Der Aufstieg. — Sonderbare Reisende. — Gesellschaft in der Caverne du Four. — Halsbrechende Wege. — Der eßbare Palmiste rouge. — Ein Blick nach oben. — Glücklich unter Dach und Fach. — Im Naturbad zu Cilaos. — Quellenreichthum des Bodens. — Entwickelungsgeschichte von Cilaos. — Mafatte, die Schwefelquelle von Réunion. — Wilde Schönheit des Weges nach St. Louis. — Die letzten sechs Kilometer. — Alles besetzt! — Ein spaßhafter Zwischenfall in der Cure von St. Paul. — Nach der Léproserie. — Die Aussätzigen und ihre Pfleger. — Prächtige Aussicht von der Höhe. — Wieder in der Evêché.

Quer über die Berge sollte die nächste Reise uns führen. Der rasch entworfene Plan hatte für Unkundige etwas Verführerisches: man wollte am ersten Tage bis zum Badeort Salazie gehen, am zweiten in sechs Stunden nach Cilaos, in den drei folgenden Tagen von dort aus den Vulkan nebst den Plaines des Cafres und des Palmistes besuchen, am sechsten aber nach St. Denis zurückkehren — mich erschreckte seine Ungeheuerlichkeit. Ich versuchte, so anschaulich als möglich zu schildern, was ich vom Piton des Neiges aus gesehen, da ich hinabblickte in die fürchterliche Tiefe zu meinen Füßen; ich nahm die Karte zur Hand und zeigte die dunklen Schattirungen, durch welche die furchtbaren Abgründe allerdings nur leise angedeutet werden; ich erklärte, die Reise von Salazie nach Cilaos sei, wenn überhaupt, nicht unter zwei Tagen auszuführen — vergebens, der Ausflug blieb beschlossen, denn ein Kreole in Salazie hatte gesagt, daß man in drei Stunden vom Bade nach Cilaos gelangen könnte. In gerader Linie beträgt die Entfernung allerdings nur eine deutsche Meile, und auf diese rechnete der Kreole drei Stunden; die Reisenden nahmen der Sicherheit wegen das Doppelte an, hatten also offenbar alle Schwierigkeiten genügend berücksichtigt.

Weil es ganz unmöglich war, zu glauben, daß besagter Kreole in der Hälfte der Zeit, welche ich zum Hinaufklettern bis an die Caverne des Musards gebraucht hatte, uns über den Kamm hinweg und auf der anderen Seite wieder viele tausend Fuß hinabzuführen vermöchte, dachte ich schließlich, es könnte wol ein geheimes Durchgangspförtchen vorhanden sein, obschon ich von der Höhe aus, welche mir einen vollständigen Ueberblick der Bodenbildung gestattete, Nichts von einer die beiden Kessel verbindenden Schlucht bemerkt, noch auch bei meinem Ausfluge nach der Source pétrifiante, also nach dem Fuße des trennenden Grates, von einem niedrigen Passe oder Tunnel Etwas gesehen oder gehört hatte. Die Annahme dieser Möglichkeit brachte mich wieder in richtige Geistesverfassung; denn vorher hatte ich fast an der Zuverlässigkeit meiner sinnlichen Wahrnehmungen zu zweifeln begonnen. Begreiflicher Weise erwartete ich mit nicht geringer Spannung den Ausfall unserer Untersuchung an Ort und Stelle.

Am 15. Juli früh sechs Uhr verließen wir St. Denis und fuhren auf bekannten Wegen über St. André nach Hellbourg. Von hier aus begleitete uns der Curé der Ortschaft bis zum Bade. Der Baron, welcher seinen Beinen noch nicht recht traute und sich nicht ein zweites Mal mit einem Miethpferde plagen wollte, besorgte sich einen Tragstuhl; von uns Anderen ritt abwechselnd der eine auf dem Pferde des Geistlichen, während die beiden Uebrigen zu Fuße gingen. Dicht vor dem Kessel, in welchem das zweite Städtchen von Salazie liegt, trafen wir unsere früheren Führer. Sie ließen sich bereit finden, uns auf dem Wege nach Cilaos zu begleiten, meinten aber, in einem Tage sei unser Vorhaben ganz unmöglich auszuführen, weil der nächste Weg an den Cavernes des Musards und du Four vorüberginge. Der Triumph, welchen ich bei den ersten Worten des wackeren Führers empfunden, wurde mir durch letztere Bemerkung gründlich verbittert; ich dachte mit Schrecken an die schändliche Kletterei, die ich so vielmal verwünscht hatte, und konnte mich durchaus nicht mit dem Gedanken befreunden, daß ich sie noch einmal vornehmen sollte. Hätte ich den Anderen mein Leid von damals ausmalen können, sie würden wahrscheinlich noch in der letzten Stunde von ihrem Vorhaben abgestanden sein. Meine Worte verhallten jedoch unbeachtet: es wurde Alles zum zeitigen Aufbruch am nächsten Morgen zurecht gelegt. In verschiedenartiger Stimmung trennten wir uns ziemlich zeitig am Abende, während Herr Cuisard noch beschäftigt war, Mundvorräthe für uns herzurichten.

Es hatte die ganze Nacht hindurch geregnet. Am Morgen warteten wir lange daß es sich aufklären solle, setzten uns aber, als die Aussichten hierzu nicht besser wurden, endlich gegen sieben Uhr in Bewegung. Die Reise verlief ganz wie früher. Wir stiegen über den Landrücken zwischen den beiden Flüßchen hinweg; in dem Walde jenseit der letzten Wohnungen fertigten unsere Kreolen sich Tragbänder aus Baumbast; dann kletterten wir in den verschiedenen Flußbetten binnen vier Stunden nach dem Cap anglais empor — der einzige Unterschied war der, daß es jetzt bei dem Hinaufgehen, früher beim Hinabsteigen regnete. Auf dem beschwerlichen Weitermarsche fühlte ich mich sonderbarer Weise nur wenig ermüdet, vielleicht weil ich bereits einige Uebung in solchen Fahrten besaß, vielleicht auch, weil — mir der Weg genau bekannt war und ich im Voraus alle die bösen Stellen aufzuzählen wußte, welche wir fernerhin noch treffen würden! Meine Begleiter hingegen fanden den durch den Regen noch verschlechterten Weg überaus beschwerlich; denn sie hatten, wenn die eine schlechte Stelle überstanden war, immer die ungewisse Erwartung zahlreicher anderer von noch viel schlimmerer Beschaffenheit.

Père Fava wurde durch seine Kleidung, die lange, faltige Soutane, sehr im Steigen und Klettern gehindert; er hatte immer nur die eine Hand frei, weil er mit der anderen den Rock halten mußte. Der Baron war von seinem Unwohlsein her noch ziemlich schwach, sodaß seine Beine merklich zitterten, wenn er einen weiten Schritt über einen Graben hinweg oder von einem Baumstamme zum andern zu thun hatte. Dennoch ließ Keiner seinen Unmut merken, und wir erreichten in heiterster Stimmung die Caverne des Musards. Der unverwüstliche Humor P. Fava's und die Fortdauer des Regens, welcher schon seit langer Zeit uns Nichts mehr anhaben konnte, trugen nicht wenig hierzu bei. Trotz der Feuchtigkeit hatten wir Alle sehr an Durst gelitten; bei meiner früheren Besteigung hatte ich geglaubt, daß dieser Durst eine Nachwirkung des Fiebers wäre, jetzt mußte ich annehmen, daß die so sehr erhöhte Athmungsthätigkeit und der damit verbundene Verlust von Feuchtigkeit aus dem Körper daran Schuld war.

Nachdem wir eine halbe Stunde in der Höhle gerastet hatten, gingen wir, obwol die Führer hier zu übernachten wünschten, nach der Caverne du Four weiter. Wer uns gesehen hätte, wie wir, in so mannigfachen Trachten und die mit Koth bespritzten

Beinkleider emporgestreift, dahinmarschirten, hätte unwillkürlich lachen müssen. Voran schritt P. Fava mit Schnallenschuhen, schwarzen Strümpfen und kurzen Kniehosen, welche seine wohlgeformten Beine eng umschlossen; ihm folgte der noch einen halben Kopf größere Baron in schweren, dreisohligen Stiefeln und Ledergamaschen, sowie ich in dicken Winterkleidern und mit einer Blechbüchse zum Sammeln von Pflanzen, hinter uns acht Kreolen, belastet mit verschiedenartig geformten Bündeln, mit Körben und dem weißblechernen Koffer P. Fava's — im Nachtrab der muntere kleine Hund des Führers.

Der Weg durch die Hochebene war ziemlich gut im Vergleich zu dem eben verlassenen. Nach zwei Stunden tüchtigen Auftretens erreichten wir die zum Nachtlager ausersehene Höhle. Sie war bereits von vier Jägern eingenommen, welche einer erbärmlichen Ziege halber sich tagelang in den Bergen umhergetrieben hatten; wir fanden jedoch auch noch Obdach. Nach einem einfachen, aber gemütlichen Abendessen wickelten wir uns in unsere Decken und hielten unsere Nasen unterhalb Hundshöhe, um nicht im Rauche der Feuer zu ersticken. Unter fortdauerndem Regen von der Decke herab schliefen wir ein.

Am anderen Morgen hatte das Wetter sich aufgehellt. Wir genossen nach Südosten zu einen hübschen Blick auf den Vulkan, dessen Haupt aus weißlichen Nebeln und Wolken blickte. Um halb neun Uhr brachen wir auf. Jäger und Führer waren der Ansicht daß wir acht Stunden brauchen würden, um nach den ersten Häusern von Cilaos zu kommen. Als wir vom Rande der Ebene, den wir nach wenigen Schritten erreichten, hinabblickten in den Kessel und die einzelnen Gegenstände der Tiefe so klar und deutlich vor uns liegen sahen, erschien diese Behauptung uns ein wenig übertrieben, und wir trugen uns im Stillen mit der Hoffnung, den Kreolen zeigen zu können, daß wir Europäer im Stande wären, den Weg in der Hälfte der Zeit zurückzulegen. Wir schritten zuerst einen Schuttkegel hinab, eine Aufhäufung von kleinem Geröll aus grobkörnigem Sande von poröser Lava; dann gingen wir bald auf handbreiten Pfaden am Abgrunde hin, bald ließen wir uns, rutschend oder kletternd, über eine steile Wand hinab. Früher soll der Weg viel besser gewesen sein — einmal ist er sogar von einer Dame begangen worden — der oben erwähnte Waldbrand aber, welcher auch bis hierher vordrang, hat ihn wesentlich verschlechtert, indem er eine Menge als Anhalt dienender Büsche verzehrte. Vielleicht wird er, weil das abgestorbene Holz alljährlich mehr verrottet, in wenigen Jahren ganz ungangbar sein. Schon jetzt war er so schlecht und mitunter gefährlich, daß die Kreolen, welche doch an derartige Klettereien gewöhnt sind, nicht müde wurden, sich zu beklagen; zwei von ihnen schwuren sogar, ihr Führerhandwerk aufzugeben.

Nach zwei Stunden gymnastischer Uebungen verließen wir die kahlen, steilen Felswände und traten in hohes Holz. Ein jäher Sturz in die Tiefe war hier nicht mehr zu befürchten, dafür aber begannen andere Schwierigkeiten: der Boden war durch den Regen schlüpfrig geworden, und wir rutschten öfters lange Strecken hinab, bis es uns gelang, an einem Busche Halt zu gewinnen.

In den tiefen Gebieten fanden wir einige „eßbare Palmen“ (palmiste rouge) von der Familie der Areka; wir fällten sofort die jungen, durchaus nicht holzigen Stämme, schälten einige der äußeren Hüllen ab und erquickten uns an dem saftigen Inneren, welches zart und süß wie junge Nuß schmeckt. Man kennt drei Arten eßbarer Arekapalmen, den weißen, rothen und dornigen Palmiste (palmiste blanc, rouge und épineux, Areca alba, rubra und crinata Bory) und eine giftige Art (palmiste poison, Areca lutuceus Bory), welch letztere man aber ihrer meergrünen Farbe und ihres bitteren Geschmackes wegen nicht mit jenen verwechseln kann. Anderwärts auf den Bergen sind die Palmistes viel häufiger als an diesen Abhängen; sie werden von den wandernden Kreolen hoch geschätzt, weil sie Nahrung und Erfrischung zugleich bieten. Leider werden die nützlichen Gewächse von Jahr zu

Jahr seltener; denn Niemand empfindet Gewissensbisse, selbst einen großen Stamm zu fällen, um seine Leckerei zu befriedigen. Vielleicht denkt man später daran, den Palmiste, welcher den Bewohnern der Kolonie fast unentbehrlich geworden, in Gärten oder Pflanzungen zu hegen. Ein Versuch hierzu, welcher freilich nicht der Insel Réunion zu Gute kommt, ist in neuester Zeit von dem Reisenden Grandidier angestellt worden: er hat Samen mit nach Europa gebracht und in Mistbeeten eine Menge junger Pflänzchen gezogen; diese gedenkt er später nach Algier zu verpflanzen, wo sich nahezu dieselben klimatischen und Bodenverhältnisse wieder finden wie auf Réunion. Gedeihen die Pflanzen dort, so werden wir in wenigen Jahren den Palmiste auf allen größeren Märkten Europas finden, sowie wir jetzt schon theilweis mit algerischem Blumenkohl versorgt werden. Wer die wohlschmeckende Palme in ihren verschiedenen Zubereitungen, im frischen Zustand, als Gemüse, als Salat gekostet, wird die Einführung eines so ausgezeichneten Gewächses genugsam zu schätzen wissen.

Außerhalb des Waldes erreichten wir ein felsiges Flußbett. Hier gönnten wir uns die erste Ruhe; wir kühlten uns ein wenig ab und labten uns an dem klaren Wasser, welches in einzelnen Vertiefungen im Gesteine stand. Als wir emporblickten nach der himmelhohen Felswand, staunten wir selbst über unsere verwegene Kletterei. P. Fava, der an seine Verantwortlichkeit als erster Geistlicher der Kolonie denken mochte, rief schwungvoll aus: „Mein Gott, welch Verbrechen habe ich begangen, da herunterzusteigen!“ An unserem Leibe hatten wir keinen Schaden genommen, wenn man die zahllosen kleinen Schrammen und wunden Stellen an Händen und Füßen nicht rechnet; desto schlimmer waren aber unsere Kleider zugerichtet: sie waren mit Schmuz und Löchern förmlich überdeckt. Wir alle, die Kreolen nicht ausgenommen, „fühlten unsere Glieder“ — die gegentheilige Redensart zeugt von sehr schlechter Beobachtungsgabe — und bei Jedem zeigte sich die Ermüdung in verschiedener Weise: der Eine sah bläulich aus, der Andere hatte eine kirschrothe, der Dritte eine quittgelbe Farbe.

Nun wir in der Tiefe angelangt waren, hofften wir in kurzer Zeit die nächsten Wohnungen zu erreichen; allein wir hatten noch drei Stunden lang in der halsbrechendsten Weise zu klettern, ehe wir ans Ziel gelangten. Ohne Murren gaben wir jetzt den Führern und Jägern Recht! Dem Thale des Bras de Benjoin folgend, sprangen wir von einem Felsblock zum anderen, ließen uns halb gleitend, halb fallend über zehn bis zwölf Fuß hohe Wände hinab oder wanderten über große Rollsteine. Die Landschaft war recht malerisch, aber wir hatten keine Augen dafür, sondern dachten nur an das prächtige Abendessen und an das noch schönere Bett, das uns erwartete. Endlich stiegen wir auf einem Fußpfade seitwärts empor. Von hier an wurde der Weg sehr gut, er führte durch eine ebene Gegend zwischen grünenden Büschen hin.

Wir näherten uns der Wohnung des Curé, bei welchem P. Fava uns hatte anmelden lassen. Als wir den Rauch aus dem Schornstein aufsteigen sahen, setzten wir unsere Füße mit erneuter Kraft in Bewegung, denn wir wußten, die Küche rauchte für uns! Gegen fünf Uhr betraten wir die Stätte der Ruhe und des Behagens. Wir fanden eine außerordentlich liebenswürdige Aufnahme. Als wir nach eingenommenen Mahle noch eine Tasse des wohlschmeckenden Bohea-Thees (47) getrunken, begaben wir uns zur Ruhe. Trotz des Lärmens zahlreicher Ratten entschlummerten wir bald und schliefen vortrefflich.

Zeitig am Morgen gingen wir hinab nach den Bädern. Die Badehäuschen bestanden aus vier Wänden und einem Dache von Stroh, und die Badewannen waren Nichts als in die Erde gegrabene Löcher, in denen das Wasser in dem Maße, wie es oben abfloß, unten wieder nachquoll; aber das 28° bis 30° R. warme Bad erfrischte uns außerordentlich: während wir vorher noch steif und lahm einhergehinkt waren, fühlten wir jetzt neue Kraft zu den Anstrengungen, welche der heutige Tag uns bringen würde. Auch die Einrichtungen zur Bequemlichkeit der Besucher lassen viel zu wünschen übrig und stehen selbst denen von Salazie nach. In anderer Hinsicht hat Cilaos dem älteren Badeort gegenüber viele Vortheile. Die Luft ist trockener, weil die Winde bei ihrem Weg über die Berge bereits den größten Theil ihrer Feuchtigkeit abgegeben haben; die landschaftliche Umgebung des fast kreisrunden Bergkessels (cirque de Cilaos), welcher einem ungeheuren, offenen Kunstreiter-Cirkus gleicht, umschlossen von 5000 Fuß hohen, ziemlich senkrechten Felswänden, ist schöner und großartiger; die Spaziergänge sind wegen der ebenen Beschaffenheit des Bodens nicht so anstrengend und die Quellen weit ergiebiger als dort.

Der Boden enthält die heilkräftigen Wasseradern in außerordentlicher Menge. Um ein gefülltes Bad zu haben, genügt es, in einem gewissen Gebiete, namentlich im Bette des Bras des Etangs, ein Loch von beliebiger Größe zu graben. Viele Quellen dringen durch eigene Kraft aus dem Boden; ihr Abfluß allein bildet schon einen ganz ansehnlichen Bach. Man schätzt die Gesammtergiebigkeit der bis jetzt bekannten Quellen auf zehntausend Liter stündlich, das ist etwa dreißigmal mehr, als der Badebrunnen von Salazie liefert. Leider ist das Wasser von Cilaos noch nicht genau analysirt worden; indessen wird hoffentlich die Kolonie nicht lange mehr zögern, dem Schatze, welchen sie in diesen Quellen besitzt, durch eine genauere Untersuchung höheren Werth zu verleihen: daß es ihr Ernst ist, ihn aufzuschließen, hat sie durch die großen Opfer bewiesen, welche sie bereits für die Herstellung guter Wege gebracht hat.

Im Jahre 1828 (also drei Jahre vor der Auffindung der Wasser von Salazie) entdeckte Paulin Técher die warmen Quellen von Cilaos. Viele Jahre lang blieben sie unbenutzt und fast unbekannt, weil sie nur mit größter Beschwerde zu erreichen waren. Da ging der Ingenieur Guy de Ferrières mit seltener Aufopferung und Selbstverläugnung daran, sie zugänglicher zu machen. Vom Jahre 1836 bis 1845 wurden die großartigen Arbeiten ausgeführt, und jetzt ist der Weg nach Cilaos, der malerischste und am kühnsten gebaute der Kolonie, selbst für Kranke und Schwache ohne Anstrengung zurückzulegen, in seinen ersten sechs Kilometern zu Wagen, in den übrigen zweiunddreißig zu Pferd oder im Tragsessel. Nach Anlegung dieser Straße errichtete man in der Nähe der heilsamen Wasser anfangs nur einige Strohhütten als Wohnung für die hilfesuchenden Reisenden; jetzt gibt es bereits kleine hölzerne Pavillons, und in Kurzem wird man alle wünschenswerthen Bequemlichkeiten finden. Allem Anscheine nach hat das hiesige Bad eine große Zukunft und wird Salazie umso leichter ausstechen, als dort die Verwaltung eine ziemlich nachlässige und wenig rücksichtsvolle ist. Gegenwärtig sind die Badegäste zumeist Bewohner von Bourbon und Mauritius; späterhin aber, wann der Ruf der prächtigen Quellen und des trefflichen Klimas sich verbreitet haben wird, kommen Genesung und Erholung Suchende sicherlich auch von entlegeneren Orten und namentlich auch von Indien herbei.

Eine andere Quelle, welche gleichfalls berufen zu sein scheint, dem Salazie-Bade die Palme zu entreißen, ist die bereits erwähnte von Mafatte (madagassischer Name, welcher etwa soviel als „tödtend" bedeutet). Zwar muß man jetzt noch, um zu ihr zu gelangen, auf die mühsamste Weise im Bette der Rivière des Galets emporklettern, doch arbeitet man bereits ernstlich an der Herstellung eines guten Weges. Nach Maillaird's unübertrefflichen Notes sur l'île de la Réunion — denen wir eine Menge der nützlichsten Angaben verdanken, namentlich alle geschichtlichen — dringt sie in einer Höhe von zweitausend Fuß über dem Meer am rechten Ufer der Rivière des Galets hervor, aus einer fast wagerechten Spalte von einem bis drei Centimeter Breite, und liefert jetzt, nachdem man die Oeffnung gehörig gereinigt, etwa achthundert Liter Wasser von 24° bis 25° R. oder fünf bis sechs Bäder in der Stunde, mehr denn doppelt soviel als früher. Da ihr wichtigster Bestandtheil, von dem sie etwa 7½ Milligramm enthält (ob in einem Liter oder in 100 Grammen ist aus

Maillards Buche nicht deutlich zu ersehen), Schwefelnatrium ist, so leistet sie gute Dienste bei Hautkrankheiten.

Um nicht allein auf unsere Füße angewiesen zu sein, mietheten wir zur Reise nach St. Louis einen Esel und einen Tragsessel. Letzteren, welcher auf die einfachste Weise aus einem gewöhnlichen Stuhle durch Daranbinden von zwei Stangen hergestellt wurde, benutzte der immer noch etwas angegriffene Baron; in die Reitgelegenheit theilten wir Anderen uns. Die ersten vier oder sechs Kilometer war der Weg vortrefflich; die vier Träger, welche je zwei und zwei sich nach jedem Kilometer ablösten, liefen ausgezeichnet, und wir rückten rasch vorwärts. Später gab es einige schlimme Stellen, namentlich für mich, der ich auf P. Favas Wunsch zuerst den Esel bestieg: der in den Felsen gehauene Pfad war hier und da so schmal, daß mein rechtes Bein über dem Abgrunde hing, in dessen Tiefe der tosende Strom dahinschoß, während das andere die Wand zur Linken streifte. Anfangs fühlte ich mich als schlechter Reiter recht unbehaglich; doch Grauchen war so vorsichtig und klug, daß ich bald großes Vertrauen zu seiner Geschicklichkeit gewann und mit Ruhe von meinem hohen Sitze in die gähnende Tiefe blickte. An manchen Stellen war ein Ausweichen der sich Begegnenden unmöglich; deshalb waren von Strecke zu Strecke Erweiterungen angebracht, an denen die Einen warteten, bis die Anderen vorübergezogen. Anderwärts führte der Weg steil bergan und jäh abwärts, öfters auch durch lange Tunnel und Durchstiche. Man hatte uns viel vorgefabelt von den Fährlichkeiten dieses Weges, von Erdstürzen, welche zuweilen die Reisenden verschütteten, vom Herabrutschen in die Tiefe und Aehnlichem. Wie gewöhnlich waren diese Nachrichten übertrieben; es gab nicht *eine* Stelle, welche man nicht mit voller Sicherheit hätte passiren können. Das einzige Unglück, von dem man seit der Eröffnung der Straße gehört, ist, daß ein Reiter, dessen Pferd einen falschen Tritt that, in den Abgrund stürzte und in dem wilden Strome sein Grab fand. Auch dieser beklagenswerthe Unfall würde wahrscheinlich nicht vorgekommen sein, wenn der Mann statt seines Gauls einen zuverlässigen Esel gehabt hätte.

In landschaftlicher Beziehung ist der Weg von großartiger Schönheit. Weitgereiste Touristen versichern, das *Thal des Bras des Ciloas* könne dem Schönsten, was andere Welttheile bieten, zur Seite gestellt werden. Den Baron erinnerten einige Stellen lebhaft an die Pyrenäen; Andere wieder fanden sich zu einem Vergleiche mit dem Kaukasus und den Anden veranlaßt. Unstreitig den anziehendsten Punkt des Ganzen bildet die Umgebung des *Kap noir*, wo ein über dreihundert Fuß langer Tunnel durch das Gebirge führt.

Etwa beim sechzehnten Kilometer, als das Gepräge der Landschaft etwas sanfter wurde, bestieg P. Fava das Reitthier, welches mich bis dahin so angenehm getragen. Wir kamen an einigen Pflanzungen vorbei, darauf in dichten Wald. Schon vorher war es so dunkel geworden, daß ich den hellfarbigen Esel nur in unbestimmten Umrissen vor mir leuchten sah; im Wald aber konnte ich den Weg nur durch Tasten mit dem Stocke finden. Die Kilometersäulen schwanden unerträglich langsam. Selbst die Kreolen, welche bis dahin sich so wacker gehalten und durch Gewandtheit und Ausdauer unsere Bewunderung erregt hatten, wurden zuletzt müde. Endlich kamen wir an der Säule Nummer sechs an, wo der Fußweg endet und die breite Fahrstraße beginnt. Die Träger verließen uns mit Stuhl und Esel, und wir wanderten langsam weiter, nachdem wir uns durch ein Glas Zuckerwasser erquickt, welches ein Anwohner uns gastlich verabreichte. Die Füße bewegten sich nur gewohnheitsmäßig, „par habitude", wie P. Fava sich ausdrückte; unsere Willenskraft war hierbei nicht betheiligt, wir ließen nur geschehen, was unsere Glieder, dem Triebe der Selbsterhaltung folgend, thaten. In *St. Louis* gegen 8½ Uhr angekommen, begaben sich der Baron und P. Fava noch zum Curé. Ich verlangte nicht mehr Gesellschaft, noch Trank und Speise, sondern suchte übermüde mein Lager auf. Als die Herren sich von der Tafel erhoben, hatte ich bereits drei Stunden erquickenden Schlafes hinter mir.

Am nächsten Morgen — es war an einem Sonntag — las P. Fava gewohntermaßen seine Messe; dann verbrachten wir einige gemütliche Stunden mit dem Curé von St. Louis und mit P. Eymard und fuhren gegen Mittag westwärts weiter. Abends acht Uhr erreichten wir die Rampe von St. Paul, von welcher wir einen allerliebsten Blick auf die unter uns liegende, hellerleuchte Stadt genossen. Wir freuten uns schon im Voraus auf ein behagliches Unterkommen in dem guten Gasthause von St. Paul, sahen uns aber, als wir hinabkamen, stark getäuscht: die Herren Officiere von vier im Hafen liegenden französischen Kriegsschiffen hatten sämmtliche Betten in Beschlag genommen! So sehr wir auch berechtigt waren, über diese Rücksichtslosigkeit zu klagen, so blieb uns doch Nichts übrig, als die Sache zu nehmen, wie sie stand. Einen anderen Gasthof gab es in der Stadt nicht, mithin sahen wir uns genöthigt, bei den Geistlichen ein Unterkommen zu suchen, obgleich es uns unangenehm war, eine Gastfreundschaft, welche wir voraussichtlich nicht erwiedern konnten, so häufig in Anspruch zu nehmen. Der Curé war in Geschäften abwesend; an seiner Stelle nahmen uns seine Herren Amtsbrüder mit größter Zuvorkommenheit auf. Sie verschafften uns Alles, was wir bedurften, und überboten sich gegenseitig in Liebenswürdigkeit.

Bei Tische ereignete sich ein spaßhafter Zwischenfall. Ein Jesuitenmissionär aus Madagaskar, welcher zur Erholung von einem Fieberleiden hier weilte, suchte sich ganz besonders um uns verdient zu machen; er gönnte sich keine Ruhe, lief geschäftig hin und her, um irgend eine Leckerei für uns zu erspähen, und schien glücklich zu sein, wenn er Etwas erbeutet hatte. Unter Anderen brachte er auch einige Flaschen Champagner herbei, setzte sie vor P. Fava auf den Tisch, öffnete die eine und schenkte ein. Aber siehe da, zugleich mit dem Wein kam, von nicht enden wollendem Gelächter begrüßt — ein großer lebendiger Kakerlak heraus nebst mehreren dazu gehörigen Eierkapseln. Das Getränk war auf das Stärkste von dem widerlichen Geruche des Thieres verpestet, und Niemand hatte begreiflicher Weise Lust, davon zu kosten. Wie es möglich war, daß in einem luftdicht verschlossenen Gefäß in einer mit Kohlensäure übersättigten Flüssigkeit ein Kerbthier leben konnte, war uns allen unbegreiflich; selbst durch die Annahme, daß der Wein erst an demselben Tage vom Apotheker des Ortes bereitet worden, wurde das Wunder nicht erklärlicher. Die Thatsache aber steht fest und kann von allen damaligen Tischgenossen bestätigt werden.

Fünf Uhr Morgens am nächsten Tage nahmen wir Abschied von unseren liebenswürdigen Gastfreunden. In Possession angelangt, wählten wir lange zwischen Boot und Wagen, entschieden uns aber doch für letzteren, weil wir so auch den Landweg kennen lernten und zugleich die an der Straße gelegene Léproserie (Krankenhaus für Aussätzige) besuchen konnten. Stundenlang schlängelten wir uns die steilen Windungen des Weges empor, ohne die Stadt unter uns aus dem Gesichte zu verlieren. Endlich hatten wir die Höhe erreicht, und nun fuhren wir in wagerechten Schlingen an den Rändern der tiefeinschneidenden Schluchten weiter. Die bemerkenswertheste dieser Ravinen, welche die Straße zu einer so schwierigen und kostspieligen machen, ist die etwa in der Mitte des Weges gelegene Ravine Grande Chaloupe. Es ist zu bedauern, daß man nicht, dem Vorschlag einiger Baumeister folgend, die Straße längs des Meeres hinführte; allerdings würde sie dann lange Tunnelbauten erfordert haben, dafür aber um das Dreifache verkürzt worden sein.

Die Landschaft machte einen traurigen Eindruck; man sah fast Nichts als schwarze, kahle Felsen. Wir freuten uns sehr, gegen Mitttag endlich die Léproserie, unser nächstes Reiseziel, zu erreichen. Wie überall in den Anstalten der Geistlichen, wurden wir auf das Freundlichste aufgenommen und auf unseren Wunsch bereitwilligst umhergeführt. Die vom Aussatze befallenen Personen gehören zumeist den untersten Schichten der Gesellschaft an und haben fast ausnahmslos in früheren Zeiten einen schlechten Lebenswandel geführt. Ihre Krankheit ist höchst widerwärtig und zugleich ansteckend (?), sodaß man in allen geordneten Staaten die damit Behafteten streng absondert, ihnen einen abgelegenen Wohnort anweist. Etwa hundertundfünfzig Kranke, zu drei Viertel oder vier Fünftel Männer, waren hier untergebracht. Alle hatten ein vergnügtes Aussehen, Keiner schien das Elend, welches uns so abschreckend vorkam, nur einigermaßen zu fühlen, Manche ergingen sich sogar in nicht eben feinen Späßen. Das entsetzliche Uebel äußert sich in mannigfacher Weise: bei den Einen gewahrt man nur eine sonderbare Ausartung der Haut — sie ist trocken, glatt und glänzend, ohne Schwären und Beulen, und kein Unkundiger würde glauben, daß Dies eine Form des schrecklichen Aussatzes wäre; bei Anderen fehlen einzelne Glieder der Finger oder auch sämmtliche Finger und Zehen, und Hand oder Fuß bilden einen rosafarbigen Fleischklumpen. Ein Curé, zwei geistliche Brüder und sechs Filles de Marie haben die schwere Pflicht übernommen, die armen Ausgestoßenen zu überwachen und zu pflegen. Um zu wissen, was es heißen will, ein solches Amt zu verwalten, muß man die Aussätzigen gesehen haben, wie ungebildet, roh und verwildert sie sind. Gewiß ist der Mut, sich Elender und Verworfener dieser Art anzunehmen, viel bewundernswerther als die Todesverachtung, welche der Krieger im Schlachtgetümmel beweist. Und darin, daß sie solche Unglückliche nicht verstößt, ihrem Elende nicht überläßt, zeigt unsere christliche Gesittung sich in ihrer ganzen Größe! —

Unser Geschirr war nach Possession zurückgegangen, doch hatten wir eine andere Fahrgelegenheit gefunden: der Curé von St. Paul, dessen Gastfreundschaft wir gestern ohne sein Wissen genossen, war mit seinem Wagen hier und wollte gleich uns nach St. Denis weiter reisen; er zögerte nicht, uns zur Mitfahrt einzuladen. Dies war namentlich dem Baron sehr erwünscht, welcher sich von den Anstrengungen der vorhergegangenen Tage noch sehr ermüdet fühlte. Wir Anderen zogen es vor, den etwas einförmigen, aber doch nicht aller Schönheiten baren Weg zu Fuße zurückzulegen. Die Landschaft war nicht mehr so kahl als vorher; hier zeigte sich ein Wäldchen, welches die heftigen Brisen auffing, dort eine bebaute Landstrecke, und bisweilen eröffnete sich ein hübscher Blick in eine der tiefen Schluchten oder auf das weite Meer. Jemehr wir uns der Stadt näherten, desto fruchtbarer wurde das Land, desto schöner die Fernsicht. Am Rande der Hochebene war die Aussicht auf St. Denis wirklich entzückend und weit großartiger als von den Höhen von St. François aus, wo die Reichen der Stadt ihre Landhäuser haben: dort ist man allzu weit entfernt, um die Einzelheiten deutlich erkennen zu können, hier aber hat man die Stadt dicht unter sich mit ihren schmucken, von Gärten umschlossenen Häusern (s. Anfangsbild des achtundzwanzigsten Abschnittes). Père Fava hatte Lust, hier eine kleine Niederlassung zu gründen, in welcher er sich auf einige Tage zur Erholung und Erfrischung zurückziehen könnte. Er war der Meinung, daß Viele, denen St. François nicht genug bietet, seinem Beispiele folgen würden, und trug kein Bedenken, diese Höhe als den gesundesten und hübschesten Platz in der Nähe der Stadt zu bezeichnen.

Ziemlich schnell schritten wir die weiten Windungen der breiten, guterhaltenen Straße hinab. Auf halbem Wege kam uns die Bischofskutsche entgegen; wir Fußgänger stiegen ein und langten nach kurzer Fahrt in der Evêché an, wo wir P. Martin bei bestem Befinden trafen. Ein fröhliches Mahl, bei welchem die Erzählung unserer kleinen Erlebnisse, namentlich auch der Vorfall mit dem Kakerlaken, uns reichlichen Stoff zur Unterhaltung bot, beschloß den so lehrreich verbrachten Tag.

Zweiunddreißigster Abschnitt.

Der Vulkan auf Réunion.

Neueste Nachrichten aus Madagaskar. — Des Barons Beschlüsse. — Nach St. Benoit. — Ein Citoyen. — Grenze des Zuckerrohrbaues. — Die Plaine des Palmistes. — Verlaufen. — Der Arzt und Bürgermeister der Ebene. — Wanderungen durch Haus und Feld. — Eine frohe Nachricht. — Père Serfanous und seine Amtführung. — Die Musterwirthschaft in der kleinen Ebene. — Aufstieg nach der Plaine des Cafres. — Bezähmung der Widerspenstigen. — Das Bett des Bras de Ponteau. — Die Wunder des Hochlandes. — Am Rande des ersten Enclos. — Nachtlager in der Caverne des Lataniers. — Die Neger und das Eis. — Ein See erstarrter Lava. — Trennung beim Pas de Bellecombe. — Mein Reisegefährte Fantaisie. — Am erloschenen Krater. — Der jüngste Herd der Ausbrüche. — Bodenlose Löcher. — Zurück nach der Höhle. — Man legt die Maske ab. — Fantaisie auf dem Heimwege. — Die Post verpaßt! — Trennung in Frieden. — Unerwartete Reisegelegenheit. — Marienstraße Nr. 4.

Keine der später aus Madagaskar eingetroffenen Nachrichten sagte etwas Anderes als die früheren: Radama der Zweite war und blieb ermordet. Er hatte zuletzt in sinnloser Weise regiert und den Staat an den Rand des Verderbens gebracht; Viele sagen, und Dies scheint fast die günstigste Annahme zu sein, er sei wirklich wahnsinnig geworden. Die Großen des Landes schritten zur Anwendung von Gewalt, als alle ihre Bitten und Vorstellungen unbeachtet blieben; sie verlangten die Auslieferung von dreißig Menamaso, vertraute Rathgeber und Freunde Radama's, denen sie die Hauptschuld an den eingerissenen Mißbräuchen beimaßen, und erdrosselten schließlich den König, welcher sich mehrere Tage lang hartnäckig weigerte. Raboda, seine Gemahlin, mußte unter dem Namen Rosaherina „als unmittelbare Nachfolgerin Ranavalunas" die Regierung übernehmen; Radama's des zweiten Herrschaft ward als nicht vorhanden gewesen betrachtet; die Menamaso wurden hingerichtet. Viel Einsicht und Mäßigung bewiesen die Großen Madagaskars durch die „Konstitution", welche sie Rosaherina unterzeichnen ließen, um sich in Zukunft vor Mißbräuchen der Herrschergewalt zu schützen. Die Hauptpunkte derselben (48) sind:

Als Gesetz gilt fortan nicht mehr der Wille des Herrschers allein, sondern jeder von ihm, den Edelleuten und Abgeordneten des Volkes gemeinschaftlich gefaßter Beschluß.

Die Todesstrafe bleibt bestehen, doch kann das Urtheil nur vollzogen werden, wenn es dem Gesetze gemäß und durch einen Gerichtshof von zwölf Männern gefällt ist. Die Unschuldprobe des Tangintrinkens ist abgeschafft für immer.

Die Sklaverei wird nicht verboten; Jeder kann seine Sklaven behalten, entlassen oder verkaufen nach Belieben.

Die Gewissensfreiheit bleibt aufrecht erhalten.

In den freundschaftlichen Beziehungen zu den fremden Mächten tritt keine Aenderung ein (nur die Schenkungen an Lambert und Genossen wurden für ungiltig erklärt); jeder Ausländer genießt Freiheit und Schutz, so lange er sich den Gesetzen des Landes unterwirft.

Obwol also unser ursprünglicher Reiseplan vielleicht noch ausführbar gewesen wäre, zog doch der Baron es vor, ihn fallen zu lassen, dafür aber mit nächster Post nach Europa zu gehen, um durch seine Gegenwart den Bau seines Schiffs möglichst beschleunigen, sowie selbst die geeigneten Leute für die spätere Unternehmung auswählen zu können. Zuvor wollte er noch Mauritius besuchen, während ich einen längst beschlossenen Ausflug nach dem Vulkan unternehmen sollte. Der Postdampfer, welchen ich anfangs noch hatte erwarten wollen, blieb ungewöhnlich lange aus, sodaß man bereits das Schlimmste zu fürchten begann. Es schien mir gerathen, meinen Ausflug nicht länger aufzuschieben, weil sonst möglicher Weise gar Nichts daraus geworden wäre. Ohnehin war die Zeit bereits sehr kurz; denn wenn der Dampfer wirklich noch kam, mußten wir in spätestens acht Tagen zur Abreise von der Insel bereit sein, und diese acht Tage mußten genügen für den Ausflug sowol als für das Einpacken aller unserer Sachen.

Mit einem Empfehlungsbrief von P. Fava an den Pfarrer der Plaine des Palmistes, dessen Begleitung mir in Aussicht gestellt wurde, bestieg ich am 30. Juni früh fünf Uhr die Diligence, um nach St. Benoît zu fahren, von wo der Weg ins Innere ablenkt. Die Straße, welche ich heut zum fünften Male durcheilte, hatte wenig Anziehendes mehr für mich: die Zuckerfabriken, die Wohnhäuser mit ihren Gärten, die gefiederten Filaosbäume, die steifbeinigen Vacouas und stachligen Kugelaloës am Wege waren mir so bekannt, daß ich sie hätte der Reihe nach aufzählen können. Nur die „heiligen" Städtchen, welche wir nach je einer Stunde Fahrt trafen, erfreuten mich, weil in ihnen unser Gespann, bestehend aus zwei Pferden und zwei Maulthieren, gewechselt wurde und wir dann mit neuer Kraft vorwärts kamen.

Um neun Uhr erreichten wir St. Benoît. Es regnete diesmal, was bemerkt zu werden verdient, nicht. Der Wirth des Gasthauses überließ mir für eine Entschädigung von drei Franken täglich einen seiner Neger als Träger und Führer. Nach kurzem Aufenthalte begannen wir gegen elf Uhr munter die breite Straße nach der Plaine des Palmistes (den chemin de la plaine) emporzusteigen.

Mein Begleiter war ein sogenannter Citoyen, einer der 1849 freigelassenen Sklaven. Aus welchem Lande er stammte, vermochte ich nicht so schnell zu enträthseln, doch war ich überzeugt, daß er, wie die meisten der hiesigen Neger, von der Ostküste Afrikas herübergebracht sein mußte. Er erzählte mir von seiner Heimat, sie sei vier Monate zur See von hier entfernt, und gab mir einzelne Proben seiner Sprache, aus denen ich nicht recht klug wurde. Schließlich kam ich hinter sein Geheimniß: er ließ sich mit einigen schwarzen Steinklopfern in eine Unterhaltung ein; es war nicht Französisch, was sie sprachen, und dennoch kamen mir die Töne überaus bekannt vor — es war Suaheli. Anfangs ließ ich mir nicht merken, daß ich ihr Gespräch verstand, dann aber gab ich einige Worte dazu. Die Schwarzen waren so erstaunt, mich in ihrer Muttersprache reden zu hören, daß sie lange Nichts zu erwiedern im Stande waren. Nach einiger Zeit kam ihre Unterhaltung wieder in Gang, aber nunmehr in Kreolenfranzösisch. Dieses war ihnen auch geläufiger; sie waren vielleicht schon als Kinder nach Réunion gebracht worden und hatten sich die Sprache des Landes aneignen müssen, da die Franzosen nicht so höflich sind, die ihrer Diener zu lernen.

Gelind aufwärts steigend, durchschnitten wir in etwa tausend Fuß Höhe die zweite Rundstraße (deuxième route de ceinture) der Insel, die noch im Bau begriffene, nach ihrem Befürworter „Henry Delisle" genannte Straße. Von einigen Punkten aus genossen wir allerliebste Rückblicke auf die Landschaft zu unseren Füßen, auf die Rivière des Marsouins und die zu Seiten ihrer Mündung sich ausdehnende Stadt St. Benoît. Wir wanderten über zwei Stunden lang immer zwischen Zuckerrohrfeldern hin, welche theils der Ernte harrten, theils erst vor Kurzem bestellt waren. In letzteren zeigte sich nur wenig von dem Rohre; man hatte zumeist Mais und andere schnellebige Gewächse zwischen die einzelnen Stöcke gepflanzt, um den Boden nicht unbenutzt zu lassen während der fünfzehn bis achtzehn Monate, welche jenes braucht, um zur Reife zu gelangen. Diese Art der Feldbestellung ist auch an der Küste allgemein, wennschon einsichtige Leute sie nicht billigen, in der gewiß richtigen Annahme, daß hierdurch der Boden allzu sehr in Anspruch genommen werde. Die Zuckerrohrpflanzungen reichen durchschnittlich bis 3500 Fuß Höhe hinauf; weiter oben ist der Anbau nicht mehr ergiebig genug. In der Gemeinde St. Benoît, welche nächst St. Pierre den meisten Zucker hervorbringt, mag diese Grenzlinie durch die feuchten Ostwinde und die Wärme etwas höher hinaufgerückt sein als in den anderen Gebieten, wo die herrschenden Winde in weniger gerader Richtung auftreffen.

Oberhalb der Zuckerrohrfelder begann die große Steigung, welche die Plaine des Palmistes von dem Hochlande von St. Benoît trennt. Die Krümmungen und Windungen der Straße verkürzten wir uns durch Benutzung der Richtwege. Diese „petits Chemins" sind gewöhnlich nichts als kleine Gießbachbetten und stellen einen ziemlich steilen und überaus holperigen Pfad dar. Vielleicht hätte ich mich weniger ermüdet, wenn ich die Straße fortgegangen wäre; doch welchen Mühseligkeiten unterzieht sich nicht der Fußgänger, um zehn Schritt zu ersparen! Uebrigens hatten die „kleinen Wege" das Gute, daß sie durch dichtes Gebüsch führten und uns so vor den brennenden Sonnenstralen schützten. Von bekannteren Gewächsen sah ich Himbeersträuche und eßbare Palmistes, hohe Farnkräuter und kriechende Lykopodien; außerdem fanden sich bisweilen größere Bestände verschiedener Pandanusarten, namentlich des nützlichen Bacoua.

Die Plaine des Palmistes stellte sich mir als ein weiter, auf drei Seiten von steilabfallenden Felswänden umschlossener Kessel dar; ein nach Südosten sich abzweigender Arm, welcher vermutlich einen besonderen Namen führt, grenzt nur nach zwei Seiten an jene Höhen. Die eigentliche Ebene wird von zwei Armen der Ravine Sèche durchzogen. Von allen Seiten her wenden sich rasche Bäche den beiden Schluchten zu, welche das von den Höhen herabträufelnde oder in Absätzen herabstürzende Wasser sammeln: — sie ist, vermöge ihrer östlichen Lage und ihrer umschlossenen Gestalt, einer der feuchtesten Theile der Insel. Dementsprechend ist auch der Pflanzenwuchs außerordentlich üppig; insbesondere sieht man hier baumartige Farne, welche wir schon mehrmals an Orten von gleichem Wasserreichthum getroffen haben, in größter Menge und reichster Entwickelung. Ganze Wäldchen des schönen Gewächses stehen links und rechts von den Wohnungen, sodaß man unwillkürlich zu der Annahme gedrängt wird, der ganze Landstrich sei, bevor die Ausrodungen begannen, durchaus mit Farnbäumen bestanden gewesen. Das Klima der etwa dreitausend Fuß hoch gelegenen Ebene ist sehr mild, angenehm und bekommt den europäischen Ansiedlern vortrefflich, auch gedeihen hier alle unsere Getreidearten und Früchte.

Wir waren bereits mehr als drei Stunden gegangen und mußten nach der Rechnung der Leute in St. Benoît schon längst das Pfarrhaus von St. Agathe, der einzigen Ortschaft der Ebene, erreicht haben. Mein Führer behauptete jedoch, wir hätten noch viel weiter zu gehen, und in dieser Meinung ließ er sich auch nicht beirren, als links ab vom Wege ein helles Glöcklein ertönte. Ich wünschte dem Klange nachzugehen, um auf geradestem Wege die Kirche und die gewiß nicht weit davon entfernte Wohnung des Curé zu erreichen; aber mein Schwarzer entgegnete, nur eine Täuschung des Gehöres könne die Ursache sein, daß die

Glocke von dieser Seite her ertöne, denn die Kirche liege noch weit von uns entfernt, in gerader Richtung vor uns. Die Sache war mir verdächtig, indessen lief ich noch ein langes Stück mit, bis mich endlich ein Bewohner der Ebene belehrte, daß wir die Pfarre schon längst hinter uns hätten und sie nun erst in weitem Bogen wieder erreichen würden; sie läge an dem anderen Arme der Straße. Sehr ärgerlich und mißmutig — denn ich war ermüdet und sehnte mich nach Ruhe und Erfrischung — kehrte ich, der Weisung folgend, um. Mein Citoyen ward übrigens von der unangenehmen Botschaft noch schwerer betroffen, weil er bei dem eiligen Aufbruch am Morgen das Frühstück verabsäumt, also bereits seit zwanzig Stunden Nichts gegessen hatte: er war völlig entmutigt, und ich hatte große Noth, ihn überhaupt noch fortzubringen.

Jetzt war ich vorsichtig geworden und fragte Jedermann nach dem richtigen Wege, obgleich ein Verlaufen auf der breiten Straße nicht mehr möglich erschien. Und es war gut, daß ich Dies that, denn unter den Angeredeten befand sich auch der Mann, welchen ich gerade brauchte. Es war ein Herr Brunet, ein kleiner, freundlicher Mann, welcher mir erklärte, daß er der Stellvertreter des Curé in dessen Abwesenheit sei, und sich erbot, mich in das Pfarrhaus zu führen, wenn ich mich kurze Zeit gedulden wolle. Er war vor vierzehn Tagen als Arzt für die Ebene von St. Benoît nach hier übergesiedelt und wohnte einstweilen, da er noch kein eigenes Haus besaß, bei dem Geistlichen. Herr Brunet war zugleich Apotheker, und das mit Gläsern und Büchsen vollgepfropfte Breterhaus, in welchem ich mich befand, stellte seine „Gifthütte" vor; nebenbei bekleidete er auch das Amt eines Bürgermeisters der Ebene als Ersatzmann des wirklichen Maire, welcher diesen Bezirk niemals besucht. Der „Doktor und Apotheker" ersah mit Kennerblick, daß ich Qualen des Durstes litt, und erquickte mich mit einem trefflichen Gemisch aus Wasser, Fruchtsirop und vanillirtem Rum, den man hier in allen Kreolenhäusern findet.

Mit nicht geringem Verdruß erfuhr ich, daß unter einigen Tagen kein Führer nach dem Vulkane zu beschaffen wäre. Einige Herren aus der sogenannten „kleinen Ebene" (dem höher gelegenen Theile der Plaine des Palmistes), welche kurz nach mir in der Apotheke eintrafen, stimmtem Dem bei; sie versprachen mir übrigens, sich bemühen zu wollen, daß es nicht noch länger dauere. Ich nahm ihr Anerbieten dankſagend an, hoffte aber innerlich, daß ich nicht nöthig haben würde, von der Güte dieser Herren Gebrauch zu machen; denn der Gedanke, hier zwei Tage müßig zu liegen, während ich in St. Denis noch so Vieles zu besorgen hatte, war mir überaus unbehaglich.

Endlich war mein Vicewirth mit Wägen, Rühren und Schütteln fertig; er schloß sein Arzenei-Blockhaus ab und ging mit mir nach der eine Viertelstunde entfernten Pfarre. Mein Träger schlich mir nach wie ein Gespenst, sein kühner Mut von vorher — er hatte behauptet, noch an demselben Abende nach St. Benoît zurückkehren zu wollen — war gebrochen; der Aermste dachte nur noch an den herrlichen Reis ohne Fett, Brühe und Salz, welcher in Kurzem seinen leeren Bauch füllen, und an die warme Ecke in der Küche, wo er schlafen sollte.

Die Wohnung des Curé ist zwar gleich den anderen Häusern nur aus Holz gebaut, aber so geräumig und hübsch eingerichtet, daß sie einen recht angenehmen Aufenthalt darstellt. Herrn Brunets Frau, eine stattliche und trotz ihrer fünfundzwanzigjährigen Verheirathung noch ziemlich jugendliche Erscheinung, empfing uns in freundlichster Weise. Wir verbrachten nach einem schmackhaften Abendessen ein Stündchen in angenehmer Unterhaltung, trennten uns aber dann, weil das Kind der guten Leute, ein allerliebster Knabe von fünf bis sechs Jahren, an einem bräuneähnlichen Uebel erkrankte. —

Ich schlief nach der harten Arbeit des warmen Tages vortrefflich und wäre, da man Thür und Läden dicht verschlossen, gewiß nicht vor Mittag erwacht, wenn man mich nicht endlich gerufen hätte. Als ich das Zimmer öffnete, drang mir ein Strom hellen Lichtes entgegen und belehrte mich, wie spät es sei. Ich trat in das Freie und athmete mit Wonne die köstliche, frische Luft ein. Die Nebel, welche am frühen Morgen die Höhen bedecken, waren bereits verschwunden, und die Aussicht nach dem fernen Meere war hell und klar.

Bis Mittag suchte ich mir die Zeit so gut als möglich in der nächsten Umgebung zu vertreiben; dann begleitete ich meinen Wirth auf seinen Krankenbesuchen. Wir kamen in die Hütten verschiedener Leute und fanden, obwol es mancherorts nach unseren Begriffen etwas ärmlich aussah, überall zufriedene Stimmung und eine gewisse Behäbigkeit. Die Wohnungen sind entweder leicht aus Bretern gezimmert, wie auch in den tiefer gelegenen, warmen Gebieten, oder dauerhafter, aus unbehauenen Baumstämmen, in Blockhausgestalt. Nur die Wohnstube enthält Glasfenster, die übrigen Oeffnungen werden mit Läden verschlossen. Getrennt von dem Wohn- und Schlafhause für die Familie des Herrn, aber in nächster Nähe, stehen Hütten für die Dienerschaft, für die Küche und andere mehr. Eigenthümlich und bewundernswerth einfach waren die Stallungen der Hühner: man hatte Stümpfe von Farnbäumen, etwa drei Fuß hoch und zwei Fuß im Durchmesser haltend, von unten her ausgehöhlt und die Oeffnung mit einem Stück Rinde als Thür verschlossen! Da solche Stämme nur aus verwachsenen und verflochtenen Holzfasern bestehen, welche man, wenn sie einigermaßen verrottet sind, schon mit der Hand herausnehmen kann, ist der Bau der Hühnerställe eine sehr leichte Arbeit. Die Ländereien rings um die Wohnungen sind meistentheils nicht völlig urbar gemacht: hier stehen Pflanzungen von Mais, Kartoffeln, Bohnen und Tabak, von einzelnen geschonten Farnbäumen überschattet, dort finden sich, von Feldern umgeben, noch Bestände von Busch oder Wald. In den Besitzungen zerstreut und ziemlich weit voneinander entfernt, liegen die Häuser der Ansiedler; nur in dem sogenannten „Village", in dem Dorfe St. Agathe, stehen sie zu beiden Seiten des Weges etwas enger zusammen d. h. immer noch durch Zwischenräume von fünfzig bis hundert Schritt und mehr getrennt und ebenso weit von der Landstraße.

Das bebauungsfähige Land der Ebene wird in sogenannte Kategorien eingetheilt. Man unterscheidet solche erster bis fünfter Klasse. Eine Landstrecke fünfter Kategorie ist so groß, daß sie einem Handwerker seinen Bedarf an Lebensmitteln liefert, eine der ersten Art ist noch zu klein für Denjenigen, der allein von ihrem Ertrage leben will. Wer den Landbau in größerem Maßstabe zu betreiben wünscht, muß mehrere Kategorien vereinigen oder um eine „größere Concession" nachsuchen; die Herren, welche ich gestern kennen lernte, hatten auf diese Weise die einige tausend Hektaren umfassende kleine Ebene erworben. Für die Abtretung wird Nichts bezahlt, dagegen hat der Besitzergreifende die Pflicht, den Boden sobald als möglich urbar zu machen. Ist Dies zu einem Drittel geschehen, so erhält er den endgiltigen Besitztitel des Ganzen und kann dann mit dem Lande anfangen, was er will, es selbst benutzen, oder es verkaufen und sich eine neue Concession geben lassen.

Die kleine Gemeinde der Plaine des Palmistes vergrößert sich rasch; alljährlich kommen neue Ansiedler, gelockt von dem fruchtbaren Boden und dem herrrlichen Klima, und dieser Zufluß muß noch zunehmen, wenn die im Baue begriffene Wasserleitung und andere gemeinnützige Anstalten erst fertig sind. Sicherlich wird in wenigen Jahren die Ebene dicht bewohnt und so verändert sein, daß der frühere Besucher sie kaum wiederzuerkennen vermag.

Ich hatte den Nachmittag so nützlich und angenehm hingebracht, als ich nur wünschen konnte; für mich gibt es nichts Anziehenderes, als derartige Ansiedelungen in ihren ersten Anfängen zu beobachten, und zu erkennen, wie schnell der Mensch mit Geschick und Ausdauer eine vorher unwegsame Wildniß sich nutzbar machen kann. Durch diesen lehrreichen Spaziergang wurde ich einigermaßen ausgesöhnt mit meinem Mißgeschicke.

Bei unserer Rückkehr fanden wir die Zeitungen vor, welche der inzwischen eingetroffene Postdampfer gebracht; sie bildeten meine Abendunterhaltung, da Herr Brunet und Frau von der Sorge für ihr krankes Kind ausschließlich in Anspruch genommen wurden. Am nächsten Morgen dachte ich ernstlich an mein Weiterkommen. Wir schrieben den ersten August, und am sechsten sollte ich mit dem Postschiff nach den Seschellen abreisen; ich frug mich besorgt, wie es möglich sein würde, mein Vorhaben noch zur Ausführung zu bringen! Herr Brunet nahm sich meiner freundlichst an und begab sich mit mir auf den Weg, um mir, wenn irgend möglich, noch heut einen Führer zu verschaffen. Der Zufall begünstigte uns. Schon nach wenigen Schritten trafen wir die beiden Herren, welche ich gestern in der Apotheke kennen gelernt, einen Schiffskapitän und den Schwager des Herrn Godefroi, des Hauptbesitzers der kleinen Ebene. Sie theilten mir mit, daß der erwartete Führer aus St. Pierre angekommen wäre, und daß sie Lust hätten, mich zu begleiten; wenn es mir recht wäre, möchte ich heut Abend bei ihnen übernachten, damit wir am Morgen mit dem Frühesten nach der Plaine des Cafres aufsteigen könnten. Genannte Herren waren nach Ste. Agathe gekommen, um einen Theil vom Fleisch eines Ochsen zu verkaufen. Ihre Waare ging reißend ab, denn das geschlachtete Thier war kein gewöhnlicher, dürrer Madagaskarochse, sondern ein wohlgenährter von englischer Rasse. Ich erwarb mir sofort einige Pfund Lende als Reisevorrath, kaufte mir dann noch Kaffee und Rum und ging zurück nach der Cure, um Alles in Ordnung zu bringen.

Da rollte die Straße herauf ein Wäglein, hielt an, und heraus stieg — Père Sersanous, der wackere Pfarrer der Ebene. Er versicherte mich nachträglich auf das Herzlichste seiner Gastfreundschaft, sah sich aber, weil er in den nächsten Tagen die Kirchenvisitation erwartete, zu seinem Leidwesen verhindert, an dem Ausflug nach dem Vulkane Theil zu nehmen. P. Sersanous, ein kleiner, aber kräftig gebauter Mann, bekannt als einer der besten Fußgänger, ist das Muster eines biederen Landgeistlichen. Seine Theilnahme an dem Wohlergehen der ihm anvertrauten Gemeinde, sein heiteres und freundliches Wesen haben ihn so beliebt und geachtet gemacht, daß ein sanftes Wort oder ein Scherz von ihm mehr fruchtet als eine strenge Rede Anderer. In der ganzen Ebene ist er bekannt unter dem Namen „le petit père“, wird auch wol wegen des Ansehens, das er genießt, „der kleine König der Ebene“ (le petit roi de la plaine) genannt. In welcher Weise er für seine Pfarrkinder sorgt, sollte ich sogleich sehen. Wir besuchten die Schule; P. Sersanous erkundigte sich nach dem Verhalten der Schüler während seiner Abwesenheit, sah die Hefte nach und ließ auch das Aeußere der Kleinen nicht unberücksichtigt: als er einen Knaben mit langem, struppigen Haare sah, ließ er sich vom Lehrer einen Kamm und eine Scheere geben, kämmte das Bürschchen zur Belustigung seiner Kameraden tüchtig durch und schnitt ihm eigenhändig den Ueberfluß der Haare ab. Dem armen Kleinen war das Weinen näher als das Lachen; ich war überzeugt, daß diese handgreifliche Ermahnung die Mutter veranlassen würde, sich ihres Söhnchens künftig besser anzunehmen.

Nachmittags ließ ich mir mein Fleisch braten, meine zwei Pfund Kaffee brennen, mahlte sie selbst und packte mein Geräth in zweckdienlicher Weise. Als die Dämmerungsfalter um das Kressebeet des Pfarrgärtchens zu schwärmen begannen, meldete sich der eine meiner künftigen Reisegefährten. Nach kurzem Abschiede von dem biederen Geistlichen und den Brunet'schen Eheleuten, welche immer noch trostlos am Bette ihres leidenden Kindes saßen, schritten wir schnell die Straße entlang. Der andere Herr, welcher währenddessen die mit der Post gekommenen Packete und Briefe geholt, gesellte sich später zu uns. Die kurze Dämmerung wich rasch der Nacht; fast undurchdringlich aber wurde die Finsterniß, als wir in einen Wald eintraten. Wir vermißten schmerzlich den Neger, welcher uns hier mit einer

Laterne erwarten sollte; denn der Weg war erst im Bau begriffen, an den besten Stellen mit faustgroßen Steinen bedeckt, an den schlechteren wirklich halsbrechend.

Nach einer Stunde kamen wir an die sogenannte „kleine Steigung“, hinter ihr in die „kleine Ebene“, die etwa 150,000 Gauletten (49) umfassende, auf drei Seiten von steilen Bergwänden umschlossene Besitzung des Herrn Godefroi. Anfangs wanderten wir noch eine Strecke in schönem Walde; bald aber kamen wir in urbar gemachtes Land, zwischen ausgedehnte Felder, welche mit mannshohen Wällen von ausgezogenen Wurzelstöcken umgeben waren, dann an die Wirthschaftsgebäude und Wohnhäuser. Herr Godefroi kam uns entgegen und führte uns nach einem freundlichen Willkommen in das Familienzimmer. Das kleine Gemach war überaus behaglich: zwei Astrallampen erleuchteten es — fast überall, selbst in St. Denis, brennt man nur Stearinkerzen — und ein eisernes Oefchen verbreitete eine wohlthuende Wärme. Darinnen schalteten die liebenswürdige, feingebildete Gattin Herrn Godefroi's und seine Schwägerin inmitten einer Schar allerliebster Kinder. Ich fühlte mich alsbald in dem trauten Kreise zu Hause. Durch ihre Gastlichkeit ist diese Familie Allen bekannt, welche in der Plaine des Palmistes gewesen; auch die Herren von der Evêché hatten vor einiger Zeit bei ihr Aufnahme gefunden. Hier in der Höhe, wo es noch keine Wirthshäuser gibt, wird der Pflanzer immer hoch erfreut durch den Besuch gebildeter Leute, weil dieser ihm Gelegenheit gibt zum Austausch von Gedanken und Anschauungen. Herr Godefroi ist ein sehr einsichtiger Landwirth; er erzählte mir, wie er und sein Schwager vor zwei Jahren mit nur vier Arbeitern ihre Pflanzung begonnen, wie sie Wohnungen gebaut und Hausgeräth gezimmert, den Wald gerodet und das Feld bestellt hätten, und wie ihnen ihre Mühe so wohl gelungen wäre. Spät am Abende noch führte er mich in seinem stattlichen Gehöft umher, zeigte mir seine Felder und Gärten, seine Ställe mit dem prächtigen englischen Vieh, seine Wasserleitung und Anderes mehr, was er mit Anstrengung und Ausdauer in so kurzer Zeit hergestellt hatte. Durchdrungen von aufrichtigster Bewunderung für den Fleiß und die Geschicklichkeit der Ansiedler, kehrte ich von dem Rundgange zurück.

Schon früh vier Uhr weckte uns der Kapitän. Die kleinen Vorbereitungen, das Herrichten des Gepäckes und der Lebensmittel, nahmen soviel Zeit in Anspruch, daß wir erst eine Stunde vor Sonnenaufgang fortkamen. Unsere kleine Gesellschaft bestand außer dem Kapitän, Herrn Dumaine (dem Mitbesitzer der Ansiedelung) und mir aus dem Führer, zwei Madagassen und einem Citoyen, welcher meine Habseligkeiten trug. Nach wenigen hundert Schritten gelangten wir an den großen Aufstieg (grande montée), an welchem sich die Straße in steilen Windungen nach der fünftausend und einigen hundert Fuß über dem Meere gelegenen Plaine des Cafres emporzieht. Wir stärkten uns noch durch einen Schluck Vanillenrum (coup de seet, wie man hier allgemein sagt); dann blies Herr Dumaine auf seinem Waldhorn eine weithin schallende Fanfare, und lustig ging es vorwärts, in den sinkenden Nebel hinein. Auf der Höhe angelangt, sahen wir eine weite, nahezu ebene Fläche mit einzelnen vulkanischen Kegeln von unbedeutender Höhe vor uns. Der Boden ist größtentheils bedeckt mit schönem, kurzen Grase, trägt aber auch hier und da mannshohe Heidebüsche — wenn wir den vielumfassenden kreolischen Namen Ambavilles des Hauts (46) so wiedergeben dürfen — und stattlichen Wald. Der einzige Baum, welcher hier noch gedeiht, ist eine Tamarindenart (Tamarin des hauts, Acacia heterophylla Willd.); er bildet wahre Urwälder, in denen man Baumriesen neben jungem Nachwuchse sieht und dazwischen halbverrottete, vom Sturme geknickte Stämme.

Wir gingen neben einer bedeckten Wasserleitung hin, auf einem Fußsteig, welcher durch die ganze Ebene bis hinab nach St. Pierre führt, und erreichten nach anderthalber Stunde die erste Niederlassung, eine große Viehzüchterei. Einige Madagassen bewohnen die hölzernen Gebäude, um die Aufsicht über eine stattliche Heerde von Madagaskarkühen zu führen. Frische

Lebensmittel, Hühner, Milch und Käse, waren in Ueberfluß vorhanden, doch weigerte man sich, uns irgend Etwas zu verkaufen. Da alles Zureden und Bitten Nichts half, begannen wir endlich ohne Umstände, die Hühner, welche wir zu unserer Reise nöthig zu haben glaubten, mit Stöcken und Steinen zu erlegen. Die Madagassen thaten nicht nur keinen Einspruch gegen unsere Verwüstungen, sondern gaben uns sogar, als wir den landesüblichen Preis für das getödtete Geflügel bezahlten, mit größter Bereitwilligkeit Alles, was wir sonst noch wünschten.

Nach einiger Zeit kamen wir, an einer zweiten Besitzung vorbei, nach dem nahezu trockenen Bras de Ponteau, einem Zuflusse der im Südwesten der Insel mündenden Rivière de St. Etienne — wir hatten die Wasserscheide überschritten. Sein felsiges, ziemlich stark geneigtes Bett war mit einer Menge tiefer, runder Löcher bedeckt, welche, wie ich nicht anders annehmen konnte, durch Umherkreisen von Felstrümmern ausgehöhlt worden; Ich wurde hierdurch in meiner Ansicht bestärkt, daß die ähnlich gebildeten Ngurunga des ostafrikanischen Küstengebietes auf ähnliche Weise entstanden sein müßten. Eine Stunde später überschritten wir den Bras de Ponteau noch einmal und fanden wieder ganz dieselbe Beschaffenheit des Flußbettes. Das in den Löchern enthaltene Wasser war mit Pflanzen durchwachsen und beherbergte zahlreiche schwimmende und kriechende Thierchen; es schmeckte in Folge dessen nicht besonders gut, doch benutzten wir es, da wir in nächster Zeit kein anderes zu erwarten hatten, zur Bereitung unseres Kaffees. Wir genossen ein Göttermahl von Ochsenbraten, Brod und Käse, schlürften danach einen Becher urkräftigen Bohnentranks und gossen nach Landesbrauch ein gleiches Maß Rum über das Ganze.

Neugestärkt schritten wir auf dem langsam ansteigenden Wege weiter. Der mit grobem, vulkanischen Sande bedeckte Boden war noch feucht von dem Nebel der Nacht und begann unter dem erwärmenden Einflusse der Sonnenstralen zu rauchen. Gerad an der Grenze zwischen Dunst und reiner Luft dahin schreitend, hatten wir ein Schauspiel, dessen ich bereits bei der Wanderung nach dem Piton des Neiges gedachte: wir sahen in dampfender Tiefe vor uns einen vollkommen geschlossenen Regenbogen, diesmal aber noch weit schöner und vollkommener als vorher. Als wir höher kamen, gewahrten wir die Gipfel des Piton des Neiges, des Grand Bénard und andere, welche sich scharf abgrenzten von den weißen, die Thäler und Kessel erfüllenden Nebelmassen und von dem dunkelblauen, stralenden Himmel. Der Pfad wand sich endlich steiler empor, an einem Berge vorbei, welcher, seiner eigenthümlichen Form wegen, den Namen Ochsennase (le Nez du Boeuf) erhalten hat. Zu unseren Füßen sproßten Blüten von einer Lebhaftigkeit und Pracht der Farben, wie wir sie in dieser Erhebung über dem Meere nicht erwartet hatten. Blickten wir aber von der Höhe zurück auf die hinter uns liegende Ebene, so schien uns die weite Landschaft wie mit riesigen Blumensträußen bedeckt zu sein: so lieblich sahen von oben die kugeligen, lebhaft gelben, grauen oder braunen Heidebüsche aus, deren Schönheit wir vorher, als wir mitten unter ihnen wanderten, nicht gewürdigt hatten.

So auf das Angenehmste unterhalten durch das Neue und Schöne, was sich uns auf jedem Schritte bot, gelangten wir schnell und ohne daß wir uns ermüdet fühlten nach unserem heutigen Lagerplatze, der Caverne des Lataniers. Daß es hier, in der Höhe von sieben bis achttausend Fuß, keine Lataniers oder Fächerpalmen giebt, nach denen die „kleinen Kreolen" oder die Neger diesen Platz benannt haben, ist wol selbstverständlich; es überraschte mich einigermaßen, auch bei diesen Leuten eine Namengebung nach der Art des „lux a non lucendo" zu finden. Möglich indessen, daß die Benennung einen tieferen Grund hat.

Gern wäre ich noch weiter gegangen, doch meinten die Anderen, wir würden später kein Unterkommen mehr finden. Um die berühmte Lavaebene, welche die beiden Krater wie ein erstarrter See umschließt, wenigstens noch zu sehen, ging ich vorwärts, bis ein Blick nach Osten sich eröffnete. Ein steiler Absturz, der Premier Enclos, schied mich von der weiten Fläche tief unter mir. Die jüngsten Schichten des vormals feurig flüssigen Gesteins waren kohlschwarz, die älteren mit weißlichgrauen Moosen und Flechten bekleidet, die ältesten mit hohen Heidebouquets und grünenden Akazienbüschen. Die bunte Mischung der Farbengegensätze, das Durcheinander von Lebendigem und Todtem gab der düsteren Hochebene einen eigenthümlichen Reiz, welcher noch durch die wilde Schroffheit der Umfassungsmauer und die anmutigen Formen der prächtig blauen Vulkankegel vermehrt wurde. Wie bedauerte ich, daß ich meinen photographischen Apparat nicht bei mir hatte! Reichlich belohnt für die Mühe des Weges, ging ich zur Höhle zurück und rief, um Theilnehmer an meiner Freude zu haben, die Anderen herbei.

Indessen hatte man unser Mahl bereitet. Der im eisernen Kessel gekochte Reis wurde auf ein großes Baumblatt geschüttet und in Ermanglung von Löffeln mit den Fingern gegessen. In mannigfacher Unterhaltung vergingen uns schnell die Stunden, bis die Zeit der Ruhe herankam. Wir richteten uns so bequem als möglich ein; Dies will jedoch wenig sagen bei der Caverne des Lataniers, denn sie ist die unwohnlichste der Höhlen, welche ich bis jetzt kennen gelernt, niedrig, eng und nach Osten, nach der Windseite zu, offen. Es wurde bitter kalt trotz der zahlreichen Steine, mit denen der Eingang ziemlich weit versetzt ist. Mich unter meiner Pferdedecke belästigte die Frische der Luft gar wenig, destomehr aber meine weniger gut ausgerüsteten Gefährten, welche die ganze Nacht hindurch ein großes Feuer unterhielten, trotzdem aber tüchtig froren. Außerdem litten sie viel durch das unabläßig von der Decke tröpfelnde Wasser, während ich in dem dicken Rauche beinah erstickte.

Am anderen Morgen waren einige kleine Pfützen in der Nähe dick überfroren und der Boden mit Stengeleis bedeckt. Wiederum war die Eisbildung nur durch Verdunstungskälte ermöglicht worden; denn die Quecksilbersäule im Thermometer stand vier Grad über Null und sank erst, nachdem ich die Kugel angefeuchtet, unter den Gefrierpunkt herab. Mein Citoyen und die Madagassen, welche bisher noch kein Eis gesehen, verwunderten sich höchlich über das sonderbare, feste Wasser; wir erlaubten uns den Scherz, ihnen einige Stücke davon zwischen Hemd und Rücken zu stecken, und sahen boshaft zu, wie sie zappelten und sich der kalten Berührung zu entwinden suchten.

Unsere barfüßigen Begleiter hielten uns lange auf, da sie sich aus einigen Stücken Sackleinwand noch „Mokassins“ zum Schutze gegen Kälte und gegen scharfe Steine fertigten. Erst halb sieben Uhr waren wir so weit, daß wir die Höhle verlassen konnten. Wir banden einen Vorrath von halbtrocken gekochtem Reis in ein großes Tuch, nahmen dazu Fleisch, Käse, etwas altes Brod und Rum mit und ließen die anderen Sachen unter dem Schutz eines Madagassen zurück.

Nach einer guten Viertelstunde erreichten wir den Abfall, von welchem aus wir gestern die herrliche Aussicht genossen. Eine halbe Stunde beschwerlichen Kletterns brachte uns hinab in die „Plaine des Sables“ genannte Lavaebene, in welcher die Rivière de l'Est entspringt — d. h. wenn es regnet. Von einem Wege, welchen der Bruder unseres Führers früher eröffnet und bezeichnet haben wollte, war Nichts zu erkennen: auf der glatten, hier und da von grobem vulkanischen Sande bedeckten Fläche hinterläßt der Fuß keine Spuren. Wir gingen also auf gut Glück nach dem Feuerberge zu, zwischen einigen niedrigen Hügeln hindurch. Das von der Sonne erhitzte, dunkle Gestein stralte eine unangenehme Wärme aus. In Schweiß gebadet, gelangten wir nach zehn Uhr an den 8- bis 900 Fuß tiefen zweiten Absturz, den Grand Enclos. Wer diese steile, in Form einer Parabel gezogene Wand sieht, wie sie überall in gleicher Höhe das Gebiet des Feuerherdes umschließt, Dem kann kein Zweifel aufkommen über die Art und Weise ihrer Entstehung: die schwarze Ebene da unten muß vordem in gleicher Höhe mit der oberen verlaufen und danach mit einem Male hinabgesunken sein!

Wie wir hier hinunterkommen sollten, vermochten wir nicht einzusehen, doch versicherte uns der Führer, es gäbe einen geeigneten Abstieg. Längs des Walles hin wandernd, bemerkten wir auch endlich eine weniger steile Stelle — es war der Pas de Bellecombe welchen wir suchten. Dies ist wiederum eine sehr unpassende Bezeichnung, denn der Herr Gouverneur Bellecombe kehrte, wie wir von Bory de St. Vincent wissen, eben hier entmutigt um; richtiger vielleicht ist der Name Caverne de Bellecombe, welchen man einer geräumigen, etwa zwanzig Fuß unter unserem Standpunkt befindlichen Höhle gibt.

Auch meine Gefährten scheuten sich, ihre Glieder hier zu Markte zu tragen. Ich schritt voran, aber sie waren durch Nichts zu bewegen, mir zu folgen, und wurden auch nicht beherzter, als ich ohne Unfall die Tiefe erreicht hatte. Am ängstlichsten war der Kapitän; er rief mir mit lauter Stimme nach, daß er sich nicht in augenscheinliche Lebensgefahr begeben wolle um des elenden Ruhmes willen, den Vulkankegel erklommen zu haben: — es ist eine bekannte Sache, daß die meisten Seeleute, so kühn sie auch auf ihrem Schiffe sind, auf dem ungewohnten Boden des Landes Nichts zeigen von solcher Eigenschaft des Geistes. Auf sein und der Anderen Verlangen mußte ich ihren Madagassen mit einem angemessenen Theile der bei mir befindlichen Lebensmittel zurückschicken. Jetzt blieben nur noch der Führer und Fantaisie, mein Träger, bei mir.

Als Fantaisie unsere Gesellschaft so klein werden sah, verlor er allen Mut und wäre am liebsten den Anderen gefolgt. Je näher wir dem Berge kamen, desto verzagter wurde er. Ob er über die Maßen ermüdet war, oder ob eine dunkle Angst vor einem Ausbruch des Vulkans ihn beherrschte, konnte ich nicht enträthseln; kurz, als wir den Fuß des Berges erreichten, war er nur noch mit größter Mühe einige Schritt vorwärts zu bringen, dann aber blieb er aufgeregt und keuchend stehen und erklärte entschieden, nicht weiter gehen zu wollen. Mit allen Mitteln der Ueberredung lockten wir ihn noch bis auf die halbe Höhe; von hier an blieb er immer mehr zurück und war endlich verschwunden, ohne daß wir wußten, wohin er sich versteckt. Auf all unser Rufen und Bitten antwortete er nicht, sodaß wir schließlich umkehren und ihn hinter den Felsen suchen mußten. Ich war so aufgebracht über diese Störrigkeit, daß ich ihm sicherlich eine Züchtigung hätte angedeihen lassen, wenn er nicht als Neger, welch Volkes Gemütsschwankungen oft wunderbar sind, einige Nachsicht verdient hätte. Da es unmöglich war, Fantaisie zur geringsten Ortsveränderung zu veranlassen, ließ ich ihn hier und nahm ihm nur die unentbehrlichsten Sachen ab.

Der Weg über die rauhen, höckerigen und wulstigen Lavamassen war ein sehr beschwerlicher; auch die Glut der Sonne und die Dünne der Luft trugen nicht wenig dazu bei, uns die Arbeit sauer zu machen: doch war es recht wohl auszuhalten, da ja die Besteigung höchstens ein Stündchen dauern konnte. Indem wir aller zwanzig Schritte ein wenig rasteten, langten wir gegen Mittag dicht am höchsten Punkte des Vulkans, an dem steilen Kegel des alten Kraters an. Noch sahen wir Nichts von der Oeffnung, aus welcher ehemals die Eingeweide der Erde sich mit ungeheurer Kraft ihres Inhaltes entledigt hatten. Als wir aber, auf dem Bauche liegend, uns behutsam aufwärts zogen, that sich vor uns ein ungeheurer, fast kreisrunder Kessel auf, ziemlich ebenso weit wie tief, mit senkrecht abfallenden Wänden, mit einem Boden so glatt wie ein gefrorener See. Alles war kalt und starr in der Tiefe; keine Spur vulkanischer Thätigkeit, nicht das leiseste Rauchwölkchen zeigte sich mehr — es war eben der erloschene Krater.

Viel Mühe hatten wir, ein Feuerchen zu entzünden, weil mein Träger den mitgenommenen Zunder aus Bequemlichkeit weggeworfen hatte und der Führer aus St. Pierre nicht so gut mit Reiseerfordernissen versehen war wie seine weniger feinen Standesbrüder in Salazie. Endlich gelang es meinem Manne, mit Stal und Stein etwas von dem mürben Futter seiner Weste zum Glimmen zu bringen. Wir fachten den Funken zur Flamme, nährten diese mit Spänen und Splittern von einem Reisestock und sahen bald das Wasser in dem kleinen Messingkessel kochen (50).

Nachdem ich die Geräthe zusammengepackt, wandten wir uns dem 350 Fuß niedriger gelegenen zweiten, dem thätigen Krater zu. Wir beschleunigten unsere Schritte nach Kräften, denn wir hatten seit dem frühen Morgen Nichts genossen, und unsere Lebensmittel waren bei Fantaisie zurückgeblieben. Anfangs ging es über runzelige und holperige Lava, wie wir sie schon in der Ebene und beim Aufsteigen kennen gelernt; dann kamen wir jenseit eines Abfalles auf lockeren Boden, bedeckt mit scharfem vulkanischen Sande und mit Bruchstücken eines graugelben, glimmerglänzenden Steines. In zwanzig Minuten erreichten wir die jüngste Stätte der Ausbrüche. In diesen Schlund zu blicken, ist gefährlicher als dort, weil ringsum tiefe Spalten laufen, welche ein breites Stück des festen Bodens abtrennen und unsicher machen. Mit der äußersten Vorsicht schoben wir den Kopf vorwärts und lugten hinab in den Kessel: er ist ganz ähnlich gestaltet wie der alte Krater, nur besitzt er bei etwa gleichem Durchmesser eine beträchtlichere Tiefe. Auch hier war Alles starr und todt, doch ließ ein ganz leichter Schwefelgeruch, welcher an einigen Stellen aufstieg, erkennen, daß hier die Verbindung mit dem Erdinneren, wenn schon eine sehr dürftige, noch bestand. Nichts verrieth, daß einige Wochen darauf ein schrecklicher Ausbruch stattfinden sollte mit Feuerströmen, welche das sechs Meilen entfernte Meer erreichten — erst acht Tage nach meinem Besuche begann eine Säule aufsteigenden Rauches das bevorstehende Ereigniß zu verkünden. Der Ingénieur colonial Maillard, dessen vortrefflichem Werk über die Insel Réunion wir so Vieles verdanken, war glücklicher als ich; er besuchte den Krater kurz nach dem Ausbruch und genoß einen erhabenen Anblick: in der fürchterlichen Tiefe unter sich sah er die Lava noch glühen und wallen, nicht als eine einzige feurige Masse zwar, wol aber in leuchtend rothen Adern zwischen Feldern einer halberstarrten, dunklen Kruste. Der noch thätige Krater hat, nach Maillard, eine Tiefe von etwa 150 Metern bei einem Durchmesser von 200 bis 300 Metern. Dem großen oder erloschenen Krater gibt unser Gewährsmann 200 Meter Durchmesser und zehn bis zwanzig Meter Tiefe (Notes sur l'île de la Réunion, p. 128); letztere Angabe beruht wol auf einen Irrthum, denn unserer Erinnerung nach sind beide Krater tiefer als weit.

Meine Neugier war befriedigt. Ohne Verzug begab ich mich auf den Rückweg und beeilte mich umsomehr, da ich entdeckte, daß auch der Boden, auf welchem ich wandelte, unsicher und trügerisch war: ich sah ein kopfgroßes Loch nicht weit von mir, näherte mich und warf einen Stein hinab, um zu sehen, wie tief es sei; über eine Minute lang horchte ich, aber vergebens, der Stein schlug nicht auf; ich klopfte mit dem Bergstock auf den so unschuldig und glatt aussehenden Boden — hu, Das klang hohl und dünn wie ein irdener Topf! Erschrocken sprang ich auf, lief fliegend mehr als springend dem vorausgegangenen Führer nach und fühlte mich nicht eher wieder behaglich, als bis ich auf unserem früheren Standpunkt angekommen war. Weiterhin aber betastete ich den Boden immer erst vorsichtig, bevor ich ihn betrat, und ging, wo er nicht recht sicher klang, im weiten Bogen ringsum. Noch lange hinterher gruselte es mich, wenn ich daran dachte, wie leicht ich ohne Zweck und Nutzen in das Bodenlose hätte sinken können. Das Vorhandensein so dünner Lavastellen bestimmte mich auch, den alten Weg wieder zu benutzen, anstatt, wie ich früher gewollt, über den Grand Brûlé und Ste. Rose zurückzukehren.

Um ein Uhr kamen wir bei Fantaisie an. Er hatte sich's unterdessen bequem gemacht und schien neue Kräfte zu fühlen, auch war seine Angst zum großen Theil geschwunden, als er uns mit heiler Haut zurückkehren sah. Ueber unsere Vorräthe hatte er getreulich Wacht gehalten; zum Lohn dafür kredenzten wir ihm einige Schluck Rum — in Ermangelung eines Glases in dem Boden einer leeren Flasche. Dann öffneten wir unser Vorrathstuch und vertilgten geschwind den immer noch lauwarmen Reis.

In scharfem Schritte, gewiß drei Meilen die Stunde, marschirten wir unserem gestrigen Nachtlager zu. Fantaisie folgte uns mit einer Behendigkeit, die wir ihm nicht zugetraut hätten — ging es doch nunmehr heimwärts! Von dem Fuße des Kraters an erreichten wir nach fünfundzwanzig Minuten den steilen Wall bei dem Pas de Bellecombe, in zwanzig Minuten hatten wir ihn erklommen, eine Stunde erforderte der Weg durch die Ebene zwischen den beiden Enclos und fünfundzwanzig Minuten das Emporklettern nach der letzten Stufe; acht Minuten darauf standen wir vor der Caverne des Lataniers, in welcher, zu unserem nicht geringen Erstaunen, unsere treulosen Reisegefährten noch hausten. Auch sie waren einigermaßen verwundert, uns hier zu sehen, da sie mich, wenn überhaupt noch am Leben, auf dem Wege nach Ste. Rose geglaubt hatten. Den Kapitän, welcher vorher mit Selbstgefühl von seinen großen Reisen in das Innere von Senegambien erzählt, schien es einigermaßen zu verdrießen, daß er sich von einer so unbedeutenden Schwierigkeit, wie der Pas de Bellecombe es ist, hatte zurückschrecken lassen. Er begann, seine Seelaune auf die unliebenswürdigste Weise zu zeigen: er wollte nicht glauben, was ich gesehen, bezweifelte die Angaben meiner Uhr und ließ in Worten und Geberden seinen Aerger merken. Als ich von dem Abstieg nach Cilaos erzählte, um zu zeigen, daß im Vergleiche mit solchen Fahrten unser heutiger Ausflug wenig Beschwerden gehabt, frug er heftig, ob ich ihn denn für ein Kind hielte, daß ich ihm solche Dummheiten weiß machen wolle, wie, daß ein Geistlicher mit Soudane und Schnallenschuhen die furchtbare Wand hinabgestiegen sei! So schimpfte er den ganzen Abend über fort, so lange ich noch Etwas hörte.

Am nächsten Morgen, am 4. August, weckte ich meine Gefährten zeitig, weil ich St. Denis noch an demselben Tage zu erreichen wünschte. Man erklärte Dies für unmöglich und that deshalb Nichts, um den Aufbruch zu beschleunigen. Gegen sechs Uhr verließen wir die Höhle. Wir wanderten auf demselben Wege wie vorher und unterbrachen unseren Marsch nur minutenlang Die Zeit verging uns schnell, denn der Kapitän erzählte in geschwätziger Weise von Frankreichs Ruhm und schmähte andere Nationen sowie auch die hiesige Geistlichkeit, Beides in der schlecht verhehlten Absicht, mir Etwas anzuhaben. Da er sich bald in die Hitze hinein sprach und ich ruhig blieb, bot sich manche Gelegenheit, ihm derbe Winke über das Unfeine seines Benehmens zu geben. Herr Dumaine schien sich an den kleinen Häkeleien zu ergötzen und verhielt sich „neutral“. Einmal nahm er mich bei Seite und bat, ich möchte dem Kapitän nicht zürnen; dieser habe bisweilen seine schlimmen Stunden und belästige dann auch die Bewohner der friedlichen Ansiedelung in der „kleinen Ebene“ nicht wenig.

Nach dreistündigem Wege hatten wir die gastliche Pflanzung des Herrn Godefroi erreicht. Ich wollte jeden Aufenthalt vermeiden, weil die Stunden mir kostbar waren; aber die liebenswürdige Hausfrau ließ mich nicht von dannen, ohne mich und meinen Träger bewirthet zu haben. Leider sollte das freundliche Bild, welches die am weitesten vorgeschobene Niederlassung der Plaine des Palmistes in meinem Gedächtniß hinterlassen, nicht ungetrübt bleiben. Es kam zur Bezahlung der Reisekosten. Schon vorher hatte ich meine Gefährten mehrmals gefragt, wie hoch sich die an den Führer zu zahlende Entschädigung belaufen würde, doch waren jene beharrlich einer bestimmten Antwort ausgewichen. Mein Mißtrauen war hierdurch nicht rege geworden, weil mir die Leute als wohlhabend bekannt waren und anständig zu sein schienen. Jetzt fragte ich den Führer selbst nach meiner Schuld; er wollte gleichfalls nicht mit der Sprache heraus. Daraufhin schlug ich ihm vor, denselben Lohn zu geben, den unsere Führer in Salazie erhalten hatten, nämlich sechs Franken täglich. Ob dieses beleidigenden Anerbietens aber gerieth der Mann außer sich: fünfzehn Franken (vier Thaler) wollte er als Taglohn, obgleich er nicht, wie die Salazie-Führer, eine Last getragen, sondern nur mit uns gewandert und gegessen hatte. Um rasch fertig zu werden, bewilligte ich seine Forderung und legte ihm fünfzehn Franken als meinen Antheil hin. Da war das Erstaunen ein allgemeines: der Führer wie meine Gefährten blickten mich verwundert an, und ich wiederum konnte mir Dies nicht erklären, bis mir endlich der Kapitän sagte, „der Mann aus St. Pierre sei blos meinetwegen mitgenommen worden, sie als die Bewohner der Ebene brauchten keinen Führer, hätten mich überhaupt blos aus Gefälligkeit begleitet!“ Natürlich bezahlte ich nun ohne Zögern die verlangte Summe von fünfundvierzig Franken. Beim Abschied drückten mir Herr und Frau Godefroi mit doppelter Herzlichkeit die Hand, gleichsam um mir zu zeigen, wie sie über diesen Auftritt dächten. Ihre Liebenswürdigkeit erschien mir, seit jene beiden Herren die Maske abgeworfen, in noch schönerem Lichte; ich werde ihnen immer ein warmes Angedenken bewahren, verdanke ich ihnen doch einige der angenehmsten Stunden meines Reiselebens!

Im Laufschritt, im „Hundetrott“ (pas de chien), wie mein Träger sagte, wanderten wir durch Wald und Rodung die Ebene hinab. Ein rauher Wind trieb uns den herabströmenden Regen heftig ins Gesicht — es war ein Wetter, wie es zu meinem Unmut paßte. In desto besserer Stimmung schien Fantaisie zu sein; er rief sein „bonjour, bonjour!“ in alle Hütten und grinste freundlich, auch wenn Niemand ihm dankte. Ich hatte ihm nämlich einige „Coups de Sect“ und ein gutes Trinkgeld in Aussicht gestellt für den Fall, daß wir noch vor Abfahrt der Post nach St. Benoît kämen. Leider dauerte sein Feuereifer nicht lange, seine Schritte verzögerten sich bald, und endlich war er wieder ebenso störrig wie bei der Besteigung des Vulkans. Vorher hatte er sich gebrüstet, den ganzen weiten Weg in zwei Stunden gehen und noch an demselben Abende nach seiner Hütte zurückkehren zu wollen; jetzt war er verzagt und ließ sich weder durch Bitten und Versprechungen, noch durch gelegentliche Püffe und Drohen mit Lohnentziehung aufmuntern. Da es mir bei der bekannten Nachlässigkeit der hiesigen Post Nichts genützt hätte, ohne mein Gepäck nach St. Benoît zu kommen, und ich es auch nicht selbst zu tragen vermochte, begann ich schon, an dem Gelingen meines Vorhabens zu verzweifeln, als plötzlich wieder ein guter Geist in meinen Mann fuhr und er sich wieder in Trab setzte.

Am Rande der Ebene angekommen, verließen wir die Straße und gingen in den nun zu wirklichen Gießbächen gewordenen „petits Chemins“ eiligst die Steigung hinab. Einigermaßen ermüdet, erreichten wir die Brücke der Ravine Sèche, etwa in der Mitte des Weges nach Benoît. Ein kräftiger Schluck Vanillenrum aus der dortigen Kantine (Schenke oder Trinkbude) stärkte uns; Fantaisie streifte seine regenschweren „Mokassins“ ab, und rüstig schritten wir auf der nun ziemlich gerade verlaufenden Straße weiter. Der Regen wurde dünner und hörte endlich ganz auf. Unser Ziel, St. Benoît, lag deutlich vor uns; wir mäßigten unsere Eile, weil es keinem Zweifel zu unterliegen schien, daß wir es noch rechtzeitig erreichen würden. Von dem angestrengten Laufen und dem brennenden Rum waren unsere Gaumen trocken geworden; Fantaisie verschaffte Linderung, indem er sich auf einem Felde, wo man gerade erntete, einige Stengel Zuckerrohr erbettelte und mir großmütig die Hälfte davon überließ.

Später begann es wieder zu regnen, doch kümmerte uns Das nicht mehr, da wir bald die ersten Häuser der Stadt erreichten. Ueber die stattliche Brücke der Rivière des Marsouins hinweg eilten wir dem Postbureau zu. Mein Begleiter jubelte laut über das ihm sicher dünkende Trinkgeld; denn es war erst zweidreiviertel Uhr und er glaubte wie auch ich, daß der Wagen um drei Uhr abginge: — wir erfuhren indessen, die Diligence habe St. Benoît bereits vor einer Viertelstunde verlassen!

Wer über diese Nachricht mehr erschrak, ob Fantaisie oder ich, war schwer zu sagen: er war um seine Franken gekommen, und ich hatte einen halben Tag der mir fast unersetzlichen

Zeit verloren. Privatwagen, nach denen ich fragte, waren so theuer, daß mir die Lust, einen zu miethen, verging. Ich machte mich also mit dem Gedanken vertraut, die Nacht in dem Regenneste St. Benoît zubringen zu müssen, und ließ mir, um Dies wenigstens recht behaglich thun zu können, ein Zimmer anweisen oder besser gesagt eine „Bude", ein bescheidenes Kämmerchen mit Breterwänden. Eben war ich damit fertig, meine schrecklich zugerichteten Kleider zu wechseln, als Jemand eintrat und mir einen Wagen nach St. Denis für fünfundzwanzig Franken anbot. Ich traute meinen Ohren kaum — denn die Diligence kostete beinahe ebensoviel — und dachte, die angebotene Kutsche würde wol ein erbärmlicher Karren sein; doch war ich entschlossen, auch das schlechteste Gefährt zu benutzen, und machte mich bereit.

Fantaisie, den ich schon vorher mit Kaffee und Rum bewirthet, erhielt den Rest meiner Reisevorräthe und ein kleines, unerwartetes Trinkgeld: tiefgerührt versprach er mir, mich nie zu vergessen. Herz und Mund gingen ihm auf, als er sah, was ich zu Hause für ein guter Kerl sei. Er erzählte mir von seiner Vergangenheit und Zukunft und sagte nicht ohne Stolz, daß er bereits in zwei Jahren Grundbesitzer sein würde; er war nämlich vor sechzehn Jahren in Dienste getreten, aber nicht für anderthalb Franken täglich, wie die anderen Engagés, sondern für eine Entschädigung an Land, für die freie Benutzung von dreihundert Gauletten, welche nach achtzehn Jahren Dienstzeit ihm zu eigen gehören sollten. Begeistert nahm er Abschied von seinem Quäler und Gönner; er wollte noch diesen Abend nach Hause zurückkehren, um seinem Weibe das ihm zu Theil gewordene bescheidene Glück brühwarm zu erzählen. Ich mußte ihm geloben, auf allen meinen künftigen Reisen in der Plaine des Palmistes nur seine Dienste zu benutzen. Dies that ich gern und mit umsoweniger Bedenken, als ich leider überzeugt war, daß ich das schöne Land nie wieder sehen würde.

Inzwischen fuhr der Wagen vor, — ein zweispänniger, verdeckter Wagen! Der Insasse bat mich, einzusteigen, er forderte die Bezahlung nicht im Voraus — die Sache wurde immer wunderbarer! Die Auflösung des Räthsels ergab sich bald aus der unterwegs geführten Unterhaltung: mein Retter war ein Zuckerpflanzer oder so etwas Aehnliches; er hatte nothwendige Geschäfte in St. Denis und dachte, den kleinen Beitrag zu seinen Reisekosten, welchen er durch seine Freundlichkeit gegen mich erlangte, mitnehmen zu können. Ich fragte ihn nicht nach seinem Namen, weil es ihm vielleicht unangenehm gewesen wäre, wenn man sich später das Geschichtchen von dem kleinen Nebenverdienst erzählt hätte. Uebrigens besaß der Mann, welcher mir durch seine Betriebsamkeit einen so großen Dienst erwiesen, ein menschlich fühlendes Herz: er ließ einen armen, desselben Weges ziehenden Mulatten ohne Bezahlung auf den Bock steigen.

Bequem und hurtig rollten wir durch die Nacht dahin. Ich entschlummerte sanft und erwachte erst in den Straßen von St. Denis, als der Kutscher mich fragte, ob ich nicht Marienstraße Nr. 4 wohne. Der Mann wußte also, wer ich war! Die herbeieilenden Diener erzählten mir, daß der Baron noch in Mauritius weile. Ich erfrischte meinen Pflanzer mit einem Glase Bordeaux-Bier und händigte ihm dann mit dem aufrichtigsten Danke das redlich verdiente Gold ein. Beiderseits zufrieden trennten wir uns.

Dreiunddreißigster Abschnitt.

Abschied von den Maskarenen.

Lebewohl den Freunden. — Die Getreuen Spekes und die sog. „gebildeten" Europäer. — Nachricht von Thorntons Tod. — Unsere Wege trennen sich. — Bourbon sonst und jetzt. — Ueberhandnehmen des Zuckerrohrbaues und schlimme Folgen davon. — Was dem Lande Noth thut. — Réunions Verhältniß zu Frankreich. — Beziehungen zu Mauritius und Madagaskar. — Verschiedene Arten von Kolonien. — Vortheile überseeischer Besitzungen für Deutschland. — Inwiefern eignet sich Ostafrika für deutsche Siedelungsversuche?

Unter Einpacken und Abschiednehmen verging die kurze Frist von zwei Tagen schnell genug. Der Postdampfer traf pünktlich am Morgen des 7. August ein und mit ihm der Baron, welcher im Fluge die Nachbarinsel durchstreift hatte. Ein fröhliches Frühstück in der Evêché vereinigte uns zum letzten Male mit unseren lieben Freunden. Sie gaben uns alsdann das Geleit bis an den Strand. Wir sagten ihnen nochmals Dank für all ihre außerordentliche Freundlichkeit, bestiegen das Boot und verließen bald darauf die schöne Insel, auf Nimmerwiedersehn, wie wir uns sagen mußten!

Diesmal war der Nepaul nicht so stark besetzt als früher; dafür aber beherbergte er einige merkwürdige Gäste, welche wir nicht unerwähnt lassen dürfen, da sie überall, wo sie auf ihrem Wege das Land berührten, mit Aufmerksamkeiten überschüttet worden: „die Getreuen Spekes." Sie waren nach Beendigung der bewundernswerthen Reise ihres Herrn über Gondokoro nach Kairo gekommen, von dort mit der Eisenbahn nach Suez und mit dem Dampfer nach Mauritius gefahren, um über die Seschellen nach Sansibar zurückzukehren. In Port Louis waren sie die Helden des Tages gewesen: der Statthalter und die Einwohnerschaft hatten sich beeifert, ihnen Theilnahme und Dank für ihr anerkennenswerthes Verhalten zu bezeigen; man hatte sie allerwärts umhergeführt, zu Festlichkeiten geladen und sie endlich mit einer schnell gesammelten, namhaften Summe beschenkt. Während der Fahrt nach den Seschellen kamen Spekes Getreue wenig zum Vorschein; sie saßen, zumeist auf die Hacken gekauert und die Hände über die Knie gefaltet, auf ihrem Platz am Hinterdeck. Als die auf Sansibarweise gekleideten Neger und Negerinnen in Port Viktoria den Dampfer verließen, erregten sie bei den Kajütfahrgästen, welche vorher keine Ahnung von ihrem Hiersein gehabt hatten, das größte Aufsehen. Leider gaben die „gebildeten" Weißen ihre Neugier und Verwunderung in einer sehr unschicklichen Weise kund: sie lächelten verächtlich, spotteten über Tracht und Haltung und brachten die armen Eingeborenen, welche durch das

Spalier der schöngekleideten Fahrgäste Spießruthen laufen mußten, in die ärgste Verlegenheit. Unartiger als Alle benahm sich eine kleine, von den Maskarenen nach Europa zurückkehrende Schauspielerin; wer ihr Gebaren sah, Dem drängten sich Zweifel auf, ob die äußere Bildung, deren sie und ihres Gleichen sich rühmen, denn wirklich einen Vorzug vor den „Wilden" begründet! Soviel ist sicher, daß jene Neger an diesem Tag einen sehr schlechten Begriff von europäischer Gesittung empfangen haben.

Späterhin, in Sansibar selbst und schon auf der Weiterreise, lernte ich die Getreuen Spekes genauer kennen; sie zeigten sich, als ihr anfängliches Mißtrauen geschwunden, in ihrer gemütlichen Natürlichkeit, erzählten mit Wohlgefallen von ihrer großen Reise, von den Ehrenbezeigungen und Freundlichkeiten, welche sie in Kairo, Aden und Mauritius empfangen, und verriethen durch Nichts, daß sie dümmer wären, als vollständig unerzogene Menschen in Europa, als die Mehrzahl unserer unter Gänsen und Kühen aufgewachsenen Landsleute: sie zeigten im Gegentheil eine gewisse Gewecktheit in ihrem Gedankenkreise, wie man sie ja auch daheim bei Leuten von mangelhafter Bildung und einseitiger Beschäftigung findet.

Nach fünftägiger Fahrt kamen wir auf den Seschellen an. Durch besondere Vergünstigung wurden uns die inzwischen angekommenen Briefe sogleich ausgeliefert. Der Baron empfing aus Sansibar die Trauerkunde, daß Thornton, sein Begleiter auf der ersten Dschaggareise, an Bord des Livingstoneschen Dampfers „Pioneer" einem bösartigen Fieber erlegen sei (51). Dies war also der dritte Todesfall, welcher unseren Reisenden seit seiner Ankunft in Afrika näher berührte! Und doch sollten die Namen Roscher, Koralli und Thornton nur den Anfang einer längeren Liste bilden. — Ich dagegen hatte die unbeschreibliche Freude, die ersten Nachrichten von den Meinen zu erhalten, die ersten Briefe in den sechzehn Monaten meiner Abwesenheit von Europa.

Die Stunde der Trennung von meinem verehrten Chef, welchem ich so vieles Gute und Schöne verdankte, war herangekommen: er ging mit dem Nepaul weiter nach Aden und von da nach der Heimat, um die Vorbereitungen zu seiner nächsten großen Reise zu leiten, den Bau eines geeigneten Flußdampfers zu besorgen, neue Gefährten zu gewinnen und sich mit den nöthigen Vorräthen auszurüsten — ich kehrte nach Sansibar zurück, um dort mit Beobachtungen, Sammlungen und Ausflügen den bisher verfolgten Zwecken weiter zu dienen.

Bald waren die Postgeschäfte beendet; die Passagiere für Sansibar hatten sich auf einem bereitgehaltenen Boote eingeschifft, und weiter dampfte der Nepaul nach Aden zu. Der Pleiad, auf welchem ich meine Rückreise vollenden sollte, lag bereits im Hafen; seine Abfahrt verzögerte sich indessen um einige Tage, weil er herwärts durch heftige Winde gelitten und noch einige Ausbesserungen zu besorgen hatte. Ich vertrieb mir die Zeit mit Wiederholen der früheren Beobachtungen und, in der angenehmen Gesellschaft meiner alten Freunde Hewison und Bishop, mit öfteren Spaziergängen am Strand und auf den herrlichen Bergen. — Diesmal dauerte die Fahrt nach Sansibar nur sechs Tage, während wir vorher über vierzehn gebraucht hatten. Ich mit meinen zwei Leuten bildete wol den am wenigsten erwarteten Theil der Reisegesellschaft; man glaubte uns bereits im waldigen Inneren Madagaskars oder am Hofe Radamas II., da man noch keine Ahnung hatte von den jüngsten Ereignissen auf der großen afrikanischen Insel.

Nun wir Réunion kennen mit seinen Bergen, Schluchten und fruchtbaren Gefilden, sei es gestattet, einen Blick zu thun auf dessen Vergangenheit und Zukunft. Maillard's ausgezeichnetes Werk „Notes sur l'Ile de la Réunion", dessen wir schon früher gedacht haben, wird uns vielfach ein zuverlässiger Führer hierbei sein. Wer die herrliche Insel durchwanderte, welche Alles, was Landschaften der verschiedenen Himmelsstriche Schönes und Großartiges bieten, gewissermassen in einer Nußschale vereinigt; wer die vortrefflichen Einrichtungen des Landes bewundern gelernt und Monate lang sich erfreut hat an der berühmten Gastfreundschaft seiner Bewohner, Der muß zugestehen, daß die Franzosen Grund haben, Réunion die schönste und reichste ihrer Kolonien zu nennen. Wie aber ist dieses Eiland, welches vor dreihundertfünfzig Jahren der Welt noch unbekannt war, danach hundertfünfzig Jahre lang unbewohnt blieb und erst im Laufe der Zeiten seine jetzigen Reichthümer zugebracht erhielt, wie ist Bourbon zu Dem geworden, was es jetzt ist? Die Beantwortung dieser Frage dürfte in mehr als einer Hinsicht lehrreich sein, namentlich für uns Deutsche, die wir jetzt ernstlich daran denken müssen, uns auch Kolonien zu schaffen.

Zwischen dem Bourbon von jetzt und von früher ist ein großer Unterschied. Die Reisenden zu Ende des siebzehnten Jahrhunderts erzählen von prächtigen, bis zum Meere herab reichenden Waldungen; sie fanden Ueberfluß an allerlei Wild — auf den Bergen Ziegen, Schweine und Rinder, welche man früher ausgesetzt, in den Gewässern ungeheure Fische und Schildkröten und am Strande seltsame, plumpe Riesenvögel, welche so wenig scheu waren, daß man sie mit Knütteln todtschlagen konnte; die Ansiedler aber, erst wenige Hunderte an Zahl, erfreuten sich in Gesundheit dieser Reichthümer der „Insel mit dem herrlichsten Klima unter der Sonne" und nahmen die Fremden so liebenswürdig auf, daß einer von diesen sagt: „Ich kenne keinen Ort, wo die Gesellschaft so zuvorkommend und angenehm, die Gastfreundschaft so großartig und die Gesittung so sanft wäre, wie hier." . . . Jetzt sind die Wälder zum großen Theile verschwunden und mit ihnen die jagdbaren Thiere; die Gewässer sind entvölkert, und von den merkwürdigen Vögeln lebt kein einziger mehr; das Klima hat sich verschlechtert, und vordem unbekannte Krankheiten sind eingeschleppt worden — nur das Eine ist unverändert geblieben, die Sittenanmut und, trotz allen Mißbrauchs, auch die Gastfreundschaft der tausendfach vermehrten Einwohnerschaft. Doch so groß auch die Wandlungen sein mögen, welche Bourbon in zwei kurzen Jahrhunderten zu bestehen hatte, es sieht in der nächsten Zeit noch bedeutsameren entgegen. In diese Verhältnisse kann uns Nichts einen besseren Einblick verschaffen, als die Betrachtung der Lebensweise und Thätigkeit der Einwohner zu den verschiedenen Zeitabschnitten.

Ehemals nährten die Ansiedler sich hauptsächlich von dem Ertrag ihrer Gärten und Felder. Reis, Mais und europäisches Getreide, Kartoffeln, grünes Gemüse und allerlei Früchte wurden in solcher Menge erzeugt, daß nicht nur Bourbon und Mauritius, sondern auch die vorbeifahrenden Schiffe reichlich damit versorgt werden konnten. Danach beschäftigte man sich viel mit dem Anbau von Gewürzen, und eine Zeit lang war Kaffee der Hauptreichthum des Landes. Neuerdings aber (seit 1813) hat der Zuckerrohrbau die Kolonie dermaßen überschwemmt, daß sie den größten Theil ihrer Lebensbedürfnisse von außen her beziehen muß. Die Begierde, Zuckerpflanzer zu sein, ergriff die Leute wie ein wildes Fieber: blühende Gärten, Kaffee- und Gewürznelkenpflanzungen und die Wälder der Höhe, Alles mußte dem neuen, verheißungsreichen Gewächse weichen. Namentlich Das war dem „kleinen Manne" verführerisch, daß er von dem Zuckersieder leicht Vorschüsse erhalten konnte, wenn er die Erträge seiner Felder ihm zum Voraus versprach, und Das eben richtete ihn zu Grunde; denn die hohen Zinsen (zehn bis fünfzehn vom Hundert) verzehrten seine Einkünfte, und eine einzige Mißernte genügte dann, sein verschuldetes Gut dem Darleiher verfallen zu lassen.

So kam es, daß der kleine Besitz verschwand und fast das gesammte Grundeigenthum einigen hundert reichen Familien zu Theil wurde. Die Folgen blieben nicht aus: frische Lebensmittel wurden mit der Zeit so theuer, daß nur noch Wohlhabende sie sich beschaffen konnten, während Aermere und selbst der Mittelstand sich mehr und mehr darauf angewiesen sahen, ihre Familien mit Reis, Mais und gesalzenen, von auswärts eingeführten Fischen und Fleischwaaren zu ernähren.

Noch eine andere Ursache trug zur Entstehung dieses Mißverhältnisses bei: der Mangel an Arbeitskräften oder, was dasselbe ist, der hohe Preis der Handarbeit. Seit Abschaffung der Sklaverei und seit dem Ueberhandnehmen des Zuckerrohrbaues war es nur größeren Eigenthümern noch möglich, die hohen Summen für die „Engagements" (52) fremdländischer Arbeiter aufzubringen — kleinere Besitzer mußten ihre Felder unbenutzt liegen lassen, weil es ihnen an Händen fehlte, sie zu bearbeiten, oder mußten die Grundstücke, welche ihnen ein todtes Kapital geworden, nothgedrungen an die Zuckerpflanzer verkaufen.

Demungeachtet gedieh die Kolonie und entwickelte sich schneller als je. Mit der Zeit jedoch entartete das Zuckerrohr, die Aussaugung des Bodens machte sich bemerklich, und oft zerstörten Krankheiten und schädliche Insekten einen großen Theil der Ernte. Nun wären Viele gern zu dem alten Anbau zurückgekehrt — aber es war zu spät, denn die Pflanzungen waren vernichtet, und in manchem des Zuckerrohrs wegen entholzten Gebiete war das fruchtbare Erdreich vom Regen herabgeschwemmt worden, sodaß der nackte Fels zu Tage stand und jeglicher Anbau schlechterdings unmöglich war. Die Frage: was soll Réunion beginnen, wenn das Rohr noch schlechter gedeiht als jetzt und die Einführung neuer Stecklinge Nichts mehr hilft, wird alljährlich eine brennendere. Bourbon steht vor einer Krisis, welche in den nächsten Jahren hereinbrechen muß, und es ist mit Wahrscheinlichkeit vorauszusehen, daß von dem Zuckerrohrbau in einigen Jahrzehenden nur wenig mehr übrig sein wird.

Trotzalledem ist das Land noch nicht verloren! Schon bemühen sich die besten und einsichtigsten Männer, die Lebensfrage der Insel auf eine entsprechende Weise zur Lösung zu bringen. Man hat verschiedene Vorschläge gethan, um den bestehenden Uebelständen abzuhelfen. Die Einen riethen, sich gänzlich auf Anbau von Getreide zu beschränken, in der sehr richtigen Erwägung, daß alsdann die Ansiedler wenigstens nicht zu verhungern brauchten — aber ein Land, welches nur Das erzeugt, was es für sich braucht, würde in Kurzem der Barbarei wieder anheimfallen. Andere meinten, man müsse frühere Gewerbszweige wieder aufnehmen oder mit größerer Kraft betreiben — aber auch Dies wird nur theilweise helfen, denn manche der früheren Kulturen, wie der Gewürznelkenbau, sind unmöglich geworden durch die geänderten Handelsverhältnisse, und andere, wie der Anbau von Kaffee oder Vanille, würden keinen dauernden Ersatz bieten, theils weil nur gewisse Länderstrecken dazu benutzt werden können, theils weil die vermehrte Erzeugung der Waare sehr bald ein Sinken des Preises zur Folge haben würde. Vielleicht ist die an manchen Stellen vortrefflich gedeihende Baumwolle berufen, dereinst eine Rolle im Haushalte der Insel zu übernehmen.

Ueber mehrere der Gewächse, welche künftighin Bourbons Reichthum bilden sollen, sind erst noch Erfahrungen zu sammeln. Derartige Versuche durchzuführen, genügt es nicht, daß die Pflanzer hier und da ihre Felder mit neuen Gewächsen bestellen: es ist auch die Fürsorge des Staates nothwendig, damit Jeder die Belehrung finde, welche er sucht, und die neuen Pflanzen, welche er braucht. Leider werden die für deren Eingewöhnung so unschätzbaren Einrichtungen, welche Bourbon bereits besitzt, der botanische Garten und die beiden Jardins d'Acclimatation in einer unbegreiflichen Weise vernachlässigt: es wäre Pflicht der Verwaltung, besonders aber der Ackerbaukammer, dafür zu sorgen, daß solchen Uebelständen schleunigst abgeholfen und die Anstalten, welche zu so großen Diensten für das Land berufen sind, aufs Reichlichste mit den erforderlichen Mitteln versehen würden.

Soll das Land sich gedeihlich entwickeln und der Ackerbau der „kleinen Leute" wieder zur Blüte kommen, so ist es ferner, wie bereits erwähnt, auch nothwendig, die Zahl der Gemeinden zu vermehren. Es würden sich dann neue Mittelpunkte der Bevölkerung bilden, und man könnte Landstriche bebauen, welche außerhalb des Zuckerrohrgürtels liegen und von den jetzigen Städten und Dörfern allzu weit entfernt sind, als daß die Erzeugnisse sich mit Vortheil verwerthen ließen. Selbstverständlich müßten dann auch neue Verkehrswege angelegt und vor Allem die zweite Gürtelstraße, die Route Henry Delisle, vollendet werden.

Ein anderer Vorschlag, die Zukunft der Kolonie sicher zu stellen, ist der ebenfalls schon erwähnte, einen Gürtelkanal in der Höhe von achthundert bis tausend Metern über der Meeresfläche rings um die Insel zu führen: durch ihn würden die Erträge der Insel sich geradezu verdoppeln lassen. „Die vollständige Verwirklichung dieses Vorschlages", sagt Maillard, „ist vielleicht nur ein schöner Traum, die theilweise aber ist möglich und gewiß; denn auf Réunion ist unter Mitwirkung des Landes, der Gemeinde und der Bevölkerung Alles ausführbar."

Wie wir Bourbon kennen gelernt, zweifeln wir nicht, daß man Mittel finden wird, die bevorstehende Krisis zu überwinden, ja wir sind überzeugt, daß die schöne Siedelung verjüngt und gekräftigt aus ihr hervorgehen muß: nach Einführung der erwähnten Verbesserungen wird der Wohlstand gewiß gleichmäßiger vertheilt und gesicherter sein, als er je in den besten Tagen der Zuckerrohrzeit war, wie ja auch seit Einführung der freien Arbeit, allen Befürchtungen der Pflanzer zum Trotz, die Entwickelung des Landes eine günstigere, die Begründung der Vermögen eine festere geworden ist.

Jetzt tritt an uns die Frage heran: Was hat Bourbon dem Mutterlande genützt, und was nützt es ihm noch? Unmittelbar bringt diese Kolonie wie die meisten anderen, Java vielleicht ausgenommen, geringen Vortheil; denn, so gut geordnet auch Verwaltung und Finanzen sind, die Einnahmen gestatten eben, Alles im Stand zu erhalten und die nöthigen Verbesserungen vorzunehmen, reichen aber nicht aus zur Bestreitung anderer Unkosten. Frankreich hat sogar jährlich dritthalb Millionen Franken zuzuschießen für Verwaltung, Gerechtigkeitspflege, Kirche und Schule und für verschiedene Bauten, ungerechnet die noch beträchtlicheren Summen, welche Militär und Flotte in Anspruch nehmen. Wollte man aber deshalb meinen, es wäre rathsam für Frankreich, sich des zehrenden Anhängsels zu entledigen, so beginge man einen gewaltigen Irrthum; man würde ganz außer Acht lassen, daß tausende von Franzosen hier ihr Glück gefunden und Vermögen erworben haben, daß Anderen, denen die Heimat zu eng war, die Kolonie Raum und Gelegenheit bot, ihre Kräfte zum Nutzen des Vaterlandes zu verwenden, daß Frankreichs Handel und Gewerbe sich bereicherten, indem sie ihre Erzeugnisse nach der fremden Insel lieferten, daß endlich die französischen Kriegsschiffe in Bourbon ihre Hauptstation für den indischen Ocean und einen wichtigen Erholungsort haben.

Noch höheren Nutzen in jeder Hinsicht würde Réunion bringen, wenn es mit Mauritius vereinigt wäre. Beide Inseln gehören naturgemäß zusammen und ergänzen eine die andere: Mauritius, dem größten Theile seiner Oberfläche nach dem heißen Himmelsstrich angehörig, die mit zwei schönen Häfen versehene Handelsinsel, in welcher fast alle nach Indien und China segelnden Schiffe anlaufen — und das bergige, in die kühleren Gebiete hineinragende Réunion, welches Getreide und Schlachtvieh in Menge liefern könnte und in seinen gesunden, hochgelegenen Thälern den Bewohnern des Nachbarlandes eine Genesungsstätte bietet. Es war ein unglücklicher Mißgriff, Mauritius und Réunion zu trennen, und französischerseits ein unverzeihlicher Fehler, sie nicht wieder zu vereinigen, als man das reiche Mauritius gegen die unbedeutenden französischen Besitzungen in Indien (Pondichery und Carical) erwerben konnte. Der „Mauritius-Almanac" äußert hierüber: „Man weiß nicht, worüber man sich mehr wundern soll, ob über die Beschränktheit des englischen Staatsmannes, welcher diesen Tausch anbot, oder über die Unfähigkeit des französischen Ministers, welcher das glänzende Anerbieten zurückwies."

Doch es ist nutzlos, über die Vereinigung der beiden Inseln zu sprechen; sie werden wol für immer getrennt sein! Allerdings erinnert auf Mauritius noch Alles an die französische Herrschaft; die Einwohner sind ihren Sitten und ihrer Lebensweise nach zumeist Franzosen und sprechen französisch, die Zeitungen erscheinen halb französch, halb englisch und Aehnliches mehr: aber England wird gewiß niemals seine reiche Besitzung aufgeben, den vortrefflichen Hafen, den einzigen im Umkreise von tausend Meilen, wo seine Schiffe Schutz finden und Ausbesserungen vornehmen können, den festen Fußpunkt für die Kriegsmarine, welche die ostafrikanischen Wässer beherrschen, die britischen Schiffe schützen und den Sklavenhandel unterdrücken soll. Und ebensowenig wird Frankreich die ärmere, aber schönere der beiden Schwesterinseln abtreten, schon aus dem Grunde nicht, weil es von hier aus seinen noch niemals aufgegebenen Plan einer Besitzergreifung von Madagaskar so bequem zur Ausführung bringen kann.

Ließen die ehrgeizigen Bestrebungen Frankreichs sich verwirklichen, was allerdings nicht Jedem wahrscheinlich vorkommt, so würde Bourbon als Vermittlerin zwischen Madagaskar und Europa eine erhöhte Wichtigkeit erlangen, doch nur auf kurze Zeit, denn bald würde Madagaskar die kleine, wenn auch weiter vorgeschrittene Siedelung weit überflügeln, und letztere würde dann nur noch ein Anhängsel sein der großen, reichen Insel, welche den Mittelpunkt der ganzen Gruppe bildet.

Man hat viel darüber gesprochen und geschrieben, ob es auch für Deutschland räthlich sei, überseeische Pflanzstätten anzulegen. Viel Verwirrung ist in diesen Streit gekommen durch die Verwechselung der verschiedenen Arten von Kolonien. Mancher kämpft gegen tropische Ansiedelungen überhaupt und bringt Gründe vor, welche nur gegen eine Art derselben, gegen Ackerbaukolonien gerichtet sind — an diese aber hat vernünftiger Weise Niemand gedacht, wenigstens in der Weise nicht, wie jene Herren meinen. Und solche Unklarheit herrscht noch in Kreisen, denen man ein reiferes Urtheil zutrauen sollte. Das Erscheinen eines Buches, welches diese Verhältnisse in gemeinfaßlicher Weise darstellt, ist deshalb freudig und mit Dank zu begrüßen — wir meinen Ernst Friedel's (53) „Die Gründung preußisch-deutscher Kolonien im indischen und großen Ocean." Der verdienstvolle Verfasser, welcher unermüdlich thätig ist, den richtigen Anschauungen über Kolonisationswesen Bahn zu brechen, setzt die erwähnten Unterschiede, auf welche Wilhelm Roscher zuerst mit Nachdruck hingewiesen, mit großer Klarheit auseinander. Einige ihm entlehnte Beispiele werden am geeignetsten sein, die so wichtige Eintheilung in Handlungs-, Pflanzungs-, Eroberungs- und Ackerbaukolonien zu verdeutlichen.

Ackerbaukolonien sind oder waren Australien und Nordamerika. In derartige Länder, deren klimatische Verhältnisse europäischen Auswanderern nicht allzu fremdartig vorkommen, strömen Millionen von Ansiedlern, bemächtigen sich in Kurzem der ausgedehnten Ackerbau- oder Weideflächen und vernichten in fast stetem Kriege die eingeborne Bevölkerung. Zugleich haben sie mit einer mächtigen Natur zu kämpfen: sie haben Wälder zu roden, Sümpfe auszutrocknen oder dürre Ländereien zu bewässern, Straßen, Kanäle, Schulen und Kirchen zu bauen, brauchen also Geld, sehr viel Geld und können mithin dem Mutterlande wenig oder Nichts abgeben, beziehen vielmehr beträchtliche Unterstützungen von dort, murren, so oft sie Etwas dagegen leisten sollen — sei es nun an Geld oder an Menschenkräften bei einem ausbrechenden Kriege — und fallen über lang oder kurz als selbständige Staaten mit demokratischen Verfassungen von jenem ab. Wenn man im gewöhnlichen Leben von Kolonien schlechtweg spricht, so meint man in der Regel diese.

Anderer Art sind die Eroberungskolonien, wie sie früher die Spanier und Portugiesen in Mittel- und Südamerika begründeten, wie neuerdings die Franzosen eine in Nordafrika (Algerien) angelegt haben. Auch nach ihnen ziehen sich Auswanderer in Massen, aber nicht Ackerbauer, sondern hauptsächlich Abenteurer sowie Soldaten, Beamte und Geistliche; es entsteht in ihnen eine schroffe Ungleichheit der Stände, und die Eingebornen werden nicht ausgerottet, sondern bilden nur die unterste Klasse der Bevölkerung, den Stoff, über welchen die Eingewanderten herrschen. Eroberungskolonien werden immer in gewissem Grade unsittlich sein und ungesunde Verhältnisse zeigen, bis sie über lang oder kurz in eine der anderen Formen übergangen sind.

Pflanzungskolonien sind diejenigen, aus denen wir die Kolonialwaaren beziehen. Unter heißem Himmelsstriche gelegen, bringen sie Zucker, Kaffee, Gewürze u. dgl. hervor, selbstverständlich nicht durch die freie Arbeit europäischer Ansiedler, sondern mit Hilfe von eingeborenen oder aus anderen Ländern herbeigeschafften Arbeitern (Negersklaven, Engagés, indischen oder chinesischen Kulis). Die einträglichsten der Kolonien gehören dieser Abtheilung zu, und unter ihnen wieder ist Java die gepriesenste — das kleine Holland gewinnt alljährlich zehn bis vierzehn Millionen Gulden aus dieser Niederlassung allein.

Hierzu kommen noch die Handelskolonien der seefahrenden Völker. Derartige Niederlassungen können mit den geringsten Kosten, ja fast ganz ohne Aufwand errichtet werden, bringen reichen Ertrag und nehmen oft eine außerordentlich günstige Entwickelung. Eine Handelskolonie ist Singapore; Sansibar könnte eine solche werden, wenn die Insel durch irgendwelche Streitigkeiten in den Besitz einer europäischen Macht käme.

Nicht in allen Fällen läßt sich diese Eintheilung streng durchführen. Ein Beispiel hierfür bietet die Insel Réunion, welche in hervorragendem Sinne Pflanzungs-, zugleich aber auch Ackerbaukolonie ist, da in ihren höher gelegenen Gebieten Arbeiter europäischer Abstammung das Feld selbst bestellen können, ohne ihre Gesundheit zu beeinträchtigen. In anderen Siedelungen ist die Vermischung dieser vier Abtheilungen noch bunter, doch tragen sie immer vorwiegend das Gepräge von einer derselben.

Was uns Deutsche zur Anlegung von Kolonien veranlassen könnte, ist etwa Folgendes:

1) Wir haben eine Auswanderung, welche alljährlich sehr beträchtliche Summen an Geld sowie an körperlicher und geistiger Kraft dem Auslande zuführt und somit uns erhebliche Verluste bringt; denn von den Ausgewanderten kehrt selten jemand mit dem in der Fremde vermehrten Vermögen zurück, die meisten werden sogar nach ein oder zwei Geschlechtern der heimischen Sprache untreu.

2) Bei uns gibt es tausende von Leuten, und zwar höchst befähigte, geschickte und achtungswerthe Leute, welche in den engen, von unserer Gesittung gesteckten Schranken sich nicht wohl fühlen, weil sie nicht den richtigen Wirkungskreis, nicht Spielraum für ihre Kräfte finden; außerdem gibt es, um mit Friedel zu sprechen, Viele, welche durch eine unbedachte Handlung oder ein sorgloses Leben gezwungen worden, die Heimat zu verlassen und sich jenseit des Weltmeeres eine Heimat zu suchen, in welcher sie von Neuem beginnen und sich im Schweiß ihres Angesichtes eine ehrenvolle Stellung erringen können: alle Diese gehen mit wenigen Ausnahmen bei unsern jetzigen Verhältnissen zu Grunde; entweder sie verkümmern auf ungeeignetem Boden im Vaterlande, oder sie werfen sich verzweiflungsvoll dem Ausland in die Arme und finden dort, vorzeitig an Geist und Körper zerrüttet, ein trauriges Ende. Für solche „Schiffbrüchige" würde schon eine kleine deutsche Kolonie ein Rettungshafen sein.

3) Nicht nur die Auswandernden allein, auch das gesammte Volk würde geistigen Vortheil haben von dem Verkehr mit einer überseeischen Besitzung. Um Dies zu erkennen,

sehe man nur die Angehörigen kolonisirender Nationen an, wie unternehmend, stark und selbstvertrauend sie sind der Mehrzahl unserer Landsleute gegenüber, oder man betrachte diejenigen unter uns, welche nach längerer Abwesenheit von „drüben" zurückkehren, wie sie ganz Andere geworden, als sie vorher waren! Zugleich gewinnt auch der Staat, welcher Ruhe als die erste Bürgerpflicht betrachtet, entschieden dadurch, daß die unruhigen Geister, welche zu Hause nicht gut thun, außer Landes gehen; denn erfahrungsmäßig erwachsen aus diesen nicht nur brauchbare Glieder für die menschliche Gesellschaft überhaupt, sondern auch oft höchst nützliche Staatsbürger für das Heimatsland, welches sie erst in dessen Kolonien schätzen und würdigen lernen.

4) Außerdem könnten, wenn wir ein Stück Land über dem Meere besäßen, Staat und Gemeinden sich Leute vom Halse schaffen, welche ihnen jetzt eine drückende Last sind, wie unverbesserliche Landstreicher, Diebe und andere Plagen der Gesellschaft; wie gern würde man oft das Doppelte des Ueberfahrtspreises bezahlen, um der beständig durch sie verursachten Sorge überhoben zu sein! Die Ueberwachung der „Deportirten" in der Strafcolonie ist vielleicht nicht billiger als ihre Beaufsichtigung und Verpflegung im Mutterlande; dafür aber hat man die Aussicht, jene Verwahrlosten dort noch zu retten, während sie jetzt bei den Mängeln unseres Strafverfahrens eher noch verschlechtert werden. Viele der Aufgegebenen und Ausgestoßenen, Diebe, Wildschützen u. dgl., würden ganz von selbst ehrliche Menschen sein, wo es kein Eigenthum gibt, an welchem sie sich vergreifen, und keine Gesetze, welche sie übertreten können. Für Andere würde der dort entbrennende „Kampf um das Dasein" Veranlassung werden, daß die bisher verkümmerten guten Seiten ihres Wesen sich entwickeln auf Kosten des im Müssiggang zur Ausbildung gekommenen schlimmen. Wäre Dies nicht der Fall, so würde die Erscheinung unerklärlich sein, daß man in vielen Verbrecherkolonien sicherer wohnt als in den großen Städten Europas. Rechnen wir noch

5) die greifbaren Vortheile dazu, welche heimische Gewerbsthätigkeit, Handel und Schifffahrt aus dem Verkehre mit überseeischen Besitzungen ziehen und hierdurch der Staat, dessen Angehörige erhöhte Leistungsfähigkeit gewinnen, so leuchtet es wol Jedem ein, daß es für uns Deutsche von ungeheurer Wichtigkeit wäre, wenigstens eine Kolonie zu besitzen.

Und dennoch wollen noch Manche den Nutzen deutscher Siedlungen bestreiten! Sie berufen sich in ihren Auslassungen hauptsächlich auf Nordamerika, welches doch gewiß ein mächtiges, blühendes Land sei und einen mit fabelhafter Schnelligkeit sich ausbreitenden Handel besitze: die Herren bedenken aber nicht, daß die vereinigten Staaten vor Kurzem bereits mehrere Handelskolonien käuflich erworben haben, ferner daß Amerika dem größten Theile nach selbst noch ein unentdecktes oder wenigstens unausgebeutetes Land ist, welches durchaus keinen Ueberfluß an Menschen hat, vielmehr alljährlich einen ungeheuren Strom von Auswanderern in sich aufnimmt, daß dort also eigentlich Alles fehlt, was uns mit Gewalt dazu drängt, Kolonien zu errichten. Viele meinen auch, daß die Opfer, welche die Gründung von überseeischen Ansiedlungen erfordern würde, allzu beträchtlich wären im Verhältniß zu dem gehofften Nutzen: diese vergessen, daß manche Kolonien gar keine nennenswerthen Summen beanspruchen, und daß, wer Nichts in sein Geschäft hineinsteckt, auch Nichts herausnehmen kann. Das beste Beispiel, wie reichlich die vom Mutterlande gebrachten Opfer sich verzinsen, bietet Bourbon dar, wo fast Alles, was den Reichthum des Landes ausmacht, Pflanzen, Thiere und Menschen, erst eingeführt worden ist, und wo durch kostspielige Unternehmungen, durch Wege, Brücken und Kanalbauten, noch größere Schätze zu heben sind.

Gewiß wird es hier am Platze sein, einige Worte darüber zu sagen, ob und wie Ostafrika, das Gebiet, in welchem von der Deckens Reisen sich bewegen, für europäische und besonders für deutsche Kolonisation geeignet ist. Schon bei mehreren Gelegenheiten haben wir darauf hingewiesen, geradezu oder mittelbar, daß dieses oder jenes der besuchten Länder uns Deutschen Vortheil bringen könnte. Wir haben in dieser Hinsicht vom Kilimandscharo gesprochen und von dem Bergland Usambara, wir haben auch Sansibar selbst sowie Mombas und die benachbarte Küste in Betracht gezogen, und späterhin, bei Erzählung der Reisen im Lande der Somali und Galla, wird dieser Punkt noch mehrfach betont werden. Es ist unsere feste Ueberzeugung, daß Ostafrika sich für Ansiedlungen aller Art eignet, wenn auch nicht für Massenauswanderungen europäischer Ackerbaufamilien. Nirgends in Afrika, oder wenigstens nicht in dem unbesetzten Theile dieser Ländermasse, finden wir so viele Vortheile vereinigt wie hier: die Wärme ist gleichmäßig, das Klima trotz aller Verleumdungen so gesund wie irgendwo zwischen den Wendekreisen (man bedenke nur, daß Burton und Speke auf ihren langen Reisen im Inneren Ostafrika's keinen Mann von ihrer zahlreichen Begleitung verloren haben); werthvolle Bodenerzeugnisse sind im Ueberflusse vorhanden, nicht nur die, welche wir bis jetzt erwähnt und in einem besonderen Anhange des dritten Theiles weiter zu behandeln gedenken, sondern auch Schätze, welche am besten geeignet sind, tausende von Einwanderern in die Wildniß zu locken — das Gold der ausgedehnten, von C. Mauch entdeckten Gebiete (s. Petermann's geogr. Mittheil. März und April 1868). Dazu kommt noch der gewichtige Umstand, daß man in Afrika nicht um Arbeitskräfte verlegen zu sein braucht.

Ostafrikas Erzeugnisse sind jetzt so reichlich vorhanden, daß man fürchten muß, dem Lande wie dem Handel geschehe Schaden, wenn nicht bald für besseren Abfluß gesorgt wird; sie werden sich stetig mehren im Verhältniß zur Nachfrage. Wer aber in Ostafrika noch Etwas erlangen will, der muß sich dazu halten! Schon ist die Welt zum größten Theile weggegeben, und wenn die Entwickelung so fortschreitet wie bisher, wenn die Entdeckungen Mauch's sich bestätigen, wann der Suezkanal vollendet sein wird, in wenigen Jahren vielleicht schon, wird auch dort Nichts mehr zu holen sein. Dann aber werden wir „träumerischen, unentschlossenen Deutschen“, wie man so oft uns nennt, nicht nur den Schaden, sondern auch den Spott haben! Darum möge man die Worte beherzigen, welche einer unserer berühmtesten Gelehrten und Reisenden, der auch um die Erweckung der Theilnahme für deutsche Kolonisation hochverdiente Adolf Bastian, beim vierzigjährigen Stiftungsfeste der Berliner geographischen Gesellschaft, deren Vorsitzender er ist, bezüglich der Kolonialfrage sprach: „Jetzt, wo Preußen gleichberechtigt in die Reihe der übrigen Seemächte eintritt, wo sich die Flagge des norddeutschen Bundes in den fünf Continenten entfaltet, wo sie in jedem Meere von den Wimpeln der Kriegsschiffe weht, die Gerichtsbarkeit der Konsuln schützt, jetzt muß baldmöglichst und möglichst rasch das Versäumte nachgeholt werden!“

Vierunddreißigster Abschnitt.

Nossibé.

Mein Reiseplan. — Verzögerte Küstenfahrt. — Bana Ali und seine Suria. — Ein Sturm und seine Folgen. — Am Ziele vorbei! — Mayotte in Sicht. — Schurkerei des Schiffers. — Trostlose Lage. — Unerwartete Rettung. — Im Hafen von Nossibé. — Das Café-Réstaurant des Herrn Reybaud. — Die Polizei auf meiner Spur. — Verhör beim Kommandanten. — Hudeleien. — Verrottete Zustände. — Bodenbeschaffenheit und Gewässer der Insel. — Nossibé, ein Stück Madagaskar. — Das Chamäleon. — Andere Thiere. — Die Bevölkerung. — Geschichte der französischen Niederlassung. — Simiaru, Sultahn von Nossimitsiu. — Die Hauptstadt Hellville. — Mein Wirth und seine Familie. — Ambanuru, der Markt von Nossibé. — Vergebliche Bemühungen um ein Fahrzeug. — Photographiren. — Müßiggang zehrt. — Ein Strafausflug. — Uebertriebener Pflichteifer. — Spuren vulkanischer Thätigkeit. — Trotz des Führers auf falschem Wege. — Herr Brune-Martin und seine Zuckersiederei. — Geradwegs in das Innere. — Untreue schlägt ihren eigenen Herrn. — An den Kraterseen. — Sakalavisches Familienleben. — Keine Krokodile gesehen. — Zurück. — Meine Lage am Ende der Regenzeit. — Ein Helfer in der Noth. — Mannigfache Enttäuschungen. — Verkehr mit Dr. Monestier und Anderen. — Die Haft wird immer unangenehmer.

Schon längst hatte ich den Wunsch gehegt, die Insel Angasija oder Groß-Komoro näher kennen zu lernen, von welcher ich bereits viel Merkwürdiges erfahren. Ihren prächtigen, hohen Vulkan hatte ich selbst gesehen beim Vorüberfahren an der Komorengruppe; von dem letzten, großartigen Ausbruche dieses Feuerberges hatte mir ein amerikanischer Kaufmann zu Sansibar erzählt, und Mancherlei war mir berichtet worden von der Grausamkeit und Glaubenswut der Eingeborenen, was ich durchaus nicht zusammenreimen konnte mit dem friedlichen Aussehen und dem guten Betragen der mir bekannten komorischen Hausdiener. Erst im Frühjahre 1864, als Baron von der Decken in Europa weilte, bot sich mir eine Gelegenheit, mein Vorhaben auszuführen.

Der Nordostmonsun ging seinem Ende entgegen. Es litt mich nicht mehr in der Stadt; ich mußte hinaus, um eine neue Thätigkeit zu beginnen. Mit dem letzten Wehen des nördlichen Windes hoffte ich das nahegelegene Komoro-Eiland schnell und sicher zu erreichen, mit Beginn des Südwestes gedachte ich die Rückfahrt anzutreten — die Aussicht war verlockend, Alles schien meinem Unternehmen günstig zu sein; doch galt es, sich zu beeilen, da der entgegengesetzte Wind leicht früher eintreten und so die Reise verhindern konnte.

Am liebsten hätte ich ein Fahrzeug für die ganze Dauer der auf vier bis sechs Wochen berechneten Reise gemiethet, hauptsächlich, um unabhängiger in meinen Bewegungen zu sein und um den immerhin verdächtigen Eingeborenen gegenüber einige Sicherheit zu haben. Leider war Dies nicht thunlich, weil in den Monaten der gewinnbringenden Südfahrten kein Schiffer sich auf kurze Zeit verdingen wollte. Nicht ohne Mühe machte ich ein nach Madagaskar bestimmtes Bethen ausfindig, dessen Nahosa und Eigner, Juma ben Saidi aus Lamu, sich verpflichtete, mich nach Angasija zu bringen und daselbst zwei Tage zu verweilen, um mich wieder an Bord nehmen zu können, falls ich schlechte Aufnahme fände; er verlangte für jeden Tag sowol der Reise als auch seines Aufenthaltes im Hafen eine Entschädigung von vier Thalern. Diesen ungewöhnlich hohen Preis bewilligte ich ihm, als er mir versprach, auf dem nächsten Wege der Insel zuzufahren und nicht, wie es die arabischen Schiffer gewöhnlich thun, längs der Küste hin bis zu einem bestimmten, dem Ziele gegenüberliegenden Punkte.

Ich war aufs Beste ausgerüstet mit allen erforderlichen Waaren und anderen Gegenständen sowie mit Empfehlungsbriefen Seid Madjids, welche ich der freundlichen Vermittelung des englischen Konsuls, Oberst Playfair, verdankte. Nachdem ich das Haus bestellt und meine Papiere dem Hamburger Konsul übergeben, ging ich am Nachmittag des 20. April mit einem Gefolge von elf Leuten an Bord meines Bethens, nicht ohne von mehreren Seiten im Ernst und Scherz vor den mordlustigen Komorianern gewarnt worden zu sein. Durch die Unpünktlichkeit einiger Fahrgäste aufgehalten, kamen wir an diesem Tage nur bis zur kleinen Insel Schumbi, sieben Meilen südlich von der Stadt, und ankerten hier die Nacht über.

Zu meiner nicht geringen Verwunderung und trotz seines Versprechens fuhr der Nahosa am folgenden Tage nahe am Lande hin und hielt bei Dunkelwerden hinter Ras Ndege an der Festlandsküste. Er beruhigte mich, indem er mir versicherte, er würde morgen bestimmt den gewünschten Kurs einschlagen. Aber auch nächsten Tages traf er keine Anstalten dazu, segelte vielmehr immer nur mit halber Kraft, um die Schiffe einiger seiner Freunde zu erwarten und ihnen glückliche Fahrt zu wünschen, und ließ am Abende, so sehr ich auch dagegen sprach, bei Kisimani an der Ostspitze der Insel Mafia (Monfia der Karten) Anker werfen. Da ein prächtiges Abendroth den Himmel über dem Festland erhellte — bei den Arabern ein Anzeichen von Sturm und Regen — stach Juma ben Saidi, den Regeln der europäischen Schiffahrtskunst zuwider, auch am vierten Tage nicht in die offene See, deren hohe Wogen er fürchtete: er machte bei Zeiten Halt in der Nähe des Kap Kiloa, welches wir in langsamen Laufe erreichten. Das lange Ausbleiben des angekündigten Unwetters veranlaßte ihn, auch nächsten Tages die Küstenfahrt fortzusetzen und sich schon zeitig am Nachmittag im Hafen von Mdjinga vor Anker zu legen. Alle meine Einreden, Bitten und Drohungen blieben ohne Wirkung; der Nahosa schwur, nicht anders fahren zu können, erklärte, sein Versprechen sei unter den bestehenden Verhältnissen unausführbar, versprach jedoch, am nächsten Tage sicherlich die gerade Richtung nach unserem Reiseziel einzuschlagen. Ich mußte mich fügen, so unangenehm der Zeitverlust mir war, behielt mir aber vor, den versprochenen Ueberfahrtspreis auf angemessene Weise zu kürzen.

Bis jetzt war die Reise, abgesehen von der langen Verzögerung, recht angenehm gewesen und hatte mancherlei Abwechselung geboten. Das kleine Fahrzeug gewährte allerdings keine Bequemlichkeiten; es war nicht besonders fest gefügt, sodaß von unten das Seewasser und von oben bei schlechtem Wetter der Regen eindrang; auch war es zu eng für die unverhältnißmäßig zahlreiche Schiffsgesellschaft: diese Uebelstände empfand ich jedoch nicht sehr, weil ich mich den größten Theil des Tages auf Deck aufhalten konnte. An Unterhaltung fehlte es nicht; denn das Wechseln der Umgebung und die Bemerkungen meiner Begleiter über die Natur der Inseln, an denen wir vorbei fuhren, nahmen meine Aufmerksamkeit fast unablässig in Anspruch, des Abends aber, oder wann es außerhalb nicht viel zu sehen gab, übten die kleinen Vorgänge an Bord und der Verkehr der verschiedenartigen, hier zusammengewürfelten Menschen ihre Anziehungskraft auf mich aus.

Die merkwürdigste Persönlichkeit unter den Fahrgästen war Bana Ali (Herr Ali), ein lustiger Araber von fünfzig bis fünfundfünfzig Jahren, welcher die Mannschaft fortwährend in heiterster Stimmung erhielt. Bald erzählte er lange Geschichten, die er mit so drolligen Fazen begleitete, daß Keiner ernsthaft bleiben konnte; bald sang er mit Fistelstimme Lieder von recht ansprechender Melodie, bald erheiterte er uns durch sein sonstiges Thun und Treiben. Sein zweites Ich war seine Suria, eine schwarze Sklavin, ein keineswegs hübsches, aber recht gutmütiges Geschöpf. Am Tage, während die Männer auf Deck weilten, hielt sie sich hinter dem ersten Verschlage der Kajüte auf; am Abende, wann sie kein Licht und keine neugierigen Augen mehr zu fürchten hatte, kam sie hervor, nahm in dem allgemeinen Gesellschaftsraume Platz neben ihrem Herrn und Meister und lauschte mit Andacht seinen Erzählungen und Gesängen; Nachts aber wickelte sie sich mit ihrem betagten Gatten in eine gemeinsame Matte, vermutlich um ihn mit ihrem Jugendfeuer zu erwärmen, und schlief hier, von einem Kamelhaarmantel zugedeckt, bis der Morgen sie wieder in ihr Versteck trieb. Bana Ali wachte mit Eifersucht über der Tugend seiner Sklavin; nicht genug, daß er durch die Art und Weise seiner nächtlichen Einrichtung Treulosigkeiten verhinderte, er erzählte auch der Abschreckung halber allerlei Schauergeschichten von Strafen, welche die Verführer und Verführten treffen, von Verstümmelungen, Ersäufungen und dergleichen. Freilich erregte er hierdurch mehr Gelächter als Furcht, denn Niemand konnte sich unter dem lustigen Ali einen blutigen Tyrannen vorstellen. Spaßhaft war es zu sehen, wie er sich, von Rheumatismus oder Verdauungsbeschwerden geplagt, von seiner Suria heilkünstlerisch behandeln ließ: sie setzte sich neben oder auch auf ihn und begann, mit ihren sammetweichen, von keiner Arbeit rauh gemachten Händen ihren Gebieter vom Halse bis zu den Füßen herab zu kneten und zu streichen, an den leidenden Stellen, an Schultern, Armen und Beinen, längere Zeit verweilend. Dieses „Walken", ein überaus angenehmer und wohlthätiger Brauch, eine Kunst, in welcher, wie früher erwähnt, die Suahelimädchen unterrichtet und geschult werden, erfreut sich bei den Morgenländern großer Beliebtheit und wird bei allerlei Unpäßlichkeiten mit vielem Erfolge geübt. Letzteres ist leicht erklärlich, sowol für einen Anhänger der Heilkunde als auch des thierischen Magnetismus.

Am 25. Februar endlich, bei der Mikindanibai, nördlich vom Kap Delgado, wurde das Fahrzeug östlich gewendet; der Kompaß ward in das bekannte, mit Hirsekörnern gefüllte Kästchen gesetzt und der Kurs nach der Mitte der Insel Angasija genommen. Blieb der Wind günstig, so konnten wir bereits am nächsten Abend unser Reiseziel erreicht haben. Aber das schöne Wetter war nun vorbei: noch in derselben Nacht entlud sich ein heftiges Gewitter, und ein Sturm erhob sich, daß dem Seevolk angst und bange wurde. Blendende Blitze fuhren zischend in das dunkle, aufgeregte Meer; dazu krachte der Donner, bald in kurzen, heftigen Schlägen, bald mit langandauerndem Getöse, und die aufgeregte Flut umbrauste uns, als ob sie das Schifflein verschlingen wollte. Schon beim Nahen des Wetters war das Segel herabgenommen worden — jetzt stand das Steuer verlassen, und das Schiff war ein Spielball der Wogen; die Mannschaft barg sich zitternd in der Nähe der Kajüte, die Araber lagen auf den Knieen und riefen Allah den Barmherzigen an, doch Niemand that Etwas, um für den Fall eines Unglücks durch eigene Kraft sich sicherzustellen. Unsere Lage war nicht ohne Gefahr: eine einzige Sturzsee hätte genügt, den fast offenen Raum mit Wasser zu füllen, ein besonders heftiger Windstoß, das ungleich belastete Fahrzeug zu kentern. Allmählich aber beruhigten sich die Elemente; gegen Morgen konnte wieder das Segel gesetzt werden, und wir durchschnitten bei frischem Winde die immer noch hochgehenden Wogen.

Wir fuhren in das Unbestimmte; denn Niemand konnte sagen, wie weit wir in der Nacht verschlagen worden waren. Zu allem Unglück blieb der Himmel den ganzen Tag über bedeckt, sodaß eine astronomische Ortsbestimmung unmöglich. Auch die folgende Nacht war trübe. Endlich, gegen drei Uhr Morgens, zeigten sich wieder einige Sterne, unter ihnen der glänzende Jupiter. Da dieser erst in zwei Stunden seine größte Höhe erreichte, somit eine Breitenmessung noch nicht thunlich war, begab ich mich wieder in die Kajüte und trug dem Nahosa auf, mich in spätestens anderthalb Stunden zur Beobachtung zu rufen. Ich erwachte von selbst, eilte auf Deck und gewahrte mit Schrecken, daß die Sonne dem Aufgange nahe, die Beobachtung also, an welcher mir so viel lag, versäumt war. Der stumpfsinnige Schiffer saß in einer Ecke des Verdecks; er schlief nicht, hatte aber meinen

Auftrag vollständig vergessen. Ihm war es ziemlich gleichgiltig, wann und wo wir ankommen würden, da er die große Insel Madagaskar doch nicht wohl verfehlen konnte.

Der Himmel umzog sich wieder; die Sonne trat nicht eine Minute lang aus den Wolken, der Gesichtskreis war unklar und zeigte, so sehr wir auch späheten und lugten, Nichts, was einer Insel ähnlich sah. Nachmittag zwei Uhr indessen grenzte sich im Norden eine dunkle Linie von dem Nebel ab. Anfangs schien es eine Wolke zu sein, doch es war Land, eine nicht allzu hohe Insel. Aber welche war es? Angasija, Moali oder Mayotte? Ich rieth dem Nahosa, das Fahrzeug zu wenden und näher anzusegeln, damit wir erführen, wo wir eigentlich wären. Bei der guten Nordostbrise hätten wir mit zweimaligem Wenden aufkommen müssen — aber der Araber wollte davon Nichts wissen. Ich erinnerte ihn an sein Versprechen, sprach von dem beträchtlichen Schaden, den er mir zufügen würde, wenn wir an den Komoren vorüber führen, drohte endlich, ihn nach der Rückkehr beim Konsul zu verklagen: doch weder Bitten noch Drohungen bewegten ihn, er blieb bei seinem Kurse, und bald war das Land unseren Blicken entschwunden.

Die Prüfung der Karte lehrte, daß der gesehene Landstreifen nur Moali oder die französische Insel Mayotte gewesen sein konnte. Im ersteren Falle blieb mir eine Hoffnung; ich konnte nach Mayotte kommen und von dort aus möglicher Weise noch mein Ziel erreichen. Was andernfalls geschehen mußte, wagte ich nicht auszudenken, da meine Vorräthe nur auf wenige Wochen berechnet waren und lange Monate vergehen konnten, ehe sich eine Gelegenheit zur Rückreise fand! Mit gespanntester Aufmerksamkeit durchmusterte ich den trüben Himmel, ob nicht endlich die Sonne durchbrechen und mir eine Messung gestatten würde. Da, als es beinahe Abend ward, erschien sie als ein heller Fleck in dem grauen Nebelschleier. Scharfe Umrisse waren nicht zu erkennen, doch gelang es mir, mit einem Pistorschen Prismenkreise die Höhe des Mittelpunktes zu messen. Hiernach berechnete ich mit angenommener Breite die Ortszeit, verglich sie mit der beobachteten Chronometerzeit und fand zu meiner größten Beruhigung, daß wir uns ein wenig östlich von Moali befanden, also die Komoren noch nicht hinter uns hatten.

Auf mein Andringen versprach Juma ben Saidi, mich in Mayotte auszusetzen. Da ich indessen der Steuergeschicklichkeit seiner Leute nicht recht traute und mich nicht nochmals einer Täuschung aussetzen wollte, wachte ich die ganze Nacht über an Deck und beobachtete fleißig den Kompaß. Am anderen Morgen, als die Sonne sich erhob, hatte ich die Freude, Mayotte in der Ferne vor mir liegen zu sehen. Bei prächtigem Wetter und feiner Brise rückten wir der Insel näher und näher. Gegen elf Uhr sahen wir ganz deutlich das seichte, grüne Wasser innerhalb der ringsum laufenden Riffe — ein Verfehlen des Eilandes erschien jetzt nicht mehr möglich! Von der Nachtwache ermüdet, legte ich mich ein wenig zur Ruhe.

Als ich gegen zwei Uhr erwachte, eilte ich auf Deck, in der frohen Erwartung, dem ersehnten Hafen nahe zu sein. Ich sah vor mir — Nichts als das blaue Meer. Verwundert rieb ich mir die Augen, doch was ich sah, war Wirklichkeit: Mayotte lag hinter uns, und der Nahosa steuerte ruhig auf Madagaskar zu! Diese kaltblütige Frechheit und Wortbrüchigkeit des Elenden versetzte mich in Zorn. Mit heftigen Worten warf ich ihm sein Verhalten vor und forderte schleunige Umkehr. Lange hatte ich zu kämpfen, bis er sich bewogen fühlte, sein Fahrzeug zu wenden.

Wir segelten nun der nordwestlichen Einfahrt in die Riffe zu. Um thunlichst dicht bei dem Winde zu bleiben, setzte ich mich selbst vier Stunden lang ans Steuer und brachte, was vorher alle als unmöglich bestritten hatten, das Schiff der Südostspitze von Mayotte so nahe, daß wir jeden einzelnen Busch erkennen konnten. Eine leichte Landbrise setzte ein, wir glitten langsam nordwärts, und ich gab mich der Hoffnung hin, den Paß in Kurzem zu erreichen. Da auf einmal gab der schurkische Araber Gegenbefehl und blieb dabei, ich mochte sagen, was ich wollte. Ich bat ihn, er möge noch bis zum folgenden Morgen warten und dann, wenn eine Einfahrt nicht möglich, nach Madagaskar fahren, ich wolle dann keinen Groll gegen ihn hegen; ich drohte ihm anderseits mit einer Schadenersatzklage — der Elende schüttelte mit dem Kopfe, er schien eine höhnische Freude zu empfinden, daß ein Msungu sich vor ihm bis zum Bitten erniedrigt hatte. Mit Gewalt mußte ich meine Aufregung bemeistern, um keine Unvorsichtigkeit zu begehen, welche bei späteren Reisen viel Schaden bringen konnte: es trieb mich, den Nahosa mit dem Revolver in der Hand zur Erfüllung seiner Verpflichtung zu zwingen — ein Unterliegen hätte ich nicht zu befürchten gehabt, da die feigen Araber und Neger, wie bekannt, sich auf die Seite des Entschlossenen stellen — doch rieth mir eine innere Stimme, es nicht aufs Aeußerste ankommen zu lassen, und ich gehorchte ihr.

Wie betäubt von der Gewißheit, dem gefürchteten Schicksale verfallen zu sein, stieg ich hinab in die Kajüte. Es erbitterte mich, daß ich so ganz ohne die Möglichkeit eines Widerstrebens in die Hände jenes verächtlichen Gesellen gegeben war, dem ich fast täglich Wein, Brod und Thee gegeben, dem ich mit Arzenei geholfen, wann er das Fieber hatte — doch ich mußte mein Loos ertragen. Schlaflos saß ich auf meinem Bette bis zum Morgen, in trübe Gedanken versunken, ein zweiter Odysseus, welcher, hilflos von Strand zu Strande verschlagen, weinend den Göttern seine Noth klagt.

Mit Tagesanbruch erhob der Sturm sich wieder, und der Regen fiel mit geringen Unterbrechungen bis zum Abende. Das Steuerruder zerbrach, die Fugen des Schiffes thaten sich auf, daß alle Hände schöpfen mußten, um das Wasser zu bewältigen. Wann unsere Reise endigen würde, war nicht abzusehen; denn der Nahosa hatte nach arabischer Art schon wieder das Segel eingezogen, und das steuerlose Fahrzeug war ein Spiel der Winde und Strömungen. Dauerte dieses Wetter noch lange, so stand uns, wenn überhaupt das Schiff es aushielt, sogar Mangel bevor; bereits wurde das ziemlich verdorbene Trinkwasser knapp, und die frischen Lebensmittel gingen zu Ende. Dieser Gedanke, sowie die Unannehmlichkeiten des Aufenthalts in der Kajüte, in welcher jetzt gegen dreißig Menschen zusammengekauert saßen und das Wasser von ihren schmuzigen Kleidern abrauchen ließen, übten jedoch keinen Eindruck auf mich: theilnahmlos und ohne nach Nahrung zu verlangen, saß ich Tag und Nacht in meiner Kammer und starrte nach meinem Handkompaß, um zu sehen, in welcher Richtung wir getrieben würden.

Am zweiten Morgen vor Sonnenaufgang klärte der Himmel sich auf. Ich begab mich an Deck, um Jupitershöhen zu messen und nach ihnen den Ort des Schiffes zu bestimmen. Da sehe ich, nur wenige Meilen entfernt, eine bergige Küste. Kaum traute ich meinen Sinnen — meiner Rechnung nach konnte noch nicht die halbe Entfernung von Mayotte nach dem nächsten Lande durchsegelt sein — aber eine Täuschung war undenkbar, wir hatten ohne Zweifel Land vor uns, ein Stück von Madagaskar, wir waren von einer günstigen Strömung fast unmerklich über die Hälfte der Entfernung dahingetragen worden! Nun war wenigstens das Eine sicher, daß wir nicht auf See zu verderben brauchten, daß ich bald meinem Gefängniß entrinnen konnte! Solch frohe Aussicht übte einen wunderbaren Einfluß auf meine Stimmung und mein Befinden: ich bekam wieder Verlangen, Etwas zu mir zu nehmen, ich genoß mit Behagen eine Tasse Thee und eine kräftige Suppe, und danach fühlte ich mich außerordentlich erquickt und gestärkt.

Das Land lag im Nordosten vor uns. Bei dem Kurse, welchen wir zuletzt inne gehalten, mußte es die Landzunge im Süden der Bai von Pasandava sein; die Seeleute aber behaupteten, es wäre die innerhalb der Bai gelegene Insel Nossibé, eine Besitzung der Franzosen. Ich bemühte mich, ihnen das Gegentheil zu beweisen, allein vergeblich — die erfahrenen Männer, welche bereits zehn- oder zwölfmal in Nossibé gewesen, mußten Das besser wissen als ich, der ich das Land nur aus meinem Papiere kannte; sie nannten mir alle

Namen der sichtbaren Berge und Inseln und steuerten ostwärts weiter. Als wir näher kamen, wurde ihnen die Sache bedenklich: sie erwogen die Möglichkeit, daß ich doch vielleicht Recht haben könnte. Demzufolge richteten sie das Schiff, wie versuchsweise, nach Norden. Einige Zeit danach wußten sie ganz bestimmt, wo wir waren, und nun schwuren sie auf ihre jetzige Meinung ebenso keck, wie sie kurz vorher die entgegengesetzte vertheidigt hatten. Wir näherten uns dem Hafen überaus langsam. Später begann der Regen noch einmal und veranlaßte den Nahosa wieder, zwei Stunden lang das Segel einzuziehen. So kam es, daß wir erst gegen Sonnenuntergang den Ankerplatz erreichten.

Keine Stunde länger als unbedingt nöthig wollte ich in den Räumen bleiben, wo ich so Viel erduldet! Der Schiffer weigerte sich indessen, mich an Land zu bringen, bevor die französischen Zollbehörden ihm Dies gestattet hätten. Da ich aber mit aller Entschiedenheit auf meinem Vorhaben bestand und die Verantwortung auf mich zu nehmen versprach, gab er, vor Furcht zitternd, nach und ließ das Boot ins Wasser setzen. Dies brachte auf einem kleinen, dauartig aufgetakelten Fahrzeuge, welches in einiger Entfernung vor uns lag, eine ungewöhnliche Bewegung hervor. Ein Farbiger, deren mehrere sich dort auf Deck tummelten, rief mir in madagassischer Sprache zu, ich dürfe das Schiff nicht verlassen. Selbstverständlich kam mir solches Verbot aus dem Mund eines Madagassen überaus lächerlich vor und hinderte mich ebensowenig wie die Bitten und Beschwörungen der Schiffsmannschaft an der Ausführung meiner Absicht. Ich fühlte ein unwiderstehliches Verlangen, wieder unter fühlende, gleichgesinnte Menschen zu kommen, in einem reinlichen Gemache zu ruhen und meinen Hunger und Durst mit etwas Anderem zu stillen, als mit Schiffszwieback und übelriechendem Wasser.

Der Vorsicht halber, um keine Unannehmlichkeiten mit Polizei und Zollbeamten zu haben, nahm ich nur zwei meiner Leute als Begleiter und eine wollene Decke mit mir. Langsam durch die Dunkelheit rudernd, an einem Schiffswrack vorüber, erreichten wir nach kurzer Zeit den Hafendamm; hier stiegen wir aus. Gleichzeitig mit uns landete ein Boot von dem vorerwähnten, mit Madagassen besetzten Fahrzeug. Ich ließ die Leute nach der Polizei fragen, um dieser zuerst meinen Besuch abstatten zu können, erhielt aber nur verworrene Andeutungen. Die Madagassen entfernten sich; wir folgten ihnen, weil wir auf diese Weise am sichersten die Stadt zu erreichen hofften. Hier angelangt, wiederholte ich meine Frage, aber mit demselben Erfolge. Ich glaubte, jetzt meine Schuldigkeit gethan zu haben, und bemühte mich ohne Zögern, ein Unterkommen zu finden. Nach langem Umherlaufen in der Finsterniß und nach vielem Fragen entdeckte ich endlich ein Haus mit dem vielverheißenden Schilde „Café Restaurant". Der freundliche Wirth, ein Herr Reybaud, bereitete mir, da er zu so später Stunde nichts Besseres hatte, einen Eierkuchen, trug hierzu eine Dose „Sardinen in Oel", eine Flasche Rothwein und vortreffliches Wasser auf, alles Dinge, an denen ich mich mit nie gefühltem Behagen labte.

Kaum hatte ich die Mahlzeit beendet, als ein behäbig aussehender Herr eintrat, „um sich nach dem Fremden zu erkundigen, welcher ohne Erlaubniß an Land gekommen sei," und mich aufforderte, mit ihm zum Commandant particulier zu gehen. Obgleich sehr müde, folgte ich ihm unverweilt. Wir gingen in das Haus des Statthalters, des Polizei- und Marinekommissärs, trafen aber Niemand zu Hause. Herr Berger, so hieß mein Begleiter, der Befehlshaber eines kleinen Wachtschiffes — ein abgetakelter Schooner, wie sich später herausstellte — desselben Fahrzeuges, aus welchem mir die Madagassen ihr Verbot zugerufen und mir an Land gefolgt waren, erkundigte sich freundlich und theilnehmend nach meinem Schicksal und empfahl mir, am nächsten Morgen zeitig zum Kommandanten zu gehen. Er war vernünftig genug, mich hiernach allein zu lassen; vielleicht fühlte er sich auch ermüdet, denn der kurze Weg auf den nicht besonders ebenen Straßen hatte den wohlbeleibten Mann außer Athem gebracht. Ich begab mich nach dem Gasthaus zurück, wo mir Herr

Reybaud im Billardzimmer ein Sofa eingeräumt hatte. Hier schuf ich mir in Schnelle ein bequemes Lager; meine schwarzen Begleiter streckten sich in einer Ecke des Zimmers aus, und bald lagen wir Alle in tiefem Schlafe.

Schon bevor ich erwacht war, hatte der Kommandant, Monsieur Dérussat, mehrmals nach mir fragen lassen; mein Wirth aber hatte in freundlicher Rücksichtnahme mich nicht gestört. Um nicht säumig zu erscheinen warf ich mich schnell in meine Reisekleider und eilte hinab in das Regierungsgebäude. Ich mußte eine geraume Zeit warten, ehe ich vorgelassen wurde. Nach einer vorläufigen Frage, ob ich Französisch verstehe, begann das Verhör.

„Mein Herr", sagte der Kommandant, „wissen Sie nicht, daß Sie sich großen Unannehmlichkeiten aussetzen, wenn Sie so ohne Erlaubniß ein fremdes Land betreten?"

„Das ist mir allerdings neu," erwiederte ich, „denn seit Jahren bin ich nur in Ländern gereist, in denen es keine Polizei gibt. Auch jetzt war es nicht meine Absicht, hierher zu kommen, aber ich wurde durch widrige Winde verschlagen. Ich bin als ein Schiffbrüchiger zu betrachten, welcher gleichfalls ohne Erlaubniß der Behörden landet, und bitte, mich gütigst zu unterstützen, damit ich die Insel bald wieder verlassen kann."

„Sie wurden aber doch von der Bemannung des Wachtschiffes gewarnt", fuhr er fort; „wie leicht hätten Sie die Pest oder Cholera einschleppen und so die Kolonie ins Unglück stürzen können!"

„Ich habe nicht geglaubt, mit französischen Behörden zu thun zu haben, da ich in madagassischer Sprache angeredet wurde. Uebrigens war ich der Meinung, es handele sich nur um eine mögliche Zollunterschlagung, und einem solchen Verdachte suchte ich zu begegnen, indem ich einzig meine Wolldecke mit an Land nahm. Sogleich nach meiner Ankunft wollte ich mich bei der Polizei melden, doch erhielt ich nirgends Auskunft, auch nicht von den Madagassen des Wachtschiffes. Was die Gefahr einer Einschleppung von Seuchen betrifft, so kann ich versichern, daß ich keinesfalls das Schiff verlassen haben würde, wenn ich aus einem von ansteckenden Krankheiten verpesteten Lande gekommen wäre. Da ich aber nun einmal ein Versehen begangen, werde ich die festgesetzte Strafe ohne Murren zu tragen wissen."

Hiervon wollte er Nichts wissen; dagegen fragte er mich weiter nach dem Zweck meiner Reise. Ich erzählte ihm ein wenig von meiner Irrfahrt und sagte, mein Zustand wäre zuletzt so unausstehlich gewesen, daß ich jedem Verbote getrotzt haben würde, um nur dem verhaßten Schiffsboden zu entfliehen. Als ich ihm von meinen früheren Reisen mit Baron von der Decken sprach, wurde seine strenge Amtsmiene etwas freundlicher; doch schien er den Verdacht, daß ich ein verkappter Kaufmann oder Schmuggler sein könne, noch nicht gänzlich aufgegeben zu haben. Meines Vergehens erwähnte er nicht weiter, ließ mich aber auch durchaus keine Geneigtheit merken, mir irgendwie in meiner Verlegenheit behilflich zu sein.

Daß den Herren Beamten hier mein Erscheinen verdächtig vorkam, erkannte ich deutlich aus den Schwierigkeiten, welche man mir in allen Dingen entgegenstellte: meine Leute durften erst am nächsten Tage das Land betreten, mein Gepäck erhielt ich erst am dritten Tag und zwar nicht vollständig, denn einen guten Theil davon behielt man, nachdem ich jedes einzelne Stück geöffnet und ausgepackt hatte, im Zollspeicher zurück, und, was mir am sonderbarsten vorkam, für die zehn oder zwölf gebrauchten Gewehre meiner Träger verlangte man Eingangszoll! Der Unterschied zwischen den Kolonien Bourbon und Rossibé, zwischen der Zuvorkommenheit der dortigen Franzosen und den Hudeleien, denen ich mich hier unterwerfen mußte, war in der That ein großer, und Dies sollte mir noch merklicher werden später, als ich nähere Einsicht in die hiesigen Verhältnisse erhielt. Um mit dem Unangenehmen bald fertig zu werden, will ich gleich hier die Hauptmängel darzustellen versuchen, an denen die kleine Niederlassung krankt.

Die obersten Beamten üben gegen gewisse Leute ihre Gewalt in tyrannischer Weise aus, während sie Anderen, namentlich ihren Unterbeamten gegenüber, allzu nachsichtig sind. Fast alle Angestellten treten hochtrabend und anmaßend auf gegen Den, welcher Nichts besitzt, kriechend gegen den Höheren. Ich selbst war Zeuge von derartiger Unverschämtheit eines Beamten: ein reicher, arabischer Kaufmann aus dem Nachbarstädtchen Banurü, ein gebildeter Mann, welcher sechs bis sieben Sprachen spricht, wurde von einem etwa zwanzigjährigen Schreiber, welcher die Stelle eines Trésorier vertrat, „Du“ genannt, mußte aber selbst den jungen Mann mit „Sie“ anreden! Diese Kennzeichnung des Rassenunterschiedes bei Angehörigen einer Nation, welche den Grundsatz der Gleichheit erfunden und auf ihre Fahnen geschrieben hat, berührte mich auf das Unangenehmste, zumal jedem Vortheilsfreien der arabische Kaufmann wichtiger, gediegener und nicht weniger befähigt vorkommen mußte als der weißfarbige Schreiber.

Wie es mit der Gerechtigkeitspflege steht, kann man sich hiernach leicht vorstellen; auch in diesem Felde habe ich während meines Aufenthaltes auf Nossibé einige starke Stückchen erlebt. Die Leute klagen und schimpfen im Geheimen und öffentlich über die Mängel, haben aber nicht den Mut, sich bei einer höheren Behörde der Heimat zu beschweren, noch helfen sie sich selbst, auch wenn ihnen schreiendes Unrecht geschieht. Man ist versucht zu glauben, daß die hiesigen Franzosen, welche allerdings zumeist in der oder jener Beziehung von dem Gouvernement abhängig sind, einem ganz anderen Stamm angehören als die europäischen.

Sonderbare Mißgriffe kommen auch in der Verwaltung vor. Eine große, breite Straße zieht sich mitten durch die Stadt: bei Regenwetter wird sie fast ungangbar, weil sie weder gepflastert noch mit Steinen belegt ist, während die Straßen außerhalb der Thore sich im besten Zustande der Erhaltung befinden. Eine steinerne Kirche wurde nach einem schlechten Plane gebaut, mußte deshalb vor der Vollendung theilweise wieder eingerissen werden: so verschwendete man auf der einen Seite das Geld, welches auf der anderen zu nothwendigen Dingen fehlte, z. B. zur raschen Vollendung des Hafendammes. Nicht die geringste Kleinigkeit, nicht Hemden, Messer, Lichte, Zündhölzchen u. dgl. kann man in der Hauptstadt Helleville kaufen: aller Handel liegt in den Händen der Araber und Indier des einige Meilen entfernten Städtchens Banurü; wer Etwas braucht, muß dorthin fahren, was bei schlechtem Wetter oft unmöglich ist. Ebensowenig wie der Handel werden die Gewerbe unterstützt und befördert oder hierher zu ziehen gesucht. So kommt es, daß man in Hellville Nichts von dem Wohlstand und der Behäbigkeit bemerkt, welche sich in den kleinsten Städten der Insel Réunion sowie in allen englischen Besitzungen so erfreulich zeigen — Hellville ist eben hauptsächlich Beamtenstadt, der erwerbende Stand fehlt fast vollständig.

Traurig wie die öffentlichen Verhältnisse, sind auch die der Einzelnen. Nur zwei oder drei der hiesigen Europäer sind wirklich verheirathet oder es gewesen, die anderen behelfen sich mit madagassischen Interimsfrauen; ein Familienleben ist somit fast unbekannt, und alle die Uebelstände, welche in einem Junggesellenstaate zum Vorscheine kommen müssen, treten in reichstem Maße auf.

Nach allem Diesen kann von einem Aufblühen Nossibés nicht eher die Rede sein, als bis durchgreifende Aenderungen von oben bis unten eintreten. Wer aber soll diese anregen? Unabhängige Leute gibt es so gut wie nicht; die Wenigen, denen die Behörden nicht schaden könnten, thun es nicht, die Beamten aber halten zusammen und keiner verräth den anderen, weil er das Gleiche von seinen Kameraden erwartet. Unseres Erachtens krankt die Kolonie daran, daß sie zu klein, zu einseitig ist, daß man ihr vom Mutterlande aus nicht genug Aufmerksamkeit widmet, daß sie außerhalb des frischen Lebensstromes steht, welcher anderen, im Gedeihen begriffenen Siedelungen zufließt — kein Wunder, wenn in solch abgeschlossenem kleinen Staatswesen Verderben und Fäulniß sich zeigen.

Viele der hier zu Tage tretenden Uebelstände und viele Schwächen der hiesigen Beamten können daraus erklärt werden, daß die Eingewanderten oft und lange kränklich sind. Dies entschuldigt allerdings den Mangel an geselligen Tugenden ein wenig, nicht aber die Parteilichkeit der Gerichte, nicht ihre Ungerechtigkeit und Härte, die Unredlichkeit der Beamten und die schlimmen sittlichen Zustände. Begreiflich werden die Verhältnisse auf Nossibé nur dann, wenn man annimmt, daß diese Kolonie als Strafplatz gilt, wohin man diejenigen Beamten schickt, welche sich anderwärts nicht löblich aufgeführt haben.

Nossibé, eine Insel von dreieinhalb deutschen Geviertmeilen Oberfläche, liegt zwischen 48° 15′ bis 26′ südlicher Breite und 13° 11′ bis 25′ östlicher Länge von Greenwich zwischen den Baien von Pasandava und Chimpaykee. Eine vorzügliche Karte und Beschreibung der Insel nebst den ausführlichsten Angaben über die Beschaffenheit des Bodens verdanken wir dem Dr. Herland, einem eifrigen und gewissenhaften Forscher, welcher lange Zeit als Arzt in Nossibé lebte. Nossibé ist vulkanischen Ursprungs; Dies beweisen seine Gesteine und die zahlreichen kleinen, kreisrunden Seen im Inneren der Insel: ausgebrannte, mit Wasser gefüllte Krater. Außerdem aber findet sich im Süden Granit und im Norden Kalk. Weitere Auskunft giebt Herland in der Revue coloniale vom April 1856. Die Bäche oder Flüßchen der kleinen Insel sind nicht bedeutend; nur der eine von ihnen, welcher durch das Eindringen der Flut an seiner Mündung etwas ausgetieft ist, kann einige Kilometer weit mit Booten befahren werden.

Stellenweise ist die Insel gut bebaut, namentlich mit Reis, dem Hauptnahrungsmittel der Bevölkerung. Nächstdem wird auch viel Zuckerrohr erzeugt, doch gedeiht, wie man mir sagte, von den sechs oder acht größeren Pflanzungen und Fabriken nur die eine gut, die des Herrn Brune-Martin, welche ich selbst zu sehen Gelegenheit hatte. Andere tropische Gewächse, ausgenommen vielleicht den Kaffee, zieht man nicht in großem Maßstabe, obgleich Boden und Klima überaus günstig sind und viele Nutzpflanzen — wir nennen nur den Indigo — ohne Zuthun des Menschen gedeihen. Von den 19,500 Hektaren Oberfläche waren im Jahre 1863 etwa 3048 für Reis-, 537 für Zuckerrohr-, 31 für Kaffeebau, 5391 als Wiesen verwendet, 3000 dagegen mit Wald bedeckt. Jetzt mag die Vertheilung eine andere sein, namentlich soll der Kaffeebau beträchtlich zugenommen haben.

Wie es sich von selbst versteht bei einer dem „Festlande" so nahe liegenden Insel, kommen eigenthümliche Formen des Pflanzen- und Thierreiches gar nicht oder nur wenig vor: Nossibé ist bereits madagassisches Gebiet, Das verräth uns schon die Ravenala, der „Baum des Reisenden", welchen man hier und da seine großen, bananenähnlichen Blätter entfalten sieht. Ebenso trifft man hier nur madagassische Charakterthiere, Makis der verschiedensten Trachten und Farben, schwarze Papageien, Chamäleons, madagassische Riesenschlangen u. dgl. mehr. Die besten und eigenthümlichsten Sachen, welche der Sammler auf Nossibé erlangt, stammen von der großen Insel, sind entweder zufällig herüberkommen oder absichtlich eingeführt worden. Von afrikanischen Bekannten treffen wir den großen, schwarzen Raben mit weißem Halsbande, den Kunguru der Suaheli (Corvus scapulatus Daud.) wieder, und den Mewe, den Schmarotzermilan (Milvus parasiticus Daud.). Verwandte dortiger Arten haben wir in mehreren Gattungen, in den schönen Nektarinen oder Honigvögeln — den afrikanischen Kolibris, wie man sie in nicht ganz passender Weise nennt — ferner in bunten Eisvögeln und großen, langschweifigen, braunen Pisangfressern

Colius- oder Schizorhis-Arten), welche aufrecht oder verkehrt an den Baumästen auf und ab klettern oder rasch von einem Busche zum anderen fliegen.

Mannigfaltiger noch als diese beiden obersten Thierklassen und ganz besonders auffällig durch ihre Häufigkeit sind die Kriechthiere. Man braucht in einem Garten nicht zwanzig Schritt zu gehen, um auf irgend einem Busche ein Chamäleon zu gewahren; den langen Schwanz zur Scheibe gerollt, mit dem einen Auge nach vorn, mit dem anderen nach hinten schielend, erwartet es in träger Ruhe, das Herannahen eines Opfers. So grimmig indessen ein Chamäleon — Erdlöwe in wörtlicher Uebersetzung — auch aussieht, wenn es ganz langsam, die dünnen Beinchen hoch emporhebend, den zackigen Buckel wie zum Sprunge krümmend, auf den Zweigen dahin schreitet, so ungefährlich ist es für den Menschen: es zischt heftig, wenn man es fangen will, kneipt wol auch ein wenig mit seinen harten Kinnladen oder drückt die scharfen Krallen in den hingehaltenen Finger, kann aber Niemandem etwas Ernstliches zu Leide thun. Die Farbe der hiesigen Chamäleon ist zumeist ein hübsches Grün; werden sie aber zornig und blasen sie sich auf, wobei der vorher linsenförmige Querschnitt des Körpers ziemlich rund wird und die schmächtigen Rippen deutlich hervortreten, so nimmt die Haut eine schwarze Farbe an, weil eine Luftschicht die durchsichtige Oberhautdecke von der darunterliegenden Farbenschicht trennt. Dasselbe findet statt, wenn man das Thier in Spiritus tödtet. Nach Dem, was man bei uns zu Lande von dem Farbenwechsel des Chamäleon hört, sollte man meinen, daß die Veränderung plötzlich vor sich gehe und sehr mannigfaltig sei; Dies ist aber durchaus nicht der Fall: hat man die Chamäleon längere Zeit beobachtet, so findet man jenes Farbenspiel durchaus nicht mehr auffällig, wundert sich vielmehr, wie es soviel Aufsehen hat erregen können. Der Mensch, behaupte ich, ist von viel weniger beständiger Farbe als die Schillerechse, mit welcher man ihn vergleicht: er kann erröthen, kann gelb und schwarz werden vor Aerger, kann erbleichen vor Furcht, während das berühmte Chamäleon blos grau oder schwarz anläuft, anstatt, wie man gewöhnlich glaubt, in allen Farben des Regenbogens zu spielen. Trotzdem bleibt es ein überaus merkwürdiges Thier und übt durch Gestalt und Wesen, durch seine ganze Lebensweise große Anziehungskraft auf den Naturfreund. In der Gefangenschaft ist es ein angenehmer und nützlicher Stubengenosse, da es den Fliegen und Mücken mit wahrer Raubthierlust nachstellt. Sein Greifwerkzeug ist die Zunge, ein dicker Fleischklumpen an einem langen, dünnen, biegsamen Stiele. Wehe dem jagdbaren Thiere, welches sich unachtsam auf Schußweite nähert: der klebrige Pfeil trifft mit unfehlbarer Sicherheit, zieht sich zurück und — verschwunden ist das flüchtige, geflügelte Geschöpf im Rachen des trägen Ungethüms.

Auch beweglichere Eidechsen gibt es hier in großer Anzahl, unter anderen die allerliebste, rothgetupfte Art, welche an die der Seschellen erinnert; sie ist gleich den einfarbigen Geckos Mitbewohnerin jeder Hütte: letztere hausen nächtlich im Inneren derselben, jene huschen außerhalb im hellsten Sonnenschein an den Wänden umher und statten nur bisweilen, durch eine Lücke der lockeren Wand kriechend, einen Besuch im Zimmer ab. Krokodile sollen in Menge vorkommen; doch habe ich mich hiervon nicht persönlich überzeugen können, auch hatte keiner der Europäer, welche ich kennen lernte, sie selbst gesehen. Die Erzählung hiervon halte ich für ebensowenig zuverlässig, wie die Berichte der Eingeborenen von den riesigen zwölf bis achtzehn Fuß langen Fischen, welche die kleinen, aber „unergründlich tiefen“ Kraterseen beleben sollen.

Fische vom feinsten Wohlgeschmacke liefert das Meer um Nossibé in Menge. Bei meinen Spaziergängen am Strande bemerkte ich auch eine Menge der Spring- und Kletterfische (Periophthalmus Koelreuteri Bloch-Schneider), welche ich an der ostafrikanischen Küste sowie auf den Seschellen und in Bourbon getroffen hatte; hier erlangte ich sie, Dank der Geschicklichkeit meiner Fanggehilfen, zum ersten Mal in größerer Menge. Von Kerbthieren habe ich nur wenige gesehen, vielleicht in Folge der ungünstigen Jahreszeit, vielleicht aber auch, weil die kleine Insel überhaupt nicht viele Arten hervorgebracht hat, oder weil die vorhanden gewesenen von den Vögeln vertilgt wurden.

Die Bevölkerung von Nossibé besteht zum größten Theil aus Madagassen; die Zahl der hiesigen Europäer (54) beträgt kaum mehr als hundert: Beamte, Marinesoldaten, Geistliche und einige wenige Ansiedler, Kaufleute und Handwerker. Daß man sich hier in einem neuen Sprachgebiet, im Lande der Sakalaven befindet, merkt man schon beim flüchtigen Durchmustern der Karte an den langen, fremdklingenden Namen der Ortschaften. Außer den Sakalaven, welche durch ihre Anzahl und ihre Thätigkeit den wichtigsten Theil der

hiesigen Einwohnerschaft bilden, sind noch eine Anzahl Indier und einige Araber zu erwähnen, welche hauptsächlich in der kleinen Handelsstadt Banurü angesiedelt sind. Bis zum Jahre 1839 zählte Nossibé etwa 5000 Einwohner. In den ersten Maitagen dieses Jahres aber kamen gegen 1000 Sakalaven vom Festlande dazu, welche hier Schutz suchten vor den Verfolgungen der Hova. Seitdem ist die Bevölkerung auf mehr als 9000 Seelen gestiegen.

Zur Zeit jener Einwanderung hatte der im Jahre 1838 zum Statthalter von Réunion ernannte Linienschiffskapitän Hell seine Aufmerksamkeit auf diesen Theil von Madagaskar gerichtet, um hier eine Station für Kriegsschiffe zu gründen. In seinem Auftrage schloß Kapitän Passel am 14. April des Jahres 1840 einen Vertrag mit den Bewohnern von Nossibé, durch welche diese in den französischen Unterthanenverband aufgenommen wurden und so Schutz erhielten gegen die noch fortwährend drohende Gefahr eines Ueberfalles der Hova. Am 13. Februar 1841 befahl Hell, Besitz von der Insel zu ergreifen; am 5. März desselben Jahres wurde dieser Befehl ausgeführt und danach mit der Erbauung der Stadt Hellville begonnen. Zum Schutze der jungen Niederlassung und zur Aufrechterhaltung der Ordnung wurde im folgenden December Kapitain Guillain mit seiner Korvette „Dordogne" geschickt; er blieb acht Monate in Nossibé und wandte sich, nachdem er ausführliche Erkundigungen über das Land Ankara eingezogen, südwärts zur Erforschung der Staats- und Handelsverhältnisse an der Westküste Madagaskars.

Fast gleichzeitig mit der Einwanderung auf Nossibé fand eine andere auf der kleineren, nördlich gelegenen Insel Nossimitsu statt, jene von Bueni, diese von Ankara her. Letzter Herrscher der Antankara d. i. Bewohner von Ankara war Simiaru, der ältere Sohn von Siliu. Im Jahre 1832, nach seines Vaters Tode, trat er die Regierung an. Auch er vermochte den Hova, welche von der Feste Murunsanga aus das Land in Schach hielten, nicht zu widerstehen, zog sich deshalb nach den Bergen gegenüber Nossi-Mitsiu zurück, wo er sich namentlich in dem sogenannten „Trou de Simiaron", neun Meilen landeinwärts, lange hielt, und siedelte endlich, im Jahre 1840, nach der Insel selbst über. Guillains Berichten zufolge war der junge Sultahn damals zweiunddreißig bis fünfunddreißig Jahre alt; sein Gesicht erinnerte etwas an die afrikanische Rasse, doch fehlte ihm der Ausdruck von Geist, Mut und Thatkraft nicht. Während meines Aufenthaltes in Nossibé hatte ich das Glück, Simiaru, welcher damals mit seiner ganzen Familie in Hellville zum Besuche weilte, photographiren zu können; der nach diesem Bilde gefertigte Holzschnitt nebenan gibt besser als alle Worte Anschauung von seinem Aeußeren, von seiner Tracht und ganzen Erscheinung.

Die Sakalaven beschäftigen sich hauptsächlich mit Ackerbau und Viehzucht. Wie bei uns die kleinen Leute sich ein Schweinchen halten und dasselbe mästen, so ist hier die Ochsenmast zu Hause; doch züchtet man das Vieh nicht für den Hausbedarf, sondern um es zu verkaufen. Das Schlachtvieh von Nossibé ist ganz ausgezeichnet, und mit wahrem Genusse erinnere ich mich noch an die Beefsteaks, welche mein biederer Wirth mir fast täglich vorsetzte, welche mir umso trefflicher mundeten, als ich Jahre lang nur Fleisch von ungemästetem Vieh genossen hatte. Jeden Tag werden in Hellville zwei Ochsen geschlachtet, der eine von der Verwaltung für den Bedarf der Soldaten und Beamten, der andere, soviel ich weiß, von einem unternehmenden Eingeborenen.

Es gibt auf Nossibé zahlreiche Mittelpunkte der Bevölkerung, von denen die meisten als Dorf, einige sogar als Stadt bezeichnet zu werden verdienen. Hellville mit der nördlich daran liegenden Madagassenstadt Duani ist Hauptort. Es umfaßt große Steingebäude für die Regierung und die Polizei, eine Kaserne, ein ausgedehntes Krankenhaus, eine damals (1864) im Baue begriffene Kirche, Häuser für Geistliche, Arzt und Schulzwecke, Vorrathshäuser und mehrere Privatgebäude. Die meisten Wohnungen bestehen aus dünnen, fast durchsichtigen Wänden von Bambus oder von einem gespaltenen, leichten Holze, denen starke, in die Erde gerammte Balken einigen Halt geben, darüber ein ebenso leicht zusammengesetztes Dach. In den von Europäern bewohnten Häusern dieser Art sind Fensteröffnungen angebracht, welche mit Läden geschlossen werden können. Die innere Einrichtung und das Hausgeräth ist eine dem Mutterlande entlehnte und deshalb sehr einfach, weil der weite Transport die Preise sehr erhöht. Wenn diese Wohnungen auch nicht so festgefügt und sauber sind wie die auf den Seschellen, so sind sie doch kühl, schützen vor Unbill der Witterung und schließen das Eigenthum ab — und Das ist ja Alles, was man von einem Hause verlangt.

Ich fand Unterkommen in einem kleinen, ähnlich gebauten „Pavillon", einem Gartenhause des Herrn Reybaud; meinen Leuten wurde ein gerade leerstehendes, steinernes Haus zur Wohnung angewiesen. Wäre mein Aufenthalt in Hellville kein gezwungener gewesen, so würde ich mich bei meines freundlichen Wirthes Pflege vortrefflich befunden haben: ich war ihm ein seltener Gast, denn die meisten Besucher Nossibés sprechen bei ihm nur vor, um sich an Wein oder Rum zu stärken oder Billard zu spielen, halten sich aber nicht länger bei ihm auf. Herr Reybaud war früher Soldat gewesen und hatte dann die obrigkeitliche Erlaubniß zu seinem „Café Restaurant" erhalten. Er stand seinem Geschäft in thätiger und umsichtiger Weise vor und war gefällig, wo er nur konnte. Sein Hausstand und seine Familie, bestehend aus zwei allerliebsten Kindern, welche seine Frau, eine geborene Französin, ihm hinterlassen hatte, konnten

Simiaru, Sultahn von Rossimitsiu, und sein Sohn.

als musterhaft für die gute Stadt Hellville gelten, wo häusliches Glück in unserem Sinne fast unbekannt ist; nach unseren gemeinschaftlichen täglichen Mahlen habe ich oft noch stundenlang mit dem Pfleger meines Leibes zusammengesessen und mich an seiner verständigen Unterhaltung, an dem Spiele seiner munteren Kinder erfreut. Es wollte mir scheinen, als ob das bescheidene Los des braven Mannes verschiedenen hohen Persönlichkeiten ein Dorn im Auge wäre, sei es nun, daß man Herrn Reybaud beneidete, oder daß man fühlte, wie sehr er Anderen als Beispiel diente: er hatte während meiner Anwesenheit mancherlei Anfechtungen zu erfahren, welche nicht unwesentlich dazu beitrugen, mich in meiner ungünstigen Meinung von der hiesigen Beamtenwelt zu bestärken.

Tagelang nach meiner Ankunft konnte ich das Haus nicht verlassen, weil es fast ununterbrochen regnete. Soweit ich die arabischen Schiffer kannte, mußte es unter solchen Verhältnissen unmöglich sein, eine Fahrgelegenheit zur Weiterreise zu finden. Dasselbe sagte auch mein Wirth. Ich wollte indessen Nichts unversucht lassen, um meine Gefangenschaft thunlichst abzukürzen, und fuhr deshalb eines Tages nach Banurū, wo alle Fahrzeuge von arabischer Bauart ankern. An zwei Landvorsprüngen vorüber, bald rudernd, bald segelnd, kamen wir nach der flachen Bucht, in deren Hintergrunde der Handelsplatz liegt. Die schlammige Beschaffenheit des Meeresgrundes, welcher hier täglich auf weite Strecken hin offen gelegt wird und seine fieberbringenden Dünste aushaucht, läßt diesen Hafen als durchaus ungeeignet für europäische Schiffe erscheinen. Man behauptet, daß die Mannschaften schon bei einem Aufenthalte von wenigen Tagen sich bösartige Fieber zuziehen.

Banurū — oder Ambanourou, wie es geschrieben wird — besteht aus einer einzigen Straße, welche sich dicht an den nahe herantretenden Bergen längs des Strandes hinzieht. Eine der Hindustraßen Sansibars in madagassischer Umgebung gedacht, bietet ein genaues Bild von Banurū: die alten, bekannten Gesichter, das Durcheinander von Suaheli- und Hindostanisprache, die Einrichtung der Butiken, Alles ist dasselbe wie dort. Sämmtliche Gegenstände des täglichen Gebrauches sind in ziemlicher Auswahl, von guter Beschaffenheit und, Dank der zahlreichen Mitbewerbung, zu mäßigen Preisen zu finden. Unsere deutsche Gewerbsthätigkeit ist durch die buntköpfigen, österreichischen Salonhölzchen vertreten, die amerikanische durch Petroleumlampen und Uhren; die anderen Waaren sind französischen, seltener englischen oder indischen Ursprungs.

Wie ich nicht anders erwartet, waren alle meine Versuche, ein Fahrzeug für die Reise nach Komoro zu miethen, vergeblich; die Schiffer verweigerten entweder die Fahrt ganz, oder wollten sie nicht vor einem Monate unternehmen und forderten dafür so übertriebene Preise (mehrere hundert Thaler), daß ich keinenfalls einen solchen Handel eingegangen wäre, selbst wenn ich Geld in Menge gehabt hätte. Um fortwährend auf dem Laufenden zu bleiben, bat ich den hier ansässigen Kaufmann Chalifahn ben Ali, mit welchem ich schon in Hellville bekannt und in Folge meiner Kenntniß des Suaheli fast befreundet geworden, mir von jeder sich bietenden Fahrgelegenheit Kenntniß zu geben. Er versprach mir bereitwillig, sich meine Sache angelegen sein zu lassen, und so fuhr ich einigermaßen beruhigt nach Hellville zurück.

Die folgenden Tage, wenn das Wetter irgend es erlaubte, kam ich immer wieder nach Banurū, aber stets mit demselben Erfolg. Bald wurde ich eine bekannte Erscheinung in dem Städtchen; alle Leute wußten, was ich wollte und suchte, und die, deren unverschämte Forderungen ich zurückgewiesen, fragten, so oft ich vorüberging, mit höhnischem Lächeln, ob ich nun ein Fahrzeug gefunden hätte. Auch dem Nahoja Juma ben Saidi, welchem ich mein Unglück verdankte, mußte ich hier begegnen. Er fühlte sich durchaus nicht verlegen oder unangenehm berührt, bat vielmehr, als ob Nichts vorgefallen wäre, um seinen rückständigen Fahrlohn; ich entgegnete, ich hätte noch eine große Rechnung, welche seine Forderung um das Vielfache übertreffen würde, mit ihm auszugleichen. Meine Schadenersatzklage gedachte ich später beim französischen Konsul in Sansibar anzubringen, weil vor diesem der Vertrag mit Juma ben Saidi abgeschlossen worden war; vielleicht wäre es klüger gewesen, Dies schon hier zu thun, doch unterließ ich es, da ich bei der Unfreundlichkeit des gestrengen Herrn Kommandanten kaum hoffen durfte, irgend Etwas zu erreichen.

Ich suchte meine Zeit so nützlich als möglich mit astronomischen und magnetischen Beobachtungen, mit Ausflügen und mit Sammeln von Pflanzen und Thieren zu verbringen.

Viel Unterhaltung bereitete mir auch das Photographiren mit einem kleinen Apparate, welchen mir der Baron aus Europa geschickt hatte. Als nichtgelernter Photograph hatte ich anfangs mit allerlei Schwierigkeiten zu kämpfen, namentlich in Folge der großen Wärme und des grellen Lichtes; später mißlang mir sehr selten ein Bild. Es wurden allerdings keine Meisterwerke, sie stellten aber die betreffenden Gegenstände klar und deutlich dar und

Tonkünstler auf Nossibé.

erwiesen sich nachmals bei der Anfertigung der Bilder für den Reisebericht sehr nützlich. Hier, wie auch schon in Sansibar, weigerten die Eingeborenen sich niemals, wenn ich sie aufforderte, mir zu sitzen — ja, sie forderten nicht einmal eine Geldentschädigung — und ließen sich ohne Widerstreben in die geeignete Stellung bringen; das fertige Bild betrachteten sie mit einer gewissen Freude und Verwunderung, sprachen aber nie den Wunsch aus, einen Abdruck zu besitzen: „sie wüßten nicht, was sie damit anfangen sollten.“ Abends saß ich, wenn ich nicht bei Herrn Reybaud war, öfters vor meiner Thür und lauschte der Musik einiger Eingeborenen, welche mich dann und wann besuchten. Sie spielten Geige und Mundharmonika und sangen dazu recht entsprechende Lieder.

Meine Diener wußte ich nicht genügend zu beschäftigen. Es waren ihrer elf an Zahl: ein gebildeter Komorianer, Hammadi, als Hauptmann und politischer Agent für zehn Thaler monatlich in Sold genommen, der von früher her bekannte Assani ben Edi für fünf Thaler, und neun andere, für drei bis vier Thaler Dienende, zumeist Angasijaner, welche die gute Gelegenheit zu einem Besuch ihrer Heimat benutzen wollten. Durch den Müssiggang immer träger geworden, befolgten sie meine Anordnungen unpünktlich und entwickelten auch außerdem eine Menge Untugenden. Merkwürdig war es, daß diese Leute, obwol sie fast keinerlei körperliche Anstrengung hatten, fast noch einmal soviel aßen wie sonst. Lange konnte ich mir Dies nicht erklären, bis ich endlich durch Verrath und eigene Aufmerksamkeit hinter den Grund kam: sie begannen bei Tagesanbruch zu kochen, aßen und schwatzten, bis sie müde wurden, legten sich darauf zum Schlafe nieder, aßen nach dem Erwachen zum zweiten Male, trieben sich ein wenig umher, kamen dann hungrig und müde zurück und begannen wieder, zu essen und auszuruhen; Nachts konnten sie natürlich nicht sogleich schlafen, weil sie schon am Tage soviel auf den Kitandas gelegen hatten, aßen deshalb zur Abwechselung von Neuem, bis sie endlich einschliefen und dann am Morgen die vorerwähnte Tagesordnung wieder aufnahmen.

Diesem Treiben beschloß ich ein Ende zu machen. Ein Ausflug nach den kleinen Kraterseen im Inneren der Insel, von denen ich schon Viel gehört hatte, sollte meine Leute ermüden, damit sie später ein vernünftigeres Leben führten. Zugleich wollte ich mich hierbei überzeugen, ob es dort wirklich Krokodile gäbe und Riesenfische von achtzehn bis zwanzig Fuß Länge, sowie ob die Tiefe der Wasseransammlungen eine unergründliche wäre. Für letzteren Zweck hatte ich eine lange Lothleine geliehen und einen Baumkahn mit Auslegern — für den Spottpreis von dreizehn Franken — gekauft. Als ich verkündigte, daß dieses nicht ganz leichte Boot nach den Seen getragen werden sollte, entstand ein großer Aufruhr. Alle meinten, wir brauchten das Fahrzeug nicht mitzunehmen, es gäbe Kähne in Menge bei den Fischern, welche in zahlreichen Hütten in der Nähe der Seen wohnen; sie selbst nähmen nicht einmal ihre Matten mit, weil sie wüßten, daß sie ein vortreffliches Unterkommen fänden; übrigens würde die Beschaffenheit des Weges es kaum gestatten, das Boot an Ort und Stelle zu bringen. In ihren Behauptungen und Bitten wurden sie unterstützt von einem als Führer angenommenen Madagassen. Daher gab ich endlich nach und nahm nur das Senkblei mit zur Sondirung der Wassertiefe und eine Anzahl Flinten zur Abwehr der „zahllosen Krokodile.“

Am 18. März, ziemlich spät am Morgen, verließen wir in nördlicher Richtung die Stadt. Als wir an dem kleinen Fort vorbeikamen, hielt der wachthabende Soldat uns an und fragte, ob ich eine schriftliche Erlaubniß des Statthalters hätte, Gewehre in das Innere zu schaffen. Da ich eine solche nicht besaß, verlangte er, ich solle den Ausgangszoll erlegen. Seinen übertriebenen Pflichteifer beruhigte ich, nicht ohne Mühe, durch einen mit Bleistift geschriebenen Zettel, durch welchen ich die Thatsache zugestand, daß ich eine gewisse Anzahl Feuerwaffen der Jagd wegen aus der Stadt mitgenommen habe, und versprach, dieselben vollzählig zurückzubringen.

Eine gut unterhaltene Straße führt durch die Vorstadt Duani nach Ampombulava, einer freundlich und gesund gelegenen Ortschaft an dem Bache gleichen Namens, der volkreichsten der Insel nächst Hellville; sie zählt mehrere Niederlassungen von Europäern und eine gutbesuchte Schule der Jesuiten. Von hier an treten Spuren vulkanischer Kräfte immer häufiger und deutlicher auf: vulkanischer Sand, Trappgestein und Basaltschichten bedecken den Boden; die Stadt wird überragt von einem Berge mit zwei ausgebrannten Kratern, an dessen Fuß eine warme alkalische Schwefelquelle entspringt, und weiterhin, in der Nähe des unbedeutenden Dorfes Djabala, gewahrt man rechts vom Weg eine kreisrunde, mit Wasser gefüllte Vertiefung, den ersten der Kraterseen; doch ich schritt meines Weges weiter, ohne mich aufzuhalten. Jenseit des Djabalabaches kamen wir in eine sumpfige, mit Manglebüschen bestandene Niederung und dann über einen zweiten Bach wieder in trockenes Gebiet von der vorerwähnten Bodenbeschaffenheit.

Meiner Vorstellung nach hätten wir schon längst nach dem Inneren ablenken müssen; allein der Führer behauptete, wir befänden uns auf dem besten und nächsten Wege nach den Seen. Als ich beim nächsten Halt an einigen Hütten die Karte hervornahm, sah ich sofort, daß wir uns noch in ganz geringer Entfernung vom Meere befanden, wenn ich anders die Berge ringsum und die Bäche, welche wir überschritten hatten, richtig zu deuten wußte. Die letzten Zweifel in dieser Hinsicht wurden mir benommen durch zwei Europäer, welche aus einem ansehnlichen Holzhause hervortraten und freundlich grüßend sich mir näherten: sie bezeichneten den Berg im Westen vor mir als das Vorgebirg von Pasandava und belehrten mich, daß die Kraterseen mindestens noch fünf oder sechs Stunden entfernt wären, beinahe weiter, als von dem vier Stunden hinter uns liegenden Hellville aus! Also um dieses Ergebniß zu erzielen, hatte ich einen Führer gedungen! Der einfältige Mensch entschuldigte sich damit, daß er mich habe den bequemeren Weg führen wollen.

Einer der Herren, Namens Brune-Martin, der Besitzer der Zuckersiederei und der Pflanzungen in der Nähe, lud mich ein, ihm in sein Haus zu folgen und sein Gast zum Frühstück zu sein. Diese freundliche Aufforderung vernahm ich mit einigem Erstaunen — es war die erste der Art, welche mir auf Nossibé geworden. Im weiteren Verkehr erkannte ich mit Freude, daß ich es mit einem wahrhaft gebildeten Manne von echt französischer Liebenswürdigkeit zu thun hatte. Indessen lehnte ich um längeren Aufenthalt zu vermeiden, die Einladung zum Essen höflich ab; zur Entschädigung hierfür drang man mir eine fette Ente und einen Vorrath von Eiern auf. Herr Brune-Martin begleitete mich ein gutes Stück und zeigte mir auf mein Verlangen seine Anstalt. Daß er aus dem Zuckerbau Vortheil zog, verdankte er nur seinen technischen Kenntnissen und Fertigkeiten; während nämlich andere Pflanzer ihre Arbeiten einstellen mußten, sobald ihnen irgend Etwas an ihren Geräthen zerbrach, war er mit seinem Gehilfen im Stande, derartige Schäden selbst auszubessern. Alles, was ich sah, war außerordentlich zweckmäßig eingerichtet; die Art und Weise der Verarbeitung des Saftes namentlich konnte nicht besser sein: Herr Brune-Martin verpackte den Zucker, welchen er am Morgen in Saftgestalt aus dem Rohre preßte, bereits am Abend in Fässer zum Versand über See. Die wunderbar einfache Maschine, welche ihm Dies ermöglichte, war eine aus Röhren zusammengesetzte, von heißem Dampfe durchströmte Rührvorrichtung in Gestalt einer Trommel; sie bewirkt, indem sie sich in einer halbcylinderförmigen, mit bereits eingedicktem Safte gefüllten Mulde dreht, eine überaus schnelle Verdampfung, weil das Wasser nicht nur von der Oberfläche abdunstet, sondern zugleich auch von den zahlreichen Röhren, welche abwechselnd in den Trog eintauchen und sich in freier Luft bewegen. Dieses Geräth ist weit vortheilhafter als die sonst üblichen Vakuum-Pfannen, in denen der Saft in luftleerem Raume bei niederer Temperatur eingesotten wird, wenn Dies ohne Gefahr der Zersetzung nicht mehr in gewöhnlichen Pfannen geschehen kann; aus ihm kommt die ziemlich zäh gewordene Masse von Sirop und kleinen Zuckerkristallen nach einiger Abkühlung in die Centrifugal- oder Schleudermaschine, welche in wenigen Minuten die Mutterlauge mit den Unreinigkeiten entfernt und einen beinahe trockenen, zur Verpackung fertigen Rohzucker hinterläßt. Eine kleine Brennerei verarbeitet die abfallende Melasse zu Rum, für welchen es in der Umgegend an willigen Abnehmern nicht fehlt.

Zwischen weiten, mit prächtigem Rohre bepflanzten Flächen hindurch, gleichfalls das Eigenthum des Herrn Brune-Martin, gelangten wir an die Gouvernementsstraße. Hier verließ mich mein freundlicher Begleiter, nachdem er mir noch einige Andeutungen über den einzuschlagenden Weg gegeben. Ich war gezwungen, in geringer Entfernung vom Strande nach dem Dorfe Djamanzare zu gehen, weil erst von dort aus ein Weg nach dem Inneren führt. Ostwärts abbiegend, geriethen wir dann in einen weiten Sumpf, in welchem meine Leute Schlangen gesehen haben wollten, und kamen endlich, durchnäßt und beschmuzt, in einen höher gelegenen Landstrich. Zartes Gras bedeckte die Ebene und die Hügel, stattliche Rinderheerden weideten ohne irgend welchen Führer oder Hirten an den sanften Abhängen, im Hintergrund aber standen einzelne Häuser inmitten anmutiger Baumgruppen, welche mich lebhaft an die Obstbaumhaine unserer Dörfer erinnerten.

Durch ausgeschickte Boten erfuhr ich, daß wir an den Höhen vor uns emporzuklettern hätten, um nach dem „Tane Latsak“ oder „gefallenen Lande“ zu kommen, in welchem die Kraterseen sich befinden. Wir folgten dem Laufe des Djamanzarebaches, ohne jedoch bis zu Anbruch der Dunkelheit einen See oder auch nur eine Niederlassung zu erreichen. Da zu befürchten stand, daß wir weiterhin kein Wasser finden würden, lagerten wir nicht weit von dem Bach in der Nähe einer Gruppe von Fächerpalmen mit halbvertrockneten Blättern. Ich kroch in das kleine, schon früher erwähnten Zelt des Barons, welches ich in dunkler Ahnung des Kommenden mitgenommen; meine verwöhnten Begleiter richteten sich im Freien ein. Bald nachdem wir gegessen und uns zur Ruhe begeben hatten, umzog sich der Himmel, ein schreckliches Unwetter brach los, es donnerte und blitzte, daß man bange werden konnte, und dazu regnete es stundenlang mit aller Macht. Mein Zelt bewährte sich vortrefflich, ich war vollständig geschützt vor der Unbill der Witterung. Desto schlimmer ging es meinen Leuten: sie mußten, fast ohne zu schlafen, die Zeit bis zum Morgen auf den klitschigen Lehmboden hingekauert zubringen; sie wurden mit bestraft für die Lügen des Führers, denen sie so bereitwillig Gehör geschenkt hatten.

Folgenden Tages durchschritten wir zwei weite, durch einen Sattel voneinander getrennte Thäler. In dem zweiten befand sich eine Niederlassung, Namens Balabungu, deren Besitzer Abdallah sich zum Wegweiser anbot. Abdallah, ein Mischling aus Sansibar, hatte sich in diesem einsamen Thale eine hübsche Wohnung errichtet, besaß Enten und Hühner sowie eine Heerde von Ochsen, und baute Reis in nicht unbeträchtlicher Menge. Dennoch aber sehnte er sich nach seiner Heimat zurück; lebhaft erfreut vernahm er die Neuigkeiten von dort, und seiner Freunde, namentlich Sadik's, des Aufsehers von O'Swald u. Co., gedachte er mit herzlichen Grüßen. Er führte uns eine Anhöhe hinauf, von welcher aus wir zwei der Kraterseen, nur durch eine schmale Landenge voneinander getrennt, vor uns liegen sahen, den Mpariha und den Sidi. Die Ufer senken sich steil nach der Wasserfläche; nur an einzelnen Stellen befindet sich seitwärts eine ebene Stelle, welche den See bequem zu erreichen gestattet. Von Hütten und Fahrzeugen war Nichts zu sehen, und ebensowenig entdeckte ich Krokodile, obwol ich mit einem Opernglase, welches mich die kleinsten Vögel auf dem jenseitigen Ufer erkennen ließ, eifrigst umherspähte. Abdallah geleitete uns dann ostwärts nach einem anderen runden See von ganz ähnlicher Beschaffenheit, dem Simangawaka. Auch hier gewahrte ich Nichts von Dem, was ich zu finden hoffte: nur ein elender Schuppen zur Bergung der Fanggeräthe eines Fischers stand am unteren Abhange des steilen Ufers; Kähne gab es nicht, mithin waren die beabsichtigten Tiefenmessungen unmöglich.

Am jenseitigen Fuße der Höhe, auf deren Grate wir dahinwanderten, an einem kleinen, dem See entspringenden Bache, hatten zwei Sakalaven, Mewa und Djimbudaka, ihre Wohnungen errichtet. Wir stiegen hinab und baten um Obdach. Unsere Bitte wurde freundlichst gewährt; man räumte mir die Hälfte des einen Hauses ein, doch überließ ich diese meinen Leuten, da ich es vorzog, im Zelte zu bleiben. Ich fand viel Vergnügen, die beiden kinderreichen Familien meiner Gastfreunde zu beobachten. Hätten Farbe und Ausdruck des Gesichts, Haartracht und Kleidung mich nicht belehrt, daß ich Sakalaven vor mir hätte, so würde ich geglaubt haben, mich in einem Suaheligehöft zu befinden. Die hübsche, junge Mutter behandelte ihre Kinder mit großer Zärtlichkeit. Während sie aber das eine auf dem Rücken trug und die anderen beobachtete, verabsäumte sie ihre häuslichen Arbeiten nicht: sie stand vor einem großen, aus hartem, dunklen Holze gefertigten Mörser und handhabte mit Kraft und Geschick den schweren Stößel, hob ihn und stieß ihn kraftvoll nieder, um das in der Höhlung befindliche Kafferkorn zu enthülsen; dann schüttelte und schwang sie das gestampfte Getreide auf einer flachen, geflochtenen Schüssel, daß die Spreu davonflog von dem reinen Korn. Und die Kinder, ebenso hübsch und artig wie der jüngste Nachwuchs in Sansibar und Mombas, zeigten dieselbe Selbständigkeit, welche ich bei Suahelikindern so oft bewundert; bald wurden sie auch zuthunlich, kamen vor mein Zelt und lauschten gespannt den einfachen Tönen einer kleinen Mundharmonika. Die kleine Niederlassung bot mir das anmutige Bild einer Familie, welche bei aller Einfachheit ihrer Verhältnisse glücklich und friedlich dahinlebt.

Nach Mittag stieg ich in Begleitung einiger bewaffneter Träger nach der Höhe empor, um nochmals nach Spuren von Krokodilen zu suchen. Ich durchforschte wiederum mit dem Glase die Ufer, ging trotz der Furcht meiner Leute in einer sumpfigen Niederung am Wasserspiegel umher, sah aber weder Krokodile noch Spuren von solchen, konnte auch nach der Rückkehr zu meinen Sakalaven Nichts über das Vorkommen solcher Ungeheuer erfahren. Da ein längerer Aufenthalt ohne Nutzen gewesen wäre, beschloß ich, am nächsten Tage nach Hellville zurückzukehren; meinen Hauptzweck, das Innere der Insel durch eigenen Augenschein kennen zu lernen und meinen Leuten durch die Anstrengung einiger Tage einen besseren Geist beizubringen, hatte ich ja erreicht.

Wiederum entlud sich in der Nacht ein fürchterliches Gewitter; vor Sonnenaufgang aber war der Himmel wieder heiter. Ich ging noch einmal auf den Berg, sah aber auch diesmal keine Krokodile am Lande. Dann maß ich schnell einige Winkel und kehrte nach der Niederlassung zurück, wo inzwischen Alles zur Abreise bereitet worden war. Wir gingen ziemlich geradwegs nach Hellville zu und kamen, obwol wir uns öfters mit Jagd der Vögel aufhielten, schon nach dreistündigem Marsch in der Stadt an. Der Weg war etwas holpriger als jener über Djamanzare, hatte aber den Vorzug, nicht durch schlammige und sumpfige Striche zu führen.

Allmählich war das Wetter besser geworden, und der neue Wind, der Südwest, fing mit größerer Regelmäßigkeit zu wehen an. Die Aussichten, eine Reisegelegenheit nordwärts zu finden, besserten sich hierdurch, doch begannen für mich andere, längst vorausgesehene Verlegenheiten. Mein baares Geld, von dem ich ohnehin nur wenig mitgenommen, weil auf Angasija nur Tauschhandel getrieben wird, war in dem theuren Nossibé, wo ich täglich für mich und meine Leute beträchtliche Summen brauchte, rasch auf die Neige gegangen; Empfehlungsbriefe hatte ich nicht mitgenommen, weil ich nicht an die Möglichkeit gedacht hatte, auf einer so kurzen Fahrt verschlagen zu werden, und auf Treu und Glauben Geld geborgt zu erhalten, konnte ich nicht hoffen, da Nossibé in nur seltener Verbindung mit Sansibar steht. Ich hätte mich entschließen müssen, meine Waaren, welche mir doch späterhin auf Angasija als Tauschmittel dienen sollten, zu veräußern, wäre mir nicht ein Retter erschienen, gerad als die Noth am größten war. Es kam eines Tages im Hafen von Nossibé ein englisches Schiff an, der „Enfield“, dessen Kapitän, Mr. Bishop, für das Sansibar-Haus Fraser Gelder eintreiben sollte. Ich lernte Mr. Bishop kennen und hatte Gelegenheit, mich ihm gefällig zu zeigen, als er mit fast seiner ganzen Mannschaft am Fieber erkrankte; ich sprach mit ihm von meiner Lage und erhielt auf das Bereitwilligste eine Summe von tausend Franken, welche ich etwa noch zu brauchen gedachte, gegen einen Wechsel auf O'Swald u. Co. vorgeschossen. Der brave Mann bot mir auch freie Fahrt an, konnte jedoch nicht bestimmt versprechen, ob er mich unterwegs auf einer der Komoren auszusetzen vermöchte; denn jene Inseln haben keinen genügenden Hafen, und es wäre gefährlich gewesen, sowol bei Sturm als auch bei den hier so häufigen Windstillen, in jenem Meere zu weilen. Auf eine so unsichere Sache mochte ich mich nicht einlassen: ich wollte keinesfalls nach Sansibar zurückkommen, ohne Angasija besucht und den Vulkan bestiegen zu haben. Mr. Bishop versprach, da er mir in diesem Punkte nicht dienen konnte, mein Mißgeschick in Sansibar zu erzählen und meine Freunde auf das Eintreffen etwaiger späterer Wechsel vorzubereiten. So konnte ich der Zukunft wieder mit mehr Ruhe entgegen sehen.

Unglücklicher als in Geldsachen war ich mit meinen Bemühungen um eine Fahrgelegenheit. Nach dem Enfield kam ein französisches Schiff des Herrn Bérard in Sansibar; allein seine Bestimmung ließ sich durchaus nicht mit meinem Absichten vereinigen. Später ankerte der Ariel, ein englisches Kanonenboot, im Hafen; doch auch die Verhandlungen mit dessen Commander, Mr. Chapman, dem ich bereits von Sansibar her bekannt war, zerschlugen sich, weil der Kreuzer den Bewegungen eines großen, des Sklavenhandels verdächtigen Spaniers folgen mußte und nicht wissen konnte, wohin seine Jagd ihn führen würde. Einige Tage später traf das französische Postschiff Lynx von Mayotte ein, welches nach jener Insel zurückfahren und das hier im Hafen liegende Wachtschiff im Schlepptau mitnehmen sollte; der Kapitän, ein wegen seines barschen Wesens bekannter Mann, wies meine Bitte, mir und meinen Leuten Ueberfahrt zu gewähren, mit kurzen, unhöflichen Worten zurück, und der Kommandant Dérussat, den ich ersuchte, mir einen Platz auf dem leeren Wachtschiffe zu bewilligen, verweigerte mir diese erste Gefälligkeit unter dem Vorwande, daß meine Gesellschaft (elf Mann) zu zahlreich wäre — ich sollte eben von der hiesigen Obrigkeit nichts Angenehmes erfahren! Als ich so wieder auf mich allein verwiesen war, ging ich mit umso größerer Emsigkeit daran, in Banarū ein Küstenfahrzeug zu finden. Chalifahn ben Ali, mit welchem ich durch Kapitän Bishop noch näher befreundet worden, gab sich viele Mühe um mein Weiterkommen; es gelang ihm indessen nicht, eine passende Gelegenheit ausfindig zu machen, namentlich weil die Schiffer allzu übertriebene Forderungen stellten.

Der so ungebührlich verlängerte Aufenthalt auf Nossibé wurde mir immer lästiger. Meine kleinen Ausflüge am Strand und nach der von wilden Kaninchen bevölkerten kleinen Insel Tanikeli (Ile aux lapins der Franzosen), meine Sammlungen und Beobachtungen boten mir nur noch wenig Reiz; denn der Gedanke an die ungewisse Zukunft drückte mich nieder, und er war umso unangenehmer, als bei längerer Dauer dieser Haft mein bereits wieder zusammengeschmolzener Geldvorrath nicht zureichen konnte. Wahre Erholung und angenehme Stunden bereitete mir der Umgang mit einigen wohlwollenden und theilnehmenden Menschen, mit meinem braven Wirthe Reybaud, mit Herrn Berger, dem Befehlshaber des kleinen Wachtschiffes im Hafen, namentlich aber mit Dr. Monestier, einem vortrefflichen, liebenswürdigen Manne, welcher mit der Lynx von Mayotte gekommen war, um einstweilig den Gesundheitsdienst auf Nossibé zu versehen. Mit ihm hatte ich öfters lehrreiche Gespräche über hiesige Einrichtungen und Verhältnisse; sein zuvorkommendes Wesen ließ mich den Mangel an Bildung bei Anderen und namentlich bei den Beamten des Gouvernements vergessen. Leider nahmen Berufspflichten meinen neugewonnenen Freund so sehr in Anspruch, daß wir nie längere Zeit zusammen sein und vor Allem keine gemeinschaftlichen Ausflüge unternehmen konnten. Es sind nämlich auf dem ungesunden Nossibé für die nicht unbeträchtliche Anzahl der Europäer und für die starke Besatzung nur zwei Aerzte angestellt, und jetzt ruhte dazu die ganze Last der Arbeit, welche vorher schon von Zweien nicht gut bewältigt werden konnte, auf den Schultern des Einen, weil der Oberarzt nach Mayotte gereist und der andere vor einiger Zeit gestorben war. Daß der Mangel an genügenden ärztlichen Kräften mancherlei Uebelstände mit sich führen muß, ist offenbar. Die im Hafen liegenden Schiffe empfinden Dies vorzugsweise; bricht dort eine Krankheit aus, so hat der Arzt gewöhnlich keine Zeit, an Bord zu fahren, und die Leidenden müssen lange warten, bis sie den gesuchten Beistand erhalten, oder müssen selbst an Land gehen, um ärztlichen Rath und Pflege zu finden.

Unter den Leuten, denen ich Dank für ihre Güte schulde, muß ich auch die hiesigen Geistlichen erwähnen. Es stand zwar nicht in ihrer Macht, mir thätlich Beistand zu leisten, doch haben sie mir durch ihre theilnehmende Freundlichkeit angenehme Stunden bereitet. Sie schienen in geselligen Tugenden ihren Amtsbrüdern in Réunion gleichzustehen, und ihre vornehmste Anstalt, welche ich einigermaßen kennen lernte, das große Krankenhaus, war den besten dortigen Einrichtungen ebenbürtig.

So verbrachte ich denn meine Tage gleichmäßig zwischen einer Thätigkeit, an welcher ich keine Freude empfand, und zwischen Besorgniß und Hoffnung. Eine stumpfe Gleichgiltigkeit wollte manchmal sich meiner bemächtigen, wenn immer und immer wieder alle Bemühungen fehlschlugen; indessen tröstete und ermutigte mich dann der Gedanke, daß endlich doch die Stunde der Erlösung schlagen müsse, und daß, wie ich bisher vor dem Schlimmsten behütet worden, auch fernerhin ein günstiger Stern auf meinen Wegen leuchten werde.

Fünfunddreißigster Abschnitt.

Annäherung an das Ziel.

Unerwartete Hilfe. — Abreise von Nossibé. — Der Hafenplatz Murunsanga auf Madagaskar. — Feierlicher Besuch des Statthalters. — Ein Ball im Fort Andusa. — Photographische Erfahrungen. — Der gelehrte Sherif von Murunsanga. — Wieder vor Mayotte. — Windstille. — Nochmals vorbeigefahren. — Ein sonderbares Gespann. — Aufnahme beim Sultahn von Moali. — Geschichte des Herrscherstammes. — Stadt und Insel. — Ein Fieberanfall. — Ausflug nach Niumaschua, dem südlichen Hafen. — Abschied von Moali.

Fast ohne Hoffnung zu hegen, mehr aus Pflichtgefühl, fuhr ich eines Tages, wie gewöhnlich, nach Banurü. Ich hatte die üblichen Fragen an alle Araber und Indier gerichtet, ohne eine trostreiche Antwort zu erhalten, und wollte eben wieder nach Hellville zurückkehren, als ein Schiffer, welcher ein Bethen des Sultahns von Sansibar führte, von meiner Verlegenheit vernahm. Er lag ohne Beschäftigung im Hafen, um die Ankunft größerer Reisvorräthe zu erwarten, konnte also die Gelegenheit, eine Summe Geldes nebenbei zu verdienen, ohne Unbequemlichkeit für sich oder seinen Herrn benutzen. Im Hause Chalifahns, wo er mich traf, versprach er mir, gegen eine Entschädigung von hundert französischen Thalern mich nach Moali (Mohilla der Karten, Mohéli der Franzosen) und Angasija zu bringen. Mit lebhaftester Freude begrüßte ich diese Aussicht auf Erlösung, so wenig glänzend sie auch war. Ehe ich jedoch daran denken konnte, das Geschäft endgiltig abzuschließen, mußte ich Geld zu erlangen suchen; denn mein kleines Vermögen reichte eben noch hin, um den für die Ueberfahrt geforderten Preis zu bezahlen.

Ich ging umher bei den indischen Kaufleuten, welche, wie ich wol wußte, jederzeit Bankgeschäfte abzuschließen bereit sind; ich bot ihnen zwölf vom Hundert monatliche Zinsen und einen Wechsel auf ein sicheres Haus, aber die schlauen Schacherer glaubten, ich müßte ihr Geld haben, und forderten für jede hundert Thaler eine Anweisung auf hundertzwanzig, zahlbar nach Sicht in Sansibar. Auf solchen Wucher wollte ich mich nicht einlassen, bevor nicht alle Mittel erschöpft wären; ich fuhr also, da ich Chalifahn als meinen Freund nach bekannten Grundsätzen nicht um Geld angehen wollte, nach Hellville zurück, um zuvörderst bei einem der mit Sansibar in Geschäftsverbindung stehenden Europäer mein Glück zu versuchen. Ich sollte schneller, als ich dachte, zum Ziele gelangen: Herr Reybaud, mein freundlicher Wirth, den ich um Rath fragte, erbot sich aus eigenem Antriebe, mir zinsenfrei die nöthige Summe vorzustrecken. Auf das Angenehmste überrascht, nahm ich mit größtem Danke das liebenswürdige Anerbieten, jedoch nur gegen landesübliche Zinsen, an.

Niemand war jetzt glücklicher als ich. Der Gedanke, in wenigen Tagen die Insel verlassen zu können, welche ich auf so unangenehme Weise hatte kennen lernen, und die Hoffnung, das ersehnte Ziel nun bald zu erreichen, belebten und erfrischten mich geistig wie körperlich. Es kam, sozusagen, ein neuer Geist über mich, und alle meine Arbeiten, welche ich vorher verdrossen gethan, nur um die Zeit auszufüllen, verrichtete ich jetzt mit Freudigkeit. Die Reise wurde, nachdem ich dem biederen Schiffshauptmann Seid Madjids fünfzig Thaler Angeld gezahlt, auf den 6. April festgesetzt, später aber auf den 7. verschoben, da es sich herausstellte, daß der zuerst bestimmte Tag der 28. eines arabischen Monats, also unglückbedeutend war!

Herr Reybaud war so freundlich, mich in seinem leichten Boote bis nach Tanikeli zu bringen, wo mein Schiffer mich abholen wollte. Dort trafen wir unerwartet Herrn Berger, den Befehlshaber des kleinen Wachtschiffes, und die drei Offiziere der Garnison, welche ich früher schon kennen gelernt. Wir verbrachten noch einige Stunden in angenehmer Geselligkeit, bevor das plumpe Boot meines Küstenfahrzeugs erschien. Reich beschenkt mit Brod und Wein, von nun an unerreichbare Dinge für mich, verließ ich diesen äußersten Vorposten der französischen Besitzung, mit einem herzlichen Lebewohl an die Zurückbleibenden, namentlich meinen braven Wirth.

Mühsam quälte das kurze, breite Boot sich durch die Wellen; und so kräftig auch die schwarzen Matrosen mit ihren sonderbaren Rudern (einfache Stangen, daran runde Bretter von Tellergröße angenagelt) das Wasser schlugen, wir erreichten erst nach geraumer Zeit das Bethen. Der Wind war ungünstig und hörte dann öfters ganz auf, sodaß wir zwei volle Tage brauchten, um die wenigen Meilen südwärts zurückzulegen bis nach Murunsanga, wo mein Schiffer sich mit Reis für die Fahrt versorgen wollte.

Spät am Abende des 9. April gingen wir auf der flachen Rhede des in der Geschichte Madagaskars berühmt gewordenen Küstenplatzes vor Anker. Am nächsten Morgen kamen einige Hova-Zollbeamte an Bord. Sie sahen sonderbar aus in ihrer halb wilden, halb europäischen Kleidung, und der Cylinderhut, welchen sie vermutlich als Zeichen ihrer Würde trugen, paßte gar komisch zu ihrem Lendenschurze. Da sie nichts Verdächtiges fanden, gaben sie uns die Erlaubniß zum Betreten des Landes, welche ich ohne Zögern benutzte. Hammis ben Ali, der Bruder Chalifahn's, empfing mich am Lande. Er stellte mich einigen der vornehmsten Personen vor, von denen mehrere Suaheli, andere etwas Französisch und Englisch sprachen, und schickte den mir von Chalifahn gegebenen Empfehlungsbrief nach dem Fort Andufa, dem Sitze des Statthalters. Dann führte er mich in seine hübsch eingerichtete, leicht aus Holz und Matten gebaute Wohnung und bat mich, „sein Haus als das meinige zu betrachten."

Ich unternahm sogleich einen Ausflug, um mit dem Städtchen und seiner Umgebung bekannt zu werden. Fast alle Hütten nebst den zugehörigen Gärten waren ringsum mit Mattenzäunen eingehegt; Straßen und Plätze bewiesen, daß die Einwohner Sinn für Sauberkeit haben. Außerhalb der Ortschaft, in der Nähe eines Baches, war der Boden an einigen Stellen versumpft, was im Verein mit der Flachheit des Meeresbodens einen übeln Einfluß auf die Gesundheitsverhältnisse ausüben muß. Eine große Mannigfaltigkeit der schönsten Vögel belebte die wasserreiche, mit prächtigem Pflanzenwuchs geschmückte Landschaft.

Während ich noch so umherstreifte, vernahm ich einen rasch herannahenden Lärm. Kurz darauf kamen einige meiner Leute und theilten mir mit, daß der Statthalter käme, um mich zu begrüßen. Bestaubt und schmuzig wie ich war, ging ich dem Strande zu, wo die Barasa für öffentliche Verhandlungen steht. Halbwegs traf ich einen sonderbaren Zug: vorn Musikanten, dann einiges Gefolge, danach der Statthalter, auf einer Tragbahre sitzend, und hinterher eine Menge Soldaten, alle in Uniform und gut bewaffnet. Ich war nicht wenig überrascht, daß man hier so viel Wesens mit mir machte; denn in Nossibé hatte man mich nicht gerade durch Aufmerksamkeit verwöhnt.

Fast gleichzeitig mit dem hohen Würdenträger langte ich auf dem Platze vor dem Zollhause an. Er stieg von seinem hohen Sitz und begrüßte mich in würdevoller Weise. Die Soldaten stellten sich in weitem Halbkreis vor der Barasa auf, wo ich mit Hammis und einigen Anderen stand, voller Erwartung der Dinge, die da kommen sollten. Es dauerte nicht lange, so wurden Befehle und Zeichen gegeben, getrommelt, musicirt und das Gewehr präsentirt; dazwischen hielten der Statthalter und seine Officiere Reden, senkten grüßend die Säbel und entblößten ihre Häupter. Ohne ein Wort zu verstehen, stand ich dabei und wußte nicht, wie ich mich benehmen sollte, da ich die Gesetze der madagassischen Höflichkeit nicht kannte. Um nicht für ganz ungebildet zu gelten, nahm ich an einigen Stellen der Reden, wo es mir passend erschien, den Hut ab und schwenkte ihn nach Kräften, wie es auch die Herren gegenüber mit ihrer Kopfbedeckung thaten! Beinah eine Stunde dauerten diese Förmlichkeiten; dann erhielt ich einen Korb voll Reis und einen Ochsen zum Geschenk, welchen ich mit der Mannschaft meines Fahrzeuges und mit der eines gerade im Hafen liegenden Schiffes von Seid Madjid theilen sollte. Ich dankte verbindlichst, und der Zug entfernte sich unter klingendem Spiele.

Nach Tische begab ich mich mit den Angesehenen von Murunsanga nach Andusa, wo mir zu Ehren — in Folge der Empfehlung Chalifahns, wie ich nicht anders annehmen konnte — ein „Bal champêtre“ stattfinden sollte. Der Weg führte etwa dreiviertel Stunden lang durch ebenes, an einzelnen Stellen mit Busch oder Wald bestandenes Grasland an den Fuß eines Hügels, auf welchem die hölzerne Festung der Hova erbaut ist. Das Klettern bergauf war recht beschwerlich, zumal man wol absichtlich den Pfad in schlechtem Zustande gelassen. Angelangt an dem hohen Pallisadenzaune, welcher die Anlage umgibt, mußten wir geraume Zeit warten, ehe wir die Erlaubniß zum Eintritt erhielten. Man führte uns durch ein ziemlich starkes Thor in die Wohnung des Statthalters, ein hohes, hölzernes Haus inmitten eines geräumigen, mit Schanzpfählen umschlossenen Hofes. Hier waren bereits Herren und Damen in Menge versammelt, und Musiker mit großen Trommeln, mit Geigen, Trompeten, Pfeifen und einer Art Klarinette erwarteten das Zeichen zum Beginne. Der Festgeber empfing uns in „Civil“, in feinem Frack — die Preisnummer, welche man vielleicht für eine Auszeichnung hielt, war noch an einer recht sichtbaren Stelle befestigt! — schwarzen Beinkleidern und Cylinderhut; ich in meinen bescheidenen Reisekleidern hätte mich beinahe vor dem geputzten Manne geschämt, hätte ich nicht, in Bezug auf Kleidung, dieses Gefühl bereits einigermaßen verlernt gehabt. Er führte uns eine gute Treppe empor nach einem bedeckten, rings um das ganze Haus laufenden Gange, von welchem aus ich eine sehnsuchterweckende Aussicht nach dem sanftgehügelten Inneren der schönen, großen Insel genoß.

Unter Auswechselung einiger Höflichkeiten traten wir auf die Hofseite des „Balkons“; der Statthalter winkte, und alsbald begann die Musik zu spielen, und die Paare traten an. Die Herren trugen sich theils bürgerlich, theils militärisch, zumeist in englischen Uniformen mit der Regimentsnummer auf den Schulterklappen; die Damen prangten in altmodischen europäischen Ballkleidern. Alle waren ziemlich hellfarben. Sehr hübsche Gesichter habe ich nicht gesehen, dagegen viele geistig belebte. Der Verkehr zwischen beiden Geschlechtern schien ebenso frei zu sein wie bei uns in Europa, im auffallenden Gegensatz zu der abgeschlossenen Stellung, in welcher die Frauen bei den Mahammedanern verkümmern. Nach den nöthigen Verbeugungen führte man in gemessenem Taktmaß einige Gegen- und Reihentänze auf; Herren und Damen gingen unter mancherlei Wendungen und Schwenkungen erst zusammen und trennten sich dann, um sich bald darauf wieder zu vereinigen. Am zierlichsten tanzte das starke, nicht das zarte Geschlecht. Das Ganze bot ein heiteres, anmutiges Bild, ein für diese Ecke der Welt überraschend hübsches Schauspiel. Als ich hierüber meine Verwunderung aussprach, erzählte mir Hammis, daß vor mehreren Jahren ein französischer Tanzmeister Murunsanga besucht und die Leute in seiner Kunst unterrichtet habe.

Der Tanz dauerte etwa eine Stunde lang. Beim Abschied schenkte ich dem Statthalter einen neuen Filzhut mit einem weißen Shawl um die Krempe; dabei sagte ich ihm einige Artigkeiten über das schöne Fest und bat um die Erlaubniß, ihn photographiren zu dürfen. Ueber meine Gabe schien er sehr erfreut zu sein, und die Gewährung meiner Bitte stellte er mir in Aussicht. Ich erschien am nächsten Morgen zur bestimmten Zeit mit meinen Geräthschaften, aber leider vergebens: die Bedenklichkeiten des Gouverneurs hatten über Nacht zugenommen, er hielt es für Unrecht, ohne ausdrückliche Erlaubniß seiner Königin ein Bild von sich fertigen zu lassen. Ziemlich ärgerlich entfernte ich mich; denn ohne die gestrige, wenn auch nicht ganz bestimmte Zusage würde ich sicherlich den steilen Berg nicht noch einmal erklettert haben, da ich eine Wunde am Schienbein hatte, welche mir das Laufen sehr erschwerte. Um nicht ganz umsonst gegangen zu sein, nahm ich unterwegs ein kleines Bild von der Festung Andufa auf, deren Häuser mit ihren hohen, spitzigen Dächern an eine mittelalterliche, deutsche Reichsstadt erinnern (s. Anfangsbild des 26. Abschnittes).

Am Abende besuchte ich den Scherīf Seid Muhammadi ben Seid Abdallah ben Nur, welcher einer Anzahl junger Leute den Korahn und einige andere in Suaheli, Arabisch und Madagassisch verfaßte Schriften auslegte. Als der würdige Mann seinen Unterricht beendet hatte, nahm ein Anderer ein arabisches Buch zur Hand und übersetzte Satz für Satz in Suaheli, aber in parodirender Weise, sodaß er die Tagesereignisse schilderte, während seine Vorlage ganz andere Dinge enthielt; er erregte durch seine treffenden Bemerkungen und witzigen Vergleiche allgemeines Gelächter. Zu meinem lebhaften Bedauern gelang es mir nicht, eines der handschriftlichen Bücher zu erwerben.

Tags darauf wollte mein Schiffer den Hafen verlassen. Der Scherīf gab mir für die Reise ein ausgezeichnet schönes Schaf mit. Ich sagte, daß ich ihm Nichts dafür zu bieten vermöchte, doch meinte er, darauf sei es nicht abgesehen. Um mich erkenntlich zu zeigen, versprach ich, ihm einen arabischen Korahn zu schicken. Leider erfuhr ich bei meiner Rückkehr nach Sansibar, daß der wackere Mann bereits gestorben war, konnte also bei den ungeregelten Erbverhältnissen in jenen Ländern mein Versprechen nicht zur Ausführung bringen. Ehe ich den gastlichen Strand verließ, schickte mir der Statthalter noch einen Gruß mit der Bitte, ich möchte ihm wegen seiner Weigerung nicht mehr zürnen.

Obgleich die Brise günstig war, um den Kurs geradwegs nach Mayotte, der nächsten der Komoreninseln zu richten, fuhren wir längs der Küste hin, wie Dies bei den Suaheli Brauch ist: von Nossibé aus gehen sie für gewöhnlich soweit nach Süden, bis sie eine rein nördliche Richtung nehmen können — sie lassen sich nur auf ganze Kompaßviertel ein, die Zwischenwinkel wie Nord-West und Nord-Nord-West scheinen ihnen nicht sicher genug! Der Nahosa behauptete übrigens, es gebe nördlich von Nossibé einen Kranz von Riffen, in welchen kleinere Fahrzeuge unfehlbar, nicht selten sogar auch größere durch einen starken Strom oder Wirbel getrieben würden. In $14^3/_4{}^0$ Breite, südlich von den Sankassi-Inseln gab endlich der Schiffslenker meinem Zureden nach und schlug die gerade Richtung nach Mayotte ein. Gegen Mittag des 13. April hatten wir das südliche Riff dieser Insel in etwa vier Meilen Entfernung vor uns, befanden uns also wieder an derselben Stelle wie vor fünfundvierzig Tagen. Aber welche Erinnerung lag nicht zwischen damals und jetzt!

Nunmehr glaubte ich, in wenigen Stunden den Fuß an Land setzen zu können; allein es trat Windstille ein (Schwari, wie die Suaheli sagen), und wir kamen zwei volle Tage lang nicht von der Stelle; der weiße Felsen vor uns im Südwesten von Moali und die Kegelberge von Anjuani und Mayotte zu rechter Hand erschienen uns unabänderlich unter demselben Kompaßwinkel. Endlich, in der Nacht des 16. April, erhob sich eine schwache Brise. Ich gab, als wir uns Moali ein wenig genähert hatten, dem Schiffer die Weisung, immer nordwestwärts längs des Strandes hin zu steuern, bis er um die Ecke sehen könne, dann aber mich zu wecken und südwärts zu fahren. Befolgte der Nahosa meine Vorschrift, so mußten wir mit aller Sicherheit die Hauptstadt und den Hafen von Moali erreichen; der gute Mann vergaß jedoch, daß er vor Allem den Nordwestkurs einzuhalten hatte: er segelte längs des Strandes hin und drehte das Schiff mit der veränderten Richtung der Küste — kein Wunder, daß er bei den sanften Biegungen des Landes Nichts von einer Ecke zu sehen bekam. Als ich von selbst erwachte befanden wir uns bereits jenseit der Nordspitze der Insel! Nun ließ ich allerdings sofort wenden; doch bald wurde die Brise flauer und flauer und hörte endlich ganz auf. Es war wirklich peinlich, den Komorenstrand, nach welchem ich mich so lange gesehnt, tagelang vor Augen sehen zu müssen, ohne ihn erreichen zu können.

Da ich nicht sobald auf Eintreten einer günstigen Brise rechnen konnte, ging ich, um die Zeit zu nutzen, bei Tagesanbruch an Land. Zwei kleine Ortschaften, Schoani und Mbadje, lagen dicht nebeneinander am Strande. Die Bewohner schienen noch nie einen Msungu gesehen zu haben; sie folgten mir auf Schritt und Tritt und sahen allen meinen Handlungen mit Verwunderung zu. Sie baten mich, einige Mewefalken (Milvus parasiticus Daud.), die Feinde ihrer Hühner, zu schießen, und sobald ich einen der Räuber vom Baume herunterholte, brüllten hunderte von Jungen und Alten mir Beifall zu. Auch von den Halsbandraben (Corvus scapulatus Daud., Kunguru der Suaheli) fielen mir einige zur Beute; sie waren hier wie auch in Murunsanga außerordentlich dreist, während es in Nossibé ein Kunststück war, ihnen auf Schußweite nahe zu kommen. Dann kaufte ich für einen Frank einen braunen, sogenannten schwarzen Papagai, welcher jedoch, wie ich vermute, nicht auf der Insel selbst zu Hause ist, sondern von Madagaskar stammt. Einen Papagai ganz derselben Art hatte ich auf Nossibé erworben; beide gewannen während der langen Dauer ihrer Gefangenschaft Nichts von der Zutraulichkeit, durch welche andere Sittiche uns so lieb werden.

Erst gegen Mittag kamen wir wieder zum Aufbruch, nicht ohne daß mehrere Leute noch Arzenei von mir verlangt hätten. Langsam strichen wir über das spiegelglatte Meer dahin. Nach einiger Zeit wurde es wieder still, und ein ungünstiger Strom trieb uns zurück, sodaß wir von Neuem ankern mußten. Später halfen uns einige Böen fort (schnell vorübergehende Windstöße mit Regen); der Nahosa ließ nämlich auf mein eindringliches Bitten die Segel stehen, während sonst die Araber bei den unbedeutendsten Regenschauern die Raa herablassen. Schon sahen wir vor uns das Ras (Landspitze, Vorgebirge), hinter welchem die Hauptstadt von Moali liegt, da hörte wiederum der Wind auf! Glücklicherweise hatte ich auf dieser Reise schon ein wenig Uebung erlangt, mich in Geduld zu fassen. Ich ließ das Boot aussetzen, um zu versuchen, ob man das Fahrzeug nicht die kurze Strecke ziehen könnte, doch ohne Erfolg.

So kam der Abend heran. Da näherte sich uns ein Baumkahn. Der Insasse, ein Hafenbeamter von Moali, welcher einigen von der Mannschaft bekannt war, stieg an Bord und versprach, als er unsere ärgerliche Lage erfuhr, sofort eine Anzahl Ruderboote zu schicken, damit wir endlich an das Ziel gelangten. Am anderen Morgen (18. April) erschienen sechs bis acht elende, mit je zwei Schwertern versehene Baumkähne und spannten sich vor unser Schiff. Der Bugsirzug sah spaßhaft aus: in jedem der Boote saßen vier Eingeborene, alle mit sonderbaren, spitzen und breitkrempigen Hüten bedeckt (s. Ansicht von Kitanda Mdjini

Fumboni, Hauptstadt von Moali, vor ihrer Zerstörung im Jahre 1867.

im nächsten Abschnitt), und handhabten die breiten Paddelruder mit aller Kraft; da Niemand steuerte, kam das ganze Gespann bald zu weit rechts, bald zu weit links — das Schiff schien einen Schwanz zu haben, mit welchem es sich durch Hin- und Herschlängeln langsam vorwärts bewegte. Glücklicher Weise erlöste eine leichte Brise die singenden und lärmenden Fischer schon auf halben Wege von ihrer schweren Arbeit; er blähte das Segel, das Bethen schoß schnell dahin und ließ in Kurzem die Ruderboote weit hinter sich. Bald bogen wir um die letzte Landzunge. Da lag es, das lang erstrebte Fumboni mit seinem Hintergrunde von Palmen und schöngeformten, duftigen Bergen: ein langes, weißes Haus (der Palast der Königin) mit zahlreichen Schießscharten, rechts davon eine steinerne Moschee, und ringsum die Hütten der Eingeborenen, ein eigenthümliches Bild, verschieden von Allem, was ich bisher auf meinen Fahrten gesehen. Die enge Rhede ist von niedrigen Felsen umschlossen und ziemlich flach, sodaß wir weitab ankern mußten. Hammadi, der Oberste meiner Schwarzen, ging sogleich mit einem Empfehlungsbriefe Seid Madjids an Land, während ich meine Sachen zurecht legte. Nach einer Stunde brachte er das Willkommen des Herrschers.

Seid Hammadi, der Sultahn oder vielmehr Gemahl der Königin von Moali, nahm mich überaus freundlich auf. Er wies mir ein hübsches, kleines Haus nicht weit von dem seinigen zur Wohnung an, schickte Ziegen, Eier, Reis und Kokosnüsse und ließ mir sagen, ich möchte, wenn ich sonst Etwas brauche, mich nur an ihn wenden, denn ich sei sein Gast und dürfte Nichts von Anderen annehmen. Zugleich stellte er einen englisch sprechenden Mann zu meiner Verfügung, welcher den ganzen Tag über in meiner Nähe bleiben, alle meine Aufträge sofort besorgen und mich auf meinen Ausflügen als Führer und Dolmetsch begleiten mußte.

Nachmittags besuchte ich den Sultahn in seinem stattlichen, ungemein sauber gehaltenen Hause. Er besaß eine Menge Kanonen, Gewehre, europäisches Hausgeräth, auch Wein, Chokolade u. dgl., meistentheils Geschenke früherer Besucher. Zu den Aufgeklärten seines Stammes gehörend, zeigte er Geschmack für europäische Künste und hielt sich nicht mit übertriebener Strenge an die Vorschriften des Korahn: so gestattete er mir, was die Heiligen Mahammeds nie thun, sein Bild zu nehmen, und verschmähte, wie ich später fand, keineswegs den Genuß von feinen geistigen Getränken, wenigstens nicht, wenn er allein war. Gleich Seid Madjid hielt er viel auf seine kleine Garde; seine Trommler und Pfeifer waren aber entschieden besser geschult als die, welche ich in Sansibar gehört; sie bliesen öfter, länger und mit mehr Abwechselung. Leider bekam ich sein Gemahl, die „liebenswürdigste aller farbigen Königinnen", von welcher ich schon soviel gehört hatte, nicht zu sehen; ich konnte ein Gefühl des Unwillens nicht unterdrücken, daß Seid Hammadi seine an madagassische Freiheit gewöhnte Frau, durch welche er seine Stellung doch erst erlangt, jetzt auf arabische Weise behandelte.

Dschombi Fatombi, die von allen Madagassen verehrte und bewunderte Königin von Moali, stammt aus dem Geschlechte Radamas; ihr Vater war der schon mehrfach erwähnte Ramanetaka, welcher 1828 beim Regierungsantritt des blutigen Ranavaluna allein von allen Prinzen des königlichen Hauses dem Tode entging: er flüchtete nach Moali, ward von den Bewohnern willkommen geheißen und zum Herrscher gewählt, und spielte seitdem eine nicht unwichtige Rolle in der Geschichte sowol Madagaskars (bei den Aufständen der nördlichen Sakalaven in den Jahren 1835 und 36) als auch der Komoren. Nach ihres Vaters Tode übernahm Dschombi Fatombi die Herrschaft auf Moali. Sie heirathete einen Araber aus Sansibar, den obengenannten Seid Hammadi. Ihre Ehe scheint unfruchtbar geblieben zu sein; ob sie glücklich war, ist nicht bestimmt zu sagen, doch spricht man, daß die schöne Königin einstmals die Absicht gehabt hätte, sich von ihrem Gemahl scheiden zu lassen, um ihren sie zärtlich liebenden Vetter Rakoto (Radama II.) zu heirathen. Die Eifersucht der nachmaligen Königin Rosaherina und der Ausbruch der madagassischen Staatsumwälzungen im Jahre 1863 soll Dies verhindert haben.

Später traf ich Seid Hammadi gewöhnlich Nachmittags, auf der steinernen Bank vor der kleinen Moschee am Strande sitzend. Hier ertheilte er Audienzen, unterhielt sich mit den Vornehmen der Stadt und erfreute sich der frischen Seeluft und der angenehmen Aussicht. Ich mußte ihm von Europa und den dortigen Verhältnissen erzählen. Um nicht allein der gebende Theil zu sein, erlaubte auch ich mir eine Frage, und zwar eine ziemlich freimütige: ich fragte ihn, woher er seine Einnahmen bezöge, da er doch bei dem schwachen

Besuche seines Hafens die Unkosten seines vortrefflich eingerichteten Haushaltes nicht von dem Ertrage der Zölle bestreiten könne, wie dies Seid Madjid thäte. Er gestand mir lächelnd, daß dies allerdings unmöglich sei; dagegen habe er die auf seiner Insel befindlichen Wohnungen besteuert und lasse sich von jedem Hausbesitzer alljährlich einen Thaler geben. Der Betrag dieser „Grundsteuer“ mußte nicht ganz unbeträchtlich sein; denn die Stadt Fumboni allein zählte mehrere hundert Häuser, und außer ihr gibt es noch sechzehn größere oder kleinere Dörfer auf der Insel, deren Namen mir mein Dolmetscher angab. Nebenbei treibt Seid Hammadi wahrscheinlich einigen Handel; er kann somit, da er seinen Bedarf an Lebensmitteln von seinen eigenen Feldern und Heerden zieht, recht gut als kleiner König auftreten.

Die Stadt Fumboni nimmt sich auch beim Durchwandern der Straßen sehr freundlich aus im Gegensatz zu anderen derartigen Städten, welche nur in der Ferne einen hübschen Eindruck hervorbringen. Hütten und Häuser, von ähnlicher Bauart wie die auf Nossibé und Sansibar, sind theils durch hohe Mattenzäune, theils durch lebende Hecken abgeschlossen, die Straßen reinlich erhalten und ziemlich breit. Durch die Menge der Kramläden mit Eßwaaren, gewebten Stoffen, Farbe- und Arzeneiwaaren wurde ich an gewisse Theile der Stadt Sansibar erinnert. Doch Fumboni hat auch seine kleinen Eigenthümlichkeiten und „Wahrzeichen": das eine ist ein Schuppen in der Mitte der Ortschaft, in welchem die Felle der geschlachteten Ochsen bis zum Verkauf an die vorüberfahrenden Schiffe aufbewahrt werden, das andere bilden an einigen Stellen der Straße große Lavablöcke mit glatten, runden Löchern von sechs bis acht Zoll Tiefe, — Mörser, in denen man mittelst eines länglichen Steines Porzellanscherben zerstößt, um ein scharfes Pulver zum Putzen der Gewehre zu erlangen.

Außerhalb der Stadt tritt man unmittelbar in schöne Gärten und Pflanzungen, in Schamba's, welche durch die Fülle des Pflanzenwuchses und durch die Mannigfaltigkeit ihrer Erzeugnisse denen der Insel Sansibar in Nichts nachstehen. Das Gestein des vulkanischen Bodens ist allerorts mit einer dicken, fruchtbaren Erdschicht bedeckt, und selbst die vielen, bis zur Höhe von einigen tausend Fuß sich erhebenden Bergkuppen sind mit einer grünen Grasdecke oder mit Busch und Wald geschmückt und lassen nur an einzelnen steilen Stellen den kahlen Fels zu Tage treten. Die ebenen Theile der Insel und die Thäler bringen viel Reis und Mtama hervor; Baumwolle sieht man überall wild wachsen, doch wird sie wol schwerlich verarbeitet.

In den wenigen Tagen meines Aufenthaltes gewahrte ich, außer den schon erwähnten Vögeln und einigem Strandgeflügel, eine Art Zibetkatze, den Fungo der Suaheli, fliegende Hunde von außerordentlicher Größe (Pteropus Edwardsii Geoffr., flying fox der Engländer) und den madagassischen Borstenigel oder Tanrek. Dazu brachte man mir einen großen Beutelkrebs (Birgus latro F., s. Bd. 1. S. 52), ein mit riesigen Scheren bewehrtes Thier, ins Haus; einer meiner Leute, welcher sich unvorsichtig mit der Hand näherte, wurde so fest gepackt, daß er laut aufschrie und nur durch die vereinte Kraft von zwei seiner Gefährten aus den fürchterlichen Zangen befreit werden konnte. Andere Thiere, namentlich Kerfe, kamen mir nicht zu Gesicht.

Die Mehrzahl der Bewohner zeigt schon deutlich den Angasija-Typus, welcher mir von Sansibar her bekannt war; unter ihnen finden sich aber auch viele Mischlinge und Einwanderer von Madagaskar und der afrikanischen Küste. Sie sprechen zumeist Angasija, Suaheli und Madagassisch zugleich. Kräftig gewachsen und von gesundem Aussehen, verrathen sie nicht, daß sie eine Insel bewohnen, deren Klima zu den verrufensten der afrikanischen Küste gerechnet wird: man erzählt, daß bisweilen die Mannschaft von Schiffen, welche sich nur einige Tage im Hafen von Fumboni aufhielten, fast völlig aufgerieben wurde. Möglich indessen, daß die örtlichen Verhältnisse Moalis auf die Eingeborenen nicht so gefährlich wirken, möglich auch, daß andere, noch nicht erforschte Ursachen solche Wirkungen mit hervorbringen. Mayotte z. B. und Nossibé sind nicht minder ihres mörderischen Klimas wegen verschrieen, und doch war in den vierziger Jahren Kapitän Margotin vom Dreimaster Bisson aus Nantes mit seiner zahlreichen Mannschaft 115 Tage auf Mayotte und zweiundvierzig Tage auf Nossibé gewesen, ohne einen einzigen Fall auch nur einer leichten Erkrankung gehabt zu haben. Er hatte nur die eine Vorsicht beobachtet, seinen Leuten große Mäßigkeit anzuempfehlen und sie den ganzen Tag über Wasser mit Wein trinken sowie im Freien einen Strohhut mit eingelegtem Taschentuche tragen zu lassen; alle waren immer munter zur Arbeit wie zur Erholung, für welch letztere er ihnen täglich einige Stunden bewilligt hatte. Wahrscheinlich hat vorzugsweise die ziemlich angestrengte körperliche Thätigkeit der Mannschaft den so günstigen Einfluß auf deren Gesundheitszustand ausgeübt — eine Erfahrung, welche man allerwärts bestätigt findet.

Wie gefährlich für Unvorsichtige das Klima von Moali ist, sollte ich bald an mir selbst erfahren. Ich wurde, vermutlich in Folge einer Erkältung, welche ich mir auf einem Ausfluge zugezogen, von einem Fieber befallen, wie ich es von gleicher Heftigkeit noch nicht kannte. Zwei Tage lang lag ich fast ohne Besinnung auf meinem Bett. Keine Arzenei wollte mehr Linderung schaffen. Endlich half mir, nachdem ich bereits die stärksten Abführungsmittel vergebens gebraucht, ein kräftiges Brechpulver. Die innere Hitze, die Aufregung schwand; dafür aber stellte sich eine ausnehmende Ermattung ein, von welcher ich mich umso langsamer erholte, als ich einige Tage lang durchaus kein Verlangen nach Nahrung verspürte. Das Erste, was ich wieder genießen konnte, war eine Tasse Warmbier von der letzten aus Nossibé mitgebrachten Flasche Ale.

Da mein Schiffer zur Abreise drängte und ich gern noch Etwas von dem Inneren der Insel sehen wollte, unternahm ich, so schwach ich auch war, noch einen Ausflug über die Berge nach Niumaschua, dem südlichen Hafen von Moali. Sonntag den 24. April brachen wir zeitig auf. Anfangs ging Alles vortrefflich. Wir schritten ziemlich schnell durch ebenes Land, durch reizende Fluren und Gehölze; doch schon nach anderthalber Stunde, als wir eine lange Steigung erklommen, stellte sich die alte Erschöpfung wieder ein, der Athem wurde mir kurz, und die Ohren begannen zu summen, daß ich fast Nichts mehr hörte. Ich ruhete ein Viertelstündchen, kam aber auch dann nur wenige Schritt vorwärts. Gestützt auf meine Leute und halb getragen, gelang es mir endlich, eine kleine Pflanzung in der Nähe zu erreichen. Weil ich nicht gern unverrichteter Sache wieder umkehren wollte, ließ ich aus zwei Stangen, einer Pferdedecke und Stricken eine Tragbahre herrichten und setzte, sobald diese fertig, die Reise fort.

Wir gingen jetzt auf ziemlich ebenem Weg, auf einem Grate von etwa 1200 Fuß Höhe, weiter. Rechts von uns lag das hügelige und bergige Innere, zur Linken schweifte der Blick über grünende Niederungen nach dem Meere hinaus. Obgleich der Boden überaus fruchtbar zu sein schien und Berg und Thal vom schönsten Grase bedeckt waren, sah man auf dem ganzen Wege weder Menschen noch Vieh; erst in der Nähe einer Senkung am Ende des Grates, wo ein kleiner Bach sein schönes, kühles Wasser dem Strande zuführte, zeigten sich Spuren von menschlicher Thätigkeit: einige unbedeutende Mtamafelder, auf denen Männer, Weiber und Kinder mit der Ernte beschäftigt waren. Von hier an hatten wir noch eine kurze Strecke zu steigen; dann kamen wir an den Abfall des Mledscheleberges nach Süden zu. Hier verließ ich mein Tragbett, denn die Felswände waren so steil, daß ich Hände und Füße fest handhaben mußte, um nicht in die Tiefe zu stürzen. Ohne Unfall kamen wir in der fruchtbaren Ebene am Fuße des Berges an und wanderten dann lange durch gut bewässerte Fluren, durch Reis- und Mtamafelder und zwischen Hainen der Kokospalme dahin. Wegen meiner Schwäche kamen wir nur langsam vorwärts; wir mußten mehrmals halten und erreichten erst ziemlich spät am Nachmittag unser Ziel.

Der mir von Seid Hammadi zugetheilte Dolmetsch, welcher mich auch auf diesem Ausfluge begleitet hatte, ließ mir sogleich ein hübsches, reinliches Mattenhaus einräumen und verschaffte mir auf Sultahns Rechnung eine Ziege, Milch und Sirop („Zuckerhonig", wie die Suaheli sagen). Mein schwarzer Kochkünstler bereitete mir von dem Viertel des Fleisches eine treffliche Suppe mit Eierklößchen und stellte mich hierdurch vollständig wieder her, sodaß ich noch am Abend einen Spaziergang unternehmen konnte.

Im Hafen stand, obwol sieben hohe Inselchen ihn beinahe ringsum schützen, eine hohe See; er wird nur zur Zeit des Nordostmonsuns benutzt, weil dann die Rhede von Fumboni unsicher ist. Der ebene Strich Landes zwischen dem Strand und den Bergen ist nur nach dem Thale hin, durch welches wir gekommen waren, von einiger Breite; zu beiden Seiten desselben zieht er sich als ziemlich schmaler Streifen nach Osten und Westen. Die durch die Häuser der Stadt bedeckte Fläche hat die Gestalt eines Winkelmaßes, dessen einer Arm am Strande hin, der andere in das Thal sich erstreckt. Niumaschua kommt weder an Zahl der Häuser noch an Lebendigkeit des Verkehres der Hauptstadt Fumboni gleich.

Als ich zurück kam, wälzte sich Hammadi, der Hauptmann meiner Schwarzen, im stärksten Fieber auf seinem Bett, ein Beweis, daß nicht nur Europäer den schädlichen klimatischen Einflüssen unterworfen sind. Eine Menge Leute umstanden ihn und suchten das Fieber durch Zaubereien und Gebete zu vertreiben. Der Kranke, welcher wie ein Sterbender ächzte und stöhnte, ließ Alles mit sich geschehen, was die eingeborenen Quacksalber für gut befanden, weigerte sich aber lange, von mir Arzenei zu nehmen. Endlich zwang ich ihm eine Gabe Chinin ein, worauf sein Zustand noch am Abende bedeutend besser wurde.

Am nächsten Nachmittage traten wir den Rückweg an, nachdem ich die Umgegend noch ein wenig durchstreift hatte. Wir kamen rasch vorwärts; der Weg den Medscheleberg hinauf erschien mir bei Weitem nicht so schlimm als vorher, und weiterhin gab es ja keine Schwierigkeiten mehr. Die Pflanzung halbwegs, von welcher an das Land sich nach der anderen Küste senkt, erreichten wir bei einbrechender Dunkelheit, als die fliegenden Hunde auf den hohen Waldbäumen lebendig wurden. Ohne sehr ermüdet zu sein, langten wir um acht Uhr in Fumboni an.

Tags darauf verabschiedete ich mich bei dem freundlichen Sultahn. Als ich sagte, daß ich seine Güte augenblicklich nicht erwiedern könne, ihm aber von Sansibar aus meine Dankbarkeit beweisen würde, meinte er, daß er Alles im Ueberfluß hätte; wollte ich ihm aber durchaus Etwas schicken, so bäte er um einige europäische Servietten. Seine Frau, welche mir während meiner Krankheit viele Theilnahme bewiesen und täglich mehrmals nach meinem Befinden gefragt hatte, schickte mir einen großen Korb voll Eier in das Haus, an welchem ich voraussichtlich wochenlang zu zehren hatte. Ich sandte ihr als ein kleines Zeichen meiner Erkenntlichkeit einige Tafeln Chokolade und zwei halbe Flaschen Champagner, das einzige europäische Getränk, welches mir geblieben war — ich wußte, daß die beiden Gatten dem Schaumwein und den Süßigkeiten nicht abhold waren. Mit aufrichtigem Bedauern schied ich von den guten Leuten. Es sollten ihnen schwere Schicksale bevorstehen: Seid Hammadi ward bald krank und starb nach einem Jahre; die verwitwete Königin aber mußte sich im Jahre 1867 vor den Europäern demütigen und ihre Stadt und ihr stolzes Haus von feindlichen Geschossen zerstört sehen (55). Als ich späterhin diese Nachrichten erfuhr, freute es mich doppelt, daß ich das Bild des verstorbenen Sultahns und eine Ansicht der jetzt zerstörten Stadt (s. Anfangsbild dieses Abschnittes) genommen hatte.

Gegen Abend verließ ich Fumboni. Ein günstiger Wind schwellte die Segel des Bethens, und rasch näherten wir uns dem Feuerberge von Angasija, welcher hoch über den Wolken in duftigem Blau erglänzte. In der frohen Hoffnung, daß mir keine neue Täuschung bevorstehen möge, schlief ich sanft auf meinem Lager ein.

Sechsunddreißigster Abschnitt.

Groß-Komoro und sein Feuerberg.

Am Ziele. — Anblick der Stadt Kitanda Mdjini. — Meine Wohnung. — Die ersten Angasijaner. — Ein Gang durch die Stadt. — Begegnungen mit Sultahn Msafum. — Der Scherif Seid Abubakari. — Sprache, Abstammung und Sinnesart der Bewohner von Komoro. — Körperkraft und Sittlichkeit. — Eine volkswirthschaftliche Strafpredigt. — Besuch beim Sultahn Muniemku in Mroni. — Msafum's Stadt auf dem Berge. — Fahrt längs der Westküste von Angasija. — Tanihuli, die nördlichste Stadt der Insel. — Rückwärts zu Land und Wasser. — Aufbruch nach dem Vulkan. — Ali Madjimba's schwarze Stadt. — Nachtlager in einem alten Krater. — Die oberste Lavaebene. — Rückkehr nach Kitanda. — Das letzte Ueberlaufen des „feurigen Kochtopfes". — Wirkungen der unterirdischen Kräfte.

Rauhe, düstere Ufer sah ich im Osten vor mir, als ich erwachte: es war die Westküste von Angasija mit ihren Lavafelsen, es war das mir schattenhaft entweichende Ziel, das Land, welches ich seit zwei Monaten vergeblich zu erreichen gestrebt! Nordwärts weiter fahrend, gelangten wir gegen zehn Uhr vor unseren Bestimmungsort, die Stadt Kitanda Mdjini, an deren Sultahn Msafum ich empfohlen war. Hammadi ging ans Land, um den Brief Seid Madjids zu überreichen und mir die Erlaubniß zum Aufenthalte zu erwirken.

Währenddessen suchte ich mit dem fremdartigen Anblick, welcher sich meinen Augen bot, vertraut zu werden. Freundlich und hell, von blendendweißem Sandsaum eingefaßt, unterbricht eine flache Einbuchtung den einförmigen, schwarzen Strand. An ihrer Südseite liegt die ansehnliche Stadt. Nicht Stroh- und Lehmhütten sah ich hier, wie in Madagaskar und an der afrikanischen Küste, sondern wirkliche Häuser, aus Lavasteinen errichtet, zum Theil mit hellfarbigem Kalke verputzt und verschönt, feste, stattliche Gebäude, wie ich sie hier, auf dem fast unbekannten Eilande, nicht gesucht hätte. Eine Mauer mit sieben Thürmen umgibt die eigentliche Stadt; außerhalb derselben beginnt ein schlechter gebautes Hüttenviertel, unmittelbar dahinter ein Wald von Kokospalmen und Bananenstauden. Auf dem Gehänge eines naheliegenden Hügels steht ein kleines Fort. Soldaten bemerkte ich nicht darin, obgleich die geneigte Lage des Bauwerkes mir einen Einblick gestattete; die Befestigung schien ebenso wie mancherorts die Mauer etwas verfallen zu sein, offenbar waren die Feinde, gegen deren Angriffe diese Vertheidigungswerke dienen sollten, nicht mehr vorhanden. Auf dem nächsten Berg im Norden schimmern durch das Grün die Mauern der Stadt Dsujini, der Residenz des Hauptsultahns Msafum. Der erhabene Vulkan von Komoro, einer der höchsten Berge im Vergleiche zum Durchmesser der ihn tragenden Insel, thront südwärts von Kitanda; Ein ödes, weites Lavafeld zieht sich von seinen waldigen Höhen bis herab nach dem Strande. Hier streckt die erstarrte Masse, Buchten bildend, lange, flache Zungen in das Meer, dort

Die Stadt Kitanda Mdjini auf Angasija oder Groß-Komoro.

fällt sie jählings ab, von den brandenden Wogen bereits wieder unterwaschen. In solchen Höhlen oder Grotten saßen, da es gerade Ebbe war, Frauen und Kinder, nur von der Hüfte abwärts bedeckt, und klopften die gefaulte Faserhülle der Kokosnuß mit derben Stöcken, bis die Unreinigkeiten entfernt waren, packten dann, als das Wasser stieg, das so gewonnene Werg zusammen, badeten sich und kehrten heim.

Die Zeit wurde mir nicht lang, bis Hammadi zurückkam. Er brachte gute Nachrichten: Msafumu hatte mir freundliche Aufnahme zugesagt. Mit einem unbeschreiblichen Gefühle der Freude betrat ich — am sechsundsechzigsten Tage nach meiner Abreise von Sansibar — das Land meiner Wünsche. Man hatte mir ein hübsches Haus überlassen, zu welchem eine steinerne Freitreppe emporführte. Vor der Thür meines Zimmers stehend, konnte ich weithin blicken in das blaue Meer hinaus und nach dem schwarzweißgrünen Strande: schwarz die Lavafelsen, weiß der Sand und grün in allen Schattirungen die Palmen, Bananen und die Wälder des allmählich ansteigenden Berges. Auf der einen Seite, im Norden, steht dicht vor den Häusern eine herrliche, große Adansonia, der Sammelplatz plauderseliger Einwohner, und weiterhin erheben sich auf den Felsvorsprüngen runde, weißgetünchte Steinsäulen, als wirksame Zaubermittel gegen die Einfälle feindlicher Scharen errichtet; nach der anderen Seite zu blickt man in eine enge, an der Stadtmauer hinführende Gasse. Vor meinem Gehöfte herrschte reges Leben. Ein Brunnen, eigenthümlich wie Alles auf Angasija, lockte unablässig eine Menge Weiber und Mädchen herbei, jede mit einer großen, hölzernen Schüssel voll leerer Kokosnüsse auf dem Haupte; sie stiegen in die mit Lavablöcken ausgesetzte, etwa zehn Fuß im Durchmesser haltende und wol noch tiefere Versenkung, füllten hier ihre Gefäße und kletterten dann wieder an der Wand in die Höhe, um Anderen Platz zu lassen. Kaum minder besucht, aber nur von ernsten Männern, war eine kleine Moschee nicht weit vom Brunnen.

Mein Hauswirth, Mhammadi Kufunsi, und sein Vater, Mhammadi Ali, theilten mir mit, der Sultahn würde morgen in die Stadt kommen, um meinen Besuch entgegenzunehmen; doch könnte ich mich inzwischen unbesorgt in der Stadt umsehen. Beide Männer waren Urbilder des Komorotypus, kräftige, gesunde Gestalten mit ziemlich scharf geschnittenem, hübschen Gesichte. Wie die meisten der wohlhabenden Einwohner trugen sie einen Schurz um die Lenden, darüber ein feines Hemd und über die Schultern einen Shawl. Das nach mahammedanischer Sitte glatt geschorene Haupt deckte eine dicke, persische Mütze; den Fuß bekleideten riesige, gewiß achtzehn Zoll lange Schuhe, welche aus den Rippen der Palmblätter gefertigt und für etwa einen Groschen das Paar verkauft werden. Ein Dolch mit gekrümmter Spitze oder ein langes, starkes Bratenmesser dient als Waffe, Schmuck und Spielzeug zugleich; die Angasijaner haben, wenn sie miteinander schwatzen, diese Messer fortwährend in Bewegung, indem sie an einem Spahne schnitzen oder etwas Arekanuß für einen Bissen Tambu schaben. Fast ebenso unentbehrlich ist ein aus schwerem, dunklen Holze gefertigter Stab von mehr als Mannslänge, ein wahrer Bergstock; er kommt beim Gehen in und außerhalb der Stadt zur Anwendung, da die Wege, wenn man überhaupt von solchen sprechen darf, abscheulich sind und man fortwährend von einem Felsstück zum anderen zu springen hat.

Auch die Tracht der Frauen auf Komoro hat etwas Fremdartiges. Hauptkleidungsstück ist ein sehr langes Stück Baumwollenzeug, welches unter den Achseln um die Brust geschlungen und um die Taille mit einem Strick oder Gürtel derart festgebunden wird, daß ein faltiges, sackähnliches Stück des Tuches noch über die Lenden herabhängt, seine unteren Enden aber bis nahezu auf die Knöchel reichen. Zu diesem Gewande wird doppelt soviel Stoff gebraucht als zu einem Suaheli-Frauentuche; es ist aber auch kleidsamer als jenes, in den Augen des Europäers wenigstens, welchen die Schnürung und der Faltenwurf an die heimatliche Tracht erinnern. Ueberaus häßlich sieht es dagegen aus, daß viele der hiesigen Frauen ihr Haupt ganz glatt geschoren haben: bei Männern ist ein Kahlkopf noch erträglich, weil das Gesicht durch den Bart eine Einfassung erhält, Frauen aber entstellt er auf ganz abscheuliche Weise.

Um die Stadt noch heut ein wenig kennen zu lernen, begab ich mich in Begleitung einiger Leute auf den Weg. Einen Führer brauchte ich nicht, weil mehrere meiner Diener aus Kitanda gebürtig waren — sie hatten sich hauptsächlich deshalb verdungen, um ohne Unkosten ihre Heimat wieder zu sehen. Wir gingen durch die oben erwähnte Gasse längs der Stadtmauer hin und kamen an einen kleinen Marktplatz, auf welchem Weiber ihre Waaren, als Fische, Reis, Mtama, Dschirokoerbsen, Maiskolben u. dgl. zum Verkauf ausboten. Sie staunten nicht wenig bei dem unerwarteten Erscheinen eines Msungu, denn es war, wie man mich versicherte, in Kitanda selbst noch keiner meiner Landsleute gewesen — die wenigen europäischen Schiffe, welche die Insel besuchen, ankern fast stets vor dem südlich gelegenen Städtchen Mroni. An einigen Stellen waren die Straßen überdacht und Bänke zu beiden Seiten angebracht; wahrscheinlich dienen diese Durchgangshallen als Barasa oder auch als Ruhestätten der Fußgänger und zum Schutze bei schnell eintretendem Regenwetter. Die steinerne Mauer, welche die Stadt umschließt, war ziemlich gut erhalten, doch trugen die hier und da angebrachten viereckigen Wachtthürmchen merkliche Spuren des Verfalls an sich; mehreren fehlte die Decke, und, wo diese noch vorhanden, konnte sie schon in den nächsten Tagen zusammenbrechen. Außerhalb des Thores betraten wir das Fischerviertel mit seinen aus Holz und Matten zusammengefügten Hütten, von denen die besten einen Unterbau aus übereinander gelegten Steinen haben. Dann kamen wir in einen prächtigen Bananenwald, welcher mich umsomehr entzückte, als ich seit der Abreise vom Kilimandscharo nicht wieder so üppigen Wuchs, so starke, hohe Stämme und so leuchtend grüne Blätter an diesem edlen Fruchtbaume gesehen. Ein sehr unebener Weg führte um die ganze Stadt, an der alten, fast ganz zerfallenen äußeren Ringmauer vorbei. In nicht besserem Zustande der Erhaltung als diese befindet sich das weiter oben gelegene Fort, welches ich später einmal näher betrachtete. Beifolgendes Bild gibt den Grundriß des sonderbaren Gebäudes: es stellt Nichts als einen ummauerten, nach oben offenen Raum dar; man würde versucht sein, das Ganze als eine Arena für Kampfspiele anzusehen, wenn nicht einige verrostete eiserne Kanonen seine eigentliche Bestimmung bewiesen. Bei allen drei Thürmen — zwei runde und ein viereckiger — sind die Decken eingestürzt.

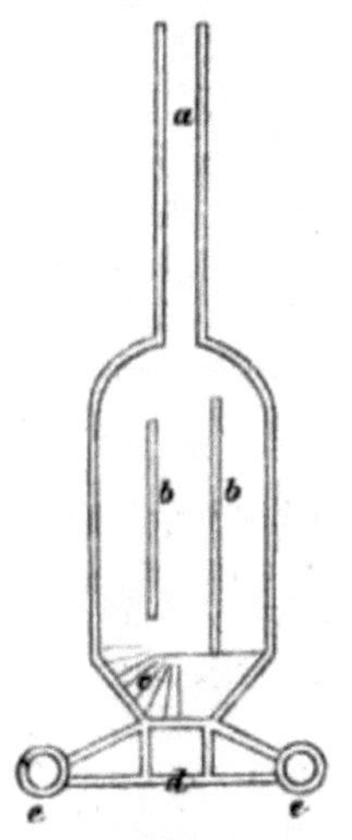

a. Eingang. b. Zwischenmauern. c. Treppe. d. Mittelthurm. e. Eckthürme.

Sultahn Msafum, welcher mir schon kurz nach meiner Ankunft eine Ziege und einen Ochsen verehrt hatte, kam Tags darauf in die Stadt; am nächsten Morgen stattete ich ihm meinen Besuch ab. Er empfing mich mit dem Angasijagruße Avomba (gewöhnlich versteht man nur Omba) und reichte mir die Hand, worauf ich, wie es hier üblich, mit Salamini antwortete und ihm gegenüber Platz nahm. Unser beiderseitiges Gefolge setzte das Avomba und Salamini noch eine lange Weile fort, sich dazu starr ansehend, als ob sie einander Korahnsprüche überhören wollten. Der junge, kaum siebenundzwanzig Jahr alte Herrscher, ein sehr gesund und kräftig aussehender Mann, hatte ein stilles, fast schüchternes Wesen.

Brunnen und Bethaus auf Großkomoro.

Suaheli sprach er nicht, verstand aber recht gut, was ich sagte, noch ehe der Dolmetsch es übertrug. Er gewährte mir bereitwilligst alle Freiheiten, welche ich begehrte. Zum Dank für die gnädige Erlaubniß und für seine Viehsendung schenkte ich ihm ein kleines Fernrohr, welches er fleißig benutzen wollte, um von seinem Berge herab die Schiffe zu beobachten. Dann zeigte ich ihm noch, wie man das Okular als Vergrößerungsglas benutzen könnte, und empfahl mich.

Am Morgen des folgenden Tages wollte der Sultahn meinen Besuch erwiedern. Ich hätte mich gern entschuldigt, weil ich eben einen erneuten Anfall des Mohillafiebers gehabt; aber ich durfte mir der Höflichkeit halber Nichts merken lassen. Mein einfaches Gemach wurde möglichst hübsch hergerichtet d. h. Alles fein säuberlich abgestäubt, wollene Decken über die Kitandas gebreitet und Das zur Hand gelegt, was den Leuten angenehm zu sehen sein konnte. Jetzt erschien der vornehme Besuch. Kaum vermochte das Zimmer die Zahl der Gäste zu fassen; doch fanden endlich Alle ihr Unterkommen, die Einen auf den Ruhebetten sitzend, die Anderen kauernd zu ebener Erde. Von allen meinen Sachen gefiel am meisten eine Photographie von Seid Madjid, welche der englische Konsul Playfair gefertigt hatte; denn Seid Madjid erfreut sich hier eines guten Rufes, und um sein Bild zu sehen, kamen später oftmals Leute von weither. Ebenso scheint den guten Wa-Angasija die Stadt Sansibar der Inbegriff alles Schönen und Großartigen zu sein; sie betrachteten eine in Wasserfarben ausgeführte Ansicht der Stadt mit wahrem Entzücken, voll Bewunderung für die großartigen Bauten und den schönen Hafen, in welchem hunderte von Bethens, Bogalos und eine Menge europäischer Schiffe lagen. Andere wieder wandten ihre Aufmerksamkeit meiner kleinen Thiersammlung zu, den braunen Papageien, namentlich aber den schwarzen und rothen Makis aus Nossibé: solch behende, kluge Geschöpfe waren auf Angasija noch nie gesehen worden; das waren ja wirkliche Abbilder der Menschen! Meine Halbaffen trugen mir den Namen „Munie Komba“, zu Deutsch „Besitzer der Makis“, ein, und mancher biedere Angasijaner, der von den Wunderthieren gehört, scheute einen stundenlangen Weg nicht, um sich durch den Augenschein von der Wahrheit der vernommenen Mär zu überzeugen. Ueberaus befriedigt verließen die Besucher das Haus. —

Unter allen Leuten, welche ich hier kennen lernte, war der würdige Scherif Seid Abubakari ben Abdallah ben Semidi mir der liebste; zu ihm trat ich sofort in ein freundschaftliches Verhältniß. Er war, damit ich gleich hier des Weiteren von ihm spreche, durch Wohlhabenheit und Bildung die bedeutendste Persönlichkeit der Stadt. Seiner Abstammung vom Profeten getreu, lebte er streng nach den Gesetzen des Islahm, war dabei aber duldsam gegen Andersgläubige und scheute sich nicht, über religiöse Gegenstände freimütig mit mir zu sprechen. Wie alle Araber, welche nicht Grundbesitzer sind, trieb er Handelsgeschäfte. Er besaß die mannigfaltigsten Gegenstände: Baumwollenzeug und Kokosstricke, Getreide und Vieh, Waaren aus Indien, Arabien und Europa. Obwol eigentlich Großhändler, verkaufte er mir doch mit größter Bereitwilligkeit auch alle Kleinigkeiten, welche ich brauchte, half mir mit Thee, Kaffee, Milch und Butter aus, ja ließ mir von seinen Frauen arabische Gerichte bereiten, wenn ich danach Verlangen trug. Als er von meinem Führer Hammadi, einem seiner Verwandten, gehört hatte, daß ich nicht sehr reichlich mit Geld versehen sei, bot er mir aus freien Stücken seinen Beistand an und bat mich, ihm alle meine Wünsche mitzutheilen und nicht nur Waaren auf Borg von ihm zu entnehmen, sondern auch Geld; ich könne es ja bei meiner Rückkehr nach Sansibar an seine dortigen Geschäftsfreunde bezahlen. Nichts konnte mir angenehmer sein als dieses uneigennützige Anerbieten; denn ich hatte mit meinen geringen Mitteln noch unbestimmt lange Haus zu halten.

Seid Abubakari besuchte mich oft in Begleitung seines Söhnchens, eines allerliebsten Knaben von etwa sechs Jahren. Der Kleine war sehr sauber und hübsch gekleidet und trug einen an den Hörnern aufgehängten silbernen Halbmond als Zierrath oder Standeszeichen auf der Brust; er schloß sich bald eng an mich an und zeigte sich während der ganzen Dauer meines Aufenthaltes als ein überaus artiges Kind. Wir nannten uns gegenseitig Rafiki (Freund). Dem Knaben genügte Das, der Vater aber wollte meinen wirklichen Namen wissen. Ich gab ihm denselben nach arabischer Weise als Otto ben Fridriko bu Kersten (Otto der Sohn Friedrichs von der Familie Kersten) an; er schrieb sich Dies auf und rief mich später immer, wie es in Europa Brauch, mit dem Familiennamen, während alle anderen Araber und Suaheli, welche ich kennen gelernt, mich nach ihrer Art bezeichneten: gewöhnlich nur als Bana oder Herr, oft auch als Bana mdogo (s. Bd. I. S. 110) oder Bana mkuba, jenachdem der Baron oder ich den Haushalt führte, oder in sonderbarer Sprachmischung als Dakitari kideitschi (deutscher Doktor, im Gegensatz zum englischen und französischen). Kam ich zum Scherif, so wurde ich mit vollendeter arabischer Höflichkeit empfangen und gastlich auf der mit Matten belegten Steinbank mit Kaffee bewirthet; das Innere seines stattlichen Hauses, des größten in der ganzen Stadt, bekam ich leider nicht zu sehen. Für gewöhnlich saßen wir bei mir zusammen, im Zimmer oder im schattigen Hofe, und verbrachten da fast täglich ein Stündchen in angenehmer Unterhaltung. Er erzählte mir viel von seiner Familie, von welcher einige Glieder in Java, andere in Maskat wohnten, und gab mir Auskunft auf alle meine Fragen über hiesige Verhältnisse. Was ich über Angasija und seine Bewohner erfahren habe, verdanke ich großentheils den freundlichen Belehrungen Seid Abubakaris.

Meine Zeit füllte ich mit Ausflügen und häuslichen Arbeiten aus, wie eben mein leidender Zustand mir das Eine oder das Andere gerathen erscheinen ließ. Abends beschäftigte ich mich viel mit der Komorosprache. Durch ihren fremdartigen Klang verführt, glaubte ich anfangs, sie habe Nichts mit dem Suaheli gemein; als ich aber einige hundert Wörter genau aufgeschrieben und verglichen hatte, fand ich, daß die vermeintliche Verschiedenheit nur in einer größeren Weichheit der Formen besteht oder durch eine gewisse rauhe Art der Aussprache bedingt wird; durch letztere werden die Wörter meistens so entstellt, daß man selbst solche, welche in beiden Sprachen vollständig gleich lauten, kaum wieder erkennt. Hiernach ist also die Komorosprache nur für eine Mundart des Suaheli zu halten, entstanden und weiter gebildet durch die große Abgeschlossenheit der Insel und bereichert durch einige madagassische Fremdwörter. Wenn man bedenkt, daß auch Plattdeutsche und Schwaben ohne Vermittelung sich ebensowenig unterhalten können als Schweden und Türken, so kann es nicht befremden, daß die Leute von Sansibar und Angasija einander nicht verstehen. Gern hätte ich mich noch überzeugt, ob die beiden Sprachen auch in Abwandlung und Satzbau so nahe übereinstimmen; allein konnte ich ein in Angasija verfaßtes Schriftstück, welches man mir bestimmt versprochen, leider nicht erhalten, und während der Bemühungen hierum hatte ich die Zeit zur Aufzeichnung selbstgewählter Sätze verabsäumt.

Wie und wann die Angasijaner auf ihre Insel gekommen waren, vermochte mir Niemand zu sagen; Alle meinten, ihr Land wäre von jeher bewohnt gewesen. Mir drängte sich die Ansicht auf, die Angasijaner könnten dereinst von Afrika eingewandert sein und dann in ihrer Abgeschlossenheit, unter dem Drucke der eigenthümlichen örtlichen Verhältnisse, und unter Mitwirkung fremden Blutes sich zu einen so bestimmten Typus (56) ausgebildet haben, welcher weit schärfer als der der Suaheli gekennzeichnet ist. Daß die Bewohner dieser Insel ausschließlich von arabischen Ansiedlern abstammen sollten, konnte ich mir nicht vorstellen, weil nur wenige Gebildete Kenntniß von arabischer Sprache und Schrift besaßen, und diese bei der muslimitischen Bevölkerung sich jedenfalls erhalten hätte. Bestätigt wird meine Ansicht durch die Erkundigungen, welche der Schiffslieutenant Protet über die Geschichte der Komoren und Mayottes insbesondere eingezogen hat. Unser Gewährsmann sagt in der Revue coloniale vom Oktober 1847:

„Mayotte ist seit mehr als 600 Jahren bewohnt. Zuerst waren Eingeborene aus Afrika herüber gekommen, aus dem Lande „Mouchambara" (Usambara? oder Mosambik d. i. Mokamba?). Als dann die Portugiesen auf „Angaziguia" (Groß-Komoro) landeten, flüchtete sich der dortige „arabische" Häuptling (die Franzosen brauchen das Wort „Araber" in dem Sinne, wie wir die Eingeborenen oft „Indianer" nennen) mit den Seinen nach Mayotte, und gründete eine Stadt an der Bai von „Zambourou". Etwa zur selbigen Zeit kamen hier auch Sakalaven von Menabé unter ihrem Anführer Divamani an; sie erkannten den Häuptling von Komoro (welcher vermutlich inzwischen die Herrschaft über die Insel erlangt hatte) als ihren Sultahn an. Währenddessen hatte sich auf „Angaziguia" eine wohlhabende und zahlreiche Bevölkerung aus „Chiradzy" (Schiras, Persien) im Norden von „Sohely" (Suaheligebiet) unter Mohammed ben Haissa angesiedelt. Dieser Mohammed, welcher dann auch Anjuani und Moali besetzte und hier seine beiden Söhne als Herrscher ließ, kam später ebenfalls nach Mayotte, heirathete die Tochter des dortigen Sultahns, übernahm nach dessen Tode die Regierung und ward der Stammvater einer großen Herrscherfamilie (57)."

Außerdem heißt es weiter in der Revue maritime et coloniale 1863 T. VIII. S. 249 ff. in einer Zusammenstellung über Mayotte: „Die Bevölkerung von Mayotte besteht:

1) aus „Arabern" von derselben Rasse, welche alle Inseln und viele Striche der arabischen Küste von Aden an bis südwärts von Madagaskar bewohnt (also Suaheli); sie sind mehr oder weniger mit der ursprünglichen Bevölkerung vermischt und heißen „Mahori", sofern sie in Mayotte geboren und dort ansässig sind;
2) aus einigen eingewanderten Sakalaven;
3) aus zahlreichen Afrikanern (wahrscheinlich von südlicher wohnenden Stämmen, Wamakua u. A.), welche als Arbeiter eingeführt wurden oder einwanderten."

Was hier über Mayotte gesagt ist, wird, wenn man die Zahlenverhältnisse ein wenig ändert, auch für die anderen Inseln der Komorengruppe gelten können. Auf dem abgeschlossenen Angasija z. B. gibt es nur wenige Madagassen und Festlandsneger und nicht mehr als drei oder vier echte Araber.

Aeltere Reisende berichten viel Schlimmes über die Sinnesart der Angasijaner. Sagte doch neuerdings noch Leguevel-Lacombe, daß die Bewohner von „Komoro" sehr wilde Sitten haben und alle Diejenigen, welche in ihre Gewalt gerathen, tödten oder als Sklaven zurückhalten, — und hatte man mich doch noch in Sansibar und Nossibé vor jenen „fanatischen, blutdürstigen Wilden" warnen zu müssen geglaubt! Die Leute sind indessen, wie schon aus dem bisher Mitgetheilten erhellt, nicht so schlimm, als man meint, wennschon nicht zu läugnen ist, daß sie früher feindselig und mißtrauisch gegen Fremde waren und es vielleicht auch jetzt noch an einzelnen Orten sind. Dies kann man aber den Angasijanern gar nicht verargen; denn sie haben von den Fremden immer viel auszustehen gehabt: kühne, wohlbewaffnete Scharen von Sakalaven kamen nicht selten in ihren elenden Baumkähnen, plünderten und zerstörten die Städte und schlugen die Einwohner todt — und von den Europäern wird man seit der Portugiesenzeit auch nicht viel Gutes vernommen haben.

Gegenwärtig indessen haben jene Räubereien aufgehört, und die Vorurtheile gegen uns sind in den letzten Jahrzehenden größtentheils geschwunden, hauptsächlich in Folge der Besetzung von Nossibé und Mayotte und des bisweiligen Erscheinens europäischer Kriegsschiffe. In den inneren Verhältnissen hat sich gleichfalls Vieles gebessert. Zwar ist noch wie früher die oberste Gewalt in hundert und mehr Theilchen zersplittert, und jeder der kleinen Sultahne, deren oft drei bis vier in einer Stadt hausen, nimmt die volle Gewalt und die ungeschmälerten Herrscherrechte in Anspruch, glaubt, dem Vorüberziehenden Zoll abnehmen zu können, und dünkt sich berechtigt, Krieg mit seinen Nachbarn zu führen — doch Das sind goldene Zeiten gegen früher, da die Insel unablässig von Unruhen heimgesucht war und die blutigen Kämpfe zwischen den einzelnen Häuptlingen kein Ende nahmen: noch der jüngste Lavastrom soll die Gebeine gar manchen Kriegers aus Kitanda und dem südlich gelegenen Mroni begraben haben, welcher hier in der Schlacht seinen Tod gefunden. Und es wird noch besser werden; denn Msafum und sein Nachbar Muniemku von Mroni, von allen Anderen geachtet und anerkannt, sind miteinander befreundet und waren zu meiner Zeit auf dem Punkte, sich zu verschwägern. Ganz und gar ist übrigens die alte Rauflust noch nicht geschwunden, wie ich selbst zu beobachten Gelegenheit hatte. Ich saß manchmal, von neugierigen Besuchern umstanden und umdrängt, nichtsahnend in meiner Stube. Da erhob sich draußen ein arges Geschrei; man stürzte zur Thür hinaus, im Nu war ich allein — es fand auf der Straße ein Zank mit Prügelei statt! Wenige Minuten darauf war Alles wieder ruhig.

Im Uebrigen sind die Komorianer harmlos. An Frohsinn stehen sie den Suaheli, ihren nächsten Verwandten, nicht viel nach; sie können, wie diese und die anderen Küstenbewohner, ganze Vollmondnächte bei Musik und Tanz verbringen. Eine besonders ausgelassene Gesellschaft vergnügte sich gewöhnlich auf dem Platze vor meinem Hofthor und belästigte mich, wenn ich vom Fieber krank und aufgeregt war, oft nicht wenig. Ich ersuchte die Leute, ihren Unfug an einem anderen Orte zu treiben; aber sie fragten Nichts nach meinen Wünschen. So war ich denn genöthigt, mir gewaltsam Ruhe zu verschaffen: ich sammelte in der Stille meine Leute, ließ einen Ausfall machen und einem der Hauptschreier sein Lärmgeräth abnehmen. Dies half; denn man mochte doch wol sehen, daß mit mir nicht zu spaßen wäre und ich auch vor weiteren Gewaltthaten nicht zurückschrecken würde, wenn es gälte, meinen Worten Nachdruck zu verschaffen. Am nächsten Abende fand die Festlichkeit vor dem Hause eines musikalischeren Bürgers statt, welcher den Tänzern und Sängern einen Thaler gegeben hatte, damit sie die Aufführung künftighin in seiner Nähe veranstalteten. Der von mir Bestrafte ließ, trotz meiner friedlichen Versicherungen, mehrere Tage vergehen, ehe er es wagte, sein Eigenthum zu holen, eine an den Füßen getragene Klappervorrichtung aus aufgefädelten hölzernen Kugeln.

Die Bewohner von Angasija sind im Durchschnitt ungewöhnlich kräftig, oft riesenhaft gebaut, sodaß man schier erstaunt über den „herkulischen Wuchs dieser Kolosse". Sie sind wenigen Krankheiten (58) unterworfen und werden gewöhnlich siebzig bis achtzig Jahre alt, nicht selten sogar hundert. Dieser so überaus günstige Gesundheitszustand hat seinen Grund in örtlichen Verhältnissen sowol wie in der Lebensweise der Angasijaner. Ersteres erhellt ohne Weiteres daraus, daß auf keiner der Komoren sich ein gleichkräftiger Menschenschlag findet, und daß hier unter denselben günstigen Einflüssen auch das Vieh eine seltene Entwickelung erreicht, obwol es, wie man sagt, zur Löschung des Durstes nie Wasser erhält, sondern nur Bananenstämme (vgl. Bd. I. S. 270); Letzteres bedarf einer ausführlicheren Darlegung.

Zuvörderst leben die Wa-Angasija sehr einfach, von Getreide, Fleisch, Bananen und Milch, und geben sich in ihrem bergigen Lande nicht der Trägheit hin. Dann heirathen sie nicht schon im Kindesalter, wie Dies bei Arabern, Indiern und Negern üblich. In Folge dessen tritt die Reife bei ihnen später ein als bei irgend einem anderen Tropenvolke, und die Kraft erhält sich länger (59). Eine weitere Folge hiervon ist, daß selten Jemand, und wäre er Sultahn, mehr als eine Frau nimmt, wie Dies als nothwendig erscheint bei anderen Morgenländern, deren Weiber rasch dahinwelken. Deshalb herrscht auf Großkomoro auch eine große Reinheit und Einfachheit der Sitten, eine gewisse Sittenstrenge, welche, wahrscheinlich durch die Rauheit und Schroffheit der Natur mit bedingt,

Komorotypen.

bei der Abgeschlossenheit des Landes sich erhalten hat. Bei solcher Lebensweise aber muß der Mensch sich zur höchsten körperlichen Vollkommenheit entwickeln, falls er nicht etwa einen gesundheitsfeindlichen Himmelsstrich bewohnt oder von ungesunden Eltern abstammt.

Das Familienleben meiner Bekannten in Kitanda erinnerte mich lebhaft an das unserige. Besuchte ich sie, so versteckten sie ihre Frauen nicht etwa, sondern stellten mir Gattin, Schwester und Schwägerin, wenn solche im Hause waren, aus eigenem Antriebe vor; und die jungen Mütter zeigten mit einem gewissen Stolz ihre Sprößlinge, selbst die kleinsten, noch in Tücher gewickelten nicht ausgenommen.

Hochzeiten werden wahrscheinlich mit denselben Bräuchen wie in Sansibar, aber mit größerem Aufwande gefeiert. Wer es irgend ermöglichen kann, läßt dreißig bis vierzig Ochsen für das Festmahl und zur öffentlichen Vertheilung schlachten. Hierbei sticht man aber das Vieh nicht auf gemeine Metzgerweise ab: die jungen Leute der Ortschaft setzen eine Ehre darein, es mit seinen eigenen Hörnern zu tödten, ein gefährliches Spiel, bei welchem sie einander an Kraft und Geschicklichkeit zu übertreffen suchen; sie ergreifen eines der Thiere nach dem anderen von hinten bei den Hörnern, drücken diese herum und bohren sie ihm mit kräftigen Ruck in Hals oder Brust ein, wobei vermutlich das Rückgrat bricht. Diese Erzählung wurde mir von verschiedenen Seiten mitgetheilt, erschien mir aber nicht sehr glaubwürdig, obwol ich den stämmigen Angasijanern ein gutes Theil Kraft zutraute; später jedoch sollte ich eine Verwundung zu sehen bekommen, welche bei solchem Turnier durch einen widerspenstigen Ochsen verursacht worden war. Da ich indessen nicht selbst Zeuge einer so eigenthümlichen Schlächterei gewesen, führe ich diese Sache nur mit Vorbehalt an.

Weniger gut als um die Familie steht es um Staat und Verwaltung, um Handel und Wandel. Ich benutzte jede Gelegenheit, den Angasijanern die Mängel der hiesigen Zustände aufzudecken, und hielt namentlich dem angesehenen Scherïf und einigen Räthen des Sultahns öfters lange Vorlesungen über staatliche und volkswirthschaftliche Gegenstände. „Wenn ich Msafum wäre“, sagte ich unter Anderem, „so würde ich mich mit Muniemkü vereinigen, Gewehre kaufen, Krieger schulen und dann ein Gebot erlassen, daß bei Todesstrafe Niemand mehr sich Sultahn nennen oder auf die Rechte eines solchen Anspruch machen dürfe; Niemand wird sich widersetzen können, weil die Anderen zusammen nicht soviel Geld haben, um eine ebenso starke Macht auszurüsten. Eure Wege“, fuhr ich fort, „sind ganz abscheulich, und in Folge dessen könnt Ihr ein entfernt gelegenes Stück Land nicht mehr bebauen, weil das Fortschaffen nach dem Verkaufsorte mehr kostet, als die Waaren werth sind; baut also gute Wege, die darauf verwandte Mühe wird sich reichlich lohnen. Wie aber steht es mit dem besten Wege, welcher rings um die ganze Insel führt, wie benutzt Ihr das Meer? In Kitanda leidet Ihr Mangel, und wenige Stunden Fahrt von hier gibt es Reis und Mtama in Ueberfluß; die Kokosnüsse sind bei Euch noch einmal so theuer als in dem nahen Mroni, und Keiner ist einsichtig genug, diesen Preisunterschied zu benutzen? Wenn Ihr klug wäret, müßtet Ihr, da die Verbindung zu Lande so beschwerlich, eine regelmäßige wöchentliche Umschiffung der Insel einrichten, müßtet allerlei Nahrungsmittel und sonstige Bedürfnisse von einem Orte zum anderen schaffen und so Mangel und Ueberfluß ausgleichen, zum Vortheile des Unternehmers und der Einwohnerschaft. Statt dessen aber habt Ihr Inselbewohner fast kein einziges Fahrzeug! Ich weiß wohl, daß die wenigen Buchten Eurer rauhen Küste weder geräumig noch schön sind: aber genügend sind sie doch, um einigen Schiffen und Booten eine Zufluchtsstätte zu bieten, und Euer Holz ist vortrefflich, sodaß Ihr Eure Daus und Betelas selbst zimmern könnt. Muniemku ist der einzige, welcher etwas Seehandel treibt; den größten Theil aber des reichen Gewinnes ziehen Fremde. Daher kommt es auch, daß kein Geld im Lande ist, und daß schon Der als reicher Mann gilt, welcher nur zwanzig oder dreißig Thaler besitzt! Bebauet also Euren fruchtbaren Boden besser, bringt mehr hervor, schafft die Erzeugnisse dann auf eigenen Schiffen in das Ausland, so werdet Ihr Geld bekommen und Euer Wohlstand sich mit jedem Jahre mehren, während ihr jetzt eure schönen Thaler Ausländern geben müßt, damit sie nur die nothwendigsten Dinge herbeischaffen."

So sprach ich fast täglich vor den Leuten, welche mich besuchten. Alle waren mit meinen Ansichten einverstanden und überzeugt, daß eine Aenderung in den hiesigen Verhältnissen eintreten müsse, wenn das Land gedeihen solle. Meine Worte schienen auch bis zum Sultahn gedrungen zu sein; denn ich wurde unter der Hand von einem seiner Großen gefragt, ob ich nicht Lust hätte, auf Angasija zu bleiben und die neue Ordnung einzurichten. Ich lehnte den ehrenvollen Antrag ab, da ich andere Verpflichtungen hatte, redete aber den Leuten zu, die Sache mutvoll allein zu unternehmen. Ob man meinen Rath befolgt hat, kann ich nicht mit Bestimmtheit sagen; eine Nachricht jedoch, welche ich im folgenden Jahre von Herrn Bigrel, dem Befehlshaber des französischen Transportschiffs Loiret, erfuhr, läßt mich vermuten, daß man wenigstens einen Anfang gemacht: er erzählte mir, daß in Angasija ein Krieg ausgebrochen wäre, bei welchem Msafum und Muniemku sich vereinigt hätten, um der Unordnung im Lande ein Ziel zu setzen (60).

So oft mein leidender Zustand mir es gestattete, unternahm ich kürzere oder längere Ausflüge, theils meiner Messungen und Sammlungen halber, theils um meine Kenntniß vom Lande zu vervollständigen. Von diesen Ausflügen hebe ich nur einige hervor, welche mir besonders lehrreich waren. Auf einem der ersten kam ich nach Mroni zu Sultahn Muniemkü, welchem ich schon Tags zuvor einen Empfehlungsbrief Seid Madjids überschickt hatte. Der etwa anderthalb Stunden lange Weg führt zuerst eine Strecke weit durch gutbebautes Land, dann über ein ödes, etwa fünfundzwanzig Minuten breites Lavafeld, zuletzt wieder durch schöne, fruchtbare Gefilde, welche gelind nach dem Berge zu ansteigen. Unter den hier angebauten Gewächsen fiel mir namentlich die nutzbare Mtapupalme auf: ihre Blätter ähneln denen der Kokos- und Dattelpalme, die Früchte sind von Wallnußgröße und werden gegessen, nachdem man sie stundenlang gekocht; leider sind durch ein Versehen keine Proben weder der Blätter und Blüten noch der Früchte mit nach Europa gekommen. Jede Pflanzung in der Nähe von Kitanda war entweder, wie in Sansibar, mit einem lebenden Zaune des falschen Krotonstrauches umzogen, oder mit Wällen von aufgelesenen Steinen, ähnlich wie man Dies auch bei den Feldern in unseren heimischen Gebirgen sieht. Alles zum Steinreich Gehörige, was ich auf dem Wege sah, war vulkanischen Ursprungs, von der blasigen Schlacke bis zum festen Felsen, von dem scharfkantigen Sande bis zur fruchtbaren Ackerkrume; die Abstammung der letzteren erkennt man deutlich aus den zahllosen eingemengten Kristallen, welche der Verwitterung besser wiederstanden hatten als die Hauptmasse des früheren Gesteins. Auch auf Angasija zersetzt sich die Lava ziemlich schnell; die Massen, welche vor fünf Jahren dem Berg entströmt waren, fingen bereits wieder an, sich mit dünnen Flechten und Farnen zu bedecken.

Die Bucht von Mroni ist geräumiger als die von Kitanda, scheint aber nicht so sicher zu sein; denn der sandige Strand ist mit zahlreichen Felsblöcken bedeckt, welche sich wahrscheinlich auch unter Wasser fortsetzen, während dort der Strand und Ankergrund aus einem feinen, weißen Sande besteht. Alle Häuser der Stadt sind aus Stein gebaut, die Straßen sind ziemlich breit, das Ganze bringt einen angenehmen Eindruck hervor. Die Volkszahl beider Ortschaften wird nahezu gleich sein, meiner Schätzung nach nicht unter drei- bis viertausend. An hübscher Gesichtsbildung und kräftigem Körperbau scheinen die hiesigen Leute die Bewohner von Kitanda noch zu übertreffen.

Anschluss s. unten.

N. 15 O. N. 18 O. N. 31 O. N. 36 O. N. 58 O. Palme A.

Anschluss s. oben.

N. 128 O. Palme C. Ilot des roches. N. 136 O. N. 144 u. 145 O. Weisser Thurm u. Bastion. N. 156 O. Baum B.

Ansicht der Bucht von Mroni.

Aufgenommen vom Ankerplatz des „Loiret" durch Officiere desselben. (Zur Orientirung s. Karte IV, Karton 1.)

(Die Peilungen beziehen sich auf den magnetischen Meridian. Abweichung etwa 10° W.)

Muniemkū, — oder Sultahn Achmet, wie sein eigentlicher Name ist — ein prächtiger, alter Mann von ehrwürdigem Aussehen, empfing mich in seinem schönen, großen Hause. Wie der gleichnamige Fürst auf Sansibar hatte er seine Wohnung mit einer nicht zu verkennenden Prachtliebe ausgestattet: Thürpfosten und Stühle waren mit hübschen Schnitzereien bedeckt, auf den Kitandas prangten seidene Polster, und alles übrige Geräth zeigte, daß er Geschmack besaß und seine Reichthümer mit Geschick zur Verschönerung seines Daseins zu verwenden wußte. In seinen jüngeren Jahren hatte er viel gereist, sich auch durch eine Wallfahrt nach Mecka den Titel eines Hadschi verdient; sein Benehmen war das eines erfahrenen, feingebildeten Mannes, gemischt aus der zuvorkommenden Höflichkeit der Kinder dieser Welt und aus der Würde eines frommen Weisen. Sultahn Achmets Haus ist, nach den glaubwürdigen Versicherungen des Besitzers, schon dreihundert Jahr alt; trotzdem waren die Schnitzereien noch vollkommen erhalten und wie neu, und ebensowenig zeigte das Gemäuer Spuren des Verfalles. Jedenfalls ist sowol das hiesige Holz von ausgezeichneter Beschaffenheit als auch das Klima seiner Erhaltung besonders günstig; vielleicht fehlen auch auf diesem abgeschlossenen Stück Landes die Kerbthiere, welche anderorts das Holzwerk so rasch zerstören. Die Haltbarkeit des Mauerwerkes erklärte man aus der Vortrefflichkeit des zum Bauen verwendeten Kalkes; dieser wird nämlich nicht, wie in Sansibar, mit Seewasser gelöscht, sondern ein Jahr lang an der Luft liegen gelassen, bis er vollständig zerfallen ist, und erst dann zur Mischung des Mörtels verwendet. Es soll auf Angasija sechshundertjährige Häuser geben, denen man ihr Alter nicht im Geringsten anmerkt; man rechnete mir, als ich meine Zweifel zu erkennen gab, die seitdem dahingegangenen Geschlechter so umständlich vor, daß ich nicht mehr Anstand nahm, das Erzählte zu glauben.

Nachdem wir gegenseitig unsere Neugiede befriedigt, führte Muniemku mich noch in die Wohnung seines Sohnes. Beim ersten Anblick dachte ich, der junge Mann wäre nicht reiner Abstammung, weil er die Gesichtszüge eines Juden und eine viel hellere Haut als sein Vater hatte; bei dieser Annahme wäre aber die Frage entstanden, woher auf dem entlegenen Eilande die Mischung hätte kommen sollen. Muniemkus Sohn besaß große mechanische Geschicklichkeit, hatte viele Geräthschaften und Modelle zu Maschinen aus Holz geschnitzt und hätte gern sich weiter ausgebildet, wenn sich ihm Gelegenheit dazu geboten. Unter Freundschaftsversicherungen trennten wir uns.

Nächsten Tages ging ich nach der Stadt Dsujini, wo Sultahn Msafum für gewöhnlich wohnt. Bis zu dem kleinen Dorfe Bentamadi zieht sich der holperige Pfad am Strande hin. Dann geht es über steile, mit Busch und zierlichen Farnkräutern bestandene Felsen empor nach dem Herrschersitze. Selbst dieser Königsweg war nicht besser unterhalten als die Straßen von Kitanda; keine rauhe Stelle war geebnet, kein unbequemer Stein hinweggeschafft, Alles in rohester Natürlichkeit gelassen — die Angasijaner, kräftig gebaut und gute Kletterer wie sie sind, scheinen ebensowenig wie die Ziegen den Vorzug zu empfinden, welchen ein guter Weg vor einem schlechten hat! Oben angelangt, genießt man einen allerliebsten Blick nach dem Strande hinab über das weite Meer, welches, von dieser nahen Höhe gesehen, der Hälfte eines unermeßlichen, tiefausgebauchten Kessels gleicht. Dsujuni, eine gleichfalls mit Mauern umzogene Stadt, soll größer sein als Kitanda und Mroni, ist aber weit schlechter gebaut. Msafums Wohnung gefiel mir weder von außen noch im Inneren so gut als das Haus des alten Muniemkū; es schien mir, als ob sie dem hohen Range des Insassen allzu wenig entspräche, ein Mißverhältniß, welches seinen Unterthanen als einfachen Naturmenschen natürlich noch viel auffälliger sein mußte. Hieraus wurde mir recht deutlich, wie wichtig es in diesen Ländern ist, daß ein vornehmer Mann sich mit einem gewissen behaglichen Aufwand einrichte; es trägt Dies ganz wesentlich dazu bei, den

Leuten einen höheren Begriff von der Herrscherwürde beizubringen, abgesehen davon, daß es ihren Geschmack verbessert.

Ein anderes Mal besuchte ich in Gesellschaft Seid Abubakaris die Stadt Tanihuli im Nordwesten der Insel. Wir fuhren mit Sonnenaufgang in einem Baumkahn ab. Unser Fahrzeug war lang, aber sehr schmal; ich konnte meinen nicht besonders stark gebauten Körper nur eben einzwängen. Dazu war es mit Kaufmannsgütern aller Art vollgepfropft, sodaß der bedrängte Leib nicht einmal die Möglichkeit hatte, sich durch Ortsveränderungen einige Erleichterung zu verschaffen. Wo man einmal saß, mußte man sitzen bleiben, und glücklich, wer sich noch ordentlich setzen konnte und nicht genöthigt war, die Füße über Säcke und Kisten hin wagerecht vor sich zu strecken. Aehnliche Marterkästen müssen nach der Beschreibung des Barons die madagassischen Lakka sein!

Die Fahrt längs der schwarzen Lavawände hatte etwas ungemein Düsteres. Von Büschen und Bäumen, welche weiter landeinwärts grünen, bekam ich nur selten Etwas zu sehen, weil wir nach arabischer Sitte uns dicht an dem steilen Ufer hielten. Zungenartige, verhältnißmäßig flache Vorsprünge, vermutlich die Ausläufer früherer Feuerströme, strecken sich, soweit man sehen kann, ins Meer; einen nach dem andern fuhren wir ab, um immer wieder neue von gleicher Bildung vor uns zu erblicken und zwischen ihnen öde Buchten. Erst nach langer Fahrt zeigt sich einmal im Grund einer solchen ein sandiger Fleck, an welchem der Strand sanfter emporsteigt und so eine Annäherung des Botes gestattet; aber hier treten Korallenbänke bis dicht an die Oberfläche und verwehren größeren Fahrzeugen die Annäherung. Angasija ist mit Recht bei den europäischen Seeleuten verrufen, weil es, soweit die Küste untersucht ist, keinen sicheren Ankerplatz bietet. Wehe dem Schiffe, welches, bei einem Sturm von der Seeseite her, längs des ungastlichen Strandes zu fahren genöthigt ist: sein Untergang ist fast sicher! Was für ein Wogenschwall bei nur einigermaßen frischer Brise hier entstehen muß, konnte ich mir lebhaft vorstellen, da ich sah, wie heftig selbst jetzt, bei Windstille und scheinbar glattem Meere, die schaumige Brandung gegen die fast senkrechten Ufer schlug. Von der Gewalt dieser Wogen gaben auch die überhangenden Felswände und die tief ausgewaschenen Höhlungen Zeugniß, welche, dreimal schwärzer noch als das Gestein, zu unserer Seite gähnten. Doch damit das Bild nicht allzu trostlos sei, strichen sonderbar gestaltete Meeresvögel im verwegenen Fluge dicht über der spritzenden Flut dahin oder flogen in ihren Brutlöchern aus und ein.

Es war schon spät am Nachmittag, als wir vor uns eine längere Strecke sandigen Strandes und weiterhin eine ebene, gut bebaute Landschaft gewahrten; im fernen Süden tauchte die rundliche Kuppe des Vulkanes wieder auf, und im Südosten, mit dem Feuerspeier durch einen langen Grat verbunden, erhob sich ein dreigipflicher, anmutig geformter Berg von geringerer Höhe. Nach soviel Düsterem war dieser Anblick ungemein erfrischend, und er wurde es für mich noch mehr, da der Scherif diese Oase als Tanihuli, das Ziel unserer mühsamen Fahrt, bezeichnete. Wir stiegen an einer Stelle aus, wo der Korallensaum am wenigsten zackig war. Nicht weit vom Strande trafen wir mehrere Leute, unter ihnen einige Bekannte aus Sansibar, ausgewanderte Kommorianer, welche Urlaub erhalten hatten, ihre Heimat zu besuchen. Einer von ihnen, ein Aufseher von O'Swald u. Ko., war hierher gekommen, um sich ein Weib zu nehmen, trotzdem er schon in Sansibar verheirathet war: er wollte auch in seinem Vaterlande einen wohlgeordneten Hausstand besitzen mit Frau und Allem was dazu gehört.

Nach kurzer Wanderung, während welcher die Schar unserer Begleiter sich beträchtlich vermehrt hatte, gelangten wir in die Stadt. Sie ist ziemlich regelmäßig gebaut, und zwar gleichfalls aus Stein, und mit einer steinernen Mauer umgeben; meiner Schätzung nach hat sie etwa halb soviel Einwohner wie Kitanda. Der Name Tanihuli erinnert stark an die bei Nossibé vorkommenden Namen Tanikeli und Tanelatsak, läßt also auf madagassischen Ursprung schließen. An den Einwohnern selbst habe ich nichts Fremdartiges bemerkt; vielleicht ist der Ort nur von madagassischen Auswanderern oder Seeräubern gegründet, später aber von rein komorischer Bevölkerung besetzt worden. Der Scherif führte mich in das Haus eines seiner Geschäftsfreunde, welches wir für die Dauer unseres Aufenthaltes bewohnen sollten, ein freundliches Gebäude, dessen Fußboden mit schwarzer, zu Makadam zerkleinerten Lava überdeckt war; in allen Räumen, auch in dem daran befindlichen, mit einem Mattenzaun umschlossenen Hofe, herrschte die größte Sauberkeit.

Noch am Abende suchte ich den Sultahn in seiner bescheidenen Wohnung auf, um mich ihm vorzustellen und mir die Erlaubniß zu Ausflügen, namentlich zur Ersteigung des erwähnten dreigipfligen Berges, zu erbitten. Der gute Mann dachte wol, einen so seltenen Gast gehörig ausbeuten zu müssen, denn er forderte eine Abgabe von einigen Thalern, ehe er überhaupt mit mir verhandeln könne. Da ich des Hauptsultahns Genehmigung hatte, nach Gutdünken umher zu streifen, verweigerte ich die unverschämte Forderung des kleinen Häuptlings und ging in mein Haus zurück, in der Hoffnung, daß der Hunderttheilchenkönig am nächsten Tage nachgeben werde. Aber das gestrige Machtgebot wurde aufrecht gehalten, und so begab ich mich, zumal ich wieder von Fieberschwäche befallen wurde, mit meinen Reisegefährten auf den Rückweg, mit Bedauern zwar, daß ich meinen Zweck nicht erreicht hatte, doch in dem Bewußtsein, späteren Reisenden, welche diesen Ort besuchen würden, durch mein Verhalten einen Dienst erwiesen zu haben. Ganz unbefriedigt war ich übrigens nicht von diesem Ausfluge; denn ich hatte den größten Theil der Westküste von Angasija sowie die außerordentlich fruchtbare Nordspitze kennen gelernt, die einzige größere Strecke, welche man eben nennen kann.

Rückwärts fuhr der Scherif in seinem Boote, während ich zu Fuße nach der gleichfalls am Strande gelegenen Stadt Budhe ging, in welcher wir heut übernachten wollten. Der beschwerliche Weg bergauf und bergab durch ein dürres, pflanzenarmes Gelände erschöpfte mich, da ich ohnehin jetzt schwach auf den Füßen war, nicht wenig. Endlich konnte ich, nach Ruhe und Erfrischung lechzend, von den trockenen Höhen hinabsteigen nach dem feuchten Strande, wo in einem schattigen Walde versteckt ein hübsches Dörfchen lag. Von hier an erreichten wir in einer halben Stunde die ebenfalls mit einer steinernen Mauer umgebene Stadt Budhe, in welcher der Scherif bereits angekommen war. Wir mußten lange vor dem starken Thore warten, ehe wir Einlaß erhielten und unsere Leute ein passendes Haus gefunden hatten. Ein weiter Platz in der Stadt beherbergte zahlreiche Heerden von stattlichen Rindern, welche eben von der Weide eingetrieben worden. Der Sultahn schickte mir einen Beitrag zum Abendessen in Gestalt einer Ziege, ließ sich jedoch nicht selbst sehen, woran er auch sehr Recht that, denn ich war sehr müde und abgespannt. Am anderen Morgen brachen wir zeitig auf. Ich hatte genug an dem gestrigen Fußmarsch und bestieg wieder das enge Boot. Nach Mittag trafen wir glücklich wieder in Kitanda ein.

Die Besteigung des Vulkans — welche ja eigentlich Hauptzweck meiner Reise war, da ich gern alle ostafrikanischen Feuerberge kennen lernen wollte — war von Woche zu Woche verschoben worden, weil ich noch an den Nachwehen des Moali-Fiebers litt. Schwäche und Appetitlosigkeit, Gliederreißen und Ohrensausen wollten nicht nachlassen, bis ich endlich, des langen Elends müde, die Hälfte meines Chininvorraths daranwandte, welchen ich bisher für außerordentliche Fälle aufgespart hatte: ich nahm am ersten Tage zwölf Gran, am zweiten acht und am dritten sechs Gran, jede Gabe auf zweimal. Das kostbare Heilmittel wirkte vortrefflich. Ich beschloß, die guten Stunden zu benutzen, ehe wieder ein Rückfall käme, und bereitete in Schnelle den Ausflug vor. Fühlte ich mich auch noch ein wenig schwach, so ermutigte mich doch die Erinnerung an die Besteigung des Piton des Neiges, welche ich ja auch halb fieberkrank unternommen hatte, und durch welche ich vollständig wiederhergestellt worden.

Am Nachmittag des 18. Mai war Alles zur Reise fertig und das Haus bestellt. Die Freude, daß der seit Monaten ersehnte Augenblick da war, verdoppelte meine Kräfte, und rüstig schritt ich mit meinen Leuten den Berg empor. Unser nächstes Ziel war Mzige, ein 600 Fuß hoch gelegenes Dorf, dessen Sultahn Ali Madjimba mich begleiten wollte. Durch schöne Pflanzungen und Palmenwälder wandernd, erreichten wir nach einer guten Viertelstunde den aus vier bis sechs Sklavenhäusern bestehenden Flecken Mrundsi; dann durchschritten wir einen zwanzig Minuten breiten, kahlen Lavastrom und kamen eine Viertelstunde später in Ali Madjimbas Städtchen an.

Mzige war bei dem letzten Ausbruch des Feuerspeiers vollständig zerstört, jetzt aber auf demselben Platze, inmitten des erstarrten Lavafeldes, wieder aufgebaut worden. Ihre frühere Größe hat sie indeß noch nicht wieder erreicht; denn vormals zählte sie vier steinerne Moscheen, während sie jetzt nur eine aus Stein und eine aus Makuti erbaute hat. Wenn man sich ein zu Tage stehendes Kohlenlager denkt und darin eine Stadt ausgemeißelt, deren Häuser mit Laub oder Stroh gedeckt sind, so hat man ein annähernd richtiges Bild von Mzige: der Boden, auf welchem man geht, die Umgrenzung der Straßen, die Grundmauern der Häuser und die Sitzbänke vor denselben, Alles besteht aus schwarzem Gesteine, aus Lava. Und nichts Grünes sieht man ringsumher außer einem fernen Palmenhaine, welcher aber durch den Duft der Atmosphäre bereits wieder in graublauen Schimmer gehüllt erscheint. Wie gern hätte ich jetzt meine Photographiegeräthe zur Hand gehabt, um das so sonderbare Bild fesseln zu können!

Sultahn Ali Madjimba, ein Mann von achtundzwanzig bis dreißig Jahren, empfing mich in seinem Hause, welches, wie alle übrigen, bis zur Höhe von vier Fuß aus zerschlagenem Lavagestein und oben aus Stangen und Makuti gebaut war. Er bat, während der Reise für die Mundvorräthe sorgen zu dürfen, und trat schon heute das freiwillig übernommene Amt an, indem er mir die Hälfte einer frischgeschlachteten Ziege überließ. Da wir früh am Morgen aufbrechen wollten und am Abende nicht viel mehr vornehmen konnten, begaben wir uns zeitig zu Bett. Es war schon merklich kühl geworden; das Thermometer sank bis auf 16° R., während es am Strande fast immer über 20° stehen bleibt.

Außerhalb des Lavastromes angelangt, trafen wir am 19. Morgens anfangs Mtapupalmen, welche dicht mit schmarotzenden Farnen bedeckt waren, dann zahlreiche, mit reifen Früchten beladene Guyavenbüsche, bis zuletzt auch diese Vertreter des tropischen Pflanzenwuchses schwanden. Meine Leute marschirten so schlecht, daß ich nach öfterem vergeblichen Mahnen für die Trägsten Ersatzmänner miethen mußte, deren Lohn ich natürlich vom Gehalte Jener abzog. Nach kaum einer Stunde Weges erreichten wir einen kleinen, schon von Kitanda aus sichtbaren Krater oder Aschenkegel. Weiter oben sahen wir zwei Stellen, an denen der Lavastrom sich in einem Spalt der Erde verliert, um weiter unten wieder zum Vorschein zu kommen; ich dachte hierbei sogleich an die Perte du Rhône in Frankreich. Gegen Mittag kamen wir durch einen Wald von dürren, kaum einen Fuß hohen Myrtenbüschen und rasteten in einem Bachbette, welches in einigen Löchern etwas wohlschmeckendes Wasser enthielt; man sagte mir, daß bei Regenmangel und großer Dürre die Leute von Kitanda oft an dieser Stelle ihr Trinkwasser holen müßten. Die Landschaft oberhalb, eine weite Grasfläche, erinnerte mich durch ihre riesigen Heidebouquets an die Hochebenen von Réunion, an den Kilimandscharo aber durch steifblättrige, fast dürre Farne in Buschform, wie ich sie auch auf den Seschellen nahe dem Meeresstrande gesehen hatte. Baumfarne sah ich begreiflicher Weise nicht auf diesem trockenen Boden, da ich selbst im feuchtesten Gebiete der Küste vergebens danach gesucht. Um ein Uhr erreichten wir einen alten Einsturzkrater, in dessen ziemlich ebenem Schlunde wir uns so bequem als möglich einrichteten.

Man hatte mir in Kitanda viel von den auf den Bergen lebenden wilden oder verwilderten Ochsen erzählt und dadurch meine Jagdbegierde gereizt; meine Begleiter aber hielten mich zurück, indem sie mir sagten, daß jedes Stück Vieh auf dem Berge seinen Herrn hätte. Sie gingen danach selbst aus und kamen nach einiger Zeit zurück mit dem vortrefflichen Fleisch eines schnell gefangenen und geschlachteten Ochsen von der Heerde Ali Madjimbas.

Durch mancherlei Vorbereitungen aufgehalten, brachen wir am Morgen des 20. Mai erst um acht Uhr auf. Nach vierzig Minuten erreichten wir einen größeren Krater, verweilten aber hier nicht lange, da es weiterhin noch bedeutendere geben sollte. Von da an ging es ostwärts weiter durch eine ziemlich glatte Fläche, eine Lavaebene von derselben Beschaffenheit wie die Plaine des Sables zwischen den beiden Enclos der Feuerstätte von Réunion. Auch hier war die Zersetzung und Verwitterung des Gesteines weit vorgeschritten, wie man an den überall aufgeschossenen Heidebüschen sah. Ich spähete eifrig nach wilden Ziegen aus, welche sich hier aufhalten sollen, bekam jedoch keine zu Gesicht.

Eine kleine halbe Stunde später kamen wir an dem Hauptlavafelde an, einer vollständig ebenen, mit Schutt und scharfkantigem Sande bestreuten Fläche, welche uns zu Seiten und gegenüber von steilen Felswänden umzogen war und so einem ungeheuren, theilweise wieder zerstörten Krater glich. Indem wir südwärts, in der Richtung der großen Achse des Kessels, weiterschritten, kamen wir nach zwanzig Minuten Wegs an einen eigentlichen Krater, in der Mitte der Lavaebene, nahe der rechten Wand gelegen. Es war ein kreisrundes, wie ausgebohrtes Loch, ohne erhabene Ränder und am Boden fast eben. Im Durchmesser kamen ihm die „Entonnoirs" des Vulkanes auf Bourbon nicht gleich; dagegen war er viel flacher, während dort die Weite der Tiefe nicht gleichkam. Am südlichen Ende der Lavaebene befindet sich eine zweite kreisrunde Versenkung mit ebenfalls senkrecht abfallenden Wänden. Dieser Krater, mächtiger und tiefer als der erste, übertraf die Bourbonkrater an Großartigkeit bei Weitem; in der Mitte des ebenen und ziemlich glatten Bodens zeigte sich ein kleines, unregelmäßiges Loch, umgeben von einem Häufchen Asche oder vulkanischer Sandes, wie ich es auch dort bei dem noch thätigen Schlunde gesehen. Eine Annäherung war unthunlich, weil die Ebene sich von allen Seiten nach dem Kessel zu leicht senkte, sodaß ich fürchten mußte, hinab in die schwarze Tiefe zu rutschen; und selbst auf dem Bauche liegend hätte ich nicht den Kopf über die Oeffnung bringen können. Uebrigens hätte Dies auch nicht viel genützt, da mir ja ohnedies ein vollständiger Einblick in die Tiefe gewährt war. Durch einige Winkelmessungen und durch die Falldauer eines hinabgeworfenen Steines bestimmte ich die Tiefe des Kraters zu vierhundert und seinen Durchmesser zu zweitausend Fuß.

Sah ich rückwärts nach Norden, so schien es mir auch hier, als ob die ganze obere Lavaebene einmal ein einziger, großer Feuerschlund gewesen sein müsse, in welchem dann, als die Macht der unterirdischen Kräfte abgenommen, die kleineren, kreisrunden Auswuchsöffnungen sich bildeten. Vielleicht waren selbst diese bereits nicht mehr in Thätigkeit; wenigstens sah ich nicht, daß frische Lavaströme von ihnen ausgegangen waren. Jedenfalls ist der letzte Erguß, im Jahre 1858, bei dem heute zuerst besuchten, tiefergelegenen Krater zu Tage gekommen und dann, nachdem er längere Strecken unterirdisch geflossen, nach dem Strande gelangt.

Aus meinen Barometermessungen berechnet sich die Höhe der obersten Lavaebene zu 7200 Fuß; man versicherte mir, diese Fläche bilde, abgesehen von den Felswänden ringsum, den höchsten Punkt des Berges. Da die britischen Seeoffiziere nach Messungen vom Meere aus die Höhe des Vulkans von Komoro zu 8526 Fuß angeben, hätte ich gern die höchste der umgebenden Kuppen bestiegen, um mich zu überzeugen, ob ich wirklich den Gipfel des Berges erreicht hatte. Meine Begleiter aber und namentlich der Sultahn drängten sehr zum Aufbruch, und so stand ich von meinem Vorhaben ab.

Ohne Aufenthalt den früheren Weg zurückgehend, kamen wir nach vierzig Minuten am Ende der Lavaebene an. Wir erklommen einen westlich vom Ausgange gelegenen Hügel, konnten jedoch von hier aus keinen höheren Punkt bemerken als die Anhöhe links von dem großen Krater im Süden. Ich nahm einige Wärmemessungen vor und brach dann gegen halb drei Uhr mit meinen Führern auf, denn ich sah selbst ein, daß Zeit und Kräfte nicht ausreichen würden, noch lange umher zu klettern. Unterwegs sah ich einige starke Baumstümpfe aus der Lava hervorragen; da es in so bedeutender Höhe keine Bäume mehr gab und nicht gut geben konnte, mußte ich annehmen, daß früher, als diese Ueberreste vom feurigen Strome umschlossen wurden, der Berg niedriger war und die Erhebung desselben zu seiner jetzigen Höhe erst später Statt gefunden habe. Nach kaum einer Stunde kräftigen Marsches — zweieinhalb bis drei Seemeilen in der Stunde — erreichten wir unseren gestrigen Lagerplatz.

Frühmorgens am 21. Mai maß ich einige Winkel nach hervorragenden Punkten der West- und Ostküste, in dem Maße, wie die nur zuweilen sich öffnende Wolkendecke mir Dies gestattete; dann hatte ich noch die gesammelten Steine und Pflanzen zu verpacken, sodaß wir erst gegen elf Uhr fortkamen. Wir wanderten in gutem Schritte dritthalb Stunden ohne Aufenthalt abwärts, zuerst durch Grasland, dann zwanzig Minuten lang durch Wald. Später erreichten wir eine nach Nordwesten abfallende Kette von sechs kleinen Aschenkegeln, eine halbe Stunde darauf den vorgestern zuerst getroffenen Krater, und dicht unterhalb das Gebiet der Guyavenbüsche, an deren Früchten wir uns reichlich labten. Von hier an hatten wir noch eine gute Stunde bis nach Mzige zu gehen. Gegen fünf Uhr kamen wir, allerdings etwas langsameren Schrittes, im Hause des Sultahns an. Ali Madjimba bewirthete uns mit Trank und Speise und bat mich, bei ihm zu übernachten. So verlockend mir dieses Anerbieten erschien, weil ich zum Tod ermüdet war, so mußte ich mir doch sagen, daß es besser sein würde, noch heute nach Kitanda zu gehen, wo mir bei einem etwaigen Fieberanfall Arzenei und bessere Pflege zu Gebote stand.

Halb sechs Uhr begab ich mich auf den Weg. Bald wurde es so dunkel, daß meine Leute mir mit Fackeln vor dem Fuße herleuchten mußten, damit ich wenigstens die größten Unebenheiten des abscheulichen Weges erkennen konnte. Ich fühlte mich außerordentlich erschöpft; zuletzt mußte ich mich auf meine Begleiter stützen, um nicht halbwegs liegen zu bleiben. Gegen sieben Uhr erreichte ich mein Haus. Ohne mich um Etwas zu kümmern, legte ich mich auf mein Bett, und kaum hatte ich die Wolldecke über mich gezogen, als ich in einen tiefen Schlaf versank, aus welchem ich erst am nächsten Nachmittag erwachte.

Die Neugierigen von Kitanda hatten schon lange gewartet, daß meine Thüre sich aufthäte; sie wollten so gern Etwas von ihrem „feurigen Kochtopf" — Dschungu dja Djaha, so nennen sie gewöhnlich den Vulkan — hören und strömten nun in Scharen herein. Ich beeilte mich, sie zu befriedigen, um möglichst bald wieder ungestört zu sein; denn ich bedurfte noch immer der Ruhe.

Der Feuerberg von Großkomoro, im Lande bisweilen auch „Karadalla" oder „Wahani" genannt, entladet sich in sehr unregelmäßigen Zwischenräumen. Von europäischen Seeleuten wurden Ausbrüche in den Jahren 1830, 1855 und 1858 beobachtet, und in früheren Zeiten sollen dreißig bis vierzig Jahre zwischen den einzelnen Aeußerungen der unterirdischen Kraft vergangen sein. Ueber den letzten Ausbruch, welcher das Land zwischen

Mroni (zu deutsch: „am Feuer") und Kitanda verwüstete und das Städtchen Mzige zerstörte, theilte mir Seid Abubakari Folgendes mit: „Es erhob sich, den Himmel verhüllend, eine Wolke dichten Rauches über dem Berg, und aus ihr fiel ein Regen von Asche und salzigem Wasser herab. Ein starker Schwefelgeruch verbreitete sich, und während die Lava dem Meere zueilte, machten heftige Erschütterungen sich bemerklich, sodaß Niemand auf dem Ruhebett liegen bleiben konnte; aus der See aber wurden an manchen Orten centnerschwere Steine und todte Fische geschleudert. Nach sieben Tagen konnte man wieder einen Weg über die hier und da mit Schwefel bedeckte Lava bahnen. Zwei Wochen lang schwebte die Rauch- und Aschenwolke über der Insel, bei Tag ein dunkler Schleier, von keinem Sonnenstrale durchdrungen, bei Nacht ein Feuerhimmel, bei dessen Scheine man lesen konnte. Der schweflige Geruch verschwand erst nach sechs Monaten."

Begreiflicher Weise haben die Lavaströme sehr verändernd auf die Insel gewirkt; nach jedem neuen Ausbruche bildeten sich neue Vorsprünge und Buchten, abgesehen von anderen, minder auffälligen Umgestaltungen. Zumeist sind es Vergrößerungen der Oberfläche, welche man als Wirkungen der unterirdischen Kräfte erkennt, doch fehlt es auch an zerstörenden Einflüssen nicht. So war der Berg von Ikoni — Ngu ja Ikoni — früher bebaut und mit einzelnen Häusern bestanden; eines Tages aber sank der Gipfel ein, und Häuser und Leute verschwanden spurlos. Aehnliche Einstürze, wenn auch von weniger verhängnißvoller Art, müssen noch viele stattgefunden haben; denn von dem Vulkane sah ich, als ich in einer Höhe von etwa 6000 Fuß nordwärts durch die Lücken zwischen den Wolken blickte, daß alles Land unter mir, soweit mein Auge trug, wie übersäet war mit einer Menge einzelner Hügel und Berge, deren Gipfel eingesunken erschienen. Eine Vernichtung größerer Strecken der Insel ist aber wol nicht vorgekommen, wie man annehmen könnte, wenn man auf der englischen Seekarte im Süden von Angasija ein kleines Eiland angegeben sieht und beim Vorbeifahren sowol wie durch die Aussagen der Leute erfährt, daß es ein solches durchaus nicht gibt. Das Nichtvorhandensein dieser kleinen Insel steht jetzt unzweifelhaft fest: schon im Jahre 1861 hatte ein britischer Offizier, welcher Angasija umschiffte, berichtet, daß er keine Spur von ihr entdecken konnte; mir versicherte man allgemein, es wäre nie eine solche Insel vorhanden gewesen, und in ähnlicher Weise spricht sich der französische Kapitän Bigrel aus. Wie der ebengenannte Offizier, dessen liebenswürdiger Gefälligkeit wir die werthvollsten Notizen verdanken, sehr treffend bemerkt, läßt sich der Irrthum der Kartenaufnehmer einfach dadurch erklären, daß der Berg von Mondsasa den von Süden her sich nähernden Seefahrern von der Ferne wie eine Insel erscheint, weil das flache Land zwischen ihm und dem nördlich gelegenen Vulkane erst später deutlich sichtbar wird.

Siebenunddreißigster Abschnitt.

Ende der Irrfahrt.

Gefangenschaft und Erlösung. — Wieder nach dem Festlande. — Drei Tage im Dorfe Mnasi. — Mängel der ostafrikanischen Küstenkarten. — Fahrt längs der Küste bis Mafia. — Lage der Insel Schole. — Reiher. Papageien. Zibetkatzen. Schweine. Flußpferde. — Erzeugnisse und Handel der Insel — Aufnahme bei Nasser ben Salem, dem Statthalter. — Ueber die Lagune nach Drene auf Mafia. — Eine sonderbare Zuckermühle. — Arabische Gastfreundschaft. — Heimfahrt nach Sansibar. — Rückblick.

Nun ich meinen Hauptzweck, die Besteigung des Vulkans, erreicht hatte, sehnte ich mich nach Sansibar zurück. Dazu begann der Mangel, mich zu drücken; denn ich hatte mich nur auf eine dreißig- bis vierzigtägige Abwesenheit eingerichtet, und jetzt war bereits mehr denn ein Vierteljahr seit meiner Abreise vergangen. Meine europäischen Vorräthe waren längst verzehrt; der Thee, an dem ich mich während meines Unwohlseins haupsächlich erquickte, wurde knapp, von Arzeneimitteln besaß ich fast Nichts mehr, und mein Anzug war in einer traurigen Verfassung. Dennoch fand sich keine Gelegenheit, von der Insel fortzukommen; mein Schicksal von vorher wiederholte sich in umgekehrter Weise: ich war Gefangener an demselben Orte, welcher mir monatelang unerreichbar gewesen!

Wochen waren seit meiner Ankunft vergangen, ehe wieder einzelne Fahrzeuge hier oder in Mroni erschienen. Sobald ich dann Kunde erhielt, schickte ich Boten aus und ließ fragen, ob ich mit nach Sansibar genommen werden könnte. Aber stets erfuhr ich entweder, daß die Reise ganz wo anders hin ginge, oder man stellte so übertriebene Forderungen — hundert Thaler und mehr — daß ich, so sehr ich mich auch nach Erlösung sehnte, die Anerbieten der Habsüchtigen ausschlug. Eine tiefe Verstimmung, noch vermehrt durch die Fortdauer meines körperlichen Leidens, bemächtigte sich meiner. Stundenlang stand ich auf der Treppe vor meiner Thür, durchmusterte bang und sehnsuchtsvoll den Gesichtskreis nach einem Segel, das mir vielleicht Befreiung brächte — aber vergebens. Einmal nur gewahrte ich in der Ferne einen Dreimaster; er rückte etwas näher, blieb aber immer noch so weit entfernt, daß ich kaum hoffen durfte, mich ihm bemerklich zu machen. Dennoch versuchte ich es; ich ließ, da nicht soviel Pulver im Orte war, um eine der Kanonen des Forts zu laden, diese auch zweifellos das Schießen nicht vertragen hätten, meine sämmtlichen Gewehre auf einmal abfeuern und wiederholte Dies nochmals — allein der Schall meines Hilferufs verhallte ungehört, denn der Wind wehete von See her.

Mein früheres Leiden wurde wieder schlimmer, sodaß ich mich endlich entschloß, den geringen Rest meines Chinins zu verbrauchen. Ich rührte ihn in die letzte halbe Flasche Rothwein, verdünnte den Trank mit Wasser und genoß ihn löffelweise im Laufe zweier Tage. Dies half mir in der That, und wenn ich auch nicht sogleich die alte Kraft wieder gewann, so hatte ich doch von dieser Zeit an keine Fieberanfälle mehr.

Mitte Juni war herangekommen. Da zeigte sich wieder einmal ein Fahrzeug, welches nach Sansibar bestimmt war. Der Schiffer kam sogleich zu mir und fragte, ob ich mit ihm fahren wolle, forderte aber ebenfalls einen so hohen Preis, daß ich davon absah; ich war fest entschlossen, meine Verlegenheit nicht von den geldgierigen Arabern ausbeuten zu lassen! Mit Befremden erfuhr ich, daß jenes Fahrzeug dem Scherîf gehöre; ich wurde ganz irr in meiner Ansicht über den Mann, welchem ich bisher soviel Gutes zu verdanken gehabt, und ließ mich zu bitteren Worten gegen ihn hinreißen. „Gehe hin", sprach ich dann zu dem Nahosa, „und sage Deinem Herrn, daß ich in keinem Falle, und sollte ich noch monatelang hier bleiben müssen, mehr als dreißig Thaler für die Ueberfahrt nach Sansibar geben werde, nämlich zwanzig Thaler für mich und mein Gepäck und zehn Thaler für meine Leute; zehn Thaler soll er außerdem erhalten, falls er mich einige Tage auf der Insel Mafia verweilen läßt, eine kleine Belohnung der Schiffer, wenn die Fahrt glücklich und schnell von Statten geht." Der gebotene Preis war ein sehr reichlicher, denn ein Suaheli oder Komorianer bezahlt gewöhnlich nur einen halben Thaler für die Ueberfahrt; ich war also ganz im Rechte, wenn ich eine Forderung von mehr als hundert Thalern unverschämt fand.

Anderen Tages ging mir die Antwort zu, das Fahrzeug gehöre nicht dem Scherîf selbst, sondern sei von diesem nur gemiethet; es wäre ihm unter den genannten Bedingungen nicht feil, dagegen erböte er sich, es mit mir gemeinschaftlich zu miethen, sodaß er seine Waare lüde und ich mit Leuten und Gepäck die Ueberfahrt nähme. Auch diesen Vorschlag wies ich zurück, weil ich nicht die Hälfte der Heuer zahlen wollte für die Erlaubniß, mich auf dem ohnehin schon vollgeladenen Schiffe einzuquartieren. Mein Plan war nun der, die erste beste Gelegenheit zur Abreise für mich allein zu benützen, meine Leute hingegen zurückzulassen mit je einem Thaler zur Bestreitung von Unterhalt und Fahrkosten; sie mochten dann selbst sehen, wie sie wieder nach Sansibar kämen.

Zu meiner Verwunderung kam einige Tage darauf Seid Abubakari zu mir und sagte, es thäte ihm weh, meine Sehnsucht nach Daheim so lange unbefriedigt zu sehen; er wäre bereit, mit mir einen Vertrag unter den erstgestellten Bedingungen abzuschließen! Ich jubelte innerlich, daß meine Standhaftigkeit den Sieg davongetragen, und freute mich auch darüber, daß der sonst so achtbare und liebenswürdige Jünger Mahammeds zurückkam von den Abwegen, auf welche ihn der arabische Spekulationsgeist geführt hatte.

Jetzt wurden meine Angelegenheiten schnell geordnet, die Schulden für Hausmiethe, Trinkwasser und Holz bezahlt sowie die nöthigen Geschenke vertheilt. Hierzu mußte ich wieder die Güte meines Freundes in Anspruch nehmen; er gab mir auch jetzt mit größter Bereitwilligkeit alle Gelder und Waaren, deren ich bedurfte, und ich stellte ihm einen Wechsel aus, welcher seinem Geschäftsfreunde Salem ben Chemri bei O'Swald u. Co. in Sansibar ausgezahlt werden sollte. Meine Schuld an ihn betrug gegen achtzig Fünffrankenthaler.

Am 19. Juni war ich zur Abreise bereit, am 20. sollte das Fahrzeug unter Segel gehn. Morgens sah ich noch einmal meine Bekannten, deren einige mir Briefe für Sansibar mitgaben. Auch Msafum und Ali Madjimba kamen, um mir Lebewohl zu sagen; sie und der Scherîf nebst vielen Anderen geleiteten mich freundschaftlich bis an den Strand.

Es war Mittag, als wir mit frischer Brise von dannen fuhren. Mein Herz war dankerfüllt; denn nun vermochte ich doch wenigstens ungefähr zu berechnen, wann ich wieder nach Sansibar kommen würde. Gedachte ich allerdings der Zufälle auf meiner Fahrt nach Nossibé, so konnte ich mich einer gewissen Besorgniß nicht erwehren. Aber diese Erinnerung durfte mir meine Freude nicht verkümmern; hatten doch der alte Nahosa und der junge Mitbesitzer des Fahrzeugs, welcher uns begleitete, mir bisher weder durch ihr Aussehen noch durch ihr Benehmen Anlaß zu Mißtrauen gegeben.

Unsere Fahrt sollte nach der Insel Kionga an der Mündung des Ruvuma gehen, wo der Nahosa einige fünfzig Ziegen abzugeben hatte; dann wollte man mich, meinem Wunsche gemäß, nach Mafia bringen und von hier aus, nach einem Aufenthalte von zwei bis drei Tagen, nach Sansibar. Auf dem stark beladenen Bethen war wenig Platz vorhanden: es beherbergte fünfzehn Mann Besetzung, mich und meine Gesellschaft, zwölf an Zahl, dazu das liebe Vieh. Bei jedem starken Windstoße tauchte das Schiff bis an den Rand ins Wasser. Am meisten hatten dabei die Ziegen zu leiden; sie wurden fortwährend von den Wellen bespritzt und konnten sich bei der starken Bewegung und der Schiefe des Bodens kaum auf den Beinen erhalten, so dicht gedrängt sie auch standen.

Wir kamen ziemlich schnell von dannen und erblickten schon am nächsten Mittag das Festland. Kionga selbst zu erreichen, war unmöglich, weil die inzwischen immer stärker gewordene Brise allzu ungünstig war. Deshalb steuerten wir nach einer nordwärts gelegenen Bucht, von welcher aus die meckernde Heerde zu Lande an ihren Bestimmungsort gebracht werden konnte. Der Nahosa lenkte sein Fahrzeug geschickt in einen der Meeresarme, welchen man der damaligen Seekarte zufolge für einen Mündungsarm des Ruvuma halten mußte. Er fuhr bis ans äußerste Ende der Bucht, bis ins Manglegebüsch hinein, und ließ erst, als wir auf dem schlammigen Grunde festsaßen, den Anker fallen. Da die Flut im Sinken war, konnten wir nach kurzer Zeit trockenen Fußes das Schiff verlassen.

Inzwischen war es so dunkel geworden, daß wir kaum noch Etwas erkennen konnten. Wir fanden jedoch glücklicher Weise eine leerstehende Hütte, das „Niumba ja Sirikali" — etwa Regierungs- oder Beamtenhaus — welches wir, als „fremde Standespersonen", sofort in Beschlag nahmen. Mit Mühe suchten wir etwas Mtamastroh und trockenes Holz zusammen und entflammten es zu einem lustigen Feuer. Während wir uns wärmten, schlachteten die Leute eine Ziege und richteten das Mahl her. Wir waren Alle sehr hungrig, namentlich die Suaheli, welche seit der Abreise von Angasija Nichts wieder genossen hatten, da sie bei so hochgehender See nicht kochen konnten. Nach dem Essen streckten wir uns auf einigen vorgefundenen Kitandas aus und fanden bald die erwünschte Ruhe.

Unser Landungsplatz hieß Mnasi. Das eigentliche Dorf, aus ein bis zwei Dutzend Hütten bestehend, liegt etwas seitwärts am Strand in einem Wäldchen von „Mnasi" (Kokospalmen). Wir fanden, als wir am Morgen umherstreiften, nur einige Weiber, Kinder und alte Leute vor; alle Arbeitskräftigen waren mit dem Bestellen der Felder oder mit Fischfang beschäftigt. Die Leute sprachen soviel Suaheli, daß wir uns bequem verständigen konnten, doch waren sie weder sehr mittheilsam, noch neugierig. Gegen die Besetzung des Staatshauses hatten sie Nichts einzuwenden.

In der Nähe von Mnasi ist der Strand flach und sandig; nach Norden zu zieht sich längs der Hochwasserlinie hin ein etwa zwanzig Fuß hoher, steil abfallender Wall von Korallengestein. Südwärts gehend gelangt man an einen hübschen Wald von Kasuarinen, deren Aeste häufig mit mistelähnlichen Schmarotzergewächsen bedeckt waren. Weiterhin beginnt ein ausgedehnter, von einzelnen hohen Bäumen überragter Manglesumpf. Ich vermutete hier eine Verbindung mit dem Ruvumafluß und begab mich sofort auf den Weg, um diese zu finden; allein ich gewahrte nur kleine Wasserrinnen, durch welche das bei der Flut eingedrungene Seewasser bei der Ebbe wieder abläuft. Ein von ihnen gebildeter Bach, wenn man so sagen darf, war breit, aber so flach, daß er bei Hochwasser höchstens mit einem

Boote zu befahren gewesen wäre. Wie kräftig der hier abziehende Wasserschwall sein muß, davon zeugten die jetzt fast trockenen, ziemlich hohen, wellenförmigen Unebenheiten, welche quer über das ganze Strombett liefen. Beim Weitergehen traf ich einige unserer Matrosen, welche einen Vorrath von dem rothen, schweren Holze des Manglebaumes einheimsten. Dieses Holz wird an der ganzen Küste sehr geschätzt, weil es sich durch seine Festigkeit und durch seinen gekrümmten Wuchs vortrefflich zu Spanten und Rippen für den Schiffsbau eignet, sowie in weniger brauchbaren Stücken zur Feuerung; die Bereitung von Laugensalz aus der Asche scheint hier unbekannt zu sein.

Das Wandern in einem Mangledickicht ist sehr beschwerlich; geht man in Schuhen, so füllen diese sich mit Sand oder bleiben im Schlamme stecken, barfuß aber tritt man sich die bald kurzen, bald handlang emporstehenden, spitzigen Wurzelenden des Gesträuches zwischen die Zehen, ein überaus unangenehmes Gefühl, obschon das Holz dieser Sprossen sehr weich ist. Ich kehrte daher bald um, zumal auch die Matrosen mir versicherten, daß keine Wasserverbindung mit dem Ruvuma bestehe. Möglich, daß weiter südwärts ein flacher Kanal die Durchfahrt gestattet, was zu untersuchen ich nicht Zeit genug hatte; viel Wahrscheinliches hat diese Annahme aber nicht für sich, weil, wie Owen in seinem mehrerwähnten Buche erzählt, in früheren Zeiten eine madagassische Seeräuberflotte, welche auf einen Durchweg nach dem Ruvuma hoffte, in der Bucht von Mnasi sitzen blieb: die nachfolgenden Araber vertilgten schonungslos Mann und Schiffe.

Für kleinere Fahrzeuge bietet die Bucht von Mnasi (Constantiabai der Seekarte) einen sicheren Ankerplatz, doch verläuft der Strand so flach nach dem Meere zu, daß bei Ebbe gewiß ein zwei Meilen breiter Streifen trocken gelegt wird. Der Wechsel zwischen Ebbe und Flut ist, wie ich schon bei der Ankunft erfahren, sehr jäh; eine Stunde genügt, die weite Wasserfläche in Festland zu verwandeln und umgekehrt. Hat sich das flüssige Element bis nahe zur halben Höhe zurückgezogen, so vernimmt man öfters ein starkes Brausen und Klatschen, daß man fast erschrickt. Anfangs wußte ich mir dieses Geräusch nicht zu erklären, bis ich erfuhr, daß es von zahllosen Fischen herrührt, welche dem Strome in Scharen folgen und sich ab und zu über das Wasser schnellen. Während meines Aufenthaltes herrschte zur Ebbezeit meist Windstille, mit Herannahen der Flut aber erhob sich ein frischer Seewind; der Nahosa behauptete, Dies wäre überhaupt stets der Fall, „die Flut brächte den Wind mit sich."

War ich nicht anderweit beschäftigt, so streifte ich am Strand umher. Ich erbeutete für den Küchengebrauch einige Seevögel, welche, eifrig umherlaufend, in den stehengebliebenen Becken nach Würmern des Meeres suchten. Außer dem kleineren, gewöhnlich unter dem Namen „Bekassinen" zusammengefaßten Strandgeflügel, gibt es auch Riesenstörche (Mycteria senegalensis Shaw.); doch erlangte ich nur den Schnabel und zwei Eier eines vor Jahren hier getödteten Vogels. Diese stattlichen Thiere sollen vorzugsweise auf einer benachbarten Insel nisten. Bei meinen Spaziergängen in dem wiesenartigen Lande hinter dem Kasuarinenwäldchen scheuchte ich öfters Steppenhühner und Frankoline auf; ich war indessen mit der Jagd nicht glücklich, weil diese Thiere, wenn sie sich kaum erhoben hatten, sofort wieder in das hohe Gras niederfielen und hier, selbst wenn glücklich erlegt, ohne Hunde nicht gefunden werden konnten. Man hat übrigens nicht nöthig, sich mit solcher Jagd zu bemühen; die Eingeborenen fangen die Frankoline lebendig und bringen sie in einfachen, aus Ruthen verfertigten Käfigen zum Verkaufe. Von größeren Thieren sollen Hyänen und Panther vorkommen. Letzteres erschien mir etwas zweifelhaft, da wir bisher an der Küste niemals Spuren einer großen Katze gesehen hatten; die Leute behaupteten aber, sie hörten öfters in der Nacht ein Gebrüll, welches sie nur auf einen Panther zu deuten wüßten.

Nach einem Aufenthalte von drei Tagen, nachdem ich meine astronomischen und andere Messungen beendet, verließen wir die Bucht von Mnasi auf einem nördlichen Wege zwischen dem Festland und den kleinen, die Bucht umschließenden Inseln. Für größere Schiffe wäre dieses Fahrwasser nicht brauchbar gewesen, denn wir kamen über Korallenbänke hinweg, welche mit höchstens anderthalb Faden Wasser bedeckt waren. Während wir dann in geringer Entfernung von der Küste nordwärts fuhren, fragte ich den Nahosa nach den Suahelinamen aller passirten Orte und Inseln. Diese wichen in den meisten Fällen von den in der englischen Karte eingetragenen wesentlich ab: bisweilen waren die Namen selbst verunstaltet, bisweilen auch zwei verschiedene miteinander vertauscht, öfters auch fremdartige, englische, für einheimische gegeben. Wahrscheinlich haben die Engländer bei der großen Eile, mit welcher sie den ganzen Küstenstrich aufnahmen, nicht genug Zeit gehabt, sich überall die landesüblichen Benennungen sagen zu lassen; die Verstümmelungen aber sind wol dadurch entstanden, daß der eingeborene Pilot kein besonders kundiger Mann war, oder daß man die fremdartigen Laute nicht richtig auffaßte und sie danach noch durch die schlechte englische Schreibweise entstellte. Da die Verbesserungen, welche ich von meinen Gewährsleuten erfuhr, so zahlreich waren, setzte ich anfangs einiges Mißtrauen in ihre Zuverlässigkeit; als ich aber meine Fehlerliste mit den Angaben Krapfs verglich, welcher im Jahre 1850 eine ähnliche Reise unternommen hatte, fand ich eine fast vollständige Uebereinstimmung. Daher hielt ich es für nothwendig, die betreffenden Aenderungen auf Karte II. des ersten Bandes vornehmen zu lassen.

Die englischen Karten der ostafrikanischen Küste leiden auch noch daran, daß ihre Zeichnung sehr ungenau und mangelhaft ist. Viele wichtige Punkte sind weggelassen, andere in unrichtiger Lage oder mit falschen Umrissen angegeben. Liest man die Geschichte dieser Küstenaufnahme mit all ihren traurigen Zwischenfällen, wie sie in den Werken der Kapitäne Owen und Boteler aufgezeichnet ist, so kann man den verdienten Führern und der Mannschaft der Aufnahmeschiffe aus diesem Mangel keinen Vorwurf begründen, muß vielmehr bewundernd anerkennen, was unter so schwierigen Umständen geleistet wurde. Für den europäischen Seefahrer, besonders wenn er der Küste sich nähern will, wäre eine neue Karte sehr wünschenswerth; mehr noch ist sie es für Denjenigen, welcher die Küste selbst betritt, denn an vielen Stellen ist es geradezu unmöglich, mit Kompaß und Karte in der Hand sich zurechtzufinden. Bei der zunehmenden Wichtigkeit der Ostküste von Afrika ist es nicht zu bezweifeln, daß man über lang oder kurz zur Aufnahme einer neuen Karte schreiten wird. Forschungsreisende freilich können sich auf ausgedehnte Verbesserungen der Karte nur selten einlassen, weil sie theils andere Zwecke zu verfolgen haben, theils nicht mit den erforderlichen Hilfsmitteln ausgerüstet sind; sie müssen sich zumeist beschränken, die Aufmerksamkeit auf jene Fehler zu lenken, und müssen es den „Surveyschiffen“ überlassen, die nöthigen Vermessungen vorzunehmen. Da wir Deutschen bisher fast nur die Karten anderer Nationen benutzt haben, wäre es Zeit, daß auch wir in dieser Hinsicht Etwas für das allgemeine Beste thäten, umsomehr, als unser Handel so stark in Ostafrika vertreten ist: — es wäre Dies eine verdienstvolle Aufgabe für unsere junge Kriegsmarine, deren Mannschaft bei solchen Arbeiten mehr Erfahrung sammeln würde, als bei kurzen Fahrten auf gewohnten Bahnen, beim Kreuzen im Mittelmeer oder selbst bei einer Reise um die Erde. Sicherlich können Kriegsschiffe, abgesehen von ihrer Aufgabe, den Handel zu schützen, im Frieden nichts Besseres thun, als Karten vielbesuchter Küsten aufnehmen und die Gefahren erforschen, welche den Kauffahrteischiffen durch mangelhafte Kenntniß des Fahrwassers drohen.

Ein guter Wind trieb uns leidlich rasch vorwärts, sodaß wir am Abend im Hafen von Mdjinga, südlich von der Nungwaspitze der Seekarte, einlaufen konnten. Der Ankerplatz ist nicht sehr geräumig und die Einfahrt durch Korallenriffe verengt. Eine Anzahl Matrosen gingen sogleich an Land, um Mtama zu stampfen und ihr Abendessen herzurichten; ich aber freute mich in behaglicher Ruhe des hübschen Blickes, welcher sich vom Fahrzeug aus darbot auf die friedliche Bai und das Dorf an ihrer Nordseite, auf die Hügel, welche sie begrenzen, und zwischen ihnen hindurch auf das Hinterland.

Folgenden Tages erreichten wir Ukusa, eine kleine Insel und Sandbank südlich von Mafia. Die Brise war heftig, doch konnten wir ohne Sorge ankern, weil der Strand glatt und sandig ist und Fahrzeugen wie dem unserigen das Festlaufen nicht viel schadet. Der kleine, fortwährend trocken bleibende Theil von Ukusa war mit einem Wäldchen von Kasuarinen bestanden, gleich vielen anderen Inseln und Festlandstrecken dieser Küste. Am nächsten Morgen segelten wir schon vor Tagesanbruch ab. Bei starkem Regen fuhren wir an der Insel Kibondo vorbei in die Lagune von Mafia ein und ankerten dicht vor der Ortschaft Schole im Norden der Insel gleichen Namens.

Während Hammadi an Land ging, um Quartier zu beschaffen, suchte ich mit der Oertlichkeit vertraut zu werden. Aber so sehr ich mich auch mühte, die Wirklichkeit in Uebereinstimmung mit der Karte zu bringen, so kühne Annahmen ich mir auch gestattete — es war mir schlechterdings unmöglich, den Punkt anzugeben, an welchem wir uns befanden. Der Name Schole, obwol weit bekannt und berühmt an der ganzen Küste, weil hier ein Statthalter Seid Madjids seinen Sitz hat und ein großer Theil des Handels zwischen Sansibar und Kiloa vermittelt wird, fehlte vollständig. Ich mußte annehmen, daß die kleine Cutfield-Insel Schole vorstellen sollte, kam aber hierdurch noch nicht vollständig ins Reine. Kaum konnte ich es erwarten, an Land zu kommen, um einige aufklärende Messungen vorzunehmen.

Hammadi blieb lange aus; er hatte erst nach einigen Weitläufigkeiten eine Wohnung für mich erhalten, weil der Wali (Statthalter), für welchen ich einen Empfehlungsbrief Seid Madjids hatte, auf einer Reise durch die Insel begriffen war, um, einer neuen Steuer wegen, die fruchttragendenden Kokospalmen zu zählen. Die erste Person, welche mir beim Betreten der Insel vor Augen kam, war ein Banian, der Zolleinnehmer von Schole; wie freute ich mich, als ich eine der bekannten Gestalten wieder sah! An einigen kleinen Hütten vorbei gelangte ich bald an das mir zugewiesene Haus, ein dem Statthalter gehöriges, nach Suaheliart aus Lehm, Stangen und Palmstroh errichtetes Gebäude.

Sobald ich mich ein wenig eingerichtet, nahm ich meinen Vermessungskompaß zur Hand und begab mich auf den Weg, um mir Gewißheit über Lage und Gestalt der Insel Schole zu verschaffen. Einige Eingeborene begleiteten mich. Ich fand bald, daß die Karte vollständiger Umarbeitung bedurfte. Natürlich gestattete mir mein kurzer Aufenthalt nicht, diese selbst vorzunehmen, doch maß ich soviel Winkel, als nöthig war, auch Anderen einigen Einblick in die Mangelhaftigkeit der bisherigen Aufnahme zu verschaffen. Hätte ich nicht immer noch mit einiger Zähigkeit an der alten Zeichnung festgehalten, so würde ich viel schneller fertig geworden sein; so hatte ich, da ich erst später einen ordentlichen Plan entwarf, mehrere Tage lang den größten Theil meiner Zeit am Strand und am Wasser umher zu waten, ehe ich meinen Zweck erreichte. Es stellte sich heraus, daß Schole dem Cutfield-Island der Karte entspricht, wenn man dieses einige Meilen westwärts, nach dem Eingang der Lagune zu gerückt denkt, daß die Insel Juani sehr unrichtig gezeichnet ist und die Insel Kibondo sowie die Küste von Mafia in der Nähe der Lagune ziemlich ungenau: jedenfalls haben die Engländer ihre Karte nur von der Ferne aufgenommen (61).

Nebenbei beschäftigte mich die Jagd auf Strandgeflügel, namentlich auf die wunderschönen, schwarz und weißen Reiher, welche in Menge am Strand und im seichten Wasser umher stolzirten. Ich hatte in Kurzem ein ganzes Bündel der prächtigen Schmuckfedern dieser Vögel erbeutet. Dieselben Reiher — wahrscheinlich aber sind es Möven oder andere

Seevögel — sollen auf den kleinen Inseln Schungimbili und Riororo im Nordwesten von Mafia in solchen Mengen nisten, daß alljährlich sieben Daus mit ihren Eiern befrachtet werden können. Auf Schole und Mafia bilden die Eier dieses Ndo Iröe genannten Vogels eine fast tägliche Speise der Bevölkerung; sie sind von der Größe der Hühnereier, aber an der einen Seite etwas spitziger als diese und mit unregelmäßigen braunen Tupfen verziert.

Auch das Land ist nicht arm an Vögeln. Vor allem fiel mir ein allerliebster, kleiner, grüner Papagei auf; denn Papageien sind auf der Ostküste von Afrika nicht sehr häufig. Dieser Vogel, welchen man bisher nur auf Madagaskar gefunden, wurde von Dr. Cabanis, dem Bearbeiter unserer ornithologischen Ausbeute, als Poliopsitta cana Hartl. bestimmt. Von anderen jagdbaren Thieren erlegte ich Nichts als einen Waran (Varanus saurus Laur. oder capensis Sparrm.), die auf Sansibar so häufige, von den Suaheli „Kenge" genannte Eidechse (s. Bd. I. S. 56).

Zibetkatzen sollen gleichfalls hier vorkommen und oft Verheerungen unter dem Hausgeflügel anrichten: als mir nächtlicher Weile ein Perlhuhn entführt wurde, welches mir zum Frühstück dienen sollte, schob man die That einer „Ngaua" (Zibetkatze) zu. Schweine gibt es, wie man mir sagte, auf dem benachbarten Eilande Juani sowie auf der Hauptinsel Mafia; sie rühren von einem hier gescheiterten portugiesischen oder französischen Schiffe her. Man jagt sie namentlich zur Nachtzeit nach guter alter Jägerweise mit „Saufedern", weniger des Nutzens halber — denn ihr Fleisch wird nur an die kleinen, gelben Hunde, die Gehilfen der Jagd, verfüttert — als um die Felder und Gärten vor ihren Verwüstungen zu schützen. Das Vorkommen von Flußpferden auf der Insel Mafia haben wir schon im ersten Bande erwähnt (S. 70). Allgemeiner Ansicht zufolge entstammen sie einem einzigen Paare, welches vor langen Jahren von der Mündung des Lufidjiflusses, vermutlich mit Zuhilfenahme der Zwischenstation Boëjü, herübergeschwommen kam, hier blieb und eine zahlreiche Nachkommenschaft zeugte. Auch diese plumpen Vielhufer richten viel Schaden in den Feldern an, werden aber, soviel ich weiß, von den Eingeborenen nicht oder nur selten gejagt.

Die Insel Schole, der Mittelpunkt der Mafiagruppe, ist fast durchaus mit Gärten und Palmenhainen bedeckt. Die kleine Ortschaft Schole, an einer Einbuchtung im Norden der Insel gelegen, ist die einzige des ganzen Verwaltungsbezirks; denn auf Mafia liegen die Häuser in den Pflanzungen zerstreut. Reis, Mtama und Bohnen sind Erzeugnisse des fruchtbaren Bodens, welcher auch zahlreiche Viehheerden nährt, während das Meer vortreffliche Fische liefert und die im westafrikanischen Handel so geschätzten Kauris. Diese kleinen Muscheln, die auch bei uns als Zierrath beliebten „Otternköpfchen" (Cypraea moneta L.), finden sich namentlich in dem seichten Meeresarme zwischen Schole und Juani in größter Menge und von vortrefflicher Beschaffenheit.

Von den Bewohnern der Insel ist weniger zu sagen; sie sind eben Suaheli mit allen guten und schlimmen Eigenschaften dieser Mischung. Was mir, der ich aus dem sittenstrengen Angasija kam, besonders auffiel, war die auf dem ersten Blick bemerkbare Gefallsucht der hiesigen Frauen- oder Mädchenwelt. Die Sklaven scheinen, meinen flüchtigen Beobachtungen nach, weit weniger vom Hauche der Gesittung angeweht zu sein als die von Sansibar und der Küste: sie gleichen zumeist noch naturwüchsigen Barbaren, wie sie in Ländern entstehen, wo durch einen fluchwürdigen Handel Jahrhunderte lang alle Ordnung aufgehoben war. Zumeist von Kiloa und Mosambik her eingeführt, gehören sie fast ausschließlich den Stämmen der Wahiao und der Waniassa an, welch letztere sich durch ihre zerschlitzten Lippen und Wangen sowie durch die entstellende Tätowirung der Brust auszeichnen. Der Handel von Schole besteht hauptsächlich im Austausche von Sklaven gegen Glasperlen, Pulver und andere Waaren, welche von Sansibar kommen.

Am Tage nach meiner Ankunft traf der Statthalter von seiner Rundreise ein; er empfing mich ebenso freundlich wie alle Anderen, an welche ich empfohlen gewesen, schenkte mir nach einander zwei fette Ochsen, schickte mir jeden Tag eine große Schüssel voll der wohlschmeckenden Eier des oben erwähnten Seevogels und bewirthete mich und meine Leute mit einer reichen Mahlzeit. Hierbei war es mir überraschend, daß er mich allein essen ließ; vielleicht wollte er mich durch seine arabische Art zu tafeln nicht belästigen, vielleicht auch fand er kein Wohlgefallen an den Speisen, welche er mir vorsetzte. Er hatte übrigens Alles aufgeboten, um meinem europäischen Geschmacke gerecht zu werden, z. B. neben dem Sorbet zugleich Thee und Kaffee als Tafelgetränk auftragen lassen. Solch ausgezeichnete Aufnahme hatte ich nicht erwartet, eher befürchtet, Seid Madjid möchte mir schlechte Empfehlungsbriefe gegeben haben, da er in der letzten Zeit nicht in gutem Verhältniß zum Baron gestanden. Nasser ben Salem ben Abdallah bu Saidi, so hieß der Statthalter, war ein Mann von siebenundzwanzig bis dreißig Jahren. Er stammt, wie sein Name sagt, aus der berühmten Herrscherfamilie Abu-Saidi, ist also ein Vetter Seid Madjids. Später, in Sansibar — zur Ramadahnzeit, wann fast alle Beamten des Landes nach der Hauptstadt kommen, um Geschenke vom Sultahn zu erhalten — besuchte er mich zu wiederholten Malen, und auf seine Einladung suchte auch ich ihn in seiner Wohnung auf, wo ich seine Frau kennen lernte; sie war ebenso freundlich wie er und ließ fast keinen Tag vergehen, an welchem sie mir nicht Früchte oder andere Kleinigkeiten ins Haus schickte: von ihr besitze ich noch als Andenken eine schöne, wahrscheinlich von ihr selbst geflochtene Matte.

Nasser ben Salem hatte die große Freundlichkeit, mich bei meiner Abreise in eigener Person durch die Insel Mafia zu führen. Wir bestiegen am Mittag des 1. Juli, begleitet vom Scherif und einigen Angesehenen der Insel Schole, eine kleine Dau und fuhren bei gutem Wind in etwa dreißig bis vierzig Minuten über die Lagune. In der Mitte des nicht sehr tiefen Wasserbeckens befindet sich eine auf der Karte selbstverständlich nicht angegebene Sandbank oder Untiefe von ziemlicher Ausdehnung. Ich erfuhr, daß man von Westen her, zwischen Juani und Mafia, auf einer allerdings nur zwei Faden tiefen Einfahrt gleichfalls nach Schole gelangen könne.

In Merimbani, einer aus wenigen Häusern bestehenden Ansiedelung, stiegen wir an Land und wanderten dann, nachdem ich einige Winkel genommen, in nordwestlicher Richtung weiter, anfangs durch sumpfiges Land, bald aber durch grünende Wiesen, an einem Süßwasserteiche vorbei. Hier weideten Heerden von stattlichen Rindern, und zwischen ihnen tummelten sich kleine, weiße Reiher, welche, wie bei uns die Stare, dem Viehe das Ungeziefer ablasen; ich tödtete einige von ihnen durch einen Schuß, ohne daß die Ochsen oder Kühe dicht daneben nur im Mindesten erschreckt wurden. Später kamen wir in einen ausgedehnten Palmenhain, welcher von Tauben der verschiedensten Art bevölkert war, dann durch eine unbebaute dünn mit Gras und Büschen bestandene Ebene. Erst nahe dem westlichen Strande der Insel sahen wir wieder Pflanzungen, und kurz darauf erreichten wir die Besitzung Drene, unser heutiges Reiseziel. Der Eigenthümer des Gehöftes, Salem ben Saidi, hieß uns freundlich willkommen; er führte uns unter das Schattendach seines stattlichen, steinernen Hauses, ließ schöne Matten über die gemauerten Bänke breiten und bat uns, Platz zu nehmen. Seine Sklaven brachten auf metallenen Tellern von der Größe einer mäßigen Tischplatte geschältes und zerschnittenes Zuckerrohr herbei, dessen süßer, kühler Saft uns nach der warmen Wanderung trefflich mundete.

Auf meine Bitte führte Salem ben Saidi uns durch seine Besitzung. Zuerst sahen wir eine große, sonderbare Zuckerrohrpresse, wie ich eine ähnliche schon in dem

Dorfe Bentamadi auf Angasija gesehen hatte. Dort befanden sich in geringer Entfernung voneinander zwei aufrecht stehende Wellen, in deren oberem Theile zwei sich kreuzende Schraubenwindungen angebracht waren, eine vertiefte auf der einen Welle, eine erhöhte auf der anderen; der untere Theil war glatt zur Aufnahme des zu pressenden Rohres — hier gab es drei solcher Wellen, auch war diese Maschine weit größer und kräftiger sodaß man das Rohr, sowie es vom Felde kam, auspressen konnte, während es dort der Länge nach halbirt werden mußte. Die ineinander greifenden Schraubenwindungen sollten dazu dienen, die nicht unmittelbar gedrehte Welle in Bewegung zu setzen; ich bemühte mich vergeblich, den Leuten begreiflich zu machen, daß Dies schon durch die Reibung geschehen würde, die Kerben mithin ganz überflüssig wären. Bei Salems Rohrpresse wurde nur die mittelste Walze gedreht und zwar von etwa zwanzig Sklaven, welche an vier langen, in Brusthöhe über dem Fußboden angebrachten Triebstangen angriffen. Die Wellen standen in einer Grube von acht bis zehn Fuß Tiefe und ruhten in starken Wiederlagern. Salem fertigte bisher nur Sirop aus dem gewonnenen Saft; er wünschte aber auch festen Zucker zu bereiten und erkundigte sich angelegentlich nach dem Preis einer europäischen Siedevorrichtung.

Auf dem Wege durch die ausgedehnten Pflanzungen hatte ich überall Gelegenheit, Salems Geschick, Fleiß und Sinn für Fortschritt zu bewundern, Eigenschaften, welche man nicht eben häufig bei den Arabern findet. Die mit Getreide und Zuckerrohr bestellten Felder, die Haine von Gewürznelken und Orangenbäumen, Alles war im besten Zustande; nur die Baumwollpflanzung, welche er erst vor einigen Jahren begonnen, wollte nicht rechten Ertrag bringen, weil häufiger Regen die Ernte verdarb.

Es war schon dunkel, als wir zurückkehrten, und ein reichliches Mahl stand bereits auf der Tafel. Wie beim Statthalter war auch hier in einem besonderen Raume für mich gedeckt; ich ließ mir Dies ganz wohl gefallen, da es mir an Nichts fehlte und ich nach meiner Bequemlichkeit mich von meinen eigenen Leuten bedienen lassen konnte. Die Köchinnen Salems hatten Alles vortrefflich hergerichtet: das Fleisch war in thalergroßen Rippenschnittchen gebraten oder auf dünnen Stäbchen geröstet; dazwischen gab es Huhn, gekochte Eier und acht bis zehn verschiedene Arten Mehlspeisen in Form von Kugeln, Fischen und Vögeln, zumeist halb mit Sirop gefüllt und sehr fett gebacken. Ich hielt mich hauptsächlich an das Fleisch und an den vortrefflichen, mit Kokosnußmasse gekochten Reis, welcher unter allen Umständen das Beste der arabischen Küche ist. Als Tafelgetränk erhielt ich wiederum sowol Kaffee wie Thee, und beides war auf das Beste bereitet. Späterhin brachte man mir noch eine mächtige Schüssel mit wenigstens fünfzig bis sechzig Eiern in meine Schlafkammer, vermutlich, damit ich während der Nacht nicht Hunger litte! Man sieht aus diesem Speisezettel, daß die Araber sich Nichts abgehen lassen; wo es gut zu leben gilt, wird der Beutel nicht geschont. Schon die Sklavinnen, welche das Kochen verstehen, kosten ihnen viel Geld, und ihre Anzahl ist nicht unbeträchtlich. So waren in dem großen Hofe des Statthalters von Schole gewiß zehn oder zwölf meist junge, wohlgebaute, braune Mädchen mit Küchenarbeiten, mit Stampfen von Reis, mit Getreidemahlen, Kochen, Braten und Backen beschäftigt; von diesen werden einige allerdings auch als Surias oder Nebenweiber gedient haben, die Mehrzahl aber war gewiß der Arbeit halber angeschafft worden.

Nach dem Essen vereinigten wir uns auf der Barasa vor dem Hause. Bei der belebten Unterhaltung, welche sich noch lange hinspann, lernte ich meine Araber als sehr unterrichtete Leute kennen; sie sprachen mit Sachkenntniß über verschiedenartige Gegenstände, hatten Witz und gesundes Urtheil und fanden viel Vergnügen daran, sich von mir über europäische Künste und Wissenschaften belehren zu lassen. Ich zeigte ihnen die Bewegung der Sterne, indem ich sie durch das Fernrohr meines Theodoliten blicken ließ; sie kannten diese Bewegung, aber daß sie in dem Glase so schnell vor sich ging, war ihnen doch überraschend. Auch ich lernte Mancherlei, namentlich den feinen Unterschied in der Bedeutung gewisser Wörter, welche der Europäer leicht miteinander verwechselt.

Am anderen Morgen erschien mein Fahrzeug und legte sich, weil der Strand ganz allmählich nach dem tiefen Wasser abfällt, weitab vom Lande vor Anker. Mein Wirth ließ mich nicht von dannen, ohne mir noch eine ausgezeichnete Mahlzeit, ähnlich der gestrigen, vorgesetzt zu haben, und als ich mich gesättigt, mußte ich Alles, was auf der Tafel stand, einpacken. Ich hatte zwar nicht Raum genug, um all das Fleisch, die Früchte und Eier unterzubringen, doch es wurde Rath geschafft: zwei Neger kamen mit frischgepflückten Palmblättern herbei und flochten in unglaublich kurzer Zeit einige Körbe, welche reichlich für die zu bergenden Schätze genügten. Außerdem erhielt ich einen stattlichen Ochsen, dessen Uebersiedelung nach dem Fahrzeuge meinen Leuten Mühe genug verursachte. Da ich, ohne werthvolle Geschenke, wie ich war, meinem Gastfreunde mich nicht dankbar bezeigen konnte, wollte ich wenigstens den wackeren Köchinnen ein Trinkgeld zukommen lassen und hinterließ für sie einen Thaler, welchen ich Tags zuvor nebst vier anderen — vom Nahosa entliehen hatte; es kostete indessen einige Mühe, den Widerspruch des gestrengen Gebieters zu beseitigen. Später schickte ich meinem Wirthe von Sansibar aus einen Turban und ein Stück schöngewebtes Baumwollenzeug, und in gleicher Weise bezeigte ich dem Statthalter meine Erkenntlichkeit.

Wir stiegen etwa fünfzig Fuß hinab nach dem tiefen Lande, in welchem sich ebenfalls noch Pflanzungen Salem ben Saids befanden. Herzlich grüßend nahm ich Abschied von den gastfreien Arabern und fuhr in einem schlechten Boote hinüber nach dem Schifflein, dessen Nahosa meiner schon lange harrte. Ich besänftigte ihn leicht, indem ich ihm und seinen Leuten die fetten Tafelherrlichkeiten von Drene überließ. Noch ehe wir uns in Bewegung setzten, fiel das eben angekommene Rind unter dem Messer des Schlächters; einen zweiten Ochsen, welchen ich vorher vom Statthalter empfangen, nahm ich mit nach Sansibar, für beide war kein Platz auf dem engen Schiffe.

Es war zu spät geworden, als daß wir heut noch hätten weit kommen können. Bei Einbruch der Dunkelheit mußten wir vor der kleinen Insel Koma ankern. Bis zum folgenden Abend erreichten wir die Sindainseln, in der Bucht nördlich von Ras Puna gelegen, und hätte uns nicht ein starker Nordstrom vorwärts getrieben, wir wären vielleicht nicht halb soweit gekommen. Neben uns lagen zwei Sklavenschiffe vor Anker, das eine mit mehr als hundert Schwarzen befrachtet das andere mit Lebensmitteln für die armen Gefangenen. Hier trug sich zu, was schon früher (Bd. I. S. 79) bei Gelegenheit des Sklavenhandels erwähnt wurde. Am nächsten Morgen fuhren wir vor Sonnenaufgang fort und erreichten gegen Mittag, nach einer Abwesenheit von fünfthalb Monaten statt fünf bis sechs Wochen, das festlich beflaggte Sansibar — am 4. Juli, dem Tage der amerikanischen Unabhängigkeitsfeier!

Nach den ersten Begrüßungen im gastlichen Hause der Herren O'Swald u. Co. begab ich mich in meine Wohnung. Da sah es aber grauenvoll aus: Flocken von Baumwolle und Zeugfetzen lagen auf dem Boden umhergestreut — die Ratten waren gekommen und hatten alle Matratzen zernagt, um die Samenkörner der zur Füllung dienenden „Usuffi" herauszufressen. In die Kleiderkiste aber, welche ich bei der nur auf kurze Dauer berechneten Abwesenheit nicht sehr sorgfältig verwahrt, hatten sich die Satans-Kakerlaken eingeschlichen, und meine sämmtlichen Tuchkleider, neue wie alte, der kostbare, für Staatsbesuche aufgehobene Frack nicht ausgenommen, waren benagt und durchlöchert.

Im Rückblick auf die Fährlichkeiten dieser Reise, während welcher ich so mannigfach umhergetrieben worden, fühlte ich mich von Dank durchdrungen für die glückliche Heimkehr, welche mir einige Male so zweifelhaft erschien. Ich gedachte auch mit Wärme der vielen freundlichen Leute, ohne deren Hilfe ich in die größte Verlegenheit gerathen sein würde; mein erstes Geschäft war, ihnen Freundschaftsgeschenke zu schicken und — meine zahlreichen Wechsel einzulösen. Den wackeren Rahosa, mit dessen Schiffsführung ich sehr zufrieden war, erfreute ich mit einer besonderen Belohnung.

Die Kosten der vom 20. Februar bis zum 4. Juli ausgesponnenen „Reise nach Großkomoro" betrugen etwa 1200 Thaler; wäre der schurkische Juma ben Saidi seinen Verbindlichkeiten besser nachgekommen, so würde ich wahrscheinlich nicht mehr als ein Sechstel davon gebraucht haben. Als der Elende, gegen den ich noch immer sehr aufgebracht war, von seinen Fahrten zurückkehrte, wollte ich ihn vor dem französischen Konsul zur Verantwortung ziehen; dieser sprach aber von der Wirkung höherer Mächte, denen Niemand widerstehen könnte, sodaß ich sah, es war ihm unangenehm, mit der Sache zu thun zu haben. Ich zog also den Antrag, welcher doch keinen Erfolg gehabt hätte, zurück, mit Bedauern freilich, denn die Bestrafung Juma ben Saidis würde sicherlich einen guten Eindruck auf Andere hervorgebracht haben, welche, wie er, keine Bedenken hegen, abgeschlossene und unterschriebene Verträge ihres Vortheils wegen zu brechen. Eine Zeit lang noch empfand ich einen gewissen Haß gegen den Mann, welcher mir soviel Ungemach bereitet; ich hätte mich, wie ich nicht leugnen darf, gefreut, wenn ihm eine kleine Strafe des Himmels geworden wäre; — endlich aber schwand auch dieser Groll, und es blieb mir von den Wechselfällen meiner Irrfahrt nur die Erinnerung, welche mir immer um so schöner erschien, je schlimmer Das gewesen, was ich zu dulden und zu überwinden hatte!

Reisen in den Ländern der Galla und Somali.

Gest. nach Photog. v. A. Krause.

Aufbau des Dampfers „Welf"

Sansibar

Achtunddreißigster Abschnitt.

Vorbereitungen.

Bemühungen wegen eines Flußdampfers. — Die neuen Reisegefährten. — Unterstützung seitens europäischer Regierungen. — Die Dampfschaluppe Passepartout. — Fahrt nach Sansibar. — Erste Einrichtung. — Aufbau des Welf unter allseitiger Hilfe.

Anfang September des Jahres 1863 in Europa angekommen, ging Baron von der Decken, nachdem er seiner Familie kaum einige Tage gewidmet, unverweilt an die Besorgung seiner Reiseangelegenheiten. Fast fortwährend war er unterwegs, bald in Berlin und Hamburg, bald in Wien, Triest, Paris oder London, und während der ganzen Dauer seiner Anwesenheit verweilte er an keinem Orte länger als zehn Tage.

Deckens erste Sorge galt der Beschaffung eines für Flußfahrten geeigneten Dampfschiffes, welche bisher, trotz aller Mühen seines Bruders, nicht hatte gelingen wollen. Keine der befragten Werkstätten wollte auf die Absichten des Reisenden eingehen, und erst nach langen Verhandlungen erklärte sich eine Hamburger Firma, die Reiherstieg-Schiffswerfte, bereit, den Bau zu übernehmen, freilich nach verändertem

Plane: sie verpflichtete sich, bis Mai 1864 ein eisernes Räderdampfschiff von 119 engl. Fuß Länge, 15 Fuß Breite und 3 Fuß Tiefgang, versehen mit einer Niederdruckmaschine von 45 Pferdekraft, zu liefern.

Nächstdem war es von Wichtigkeit, tüchtige Gefährten für das neue Unternehmen zu finden. Dieses glückte bei der bekannten Reiselust unserer Landsleute verhältnißmäßig schnell. Es wurden bis Frühjahr 1864 neun Mitglieder gewonnen, denen sich aus Jagdliebhaberei der auch in weiteren Kreisen bekannte Sportsman Graf Götzen aus Breslau anschloß, nämlich:

Der k. k. Linienschiffslieutenant Ritter Karl v. Schickh aus Wien. Von Sr. Majestät dem Kaiser von Oesterreich unter den günstigsten Bedingungen auf drei Jahre beurlaubt, war dieser tüchtige Seeofficier sogleich nach Hamburg geeilt, um den Bau des Dampfers zu überwachen. Dort wohnte er Monate lang, besuchte täglich die Reiherstieg-Schiffswerfte und lernte jeden Theil des Schiffes kennen, welches er später in Sansibar wieder zusammensetzen und danach in unbekannte Gewässer führen sollte. Auf früheren Reisen hatte er die Küsten von Syrien und Kleinasien besucht, war also schon einigermaßen vertraut mit den Sitten und Anschauungen des Morgenlandes; außerdem wußte er in astronomischen Beobachtungen trefflich Bescheid.

Der Doktor der Medicin Hermann Link aus Danzig, bisher preußischer Militärarzt. Er hatte gleichfalls von seiner Regierung einen dreijährigen Urlaub erhalten und wollte, außer in seinem Berufe, durch Sammeln botanischer und zoologischer Gegenstände sowie durch Theilnahme an wissenschaftlichen Beobachtungen aller Art sich nützlich machen. Die ihm vor der Abreise verbleibende Zeit verwendete er auf eingehende Vorbereitung für sein neues Amt, namentlich auch auf die Auswahl einer vorzüglichen Ausrüstung, wobei ihn erfahrene Berufsgenossen, vor Allen der Afrikareisende Dr. Hartmann und der Generalstabsarzt Dr. v. Langenbeck freundlichst unterstützten.

Maler Eduard Trenn aus Görlitz, welchen der längst von ihm gehegte Wunsch, entlegene Länder zu sehen und ihre Wunder mit Stift und Farbe darzustellen, zur Theilnahme bewogen hatte. Der Gedanke, einen Maler mitzunehmen, war dem Baron beim Durchwandern des Dschaggalandes gekommen, wo er, im Anblicke der prächtigen Scenerien, sich oft ein künstlerisches Auge und kunstgeübte Hand gewünscht hatte, damit auch die Freunde in der Heimat eine würdige Vorstellung von den Schönheiten afrikanischer Natur bekämen.

Der Maschinenmeister der k. k. österreichischen Marine Nikolaus Kanter aus Wien, ein erfahrener Ingenieur, unter gleichen Bedingungen wie Schickh beurlaubt. Er sollte die Oberaufsicht über das Maschinenwesen führen und unter den Eingebornen die nöthigen Leute für diesen Dienst heranbilden.

Der Forstmann Richard Brenner aus Merseburg, ein von Jugend auf für das Reisen begeisterter, thatkräftiger Mann. Mit dem Baron schon kurze Zeit nach dessen Rückkunft von Afrika in nähere Berührung gekommen, begleitete er diesen auf seinen vielfachen, im Interesse der Expedition unternommenen Fahrten durch Mitteleuropa und übernahm später die Stellung eines Präparators und Waffenmeisters.

Feuerwerker Albert Deppe aus Göttingen, welcher bisher in der damals königlich hannöverschen Artillerie diente und auf sein Ansuchen durch Deckens Vermittelung aus der Armee entlassen wurde mit dem Rechte des Wiedereintritts nach erfolgter Rückkehr. Seine Aufgabe sollte, abgesehen von dem Geschützdienst auf dem Dampfer, hauptsächlich darin bestehen, die im Lande anzuwerbende Schiffsmannschaft in der militärischen Ordnung und im Gebrauche der Feuerwaffen auszubilden. Da er tüchtige Kenntnisse in der Mathematik besaß, so daß er sogar an der Kadettenschule zu Hannover in diesem Fache Unterricht ertheilt hatte, versprach er, auch bei wissenschaftlichen Beobachtungen und Berechnungen ein tüchtiger Gehilfe zu werden; zu diesem Zwecke beutete er, durch seinen gütiger Gönner, den Hofkriegsrath Hase in Hannover, mit Rath und That gefördert, die Zeit vor der Abreise noch auf das Fleißigste aus, um einige Fertigkeit namentlich in der praktischen Astronomie zu erlangen.

Der Koch Karl Theiß aus Oldenburg. Als leidenschaftlicher Jäger, und getrieben von der Sehnsucht, fremde Länder zu sehen, hatte er gleich nach Bekanntwerden der neuen Pläne des Barons seine Dienste angeboten. Sein Wunsch wurde erfüllt; denn nach dem Verluste Koralli's und namentlich jetzt, da die Reisegesellschaft so stark geworden, erschien es unumgänglich nothwendig, Jemand zu haben, dessen ausschließliches Amt es war, für des Leibes Nahrung und Nothdurft zu sorgen. Es ist ja, wie wir genugsam erfahren hatten, bei anstrengender Arbeit und besonders bei Reisen dieser Art durchaus nicht gleichgiltig, wovon man lebt und in welcher Weise die Speisen zugerichtet sind. Unser Theiß nun hatte nicht nur eine vollendete Geschicklichkeit in seinem Fache, sondern verstand auch die große Kunst, sich in die Verhältnisse zu schicken und aus den einfachsten Bestandtheilen etwas Schmackhaftes herzustellen. Dazu besaß er eine bemerkenswerthe Bildung und Umgänglichkeit, große Fertigkeit im Französischen und war ein guter Schütze, Alles Eigenschaften, welche ihn zu einem Reisegefährten sehr empfahlen.

Der Maschinist Hitzmann aus Linden bei Hannover und der Tischler Bringmann aus Zellerfeld im Harz. Beide reiselustige junge Leute sollten eigentlich nur beim Aufbau des Welf in Sansibar beschäftigt werden, konnten jedoch, obgleich der Baron sie von den Gefahren und Beschwerden der Reise genugsam unterrichtete, sich nicht entschließen, von jener Insel aus zurückzukehren, ohne das geheimnißvolle Festland gesehen zu haben, und wurden nach ihrem Wunsche gleichfalls als vollgiltige Mitglieder aufgenommen. Auch ihnen ward der Eintritt in die Reiherstieg-Schiffswerfte vermittelt, so daß sie bei dem Bau des Expeditionsdampfers schon von Anfang an mit Hand anlegen konnten.

Wie sich denken läßt, versäumte von der Decken nicht, sich der Unterstützung seiner Pläne seitens der Regierungen zu versichern. Außerordentlich freundliches Entgegenkommen fand er namentlich in England. Die englische Admiralität erließ an die in den ostafrikanischen Gewässern kreuzenden Kriegsschiffe Befehl zu kräftiger Unterstützung des Reisenden, ordnete sogar an, daß ein Staatsschiff den Dampfer des Barons bei seinem Aufbruche von Sansibar geleite. Die Londoner geographische Gesellschaft bezeugte ihre Theilnahme für sein Unternehmen in glänzender Weise, indem sie ihm „für den geführten Beweis der Existenz von schneebedeckten Bergen in Ost-Afrika" die große goldne Medaille verlieh, eine Ehre, welche bis dahin nur wenigen Deutschen zu Theil geworden war. Diese hohe Auszeichnung betrachtete der Reisende indessen mehr als eine Vorausbelohnung für Dienste, welche die Erdkunde von ihm noch zu erwarten hätte, und fühlte sich demnach nicht wenig zum Ausharren in der Durchführung seiner Pläne ermutigt. So viel wir wissen, bekam Decken endlich von der indischen Regierung einige Kanonen für sein Schiff geschenkt.

Auch in Frankreich erlangte er Wichtiges. Der Kaiser selbst beschäftigte sich eingehend mit der Angelegenheit und verordnete, daß den Vertretern Frankreichs in jenen Gegenden das Unternehmen des Reisenden zu thunlichster Förderung warm empfohlen werde.

Nicht minder thätigen Antheil nahm der Kaiser von Oesterreich. Er gewährte den beiden Seeofficieren, welche sich zum Anschluß an die Expedition gemeldet hatten, einen dreijährigen Urlaub der Art, daß sie während ihrer Abwesenheit ihr volles Gehalt bezogen und zugleich in der Reihe blieben beim Aufrücken zu höherer Stellung.

Der preußische Staat war damals nicht in der Lage, mehr zu gewähren als den Urlaub Dr. Links; hatte er doch schon früher ein Anerbieten des Barons, die Summe von 100,000 Thalern zu zahlen, wenn man ihm einen geeigneten kleinen Kriegsdampfer auf drei Jahre für seine Forschungen zur Verfügung stellen wolle, zurückweisen müssen, um sich nicht Verwickelungen zu bereiten.

Ebenso vermochte Deckens engeres Vaterland, Hannover, im Vergleich zu England und Frankreich nur wenig zu bieten. König Georg, welcher den Reisenden von frühester Jugend gekannt und den Unternehmungen desselben stets große Theilnahme gewidmet hatte, ertheilte ihm indessen die Erlaubniß, auf dem Dampfer der Expedition die hannöversche Kriegsflagge zu führen, und sorgte zugleich in sehr dankenswerther Weise für Bewaffnung des Schiffes und der Mannschaft, indem er aus dem Bestande des Zeughauses zu Hannover ein sechspfündiges bronzenes Geschütz sowie eine größere Anzahl Musketen, gezogene Karabiner, Pistolen, Säbel, Raketen und fertige Munitonsgegenstände unter sehr billigen Bedingungen überließ. In dankbarer Anerkennung alles Dessen erbat sich der Reisende die Erlaubniß, seinem Flußdampfer nach dem hannöverschen Herrscherhause den Namen „Welf" beilegen zu dürfen, was auch gnädigst genehmigt wurde.

Als der eiserne Rumpf des Welf, nur leicht durch Schrauben zusammengehalten, auf der Werft der Erbauer fertig dastand, drängte sich die Befürchtung auf, daß der Dampfer für seinen Zweck — die Befahrung nicht allzu bedeutender Flüsse — doch etwas zu groß sein könne; deshalb wurde nach schnell gefaßtem Entschlusse noch ein zweites, kleineres Dampfboot von 28 Fuß Länge bei 1 Fuß Tiefgang bestellt, mit einer Schraube, welche, durch eine Maschine von 6 Pferdekraft getrieben, eine stündliche Geschwindigkeit von 6 bis 7 Meilen ermöglichte. Die Schiffsbauanstalt der Herren Schmylinski & Co. in Hamburg und eine Magdeburger Maschinenwerkstätte führte den ihr ertheilten Auftrag in solcher Schnelle aus, daß noch vor der Abreise eine Fahrprobe stattfinden konnte. In Anbetracht seiner Bestimmung, „weiter zu dringen, wenn der Welf den Dienst versagte," erhielt der kleine Dampfer den bedeutsamen Namen Passepartout.

Zur Ueberführung der sämmtlichen für die Ausrüstung der Expedition bestimmten Sachen war das neue Hamburger Barkschiff New-Orleans der Herren O'Swald & Co. zu dem Preise von 6600 Thalern gemiethet worden. Dieses nahm zunächst eine bedeutende Menge Steinkohlen als Feuerungsmittel für beide Dampfer ein, dann die Rippen, eisernen Platten und Holzgegenstände des Welf, den in drei Theilen zerlegten Passepartout und drei hölzerne Boote, ferner alle denkbaren Ausrüstungsgegenstände, als Nägel und Schrauben, Farben und Pinsel, Instrumente und Waffen, Nahrungsmittel, Wein und Kleider in mehreren hundert Kisten, eine vollständige Ladung für das gegen 300 Tons tragende Schiff. Der Werth der gesammten Ausrüstung, die beiden Dampfer inbegriffen, betrug über 40,000 Thaler.

Ende Juli 1864 war herangekommen, ehe Alles zur Abreise fertig war. Am 28. verließ die New-Orleans mit dem Gros der Expedition den Hafen von Hamburg; eine Woche vorher hatte der Baron mit Graf Götzen, denen Herr von Schickh einige Tage darauf nachfolgte, von Triest aus Europa verlassen, um Sansibar auf näherem Wege zu erreichen.

In Alexandria stattete Decken dem gerade anwesenden Vicekönig einen Besuch ab in der Hoffnung, eine Anzahl abgehärteter egyptischer Soldaten zur Unterstützung seines Unternehmens erhalten zu können; die Verhandlungen führten jedoch zu keinem Erfolge. Beide Reisegefährten begaben sich nun nach Kairo, wo Kapitän Schickh zu ihnen stieß, in dessen Gesellschaft sie dann am 5. August ihre Fahrt über Suez und Aden fortsetzten. Da der Postdampfer zu dieser Jahreszeit hinwärts nicht auf den Seschellen anlegt, mußten sie sich bequemen, bis zur Insel Mauritius mitzureisen. Dort benutzten sie die Gefälligkeit des Kapitän Salmon vom französischen Kanonenboote Surcouf, welches am Tage ihrer Ankunft nach Bourbon fuhr, zu einem Ausfluge nach der Nachbarinsel, wo der Baron so viele liebe Freunde hatte, und kehrten nach einem angenehmen Aufenthalte von einigen Tagen auf der Lynx, einem anderen französischen Kanonenboote, nach Mauritius zurück. Dann bestiegen sie den englischen Postdampfer wieder, um nach den Seschellen, den letzten Station vor Sansibar, zu gelangen. Das rasche Weiterkommen von hier schien anfangs zweifelhaft doch bot sich bald eine günstige Gelegenheit durch die Ankunft des englischen Kanonenbootes Lyra, dessen Kapitän Parr den Baron bereits von früher her kannte; er nahm ihn und seine Begleiter mit größter Freundlichkeit auf und brachte sie nach einer raschen Fahrt am 1. September an ihr Ziel.

Es war gerade ein Sonntag, als früh gegen 10 Uhr die Lyra im Hafen von Sansibar vor Anker ging. Schreiber dieses, welcher seit seiner Rückkehr von Großkomoro sich mit Anlegen von Sammlungen, mit Sprachstudien und Photographiren beschäftigt und in der letzten Zeit ein großes Haus (das der Bibi-Aischa, einer Schwester des Sultahns) für Aufnahme der Expedition in baulichen Zustand versetzt hatte, war hocherfreut, seinen vortrefflichen Chef nach so langer Trennung wieder zu sehen und zugleich die ersten seiner künftigen Gefährten begrüßen zu können.

Die Zeit, zu welcher die New-Orleans hätte ankommen können — man rechnet für ein gutsegelndes Hamburger Schiff gewöhnlich neunzig Reisetage — war seit Wochen verstrichen; alle Vorbereitungsarbeiten, deren wichtigste die Herrichtung eines geeigneten Platzes für den Aufbau des Welf, waren geschehen, und noch blieb jede Nachricht aus. Tag für Tag wurden auf den Auslughäuschen die Fernröhre südwärts gerichtet, aber unter den auftauchenden Segeln befand sich das erhoffte nicht: man konnte sich den auffälligen Verzug beinahe nicht anders als durch Annahme eines Unglücks erklären.

Um die Qual des Wartens weniger fühlbar zu machen, unternahmen wir endlich einen mehrtägigen Ausflug in das Innere der Insel, nach Dunga, dem Sitze des trefflichen alten Muniemkü. Einer von uns äußerte im Scherz, die New-Orleans würde, da wir uns entfernt hätten, nun sicherlich bald eintreffen; und so geschah es auch, denn kaum waren einige Tage vergangen, als ein eilender Bote uns das frohe Ereigniß meldete. Bei unserer Zurückkunft am andern Morgen (am 30. November) hatten wir die große Freude, die sehnlich erwarteten Gefährten bei bestem Wohlsein anzutreffen. Fortwährende widrige Winde hatten die lange Dauer der Reise verursacht; ein eigentlicher Unglücksfall war nicht vorgekommen, doch wäre das Schiff, hätte es sein Ziel noch später erreicht, durch Mangel an Lebensmitteln sicherlich in Verlegenheit gerathen.

Außer den neuen Expeditionsmitgliedern waren auch mehrere schöne Hunde mitgekommen, die nun in unendlicher Freude, daß sie wieder festen Boden unter den Füßen fühlten, wie toll an dem Strande hin und her jagten und durch ihr Ungestüm den neugierig umherstehenden Eingeborenen Angst und Entsetzen einflößten. Sie hatten zumeist Suahelinamen erhalten, nämlich Leo d. i. heute, Diana gestern, Kescho morgen u. s. w., ein Scherz, auf den der Baron schon früher verfallen war, als er die Suahelibedeutung der bei uns gewöhnlichen Hundenamen „Leo" und „Diana" kennen lernte. Den Eingeborenen kam es natürlich überaus lächerlich vor, ihre ganze Zeitrechnung in Hundegestalt umher spazieren zu sehen. Andere Hunde, eine große bairische Dogge und zwei schöne Windspiele hatte Graf Götzen mitgebracht; ihre Ueberfahrt nach Sansibar hatte dem unglücklichen Besitzer nicht weniger als sechshundert Thaler gekostet.

Vierundzwanzig Tage nahm die Ausladung der Schiffsgüter in Anspruch. Am meisten Umstände verursachten die beiden Kessel des Welf, welche man den ungeübten Händen der

Eingeborenen nicht anvertrauen wollte und deshalb unmittelbar von der New-Orleans auf eine Fregatte des Sultahns brachte, von wo sie der Welf nach seiner Vollendung selbst aufnehmen sollte. Unter Leitung der Europäer war ein lärmendes Heer von Negern von früh bis Abends vor und in dem Hause beschäftigt. Während die Einen räumten, richteten Andere im Erdgeschosse Werkstätten für Maschinisten und Zimmerleute ein, legten aus dicken, vierkantigen Balken einen sanftgeneigten Grund für den Aufbau des Welf, oder arbeiteten vor tragbaren Feldschmieden an der Wiederherstellung schadhaft gewordener Eisentheile; wieder Andere beschäftigten sich mit der Ordnung in Zimmern und Kammern.

Bevor man dies Alles vollendet und den Wirthschaftsgegenständen die passende Aufstellung ertheilt hatte, war an eine strenge Hausordnung nicht zu denken, schon deswegen nicht, weil die meisten der neu Angekommenen, welche an O'Swalds gastlichem Tische nicht Platz fanden, zu Mittag und Abend fern vom Hause bei dem französischen Koch, Bäcker, Schlächter, Gastwirth und Schiffsprovisionshändler Charles essen mußten. Später hörte Dieses auf, und die ganze Reisegesellschaft lebte zusammen wie eine große Familie, alle ihre Bedürfnisse im eigenen Hause befriedigend. Die Zeiteintheilung war folgende: für diejenigen, welche bei der Aufstellung des Dampfers thätig waren, dauerte die Arbeit früh von 6 — 11 Uhr und Nachmittags von 2 — 6 Uhr; die heißen Mittagsstunden wurden zur Ruhe und zur Einnahme eines kräftigen Mahles benutzt, welchem in der Abendkühle eine zweite warme Mahlzeit folgte. Wir anderen richten uns nach eigenem Ermessen ein und tafelten, nebst Herrn von Schickh, unter dem Vorsitze des Barons zu den von früher her gewohnten Stunden, um 9 und 4 Uhr.

Am 18. December endlich konnte mit der Aufstellung des Welf begonnen werden. Der unmittelbar vor dem Hause liegende Bauplatz war außerordentlich geeignet hierfür, da er bei Hochwasser fast ganz überflutet, gegen den allzustarken Anprall der Wogen aber und gegen Wegspülen des Sandes, auf welchem der Grund lag, durch einen Pfahlzaun geschützt wurde. Sobald am frühen Morgen der helle Ton der Hausglocke erschallte, entwickelte sich ein lebensvolles Bild am Strande. Von Nah und Fern, vom Haus und aus der Stadt, kamen schwarze Gehilfen herbei, und unter sie vertheilten sich, das Ganze überwachend und selbst mit Hand anlegend, die Mitglieder der Expedition; diesen wiederum schlossen sich englische und französische Handwerker an, welche von anwesenden Kriegsschiffen zur Hilfeleistung beordert worden waren, anfangs von der stattlichen Korvette Orestes durch Kapitän Gardener, dann von den englischen Kanonenbooten Lyra, Wasp, Penguin und Rapid, endlich von der französischen Korvette Loiret, denen Allen wie auch der Maschinenwerkstätte der französischen Mission der wärmste Dank für ihre überaus freundliche Unterstützung bei der mühsamen Arbeit gebührt. Lautes Hämmern und Pochen ertönte vom Stapel her, in den Feldschmieden flackerten lustige Feuer, schweißtriefende Neger schleppten, taktmäßig singend, neue Schiffstheile herbei oder liefen mit glühenden Nieten nach den Spanten, an denen bereits Deckplatten befestigt wurden. Das geräuschvolle Schauspiel übte auf die Einwohner von Sansibar und die zahlreich anwesenden Fremden eine gewaltige Anziehungskraft aus; sahen sie doch hier zum ersten Male eines der wunderbaren Merkabu ja moschi oder „rauchenden Schiffe" vor ihren Augen entstehen! Kopf an Kopf umgaben die Zuschauer den Platz, so lange sie nicht von den arbeitsamen Männern zur Seite gedrängt wurden; fast alle Rassen der Küstenländer hatten ihre Vertreter hier, welche dann später den staunenden Stammesgenossen in der Ferne die wundersame Mär hinterbringen mußten. In abendlicher Stille aber, wenn der Bauplatz von Jenen verlassen war, erschienen andere Neugierige — arabische Frauen, welche bei Tage das Haus nicht verlassen durften und doch die seltene Gelegenheit, etwas so Merkwürdiges zu sehen, nicht unbenutzt lassen mochten; sie waren sogar noch neugieriger als die zumeist weitgereisten und welterfahrenen Zuschauer des Tages, denn bisweilen, wenn eine Leiter stehen geblieben, konnte man sehen, wie einzelne vermummte Gestalten emporkletterten und in den Bauch des Schiffes hinabstiegen, jedenfalls ohne zu ahnen, welchen Schabernack ihnen ein Mutwilliger durch Abschneiden des Rückzugs hätte spielen können.

Noch nie vielleicht war die Ausdauer einer Reisegesellschaft noch vor dem eigentlichen Beginn des Unternehmens auf so harte Probe gestellt worden, wie es bei der ostafrikanischen Expedition von der Deckens der Fall war. Die Thatsache, daß Nordländer, welche bisher nur zum kleineren Theile an anstrengende Arbeit gewöhnt waren, lange Monate hindurch in vollem Schaffen bei tropischer Sonnenglut ausharren konnten, ist gewiß das beste Zeugniß für Aller Entschlossenheit und für ihr ernstes Streben nach dem vorgesteckten Ziele. Wol Mancher bereute Abends, wenn er aus dem stickend heißen Rumpfe des Schiffes kroch, den voreiligen Entschluß, welcher ihn vor langen Monaten aus Europa getrieben; nach der gemeinsamen Mahlzeit aber, wenn er auf dem platten Dache des Hauses halb träumend die Kühle der Nacht genoß und in der Pracht des tropischen Himmels schwelgte, mehr noch am Morgen, wenn er, erquickt vom nächtlichen Schlummer, an den sonnigen Strand hinaustrat — bei Beginn der neuen Arbeit drückte dieser Gedanke ihn nicht mehr, voll neuen Muts that er von Neuem willig seine Pflicht, er mußte sich ja sagen, daß, je eher der Dampfer fertig war, desto eher die Reise beginnen könne, auf welche er sich so lange gefreut. Es kann in der That nicht genug anerkannt werden, in wie aufopfernder Weise ein Jeder seiner Arbeit oblag, Allen voran aber an Ausdauer und Umsicht der künftige Führer des Dampfers, Herr von Schickh, von welchem der Baron öfters äußerte, „daß er Goldes werth sei," und „daß ohne ihn das Schiff nicht fertig geworden wäre." Einen Vortheil indessen hatten die treuen Arbeiter auch für sich selbst: ihre Gesundheit befestigte sich, anstatt, wie Mancher erwartet hätte, unter der Anstrengung zu leiden; sie wurden weit seltener von irgend einem Unwohlsein befallen als ihre hauptsächlich in der Stube weilenden Gefährten, sie bekräftigten somit den alten Erfahrungssatz, daß in den heißen Ländern körperliche Thätigkeit, falls sie nicht übertrieben wird, dem Europäer nicht nur nicht schadet, sondern sogar nothwendig ist zur Erhaltung der Gesundheit.

Neununddreißigster Abschnitt.

Die Flüsse der Formosabai.

Mit dem Passepartout an Bord des Loiret. — Die Barre des Osiflusses. — Stromaufwärts, bis der Passepartout seinem Namen Schande macht. — Aufenthalt in Kau; Stadt und Umgegend, Bewohner, Erzeugnisse. — Die schlimme Stelle wird diesmal glücklich überwunden. — Entdeckung des Belondsoni-Kanals zwischen dem Osi und Dana. — Rückfahrt. — Ein Nebenfluß des Osi. — Die Mündung des Danaflusses entdeckt. — Was man von beiden Flüssen weiß. — Tscharra und die Wapokomo. — Würdigung der Formosabai. — Heimkehr nach Sansibar.

Verhältnißmäßig mühelos war die Zusammensetzung des Passepartout, denn schon am vierten Tage nach seiner Ankunft schwamm er auf dem Wasser. Eine Gelegenheit, seine Leistungen zu zeigen, bot sich ihm bald. Wir meinen hiermit nicht seine erste Fahrt im Hafen von Sansibar, bei welcher er sich allerdings trefflich bewährte und Tausende von Zuschauern an den Strand lockte, die ihn mit laut schallendem Jubel begrüßten wo er sich nahte — sondern eine ernstlichere Probe, eine wirkliche kleine Forschungsreise, eine Fahrt zur Untersuchung der Flüsse Osi und Dana in der Formosabai. Es war in den ersten Tagen des Februar 1865; die französische Korvette Loiret hatte von Sansibar aus einen Abstecher nach Norden, nach der unter 2 $^{1}/_{2}$ Grad südlicher Breite liegenden Insel Lamu zu machen; ihr Kapitän Bigrel erklärte sich in freundlichster Weise bereit, den Passepartout nebst einer kleinen Reisegesellschaft nach der Formosabai mitzunehmen und auf der Rückfahrt von Lamu wieder abzuholen. Doktor Link und Brenner waren die Glücklichen, welche der Baron zu seinen Begleitern ausersah; der Maler mußte zu seinem Leidwesen zurückbleiben, da ihn ein Unwohlsein ans Zimmer fesselte.

In neue Farben gekleidet, schaukelte der schmucke kleine Dampfer von der Deckens am Nachmittag des 7. lustig vor seinem Anker; da kam die bedeutsame Stunde für ihn, er ward dicht an den Loiret heran gebracht, Haken und Taue umfaßten ihn, und in weniger als zwei Minuten stand er mit Provisionen, Waffen, Instrumenten, Zelten und Allem was darin war auf dem Trockenen, an Bord der Korvette. Ihm nach folgte die Jolle, das kleine, zum Landungsdienst bestimmte Boot des Welf. Am andern Tage schiffte sich der Baron mit seinen Begleitern und vier Eingeborenen ein. Danach lichtete der Loiret den Anker und dampfte nordwärts auf genugsam bekanntem Wege.

Während der zweitägigen Fahrt erfuhren die Reisenden die herzlichste Liebenswürdigkeit von Seiten ihrer Wirthe, was ihnen um so schätzbarer war, als sie wußten, daß sie die nächsten Tage in der Wildniß, vielleicht gar unter Barbaren zubringen sollten. Sie fühlten sich fast heimisch auf dem Schiffe, sahen aber doch mit Freuden, wie am 10. Nachmittags ein ferner Punkt auftauchte, die äußerste Spitze des erstrebten Festlandes: es war die Osipoint der Karten oder Ras Schakka wie die Eingebornen sagen, das waldige Vorgebirge im Norden der Formosabai. Bald wurde dahinter auch ein weiter Bogen flachen Landes sichtbar. Der Loiret steuerte vorsichtig mit halber Dampfkraft in die Bucht hinein und legte sich bei sechs Faden Wassertiefe sieben Meilen vom Lande vor Anker. Von der unbekannten Stelle, an welcher der zunächst zu untersuchende Osifluß sich in das Meer ergießt, sah man freilich heute Nichts, von der Gestalt des Landes nur wenig. Am andern Morgen jedoch, als die Sonne sich der Küste gegenüber erhob, traten die Einzelheiten des Bildes deutlich heraus. Trostlos und öde erschien es — Sanddünen mit einzelnen Bäumen auf der Höhe, einer nordischen Winterlandschaft nicht unähnlich. Im Meere aber schwammen grüne Inseln umher, umschwärmt von zahllosen Möven, die Nähe des Osiflußes außer Zweifel stellend.

In früher Morgenstunde setzte der Passepartout sich in Bewegung. Außer ihm war auch die Jolle des Barons und der Kutter des Loiret bemannt worden; beide wurden von dem kleinen Dampfer geschleppt. Das Meer, welches vom hohen Verdecke des Kriegsschiffes aus ziemlich ruhig erschien, war in Wirklichkeit recht ungemütlich. Brenner, als Führer der Maschine, mußte dem Dampfe die Zügel schießen lassen, um mit Erfolg gegen die hochgehenden Wogen ankämpfen zu können. Mit dem Vordertheil tanzte der Passepartout in der Luft, während er hinten, wo der Baron am Steuer saß, von der angehängten doppelten Last niedergedrückt war und manche Sturzsee übernahm, sodaß die auf dem Schiffe Zurückgebliebenen den schwer arbeitenden Booten nicht ohne Besorgniß nachblickten.

Nach anderthalbstündiger Fahrt hatte man sich dem Lande bis auf eine Seemeile genähert. Von dem Loiret waren nur die Mastspitzen und hin und wieder noch der dunkle Rumpf zu sehen; dagegen lag die Küste in wunderbarer Klarheit vor dem forschenden Blicke, jede leichte Wellenlinie der Dünen, das Treibholz auf dem gelblichen Sande des Strandes, Alles war deutlich sichtbar, nur die Einfahrt in den Fluß nicht. Und doch mußte sie nahe sein, denn das bisher klare Seewasser hatte eine schmuziggelbe Färbung angenommen, und an Stelle der wuchtigen Meereswogen war eine kurze, „kabbelige“ See getreten, welche auf Strömungen schließen läßt. Als man noch überlegte, ob ein weiteres Vorgehen in dieser Richtung rathsam sei, stieß der tiefergehende französische Kutter schon heftig auf den Grund; im nächsten Augenblicke war er von einer Woge überschüttet. Die kleine Flotte gerieth etwas in Verwirrung; es wurden jedoch schleunigst die Schlepptaue gelöst, damit keines der Boote das andere in Gefahr bringe, und bald gelangte man wieder in tieferes Wasser. Hier legte sich der Passepartout mit dem Kutter vor Anker, während der Baron in der Jolle an Land ging, um sich von zu der Lage der Flußmündung zu überzeugen.

Die Zurückbleibenden bereiteten sich inzwischen auf die Einfahrt vor, befestigten sorgsam das lose liegende Gepäck und schöpften das übergenommene Wasser aus. Nur ab und zu warfen sie einen Blick nach der Küste, welche der Baron ohne Unfall erreichte. Von einem Neger begleitet, schritt er schnell in südlicher Richtung vorwärts, als plötzlich über ihm auf den Dünen eine lange Reihe dunkler Gestalten erschien, die sich deutlich gegen den hellen Hintergrund abhoben; eine Abtheilung derselben hatte Halt gemacht, Andere erklommen in eiligem Laufe die Höhe. Man mußte annehmen, es sei eine Schar der gefürchteten Galla, und rüstete sich, zu Hilfe zu kommen; da erkannte noch rechtzeitig Link, welcher eiligst das Fernrohr zur Hand nahm, daß die schwarzen Gestalten — Paviane waren.

Decken kehrte glücklich zurück. Er hatte an dem sonst so selten besuchten Strande drei Leute gefunden, welche des Fischfangs halber aus dem nordwärts gelegenen Dorfe Kilimani gekommen waren. Sie erklärten sich bereit, den Dampfer in den Fluß zu bringen. Die Mündung lag ein wenig südwärts, war jedoch von den niedrigen Booten aus nicht zu sehen, weil die einander deckenden Ufer mit der Dünenreihe in eins verliefen. Ohne weiteren Aufenthalt dampfte nun der Passepartout, mit der Jolle im Schlepptau, dem Flusse zu;

der französische Kutter blieb noch vor Anker, um nöthigenfalls Beistand leisten zu können. Wie nicht anders erwartet worden war, verlegte eine Barre, auf welcher eine heftige Brandung stand, die ziemlich breite Mündung. Man fuhr in angemessener Entfernung von den drohenden Brechern hin, um die geeigneteste Stelle für die Einfahrt zu suchen. Immer lauter toste die Brandung, sodaß die Stimme machtlos verhallte. Da winkte der Baron, der am Steuer saß, mit der Hand nach vorwärts und lenkte rasch entschlossen in den Schwall hinein. Schon hatte der Dampfer mit mächtigem Schwunge sich durchgearbeitet, als plötzlich die Maschine still stand; das Steuer versagte den Dienst und das Boot trieb breit gegen die Brandung: die Bugsirleine war von der Schraube erfaßt und aufgewickelt worden! Es schien Alles verloren. Die Jolle rannte mit voller Kraft gegen den Passepartout; eine Sturzsee füllte beide Boote zu einem Dritttheil mit Wasser, der Führer sprang über Bord um sich durch Schwimmen zu retten — da gelang es, das gefahrbringende Tau zu zerschneiden, die Maschine kam wieder in Gang, obwol das übergenommene Wasser bereits den Feuerraum erreichte, und mit dem letzten Rest der Dampfkraft brachte der Passepartout sich in Sicherheit. Der Kutter winkte mit der Flagge einen Abschiedsgruß und kehrte dann zum Loiret zurück, welcher noch an demselben Tage seine Reise fortsetzte.

Auf der Weiterfahrt gelangte der Dampfer an eine scharfe Biegung des Flusses, hinter welcher Nichts mehr von der See zu sehen war. Das Tosen der Brandung ward immer schwächer, und bald umgab eine geheimnißvolle Stille die Reisenden. Die Majestät des Urwaldes, obschon er hier nur aus Manglebäumen bestand, verfehlte ihren Eindruck nicht auf die schweigsam Dahinfahrenden; denn wunderbar war der Wechsel zwischen den wilden Naturscenen, welche sie hinter sich gelassen, und dem lieblichen Bilde hier innen. Bei jeder Wendung des Flusses bot sich dem Auge etwas Neues: hier entdeckte man eine herrliche Grotte in dunklem Laubwerk, dort einen sonderbar mit Lianen behangenen Baumriesen; jetzt flüchtete eine Affenheerde in tollen Sprüngen über das Gezweige, dann wieder erregten Adler und weißköpfige Geier oder das mit Scharen von Vögeln bedeckte Ufer die Aufmerksamkeit, Pelekane und Reiher, Ibisse, Schlangenhalsvögel und andere sonderbare Formen, alle so dreist, daß man sie hätte greifen können. Sie blieben vorläufig noch verschont, weil man auf der Hinreise weder sich aufhalten, noch Aufsehen erregen wollte.

Der Fluß, welcher anfangs die Breite der Elbe bei Dresden hatte, verschmälerte sich später etwas; seine Ufer waren schlammig und deshalb nicht zu betreten, von Menschen zeigte sich keine Spur. Trotz der starken Strömung arbeitete der Dampfer sich rasch hinauf. Ein großes Sonnensegel schützte die Insassen vor allzugroßer Hitze. Der Baron maß mit Uhr und Kompaß die Windungen des Flusses; Link und Brenner, soweit Letzterer nicht durch die Maschine in Anspruch genommen war, schwelgten im Genusse der Natur.

Nach fünfstündiger Fahrt wurde auf dem linken Ufer eine Lichtung sichtbar, und auf ihr ein Dorf mit einem steinernen Fort; es war die „Stadt“ Kau, der äußerste Punkt, bis zu welchem arabischer Einfluß reicht. Man sah nur einige Leute am Strand, aber als Brenner die Dampfpfeife ertönen ließ, kam Alt und Jung und was überhaupt nur laufen konnte herbei, um die Ursache der Störung zu erforschen. Alle brachen in Rufe der Verwunderung aus über das merkwürdige Fahrzeug, welches von selbst stromaufwärts ging. Jauchzend vor Freude sprangen und tanzten die Neger umher, ruhig und würdevoll betrachteten die Araber die seltsame Erscheinung, ihr gewiß nicht geringes Erstaunen männlich bezwingend. Mit halber Kraft näherte sich der Passepartout dem Ufer und verankerte sich in einiger Entfernung davon. Die Jolle wurde abgeschickt, um die Briefe des Sultahns von Sansibar zu überbringen. Darauf erschienen in langem Zuge die Angesehenen des Dorfes, die Fremden zu begrüßen und sie zu längerem Verweilen zu nöthigen. Decken stieg an das

Land, und seine Begleiter folgten ihm, nachdem der Dampfer in die Mitte des Stromes zurückgebracht war.

Ein Araber richtete sein Lehmhaus zum Empfange des Besuches ein, und nicht lange dauerte es, so hatte er ein treffliches Mahl in mächtigen Schüsseln aufgetragen, Reis und Hühner, dazu die Früchte des Landes, Ananas, Bananen und Mango. Während die Reisenden sich an den ausgebreiteten Herrlichkeiten labten, saßen ihnen gegenüber auf schönen Matten die Araber und einige gerade anwesende Gallakrieger, im Hintergrund aber stand die schwarze Bevölkerung des Dorfes, unverwandt die sonderbaren Gäste anstarrend. Erst die hereinbrechende Dunkelheit zerstreute die Schar der Zuschauer.

Durch Erkundigung bei den hier Angesessenen erfuhr der Baron, daß der Fluß noch drei Tagereisen aufwärts, bis zu einem großen Dorfe, befahren werden könne; dort aber werde der Weg durch schwimmende Inseln, welche die ganze Breite des Flusses einnähmen, versperrt, und das Boot würde durch die schnelle Strömung zurückgeworfen werden. Zeitig am folgenden Tage wurde die Forschung fortgesetzt. Der Morgen auf dem stillen Flusse war unbeschreiblich schön und versetzte Alle in gehobene Stimmung. Als die Sonne emporstieg, fing das Thierleben an, rege zu werden; Hundsaffen schrieen und bellten auf den Bäumen, muntere Vögel zwitscherten dazwischen, hier und da flog ein Reiher oder ein Ibis auf, und scheußliche Krokodile stürzten sich beim Nahen des Bootes in das tiefe Wasser. Von Flußpferden sah man nur die Spuren, breite Furchen im Uferschlamme, wo die Kolosse ans Land zu steigen pflegten. Der friedliche Eindruck ward später durch ein trauriges Bild gestört: es kam auf dem linken Ufer eine rauchende Brandstätte zum Vorschein; elende Weiber und Kinder saßen unter schnell errichtetem Obdach am Ufer, den Wandel ihres Glücks bejammernd — ein Streifzug räuberischer Galla hatte das Dorf zerstört und die Männer als Sklaven fortgeführt!

Weiter oben hatte der Osi noch immer eine Breite von 150 Schritt und eine beträchtliche Tiefe; sein schnell dahin strömendes Wasser war von lehmgelber Farbe, doch trefflich zu trinken. Wie die Eingeborenen vorhergesagt hatten, wurden indessen die schwimmenden Inseln häufiger und, bei der größeren Enge des Fahrwassers, gefährlicher; oft gelang es nur mit Mühe, ihnen auszuweichen. Der Augenschein lehrte, daß sie aus losgerissenen Stücken des Ufers bestehen, aus Baumwurzeln und Schilf, zwischen denen die Erde größtentheils herausgespült ist. Auf diesen natürlichen Flößen schwimmen nicht selten Affen mit herab, welche bei der Trennung vom Lande und weiterhin auf der raschen Stromfahrt nicht Zeit gehabt haben, sich ans feste Land zu retten; Vögel fehlen fast auf keiner, auch Krokodile treiben mit ihnen der See zu.

In Beobachten und Messen vertieft, bemerkte man auf einmal, daß der Passepartout trotz hoher Dampfspannung im Kessel mit ziemlicher Schnelligkeit rückwärts ging. Alle Anstrengung war vergebens, man gelangte nicht weiter. Der Baron beschloß, für diesen Tag nach dem Dorfe zurückzukehren und eine gründliche Reinigung des Dampfers vornehmen zu lassen, in der Hoffnung, daß die Strömung, welche übrigens vielleicht nur durch Stauen einiger Inseln so ungewöhnlich verstärkt war, dann besser überwunden werden könne. Mit vereinter Kraft des Wassers und des Dampfes gelangte man schnell an den Ausgangspunkt der Fahrt zurück.

Mehrfache Ausflüge am folgenden Tage gaben Gelegenheit, die Ortschaft und ihre Umgebung näher kennen zu lernen. Kau liegt, von Wald umgeben, an der Einmündung des Magagoniflusses in den Osi, wo letzterer auf seinem bisher mehr östlichen Laufe eine südliche Richtung annimmt. Im Norden wird Kau von dem in den Magagoni mündenden Schungiflüßchen bespült; die Ost- und Südgrenze des Weichbildes sichert ein Pfahlzaun gegen Ueberfälle von Zwei- und Vierfüßlern.

Wie aus einem uns gütig überlassenen Briefe des Hamburger Kaufmanns Schmeißer hervorgeht, welcher die von ihm „Usi" genannte Ortschaft im Jahr 1846 oder 47 von Patta aus zu Lande besuchte, muß Kau früher bedeutender gewesen sein. Herr Schmeißer wanderte mit dem damals noch unabhängigen Könige von Patta, zu dessen Gebiete die Stadt gehörte, in vier Tagen durch sumpfiges, aber gut bebautes Land hierher. Hunderte von Soldaten des Königs boten ihnen Willkommen. Die Volksmenge der aus zahlreichen Erdhütten in einer sumpfigen Niederung am Osiflusse bestehenden Stadt fand Herr Schmeißer nicht unbeträchtlich, namentlich wenn er die der naheliegenden Dörfer mit einrechnete.

Jetzt (seit dem Jahre 1856?) steht Kau unter der Hoheit des Sultahns von Sansibar, dessen neuerbautes Fort, wie schon erwähnt, vom Flusse aus sichtbar ist. Von Dörfern außerhalb der Umzäunung wissen unsere Reisenden Nichts zu berichten, auch läßt Brenners Skizze des Ortes nicht auf eine ansehnliche Größe schließen.

Die Einwohnerschaft besteht, abgesehen von den arabischen Soldaten und Kaufleuten, aus Wapokomo, einem kleinen, halbunterdrückten Stamme, welcher an dem benachbarten Danaflusse seine Heimat hat und in nahem Verwandtschaftsverhältnisse zu den Suaheli stehen soll. Die Wapokomo sind wohlgebaute, etwas beleibte, gutmütige Leute. Obwol angemessen bekleidet, scheinen sie doch in paradiesischer Unschuld zu leben, da Männer und Weiber im Flusse harmlos zusammen baden, ohne selbst vor Fremden einige Scheu zu zeigen. Ihre Waffen sind Bogen und Pfeil, ihre Lieblingsbeschäftigung, aus irdenen Pfeifen Tabak zu rauchen. In manchen Handwerken sind sie nicht unerfahren, wenigstens verrichtete der Schmiedemeister des Dorfes eine ihm übertragene Arbeit ganz zur Zufriedenheit; er arbeitete mit sechs Gesellen unter einem offenen Schuppen, nach Suaheliart im Sitzen und mit denselben Geräthen wie die Sansibarschmiede. Aus seiner Werkstätte gingen sehr hübsch gearbeitete Jagdspieße hervor.

Die Landschaft rings um Kau gehört den Galla, jenem gefürchteten Hirtenvolke, dessen Gebiet bis an die Berge von Abyssinien reicht. Fast zu allen Zeiten weilen einige Galla zu Besuche in Kau. Auch jetzt war ein alter Häuptling mit zweien seiner Krieger da, lange, sehnige Gestalten, trotz gleicher Farbe in Allem grundverschieden von den Wapokomo. Ihr Gesicht war wild und geweckt zugleich, die Nase spitzig, das Auge unruhig. Den Kopf hatten sie geschoren bis auf zwei runde Haarbüschel zu beiden Seiten des Scheitels; als Waffen trugen sie Spieße mit breiter eiserner Spitze sowie große Bogen und vergiftete (?) Pfeile in einem Köcher. Im Umgange beobachteten sie eine ernste Freundlichkeit, und als der Baron dem Häuptling ein Schurztuch im Werthe eines halben Thalers schenkte, erhielt er als Gegengabe zwei Elfenbeinzähne von über dreißig Pfund Gewicht! Mit der Wahrheit ihrer Aussagen nahmen die Galla es genau, genauer wenigstens als Araber und Suaheli.

Vom Bodenbau gewahrten unsere Reisenden nicht viel; kleine Gärten hinter jedem Hause und eine Pflanzung im Norden des Ortes war Alles, was sie sahen. Es scheint, daß die Einwohner den Reis, ihr Hauptnahrungsmittel, von den Arabern beziehen, doch ist es auch möglich, daß noch Felder in größerer Entfernung von Kau liegen. Vortrefflich ist der Viehstand; die nicht sehr großen, aber fetten Zebu-Ochsen, welche längs der ganzen Küste als Hausthiere bekannt sind, werden in großen Heerden auf dem rechten Ufer des Osi geweidet. Jeden Morgen, vor Tagesgrauen, schafft man das Vieh hinüber. Zwei Männer steigen hierzu in einen Baumkahn und ziehen drei Ochsen an den Nasenringen hinter sich her, ohne sich zu kümmern, ob der Kopf der Thiere oder die Beine oben sind, nur eifrig bestrebt, mit möglichster Geschwindigkeit vorwärts zu kommen, denn man fürchtet Verlust durch die Krokodile. Um diese abzuhalten, wird ein gräßliches Geschrei verübt und mit Stangen heftig in den Fluß geschlagen. Trotz aller dieser Vorsichtsmaßregeln ist jedoch schon manches Rind den Räubern des Wassers zur Beute geworden. Gejagt werden die Krokodile nicht, doch sammeln die Eingeborenen deren Eier und bieten sie in Menge zum Verkaufe aus.

Ein Jagdausflug führte den Baron und Brenner auch auf das rechte Ufer des Flusses. Nachdem sie den Saum des Uferwaldes durchschritten, betraten sie eine weite, wogende Grasebene, welche fern am Gesichtskreise wieder von einem Walde begrenzt ward. Von Wild sahen sie einen starken Trupp Antilopen von Größe der Maulthiere, plump gebaut, mit kurzem, dicken Halse und unansehnlichem Geweih; es wurde keines der Thiere erlegt, da man aus allzugroßer Entfernung feuern mußte. Ermüdet von der Wanderung durch das hohe Gras, und der argen Sonnenhitze überdrüssig, kehrte man nach Kau zurück, wo Link inzwischen sich mit Sammeln von Pflanzen und Thieren beschäftigt hatte.

Nach diesem Rasttage fuhr Decken in Begleitung einiger Araber in der Morgenfrühe wieder stromaufwärts. Sein Hauptzweck war, einen Gallahäuptling, welchen er von früher her kannte, in einem weiter oben gelegenen Dorfe zu besuchen. Er ließ sich jedoch, da seine Begleiter ihm Flußpferde zu zeigen versprachen, zu einem kleinen Abstecher nach einem Hinterwasser des Osi verleiten. Flußpferde sah man zwar nicht, aber eine wunderbar schöne Grotte, einen friedlichen, von der geräuschvollen Außenwelt völlig abgeschlossenen Weiher, zu welchem ein enges Thor nur Einlaß gewährte. Wasserlilien überdeckten die stille Fläche, riesige Baumäste überwölbten sie und dämpften das Tageslicht zur Dämmerung herab, sodaß die Besucher beim Herausfahren auf den freien Strom sich geblendet fühlten.

Mittag ein Uhr wurde der äußerste Punkt der gestrigen Fahrt erreicht. Brenner ließ tüchtig Holz unter den Kessel legen und erzielte eine Dampfspannung von fünf Atmosphären. Es gelang diesmal, die Stromschnelle zu überwinden. Eine Stunde später erreichte man ein zweites von den Galla verheertes Dorf. Die Ufer hatten allmählich ein wesentlich anderes Aussehen gewonnen. Ausgedehnte Schilfwälder reichten bis weit in das Wasser und verengten die fahrbare Straße. Die schwimmenden Inseln wurden immer zahlreicher und größer, da sie hier von der Gewalt des Stromes noch nicht zerrissen waren wie weiter unten; an manchen Stellen war es sehr schwierig, ihrem Anpralle zu entgehen. Das Ziel der heutigen Reise, eine lichte Stelle, von wo ein Weg nach dem Galladorfe führt, wurde jedoch glücklich erreicht. Der Dampfer ankerte in einer kleinen Schilfbucht, und Decken stieg mit den Arabern aus; die anderen erhielten die Weisung, hier zu warten und Dampf zu unterhalten, doch so, daß möglichst wenig Rauch von der Esse empor stiege; falls sie von den Galla belästigt würden, sollten sie nach dem Ausgangspunkte zurückkehren.

Schon beim Vorüberfahren hatte Brenner auf unabsehbarem, flachen Wiesenlande in nicht allzugroßer Entfernung einige bedeutende, von bewaffneten Gallakriegern gehütete Ochsenheerden bemerkt. Er konnte es sich nicht versagen, nochmals einen Blick auf jene Männer zu werfen, um zu erfahren, ob ihnen der fremdartige Besuch ihres Gebietes entgangen wäre. Durch nasse Lappen an den Händen geschützt, arbeitete er sich an der Dampfesse empor, bis er den Schilfkranz überschaute. Einer der Galla, nachdenklich auf seinen Spieß gelehnt, hielt das Haupt nach dem Dampfer hin gewendet, der allerdings versteckt lag, sich aber doch durch ein wenig Rauch verrieth. Schnell bückte der Neugierige sich nieder, nach einiger Zeit aber lugte er nochmals hinaus: der verdächtige Krieger war nicht mehr zu fürchten, er schlug eben mit seinem Spieße auf die Ochsen los und zog arglos weiter.

Nach vier langen Stunden traf der Baron wieder ein. Er hatte seinen Hauptzweck, den Gallahäuptling zur Unterstützung seines Reiseunternehmens zu vermögen, nicht erreicht, war aber freundlich aufgenommen und mit erneuerten Freundschaftsversicherungen entlassen worden. Nebenbei hatte er westwärts einen Fluß entdeckt, den er für noch bedeutender hielt als den Osi, und eine durch sumpfiges Land führende Wasserverbindung zwischen beiden, den Belondsonikanal, von welchem weiter unten die Rede sein wird. Er brachte einen hübschen, etwa fünfjährigen Gallaknaben mit, welchen er von dem Häuptling geschenkt bekommen hatte und zum Ziegenhirten der Expedition bestimmte. Der kleine Bengel that anfangs höchst ungeberdig und weigerte sich, zu essen sowol wie irgend Etwas zu thun; später gewann er eine große Anhänglichkeit an seinen neuen Herrn. Er wurde Mabruki getauft.

Der Passepartout war fahrbereit; ein geller Pfiff ertönte, da keine Vorsicht mehr nöthig schien, und schnell ging es rückwärts, der arabischen Niederlassung zu. Am Abende kam man dort an; am anderen Morgen wurde die Rückfahrt fortgesetzt. Die Reisenden ließen nun ihrer Jagdlust freien Lauf, und alle die prächtigen Vögel, welche man vorher geschont hatte, um den Frieden des Urwaldes nicht zu entweihen, wurden jetzt als gute Beute betrachtet. Die Ernte war so reich, daß ein Theil der Nacht zum Präpariren der erlegten Thiere verwendet werden mußte.

Ehe der Baron den Osi verließ, untersuchte er noch einen Nebenfluß, welcher nicht allzu fern von der Küste sich in ihn ergießt. Er befuhr ihn mit der Jolle auf eine Strecke von vier Seemeilen. Der Fluß kommt aus Westen und soll zwei Tagereisen weit im Delta der beiden größeren Flüsse entspringen; in der Nähe des Meeres angelangt, an der Stelle, wo Decken umkehrte, biegt er scharf nach Nordosten um und vorläuft von da in gleicher Richtung mit dem Strande. Seine Tiefe beträgt vier bis fünf Fuß.

Von nicht geringer Wichtigkeit war es, nun noch die Mündung des oben erwähnten größeren Flusses zu finden, weil eigentlich erst hierdurch das Geheimniß vollständig enthüllt wurde, welches so lange Zeit über den Namen „Osi“ und „Dana“ lag. Auf den neuesten Karten waren beide als ein Fluß angegeben; einige Erdkundige vermuteten aber, daß der Dana ein Arm des Osi sei, andere wieder hielten beide für selbständige Flüsse. Die Ansicht der Letzteren wurde zur Gewißheit, als der Baron, längs der Küste hinfahrend, in 2° 45′ südlicher Breite die Mündung der Dana entdeckte. Er fuhr bis zu einer kleinen Insel nicht weit von der Barre und kampirte ihr gegenüber am linken Ufer des Flusses. Allerdings erlaubte die knapp zugemessene Zeit nicht, den Fluß bis zu der vom Osi aus erreichten Stelle zu untersuchen, doch waren Wassermenge und Stärke der Strömung dort und hier dieselben, sodaß kein Zweifel an obiger Behauptung aufkommen konnte. Brenners spätere Reisen, im Jahre 1867, bestätigten Dies in vollstem Maße und legten zugleich den unteren Lauf der Dana fest, den er zum ersten Male auf eine größere Strecke, bis zum Flecken Tscharra, besuchte.

Fassen wir zusammen, was bisher über die Flüsse Osi und Dana bekannt geworden ist, namentlich auch durch Richard Brenners Forschungen, so ergibt sich Folgendes:

Der Osifluß ist nur etwa 24 Seemeilen weit schiffbar; in seinem oberen Laufe wird er zu schmal und hat sehr enge Windungen, in denen die Strömung außerordentlich reißend ist. Er entspringt in 1° 35′ oder 40′ südlicher Breite aus zwei kleinen Seen, welche Brenner auf seinen Wanderungen im südlichen Gallalande besuchte. Bis zu dem durch Baron von der Decken bekannt gewordenen Belondsoni-Kanale, welcher Osi und Dana verbindet, läuft er im Allgemeinen südwärts, dann wendet er sich nach Westen, um bei Kau, wo der Magagoni sich in ihn ergießt, wieder die alte Richtung anzunehmen. Die Barre, hinter welcher der Osi über eine Seemeile breit und drei bis vier Faden tief ist, scheint starken Veränderungen unterworfen zu sein; wenigstens fand Brenner bei dreimaligem Vorbeifahren sie jedesmal anders. Am unangenehmsten ist sie zur trockenen Jahreszeit, während nach starken Regengüssen die angeschwollenen Wasser den Sand durchbrechen oder wenigstens weiter in die See hinausschwemmen.

Der Dana oder Djala, von dem Wapokomo Pokomani (?), von den Galla Maro, Manje oder Bisän Manje genannt, hat einen weit längeren Lauf. Seine Quellflüsse entspringen mindestens drei Grad binnenwärts am Schneeberge Kenia, wenn nicht noch einige Grad weiter nordöstlich davon, an einem Gebirgszuge, welcher sich dort in gleicher Richtung mit der Küste hinziehen soll. Im oberen Theile seines Laufes, unweit des Kenia, fand Krapf ihn felsenreich und 6 bis 7 Fuß tief, weiter unterhalb maß Brenner bei Malakote, dem fernsten Punkte seines bei Engatana beginnenden Ausfluges, eine Tiefe von 3 bis 4 Fuß bei 40 Fuß Breite; ersteres war Ende August 1851, einige Monate nach Eintritt des Hochwassers, letzteres Ende Mai, kurz vor der Flut. Von Engatana bis drei Tagereisen von der Küste kennen wir Nichts vom Dana als daß er, nach Brenners Versicherung, in den Monaten Mai bis August, das ist bei hohem und mittleren Wasserstande, ohne Hinderniß befahren werden kann, und zwar bis Malakote, der letzten Wapokomo-Niederlassung, hundert Seemeilen von der Küste. Der Mündung näher findet sich 18 bis 24 Fuß Wassertiefe, doch verhindert leider eine Barre das Einlaufen von Schiffen mit mehr als fünf (?) Fuß Tiefgang. Wegen seiner starken Strömung und der hohen Uferwälder, welche den Wind abhalten, eignet sich der Dana hauptsächlich nur zur Schiffahrt mit Dampfern; Ruderboote können stromaufwärts kaum eine Seemeile stündlich zurücklegen. Zur Regenzeit tritt der Fluß in seinem unteren Laufe weit über die Ufer und verleiht dem Lande durch seinen Schlamm eine wunderbare Fruchtbarkeit. Gleich dem Osi schwemmt er Unmassen von Pflanzenstoffen, nach Brenner Staudengewächse (?), aus dem See Schachbabu.

Was Kau für den Osi, ist das Dorf Tscharra (Name verwandt mit Djala?) für den Dana: der letzte Vorposten der Halbkultur des Küstenlandes, welche jedoch nicht von der Danamündung eindringt, sondern über Kau. Der Ort zählt zweiundzwanzig viereckige Lehmhäuser und hat auf beiden Ufern des Flusses Pflanzungen von Kokospalmen, Reis und Mtama; die Felder sind durch Dämme vor Ueberflutung geschützt, die Palmen durch Aufwerfen eines Erdhügels an jedem Stamme. Der hier mündende, pflanzendurchwachsene Belondsonikanal führt zur Ueberschwemmungszeit viel Wasser nach dem Osi ab; für gewöhnlich ist er nur wenige Fuß tief.

Oberhalb Tscharra beginnt eine lange Reihe von Dörfern der Wapokomo. Das Gebiet dieser friedlichen und fleißigen Ackerbauer, ganz auf dem linken Ufer des Flusses gelegen, mag etwa fünfundzwanzig Meilen breit und dreimal so lang sein; ihre Zahl wird auf 8000 geschätzt. Bei den Galla, von denen sie abhängig sind, ohne jedoch von ihnen gedrückt zu werden, heißen sie Munjo. Krapf erzählt, daß die Wanika früher im Pokomolande wohnten, aber durch die Galla vertrieben wurden; hierfür spricht auch, daß die Wanika bei den Bewohnern des Kadiaroberges Ambakomo genannt werden. Ferner vermutet Krapf, daß die Suahelisprache von dem Kipokomo abstamme. Von den anwohnenden Galla und Waboni werden wir später ausführlich zu sprechen haben.

Die Formosabai, in welche diese schönen Flüsse münden (Bahia Formosa oder schöne Bai der Portugiesen, Ungamabai der Suaheli), bietet auch für größere Seeschiffe bis auf vier Meilen vom Lande guten Ankergrund ohne verborgene Gefahren. Brenner sagt hierüber: selbst die unmittelbare Nähe der vier Korallenriffe, welche in gleicher Breite mit dem Meeresarme Pamemba drei Meilen vom Lande entfernt liegen, ist bei ruhigem Wetter durchaus ungefährlich, denn ich fand, als ich im Jahre 1867 zu zwei verschiedenen Malen dort ankerte, dicht dabei eine gleichmäßige Tiefe von 8 und 9 Faden. Die weite, nach Osten offene Bai kann den Fahrzeugen allerdings nur geringen Schutz gegen die herrschenden Winde gewähren; wenn man aber während der Zeit des Nordostmonsuns sich nach der nördlichen Ecke hinter Ras Schakka, und beim Südwestmonsun nach der Bucht bei Gomani begibt, findet man einen ruhigen und gesicherten Ankerplatz. Menschliche Wohnungen findet man nicht an diesem Gestade, denn die wenigen früher hier gelegenen Ortschaften wurden im Jahre 1867 von den Galla zerstört; dicht hinter dem sandigen Strande aber beginnt eine der gesegnetsten und fruchtbarsten Landschaften Ostafrikas.

Nach einer unruhigen Nacht, in welcher sie viel von zahllosen Mücken zu leiden gehabt, verließen die Reisenden den Danafluß. Der Loiret kam an demselben Tage von Lamu zurück, legte sich aber an einem andern Orte vor Anker, sodaß der Passepartout eine gefährliche Fahrt von einigen zwanzig Meilen auf offener See zu machen hatte, ehe er ihn ansichtig wurde; als er endlich am Ziele ankam, war auch die letzte Schaufel Kohlen verbraucht. Er wurde wieder an Bord emporgezogen. Tags darauf ging die Fahrt nach Sansibar weiter; nach vier Tagen langte man dort an. Wie vorauszusehen war, kam nach einiger Zeit bei allen Theilnehmern das unvermeidlich Küstenfieber zum Ausbruche; sie erholten sich jedoch bald wieder und waren schließlich froh, daß sie dem Festlande nur so billigen Zoll zu entrichten gehabt.

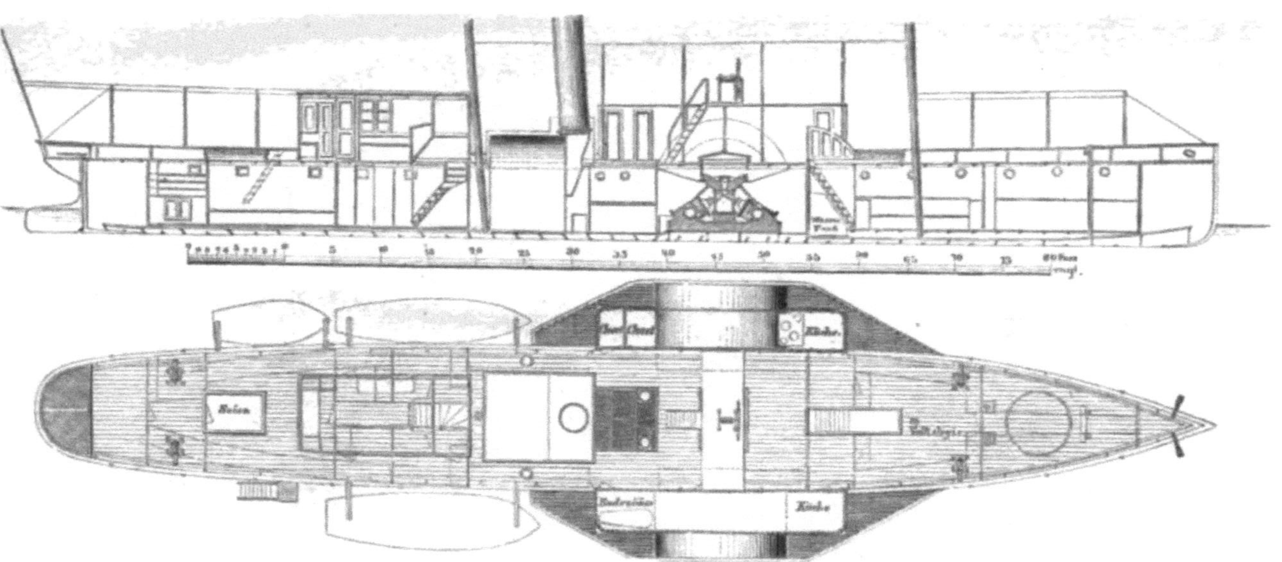

Grundriß und Durchschnitt des v. d. Decken'schen Flußdampfers „Welf".

Vierzigster Abschnitt.

Fahrt nach Norden.

Alles zur Reise klar. — Wie sich der Welf in See bewährt. — Die Witu-Inseln. — Besuch in der Stadt Lamu. — Fahrt nach der Insel Tula. — Der Sultahn Auwesi ben Hammadi. — Die Küste der fünfhundert Inseln. — Der Wubuschi oder Durnfordfluß. — Untersuchung des Tulaflußes; Jagd an der Grenze der Fahrt. — Der Schambafluß eine Salzwasserader. — Ein Ausflug zu „Vergnügen und Erholung.“ — Möglichkeit einer Ausbeutung der hohen Jagd an dieser Küste.

Trotz der ausgezeichneten Hilfe, welche man von so vielen Seiten erhielt, zog sich der innere Ausbau des Dampfers sehr in die Länge. Um die Arbeiten thunlichst zu beschleunigen, legten endlich auch die Gelehrten der Expedition mit Hand ans Werk: der Arzt zog Fenster ein, der Maler schwang handwerksmäßig den Pinsel, um dem Holzwerke den nöthigen Glanz zu verleihen; Allen aber ging der Baron mit gutem Beispiele voran, indem sich er ohne weitere Hilfe das für seinen Gebrauch bestimmte Deckhaus einrichtete. So ward denn endlich bis Anfang Juni Alles fertig. Welches Aussehen der Welf nun hatte, zeigt das Anfangsbild des achtunddreißigsten Abschnittes, seine innere Einrichtung erhellt aus beifolgender Tafel.

Die erste Probefahrt fiel nicht zur Zufriedenheit aus, denn es zeigte sich, daß die Maschine nicht ganz in Ordnung war. Bei einer zweiten Fahrt ging es besser, sodaß man Mut faßte, die Abreise für einen der nächsten Tage anzuberaumen. Es hatte Dieses um so weniger Bedenken, als Kapitän Parr von der Lyra so freundlich war, einen Ingenieur und zwei Feuerleute von seiner Mannschaft für diese Fahrt zur Verfügung zu stellen, und sogar versprach, mit seinem Schiffe das Geleit zu geben.

Einigen Grund zu Besorgnissen für die spätere Reise bot die Zusammensetzung der Schiffsmannschaft: sie bestand zumeist aus zusammengelaufenem Volke, von welchem man hoffte, daß es sich während der Reise allmählich einrichten werde. Hätte der Reisende nicht in etwas gespanntem Verhältnisse zu Seid Madjid gestanden, so hätte er seinen Bedarf an Leuten unter dessen Matrosen und Soldaten decken können; so aber mußte er vorlieb nehmen mit Dem, was sich gerade darbot. Was man von solchem Volke in schwierigen Lagen zu erwarten hatte, ersah man daraus, daß schon vor der Abreise zwei dieser Landstreicher sich durch die Flucht den eingegangenen Verbindlichkeiten zu entziehen versuchten. Die Schiffstracht dieser Leute bestand aus blauem Wollhemd, leinenen Beinkleidern und einem Strohhut mit schwarzem Seidenband, auf welches „Welf“ in Gold gedruckt war.

Von den Europäern hatten zwei die Expedition verlassen müssen, noch ehe der Welf vollendet war: Graf Götzen und der Herausgeber des Reiseberichtes, beide auf Anrathen des Arztes, der ihnen schlimme Folgen für ihre Gesundheit in Aussicht stellte, wenn sie nicht bald in die nordische Heimat zurückkehrten. Dagegen war in ihrer näheren Umgebung ein

Zuwachs entstanden durch einen nicht ungebildeten Indier Namens Assalon, den Diener des Barons, und durch den vom Osiflusse mitgebrachten Gallaknaben Mabruki.

Da es Deckens fester Entschluß war, heimwärts nicht über Sansibar zurückzukehren, vielmehr, wenn irgend möglich, nach glücklicher Erforschung des Djuba-Flusses sich über Abyssinien oder Egypten nordwärts zu wenden, gab er das vom Sultahn gemiethete Haus auf und verkaufte Alles, was er nicht mitnehmen mochte. Während er nun seine Geschäfte abwickelte, prüften Doctor Link und der Feuerwerker Deppe noch einmal die Instrumente; die Anderen gaben den zahlreichen Gegenständen an Bord des Schiffes eine seefeste Anordnung.

Am 15. Juni Morgens zehn Uhr ertönte der Ruf: „Fertig, aufgehißt!" Lustig wehte des Reisenden heimatliche Flagge am Vortop, mit der bedeutungsvollen Inschrift: te duce tempestates contemno — wenn du mich führst, veracht' ich Sturm und Wetter. Der Welf setzte seine Schaufelräder langsam, dann immer schneller in Bewegung, und hurtig tanzte er über die Wellen, ihm nach als Begleiter und Schützer die Lyra. Im jugendlichen Uebermute, wie ein unerfahrenes Füllen, welches schon bei Beginn eines Rennens all' seine Kräfte einsetzt, eilte er dem vielerfahrenen englischen Schiffe weit voraus, bis er, an der Nordspitze der Insel Sansibar, angekommen, sich außer Sicht desselben befand. Bei Eintritt der Dunkelheit aber wurde er vorsichtiger; er erwartete die Lyra und gab ihr ein Signal, daß sie von nun an vorausfahren und den Kurs angeben solle.

Den Mitgliedern der Expedition wurde es noch in dieser Nacht klar, was es heißt, sich einem Schiff von Pappe — so nannten ergraute Matrosen kopfschüttelnd den dünnwandigen Eisenbau des Welf — zur Befahrung des offenen Meeres anzuvertrauen. Nach Sonnenuntergang wehte die vorher angenehme Brise frischer und frischer; das leichte Fahrzeug, welches wie Kork auf den Wogen schwamm, rollte von einer Seite zur andern, als ob es vom nächsten Windstoß auf die Seite gelegt werden müsse, und oftmals versagte bei dem hohen Seegang das Steuer seinen Dienst. Um die Verlegenheit der jungen Mannschaft zu mehren, kam die Lyra außer Sicht; zum Glücke gelang es jedoch, geleitet von Signal-Raketen und Leuchtkugeln, sie nach einiger Zeit, wieder aufzufinden.

Die Nacht ging, wider Erwarten ohne Unfall vorüber. Mit Tagesgrauen konnte man ungestört den vorgeschriebenen Kurs befolgen, und gegen Mittag bereits kam Mombas in Sicht. Am Abend aber wurden die Aussichten wieder schlimmer. Die Lyra sah sich zum Beilegen veranlaßt und forderte den Welf auf, dasselbe zu thun. Dem leichten Dampfer Deckens war Dies jedoch unmöglich, es stand zu befürchten, daß beim Einstellen der Fahrt Alles furchtbar durcheinander geschüttelt, zerbrochen oder über Bord geschleudert werde; deshalb umkreiste man die Nacht hindurch in großen Bogen das Kriegsschiff, ängstlich bemüht, es nicht aus den Augen zu verlieren. Das waren bange Stunden, und ein Jeder war froh, als der Morgen erschien. Der gebrechliche Dampfer hatte sich indessen wacker gehalten; kein Leck war gesprungen trotz aller Stöße und Biegungen, welche ihn laut stöhnen gemacht hatten, und die Maschine, welche bei einem so leichtgebauten Schiffe nicht übermäßig fest steht, arbeitete noch gut.

Am 17. Juni früh vor sechs Uhr wurden wieder Signale mit der Lyra gewechselt; es stellte sich heraus, daß man sich 2° 23' südlich vom Gleicher befand, also nahezu in der Breite von Lamu. Um acht Uhr kam das Land in Sicht, und gegen Mittag gingen beide Schiffe nahe beieinander im Hafen von Manda, wo schon ein französisches Schiff lag, vor Anker.

Lamu, Manda, Pata, Kweio und einige kleinere Küsteninseln bilden nördlich von der Formosabai eine ziemlich bestimmt abgesonderte Gruppe, welche aber bisher noch keinen gemeinsamen Namen erhalten hat. Ende des ersten, nach Anderen des zweiten Jahrhunderts unseres Zeitrechnung, als der Periplus des erythräischen Meeres — Schiffahrt auf dem rothen oder indischen Meere — geschrieben wurde, scheint sie als „die Inseln Pyralaon“ bezeichnet worden zu sein; doch ist diese Annahme nicht so sicher, daß man den alten Namen ohne Weiteres auffrischen dürfte. Es ließe sich eine Benennung vielleicht von Patta ableiten, der größten dieser Inseln, welche lange Zeit hindurch in der Geschichte eine fast ebenso bedeutende Rolle wie Mombas spielte; allein Lamu, Manda und die anderen schließen sich mehr an die Festlandsküste als an Pata an, daher es denn auch gerathen ist, den Gesammtnamen der Inseln hieraus zu begründen: ihr Hinterland Witu, das erst neuerdings durch Richard Brenners Reisen bekannt gewordene Reich des Königs Simba (s. unten), ist in der That wichtig genug, um den Namen Witu-Inseln gerechtfertigt erscheinen zu lassen.

So vielfach auch die Witu-Inseln schon im Alterthum besucht wurden, so finden wir doch keine derselben eher erwähnt als Anfang des fünfzehnten Jahrhunderts. Aus diesem ältesten Berichte aber erhellt, abgesehen von einigen Angaben über Landeserzeugnisse, weiter Nichts, als daß es damals eine Stadt Lamu gab, welche von Mahammedanern bewohnt und in der Kultur so weit fortgeschritten war, daß sie einen rechtsgelehrten Kadi besaß; und dieser Kadi war es eben, welcher auf einer Wallfahrt nach Mekka dem Makrisi, unserem Gewährsmanne, jene dürftige Nachricht überlieferte.

Pata, die Hauptinsel der Witugruppe, ist vierzehn Meilen lang und etwa halb so breit: die anderen Inseln haben nur ein Drittel dieser Größe. Ihr schließt sich im Norden die Insel Kweio an, von welcher wir jedoch nicht mehr wissen, als was aus der beigegebenen Karte zu ersehen ist. Ein etwa drei Meilen breiter Kanal trennt die Insel vom Festlande, überall genügende Tiefe bietend für Schiffe, welche nicht mehr als drei Faden Tiefgang haben. Die nördliche Einfahrt ist die breitere und tiefere; sie wurde nach Brenner im Jahre 1864 von Seid Madjids Fregatte Iskander Schah benutzt, als diese die Stadt Siwi blokirte. Die südliche Einfahrt, welche die Ausmündung eines Binnenwassers zu sein scheint, hat eine Art Barre mit nicht mehr als zwei Faden Wassertiefe. Vom See aus gesehen bietet Pata eine erfrischende Abwechselung von grünen Hügeln, bewaldetem Niederlande und sandigen Strande, der hier und da von Mangrovegebüsch umsäumt ist.

Die Bewohner der Insel — Wapata, auch Patschuni oder Wagunja (62) genannt — haben vielleicht noch bunter zusammengesetztes Blut als die Suaheli von Sansibar. Ihre Voreltern mögen aus einer Vermischung der von Persien und Arabien herabgekommenen Ansiedler mit den Eingeborenen des Landes hervorgegangen sein; in späteren Jahrhunderten hat sich hierzu wahrscheinlich auch etwas portugiesisches Blut gesellt. Sie sind gutgebaute, kräftige und unternehmende Menschen. Krapf nennt sie etwas rauh und barsch, doch berichten Andere Nichts hiervon. Wie tapfer, wie sehr für Unabhängigkeit begeistert und zu politischen Händeln geneigt sie sind, zeigt die Geschichte ihrer langen Kämpfe gegen die Portugiesen und Araber, von welcher in einem späteren Abschnitte die Rede sein wird. Sie sollen die Suahelisprache am reinsten sprechen; man behauptet selbst, daß die Suaheli hier ihre eigentliche Heimat haben. Die Wapata treiben einen nicht unbedeutenden Handel, obschon in neuerer Zeit der Hauptverkehr sich nach Lamu gezogen hat. Es giebt drei Städte auf der Insel: Pata, Siu und Fasa; jede besaß in früheren Zeiten einen eigenen Fürsten, erstere hatte oft die Oberherrschaft über die anderen. Die Stadt Pata hat dem Anscheine nach eine ungesunde Lage, da sie nahe dem schlammigen Strande erbaut ist und bei Hochwasser wol sogar theilweise überflutet wird. Sie ist in dem Zustande, welchen sie nach mehrfachen Zerstörungen erhalten, nur noch von unbedeutender Größe; die Häuser sind klein und weit von einander entfernt, die Straßen schmuzig. Gutes Trinkwasser fehlt nach Owens Bericht. Einen eigentlichen Hafen hat Pata nicht, doch können Schiffe eine Meile vom Lande in der von Kisingati-Eiland und den Albatroßinseln gebildeten Bucht ohne Gefahr vor Anker gehen Die Stadt Siu oder Siwi besitzt ein Fort und ist, wie die Karte ausweist, an einem von Norden her tief in das Land einschneidenden, schmalen und nicht sehr tiefen Meeresarme gelegen. Fasa liegt im Osten der Insel, gleichfalls an einer Meeresbucht; sie scheint größer zu sein als Pata und war zur Portugiesenzeit wol noch bedeutender, denn der Jesuit Geronimo Lobo, welcher im Jahre 1724 sich hier aufhielt. berichtet von einem Augustinerkloster, einer Faktorei und einer bequemen Landungsbrücke. Daß die Portugiesen damals ihre Wohnsitze nicht nur auf diese drei Städte beschränkt hatten, bezeugen eine Menge Ruinen im Innern der Insel.

Von der Insel Manda oder Mandra läßt sich wenig sagen, da sie seit dem Jahre 1806 nicht mehr bewohnt ist; die früher hier gelegene arabische Stadt wurde von Fum' Alote, dem damaligen Sultahn von Pata, zerstört, und ebenso wurden auch später Niederlassungsversuche der Araber verhindert. Nach den zahlreichen, namentlich im Nordwesten der Insel gelegenen arabischen Ruinen zu schließen, muß Manda vormals ebenso bevölkert gewesen sein wie die anderen Inseln. Jetzt findet sich nur eine Pflanzung an der Südspitze der Insel, dem Fort Schela auf Lamu gegenüber, welches die Einfahrt zu dem Kanale zwischen beiden Inseln beherrscht. Tigerkatzen, Civetten, Antilopen und Rebhühner (?) mit rothen Ständern beleben die mit Affenbrodbäumen, Dumpalmen und Kasuarinen bestandene Wildniß.

Als wichtigste Insel der Gruppe muß gegenwärtig Lamu gelten, theils ihres bedeutenden Handels wegen, theils weil die arabische Macht hier ihren Sitz hat. Ein schmaler und seichter Kanal trennt die Insel vom Festlande, ein breiterer und tieferer von dem Nachbareiland Manda. Sie ist trefflich bebaut und bringt außer Mtama-Hirse, Reis, Früchten und Gemüse viel Rindvieh, Ziegen, Schafe und Geflügel hervor. Die Preise der Lebensmittel sind indessen nicht gerade niedrig, denn ein Ochse, welcher im Gallalande zwei bis drei Thaler kostet, wird hier nicht unter sieben bis acht verkauft. Decken fand viel Fische und Krebse auf dem Markte; diese wurden von den Eingeborenen auch an Bord gebracht. Zu Zeiten kann man sich südarabische Datteln hier verschaffen. Eine wichtige Waare ist die Simsim-Oelsaat, welche auf dem gegenüberliegenden Festlande in Menge gebaut wird. Die Stadt Lamu liegt auf der Ostseite der Insel, am Fuße einer sandigen Hügelreihe. Sie hat nach Owen, der sie im Jahre 1823 besuchte, 5000 Einwohner; nach Brenner ist sie nicht viel kleiner als Sansibar. Von großen Schiffen kann sie nicht erreicht werden, wennschon von Süden her für Fahrzeuge bis zu drei Faden Tiefgang eine Straße längs der Insel Manda hinführt. Von dem Platze, wo der Welf und die Lyra ankerten, ist der Zugang weit schwieriger; der Passepartout mußte sich mühsam durch labyrinthische Kanäle winden und gerieth hierbei einige Male auf Grund, sodaß sämmtliche Insassen aussteigen mußten; erst nach zweistündiger Fahrt kam er am Ziele an.

Unter den Gebäuden der Stadt ist das im Jahre 1811 errichtete Fort bemerkenswerth, ein gemauertes Viereck von einhundertundfünfzig Schritt Seitenlänge mit einem Thurme an jeder Ecke und mit Wällen von vierzig bis fünfzig Fuß Höhe. So stattlich es jedoch von außen erscheint, es würde, da es von den Arabern auf ihre gewöhnliche Art aus kleinen Steinen und Kalk zusammengeklebt ist, dem Feuer europäischer Geschütze nur sehr kurze Zeit widerstehen können. Im Innern befinden sich, wie auch in Sansibar und Mombas, eine Menge Hütten für die Besatzung und deren Familien. In Lamu besteht ein Zollhaus des Sultahns von Sansibar. Für die Volksbildung sorgen vier Schulen, in denen die Kinder der Armen unentgeltlich Unterricht erhalten. Die Wohnhäuser sind eng zusammengebaut, wie man Dies in arabischen Städten allgemein findet. Als Eigenthümlichkeiten mag noch erwähnt werden, daß die Schiffe der hiesigen Rheder zumeist Mtepe oder sogenannte genähte Fahrzeuge sind, und daß als Anker vorzugsweise hölzerne, mit Steinen gefüllte

Kästchen dienen. Die genähten Boote sowol wie die Holzanker bewährten sich vortrefflich an dieser Küste; denn die Mtepe können das Auflaufen auf Felsen vertragen, ohne zu zerschellen wie europäische Boote, und die beim ersten Anblick so sonderbar aussehenden Anker gehen bei felsiger Beschaffenheit des Grundes weniger leicht verloren, als eiserne, können überdies ohne große Kosten schnell wieder ersetzt werden. Die Kapitäne Owen und Boteler vom englischen Vermessungsgeschwader lernten sie bald schätzen und versahen schließlich alle ihre Boote mit solcher Geräthschaft, nur daß sie Kugeln anstatt der Steine zum Füllen des Kastens benutzten. In seinem Buche Voyage to East Africa etc. gibt Boteler eine Abbildung des Lamu-Ankers.

Decken und seine Begleiter kamen, durchnäßt von Meerwasser und von Regengüssen, in Lamu an. Sie stiegen einstweilen bei dem hier ansässigen Agenten des französischen Sansibar-Hauses ab, da der Stadthalter Sud ben Hammed gerade auf der Schamba weilte. Als sie später dem Araber ihre Aufwartung machten, fanden sie sehr freundliche Aufnahme d. h. erhielten, nach dem üblichen Austausch von Höflichkeiten, zwei Ochsen zum Geschenk, mit denen die Mannschaften beider Schiffe sich einen frohen Tag bereiten sollte. Bei stockfinsterer Nacht gelangte man auf mannigfachen Irrwegen, aber ohne größeres Mißgeschick als mehrmaliges Festsitzen, Anrennen gegen verschiedene Fahrzeuge und etwas Regen, glücklich wieder an Bord. Folgenden Tages besuchte der Baron die Stadt noch einmal, um Lebensmittel zu erhandeln.

Am 19. Juni Nachmittags 5 Uhr verließen beide Schiffe den Ankerplatz, nachdem die Lamuleute noch Briefe zur Vermittelung nach Sansibar gebracht hatten. Die Nacht war regnerisch und wiederum sehr unruhig; der Welf bestand jedoch auch diese Prüfung gut, wennschon durch den gewaltigen Stoß der hochgehenden Wogen viele Gegenstände an Bord zerbrachen. Früh 9 Uhr am folgenden Tage tauchte das nächste Reiseziel, die Insel Tula, im Norden auf; gegen 11 Uhr ging man, einige Meilen vom Lande ab, vor Anker. Der Baron begab sich sogleich in seiner Gig nach der Stadt, wo er zu seiner Freude den ihm schon von Sansibar her bekannten Auwesi ben Hammadi antraf, einen gut unterrichteten, weitgereisten Mann vom Stamme der Siu auf der Insel Simambaia, und begütert längs der Küste sowie in den Somalistädten Jumbo und Brawa. Er sollte die Expedition von nun an in ihrem Weiterkommen unterstützen und begann sogleich seinen Dienst, indem er einen Lootsen ausschickte und den Welf näher an die Stadt bringen ließ. Bei weiterem Verkehre schien es fraglich, ob Auwesi wirklich die Macht besäße, deren er sich früher gerühmt. Obgleich er Häuptling oder Sultahn zu sein vorgab, war er doch im Grunde wol nicht viel mehr als Aufkäufer oder Agent für einige europäische Häuser und als solcher allerdings sehr bekannt, ja nicht ohne Einfluß. Da er aber auch habgierig und im hohen Grade durchtrieben war, blieb es ungewiß, ob man mehr Gutes oder Schlechtes von ihm zu erwarten hatte. Trotzdem erschien er wegen seiner Kenntniß der Somali-Sprache und der Verhältnisse an diesem Theile des Festlandes sowie wegen seiner verwandschaftlichen Verbindungen im Norden vor der Hand unentbehrlich, bis ein Besserer sich fand.

Nördlich und südlich von Tula, von den Wituinseln an bis zur Mündung des Djubaflusses, hat die Küste eine außerordentlich zerrissene Gestalt: nicht daß tiefe Meerbusen oder Fiorde in das Land eindringen, aber eine lange Reihe von Inseln und Riffen zieht sich, fast gleichlaufend mit ihm in ziemlich gerader Linie nordostwärts hin. Die Araber nennen diese ganze Strecke die 366 Inseln, denn soviel Inselchen und Felsen behaupten sie hier zählen zu können. Eine wirkliche Zählung auf der Seekarte ergab uns 479 solcher Stücken Land im Meere, und Owen gibt an, daß die Zahl derselben, alle bei Flut trocken bleibenden

Felsen eingerechnet, 500 beträgt, daher der Name „die fünfhundert Inseln" für diesen Küstensaum begründet ist. Zwischen den Inseln und Riffen auf der einen und dem Festland auf der anderen Seite befindet sich an manchen Stellen ein schiffbarer Kanal, welcher hier und da durch mehr oder minder enge Straßen in Verbindung mit dem offenen Meere steht und so für die gebrechlichen, von furchtsamen Schiffern geleiteten Fahrzeuge der Eingeborenen ein höchst willkommenes Fahrwasser bietet; zur Zeit des Kussi oder Südwest-

Auwesi, Sultahn von Tula.

Monsuns, wenn der Wind die aufgeregten Fluten fast in rechtem Winkel gegen die Küste treibt, würde ohne diese natürlichen Wogenbrecher ein Verkehr zur See hier fast unmöglich sein. Auch Schiffe von nicht unbeträchtlichem Tiefgange finden oft genügendes Wasser in dieser Binnenstraße, ähnlich, nur in ungleich geringerem Maße, wie Dies weiter im Süden, bei Mafia, der Fall ist. Während aber dort die Inseln größer und verschiedenartiger gestaltet sind, haben die fünfhundert Inseln fast ausnahmslos eine langgezogene Form, sind auch bei weitem nicht so fruchtbar als jene. Alle ähneln einander, und die Beschreibung der einen genügt für die meisten. Wir nehmen die Insel Tula, eine der größten von ihnen, als Muster.

Tula ist etwa drei Seemeilen lang und eine Meile breit, umgeben von Riffen, über denen zumeist eine starke Brandung steht. Genau genommen ist Tula nur ein schmaler, sandbedeckter Korallenrücken, fast ohne Bodenerzeugnisse, dürftige Gräser und verkrüppelte Sträucher abgerechnet sowie einige genügsame Kokos- und Dattelpalmen und angenehm schmeckende Wassermelonen, welche die Araber in der Nähe ihrer Wohnungen gewiß nicht ohne Mühe pflegen. Dem entsprechend ist auch die Bevölkerung von Tula eine sehr geringe. Die ganze Stadt Tula, welche an der Westseite der Insel liegt, zählt nur ein Lehmhaus für den „Sultahn" und dreißig Hütten der Unterthanen; wenige Ziegen, Schafe und Kühe bilden den Viehstand. Die Bewohner stehen in lebhaftem Tauschverkehr mit dem Galla des gegenüberliegenden Festlandes. Einige der fünfhundert Inseln dienen als Weideplätze, andere sind ganz unbewohnt und beherbergen nur Zwergantilopen oder Geflügel des Strandes.

Was den Baron nächst den Verhandlungen mit Auwesi am meisten zu dem Aufenthalt in Tula bewog, war die Untersuchung einiger in der Nähe mündender Flüsse. Es sind deren drei, der Durnford, der Tula und der Schambafluß, letztere beide fast ganz unbekannt, ersterer wenigstens in einer Strecke seines Unterlaufes von den Engländern aufgenommen. Von allen dreien war anzunehmen, daß sie für den Dampfer Deckens nicht wasserreich genug sein würden, doch sollte zu Nutz und Frommen späterer Reisender wenigstens untersucht werden, inwieweit sie die Schifffahrt gestatten.

Der bedeutendste dieser Flüsse ist augenscheinlich der Durnford oder Wubuschi, wie er nach Brenners späterer Erkundigung im Lande heißt. Er wird von den Eingeborenen als bequeme wenn auch kurze Straße nach dem Innern stark benutzt, und alltäglich kann man zur günstigen Jahreszeit mehrere mit den Erzeugnissen des Landes beladenen Böte den Fluß herabkommen oder hineinsegeln sehen. Einer der Eingeborenen erzählte, er habe diesen Fluß einst sechs Tagereisen weit stromaufwärts befahren bis zum Wanikadorfe (?) Kimana; dort würden die Ufer steil und felsig, sodaß auch die Schifffahrt, wie er vermute, bald ihr Ende erreiche. Weiter stromabwärts, wo das Land an beiden Ufern flacher ist, wird von den Anwohnern ein sehr einträglicher Ackerbau getrieben, welcher Reis und Mtama, Mais, Zuckerrohr, Tabak und rothen Pfeffer in solcher Menge liefert, daß davon noch ausgeführt werden kann. Während aber der Boden in der Nähe des Flusses außerordentlichen Reichthum zeigt, soll er schon einige Meilen entfernt vom fruchtbringenden Elemente eine ganz andere Beschaffenheit haben; denn dort nehmen Grasland, mit Waldpartieen, in denen einzelne hervorragende Palmenwipfel die Wohnungen von Menschen verrathen, den trockneren Boden ein. Jedenfalls wäre es lohnend gewesen, diesen Fluß näher zu untersuchen, da er für eine etwaige europäische Ansiedlung außerordentlichen Vortheil zu bieten verspricht; weil er aber bereits einigermaßen bekannt war und dem Reisenden nicht allzuviel Zeit zu Gebote stand, wurde die Aufmerksamkeit zunächst auf den Tula und Schambafluß gelenkt. Nach Brenners Erforschung im Jahre 1867 ist der Wubuschi nur ein Abfluß des achtzehn Seemeilen von der Küste entfernten Kilowanje-Sees, welcher von dem Schiridi und dem seinem Ursprunge nach noch unbekannten Scheriflusse gespeist wird.

Am 24. Juni begab sich eine kleine Gesellschaft, bestehend aus dem Baron, Link, Trenn, Brenner, Hitzmann und drei Negern, in dem Passepartout auf den Weg nach dem Tulaflusse. Der Wind blies frisch und trieb viel Spritzwellen über Bord, doch gelangte man ohne Unfall zur Mündung. Ein Vergleich mit der Karte zeigte, daß die Sandbänke in

Natur ganz anders gestaltet waren, als die Zeichnung sie angab; wahrscheinlich haben die vierzig Jahre, welche seit den Aufnahmen Owen's verstrichen sind, die Veränderung bewirkt, da ein Zweifel an der Genauigkeit der Messungen in solchem Umfange doch wol nicht gestattet ist. Verdächtig war es freilich, daß man auch einige andere, weniger leicht erklärliche Irrthümer in Aufzeichnung der vermeintlich portugiesischen Ruinen (63) bemerkte.

Eine eigentliche Barre besitzt der Tula-Fluß nicht; es sind nämlich einige Inseln und Bänke vor seiner Mündung gelagert, welche das Anspülen von Meeressand verhindern und zugleich die Vermischung des leichten, Schlamm führenden Flußwassers mit der salzigen Flut verlangsamen, sodaß die Ablagerung der erdigen Theile sich auf eine weitere Fläche vertheilt. Immerhin aber ist der Eingang zum Flusse bei Weitem nicht so tief als die obere Strecke desselben, welche öfters erst bei sieben Faden Grund zeigt. Das Fahrwasser ist an vielen Stellen mit Sandbänken und kleinen Korallenriffen durchsetzt. Die Gezeiten verändern den Anblick der Mündung von See aus beträchtlich: bei Hochwasser ist die offene Straße gewiß dreimal so breit als bei Ebbe. Wie fast überall an dieser Küste, wo Süßwasser sich mit salzigem mischt, zeigen sich Mangrove-Waldungen am Flusse; sie nehmen das linke Ufer ein, auf dem rechten gewahrt man weite Sandflächen, welche binnenwärts sich zu flachen, dünenartigen Höhen erheben.

Nach einigen Stunden Fahrt gerieth der Passepartout auf Grund und war, obgleich Alle ausstiegen, nicht wieder flott zu bekommen. Erst mit Hilfe von Matrosen der Lyra, deren Boote sich gleichfalls im Flusse befanden, gelang es, den kleinen Dampfer in tieferes Wasser zu bringen. Um Mittag wurde ein kleines Dorf, Namens Ngomani erreicht. Die Bewohner benahmen sich sehr freundlich und brachten ohne Weiteres Milch und Eier herbei, sodaß man hier abzukochen beschloß. Die Speisekarte wurde vervollständigt durch einige Enten, welche man mit leichter Mühe in der Umgegend erlegte; als Zukost boten sich Bananen, Jams und Melonen. Nach gehaltener Rast fuhr man weiter und traf um vier Uhr in Kijiboni ein, wo der Empfang von Seiten der Einwohner ein gleich freundlicher war. Hier wurde das Nachtlager aufgeschlagen.

Die Uferlandschaft war schon einigermaßen verändert. Das Land zu beiden Seiten steigt etwas höher an, und die große Ebene des Innern, eine weite, mit dornigen Mimosenbüschen bestandene und von einzelnen Baobabs überragte Grasfläche, tritt näher an den Fluß. An Federwild schien die Steppe, wie Jagdausflüge am andern Morgen lehrten, nicht besonders reich zu sein, dagegen sah man in der Ferne zahlreiche Antilopen von einer „Tope" genannten Art. In der Nähe des Flusses fanden sich Gänse, prächtige Enten, Tauben, Geier und Scharen von Affen.

Kapitän Parr, der sich am gestrigen Morgen den Reisenden angeschlossen hatte, kehrte heute nach zehn Uhr zurück, da er noch Verschiedenes für seine nahe bevorstehende Abreise nach Sansibar vorzubereiten hatte; die Anderen fuhren gegen Mittag weiter und erreichten nach anderthalbstündiger Fahrt das Dorf Kumbo, wo noch immer der Einfluß der Flut zu merken war. Unterwegs fuhr der Passepartout wieder einige Male fest. Dazu rückten die höher werdenden rothen Lehmwände der Ufer näher zusammen, und an einigen Stellen verengten Korallenfelsen, Sandbänke und umgestürzte Baumstämme das Fahrwasser oft bis auf zwanzig Fuß, sodaß der Baron, in Sorge, sein kleiner Dampfer möchte Schaden nehmen, von einer weiteren Befahrung des Tula absah. An eine Schifffahrt mit dem Welf konnte ja ohnehin unter diesen Umständen nicht gedacht werden. Zu anderen Zeiten, erzählten die Leute, ist der Tula-Fluß weit wasserreicher, weil dann, wenn die großen Regen fallen, eine Menge kleine Rinnsale sich in ihn ergießen; trotzdem aber bleibt er ein unbedeutendes Wasser, welches nur für den Küstensaum einigen Werth als Verkehrsstraße hat. Seine Quelle soll ein paar Tagereisen weiter oben in einem Sumpfe liegen.

Das Dorf Kumbo besteht aus acht Hütten und steht unter einem Sultahn d. i. Schulzen, welchem übrigens die Einwohner große Achtung zollen. Vor fast allen Wohnungen sah man Antilopenköpfe und Büffelhörner liegen, deren einstige Träger allerdings nicht mit Waffen erlegt, sondern wol nur in Fallen gefangen und dann auf gefahrlose Weise abgeschlachtet worden waren. Um den Wildreichthum des Landes durch eigene Anschauung kennen zu lernen, entschloß sich der Baron zu einem zweitägigen Halt. Am nächsten Morgen ging er mit Brenner und einigen Eingeborenen, deren Bewaffnung in Spieß, Pfeil und Bogen bestand, in die Ebene hinaus, während die Anderen zurückblieben, um zu zeichnen, Pflanzen zu sammeln, oder der niederen Jagd obzuliegen.

Der Weg führte anfangs durch dichten Gestrüppwald, welcher manchmal vor Dornen der Akazien, Euphorbien und Asklepiadeen fast undurchdringlich war. Nur an einzelnen lichteren Stellen fanden sich friedliche, unbewehrte Gewächse, ein Baobab, eine afrikanische Eiche, oder ein anderer Baum, welcher in Gestalt seiner Blätter unserem Haselnußstrauche ähnelt. Wegen dieser Bodenbeschaffenheit gelang es nicht, ein Stück Wild zu erlegen, ja nicht einmal zum Schusse zu kommen; doch sah man zahlreiche frische Spuren von Nashörnern, Büffeln, Elephanten, Antilopen und Hyänen, bemerkte auch einige dieser Thiere selbst. Das einzige Beutestück war eine sieben Fuß lange, armdicke Schlange. Unbefriedigt, todtmüde, mit halbzerrissenen Kleidern und durchnäßt von langdauerndem Regen suchte man am Abende ein Lager. Die Nacht wurde unter dem Schutz eines Bannes zugebracht.

Der andere Morgen begünstigte die Jäger mehr. Nach langem Umherstreifen trafen sie gegen zehn Uhr auf eine etwa achtzig Stück starke Büffelheerde, welche sich lustig in einem Moraste suhlte. Der Wind war nicht recht günstig; die Thiere witterten schon in einiger Entfernung die Nähe ihrer Feinde. Als schnell einige Schüsse abgegeben wurden, stoben sie in rasender Eile von dannen. Wie bei solcher Menge der Thiere nicht anders zu erwarten, hatte jeder Schuß getroffen, einer sogar eine tödtliche Verwundung verursacht. Der Baron verschmähte jedoch eine weitere Verfolgung der Heerde, weil er diese Art Jagd genugsam kannte und wußte, daß die Mühe des Suchens sich nur in seltenen Fällen lohnt. Sein Begleiter aber, in welchem der Anblick des prächtigen Wildes die Jagdbegier mächtig erregte, ließ es sich nicht verdrießen, mit einem der Eingeborenen den Spuren der Büffel zu folgen. Und siehe da, es glückte ihm, das inzwischen gefallene Thier nach einiger Zeit zu entdecken. Es war eine junge Kuh, deren Fleisch einen Braten von ausgezeichnetem Wohlgeschmacke gab.

Später, als die Jäger sich wieder vereinigt hatten, trafen sie noch ein Rhinoceros und einen Elephanten, doch gestattete auch hier die Dichte des Gestrüpps keine vortheilhafte Annäherung. Unter diesen Umständen, und da man nicht Lust hatte, noch eine Nacht im Freien zuzubringen, kehrten die Jäger nach dem Dorfe zurück. Von ihrem ausgezeichneten Führer geleitet, kamen sie gegen drei Uhr dort an und fuhren dann mit den Zurückgebliebenen noch an demselben Tage nach Kijiboni, dem zweiten der am Flusse liegenden Dörfer. Am folgenden Tage trafen sie an Bord des Welf wieder ein.

Noch weniger befriedigend war die Untersuchung des Schambaflusses, welche Herr von Schick mit den bisher an Bod gebliebenen Mitgliedern der Reisegesellschaft unternahm. Zwischen den kleinen, meist nur von Reihern und Pelikanen bewohnten Inseln und Riffen nordwärts dampfend, erreichte man nach fünfstündiger Fahrt die Mündung des Flusses, eine nicht sehr breite Oeffnung zwischen einem bewaldeten, niedrigen Kap im Norden und einer mit Busch bestandenen flachen, sandigen Spitze im Süden. Das Flußwasser schmeckte, selbst ziemlich weit oben, noch salzig — ein schlechtes Vorzeichen, welches jedoch die jungen Reisenden von der Ausführung ihres Vorhabens nicht abschreckte. Der Schambafluß zieht sich in weiten Krümmungen nach Nord-Nord-Westen in das Land; bald aber werden die Bogen enger, die Wasserfläche wird schmaler, und wenn sie bisweilen sich erweitert, giebt sie nur Bänken und flachen Inseln Platz; die Mangrovebüsche endlich, zuverlässige Zeugen vom Salzgehalt des Wassers, umsäumen noch immer die Ufer. Vierzehn Seemeilen von der Küste verengt sich der Fluß hinter einer Sandbank dermaßen, daß man in ein Thor einzufahren meint, überwölbt von Bäumen, deren Aeste weit ineinander reichen. Die aus grauem, fetten Thone geschichteten Ufer sind zumeist steil und hoch; steigt man über den Bereich der Mangrovebüsche empor, so blickt man in die weite, mit zahllosen Fußstapfen von Antilopen und anderem Wild übersäete Steppe.

Trotzdem setzte man die Fahrt, so gut es eben gehen wollte, fort. An vielen Stellen freilich mußte man mit Aexten sich eine Straße bahnen oder mit Stangen die Hindernisse zurückbiegen; auch die Masten, mit denen der Passepartout in der letzten Zeit ausgestattet worden war, mußten niedergelegt werden. Endlich war keine Möglichkeit des Weiterkommens mehr vorhanden; selbst für den kleinen, kaum sechs Fuß breiten Dampfer bot sich keine Straße, obschon bei einer auf zwanzig Seemeilen geschätzten Entfernung von der Mündung die Tiefe des Wassers immerhin noch zwölf Fuß betrug. Durch diese Fahrt des Passepartout wurde der sogenannte Schambafluß als bloße Salzwasserader entlarvt, welche jedenfalls zur Regenzeit einige vergängliche Bäche aufnimmt, darum aber noch nicht auf den Namen eines wirklichen Flusses Anspruch machen kann.

Da es zu spät war, an demselben Tage zurückzukehren, wurde das Nachtlager auf dem zuletzt erreichten Punkte und zwar auf dem linken Ufer aufgeschlagen. Einige Rebhühner gaben dem schnell an das Feuer gesetzten Reis einen außerordentlichen Wohlgeschmack. Ein Schluck Kognak und ein Metallbecher voll Thee beschlossen das Mahl.

Die Nacht war abscheulich, der Regen goß in Strömen, und das riesige Feuer, welches den Wald fünf schöne Bäume kostete, genügte nicht, die Reisenden warm und trocken zu erhalten. Am anderen Morgen sah der Lagerplatz schauerlich aus: er glich mehr einer Kothlache als einem Orte, wo Menschen geschlafen. In der Umgebung zeigten sich zahlreiche Spuren von allerlei Wild und sogar von Raubthieren; ein Elephant war, wie man aus den ungeschlachten Fußstapfen erkannte, bis auf vierzig Schritt der nichtsahnenden Gesellschaft nahe gekommen. Nach einem Frühstücke von Reis, dem Hauptnahrungsmittel bei solchen Ausflügen, fuhr der Passepartout wieder den Schamba hinab; gegen Mittag erreichte er eine etwa sechs Meilen vom Strande liegende Ortschaft, die einzige auf der ganzen Strecke. Man eilte ohne Aufenthalt dem Meere zu. Die unbedeutende Barre wurde ohne Schwierigkeit passirt; als man aber etwa zwei Meilen in offener See zurückgelegt hatte, erhob sich ein solches Unwetter, daß es gerathen schien wieder in den Fluß einzulaufen.

Nun war es allerdings zu spät, um noch an demselben Tage an Bord des Welf zu kommen; es blieb Nichts übrig, als die am Morgen verschmähte Ortschaft wieder aufzusuchen. Erst gegen sieben Uhr Abend langten die Reisegefährten in dem Dorfe an, und mit Mühe nur erhielten sie von den Eingeborenen eine Ziege, welche in trefflichem Suahelireis gekocht bis auf den letzten Rest in die hungrigen Magen wanderte. Die Ansiedelung besteht aus sechs Hütten und einer sogenannten Moschee und ist zum Schutz gegen Thier und Menschen mit einem Zaune umgeben, durch welchen eine enge Pforte führt. Auffällig erschien es, daß die vom menschlichen Verkehr beinahe abgeschnittenen Dorfbewohner die Echtheit des Geldes, welches sie für die Ziege empfingen, aufs sorgsamste prüften; wie Geldschacherer in Europa legten sie den Thaler auf die Fingerspitze, schlugen mit einem Halbthalerstücke, welches in der anderen Hand gehalten wurde, dagegen und ließen erst, als sie den hellen Klang vernahmen, den Handel für abgeschlossen gelten. Nächsten Tages erreichte man nach siebenstündiger Fahrt, und nachdem man in der Nähe von Tula noch einige Male aufgesessen hatte, gegen drei Uhr Nachmittags den Welf.

Nicht auf mühselige Forschung allein beschränkte sich die Thätigkeit der Expedition, auch der Erholung und dem Vergnügen wurde einige Zeit gewidmet — so wenigstens dachten alle Betheiligten zu thun, als, schon in den ersten Tagen nach der Ankunft in Tula, ein Jagdausflug nach der Küste verabredet ward, an welchem auch Kapitän Parr mit einigen seiner Officiere Theil nahm. Die Herren von der Lyra schliefen, um rechtzeitig zur Stelle zu sein, an Bord des Welf. Am anderen Morgen bestiegen sie nebst dem Baron und seinen Begleitern den kleinen Dampfer, der sie, trotz kräftigen Windes und schäumender Spritzwellen, glücklich bis in die Nähe des Landes brachte. Hier begann schon das „Vergnügen", denn das Wasser war fortan so seicht, daß Alle aussteigen mußten; sie hatten eine Viertelstunde weit zu waden, ehe sie aufs Trockene kamen. Nachdem sie dann ihre Schuhe wieder angezogen und die Gewehre in Stand gesetzt hatten, erstiegen sie einen Hügel, welcher ihnen bisher die Aussicht auf das Innere des Landes versperrt hatte. Sie sahen nun hinab über eine unbegrenzte Fläche, eine gleichmäßig mit dünnem Holze bestandene Ebene, welche nur hier und da von einer nackten Korallenmauer oder von gelben, burgähnlichen Termitenbauten unterbrochen ist. Auf der anderen Seite angelangt, lernten sie die Schrecken solcher Landschaft kennen. Baum, Busch und Kraut, Alles war bewehrt, Alles hatte Dornen eigener Art, gerade und widerhakig, kurz und lang. Wirklich lebensgefährlich aber war ein Aloegewächs, dessen steife, spitzige Blätter mehrere Fuß hoch nach allen Seiten hin emporstarren wie halbkugelförmig zusammgestellte Lanzen; spitz wie die Nadeln und fest wie Eisen, durchbohren diese Blätter schon bei geringem Drucke das dickste Leder ohne Weiteres: einen unvorsichtig Stolpernden würden sie rettungslos spießen. Es galt also vorsichtig dahinzuschreiten, um nicht Schaden an seinem Leibe zu nehmen oder die Kleider stückweise zu verlieren, und einen geschmeidigen Körper mußte haben, wer hier durchdringen wollte; denn oft hatte man sich bis nahe auf den Boden bücken, weil ein Beiseitebiegen der gefahrdrohenden Aeste und Zweige nur in seltenen Fällen anging. Das aber war bei der unbarmherzigen Sonnenglut eine schwere Arbeit; die Neulinge wurden mürbe von der ungewohnten Anstrengung, und einem Jeden schien das Gewehr um zehn Pfund schwerer zu sein.

Anfangs bemerkte man diese Beschwerden weniger, weil sich gar bald ein aufregendes Schauspiel bot: eine Heerde von etwa dreißig der stattlichsten Girafen tauchte in der Nähe auf, leider um wieder zu verschwinden, ehe man sich noch recht satt gesehen an der wunderbaren Gestalt der prächtigen Thiere und an ihren sonderbaren Bewegungen. In Kurzem zeigte sich wieder ein kleinerer, aus nur drei Stück bestehender Trupp desselben edlen Wildes. Vorsichtig, nach schnell verabredetem Jagdplane, schlichen die Hauptschützen näher und immer näher an die friedlich grasenden Thiere heran. Dann stieg der Baron, um oberhalb des Gestrüpps desto sicherer schießen zu können, auf einen Baum, ließ sich seine Doppelbüchse reichen, zielte und gab nach kurzem Besinnen Feuer. Donnernd hallte der Schuß in die stille Ebene hinaus; von allen Seiten ertönten fremdartige Thierstimmen, kleine grüne Papageien, flogen kreischend empor, und ehe sie noch verstummten, rollte von weither dumpf der Nachhall zurück. Die Girafe war getroffen und schwer verwundet; auch zwei ihr nachgesandte Kugeln ereilten sie noch glücklich. Sie blieb nach kurzem Taumeln hinter ihren Gefährtinnen zurück, sank ermattet nieder, raffte sich noch einmal mit Sammlung aller Kräfte auf und trabte weiter, mühsam zwar, doch schneller als es den Anschein hatte. In athemloser Hast, so rasch es die widerhakigen Dornen erlaubten, eilte Brenner ihr nach, der leidenschaftlichsten Jäger einer, der zum ersten Male Wild solcher Art verfolgte. Er sah die ihm sicher dünkende Beute noch einmal fallen; aber sie erhob sich wieder und entfernte sich weiter und weiter. Bald mußte er das Nutzlose seiner Anstrengung einsehen — sie war verloren für ihn, aber gewonnen für die Hyänen und Geier der Wildniß! Ein Glück noch, daß der „Neuling im Busch" von der Verfolgung abstand; denn schon war er weit von den Anderen abgekommen, und nicht ohne Mühe fand er den Weg zurück. Erst nach langem Rufen und Pfeifen fand die jagende Gesellschaft sich wieder vollzählig zusammen.

Weiterhin tauchten noch mehrere Antilopenheerden von verschiedenen Gattungen auf, aber es gelang nicht, eine Kugel anzubringen. Von größeren Thieren zeigten sich an einem Wassertümpel, den man später erreichte, ganz frische Spuren; der Boden war nach allen Richtungen zerstampft von den Füßen riesiger Dickhäuter und quergefurcht von übermütigen Elephanten oder Rhinoceros, welche die Kraft ihrer Waffen an dem weichen Boden erprobt hatten. Der Gedanke, eine Nacht hier zuzubringen, um das großartige Wild wenigstens zu beobachten, erschien verlockend; aber die Klugheit rieth zu schleuniger Rückkehr, denn es war noch weit nach dem Strande, und man hatte für den Abend ein Boot zur Rückfahrt bestellt.

Der mitgenommene Führer schritt anfangs rüstig voran. Nach einiger Zeit verlor er indessen den Weg und entdeckte ihn nicht wieder, so eifrig er auch von der Höhe einer Termitenburg ausspähete. Es blieb Nichts übrig, als sich in gut scheinender Richtung tapfer durch das Gestrüpp zu schlagen. Der Weg, wenn man so sagen darf, war entsetzlich; das fortwährende Ausweichen vor drohend entgegengestreckten dornigen Armen, das Bücken und Kriechen, und die trockene Hitze sowol wie das lange Fasten während der beschwerlichen Arbeit des Tages verfehlten ihren Einfluß auch auf den Zähesten nicht. In beinahe nervöser Aufregung kämpfte man sich vorwärts; wußte man doch nicht, ob die eingeschlagene Richtung eine gute war, oder wie lange das harte Mühen noch dauern würde. Endlich erreichte man den freien Strand, allein, wie man bald bemerkte, weitab von dem früheren Landungsplatze. Doch die erwartete Schaluppe mußte hier vorübersegeln; man konnte sie vielleicht errufen und so einen langen, beschwerlichen Weg ersparen. Brenner übernahm es, das Signal zu geben. Mit Jagdhorn und Büchse, halb schwimmend und halb watend, drang er nach dem äußersten Manglebusche vor. Mit Schrecken aber bemerkte er, daß die Flut noch immer stieg; denn während sie ihm anfangs bis an die Waden reichte, erhob sie sich jetzt schon über seine Kniee. Da erschien in der Ferne ein weißes Segel, kam näher heran und war zuletzt kaum noch fünfhundert Schritt entfernt. Wohl bewußt, daß Aller Hoffnung jetzt auf ihm beruhte — denn fuhr das Boot vorüber, so war ihnen eine Nachtwache auf dem unsicheren Strande gewiß — setzte Brenner das Hifthorn an und blies mit aller Kraft seiner Lungen. Doch ungehört verhallte der gelle Ton. Das Boot war dem beinahe Verzweifelnden gegenüber; da erleuchtete ihn ein rettender Gedanke: er hatte ja seine Büchse bei sich, und wenn auch nicht zu hoffen war, daß ihr Knall das Rauschen der Brandung besser durchdringen und mächtiger gegen den Wind ankämpfen werde als des Hornes Schall, so mußte doch das Pfeifen der abgesandten Kugel die Aufmerksamkeit der im Boote Befindlichen herbeilenken. Brenner zielte, da er die Tragkraft seiner Waffe genau kannte, nach dem Maste des Bootes und ließ die Kugel darüber hinsausen. Eine lebhafte Bewegung entstand, und als der zweite Schuß dem Rohre entfuhr, drehten die Insassen in Eile das Boot und segelten geradewegs in erwünschter Richtung vorwärts. Die Harrenden wurden erlöst und gelangten in Kurzem an Bord des Dampfers. Die Herren von der Lyra aber hatten genug von dieser Bekanntschaft mit dem Festlande und trugen kein Verlangen nach Wiederholung solcher Jagd; einer von ihnen war, sozusagen, ganz niedergebrochen von den Anstrengungen des Tages und fand sich außer Stande, mit seinen Gefährten zurückzukehren; er blieb über Nacht auf dem Welf und begab sich erst am Morgen auf seinen Platz.

Scheint es demnach, als ob die Jagd an diesem Theile der Küste ein undankbares Beginnen sei, so darf doch nicht vergessen werden, daß Derjenige, welchem es wirklich um

Beute zu thun ist, sicherlich anders vorgehen würde, als es auf dieser „Vergnügungstour" geschah. Bemühte man sich zum Beispiel, das Wild der Küste zuzutreiben, oder steckte man auf zweckmäßige Weise den Busch in Flammen, so könnte man, mit der Büchse sowol als durch Fallen, das edelste Wild in Menge erlegen. Verzeihlich wäre Dies freilich nur dann, wenn, wie es in Südafrika mit Flußpferden geschieht, der Ertrag der Jagd für Handelszwecke verwerthet werden sollte. Für solchen Fall jedoch bietet, wie man wol sagen darf, kaum eine andere Gegend so beträchtliche Vortheile dar; denn nirgendswo finden Girafen, Nashörner und Elephanten sich so unmittelbar an der Küste, fast allerwärts muß man sie hunderte von Meilen weit im Innern suchen.

Einundvierzigster Abschnitt.

Tage des Unglücks.

Die Lyra verläßt die Expedition. — Ein verhängnißvoller Ausflug. — Die Cholera an Bord. — Nach Kiama und Kap Bissel. — Der Welf strandet in Refuge Corner. — Mit größter Anstrengung wieder flott. — Eine Sklavenkarawane unterwegs. — Einfahrt in den Djubafluß. — Der Tod in den Reihen der Europäer, der Passepartout verloren!

Kapitän Parr, welcher dem Baron auf der Fahrt hierher so gute Dienste geleistet, war schon am 28. Juni nach Sansibar zurückgekehrt, um sich nach den Seschellen und von da nach den südafrikanischen Gewässern zu begeben, in denen er von nun an kreuzen sollte. Er hatte zuvor noch dem Reisenden mit einer Menge der nützlichsten Dinge ausgeholfen, namentlich ihm einen Vorrath von Kohlen überlassen, welcher dann auf Schiffen der Eingeborenen nach Tula und Brawa gebracht wurde. Der Dank, welchen ihm die Expedition für seinen freundlichen und thatkräftigen Beistand schuldet, wird nicht dadurch verringert, daß Parr von seiner Regierung die Weisung erhalten hatte, den Baron bei seinen Unternehmungen zu unterstützen, soweit Dies seinen sonstigen Pflichten nicht widerstritt; denn was helfen in solcher Ferne von der Heimat Befehle, wenn nicht guter Wille vorhanden ist? Dieser gute Wille aber, welchen Kapitän Parr und die Seinen sowie überhaupt die Officiere und Mannschaften dieser Station, Engländer wie Franzosen, in so vorzüglicher Weise gezeigt und bethätigt hatten, dieser gute Wille ist es, welcher die höchste Anerkennung verdient.

Die Expedition stand nun allein, sie war fortan auf eigene Kräfte verwiesen; und als ob mit der Entfernung der letzten europäischen Freunde ein guter Stern gewichen wäre, so brach jetzt Schlag auf Schlag das Unglück rasch herein. Ein unschuldig erscheinender Ausflug nach einem binnenwärts gelegenen See, von welchem die Eingeborenen berichtet hatten, sollte das Verhängniß herbeiführen und Veranlassung werden zu Krankheit, Noth und Tod für einen großen Theil der Reisegesellschaft.

Am Morgen des 4. Juli fuhren der Baron und Brenner, nebst zwei Führern aus Tula und drei Leuten von der Mannschaft des Welf, nach der Mündung des Tulaflusses. Sie landeten am südlichen Ufer bei einer schon früher gesehenen Ruine und wanderten dann längs der Küste auf dem feuchten Sande des Strandes südwärts, zur Linken das schäumende Meer, rechts wellige, mit Dornengestrüpp und Rispengras kümmerlich bewachsene Dünen. Nach kaum anderthalb Stunden erreichten sie das kleine Dorf Mondoju, dessen Bewohner auf schlechtem Boden ein wenig Mtama, Mais, Wassermelonen und Tabak bauen und, wenn sie im Alter zu größerer Anstrengung nicht mehr nütze sind, auf einfachen Webstühlen grobes Baumwollenzeug fertigen. Ein zweiter Ort, Scheje, bestehend aus fünfzehn mit Leuten vollgepfropften Hütten, wurde nach weiteren zwei Stunden erreicht. Es war ein Fischerdorf, ohne Spuren von Anbau ringsum. Schon von Weitem verrieth sich das Gewerbe der Bewohner durch einen abscheulichen Geruch, der von den Tausenden zertheilter Fische ausging, welche auf den Dächern der Häuser und auf dem Sande zum Trocknen auslagen, und von widrigen Haufen faulenden Gedärmes in unmittelbarer Nähe der Wohnungen. Trotz des Gestankes, und obwol das Trinkwasser brackig war, mußte Decken hier über Mittag halten lassen, weil man die nächsten vierundzwanzig Stunden kein Wasser wieder zu erwarten hatte. Um drei Uhr ging es westwärts weiter in das dichtverwachsene Land hinein, bis man gegen Abend an eine passende Lagerstätte kam.

So kurz auch der Aufenthalt in Scheje gewesen, er hatte genügt, den Rastenden die Keime des Todes zuzuführen; denn in dem Dorfe weilte ein unheimlicher Gast — — die Cholera, jene furchtbare Seuche, welche damals, von Indien und den heiligen Stätten Arabiens ausgehend, halb Europa in Angst und Schrecken versetzte. Ohne eine Ahnung, von der Nähe des Todesgespenstes zu haben, setzte man wohlgemut die Wanderung fort, und noch unbekannt mit der Gefahr erreichte man nach Mittag des folgenden Tages den See; selbst des einen Führers Klagen über Leibweh erschien ohne Bedeutung!

Von Scheje aus gleicht die Landschaft der bei früheren Ausflügen durchwanderten. Der Boden, ursprünglich Meeresgrund, wie die überall hervorragenden, scharfkantigen Korallengrate errathen lassen, ist mit dichtem Gestrüpp von Dornsträuchern der vierschiedensten Arten bedeckt. Erst nach einem beschwerlichen Marsche von sechs Stunden erreicht man einen bewaldeten Höhenzug, der, in gleicher Richtung mit der Küste laufend, die trostlose Ebene begrenzt, vormals vermuklich der Grenzwall gegen die See; er erhebt sich, wie der Baron mit Hilfe des Siedethermometers fand, 500 Fuß über die Meeresfläche. Die Hügel bestehen nach Brenner aus buntem Sandsteine und geben an ihrem Westabhange einigen Quellen Entstehung. Unter einer Palme, welche den Gipfel dieser Küstenkette krönte, ließ die ermüdete Reisegesellschaft sich nieder. Von hier aus eröffnete sich ein reizender Blick in eine minder trockene, von einer zweiten Hügelkette abgeschlossene Ebene: frische Grasflächen wechselten mit Busch und Wald — es war das von früher her wohlbekannte Parkland des Innern. Dem entsprechend zeigte auch das Thierleben größere Mannichfaltigkeit. Während man in der Küstenlandschaft nur einige Rhinoceros gesehen und eine Riesenschlange von vierzehn Fuß Länge bei sieben Zoll Dicke erlegt hatte, zählte man hier von einem Punkte aus sechszehn Girafen, deren schlanke Hälse mit dem leicht gehörnten Haupte hoch über den Büschen schwankten, weiterhin aber zeigten sich größere Trupps von Oryx- und Kudu-Antilopen, und auf den Hügeln kletterte eine Pavianheerde umher, welche bei ihren hastigen Bewegungen eine Menge Steine herabrollen machte. Mit neuem Mute stiegen die Reisenden bergabwärts; auf jedem Schritte fast sahen sie etwas Neues und Anziehendes — vielleicht daß der lange, lästige Marsch durch die dornenreiche Wildniß das Gemüt für die Schönheiten dieser frischen Ebene empfänglicher gemacht hatte. Unterwegs scheuchte man oft Frankoline, Hasen und größeres Wild, namentlich aber Perlhühner in Menge auf, hatte auch das Glück, Mehreres für die Küche zu erlegen. Eine Schildkröte von über zwei Fuß Länge mußte man, um die Kräfte der Leute zu schonen, liegen lassen. Eine eigenthümliche Antilope war das wesentlichste Stück der Jagdbeute. Das Hintertheil des lebhaft gefärbten Thieres war außerordentlich stark entwickelt und hochgewölbt, während Brust und Vordertheil verhältnißmäßig schmal erschienen, auch der Hals nach dem Kopfe zu sehr dünn wurde. Der Körper maß vier Fuß vier Zoll rheinl. in der Länge, drei Fuß acht Zoll am Widerrist, der Hals zwei Fuß zwei Zoll; Nase und Maul waren schwarz, die Haare starr und von gleichmäßiger fuchsrother Farbe, nach dem Leibe zu aber mattroth.

Hinter dem zweiten, mit Wald bedeckten Höhenzuge zeigte sich der sogenannte See, das

Ziel des Ausflugs. Der Baron fühlte sich enttäuscht, als er die unbedeutende Wasserfläche sah. Es war ihm zwar nicht unbekannt, daß der Suahelibegriff „Siwa“ ein sehr dehnbarer ist und sowol eine Pfütze wie eine mächtige Wasserfläche bezeichnen kann; unter Siwa mkuba oder „großer See“ hatte er sich aber doch etwas anderes vorgestellt. Der Siwa bestand aus einer langen Reihe einzelner Teiche und Lachen, welche vielleicht, selbst vereinigt, nicht einmal den Namen See verdient hätten. Trotzalledem war der Anblick ein erquickender; der helle Wasserspiegel blinkte so freundlich, und die Hoffnung auf Ruhe nach so langem Marsche ließ die ziemlich kahlen Ufer schöner erscheinen. Die Längenachse der Teichkette geht von Süd-West nach Nord-Ost, also in gleicher Richtung mit der Küstenlinie und mit den überschrittenen Hügelketten. Zwei Höhenzüge engen das nur zweihundert Schritt breite Seebett zu beiden Seiten ein. Der Boden besteht aus dunkelgrauem Thone, wie wir ihn schon oft an Stellen gefunden haben, welche zeitweise vom Wasser bedeckt sind. Von der Hitze zersprungen und zerklüftet, wird er noch rauher durch die tiefeingedrückten Fußstapfen von Elephanten und anderen Riesen der Thierwelt. Keine menschliche Wohnung war zu sehen; nur wandernde Galla sollen bisweilen hier rasten, um ihre Heerden zu tränken oder Elephanten zu jagen. Dafür aber war die Landschaft von den verschiedensten Vögeln belebt: große, graublaue Reiher stolzirten gravitätisch umher, an anderen Stellen, von ihnen getrennt, weiße oder graue Reiher; auf der Wasserfläche tauchten kleine braunrothe Enten mit prächtigem Gefieder; das Ufergebüsch tönte vom Locken der Perlhühner wieder, und über all dieses Geflügel herrschte ein rothbrauner Adler mit weißer Brust, wenigstens thronte er königlich auf dem Gipfel einer einzelstehenden Tamarinde; mit Anbruch der Nacht erschallte aber die Stimme eines höheren Gebieters, des Löwen. Ein Jagdausflug bei Mondenschein bot wegen der ungünstigen Bodenbeschaffenheit wenig Befriedigung; kleines Wild verschmähte man, und größeres zeigte sich nicht.

Ursprünglich wollte Decken der Jagd am See einen Tag opfern; da jedoch das Unwohlsein des Führers nicht nachließ, brach er ohne Zögern am Morgen des 6. Juli auf. Der Rückmarsch ging schnell von Statten; man erreichte, obgleich der Baron unterwegs etwas über Müdigkeit klagte, schon Nachmittags zwei Uhr das Dorf Scheje wieder und lagerte nicht weit davon am Strande. Tags darauf wanderte man über Mondoju nach den Ruinen an der Mündung des Tula-Flusses weiter und übernachtete hier nochmals, weil das Boot vom Welf erst für den nächsten Morgen bestellt war. Die Führer gingen dann nach Tula zurück, die Anderen begaben sich an Bord des Schiffes.

Jetzt, nach überstandener Anstrengung, kam die Krankheit, welche man wenige Tage vorher aus dem Fischerdorfe mitgenommen, zum Ausbruch. Nachmittag drei Uhr legte sich einer der drei Träger, um Mitternacht war er bereits eine Leiche. Er war an der Cholera gestorben! Seine Kameraden begruben ihn auf Anordnung des Barons sofort am sandigen Strande von Tula; bei der Rückkehr brachten sie die Nachricht mit, daß der eine Führer gestorben, der andere schwer erkrankt sei. Trotz aller Vorsichtsmaßregeln — die Kranken wurden ins Badezimmer gebracht, die Gesunden mußten ein Zeltlager am Festlande beziehen — griff die Seuche weiter um sich: der zweite der Träger ward am folgenden Morgen befallen, und gegen Abend hatte auch er ausgelitten.

Am 12. Juli waren von den sieben Theilnehmern an dem Ausfluge nur noch zwei gesund, Brenner und Mabruk Speke, welcher mit Speke und Grant am Ukerewe-See gewesen war: der Baron war inzwischen gleichfalls von der Seuche befallen worden. Bereits geschwächt von Fieber und Dysenterie, womit sein Leiden begann, wehrte er sich doch tapfer, verhandelte noch täglich mit Anwesi über die Weiterreise und entwickelte mit wahrer Aufopferung eine außerordentliche Thätigkeit, um der fortschreitenden Verheerung

Einhalt zu thun, ging sogar, trotz aller Bitten, überall selbst mit an die Hand, wo Hilfe nöthig war. Bald aber brach auch seine Kraft, er mußte sich legen und konnte ohne Hilfe keine Bewegung mehr ausführen. Seine Sprache sank zu einem leisen Flüstern herab; indessen war das Bewußtsein noch klar in ihm, er dachte an sein Ende, verlangte Papier und Feder und schrieb mit größter Anstrengung seinen letzten Willen nieder, welcher dann versiegelt und Herrn von Schickh übergeben wurde. Doktor Link gestand, daß er nicht das Geringste mehr für den Kranken hoffe, und ebenso dachten die Anderen, wenn sie sahen, wie der starke Mann mit dem kräftigen Willen hilflos dalag, und wie er in den wenigen Tagen zusammengeschwunden war.

Die furchtbare Krankheit, welche Link als trockene Cholera bezeichnete, äußerte sich bei den Negern zuerst in krampfhaftem Zusammenziehen der Beine und Arme; dann trat ein heftig brennender Leibschmerz und Druck in der Magengegend auf, vereinigt mit quälendem Durst, während unter bisweiligem Brechen eine klare Flüssigkeit abging. Später erkalteten die Glieder, die fahlgrau gewordene Haut verlor ihre Frische, sodaß eine mit den Fingern zusammengeschobene Falte stehen blieb, bis der Kranke sich wieder bewegte. Die Sprache wurde lallend und unverständlich, der Puls unmerkbar, die Augen fielen ein, wurden dann starr oder verdrehten sich, sodaß man nur noch das Weiße sah, und endlich erlosch der matte Lebensfunke ganz. Bemerkenswerth ist, daß die erkrankten Neger während der ganzen Dauer des Anfalls nur ein- bis zweimal Ausleerung hatten; nach einem halben Tage waren sie stets eine Beute des Todes. Link ließ die Patienten zuerst kalt baden, soweit Dies bei einer Wassertemperatur von 24° R. möglich, dann durch Reiben erwärmen, in wollene Decken einwickeln und heiße Sandbäder auf Leib und Kniekehlen anbringen. Um den brennenden Durst zu löschen, gab er Pfeffermünzthee soviel verlangt wurde, Einigen auch, welche Dieses besonders wünschten, Reissuppe mit viel Pfeffer; die Meisten weigerten sich indessen bestimmt, irgend welche Arznei zu nehmen, sie sagten: „ich muß sterben, ich will keine „Daua." Sie starben in vollkommener Ruhe, gefaßt oder stumpfsinnig, wie man will — ihrem Glauben nach konnten sie ja dem Geschicke nicht entgehen, auch wußten sie, daß Mahammeds Paradies sie erwarte. Anders zeigte sich die Cholera bei dem Baron: die krampfhaften Erscheinungen fehlten, dagegen ergriff ihn eine furchtbare Dysenterie mit Brennen im Leibe und Erbrechen, sodaß er schließlich nicht einen Schluck Wasser mehr bei sich behielt.

Acht (?) Leute von der Schiffsmannschaft starben im Ganzen an der Cholera. Mabruk Speke blieb sonderbarer Weise verschont, doch entstand bei ihm ein anderes, eigenthümliches Leiden: er klagte anfangs über Schwäche und Schmerzen in den Beinen, magerte dann in seinen unteren Gliedmaßen zu einem Gerippe ab, während der Oberkörper seine Beleibtheit behielt, und wurde schließlich, trotz kräftiger Verdauung, so hinfällig, daß er sich nicht mehr zu erheben vermochte. Link wußte diese Krankheit nicht zu heilen; späterhin verordnete ein Zauberer der Wabuni einen Kräuterabsud zum Einreiben der Beine, nach dessen Gebrauch Mabruk in einigen Wochen vollständig genas. Nach seiner Rückkehr wurde er von der Elephantiasis befallen. Brenner kam mit einem leichten Unwohlsein davon.

Auwesi's Unentschlossenheit und Lügen hatten die Expedition übermäßig lange an dem Unglücksorte zurückgehalten. Der durchtriebene Mischling schien zu wissen, daß er nicht gut durch einen Andern ersetzt werden konnte, und richtete hiernach sein Benehmen ein. Erst als der Baron nach langen Verhandlungen und unglaublichem Aerger erklärte, daß er auch ohne ihn am 12. Juli abfahren werde, gab er nach und kam noch in der letzten Stunde mit seinen Sklaven und einem Lootsen an Bord.

Am Morgen des bestimmten Tages dampfte der Welf nach Norden, der Insel Kiama (Kismaio der Seekarten) zu. Er konnte zumeist den inneren Weg zwischen Riffen und Festland einhalten und gelangte gegen elf Uhr glücklich an den Ankerplatz im Westen der Insel, wo schon einige Schildkrötenfänger von Tula lagen. Auch hier hatte die Cholera gewütet; sie hatte etwa ein Drittel der Bevölkerung hinweggerafft, war aber bereits seit vierzehn Tagen verschwunden.

Die Insel Kiama, die nördlichste von den größeren der fünfhundert Inseln, ist etwas kleiner als die Insel Tula. Wie diese besteht sie aus Korallengestein und Sand, der nur eine dürftige Pflanzendecke trägt, aber doch wenigstens einige Bäume hervorbringt, nach denen man dort vergeblich sucht. Ein etwa hundertsechzig Fuß hoher Bergrücken zieht sich längs ihrer Ostküste hin. Man findet auf Kiama Scharen von Wasservögeln, Perlhühner, Tauben und Antilopen, darunter auch die zierlichen Zwergböckchen. Die Einwohner sind zumeist Suaheli mit einer Beimischung von Somaliblut (?). Sie bauen Bananen und Wassermelonen in geringer Menge und weiden das von den Galla eingetauschte Vieh auf dürftigen Grasflächen. Ihre „Stadt" — einige dreißig Hütten mit einer massiven Moschee, den Ueberbleibseln eines Forts und etlichen Steinhäusern — liegt an der Westseite der Insel; nahe dabei befinden sich Kirchhöfe, welche an die von Sansibar erinnern.

Kiama gegenüber läuft längs der Küste ein hundertfünfzig Fuß hohe Korallenzug hin. Jenseit desselben, geschützt vor den scharfen Seewinden, grünt ein herrliches Thal, dessen üppige Fruchtbarkeit den erfreulichsten Gegensatz zu der Dürre des Strandes bildet. Einige schwarze Mauerreste, welche Brenner zwischen angekohlten Gewürznelkenbäumen entdeckte, erzählten stumm aber beredt, daß ein Araber, von den Reizen des Thalgrundes verlockt, einst eine Pflanzung hier anlegte; es kam aber, als die junge Niederlassung sich schön zu entwickeln begann, eine Gallahorde, welche, in alter Feindschaft gegen alles Mahammedanische, die blühende Stätte zerstörte und nur rauchende Trümmer übrig ließ! Jetzt tummeln sich nur Perlhühner und Frankoline, wo vor Jahren noch der Haushahn sich spreizte, und leichtfüßige Gazellen durchstreifen den ehedem sorgsam gehegten Baumgarten. Brenner erlegte hier unter Anderem eine merkwürdige Antilope von der Größe eines Hirsches, aber mit sehr langem, schmächtigen Halse (3 Fuß 4 Zoll rhl.), welcher ihr eine gewisse Aehnlichkeit mit einer Girafe verlieh. Kurzes, hellgelbes Haar ohne irgend ein Abzeichen bedeckte den Leib, ein dunklerer Streifen zierte den Rücken. Ihr Wildpret war höchst schmackhaft und zart, was von anderen Antilopenarten durchaus nicht immer gerühmt werden kann. Außerdem gab es Zwerggazellen, Tauben, Mandelkrähen, Ziegenmelker und viele kleine, gelbe Sperlingsvögel. Große Schildkröten und Schildkröteneier waren am Strande in Menge zu sammeln. Letztere sind kugelrund und von weißer, weicher Lederschale umgeben; das Eiweiß ist süß und viel zäher als das der Hühnereier; das verhältnißmäßig große Dotter, welches allein beim Erhitzen gerinnt, wird vorzugsweise als Speise benutzt.

Die Kranken wurden an das Festland geschafft, wo die frische Seeluft sie besser durchwehte, und das Schiff gründlich gereinigt. Die Gesunden mußten öfters Holz fällen, weil man den mitgenommenen Kohlenvorrath schonen wollte; gewöhnlich ging dann die gesammte entbehrliche Mannschaft mit, und diejenigen, welche nichts dabei zu thun hatten, gaben sich der Jagd hin. Der Baron blieb auf dem Welf. Er hatte eine schlimme Krisis zu überstehen, erholte sich aber dann wunderbar schnell wieder. Nach wenigen Tagen schon konnte der eben noch ganz entkräftete Mann sich wieder eine leichte Beschäftigung erlauben. Was ihn gerettet hatte, war nicht nur seine eiserne Natur, sondern vielleicht noch mehr seine erstaunliche Willensstärke: er gab ein glänzendes Beispiel von der Gewalt, welche der Geist über den Leib auszuüben vermag.

Am 24. Juli ließ Decken das Schiff weiter nordwärts nach Kismaio (Kap Bissel) legen, theils um der Djuba-Mündung, dem eigentlichen Ziele der Fahrt, näher zu kommen, theils um der Mannschaft die vielen traurigen Erinnerungen aus den Augen zu bringen, denn auch in Kiama hatte man noch einige Gräber auswerfen müssen. In Refuge-Corner, einer kleinen, nicht besonders geschützten Bucht im Süden des genannten Vorgebirges und acht bis zehn Seemeilen vom Djuba entfernt, ging der Welf anderthalb Meilen vom Lande vor Anker.

Schon in der ersten Nacht brach ein neues Verhängniß über die Expedition herein. Der Tischler Bringmann hatte die Wache; die Anderen schliefen sorglos, als plötzlich der Schreckensruf sie weckte: „das Schiff treibt!" Im Nu eilten Alle auf Deck — sie sahen gerade noch, wie die Flut den Dampfer mit der Breitseite flach auf den Strand setzte! Unter erschütterndem Tosen warf die Brandung das leichte Schiff immer höher empor; Schlag auf Schlag ergossen sich Sturzseen über das Deck, und als die Ebbe eintrat, drückte sich die Last auf der einen Seite immer tiefer in den Grund. Da sank der Mond unter den Gesichtskreis, und dicke Finsterniß lagerte sich über die Landschaft.

Den ganzen Umfang des Unglücks erkannte man erst am folgenden Morgen: fünf bis sechs Spanten waren zerbrochen, mehrere Niete ausgesprungen und die Radspeichen, der Boden sowie die Seiten des Schiffes in einer besorgnißerregenden Weise verbogen. Gelang es nicht, den Welf bis zur nächsten Flut wieder flott zu machen, so konnte das Schicksal der Expedition als entschieden gelten: sie war vernichtet, noch ehe sie das eigentliche Ziel der Forschung erreichte, denn man konnte weder die Ladung fortschaffen, noch lange hier bleiben, weil dann in wenig Tagen die überall umherschweifenden Galla einen Angriff gewagt hätten. Keiner verhehlte sich den Ernst der Lage; daher arbeitete Jeder, Europäer wie Neger, mit Aufbietung aller seiner Kräfte am Flottmachen des Schiffes. Die Einen räumten den massenhaft angeschwemmten Sand vor dem Schiffe weg, die Anderen löschten die Ladung; Einige verstopften Lecke und wieder Andere schafften die beiden Anker durch die Brandung soweit als möglich in die See hinaus, um bei Eintritt der Flut einen kräftigen Zug ausüben zu können. Endlich, nach riesiger Anstrengung, stand das Schiff wieder so leer wie es auf der Werft in Hamburg gewesen. Da begannen die Wogen wieder mächtig an die dünne Eisenwandung zu schlagen. Alle griffen nun zu; Diese schoben, Jene zogen; es wurde fast Uebermenschliches geleistet. Da bewegte sich die festgefahrene Masse ein wenig, und, von einer schweren See gehoben, ward sie wieder frei! Der Passepartout bugsirte sie an eine geschützte Stelle, wo sie aufs Neue, und fester als zuvor, verankert wurde.

Freilich befand sich der Welf in einem traurigen Zustande; für die offene See taugte er nicht mehr, auf dem Fluß indessen hielt er sich doch vielleicht bis zur Ankunft an der Grenze der Schifffahrt. Dann aber hatte er seine Schuldigkeit gethan und konnte immerhin als Wrack verrosten. Das Schlimmste war, daß auch die Maschine Schaden gelitten, namentlich durch Einsaugen von Sand in die Speisepumpen. In Folge der großen Anstrengung an jenem Tage wurde Brenner von einem gefährlichen Fieber befallen. Er war es hauptsächlich gewesen, welcher die Anker hinausgeschafft hatte. Durchnäßt von der Brandung und durchkältet von dem scharfen Seewinde, wurde er bald so heiser, daß er kaum ein verständliches Wort hervorbringen konnte. Nur sehr langsam kam er wieder zu Kräften, und Monate hindurch war es zweifelhaft, ob er nicht an Brust oder Lunge einen ernstlichen Schaden genommen.

Folgenden Tages wurden die ausgeladenen Gegenstände wieder an Bord geschafft. Schon war der größte Theil wieder geborgen, als Trenn und Auwesi, welche den Dienst am Lande hatten, eine lange Reihe schwarzer Leute die Küste herab kommen sahen. Niemand zweifelte, daß es ein Raubzug der gefürchteten Galla sei! Ein Boot wurde sofort abgeschickt, um Mannschaft und Waffen zu holen, und der Baron begab sich selbst an Land. Als die verdächtigen Schwarzen näher kamen, klärte sich indessen das Mißverständniß auf: es waren nicht beutegierige Feinde, sondern Unglückliche, welche die höchste Theilnahme verdienten, halb verhungerte und zum Tod erschöpfte Sklaven. Ihr Besitzer erwies sich, so sonderbar Dies klingt, als ein ziemlich menschenfreundlicher Mann; er trug keine Schuld an dem allerdings durch sein Gewerbe herbeigeführten Elende, denn die Leute selbst hatten sich geweigert, die nöthigen Lebensmittel zu tragen. Viele von ihnen waren, unvermögend sich weiter zu schleppen, bereits in der Einöde liegen geblieben — ein Los, welches mit qualvollem, sicheren Tode gleichbedeutend ist — die Meisten sahen aus, als ob sie Brawa, das Ziel ihrer Wanderung, nicht erreichen würden. Was mag das Los solcher Sklaven unter einem fühllosen oder grausamen Herrn sein?

Ursprünglich hatte Kapitän von Schickh nach der Mündung des Djuba gehen sollen, um sich die Einfahrt anzusehen; da aber jetzt mit Schiff und Maschine so viel zu thun war, begab sich Decken selbst mit Link, Auwesi, vier Tulaleuten und einigen Mann vom Schiffe am Morgen des 27. Juli auf den Weg. Schon am folgenden Tage, als man mit dem Verstopfen der Lecke fertig war, kam Link mit einigen Leuten zurück. Er brachte frische Lebensmittel von der Somalistadt Jumbo an der Mündung des Djuba, wo der Baron noch weilte, und einen Brief an Schickh, in welchem dieser aufgefordert wurde, am nächsten Morgen mit steigender Flut die Einfahrt zu wagen.

Der verhängnißvolle Morgen des 29. Juli, an welchem der Welf eine so schwierige Probe bestehen sollte, war herangebrochen. Das Schiff setzte sich in Bewegung und fuhr mit angemessener Geschwindigkeit nordwärts. Anfangs ging Alles gut; gegen zehn Uhr aber versagte der Kondensator seinen Dienst, und der Dampf ging aus, sodaß das Schiff nicht mehr von der Stelle kam. Die Lage war überaus gefährlich; denn die See ging hoch und trieb die Wogen so heftig gegen das Schiff, welches jetzt an so mancher Stelle nicht mehr durch Rippen gefestigt war, daß einige der bei dem Unfalle hinter Kap Bissel gelockerten Niete aufsprangen. Das Wasser drang mit Gewalt in den Raum, und die Gegenstände in der Kajüte fingen in Kurzem zu schwimmen an. Es glückte nun zwar, die Lecke wieder nothdürftig zu dichten; da aber Wind und Strom den kraftlosen Dampfer schnell der Küste zutrieben, so war er dennoch verloren, wenn es nicht binnen wenigen Minuten gelang, die Maschine wieder in Thätigkeit zu bringen. Man arbeitete mit der Kraft der Verzweiflung. Endlich sah man, wie die Räder sich wieder bewegten — doch es waren nur wenige Umdrehungen, welche kaum eine Wirkung auf das treibende Schiff ausübten. Da, als der Untergang schon unvermeidlich erschien, erholte sich die Maschine, das Schiff gehorchte dem Steuer und bewegte sich in nordwestlicher Richtung weiter. Man mußte bereits in unmittelbarer Nähe der Mündung sein, gewahrte aber immer noch Nichts von einer Einfahrt; auch hatte die See noch immer ein unverändertes Aussehen, vermutlich weil die Flut das leichte Süßwasser zurückdrängte. Auf einmal lag der Fluß, ohne daß man vorher die Ufer auseinander gehen sah, vor den erstaunten Augen da. Jetzt galt es, die Sinne zusammen zu nehmen und alle Kräfte aufzubieten! Mit Rad und Pinne zugleich steuernd, lenkte man den Welf in die mächtige Brandung; aber da hier der Fluß sich in fast spitzigem Winkel wendet, fuhr man am gegenüberliegenden Ufer auf einer Sandbank auf, glücklicher Weise nur mit halber Dampfkraft, sodaß er keinen Schaden nahm.

Der Welf befand sich nun in Sicherheit; wie aber war es dem Passepartout ergangen? Während der Fahrt war er mit zwei starken Tauen hinter dem Schiffe befestigt gewesen. Hitzmann und zwei Neger bediente die Maschine und hielten immer vollen Dampf, um im Falle der Noth selbständig weiter fahren zu können. Der Passepartout sollte, sobald der Welf die Barre passirt, vorbeidampfen und dem Baron Nachricht bringen. Doch es kam anders. Im entscheidenden Augenblicke war das gefesselte Boot keiner selbständigen Bewegung fähig: jetzt ward es von den straffgespannten Tauen im buchstäblichen Sinne des Wortes durch die Wogen durchgezogen anstatt über sie hinweg, dann wieder ließ der Zug nach, und es schoß mit Ungestüm gegen den Welf, als ob es dessen Wandung durchbohren wollte. Die Schlepptaue brachen mit gewaltigem Ruck, als sie eben gekappt werden sollten — allein zu spät, das Wasser war bereits in die Feuerung gedrungen, das Boot ward widerstandslos zurückgeschleudert, trieb nordwärts in die offene See hinaus und verschwand, als eben der Welf um die Ecke bog. Die sofort ausgeschickte Jolle fand keine Spur mehr von dem kleinen Dampfer; auch Hitzmann war nicht mehr zu sehen, nur die beiden Neger lagen zerschunden und zerstoßen am Strande. Sie erzählten, der Passepartout habe in der Barre soviel Wasser eingenommen, daß das Feuer verlöschte, und sei dann sichtlich gesunken. Als Hitzmann ihnen im letzten Augenblicke gestattete, sich zu retten, wären sie von den Wellen ergriffen und mit Gewalt ans Land geworfen worden. Wieder zur Besinnung gekommen, hätten sie weder vom Boote noch von dem Msungu Etwas mehr gesehen. Und Hitzmann blieb verschwunden, obgleich man noch zwei Stunden am Strande wartete und suchte in der Hoffnung, daß wenigstens die Leiche des unglücklichen Maschinisten angespült werden möchte. Einige Planken und das Namensbret des Passepartout, das war Alles, was die See herausgab! Auch später wiederholte Nachforschungen hatten keinen besseren Erfolg. Es blieb, um das Verschwinden Hitzmanns zu erklären, Nichts übrig, als anzunehmen, daß er von einem Haifisch verschlungen oder auch von den Wogen zwischen zwei Klippen eingeklemmt worden sei; denn außerdem würde das Meer den fremden Körper nicht zurückbehalten haben.

So hatte denn der Tod auch an die Europäer Hand gelegt! Tiefe Trauer bemächtigte sich der Gefährten, und bangend ahnten sie, daß dieses Opfer nicht das letzte sein werde.

Zweiundvierzigster Abschnitt.

An der Mündung des Djuba=Flusses.

Erste Erlebnisse in Jumbo. — Lager am rechten Ufer. — Die Stadt und ihre Bewohner. — Weberei und Honiggewinnung. — Aufnahme der Flußmündung. — Die Inselstadt Dschungoni und Herr Arc Angelo. — Schwierigkeiten, einen Dolmetscher und Führer zu erlangen. — Auwesi entlassen, Abdio ben Nur als Abbani in Dienst genommen.

Auf seiner Wanderung nach der Stadt Jumbo kam der Baron erst durch eine Strecke frischen Wiesenlandes, welches hier und da durch Gebüsch oder einzelne Dumpalmen anmutig unterbrochen war, dann durch ein Stück Unterholz mit vielen Dumpalmen, zuletzt über die Sanddünen und am Strande hin. Wasser traf er an drei verschiedenen Stellen in Löchern. Etwa zweihundert Schritt vom Meere fanden sich auch einige neunzig Schildkröteneier, von denen die Hyänen, nach den Fußtapfen zu urtheilen, schon eine gute Anzahl verspeist hatten. Kaum war die Hälfte des Weges zurückgelegt, als Decken einsah, daß er sich zuviel zugetraut hatte. Mit der größten Mühe schleppte er sich weiter. Er zwang sich, auszuhalten, und erreichte in der That auch das Ufer des Djubaflusses, brach aber hier im buchstäblichen Sinne des Wortes zusammen. Seine Beinmuskeln, noch von der Krankheit geschwächt, waren krampfhaft angespannt, er konnte auch nicht einen Schritt weiter thun. Da er nicht wußte, welche Aufnahme er bei den Somali finden würde, schickte er Auwesi und einen andern Mann aus Tula nach der Stadt, um seine Ankunft vorläufig melden zu lassen. Nach langem Warten, gegen sieben Uhr Abends, erschienen die Abgesandten wieder, aber mit schlechter Botschaft: die Einwohner von Jumbo hatten sich geweigert, in irgend welche Verbindung mit dem Fremden zu treten, ja ihm Lebensmittel zu vertauschen; sie erklärten sogar offen, daß sie jeden Europäer, welcher ihre Stadt beträte, erschlagen würden. Der Hoffnung auf ein Obdach für die Nacht beraubt, suchte man sich im Freien nothdürftig einzurichten, baute von dem allerwärts umherliegenden Holze eine Schutzwand gegen den Wind und zündete ein Feuer an. Auwesi wurde sogleich wieder nach der Stadt geschickt, um nochmals mit den Einwohnern zu unterhandeln und ein Boot für die Ueberfahrt zu beschaffen.

Tags darauf ging der Baron den Leuten entgegen. Zu der kurzen Strecke bis zum Flusse brauchte er, matt wie er war, ziemlich zwei Stunden; dort angelangt, mußte er geraume Zeit warten, bis ein Nachen herüber kam, um ihn und seine Begleiter zu holen. Es war von Auwesi wenigstens soviel erreicht worden, daß das Msungu nun in der Stadt bleiben und die Verhandlungen selbst führen durfte. Am anderen Ufer des Flusses empfingen ihn etwa ein Dutzend Einwohner und führten ihn nach einem großen steinernen Hause, wo sofort Ruhebänke herbeigebracht und die Verhandlungen begonnen wurden. Mit hochfahrendem Tone verboten die Aeltesten, mit dem Schiffe in den Fluß einzulaufen; und als ihr Besucher erwiederte, daß er hierzu ihre Erlaubniß nicht brauche, weil der Fluß von Gott zur Benutzung von Jedermann gemacht sei, auch Said-Madjid, dem das Land gehöre, ihm die Einfahrt gestattet habe, sagten sie gar trotzig, sie hätten den Fluß gekauft, und wer ihn befahren wolle, müsse das Recht dazu bezahlen. Da sie jedoch merkten, daß solche Gründe vor den Augen des Weißen keine Gnade fanden, verlegten sie sich auf eine andere Ausrede: sie behaupteten, von Brawa abhängig zu sein und ohne besondere Erlaubniß der dortigen Obrigkeit die Schiffahrt auf dem Flusse nicht gestatten zu können. Hierauf erklärte ihnen der Baron, er habe sie überhaupt nur aus Höflichkeit um die Erlaubniß gefragt, sei aber durchaus nicht ihrer Gnade unterworfen, noch gesonnen, sich um ihr albernes Gerede zu kümmern; sein Schiff werde unter allen Umständen am nächsten Morgen einlaufen. Gäben sie ihre Einwilligung dazu nicht, so würden sie nicht nur seiner Belohnung verlustig gehen, sondern auch sich die Strafe des Sultahns von Sansibar zuziehen, welcher alle nach seiner Stadt kommenden Jumboleute festnehmen würde, um die Mißachtung seiner Befehle zu bestrafen; vor den Brawaleuten aber brauchten sie sich deshalb nicht zu fürchten, denn er selbst würde die Häuptlinge dort brieflich unterrichten, daß die Bewohner von Jumbo Alles gethan hätten, um ihn zurückzuhalten, wenn auch ohne Erfolg. Jetzt fügten die Somali sich in das Unvermeidliche, wiesen ein Haus zum Schlafen an und brachten Reis, Butter und Milch zum Geschenk. Um ihnen jedoch keine Zeit zu einer Aenderung ihres Beschlusses zu lassen, schickte Decken sofort den Doktor nach dem Dampfer und bat den Kapitän, wie wir schon wissen, das Hochwassers des 29. früh zur Einfahrt zu benutzen.

Kaum hatte Link sich entfernt, als die Somali von Neuem auffässig wurden; sie sprachen in weit heftigerem Tone als vorher, und namentlich die jungen Leute, welche anfangs geschwiegen, thaten sich durch ungeberdiges Wesen hervor. Einige der Unverschämtesten schrieen und tobten in so lästiger Weise, daß der Baron die Geduld verlor und mit Aufbietung seiner schwachen Kräfte den Nächststehenden zur Thür hinauswarf — die Anderen schlichen schweigend nach. Der Mut des einzelnen, noch dazu kranken Mannes mußte ihnen hohe Achtung eingeflößt haben; denn bald kamen sie mit einer Ziege als Freundschaftsgeschenk zurück und benahmen sich so liebenswürdig, daß man in ihnen kaum mehr die Leute erkannte, welche noch am Morgen vom Todtschlagen der Fremden gesprochen hatten. Auch Andere, namentlich die Jumbo-Frauen Auwesis, beeilten sich, ihre Freundschaft zu bezeigen, indem sie Eier, Butter und Hühner schickten. So war denn durch angemessenes Auftreten der Frieden hergestellt, und der Reisende konnte einer ruhigen Nacht entgegensehen.

Am folgenden Morgen erwartete Decken die Nachricht von der Einfahrt des Welf mit einiger Aufregung; hing doch von dem Ausfalle des Wagnisses das Schicksal seiner ganzen Unternehmung ab. Er wollte nach dem Strande gehen, um in nächster Nähe Zeuge der Ereignisse zu sein, wurde aber durch heftige Schwindelanfälle daran verhindert und mußte sich begnügen, den Dampfer, welcher um acht Uhr in Sicht kam, von der Stadt aus zu beobachten. Kurz vor der Barre hielt das Schiff, später setzte es sich wieder in Bewegung, dann entschwand es dem Blicke. Zwei Stunden vergingen, ehe der in Sorgen Harrende irgend eine Nachricht erhielt. Auch dann erfuhr er nur von einigen Leuten, welche er auf einen benachbarten Hügel geschickt hatte, daß der Welf die Barre passirt und sich im Flusse verankert habe; das Boot, welches er sogleich nach der Einfahrt zu schicken befohlen hatte, kam indessen nicht, ebensowenig ein von den Eingeborenen erbetener Baumkahn. So verflossen fünf peinliche Stunden. Endlich entschloß er sich, noch einmal zu versuchen, ob seine Füße ihn etwas weiter als am Morgen tragen würden. Da erschienen Link und Trenn in dem so lange erwarteten Boote. Sie sprachen ihre Verwunderung aus, daß man den nach der Einfahrt abgefeuerten — allerdings blinden — Kanonenschuß hier nicht gehört hatte, und berichteten in Eile das Geschehene, auch das Unglück mit Hitzmann und dem Passepartout.

Decken begab sich, nachdem er die schmerzliche Kunde vernommen, sogleich nach der Sandbank. Man hatte bereits das Schiff zu räumen begonnen, da man nicht hoffen durfte, es ohne diese Erleichterung flott zu bekommen. Erst am folgenden Tage kam der Welf wieder frei und legte sich dann etwas höher hinauf; später, als die Sachen wieder eingenommen waren, fuhr er nach Jumbo zu und ging oberhalb der Stadt vor Anker, in der Nähe des rechten Ufers. Ein ringsum von niedrigen Höhen eingefaßter Platz auf demselben Ufer wurde von Buschwerk gereinigt und mit einem Dornenverhau umgeben; dann wurden fünf Zelte aufgeschlagen, eins für das Gepäck, die anderen für Link, Trenn und die Kranken der Mannschaft, denen sich auch die schiffsmüden Hunde zugesellten. Das Lager entsprach zwar, schon der umliegenden Höhen wegen, nicht allen Forderungen, doch genügte es für die kurze Zeit, während welcher man hier zu weilen gedachte.

Auf dieser von den Galla durchstreiften Seite des Flusses dehnt sich hinter einer üppigen Uferwaldung eine weite Steppe aus, welche von Wild aller Art, von Girafen, Zebra, Kudu-, Elenn- und Oryxantilopen, Springböcken, Zwerggazellen, Füchsen, Perlhühnern und Frankolinen geradezu wimmelt. Dem Lagerplatze gegenüber, auf dem linken oder Somaliufer des Flusses, liegt die Stadt Jumbo. Obwol auf einem Hügel erbaut und nur eine halbe Seemeile vom Ufer entfernt, ist sie doch vom anderen Ufer aus nicht sichtbar, weil hoher Busch sie verdeckt. Da dieser Hügel nach drei Seiten zu steil abfällt und auf der vierten an ein dichtes Dornengestrüpp grenzt, läßt er sich mit Leichtigkeit gegen anstürmende Feinde vertheidigen. Der nach Jumbo führende Weg ist sehr sumpfig, bei hohem Wasser sogar überschwemmt. Decken legte ihn häufig zurück, da er der nöthigen Schauri wegen fast täglich in der Stadt sein mußte; gewöhnlich begleitete ihn Link, welcher dann in der Zwischenzeit die Kranken der Ortschaft besuchte.

Die Stadt Jumbo, von früheren Reisenden auch Jubastadt oder Jubo genannt, ist den Seefahrern schon längst bekannt, da man sie von den Mastkörben der Schiffe aus sehen kann. Betreten worden ist sie aber unseres Wissens bisher nur von dem Jesuiten Geronimo Lobo, welcher im Jahre 1624 die Ostküste von Afrika besuchte. Was dieser von dem Orte sagt, ist indessen so unbedeutend, daß wir mit unserer Beschreibung allein auf die Berichte der Decken'schen Expedition angewiesen bleiben. Durch diese erfahren wir auch, daß Jumbo in früherer Zeit wiederholt von Gallahorden zerstört worden, zum letzten Male etwa zehn Jahre vor Deckens Ankunft. Jetzt ist die Stadt für dortige Verhältnisse ansehnlich befestigt d. h. mit einer etwa acht Fuß hohen, mit Schießscharten versehenen Mauer umgeben, welche nur an einzelnen Stellen schmale Lücken oder Durchgänge hat, sogenannte Thore. Diese Befestigung ist es auch, welche der Ortschaft den Namen Stadt verschafft hat; der Häuserzahl nach würde man sie für ein Dorf erklären müssen. Nur etwa fünfzig Lehmgebäude, welche sich nicht wesentlich von den Hütten Sansibars unterscheiden, und sechs steinerne Häuser, darunter zwei Moscheen, füllen den von Mauern umschlossenen Raum, und zwei- bis dreihundert Seelen mögen darin wohnen.

Die Somali von Jumbo zeigen noch nicht den reinen Somalitypus, da sie in allzuhäufiger Berührung mit den gemischten Bewohnerschaften von Brawa, Tula und Lamu stehen. Ihre Tracht weicht nur unbedeutend von der bei den Suaheli von Sansibar üblichen ab: sie tragen zumeist blos ein Schurztuch um die Hüften und legen nur bei besonderen Gelegenheiten ein zweites Stück Baumwollenzeug über die Schulter; für gewöhnlich gehen sie barfuß, auf der Jagd aber benutzen sie einfache, aus Büffelhaut gefertigte Sandalen. Als Waffen führen sie hauptsächlich Spere von gewöhnlicher Form und Schilde aus Flußpferdhaut, doch trifft man auch große, fast fünf Fuß lange Bogen, welche vergiftete Pfeile mit eisernen

Spitzen zu schleudern bestimmt sind; Feuerwaffen sind zwar bekannt und gefürchtet, aber selten, weil nicht leicht zu beschaffen. Die Frauen tragen das in Sansibar beliebte, von den Schultern bis zu den Knöcheln herabreichende Schurztuch, dazu aber ein zweites, möglichst buntes Stück Zeug, welches in verschiedener Knotung um die Schultern geschlungen wird; ihr liebster Schmuck sind große Perlen, nächstdem sieht man oft breite Messingringe über den Fußknöcheln und an den Armgelenken, häufig auch schwere Ohrgehänge, z. B. einen gehenkelten Mariatheresiathaler. Sie gehen immer verschleiert aus, nur Sklavinnen zeigen das Gesicht unbedeckt. Ausdrucksvolle, meist ernste Gesichter kennzeichnen die Bewohner von Jumbo; einzelne ihrer Frauen sollen fast schön zu nennen sein. Bei Männern wie Weibern bemerkt man eine große Hagerkeit, was nicht auffallen kann, da ihre Nahrung fast nur aus Fleisch besteht. Von Waden sieht man kaum einen Ansatz, doch sind die Beine sehnig und großer Anstrengung bei Kriegsmärschen oder auf Jagden fähig. Geringer ist die Muskelkraft der Arme, denn diese wird so gut wie gar nicht geübt. Die Ausbildung der Fußzehen erregt unser Staunen; jede derselben stellt ein selbständig bewegliches Glied dar und dient in vielen Fällen zum Ersatz der Finger. Gilt es z. B., einen am Boden liegenden Gegenstand, und wäre er noch so klein, aufzuheben, so fällt es dem Somali nicht ein, sich zu bücken: er ergreift ihn mit der großen und der zweiten Zehe und bringt ihn mit rascher Bewegung zu den Händen empor; und Dies führt er so natürlich aus, daß man sofort sieht, jeder andere Weg zum Ziele würde ihm lästiger sein.

Wie die Somali überhaupt sind auch die Bewohner von Jumbo mißtrauisch gegen Fremde, wenn auch vielleicht jetzt nicht mehr in demselben Grade wie früher. Ihre gefährliche Lage im Grenzgebiete der Galla und ihre Abhängigkeit von den gleichfalls den Fremden ungünstigen Brawanern mag hierzu nicht wenig beigetragen haben. Indessen sind sie, wie wir aus Deckens erster Verhandlung mit ihnen gesehen haben, mehr Lärmmacher als gefährliche Leute, eine Erfahrung, welche Guillain auch bei anderen Küstensomali schon vor zwanzig Jahren gemacht hatte. Hiermit soll jedoch nicht gesagt sein, daß sie nicht unter Umständen auch als Räuber und Mörder auftreten könnten; diese Eigenschaften sind ja bei fast allen Strandbewohnern zu finden, warum nicht auch bei den von Natur schon schlimm gearteten Somali? Ihre im Jahre 1798 an Bootsmannschaften der englischen Kriegsschiffe „Leopard“ und „Dädalus“ begangenen Unthaten, welche auf den Karten durch die Namen „Refuge-Bai“ und „Murder-Shoal“ verewigt werden, sind bei dem europäischen Seemann noch in gutem Angedenken, daher es von ihm thunlichst vermieden wird, sich der überdies hafenarmen Küste zu nähern. Aber so abschreckend solche Geschichten auch wirken, man wird früher oder später lernen, auch mit diesen Leuten umzugehen. Decken selbst ist während seines Aufenthaltes sehr gut mit ihnen ausgekommen und hat nach der ersten Auseinandersetzung keine Unannehmlichkeiten wieder mit ihnen gehabt. Einmal allerdings weigerten sie sich, das am Strande aufgelesene Sonnensegel des Passepartout gegen ein angemessenes Bergegeld auszuliefern, weil „Gefundenes ein Geschenk Gottes sei“, doch fügten sie sich nach Kurzem, als ihnen eine Frist gesetzt wurde, und gaben es ohne Entschädigung her. Jagd und Viehzucht sind die Hauptgewerbe der Einwohner. Man baut ein wenig Mtama und Wassermelonen, bezieht aber sonst Alles, was man an Bodenerzeugnissen braucht, aus den weiter oben am Flusse gelegenen Sklavenkolonien, von denen bald die Rede sein wird. Etliche Männer beschäftigen sich mit Verarbeitung der Baumwolle, und zwar weben sie nicht nur ganz hübsche und dauerhafte Stoffe, sondern spinnen auch das dazu nöthige Garn eigenhändig. Ihr Spinnrad ist einfachster Art, es wird mit der einen Hand gedreht, während die andere die Baumwolle zum Faden auszieht. Die Spindel zur Aufnahme des Garnes hat keinen Haken wie bei uns, und wie man ihn selbst schon in Sansibar sieht, daher wird sie jedesmal, wenn ein Faden von Armlänge gesponnen ist, rückwärts gedreht, um ihn aufzuwickeln. Ebenso ist das Webgeräth von höchster Einfachheit. Die Längsfaden werden, ähnlich wie bei uns vor Erfindung des Webstuhls, mit Stöcken aufgespannt, und zwar unmittelbar über dem Erdboden. Vor diesem Rahmen sitzt in einem Loche von gehöriger Tiefe der Weber und handhabt mit großem Geschicke sein zierlich geschnitztes Schiffchen. Zieht man die Mangelhaftigkeit dieser Vorrichtung und die Lockerheit des Fadens in Betracht, so muß man das hier gefertigte Gewebe sehr gut und gleichmäßig nennen; in Bezug auf Festigkeit und Dauer steht es sogar dem allerdings glatteren und weicheren amerikanischen Zeuge voran. Mit welcher Schnelligkeit die Jumboweber zu arbeiten wissen, geht daraus hervor, daß sie ein zwölf Fuß langes Stück, eine sogenannte Schuka, in einem Tage fertig bringen. Frauen sieht man selten am Webstuhl, dagegen werden sehr hübsche Flechtarbeiten von ihnen gefertigt; daß ihnen die Besorgung der Wirthschaft und die Abwartung des Viehes obliegt, bedarf kaum der Erwähnung.

Als Haupterzeugniß von Jumbo muß neben den Baumwollenstoffen noch Honig und Wachs erwähnt werden. Ihrem Hange zum Umherstreifen gemäß suchen die Somali sehr gern die Stöcke der wilden Bienen auf, befestigen auch, um sich diese Mühe zu sparen, eigens aus Rinde gefertigte Bienenkörbe im Walde und sammeln dann von Zeit zu Zeit die Waben, indem sie Feuer unter den betreffenden Bäumen anzünden nnd so die Bienen verjagen. Jumbos Handel ist unbeträchtlich, doch steht die Ortschaft mit Lamu sowol wie mit Brawa durch Küstenpfade in Verbindung, durch letztere Stadt auch mit Bardēra und Ganane, den bedeutendsten Orten am Djuba. Mit Kamelen, welche hier schon häufiger benutzt werden, erreicht man Ganane in vier Wochen.

Nur das linke oder östliche Ufer des Flusses ist von Somali besetzt, auf dem rechten wohnen die Galla. Mit ihnen sowie mit anderen Anwohnern des Djuba-Flusses werden wir im weiteren Verlaufe der Reise näher bekannt werden; für jetzt sei nur soviel bemerkt, daß die Galla bei Jumbo dem Baron das Betreten ihres Gebietes bereitwillig gestatteten.

Die erste Sorge des Barons war, Briefe nach Sansibar und Europa zu schicken mit einem Bericht über die bisherigen Ereignisse und namentlich über den Tod des armen Hitzmann; zugleich bat er den Hamburger Konsul um Ergänzung der so sehr zusammengeschmolzenen Mannschaft. Als er einen des Schreibens kundigen Mann fand, den Scheich Kulatēn aus Mukdischa, ließ er auch einen Brief an die Häuptlinge von Brawa schreiben, um, wenn auch nur aus Höflichkeit, die Erlaubniß zur Weiterfahrt zu erbitten und nebenbei die Schuldlosigkeit der Bewohner von Jumbo an seinem Eindringen in den Fluß darzulegen. Beide Sendungen, die nach Sansibar sowol wie nach Brawa, wurden sogleich durch Eilboten befördert; jene kam aber erst nach zwei Monaten an ihre Adresse, und auf diese lief gar keine Antwort ein.

Nach Diesem vermaß Decken die Mündung des Flusses. Das erhaltene Bild war ein wesentlich anderes als das, welches die englische Seekarte bietet, was sich leicht daraus erklärt, daß die zu jener Zeit mit der Aufnahme beauftragten Boote nicht in den Fluß selbst eindrangen: wahrscheinlich wurde damals nur soviel aufgezeichnet, als man vom Mastkorbe des Schiffes aus sehen konnte. Einige Lothungen ergaben die Wassertiefe innerhalb der Barre zu drei bis vier Faden; weiter oben hielt sie sich zwischen zwei und drei Faden. Auf der Barre selbst stand bei Ebbe nicht mehr als sechs Fuß Wasser. Die Strömung war sehr kräftig und betrug im Durchschnitt drei Meilen die Stunde, bei Flut weniger, bei Ebbe mehr; in letzterem Falle ist die lehmiggelbe Färbung des Flußwassers über eine Seemeile vom Strande noch merklich. Der Meeresgrund vor der Mündung senkt sich sehr allmählich; in dreiviertel Meilen Entfernung wurde nur fünf Faden Tiefe gemessen, und erst vier

Meilen vom Lande beginnen Tiefen von dreißig Faden. Eigentliche Gefahr bietet der Grund vor dem Djuba zwar nicht, doch sind die Schiffe völlig ungeschützt dem Winde Preis gegeben; sie müssen daher in der Refuge-Bai südlich von Kismaio oder Kap Bissel, in welcher der Welf beinahe verunglückt wäre, vor Anker gehen und finden hier bei Nordost-Monsun in der nördlichen, sonst in der südlichen Ecke der Bucht genügende Sicherheit. Ein günstiger Umstand ist es übrigens, daß während des Südwest-Monsuns, zur Zeit der heftigsten Winde und der höchsten See also, die Schiffe infolge der allgemeinen Küstenrichtung jederzeit vom Lande abkommen können. Kleinere Schiffe können innerhalb der Barre ankern; die Einfahrt ist nicht schwierig, wenn man die Erfahrungen der Djubaexpedition berücksichtigt.

Um den weiteren Lauf des Flusses im Voraus kennen zu lernen, wurde am 6. August eine Bootfahrt nach dem oberhalb Jumbo gelegenen Somalidorfe Dschungoni unternommen. Es fand sich bei beträchtlicher Breite überall genügende Wassertiefe, selbst bei Dschungoni, wo der Fluß durch zwei Inseln in drei Arme getheilt wird. Hier hatte etwa im August 1855 der Engländer Arc Angelo (64) einige Tage geweilt. Er wollte den Fluß 250 Meilen weit befahren haben; nach übereinstimmenden und bis ins Kleinste gehenden Aussagen der Eingeborenen stellte es sich aber heraus, daß Herr Angelo niemals weiter gekommen war als bis Dschungoni. Von Tula ausgehend, war er zur See bis nach Kismaio gefahren und hatte sich von da zu Lande nach Dschungoni begeben. Hier blieb er drei Tage. Während seines ganzen Aufenthaltes hat er die Insel nicht ein einziges Mal verlassen; die Stadt Jumbo hat er nicht berührt, weil diese damals in Trümmern lag. Er verschaffte sich in Dschungoni einige Kamele und ging mit diesen nach Brawa, von wo er sich nach Mukdischa wandte, um mit dem dortigen Scheich Kulatën in Handelsverbindung zu treten. Da Kulaten bei Angelos Ankunft sich in Geledi bei Scheich Jussuf aufhielt, ging Angelo auch noch dahin; hiermit aber schließt sein Aufenthalt im Somalilande. Diese Aussagen stimmten in allem Wesentlichen überein mit dem, was Guillain in Mukdischa erfuhr, sodaß die Haltlosigkeit der Berichte Angelos als erwiesen gelten darf. Nicht viel mehr Zutrauen verdienen die Nachrichten des englischen Kapitäns Short, welcher im Jahre 1849 gleichfalls Hunderte von Meilen stromauf gefahren sein wollte und durch seine Nachrichten von den dort gesehenen Schneebergen die Welt in Staunen versetzte.

Bakari, der Aelteste von Dschungoni, welchen Decken schon in Jumbo kennen gelernt hatte, nahm seinen Besucher sehr freundlich auf und bewirthete ihn auf das Beste mit Reis, Milch und Butter. Die Bewohner des Dorfes wetteiferten mit ihm, indem sie Wassermelonen, Butter, Honig und ein großes Schaf als Freundschaftsgeschenk in das Boot legten. Von der Weiterfahrt auf dem Flusse wollte Bakari nichts wissen, bevor die Antwort von Brawa eingetroffen sei; er sprach von allerlei Gefahren, welche seine Freunde bedrohen würden, von der Verantwortung für ihn, wenn er sie ins Unglück gehen ließe, und verlangte schließlich, als er merkte, daß alles Dieses nichts helfen würde, wenigstens eine schriftliche Bescheinigung, daß er sein Möglichstes gethan habe, um den Msungu vor Unglück zu bewahren.

Decken vervollständigte hier mit Hilfe einiger Eingeborenen ein Galla-Wörterbuch, welches er in Erwartung öfterer Berührung mit diesem großen Volksstamme bereits am Osi angefangen hatte. Nachdem er dann noch verschiedene Erkundigungen eingezogen und sich in den Hütten der Leute etwas umgesehen, kehrte er an selbem Tage zurück.

Der Aufenthalt in Jumbo verlängerte sich ungebührlich, weil es nicht sobald gelang einen passenden Führer zu bekommen. Es meldeten sich zwar mehrere Leute, Galla, Somali und Wasegua, alle aber hatten nur geringe Strecken vom Flusse gesehen und spannten überdies ihre Ansprüche so hoch, daß von einer Verhandlung keine Rede sein konnte. Nicht geringe Schwierigkeiten verursachte auch die Gewinnung eines Dolmetschers, und doch war es sehr wichtig, einen tüchtigen Mann hierfür zu erlangen, weil von den Mitgliedern der Expedition keines der Somalisprache kundig war. Erschwert wurden die Bemühungen des Barons noch dadurch, daß die hiesigen Somali, welche Suaheli verstanden, sich einer von der Sansibarsprache sehr abweichenden Mundart bedienten. Endlich gelang es, einen Sklaven Namens Kero zu bekommen, welcher in den drei Hauptsprachen, Suaheli, Somali und Galla, große Fertigkeit besaß. Er hatte sich bisher seinen Unterhalt durch Jagd verdient, erhielt deshalb, da er mit Waffen umzugehen wußte, bei Antritt seines Dienstes ein Gewehr.

Später meldete sich als Führer ein freier Mann, Namens Baraka, welcher gleichfalls auf Jagdstreifereien bis Bardēra gekommen war und hauptsächlich in dem Gebiete der Wabuni, eines Bruderstammes der Galla, sowie in den Wasegua-Ansiedelungen bekannt war. Einen Lootsen hatte man in ihm freilich nicht gewonnen; Dies war auch, wie man sich bald überzeugte, nicht wol möglich, da der Djubafluß, so groß und schön er ist, von den Anwohnern mehr als trennende und schützende Abgrenzung betrachtet wird, denn als verbindende Straße. In einzelnen Ortschaften gibt es allerdings Baumkähne, groß genug um drei Ochsen zugleich einladen und nach den Weidegründen am andern Ufer schaffen zu können, aber diese dienen nur als Fähren; eine längere Fahrt stromauf- oder abwärts mit diesen Kähnen gilt als etwas Unerhörtes, man zieht den beschwerlicheren oder sicheren Landweg vor.

Jetzt blieb noch übrig, einen Abani d. i. Schutz- und Geleitsmann zu gewinnen, denn der von Tula mitgenommene Scheich Auwesi hatte sich schon nach kurzem Aufenthalte in Jumbo als ungeeignet erwiesen. Vierzehn Tage lag man bereits hier vor Anker; es war Feuerholz in Menge an Bord genommen worden, desgleichen Mtama und Mais sowie eine kleine Herde Schafe; man hatte den Dampfer gründlich ausgebessert und mit einem neuen Anstrich versehen, die nöthigen Messungen vorgenommen, die Instrumente geprüft, Revolver, Gewehre und Kanonen eingeschossen, kurz Alles zur Abreise vorbereitet, und noch hatte der gewünschte Abani sich nicht gefunden.

Da erschien unerwartet noch in der letzten Stunde, von Lamu kommend, der Scheich Schigo ben Osman, einer der fünf Aeltesten von Brawa, mit einem Manne von seiner Verwandtschaft, welchen er für das wichtige Amt in Vorschlag brachte. Schigo mußte ein ziemlich vernünftiger Mann sein, wenigstens hielt er den Bewohnern von Jumbo die Dummheit vor, einem Dampfer das Eindringen in den Fluß verwehren zu wollen. Sein Verwandter, Abdio ben Abd el Nur, kam noch spät am Abend des 14. August, dem Tage vor der Abreise, an Bord. Auch er sprach Suaheli, Somali und Galla; dazu hatte er einen „Bruder“ in Bardēra. Er war ein ruhiger Mann von nicht unangenehmen Aeußeren, aber sehr stolz und anspruchsvoll. Daß er die Expedition nicht aus Freundschaft oder aus Theilnahme stromaufwärts begleiten wollte, war offenbar, nur ließ sich nicht sogleich errathen, welche Hintergedanken ihn leiteten: ob er den Aufpasser spielen, oder den Baron verhindern sollte, allzugenauen Einblick in die Verhältnisse des Landes zu gewinnen, oder ob er die Reisegelegenheit zu Handelszwecken ausbeuten wollte. Jedenfalls war große Vorsicht mit diesem Manne nöthig, und der Baron war von vorn herein auf seiner Hut. Es war dem erfahrenen Reisenden schon verdächtig erschienen, daß die Verhandlungen so überaus schnell zum Abschlusse kamen; er beschloß, Abdio in jeder Weise tüchtig zu überwachen, damit aus dem Schützer nicht etwa ein Verderber würde.

Dreiundvierzigster Abschnitt.

Stromaufwärts.

Freuden und Leiden der Flußfahrt. — Uferlandschaften. — Die Sklavenkolonie Hindi. — Manamfunde und die Waseguadörfer. — Die Wabuni, ihre Niederlassungen und ihre Sitten. — Gezwungener Halt bei Wegere. — Die während der Reise beobachteten Thiere: das Geierperlhuhn, Antilopen und Dickhäuter, Raubthiere, wilde Hunde, ein räthselhafter Menschaffe, das Krokodil. — Verirrung zweier Neulinge. — Böse Stellen im Fahrwasser. — Die Ufer verändern sich. — Ankunft in der Somalistadt Bardera.

Frühlingsluft erfüllte die Herzen Aller, als endlich am 15. August der Welf seine Fahrt stromaufwärts begann. Es war ihnen zu Mute wie in der Heimat, wann ein trauriger, trüber Winter vergangen und der sonnige Lenz vor der Thüre war, welcher Gräser und Blüten erweckte, die Vöglein aus der Ferne rief und den Menschen hinaus trieb in das Freie, daß er die Schönheit der verjüngten Natur genösse. Sie hatten Mühsal und Leiden erduldet, nun winkte ihnen der lohnende Genuß; und in dieser Erwartung sahen sie Alles verschönt, in verklärtem Lichte. Mit gespanntester Aufmerksamkeit durchmusterten sie die Ufer des Flusses. Wo ein merkwürdiger Baum oder ein auffälliges Thier sich zeigte, that sich die Freude in lauten Ausrufen kund; und jede Biegung des Flusses zeigte ihnen etwas Neues und Unerwartetes. Diese Freude, so sehr sie vielleicht auch in der Einbildung beruhte, war den jungen Reisenden wohl zu gönnen, und unrecht wäre es gewesen, sie ihnen zu verkümmern; denn in der Hoffnung auf solche Genüsse hatten ja die meisten von ihnen die Heimat verlassen — Keiner wußte, ob ihm andere, greifbare Vortheile zu Theil werden würden, sowol während der Reise als nach derselben, wenn überhaupt ihm die Rückkehr beschieden war! Uebrigens konnten sie sich dem Schauen und Bewundern nicht völlig hingeben; die Einen waren ja bei der Maschine beschäftigt, Andere mit dem Steuern des Schiffes, noch Andere mit Messung der Richtung und Fahrgeschwindigkeit; aber sie thaten ihre Pflicht mit einer Freudigkeit, welche dem Beobachter verrieth, daß ihnen Nichts angenehmer sein könnte, als unter solchen Verhältnissen mitzuwirken.

Nach kurzer Fahrt wurde gegen sieben Uhr Morgens das bereits bekannte Dschungoni erreicht, dann nach weiteren zwei Stunden ein auf dem linken Ufer gelegenes kleines Dorf Namens Mangomo, hinter welchem der Fluß einen außerordentlich gewundenen Lauf annimmt, sodaß in Zeit von einer Stunde der Kompaß oft alle Himmelsrichtungen anzeigte. Die Schwierigkeiten einer Fahrt auf unerforschtem Gebiete und bei ungewohnten Verhältnissen sollten gleich am ersten Tage offenbar werden. Um zehn Uhr hörte der Welf plötzlich auf sich zu bewegen: der Dampf war ausgegangen, weil die Feuerleute es noch nicht ordentlich verstanden, mit Holz allein die nöthige Hitze hervorzubringen. Man sah sich in Folge dessen genöthigt, wieder zur theilweisen Kohlenfeuerung seine Zuflucht zu nehmen. Später entdeckte man, daß das Holz schon am zweiten Tage, nachdem es gefällt worden, vortreffliche Dienste leiste, wenn man es nur sofort der Länge nach spaltet und bis zum Gebrauch auf dem Verdeck liegen läßt.

Als der Dampfer kaum wieder in Bewegung gekommen war, hemmte sich aufs Neue sein Lauf, diesmal aber nicht aus inneren Gründen. Ein tückisches Geschick hatte es gefügt, daß man den schlechtesten Theil des Weges benutzte, während ringsum genügende Tiefe vorhanden war. Vor solchen Unfällen schützte die Anwesenheit eines Lootsen nicht, denn gerade wenn er vor Untiefen warnte, fand sich mehr Wasser als je, und meinte er, es sei Alles in Ordnung, so konnte man bestimmt darauf rechnen, in den nächsten Minuten festzusitzen. Nachdem man wieder frei gekommen, ging noch zweimal der Dampf aus, worauf man wiederum festfuhr und so fort, bis bei bereits eintretender Dunkelheit eine Stunde hinter dem Dorfe Gosch, dessen Pflanzungen sich wol zwei Seemeilen weit am linken Ufer des Flusses hinziehen, der Anker geworfen wurde.

Bis hierher sind die Ufer des Flusses dicht bewachsen. Hinter Jumbo herrschten anfangs noch Mangrovebäume vor; später setzte der Wald sich hauptsächlich aus Akazien und Tamarinden zusammen, zwischen denen Dumpalmen, Affenbrodbäume und afrikanische Eichen, hier und da mit Schlingpflanzen verwachsen, bald einzeln bald gruppenweise standen. Auf dem linken Ufer ließ sich öfters die große, fast baumlose Grasebene sehen, welche den ostafrikanischen Küstenstrichen ihr Gepräge gibt, und bei den Ortschaften bebautes Land mit Kerkerre oder Mtama, mit Mais, Bananen, Melonenbäumen und etwas Zuckerrohr. Paviane und Meerkatzen mit weißem Halsbande belebten den Wald, Krokodile und Flußpferde das Wasser, Königsfischer, weiße Reiher, Enten und andere Wasservögel die Grenze zwischen beiden, die Sandbänke und niedrigen Uferstellen. Hier und da saß auch auf einem einzelnen Baum ein weißköpfiger Adler von derselben Art, welche schon am See Jipe und dem Osiflusse öfters beobachtet worden war.

Am Morgen des sechzehnten gelangte der Welf in zweistündiger, durch keinen Unfall unterbrochener Fahrt nach der Ansiedelung Hindi. Eine Menge Leute kamen an das Ufer und begrüßten das noch nie gesehene Wunderschiff mit Jauchzen und Lärmen. Da man sich hier Lebensmittel versprechen durfte, wurde Abdio ben Nur an Land geschickt; ihm folgte nach einiger Zeit der Baron mit Link. Die Ortschaft Hindi liegt nur hundert Schritt seitwärts, aber so versteckt im Wald, daß sie vom Flusse aus nicht gesehen werden kann. Sie ist von einem Pfahlzaune umschlossen, durch welchen zwei Thore führen. Decken schätzt die Zahl der Wohngebäude auf hundert bis hundert und fünfzig; einige davon waren rund oder oval, andere viereckig, die meisten klein und niedrig, viele aber auch hoch und geräumig. Ebenso mannigfach ist die sechs- oder siebenhundert Köpfe zählende Einwohnerschaft. Es giebt hier Leute der verschiedensten Stämme: Wasegua, Wamrima, Waschensi und Eingeborene von Sansibar, besonders aber Leute aus dem Süden, Waniassa, Wahiao, Wabisa und Wamakua, und alle sind entlaufene Sklaven aus Jumbo oder Brawa. Das Verhältniß dieser Sklaven zu ihren ehemaligen Herren ist ein keineswegs feindseliges; beide Parteien brauchen einander, sie sind auf gegenseitigen Austausch ihrer Erzeugnisse oder Handelswaaren angewiesen: die Sklaven beziehen von der Küste Gewehre, Pulver und Blei, Zeuge und Perlen und liefern dafür Mais, Mtama, Bananen und andere pflanzliche Nahrungsmittel, welche in die einförmige Fleischkost der Somali Abwechslung bringen. Nächstdem bauen die Sklaven viele Wassermelonen und etwas Simsim-Oelsaat, letztere jedoch hauptsächlich für den eigenen Gebrauch. Seit sie ihre Herren verlassen haben, sind sie sehr fleißige und geschickte Ackerbauer geworden. Dies beweist, wie falsch die Behauptung ist, daß die ostafrikanischen Küstenvölker zu Nichts nütze wären und sich keiner Arbeit freiwillig unterzögen. Fänden diese Leute mehr Absatz für die Erzeugnisse ihres Bodenbaues — und dieses kann später, wenn der Fluß öfter befahren werden wird, nicht fehlen — so würden sie ohne Zweifel das Land auf noch weit größere Strecken urbar machen und die Steppe umher in einen der gesegnetsten Landstriche verwandeln. Die Aeltesten der Stadt nahmen den Reisenden freundlich auf und schenkten ihm eine Ziege und ein Schaf. Merkwürdig war es, daß sie, nachdem sie die Gegengabe empfangen, nicht weiter bettelten, was sonst, an der Küste sowol wie im Innern, fast ausnahmslos geschieht; erklärlich wird Dies dadurch, daß sie fast gar nicht in Berührung mit fremden Händlern kommen, also keine Gelegenheit haben, die Laster dieser anzunehmen oder ihre eigenen schlechten Anlagen im Umgang mit jenen auszubilden.

In Hindi traf Decken einen Tulamann Namens Tschakua wieder, welchen er vor zwölf Tagen von Jumbo ausgeschickt hatte um Lebensmittel zu erhandeln. Der Schelm hatte das Vertrauen seines Herrn schmählich gemißbraucht, denn er konnte kaum ein Drittel der Vorräthe übergeben, welche er mit dem erhaltenen Gelde hätte erwerben können; er entzog sich der verdienten Strafe durch die Flucht. Um ein Stück Wild zu erlegen, besuchte der Baron mit Link, Brenner und den beiden Dolmetschern am 17. das rechte Ufer des Flusses. Sie durchdrangen in etwa zehn Minuten den aus dicht verschlungenem Laubholze und Gruppen von Dum- und anderen Palmen bestehenden Uferwald und gelangten dann in eine weite Ebene mit mannshohem Grase. Vom Thau bis an die Schultern durchnäßt, kehrten sie nach einigen Stunden zurück, doch ohne Beute. In Folge der Erkältung bekam der Baron Anfälle von Fieber und Dysenterie, welche ihn noch in den nächsten Tagen arg belästigten. Die Mannschaft hatte den Aufenthalt bei Hindi benutzt, um einen Vorrath Brennholz an Bord des Schiffes zu bringen.

Am 18. August setzte sich der Welf wieder in Bewegung. Die Heizer waren jetzt schon besser eingerichtet; der Dampfdruck sank nie unter acht Pfund herab, hielt sich sogar meistentheils auf fünfzehn Pfund oder einer Atmosphäre Ueberdruck, und die Fahrgeschwindigkeit betrug trotz der starken Strömung durchschnittlich drei Seemeilen die Stunde. An kleinen Unfällen fehlte es jedoch auch heute nicht. Das Schiff gerieth mehrere Male auf Grund und verlor durch den Stoß mehrere Zeltstangen, den Flaggenstock, ein Wasserfilter und ein Glasfenster. In dem Uferwalde traten zum ersten Mal Kasuarinen und einzelne Ricinusstauden auf, und an vielen Stellen waren die von Schlinggewächsen überwucherten Bäume unter der Last der Schmarotzerbedeckung abgestorben. Die bebauten Strecken am linken Ufer des Flusses nahmen an Zahl und Ausdehnung zu. Es wurden vier Dörfer, Takīe, Mlamba, Kigononi und Bogüe passirt, alle von Wasegua bewohnt; bei einer fünften Ortschaft Namens Manamsunde ging der Welf vor Anker.

In Manamsunde wohnen, außer Sklaven von Mukdischa, Brawa, Jumbo und Tula, gleichfalls hauptsächlich Wasegua. Sie ähneln in Körpergestalt und Gesichtsbildung den Bewohnern des Paregebirges, tragen auch wie diese Messingringe an Armen und Beinen und dicke Perlenschnüre über der Brust. Wie sie selbst erzählten, kamen sie in der That aus Pare und Usambara. Seit den sechzig oder siebenzig Jahren, daß ihre Niederlassung besteht, haben sie sich so beträchtlich vermehrt, daß sie jetzt gegen viertausend Köpfe zählen. Mit der Aufnahme von Nichtstammesgenossen in ihre Gemeinschaft sind sie sehr zurückhaltend; höchstens wenn ein Flüchtling Gewehr und Schießbedarf mitbringt, heißen sie ihn willkommen. Sie beschäftigen sich fast ausschließlich mit Ackerbau; denn wegen des zahlreichen Vorkommens einer giftigen, Tsetse-ähnlichen Fliege können sie nur Ziegen und Schafe, aber kein Rindvieh halten. Für ihre Lebensmittel forderten sie so hohe Preise, daß der Baron sich genöthigt sah, den Handel abzubrechen; sie schienen zu glauben, daß ihre

Waare unentbehrlich wäre. Am andern Tage jedoch gingen sie mit den Preisen herunter, da sie wohl einsahen, daß sie es mit einem Manne von festen Entschlüssen zu thun hatten. Der Verkehr mit ihnen war fortan ein sehr freundschaftlicher: die Aeltesten brachten drei Ziegen an Bord und erklärten in übermäßiger Begeisterung oder Demuth, daß sie Alle des „großen Herrn" Sklaven wären und ihn sogar höher achteten als den Mulungu d. i. Gott.

Von Manamsunde an waren die Krümmungen des Flusses bei weitem nicht mehr so bedeutend als bei Hindi. An Stelle der Ansiedelungen der Sklaven und der Wasegua traten jetzt, ebenfalls am linken Flußufer, kleine Dörfer oder einzelne Hütten der Wabuni, eines zerstreut lebenden und halbunterdrückten Gallastammes. In den zwei folgenden Reisetagen passirte man vier solcher Niederlassungen. Wo die Hütten nicht bereits leer standen, flüchteten die Insassen eiligst beim Nahen der Fremden, obgleich ihnen der Dolmetscher ermutigende Zurufe nachsandte; wahrscheinlich hatten sie Grund genug, jedem Fremden schlimme Absichten zuzutrauen. Decken benutzte bei einem Halte die Gelegenheit, sich die innere Einrichtung dieser dürftigen Wohnstätten anzusehen. Sie waren von halbkugelförmiger Gestalt und blos am oberen Theile mit Gras und dürren Blättern bedeckt; jedenfalls dienten sie nur für zeitweiligen Gebrauch. An Hausgeräth fanden sich thönerne Kochgeschirre und hölzerne Töpfe, letztere vermutlich zum Aufbewahren von Getreide bestimmt, ferner einige Häute, kleine, aus Leder oder Stroh geflochtene Taschen, Fischkörbe, getrocknete Fleischstreifen, auch wol ein Messer oder eine Tabaksdose. Ein Zebraschädel, welcher in einer der Hütten lag, bewies, daß die Wabuni ihre jedenfalls ärmlichen Waffen geschickt zu brauchen wußten; eine Menge abgenagter Fischköpfe und leerer Schneckengehäuse ließ errathen, welcher Art ihre Nahrungsmittel sind. Sonderbarer Weise hauste in einer der Hütten auch ein zahmes Ichneumon, welches wahrscheinlich den Kindern zum Spielen gedient hatte. In einem anderen Dorfe sah man einige fünfzehn Büffelhörner, auf hübsche Weise geordnet, auf dem Boden liegen. In dem nördlichsten der Wabunidörfer waren die Hütten anders eingerichtet und weit dauerhafter gebaut. Das eigentliche Wohngebäude stand zwei bis drei Fuß hoch auf eingerammten Pfählen; zwischen letzteren sah man bisweilen Asche und Kohlen, die Ueberreste eines Feuers, welches die Leute angezündet haben mochten, um sich gegen die feuchte Ausdünstung der Erde oder gegen die Stechfliegen zu schützen.

Was wir außerdem über die Wabuni wissen, verdanken wir den Beobachtungen Brenners, welcher auf seinen späteren Reisen öfters in Berührung mit diesem Völkchen kam. Sie wohnen bis zu drei Grad südl. Br. hinab und nehmen überall eine abhängige, gedrückte Stellung ein. Sie haben eine hellere Hautfarbe als die Somali und im Gegensatz zu diesen durchweg gutmütige Gesichtszüge und wolliges Haar; von den Angehörigen der südafrikanischen Völkerfamilie aber unterscheiden sie sich wieder durch ein gedrücktes, unterwürfiges, scheues Wesen und durch den Mangel der Lustigkeit und Selbstzufriedenheit, welche die Neger in hohem Grade kennzeichnet. Die Sprache der Wabuni hat nach Brenner mehr Verwandtschaft mit dem Suaheli als mit den Idiomen der Galla und Somali; sie bedienen sich derselben aber nur wenn sie allein sind und sprechen im gewöhnlichen Verkehre das Galla, oder verstehen es wenigstens. Ihr demütiges Wesen macht sie bei ihren stolzen und herrischen Nachbarn zu einem Gegenstand der Verachtung. Wenn sich z. B. zwei Galla schimpfen, so hört man nicht selten die beleidigenden Worte: „dein Vater war ein Buni!" Ein anderer Grund ihres geringen Ansehens bei den Galla ist der, daß sie in Nahrungsnoth das Fleisch von unreinen Thieren, von Flußpferden, Krokodilen, selbst von gefallenem, bereits verwesenden Vieh genießen. Wie die Galla und Somali leben sie hauptsächlich von der Jagd. Sie züchten übrigens auch kleines Vieh, jedoch keine Rinder, weil in den von ihnen eingenommenen Landstrichen die Tsetse-Fliege Dies unmöglich macht. Ihre erbärmlichen Hütten haben wir schon kennen gelernt; sie sind auch am Wabuschiflusse, wo Brenner ein am linken Ufer gelegenes Lager von sieben- bis achthundert Wabuni besuchte, nicht dauerhafter und gleichen am meisten den leichtgefügten Zufluchtstätten der Galla. Ihre Todten begraben die Wabuni dort im Lager, an derselben Stelle, wo die Schlafstelle des Verstorbenen stand: diese wird eingerissen, der Leichnam auf die Erde gelegt und über ihm ein vier Fuß hoher Hügel aufgeworfen, welcher mit einem dichten Zaune von abgerindeten weißen Stecken umgeben wird, die oben zugespitzt und mit rother Erdfarbe bemalt sind.

Eigentliche Häuptlinge haben die Wabuni nicht; auf ihren Wanderungen jedoch gehorchen sie der Führung eines Aeltesten. Sie stehen, wenigstens am Wubuschi, gewissermaßen unter dem Schutze der Galla und entgehen so den Nachstellungen der Araber, denen sie als vortreffliche Sklaven willkommen sind. Ihrem Hange zum Umherschweifen und ihrer Scheuheit gemäß würden sie wahrscheinlich nie in Beziehung zu anderen Völkern treten, wenn sie nicht durch ihre leidenschaftliche Liebe zum Kautabak hierzu veranlaßt würden. Aber auch dann verleugnen sie ihre Eigenart nicht; sie legen ihre Waaren außerhalb der Ansiedelung nieder und warten geduldig, bis sie aufgefordert werden, näher zu treten. Ohne Geschrei und Lärmen tauschen sie ihr Elfenbein und Wildhonig gegen Tabak, eiserne Lanzenspitzen und grobe Schurztücher, und eben so still, als sie gekommen, kehren sie in ihre Wälder und Steppen zurück, um erst nach langen Monaten wieder die Händler zu besuchen.

Nach den soeben gegebenen Andeutungen über ihre Sinnesart erscheint es natürlich, daß sie Fremden gegenüber nicht feindselig auftreten: man darf sich ohne Bedenken ihrer Führung und ihrem Schutze anvertrauen. Und in diesem Zuge kommen sie wieder den Galla nahe, welche denjenigen, der ihr Zutrauen gewonnen oder sich unter ihren Schutz gestellt hat, gleichfalls nicht belästigen. Raubzüge, wie sie die Galla lieben, oder blutige Fehden wie die der Somali, sind bei ihnen unbekannt. Trotzdem gehen sie bei ihrer ruhelosen, entbehrungsreichen Lebensweise dem allmählichen Aussterben entgegen. Eine schreckliche Gewohnheit namentlich trägt dazu bei, daß ihre Zahl immer geringer wird: ihre Frauen treiben sich häufig die Leibesfrucht ab — ein Gebrauch, welcher unter ähnlichen Verhältnissen auch in Australien herrscht! Zu ihrer Entschuldigung läßt sich sagen, daß sie auf der Wanderschaft ihren Nachkömmlingen nicht immer die nöthige Sorge widmen können, und daß ihr Glaube, „diese unfertigen menschlichen Wesen würden von dem allschaffenden Geiste zu Affen gestaltet", sie keiner Versündigung bewußt werden läßt. Neuerdings hat sich eine bedeutende Anzahl Wabuni in dem aufblühenden Gallareiche Witu niedergelassen. Sie haben hier ihre Lebensweise verändert, sind seßhaft geworden und vermischen sich mit den anderen Bewohnern des Landes, was gleichfalls dazu beiträgt, ihr Aufhören als eigenartiger Stamm zu beschleunigen.

Nachdem der Welf am 25. und 26. August wieder gehalten hatte, um neues Brennholz einzunehmen, gelangte er in siebenstündiger Fahrt nach Wegere. Dicht hinter der Ortschaft stieß er plötzlich, ohne daß irgend ein Anzeichen die Gefahr verrieth, mit Gewalt auf den Grund. Er saß auf einem Steinhaufen fest und drehte sich, als die Maschine nicht mehr arbeitete, wie auf einem Zapfen ringsum. Rückwärtsgehen, zur Seite ziehen mit einem an Land befestigten Taue, Ausschiffen der Ladung aus dem Vordertheil, Alles nützte Nichts, sodaß man sich entschließen mußte, auch die Kohlen zu löschen. Erst am Nachmittag des folgenden Tages, als das Schiff vollständig ausgeräumt war, kam man wieder frei; man ging in angemessener Entfernung von der gefährlichen Stelle, einige hundert Schritt weit stromabwärts, vor Anker. Folgenden Tages wurde die Ladung wieder eingenommen, dann noch ein Tag auf Holzfällen verwendet.

Während die Mannschaft am Schiffe beschäftigt war, hatte Decken die Ortschaft Wegere besucht, in welcher er schon vorher durch ausgesandte Boten hatte Erkundigungen einziehen lassen. Die Einwohner waren bei beiden Besuchen sämmtlich geflohen, und zwar in solcher

Eile, daß sie ihre Kochtöpfe mit türkischem Weizen nicht einmal vom Feuer genommen hatten. Dieses Dorf besteht aus zwanzig bis dreißig verschiedenartig gebauten Hütten, von denen einige sehr sorgsam aufgeführt sind, und wird gleichfalls von entlaufenen Sklaven bewohnt, welche indessen hauptsächlich aus dem Norden, aus Brawa, Mukdischa und Merka stammen; ihnen haben sich einige Wasegua und Wabuni angeschlossen. Sie bauen Mais, Mtama, Bohnen, Kürbisse (Wassermelonen?), sowie etwas Tabak und Oelsaat für den Hausbedarf; von anderen Lebensmitteln sind nur einige Hühner und Eier aufzutreiben. Die Niederlassung scheint noch nicht lange zu bestehen und noch nicht sehr gesichert zu sein, was auch die mangelhafte Bewaffnung der Leute anzeigt; denn Decken fand bei ihnen außer mittelmäßig gearbeiteten Bogen, Pfeilen und Speren im Ganzen nur ein Schießgewehr.

Am 31. Morgens sechs Uhr konnte die Reise wieder fortgesetzt werden. Der Welf fuhr nach Kurzem noch einmal fest, kam aber bald wieder los und hatte um acht Uhr glücklich die schlimmen Stellen hinter sich. Eine Stunde darauf zeigte sich am linken Ufer wiederum eine ziemlich ausgedehnte Ansiedelung Namens Schonde. Man hielt sich jedoch hier nicht auf, sondern fuhr bis Nachmittag drei Uhr weiter und ging sodann vor einem freien Platze vor Anker, welcher sich trefflich für astronomische Beobachtungen eignete. Der Aufenthalt verlängerte sich einige Tage, weil ein kleines Leck zu stopfen und das eine Schaufelrad auszubessern war.

Währenddessen wurden verschiedene Ausflüge auf dem rechten Ufer des Flusses unternommen. Die Jagd fiel im Allgemeinen zur Zufriedenheit aus. Es wurden namentlich eine Menge Perlhühner, unter ihnen auch das farbenschöne Geier-Perlhuhn (Acryllium vulturinum Hardw.) erbeutet. Das Somaliland scheint die eigentliche Heimat dieses prachtvollsten aller Perlhühner zu sein. Es ist, wo es einmal vorkommt, nicht gerade selten, aber auch nirgends so häufig wie das gewöhnliche Helm-Perlhuhn. Nach Europa ist es bis jetzt nur in wenigen Exemplaren gekommen: einige befinden sich ausgestopft im Britischen Museum; zwei lebende, eins vom Baron von der Decken, das andere von Brenner mitgebracht, bilden den Stolz des Hühnerhauses im Hamburger Thiergarten. Beide Vögel, welche sich seit vielen Jahren vortrefflich gehalten haben, sind leider Männchen; man konnte also keinen Versuch zur Einbürgerung der Rasse auf unseren Hühnerhöfen machen. Ein Blick auf beistehende, von Leutemann nach der Natur gezeichnete Abbildung wird den Wunsch, diese prächtigen Thiere auch bei uns heimisch werden zu sehen, im Herzen jedes Hühnerrologen rege werden lassen. Ihre Eingewöhnung im nordischen Klima kann übrigens nicht schwierig sein, da sie nicht wählerisch im Futter sind, die Kälte leidlich vertragen und nicht an besonderen Krankheiten leiden. Das eine von Decken mitgebrachte Exemplar befindet sich nun schon seit sieben Jahren bei vollkommener Munterkeit im Hamburger Garten. Der Futtermeister Seidel — jetzt im Berliner Aquarium — dessen Fürsorge es anvertraut war, schreibt mir über seinen Pflegebefohlenen: „das Geierperlhuhn ist nach meinem Dafürhalten ein stolzes, edles Thier und zeichnet sich vor seinen Gattungsverwandten nicht nur durch herrliche Zeichnung und Färbung, sondern auch durch seinen graziösen Gang wie überhaupt durch sein ganzes Wesen auf das Vortheilhafteste aus. Es hat sich vollkommen an mich gewöhnt und kommt eilig herbei, sobald ich das Wort „Numida“ rufe, läßt sich ergreifen, streicheln und Bissen in den Schnabel stecken, während die anderen Perlhühner eher durch die Fenster fliegen als sich so Etwas gefallen lassen. Der geierartige Kopf und Schnabel, durch welchen es auf den ersten Blick so sehr auffällt, ist nicht etwa blos ein sonderbares Spiel der Natur: er verräth eine ganz andere Artung und Lebensweise, denn unser Königsperlhuhn (Acryllium) frißt außer Körnern und grünem Futter leidenschaftlich gern Fleischstücke, kleine Fische, Krabben u. dergl., was die anderen Perlhühner ruhig liegen lassen, ja es scheint, als ob eine Zugabe von Fleisch zu seinem Wohlbefinden nöthig sei. Im Sommer kann man

Geierperlhuhn.

es frei im Garten umherlaufen lassen, im Winter aber erfriert es, wie seine Verwandten, leicht die Füße, daher es dann in das immer warme Stelzvogelhaus gesteckt wird. Hier sucht es sich das wärmste Plätzchen aus."

Von der Lebensweise des Geier-Perlhuhnes in seiner Heimat wissen wir, genau genommen, Nichts; hoffentlich gelingt es einem künftigen Reisenden, eingehende Beobachtungen über das anziehende, schöne Thier anzustellen und einige Pärchen mit nach Europa zu bringen, damit dieser prachtvolle Vogel endlich auch dem Liebhaber zugänglich werde. Unsere Abbildung überhebt uns der Pflicht, eine genaue Beschreibung in Worten zu geben; nur soviel sei bemerkt, daß, wie Brehm in seinem Thierleben sagt, der Hals lang und dünn, der kleine Kopf nackt und nur durch eine Krause geschmückt ist, welche sich von einem Ohre zum andern über den Hinterkopf zieht und aus sehr kurzen, sammetartigen Federn besteht. Die Halsfedern sind lanzettförmig; die Oberarmschwingen reichen beträchtlich über die Handschwingen, die mittleren Steuerfedern über die seitlichen hinaus. Der Schnabel ist kräftig, kurz, sehr stark gebogen, und der Oberschnabel mit deutlichem Haken übergekrümmt, der Fuß hochläufig und der Lauf mit einer Sporenwarze versehen.

Außer diesem Acryllium finden sich hauptsächlich noch zwei Perlhühnerarten im Somalilande: das Schopf-Perlhuhn (Guttera Pucherani Hartl.), ein gleichfalls seltenes Thier mit schönem Federschopf auf dem Kopfe, und das Helm-Perlhuhn (Numida coronata Gray), mit einem horngelben Helme und nackter, blauer Kopfseite; beide sind bis nach Südafrika verbreitet. Das Vorkommen dieser Arten scheint an gewisse Bodenbeschaffenheiten gebunden zu sein; denn in dem verhältnißmäßig feuchten Gebiete zwischen Mombas, Wanga und dem Kilimandscharo haben wir sie nur ganz einzeln getroffen, während sie im Somalilande öfters in Trupps von dreißig und vierzig Stück sich zeigen. Sehen sie sich auf einem Balzplatz oder sonstigen Versammlungsorte von dem Jäger überrascht, so stehen sie, wie Brenner schreibt, nicht etwa sogleich auf, sondern sehen sich erst den Störenfried neugierig an. Nach dem Schusse, welcher natürlich mehr als einem von ihnen das Leben kostet, fliegen sie nur zwanzig bis fünfundzwanzig Schritt weit und fallen dann wieder ein. Schon während des Fluges ist wieder günstige Gelegenheit zum Schusse und noch mehr auf dem nächsten Sammelplatze. Auf diese Weise kann man in kürzester Zeit eine große Anzahl erlegen. Eine andere Eigenthümlichkeit der Perlhühner, welche Brenner am Djubaflusse beobachtete, läßt sie auch dem ungeübtesten Schützen leicht zur Beute fallen. Wenn die Perlhühner nämlich einen Hund erblicken, fliegen sie unter lautem Geschrei auf den nächsten Baum und lassen dort, all ihr Augenmerk auf das gefährliche Thier gerichtet, den Jäger ganz unbeachtet, sodaß dieser sie in größter Ruhe eins nach dem andern herabholen kann. So schoß Brenner von einem Baume sechs Perlhühner, ohne daß währenddessen eines davonflog. Zu beachten ist indessen, daß diese dicht befiederten Vögel eine derbe Ladung Schrot vertragen. Von vorn erscheinen sie fast unverwundbar, weil dann der Hagel an den Federn abprallt; von hinten hingegen und wenn sie fliegen, erlegt man sie verhältnißmäßig leicht. Das Fleisch der Perlhühner ist weiß, zart und außerordentlich wohlschmeckend; alte Hühner müssen freilich etwas lange kochen, werden aber stets weich und geben mit Reis eine kräftige, wohlschmeckende Suppe. Den Mitgliedern der Djuba-Expedition waren Perlhühner stets die angenehmste Beute.

Bei dieser Gelegenheit sei es gestattet, noch die anderen während der Flußfahrt beobachteten Thiere zu erwähnen. Antilopen verschiedenster Art waren überaus häufig, wennschon man sie nie mehr in solcher Menge sah wie an der Küste bei Tula, oder bei den Jagdausflügen in der Nähe von Jumbo. Das Gnu wurde nirgends beobachtet; es scheint im mittleren Ostafrika ganz zu fehlen, da auch die Eingeborenen Nichts von dem so auffälligen

Thiere zu berichten wissen. Dagegen trat an verschiedenen Stellen eine andere merkwürdige Antilope auf: kurzbeinig, starkgebaut und von einer Farbe zwischen der des Hirsches und des Esels. Ueber den Hufen ist sie mit schmalen, weißen Ringen gezeichnet und am Hintertheile mit runden, weißen Flecken, welche sich nach der inneren Fläche der Hinterläufe hin verziehen und nach dem Bauche zu spitzig auslaufen. Die Haare sind lang und straff und stehen über dem Genicke mähnenartig empor. Die Höhe des Thieres beträgt über drei, die Länge fast vier Fuß. — Büffel wurden bisweilen in starken Heerden gesehen und auch einigemal erlegt. Das mehr einzelnlebende Nashorn zeigte sich seltener, dagegen erregte sein dickhäutiger Vetter im Wasser, daß Flußpferd, gar häufig die Jagdbegierde der Reisenden, obschon ihm gewöhnlich nicht viel angehabt werden konnte.

Ueberaus auffällig war das fast vollständige Fehlen von Raubwild. Nur ein einziges Mal auf der ganzen Flußreise bekam Decken einen Panther zu Gesicht, der jedoch schnell in dem Schilf und Gebüsche des Ufers verschwand. An der Küste wiederum findet man an Stellen, wo wegen der sandigen und trockenen Beschaffenheit des Bodens anderes Wild gar nicht vorkommen kann, oft zahllose, frische Spuren von Raubthieren verschiedener Art. In welchem Zusammenhang der Reichthum an Wild und das Fehlen der Raubthiere, oder umgekehrt, steht, wagen wir nicht zu beurtheilen; für uns bleibt es ganz ungewiß, was hier Ursache und was Wirkung ist, wenn überhaupt eine Beziehung zwischen Beidem vorhanden ist. Einiges Licht hierüber verbreitet vielleicht die Beobachtung Deckens, daß Hyänen, und vermutlich auch andere Raubthiere, die Schildkröteneier ausfressen, welche man hier und da in Menge am Strande findet. Nach Junghuhns Erfahrungen auf Java wäre es auch nicht unmöglich, daß die Schildkröten selbst den Räubern zum Opfer fallen. Kleinere Raubthiere, wie Mangusten und Ichneumons, wurden von Zeit zu Zeit bemerkt. Wichtiger aber ist das Vorkommen eines wilden Hundes von sehr dunkler, beinahe schwarzer Farbe mit weißer Schwanzspitze. Seine Größe ist die eines starken Bullenbeißers; sein kurzes Gebell klingt dem Schrecken des Rehbockes ähnlich. Leider gelang es nicht, eines dieser Thiere zu erlegen. — Hyänen machten sich selten bemerklich.

Von einem anderen merkwürdigen Thiere erhielt der Baron blos unbestimmte Kunde. Es soll dem Menschen gleich sein, doch viel stärker und größer, und blos im dicksten Walde leben, wo es sich eine Wohnung auf den Bäumen baue. Es habe, sagten die Galla, einen sehr großen, vorspringenden Mund, ganz behaarten Leib und kurzen Schwanz und gehe bisweilen auf zwei, machmal auf vier Füßen, sei aber weder Affe, noch Mensch. Wenn es einen einzelnen Menschen träfe, so griffe es diesen an und zerfleischte ihn mit Händen und Gebiß; mehreren dagegen hielte es nicht Stand. Das Thier wurde Godja genannt; ebenso hieß es auch am Osiflusse, wo Decken das erste Mal von ihm hörte. Wenn sich nach diesen Angaben eine Vermutung aussprechen läßt, so kann man sie fast nicht anders als auf den Gorilla deuten, welcher ja, wie neuere Reisende nachgewiesen, auch am Gazellenflusse, also in nicht allzugroßer Entfernung vom Djuba, vorkommt.

Am stärksten sind die Vierhänder durch die Hundsaffen vertreten, diese „Unvermeidlichen" des afrikanischen Küstenlandes von Abyssinien bis nach dem Kapgebiete. Man sah sie oft in Gesellschaften von über hundert Stück beisammen. Vermutlich nähren sie sich hauptsächlich von den süßen Früchten des Pfefferkuchenbaumes (Dumpalme). — Nur einmal wurde eine Halbaffenart beobachtet, dagegen sah man bisweilen kleine Meerkatzen.

Von Vögeln finden wir in den verschiedenen Tagebüchern Uhu, Mandelkrähe, Halsbandrabe, Löffelreiher genannt, und neben gewöhnlichen weißen Reihern eine andere Reiherart von über sechs Fuß Höhe; die Beschreibung derselben lautet: Rücken und Flügel dunkelsilbergrau, Bauch und Zopf noch dunkler, Schnabel schwarz, untere Hälfte der

Halsfläche hellzimmtroth; von der Brust lange weiße Federn herabhängend, darüber kurze schwarze. —

Schlangen wurden ab und zu gesehen; einmal kamen welche mit dem Holze an Bord. Auffällig war eine zehn bis zwölf Fuß lange Schlange, von nur anderhalb Zoll Dicke.

Unter allen auf dieser Reise gesehenen Thieren nahm das Krokodil die Aufmerksamkeit am meisten in Anspruch. Noch nirgends bisher, selbst nicht im Osiflusse, hatten sich die Krokodile in solcher Menge gezeigt wie im Djuba. Schon in der Nähe von Jumbo waren öfters Sandbänke im buchstäblichen Sinne des Wortes von ihnen bedeckt, und auf der Fahrt sah man fast jede Stunde ihre schwarzen Schnauzen, oder Theile des zackigen Rückens aus dem Wasser hervorragen. Bei ihrer Trägheit und Unbeweglichkeit hielt man die Krokodile öfters für Baumstämme, sowol wenn sie auf dem Trockenen sich sonnten, als wenn sie im Wasser sich langsam stromabwärts treiben ließen: nicht selten machte dann der Welf eine seitliche Wendung, um einer von dem Wachtposten angezeigten „Gefahr" zu entgehen, welche jedoch bei dem Näherkommen geräuschlos verschwand, mithin eines der scheußlichen Wasserungeheuer war.

Diese schmuzigen, ungestalten Lurche mit ihren langsamen Bewegungen oder ihrem heimtückischen Lauern auf Beute, die sie mit sich in die Tiefe hinabziehen, um sie erst zu ertränken und dann zu verschlingen, sind in der That scheußlich; Ungeheuer aber sind sie nicht minder, denn sie messen nicht selten vierzehn bis sechzehn Fuß! Und das ist ein riesiges Maß, wennschon, manchen Erzählungen zu Folge, an anderen Orten noch größere Krokodile vorkommen sollen. Bis Dieses indessen durch wirkliche Messungen erwiesen ist, darf man wol annehmen, daß die Panzerechsen des Djubaflusses ebenso groß wie die irgend eines anderen afrikanischen Gewässers sind; denn sie gehören derselben Art (65) an, und es steht ihrem Gedeihen und Wachsen hier durchaus Nichts im Wege, da sie reichliche Nahrung haben, auch nie gejagt oder sonst wie belästigt werden.

Die Anwohner des Flusses kennen die große Gefahr, welche ihnen von den Krokodilen droht, sehr genau. Sie nähern sich deshalb dem Flusse nur mit äußerster Vorsicht und gehen niemals ohne dringende Veranlassung in das Wasser. Noch mehr Furcht zeigten die Neger der Expedition; war z. B. ein Boot auf den Grund gestoßen, so konnten sie, selbst in so seichtem Wasser, kaum zum Aussteigen bewegt werden, obwol Dieses unbedingt nöthig war, um wieder flott zu kommen. Und sie hatten recht, sich thunlich in Acht zu nehmen; denn im Laufe der Expedition fielen mehrere von ihnen, welche gezwungenermaßen durch den Fluß schwammen, den Bestien zum Opfer. Nach Richard Brenners lehrreichen Mittheilungen, denen wir hierbei folgen, sind die Krokodile weit gefährlicher als die Haifische des indischen Meeres; es ist an der Ostküste Afrikas fast unerhört, daß ein im Meere Badender von einem Haifische ergriffen würde, so gemein diese Thiere an manchen Orten auch sein müssen, da man sie ja, gesalzen und getrocknet, schiffsladungsweise nach den verschiedenen Häfen bringt: durch Krokodile aber ist schon Mancher zu Tode gekommen. Sind die Krokodile schon am Tage gefährlich, so können sie in der Nacht fast fürchterlich genannt werden, einestheils, weil man sich weniger vor ihnen in Acht nehmen kann, anderntheils, weil sie dann eine erstaunliche Dreistigkeit besitzen. Sie heben, wie man später beobachtete, den Kopf über das Wasser und blicken neugierig in ein vorüberfahrendes Boot, beißen auch wol in die Ruder, obgleich diese in fortwährender Bewegung sind. Am Lande braucht man sie weniger zu fürchten; sie scheinen sich auf dem Trockenen unsicher zu fühlen und wagen nur ganz in der Nähe ihres Elementes einen Angriff.

Thiere, welche dem Wasser allzu nahe kommen, sind fast unfehlbar eine Beute der Krokodile. Ochsen und Kamele können durch ihre Größe und Widerstandsfähigkeit noch einigermaßen gesichert gelten; Ziegen und Schafe aber kommen fast niemals los, wenn sie einmal gepackt worden sind. Die Eingeborenen umgeben deshalb die Tränkplätze des Viehes mit Zäunen. Trotzdem verlieren sie manches Stück, weil die Heerden nicht leicht daran gewöhnt werden können, sich an bestimmter Stelle zu tränken. Wie wenig die Thiere der Gefahr kundig sind, welche ihnen vom Flusse aus droht, bewiesen die Hunde der Expedition schon am ersten Tage, als sie bei Jumbo ans Land gelassen wurden. Der mächtige Saupacker Unkas näherte sich ahnungslos dem Flusse; aber bevor er den Durst stillen konnte, war sein Vorderbein in seiner ganzen Länge von einem Krokodile gefaßt. Er wehrte sich wüthend, zerrte rückwärts und biß grimmig nach dem Angreifer, wäre aber dennoch in dem ungleichen Kampfe erlegen, wenn nicht Brenner, durch das Wehgeheul des gequälten Thieres aufmerksam gemacht, eine Kugel nach dem Rücken des Raublurches gefeuert und ihn veranlaßt hätte, für einen Augenblick loszulassen, was denn auch Unkas geschickt zu seiner Befreiung benutzte. Hinkend und heulend kam er zu seinem Herrn heran: sein Schenkel war von den Zähnen des Ungethüms fast ganz durchbissen, doch glücklicherweise kein Knochen zerbrochen. Noch ehe Brenner sich von dem Schrecken über diesen Unfall erholt hatte, ertönte ein neues Gewinsel, und ein anderer Hund, das schöne Windspiel Leda, schlich mit zerrissener Pfote herbei. Es war ihm gelungen, sich selbst bei dem ersten Angriffe wieder frei zu machen. Trotzalledem gingen dieselben Hunde wieder an das Wasser, wenn sie an Land kamen, so daß man die äußerste Vorsicht aufwenden mußte, um die schönen Thiere nicht auf jämmerliche Weise umkommen zu lassen. Alles Aufpassen und Zurückhalten konnte jedoch nicht hindern, daß am nächsten Tage einer der Hunde verschwand — er war unzweifelhaft beim Trinken von einem Krokodile ergriffen und verschlungen worden.

Anfangs schossen die Mitglieder der Expedition öfters auf Krokodile, erlegten auch mehrere derselben; später aber hielten sie dieses lästige Ungeziefer des Wassers keiner Kugel mehr werth: sie machten es wie die Eingeborenen und ließen leben, was sie einmal nicht ausrotten konnten. Bei ihren Schießübungen hatten sie bald erfahren, daß der Panzer des Krokodiles keineswegs undurchdringlich genannt werden darf. Eine mit Zinn gehärtete, oder mit einer Stahlspitze versehene Kugel durchbohrt seine dickste Stelle mit Leichtigkeit, falls sie nur nicht gar zu schräg auftrifft. Uebrigens schützt auch der Panzer nicht den ganzen Leib, sondern nur den Rücken und einige Handbreiten zu beiden Seiten des Kammes, sodaß von einem hochbordigen Schiffe aus gesehen das Thier allerdings vollständig gedeckt erscheint, keineswegs aber, wenn es auf einer Sandbank ruht und man sich im Boote nähert. Dann ist es sogar sehr leicht verwundbar. Brenner erzählt, daß er einmal ein ziemlich großes Krokodil auf fünfzig Schritte Entfernung mit einem Schusse groben Schrotes auf der Stelle getödtet habe.

Die Gefräßigkeit der Krokodile verschont Nichts, auch ungenießbare Stoffe nicht. Was über Bord geworfen wurde, trieb nicht weiter als eine halbe Schiffslänge, dann sah man einige schwarze Punkte ringsum emportauchen, weite Kreise auf dem Wasser entstehen und den fremden Gegenstand verschwinden. Natürlich hängt ihre Raubgier von der Menge der vorhandenen Nahrungsstoffe ab; in einem fischreichen Gewässer werden sie demnach weniger gefährlich sein als da, wo sie schon Alles aufgefressen haben. —

Daß in einem so engbegrenzten Wasser wie dem Djubaflusse, welcher von Krokodilen sozusagen wimmelt, die Fische nicht besonders häufig sind, kann nicht befremden. Es wurden während der ganzen Dauer der Reise trotz öfterer Versuche nur sehr wenige Fische gefangen, und auf jeden von ihnen konnte man einen zerbrochenen oder verlorenen Angelhaken rechnen.

Während des langen Aufenthaltes auf Station XVI. der Flußfahrt begaben sich eines Tages der Feuerwerker Deppe und der Koch Theiß, welche bisher noch wenig vom Schiffe weggekommen waren, auf den Weg, um sich das Land ein wenig anzusehen. Obwol ursprünglich nicht gesonnen, der Jagd obzuliegen, ließen sie sich doch zur Verfolgung einer angeschossenen Antilope hinreißen und entfernten sich dabei so weit vom Schiffe, daß sie schließlich nicht mehr wußten wo aus noch ein. Der Uferwald hatte sich längst ihren Blicken entzogen, sie hatten also, da sie keinen Kompaß bei sich führten, nicht einmal mehr diesen Anhalt zur Bestimmung der Wegrichtung. Die Sonne war ihnen eine schlechte Führerin, weil sie anfänglich so hoch stand, daß die Körper fast gar keinen seitlichen Schatten warfen, dann aber sich hinter die Wolken zurückzog. Trotzdem erreichten sie nach langem Mühen und nicht ohne sich vielfach verletzt zu haben den Fluß wieder.

Vom Welf aber war keine Spur zu sehen. Wohin sollten sie nun gehen, stromauf- oder stromabwärts? Sie musterten das Ufer, soweit Dies der dichte Waldsaum gestattete, konnten sich jedoch nicht entsinnen, dieselbe Stelle schon gesehen zu haben, und schlugen demgemäß den Weg nach Süden ein. Weil sie fortwährend in der Nähe des Flusses bleiben mußten, wo der Waldsaum gerade am dichtesten und die Schmarozervegetation am verworrensten war, hatten sie ein schweres Stück Arbeit, um sich durchzuschlagen. Manche Stellen waren geradezu undurchdringlich; dann bogen die Verirrten nach lichteren Stellen seitwärts ab, kehrten aber nach Kurzem immer wieder zum Flusse zurück, damit sie nicht etwa den Welf verfehlten. Auf diese Weise kamen sie gar langsam vorwärts. Mit Kriechen, Klettern und Springen erreichten sie endlich gegen fünf Uhr einen Punkt, welchen sie zu kennen glaubten; in der Meinung aber, daß sie sich getäuscht hätten, setzten sie ihre Wanderung fort, bis sie nach einer halben Stunde einen zweiten bekannt aussehenden Punkt am Ufer entdeckten. Sie gingen noch ein Stück vorwärts und kamen bald an eine schmale Sandbank, welche sie, da sie vor Ermüdung kaum weiter konnten, zum Nachtlager erwählten. Zum Glücke bemerkten und erlegten sie hier eine türkische Ente, sodaß sie wenigstens ein dürftiges Abendbrod hatten. Trotz ihres Hungers ließen sie die Hälfte des Vogels übrig, da sie nicht wußten, ob sie am nächsten Tage Etwas zu essen finden würden; dann trugen sie noch Holz in Menge zusammen und zündeten ein tüchtiges Feuer an, bei welchem sie Einer um den Andern schliefen und wachten. Es war Dies eine keineswegs überflüssige Vorsicht, denn in der Nacht machte eine gierige Schlange zweimal den Versuch, die übriggebliebene, kostbare Entenhälfte zu rauben. Eine unmittelbare Gefahr war freilich nicht zu fürchten; Menschen gab es ja in dieser Wildniß nicht, und Flußpferde, deren einige bisweilen in der Nähe schnauften, haben bekanntlich keine blutdürstigen Absichten.

Mit einer Hartnäckigkeit des Entschlusses, welche unter anderen Verhältnissen zu bewundern gewesen wäre, setzten die Unglücksgefährten am nächsten Morgen ihren Weg in der alten Richtung fort; erst als sie noch zwei ihnen bekannt aussehende Uferstellen gefunden hatten, trennten sie sich von ihrer früheren Ansicht und gingen stromaufwärts zurück. Jetzt hatten sie es schon leichter; sie brauchten weniger häufig nach dem Schiffe zu sehen, konnten daher weiter vom Flusse in lichterem Buschwalde gehen. Gegen Mittag rasteten sie auf ein Stündchen, da sie eine starke Abnahme ihrer Kräfte spürten. Ohne etwas genossen zu haben — denn die Ente war schon am Morgen in die hungrigen Magen gewandert — und ohne etwas Eßbares auftreiben zu können, wanderten sie weiter. Nach anderthalb Stunden kamen sie an den Punkt, an welchem sie gestern den Fluß erreicht hatten. Von hier an mußten sie sich wieder in der Nähe des Wassers halten. Aber schon nach einer halben Stunde waren sie nicht mehr im Stande, sich weiter zu bewegen. Sie schlugen daher ihr zweites Lager auf, diesmal in einem undurchdringlichen Dickicht. Obgleich sie nun dem Welf schon etwas näher gekommen waren, vernahmen sie doch kein Signal von dort, noch sahen sie irgendein Zeichen, welches sie zu Hoffnungen berechtigen konnte. In düstere Gedanken versunken, hörten sie auf einmal am anderen Ufer Jemand sprechen. Sie riefen, daß es schallte, und sahen bald einige Eingeborene hervortreten; doch ihre Bitte, ihnen einen Baumkahn, oder Lebensmittel zu verschaffen, oder eine Botschaft nach dem Welf zu besorgen, und alle ihre Versprechungen waren vergebens — die mitleidlosen Schwarzen ließen sich zu Nichts bewegen, sondern gaben nur beim Weitergehen die trostreiche Versicherung, daß der Dampfer schon längst weiter gefahren sei!

Was nun thun? Kein Thier ließ sich sehen, welches hätte erlegt und verzehrt werden können, nicht einmal ein Affe oder ein Geier, welche doch sonst allenthalben vorkommen; Baumblätter, Gras und Wasser war Alles, was den Verschmachtenden zu Gebote stand. Sie fühlten nicht mehr die Kraft, sich zu Lande weiter zu arbeiten, zumal sie sich verlassen wähnen mußten; sie beschlossen, ein Floß zu bauen, um sich vom Strome nach der nächsten menschlichen Wohnstätte hinabtreiben zu lassen. Sofort begannen sie, mit dem Hirschfänger auf das eisenharte Holz loszuhauen. Als die Nacht hereinbrach, hatten sie bereits zwei tüchtige Stämme gefällt und zum Wasser geschleift, einen dritten aber zur Hälfte abgehauen. Dann legten sie, um während des Schlafens keine Zeit zu verlieren, noch Feuer an mehrere geeignete Bäume.

Die Verirrten bauen sich ein Floß.

Die Nacht war neblig und kalt, und die Aermsten hatten ihre Kleider schon zum größten Theil verloren; sie konnten ihre von Frost durchzitterten Glieder kaum erwärmen, so nahe sie sich auch zum Feuer drängten. In dieser Noth, von der sie nicht wußten, ob sie ihr entrinnen würden, schlossen sie Brüderschaft und gelobten sich, einander nicht zu verlassen, damit sie wenigstens vereint stürben. Sie hatten bis zum Morgen, so still es auch ringsumher war, weder einen Schuß noch den Ton eines Hornes vernommen. Daher setzten sie ihren Floßbau fort, fällten neue Stämme, theilten andere mit Hilfe des Feuers in Stücke von passender Länge, rollten diese nach dem Wasser und verbanden sie dort mit Tauen, welche sie schnell aus Schlingpflanzen zusammendrehten. Die Häufigkeit der Krokodile durfte sie hiervon nicht abschrecken; denn hätten sie das Floß am Lande gebaut, so würden sie nicht im Stande gewesen sein, es nach dem Wasser zu bringen. Um neun Uhr war das rohe Gefährt glücklich fertig. Aber o weh! es trug kaum einen Mann: stellten sich Beide darauf, so ging es ohne Weiteres zu Boden. Ein zweites Floß wurde zu bauen begonnen. Es wurden wieder Bäume ausgesucht und Feuer an verschiedenen Stellen angezündet, und bald war die Arbeit wieder besser als vorher im Gange. Deppe überwachte den Brand, Theiß ging inzwischen zu jagen aus, mußte aber leider zurückkehren, ohne ein lebendes Geschöpf gesehen zu haben. Trotz des nagenden Hungers arbeiteten nun Beide wieder vereint um so rüstiger, als sie hoffen durften, noch an diesem Tage stromabwärts fahren und auf der nächsten Sandbank wenigstens einige Wasservögel erlegen zu können. Eben waren sie dabei, einen abgebrannten Baumstamm dem Flusse zuzuwälzen, als ein Geräusch wie von menschlichen Stimmen in einiger Entfernung ertönte. Entzückt über die Aussicht, nur wieder mit Ihresgleichen zusammenzukommen, dachten sie an keine Gefahr von Seiten der näher rückenden Unbekannten, sondern riefen so laut sie konnten: „Watu njo hapa“ (kommt hierher ihr Leute)! Die Leute kamen — es waren Bekannte vom Schiffe, welche der Baron nach ihnen ausgesandt hatte. Ein wunderbar freudiges Gefühl bemächtigte sich der Verirrten, sie waren nun wirklich gerettet!

Die armen Leidensgefährten befanden sich übrigens in einem Zustande, daß sie mehr Wilden als civilisirten Europäern glichen; denn verwildert waren Gesichtsausdruck und Haar, und ihre Kleidung bestand fast aus Nichts als den Aermeln ihrer Jacken. So erreichten sie gegen ein Uhr Mittags das Schiff, wo sie von Allen mit der lebhaftesten Freude empfangen wurden. Sie erfuhren nun auch, daß man Nichts verabsäumt hatte, um sie zu retten. Schon an demselben Tage, an welchem sie sich verlaufen, war Brenner mit einem Führer zur Nachforschung ausgegangen; er kam jedoch mit Dunkelwerden ohne Erfolg zurück, da er auf dem trockenen Boden die Fährte nicht hatte halten können. Dann waren Kanonenschüsse abgefeuert und während der Nacht Raketen mit Schwärmern und Leuchtkugeln emporgesandt worden; aber der Lichtschein war ihnen entgangen, und der Donner des Geschützes war ungehört verhallt, sei es nun, weil die Ladung blind gewesen, weil der Wind entgegenwehte, oder der Uferwald die Fortpflanzung des Schalles hemmte. Nächsten Tages hatte sich schon früh 5½ Uhr der Baron selbst mit Link, Brenner und drei Führern an Land begeben; sie durchsuchten eine weite Strecke des Ufers oberhalb und schnitten Zeichen in die Bäume ein, setzten auch Nachmittags ihre Durchforschung nach Süden fort, ohne jedoch ein Anzeichen der Vermißten zu entdecken. Des Abends blieb Brenner an Land und unterhielt zwei riesige Feuer, von denen das eine schon bei Tage angezündet worden war, damit der aufsteigende Rauch den Ankerplatz des Welf verriethe; auch Kanonenschüsse wurden von Zeit zu Zeit wieder abgefeuert.

Am Morgen des dritten Tages endlich wurden nochmals drei Leute ausgeschickt, mit dem Bedeuten, daß Jeder von ihnen zehn Thaler erhalten solle, wenn sie die beiden Europäer auffänden. Für den Fall, daß auch Dieses nichts hülfe, richtete der Baron eine Tafel her, welche auf einer Sandbank aufgestellt werden sollte, mit der Aufschrift: „Zurück nach Schonde, dem ersten Dorfe bergab; von dort mit Führer über Land nach Bardĕra, wo der Welf. Fünf Schritte nach Pfeilrichtung südlich Provisionen vergraben.“ Ferner ward ein Blechkasten zurecht gemacht mit Schiffszwieback, einer Flasche Kognak, Pulver, Zündhölzern, Lunte, Stein, Stahl, Messer, Bindfaden, Cigarren, Glasperlen und einem Stück Baumwollenzeug; er enthielt außerdem nochmals die Inschrift der Tafel und dazu die Bemerkung: „Schonde von hier sechs Stunden; Bardĕra von Schonde zwei Tage; Richtung des Flusses von Schonde bis hier beinahe rein Nord. Eine kleine Anpflanzung, auch auf dem linken Ufer, ist in fünf Stunden zu erreichen.“ Dieser Kasten sollte an erwähnter Stelle vergraben werden. Um Nichts zu verabsäumen, was zur Errettung der Verirrten dienen konnte, schlug man endlich ein Floß von sechs Fuß Länge bei sechs Fuß Breite zusammen und befestigte es gleichfalls auf der Sandbank. Während man noch hiermit beschäftigt war, kamen, wie schon erzählt, die Verlorenen zurück. In Deppe's Tagebuche finden wir die Moral aus dieser Geschichte gezogen; sie lautet: „gehe in Afrika nicht ohne Kompaß ins Land, du läufst sonst Gefahr, in sechzig Stunden nicht mehr als eine halbe Ente zu essen zu haben, wenn's nicht noch schlimmer wird."

Am 5. September setzte der Welf sich wieder in Bewegung. Er erreichte nach wenigen Stunden eine kleine Anpflanzung Namens Sorori und fuhr dann in mittelmäßigem Fahrwasser bis gegen Abend weiter. Den folgenden Tag fand er im Flusse oft nicht mehr als 3 bis 3½ Fuß Tiefe, sodaß er unzählige Male auffuhr, ohne daß jedoch das Loskommen große Mühe verursacht hätte. Abends fünf Uhr ankerte er in fünf Fuß Wasser. Am 7. September wurde gehalten, um im Voraus zu sondiren, und am 8. wieder weiter gefahren. Kaum war man jedoch zwei bis drei Seemeilen weit gekommen, als man von Neuem auffaß, diesmal aber ebenso fest wie vorher bei Wegere. Dort wo der Fluß oft nur fünfzig Schritt breit war, hatte die Seichtigkeit ihren Grund in dem starken Gefälle, während hier jedenfalls die starke Verbreiterung des Flußbettes daran Schuld war. Abdio, Kero und Baraka, ein aus Schonde mitgenommener Führer, beschworen den Baron, doch umzukehren, da er sicherlich mit seinem Schiffe die Stadt Bardēra nicht erreichen würde. Das Umkehren schien aber ebenso mißlich als die Weiterfahrt, weil man auf dem Rückwege dieselben Schwierigkeiten wie vorher nochmals zu überwinden gehabt hätte; daher beschloß man, unverzagt bis zur äußersten Grenze der Fahrbarkeit vorzudringen. Der Erfolg rechtfertigte diesen Entschluß; denn am 9. wurde das Fahrwasser schon weit besser, und am nächsten Reisetage konnte man mehrere Stunden ohne irgend welches Hinderniß weiter fahren. Tages darauf mußte freilich schon wieder gehalten werden, aber nicht wegen ungenügender Wassertiefe sondern weil neues Feuerholz eingenommen werden mußte. Der bedeutende Holzverbrauch — die Kohlen sollten ja soviel als möglich geschont werden — schien überhaupt die meiste Schuld an dem langsamen Vorwärtskommen zu haben, da er es unmöglich machte, mehr als höchstens zwei Tage hintereinander zu dampfen. Infolge der häufigen Halte gingen denn auch die Lebensmittel rasch auf die Neige, und der Einkauf dieser verursachte neuen Verzug. Ein Glück noch, daß man von Zeit zu Zeit eine Ansiedelung traf, so auch jetzt am 12. wieder ein großes Somalidorf inmitten eines gutbebauten Landstriches.

Einige Meilen weiter oben nahm der Welf Holz ein. Der Scheich von Anole, dem eben passirten Dorfe, stattete hier dem Baron einen Besuch ab. Er brachte einige Ziegen und Schafe zum Verkauf, und einen Ochsen zum Geschenke mit; letzterer kostete natürlich durch das nöthig werdende Gegengeschenk weit mehr, als wenn er im Handel erstanden worden wäre. Im Allgemeinen waren die Preise für das Vieh sehr hoch, wenigstens wenn man bedenkt, daß so weit im Innern des Landes die Tauschgegenstände doch einen beträchtlich höheren Werth haben müssen als an der Küste. Abarro oder Barodina, wie der Häuptling sich nannte, betrug sich ziemlich anständig d. h. belästigte durch Zudringlichkeit und Bettelei weniger, als Dieses sonst geschieht. Ihm lag offenbar sehr viel daran, in den Augen des Fremden als ein bedeutender Mann zu erscheinen, denn er wiederholte mehr als zehn Mal, daß er ein großer Sultahn sei, und gab, um sich wichtig zu machen, einen Brief an den Herrscher von Bardēra mit. Sein Dorf indessen besteht nur aus vierzig bis fünfzig Hütten; und wenn seine Unterthanen sich auch eines guten Wohlstandes, namentlich an Viehheerden, erfreuen, so genügte Das doch nicht, ihm in den Augen Decken's einen höheren Rang als den eines Dorfschulzen zu verleihen. Am Ufer zeigten sich, als der Welf weiter dampfte, eine Menge neugieriger Männer und Weiber. Einer der Männer trug eine riesige Feder als Kopfschmuck; er hatte die Auszeichnung von seinem Sultahn dafür erhalten, daß er fünf Galla im Kriege getödtet hatte! —

Seit Sorori hatten die Ufer des Flusses sich wesentlich verändert; der zumeist nur noch aus Dumpalmen und Mimosen bestehende Wald war dünner geworden, und öfter als vorher trat die Grasebene bis dicht an den Fluß. Hügel von Sandstein, Thonschiefer oder Kalk zeigten sich zuweilen in unmittelbarer Nähe des Wassers, und die Uferwände selbst nahmen häufig ein geschichtetes Aussehen an. In 2° 3′ nördl. Br. sah man von einem etwa hundert und siebzig Fuß hohen Hügel über ein ziemlich unebenes Land; weiterhin, einige sechzig Meilen nach Nordwesten, gewahrte man sogar beträchtliche Berge. Dies Alles, auch die größere Seichtigkeit des Fahrwassers, deutete darauf hin, daß man nun den Unterlauf des Flusses hinter sich hatte.

Am 15. September konnte mit nur einer einzigen Unterbrechung wieder neun Stunden lang vorwärts gefahren werden. Es wurde die ansehnliche Strecke von neunzehn Seemeilen durchmessen. An einer Stelle, wo zwei Hügelketten von beiden Seiten des Flusses nahe an das Wasser herantraten, legte der Welf nochmals an. Leider war das Holz hier sehr spärlich; blos dicht am Ufer fand sich noch ein schmaler Saum von Bäumen, und noch dazu fast nur Dumpalmen und dürftige Mimosenarten, welche kein besonders gutes Heizmittel abgeben. Der 16. wurde zum Holzfällen verwendet, am 17. aber legte man wieder ein beträchtliches Stück Weges zurück, allerdings in nicht ganz befriedigender Richtung, da neunundzwanzig Meilen geradliniger Fahrt das Schiff vielleicht nicht mehr als die Hälfte dieser Entfernung vorwärts gebracht hatten. Nachdem dann wieder ein Tag auf Holzfällen und wissenschaftliche Beobachtungen verwendet worden war, gelangte man am Vormittag des 19. endlich in Sicht des berühmten Bardēra. Dicht vor der Stadt saß der Welf noch einmal auf, arbeitete sich aber bis gegen Abend wieder frei und ging etwas oberhalb derselben nahe dem linken Ufer vor Anker.

Vierundvierzigster Abschnitt.

Bardēra und die Somali.

Die Stadt Bardēra. — Ein Blick auf die Vergangenheit. — Tracht und Sitten der Bewohner. — Abstammung der Somali. — Ihr Charakter durch Beispiele belegt. — Was man von ihrer Lebensweise kennt. — Deckens Besuch in Bardēra. — Ein drohendes Zerwürfniß. — Ausgleich und Abreise.

Es verlohnt sich der Mühe, die Stadt Bardēra, in welcher der traurige Untergang der von der Decken'schen Expedition sich vorbereitete, etwas eingehender kennen zu lernen. Unsere nach einer Zeichnung von Brenner gegebene Ansicht der Stadt wird Das ersetzen, was die Worte an Anschaulichkeit vermissen lassen.

Unter dem Namen Bardēra verstehen wir hier nur die auf dem linken Ufer des Djubaflusses gelegene Stadt, nicht auch das Dorf Lala, welches etwas weiter unterhalb auf der gegenüberliegenden Seite erbaut ist. Beide Orte, so sehr sie ihrer Lage nach zusammengehören, sind doch als verschieden zu betrachten; denn der nicht unbeträchtliche Fluß verhindert bei dem Mangel an Fahrzeugen einen regelmäßigen Verkehr zwischen beiden Bewohnerschaften, welche überdies, wie es scheint, zu verschiedenen Stämmen gehören und jede ihre eigene Politik verfolgen. Bardēra liegt auf einer Bodenerhebung von dreißig oder vierzig Fuß Höhe, welche nach dem Flusse zu ziemlich steil abfällt, nach Osten hin aber allmählig in die weite Ebene des Somalilandes verläuft. Eine fünfzehn Fuß hohe, halbkreisförmige Mauer von gewiß einer halben Stunde Umfang, und vor ihr ein Graben, umziehen die Stadt auf ihrer Landseite. Jetzt ist diese Befestigung theilweise verfallen; früher aber, zur Blütezeit der Stadt, bot sie jedenfalls einen höchst wirksamen Schutz gegen die Angriffe feindlicher Stämme. Sie scheint arabischer Kunst ihre Entstehung zu verdanken; wenigstens läßt die geschmackvolle Bauart des festen, auf der Landseite gelegenen Thores nicht auf einen Somali-Baumeister schließen. Dieses Thor, gegenwärtig ohne Thür, wird in der Nacht durch vorgelegtes Dornengestrüpp gesperrt. Von ihm aus führt ein glattgetretener Pfad nach Norden und einer nach Osten. Die 120 bis 130 Hütten, aus denen jetzt die Stadt besteht, nehmen kaum den achten Theil des von der Mauer umschlossenen Platzes ein; Ruinen und verwildertes Gebüsch füllen den übrigen Raum. Bardēra war einst eine bedeutende Stadt; aber sie wurde vor wenigen Jahrzehenden von Feindeshand zerstört und stellt jetzt nur noch den Schatten ihrer früheren Größe dar. Veranlaßt wurde ihr Untergang durch die Glaubenswut ihrer Beherrscher. Ein Blick auf die uns von Krapf überlieferte Geschichte der Stadt wird zugleich einigen Aufschluß über die Entstehung der noch jetzt in Bardēra vorhandenen Sittenstrenge geben.

Bardĕra.

I. Platz der Ermordung v. d. Decken's. II. Platz der Ermordung Dr. Linck's. III. Wohnung v. d. Decken's und Dr. Linck's. IV. Wohnung des Sultahns Hadschi Ali ben Kero. V. Moschee. VI. Ruinen der alten Stadt.

Im Jahre 1819 etwa wanderte ein mahammedanischer Scheich aus seiner Vaterstadt Mukdischa aus, vermutlich weil er seiner strengen Grundsätze wegen sich nicht mit seinen Landsleuten vertragen konnte. Er baute am Djubafluß an der Stelle, wo jetzt Bardēra steht, eine Hütte, sammelte um sich eine Anzahl Somali und gewann sie für seinen düsteren Glauben. Seine Anhänger mehrten sich; bald war ein Dorf an der vorher öden Stelle entstanden, und bald wurde aus dem Dorfe eine Stadt. Mit der Zunahme seiner Macht wurde in dem Scheich der Wunsch nach Ausbreitung seiner Lehre immer lebhafter. Er überschritt den Fluß und suchte die Galla, allerdings vergeblich, durch die Gewalt der Waffen zu bekehren. Sein Nachfolger, Scheich Ibrahim, stand ihm an Eifer nicht nach, richtete aber seine Bestrebungen mehr auf die Küste. Er sandte einen Boten nach Brawa und befahl den Einwohnern, sich fortan nach seinen Satzungen zu richten: keinen Tabak mehr zu rauchen, kein Elfenbein mehr zu verhandeln, weil der Elephant ein unreines Thier sei, die Frauen mehr als bisher im Hause zu halten oder wenigstens nicht unverschleiert ausgehen zu lassen u. s. f. Dieses war aber durchaus nicht nach dem Sinne der einer mehr heiteren Lebensauffassung zugeneigten Bewohner von Brawa; der Unwille ob solcher Forderung übermannte sie, und sie erschlugen den Boten des Eiferers. Einem zweiten Gesandten erging es nicht besser. Scheich Ibrahim sammelte nun im Jahre 1840 in heiligem Zorne ein Heer von 1700 Mann, zog damit gegen Brawa, nahm die Kamele, Schafe und Kühe der Einwohner weg und schickte das Erbeutete durch dreihundert Mann nach Bardera, während er selbst mit der ihm verbleibenden Schar an den Ufern des Wobbiflusses ein Lager aufschlug und von hier aus die Stadt zur Unterwerfung aufforderte. Die Bedrohten sammelten eiligst gegen 10,000 Krieger und griffen den Scheich in seinem Lager an; sie wurden indessen aufs Haupt geschlagen und nach allen Richtungen hin zerstreut. Hierdurch nicht entmutigt, weigerten sich die Brawaleute immer noch, die verhaßten, strengen Gebote anzunehmen; Ibrahim aber erstürmte und plünderte die Stadt und tödtete, was ihm in die Hände fiel. Auf dem Rückwege nach Bardera traten ihm 20,000 Somali entgegen, doch wurden auch diese in die Flucht geschlagen.

Von jener Zeit an gewann Ibrahim bedeutenden Einfluß; da er jedoch seine Anmaßung und Strenge in Sachen des Glaubens allzuweit trieb, vereinigten sich die anderen Somali, um seine Sekte gänzlich auszurotten. Im Jahre 1843 rückte Scheich Jussuf von Geledi mit 40,000 Mann vor die Stadt und umgab sie mit einem sechsfachen Lager, so daß Niemand entfliehen konnte. Bardēra wurde von Grund aus zerstört, die Männer wurden getödtet, Weiber und Kinder in die Sklaverei geführt. Erst einige Jahre vor Decken's Ankunft hatten sich wieder Ansiedler bei den Ruinen von Bardera eingefunden, in der Absicht, die Stadt in ihrer früheren Größe wiederherzustellen. Die jetzigen Bewohner neigen derselben strengen Glaubensrichtung zu (Krapf spricht von Wachabitismus, Kinzelbach bestreitet Dies), welche der alte Mukdischascheich nach dem Djubaflusse gebracht hatte, besitzen aber nicht mehr die Macht, Andersgläubigen gefährlich zu werden.

Die Häuser der Stadt Bardēra gleichen in ihrer bienenkorbähnlichen Gestalt den Wohnungen der Kohlenbrenner unserer Gebirge. Nach Decken und Brenner baut man sie, indem man zuerst einen Kreis verzeichnet und über diesem durch sechs in den Boden gesteckte Baumstämme, deren Spitzen sich oben kreuzen, das Gerippe eines Kegels errichtet; einige Stangen vervollständigen den Bau, und schlanke Zweige, mit denen er durchflochten wird, machen ihn dichter. Im untersten Theile, bis zu etwa fünf Fuß Höhe, wird inwendig eine Schicht Lehm aufgetragen; der obere Theil, das Dach, wird mit Gras gedeckt. Im Innern sondert eine Wand aus Fellen oder Matten, welche sich in einer halben Schneckenwindung an die Außenwand anschließt, einen zweiten, kleineren Raum ab. Eine sehr enge und nur vier Fuß hohe Thür führt in die Wohnung; Fenster sind natürlich nicht vorhanden. Je zwei solcher Hütten sind, wie man Dies auch in Dschagga findet, mit einem Zaune umgeben und bilden ein für sich abgeschlossenes Gehöfte. Einige baufällige Lehm- oder Steinhäuser, darunter auch die Wohnung des Sultahns, finden sich im westlichen Theile der Stadt.

Barderas Handel beschränkt sich auf den Umtausch von Fellen und Elephantenzähnen gegen die nothwendigsten Lebensbedürfnisse, welche von Brawa oder Ganane eingeführt werden. Die große Handelsstraße zwischen beiden letztgenannten Städten berührt Bardēra nicht, sendet aber einen Seitenzweig von einer Tagereise Länge hierher ab. Man braucht vier bis fünf Tage, um nach Ganane, und etwa fünfzehn, um nach der Küste zu gelangen. In der Stadt selbst ist wenig zu erhandeln; sogar das Vieh, der Reichthum des Landes, ist verhältnißmäßig theuer. Einen Ochsen bezahlt man mit vier Thalern, ein Schaf oder eine Ziege mit einem; Mtamakorn und anderes Getreide, welches weiter unten am Flusse in Menge vorkommt, wird auf den Rücken von Kamelen und Eseln eingeführt. Von Bodenbau sieht man in der Umgegend Nichts; nur innerhalb der Mauer finden sich einige Bananenstauden und Beete mit Jams oder Tabak. Gewerbfleiß fehlt so gut wie ganz; es gibt nur einen einzigen Webstuhl im Orte, und dieser steht, wie Decken erfuhr, unbenutzt da. Grobe Matten mögen indessen in geringer Menge geflochten werden.

Die Somali von Bardēra unterscheiden sich nach Brenner durch ein finsteres, verschlossenes Wesen auffällig von ihren Landsleuten in Jumbo und an der Küste überhaupt. Hieran mag theils ihre abgesonderte, entbehrungsreiche Lebensweise Schuld sein, theils aber auch ihre strenge Glaubensrichtung, welche sie die harmlosen Lustbarkeiten der Küstenbewohner verabscheuen läßt. Hühner, Eier und Fische gelten ihnen als unreine Nahrungsmittel; merkwürdiger Weise aber verschmähen sie es nicht, Hühner in ihren Häusern zu halten. In ihrer Tracht weichen sie nicht minder ab, schon deshalb, weil sie nicht reich genug sind, sich so anständig wie jene in Amerikano zu kleiden: die Meisten von ihnen befestigen ein Ziegenfell um die Hüften, und nur einige Wohlhabende führen baumwollene Schurztücher, welche aber dann bis über die Knöchel hinabreichen. Das Auffälligste aber ist ihre Haartracht. Ein glattgeschorener Kopf kommt hier selten vor; man läßt gewöhnlich das dichte, steife Haar als eine sechs bis acht Zoll lange Wollperücke starr vom Kopfe abstehen; Einige aber flechten es, wie sich Dies auch weiter südlich bis herab nach Madagaskar findet, in unzählige, fettgetränkte Stränge. Bei feierlichen Gelegenheiten, bei Parade und Krieg, gibt man sich die größte Mühe, den Haarwust auf dem Kopfe so umfangreich als möglich zu machen. Da nun solch ein lockerer Bau beim Schlafen sehr leiden würde, wenn man ihn nicht besonders schützte, so hat man eine Vorrichtung erfunden, auf welche man während der Nacht den Hals stützt: ein Nackenkissen, welches gestattet, den frisirten Oberkopf auch beim Liegen frei zu halten. Dieses hölzerne Geräth findet sich bei fast allen Stämmen und wird auch auf Reisen mitgenommen, weil bei solcher Gelegenheit die Haarwolke oft in größtem Glanze gezeigt werden muß. Ein in die Perrücke gesteckter Kamm von pfeilähnlicher Form, gewöhnlich mit drei Zinken, vervollständigt diesen Theil der Toilette; er dient weniger zur Bearbeitung des Haares als zum Kratzen der Kopfhaut, so oft sich auf dieser ein Jucken merklich macht. Ein Stück Holz von den Zweigen des Irakistrauches als Zahnbürste, und auf Reisen eine Kürbisflasche mit Wasser zu den nothwendigen Besprengungen, dürfen nicht fehlen. Fast Alle tragen Sandalen aus Leder oder Holz. Die Bewaffnung besteht aus Speeren und hübsch gearbeiteten Schilden von Rhinocerosfell. Bogen und Pfeile sieht man selten, Gewehre gar nicht. Eigenthümlich ist eine Art Polizeiwaffe, welche nur von ersten Kriegern der Stadt geführt wird — eine Rhinoceroshaut-Peitsche; sie kam in Gegenwart der Europäer einige Mal zur Anwendung, um neugierige Evatöchter, welche dem Verlangen, die Fremden zu sehen, nicht widerstehen konnten, durch kräftige Mahnung in ihre Verstecke zurückzutreiben.

Die Frauen hüllen sich derart in große weiße Tücher, daß man die Umrisse ihres Körpers nur schwer zu erkennen vermag. Ihr Haupt bedecken sie in Gegenwart fremder Männer mit einem Stück Zeug in Gestalt einer Kapuze, welches nur die Augen freiläßt. Alle tragen enge, gestrickte oder gewebte, mit erhabenen Figuren verzierte Beinkleider oder Gamaschen. Die Beine sind auf diese Art bis zu den Knöcheln herab bedeckt, die Füße hingegen kennen kein Schuhwerk.

Auch in Bardēra bilden die Frauen die „bessere Hälfte der Menschheit"; uneigennützige Güte wenigstens findet man hauptsächlich bei ihnen. So brachte ein junges Mädchen dem Reisenden ein Huhn und ein Ei zum Geschenk, wies aber eine Gegengabe von Glasperlen zurück, weil sie schon am gestrigen Tage etwas erhalten habe! Decken hatte ihr nämlich einen kleinen Spiegel verehrt, welcher beim Herumzeigen unter den Umstehenden vor Allem ihr Entzücken erregt hatte. „Solche Fälle kommen übrigens nur bei der schönen Jugend vor," bemerkt Decken etwas boshaft; „Alter und Häßlichkeit ist nach meinen Erfahrungen in Afrika mit Geiz und Habsucht verbunden: die Frau des Häuptlings Ameio, ein abschreckend häßliches Weib, schenkte acht Hühner, fragte aber zugleich, was sie dafür bekäme!"

Brenner schreibt den Barderanern einen verbissenen, fanatischen Charakter zu. Ihr längliches mageres, Gesicht mit dünnen Lippen, spitzigem, fast bartlosen Kinn und stechenden Fuchsaugen ist nicht ohne Geist, hat aber einen Ausdruck von Wildheit, Haß und Tücke, oft auch von Trübsinn, und erweckt unheimliche Gefühle, wozu der wirre Aufbau des Haares nicht wenig beitragen mag. Für gewöhnlich lagert ein finsterer, brütender Ernst auf ihren Mienen. Was in ihrem Inneren vorgeht, verräth ihr Gesichtsausdruck im Beisein Fremder nicht; sie besitzen die Selbstbeherrschung und äußere Ruhe der nordamerikanischen Indianer. Den Negern der Expedition gegenüber, deren unterwürfiges Benehmen gegen sie freilich hierzu herausforderte, traten sie in herrischer Weise auf. Wieviel von diesem Bilde auf die Somali anderer Orte anwendbar ist, wird eine weiter unten folgende Zusammenstellung über die Eigenart dieses Volkes im Allgemeinen zeigen.

Als Fleischesser haben die Bewohner von Bardēra sich keiner großen Beleibtheit zu erfreuen; sie sind schlank, ja mager, die Beine sehnig und ohne Waden. Hände und Füße sind wohlgebildet, und Plattfüße, welche bei den Küstenbewohnern so gewöhnlich vorkommen, fehlen hier fast ganz. Wenn sie hierin von den südlicheren Stämmen Ostafrikas merklich abweichen, so kommen sie ihnen auf der anderen Seite wieder durch ihre dunkelbraune Hautfarbe und durch die Spärlichkeit des Bartwuchses nahe. Die Jenen eigenthümliche, fettsaure Ausdünstung der Haut bemerkt man jedoch bei ihnen ebensowenig wie bei den Galla.

Die Barderaner sind zum Theil Kablalla- (nach Kinzelbach Kabalahach), zum Theil Elāi-Somali, welche Stämme, wie wir nach dem uns vorliegenden Material vermuten müssen, der großen Familie der Rahanuin angehören. Diese sind die südlichsten und westlichsten der Somali. Ihr Gebiet liegt wesentlich zwischen den Flüssen Djuba und Wobbi; im Osten schließen sich ihnen, an der Küste des indischen Meeres bis zur Stadt Obbia in 11° nördl. Breite reichend, die Hawija an; den Raum nördlich von beiden, von Seila oder Tadschurra am Golfe von Aden bis zum Kap Gardafui nimmt die große Familie der Adji ein.

Die Rasse der Somali scheint, wenigstens theilweise, gemischten Ursprungs zu sein. Nach Guillain, welchem wir die bei Weitem wichtigsten Nachrichten über dieses Volk verdanken, stammen die Somal-Adji von einem gewissen Adji ab, dem Haupte einer angesehenen arabischen Familie, welche, aus ihrer Heimat vertrieben, sich an der Küste von Adal niederließ und hier den Islam verbreitete. Das ihr entsprossene Volk ist sehr stolz auf seinen arabischen Ursprung und weist den Verdacht, ihre Vorfahren könnten Galla gewesen sein, mit Entrüstung zurück. Adji's Sohn Derr hatte zwei Söhne, Salhorsen und Dubrur, welche, vereinigt mit einem Theile der Nachkommen ihres Bruders Mahammed, den Biemal, den Bewohnern der hafenreichen Südküste des Somalilandes, der sog. Benadir (vgl. Karte... des Werkes), den Ursprung gaben. Eine Tochter Derr's heirathete den Araber Scheich Abderrahman ben Djaberti ben Ismaël, welchen die Somali Darud (66) nennen. Von den vier Söhnen dieser Ehe wurden drei (Merrihan, Jussef und Tanahe) die Väter von gleichnamigen Stämmen, deren erster jedoch nur einige Bedeutung erlangte: er ist 10,000 Mann stark, während die anderen höchstens 300 Köpfe zählen. Derr's Enkel Kublalla (dasselbe Wort wie Kablalla oben?) wurde durch seinen Enkel Herti (ben) Kombe groß. Von Diesem leiten die Medschertin, die Warsangeli, Lulbahanteh, Dechtschischeh, Thiuleh und Gobtanleh ihren Ursprung ab; von dessen Bruder Geri stammt die gleichnamige Bevölkerung eines kleinen Gebietes östlich von Herrär.

Von den Somal Hawija wissen wir wenig mehr als die Namen der Stämme Gurgateh, Abgal und Udjuran, welche das Küstenland zwischen Brawa und Obbia inne haben. Der Name der Abgalen kommt übrigens in der Geschichte der Stadt Mukdischa öfters vor (s. die tabellarische Uebersicht der Geschichte Ostafrikas in Bd. III., m. des Reisewerkes). Zu den Somal Rahanuin gehören die Gebrun, die Bewohner der am Wobbiflusse bei der Stadt Geledi gelegenen blühenden Landschaften.

Was Kinzelbach in seinen zu Brawa gesammelten Notizen über die Somali sagt, scheint hauptsächlich nur für die Bewohner der südlichen Theile des Landes zu gelten. Hadschi Nur Hadad und Mahammed Hadad von Merka sowie Nur Mahammed von Mukdischa theilten ihm mit, daß es im Somalilande eigentliche Somali, dann Sabb, Tunne und Kudamm gebe. Somali und Sabb stammen nach der Volksmeinung von Einem Vater ab, einem Araber; des ersteren Mutter aber war eine rechtmäßige, arabische Frau, die des anderen eine Sklavin. Somal soll „schwarze Farbe", Sabb „List, Lüge, Schwäche" bedeuten. Die Tunne sind Nachkommen des von seinem arabischen Herren in Brawa freigegebenen Habeschi-Sklaven Bala Turre(?); die Kudamm, „Diener", sind Nachkommen von freigelassenen Sklaven, wohnen unter den Somali und Sabb, sprechen deren Mundarten, treiben Ackerbau, Viehzucht, Schiffahrt, Handel und leisten Kriegsdienste sowol wie häusliche. Diese Kastenunterschiede werden streng aufrecht erhalten. Ein Somali gibt in der Regel einem Sabb seine Tochter nicht zur Frau, ebensowenig ein Sabb dem Tunne oder dieser dem Kudamm; letztere verheirathen sich unter einander, aber nicht mit wirklichen oder freigelassenen Sklavinnen. Die zumeist schwarzen Somali essen Geflügel, Eier und Fische nicht; die oft braunen Sabb und Tunne verschmähen nur Fische; die Kudamm wissen von keinem Unterschiede hierin. Somali und Sabb geben einander Genugthuung für einen begangenen Todtschlag d. h. liefern den Angehörigen den Mörder aus oder geben ihnen zur Entschädigung zwei Sklaven, welche einen Werth von 70 bis 80 Thalern darstellen; die Tunne erhalten keine Genugthuung von Jenen, müssen ihnen aber betreffenden Falles ein Blutgeld bis zum Betrage von 500 Thalern zahlen, während die Person des Mörders gar nicht verlangt wird. Der Sultahn von Bardēra, Achmed Jussuf, ist ein Somali; seine Unterthanen, die Gebrun, sind größtentheils Sabb. Von den bekannteren Stämmen sind Somali: die Abgal, Bimal, Hebr Awel, Kablalla, Medschertin, Hawija, Ugadin; Sabb sind die Elai, Gebrun u. s. w. Den Somali-Gelehrten zufolge stammen die eigentlichen Somali von den Koreschiten in Mekka, die Sabb von den Ansari in Medina, welch letztere schon damals von jenen geringschätzig angesehen wurden. Beider Vorfahren kamen fast gleichzeitig nach Berbera, wo, wie im ganzen Somalilande, Galla wohnten. Die Verdrängung der Galla dauert fort, im Borangalla-Lande durch die Kablalla-Somali, welche ihrerseits von den Elai-Sabb vertrieben werden, im Wardaigalla-Gebiete von anderen Somali ohne besondere Nothwendigkeit.

Brenner erfuhr von dem Scheich Abdio Nahore(?) am Wobbi, daß die Vorfahren der Somali, welche zu den ersten Anhängern des Propheten zählten, einst in Mekka mit den Koreschiten in schweren Streit geriethen; auf Befehl des Propheten wären sie dann unter Anführung eines Verwandten von Abu Bekr nach der Nordküste des jetzigen Somalilandes übergesiedelt. Ein Theil von ihnen, welcher arabische Frauen hatte, blieb hier und gab den echten Somali den Ursprung; Andere drangen weiter nach Westen (Süden?) vor, verheiratheten sich mit Gallamädchen und wurden die Stammväter der Desarguta-, Kablallah- (?), Anole-, Djidu- und Elai-Somali (nach Kinzelbach „-Sabb").

Die Sprache der Somali ist eine einheitliche, weicht jedoch bei den verschiedenen Stämmen nicht unwesentlich ab.

Die Somali gelten bei uns für raubgierig, europäerfeindlich, mordlustig, treulos und verschlagen; sogar in Sansibar, wo man doch öfters in Geschäften mit ihnen verkehrt, stehen sie wegen dieser Eigenschaften einigermaßen in Verruf. Was von Berichten über sie nach Europa gedrungen ist, veranlaßt allerdings nicht gerade zu einem milden Urtheil über sie: Somali haben die Mannschaften gestrandeter Schiffe umgebracht; Somali waren es, welche bei Berbera den englischen Lieutenant Stroyan ermordeten und den kühnen Reisenden Speke verwundeten; und in ihrem Lande ging die Expedition, von welcher wir zu erzählen haben, zu Grunde. Dennoch aber wäre es falsch, ein auf diese Thatsachen begründetes Urtheil über alle Somali ausdehnen zu wollen: eine solche Verallgemeinerung wäre ebenso sonderbar, als wenn Jemand den Charakter der Deutschen nach Erlebnissen auf Ausflügen im Harz oder Spreewald endgiltig feststellen wollte. Die Verschiedenheiten der Lebensweise und der äußeren Verhältnisse, welche in einem zehntausend Geviertmeilen großen Lande nothwendig sich finden müssen, können sicherlich nicht ohne Einfluß auf Sitten und Artung der Bewohner bleiben. Wie wären wir also berechtigt, für Missethaten der halb- und ganz wilden umherschweifenden oder Beduinenstämme die seit Jahrhunderten ansäßigen Städtebewohner, die friedliche Ackerbauer- und Fischerstämme oder betriebsamen Kaufleute und Gewerbtreibenden verantwortlich zu machen? In der Wüste ist, wie das Sprichwort sagt, Jedermann des Andern Feind; auf den Märkten ist Friede die Grundbedingung des Verkehrs. Die verhältnißmäßig nicht unbedeutende Bildung, die Wohlhabenheit und der Ueberfluß, welche in den Städten des Somalilandes sich finden, übt sogar auf den Wilden einen sittigenden Einfluß aus; und Stämme, welche früher mit ihren Heerden die Steppen des Binnenlandes durchschweiften, dann aber gezwungen wurden, sich in der Nähe des Meeres niederzulassen, nahmen schon nach einer Generation eine ganz andere Artung an. Aehnliches hat man überall beobachtet, wie man auch bemerkt hat, daß Leute, welche noch nicht ganz mit der Gesittung verwachsen sind, wieder in ihr Wildenthum zurückfallen, sobald sie die Mauern der Stadt hinter sich lassen und, sei es nun auf Land- oder Seereisen, wieder in die Lage kommen, ein ungebundenes Leben führen zu können. Hängt doch uns Allen, selbst den Gebildetsten unter uns, noch ein Rest der Wildheit an, welcher wir entsprossen sind, dem Einen mehr, dem Anderen weniger, bei Diesem sich äußernd, wenn er sich in großen Volksmengen befindet, bei Jenem in der Einsamkeit des Waldes, welche er aufsuchte, um einmal fern von Denen, die ihn bemäkeln könnten, die Zwangsjacke der Civilisation auszuziehen, sich als Naturmensch zu fühlen und seiner physischen Natur freien Lauf zu lassen — bei fast Allen aber in einem gewissen Zustande der Trunkenheit.

Wir finden unter den Somali äußerst höfliche, feingesittete, gutmütige, ja gebildete und gelehrte Leute, welche jede Nation gern die ihrigen nennen würde. Ein solcher ist zum Beispiel der Scheich Mumen von der Hameruin genannten Stadthälfte Mukdischas, dessen Bild uns Guillain entwirft: „sein Gesicht, welches zugleich das Gepräge der Feinheit und der Güte trug, verrieth zeitweilig bei der Unterhaltung eine lebhafte und ungewöhnliche Intelligenz; die

Unterhaltung mit ihm war überaus lehrreich und anziehend. Er schien auch an uns viel Gefallen zu finden, denn er versicherte uns, daß ihm Nichts angenehmer wäre, als mit uns zu plaudern. So besuchten wir ihn während unseres Aufenthaltes fast jeden Tag. Er sprach arabisch, was man bei einem Somali nicht gerade häufig findet, und drückte sich in dieser Sprache mit ziemlicher Leichtigkeit aus; sogar die Art und Weise seiner Rede war nicht ohne Reiz. Wenn er ruhig dasaß und mit uns sprach oder scherzte, so erinnerte sein behäbiges Aussehen und sein Gesicht voller Wohlwollen und Fröhlichkeit an die guten, edelmütigen Väter, welche in Lustspielen unsere freundliche Theilnahme und Bewunderung zugleich in Anspruch nehmen. Sein Aeußeres, seine untersetzte runde Gestalt, ließ übrigens keineswegs errathen, welche geistige Frische in ihm wohnte, noch auch, daß er eine so bedeutende körperliche Stärke besaß, wie wir sie an ihm kennen lernen sollten: er hob, obwol schon bejahrt und greis, vor unseren Augen einen erwachsenen Mann in die Höhe, indem er ihn mit seinen Zähnen am Gürtel faßte, und behauptete, daß er in seiner Jugend mit einem einzigen Faustschlag einen Ochsen zu Boden gestreckt habe. Dazu besitzt er eine Festigkeit der Gesinnung und ein kluges, gemäßigtes Benehmen, welches der seiner Verwaltung anvertrauten Stadt den Frieden sichert, trotz aller Anfeindung der Nachbarn in Schangani, der anderen Hälfte Mukdischas, und trotz der mancherlei Verwirrung, welche das Ungestüm der ungebändigten Beduinen der Umgegend bisweilen veranlaßt. Deshalb genießt er auch bei seinen Unterthanen ebensoviel Achtung wie Liebe." Solcher „noblen Herzen", mit denen man überall gern verkehrt, fand auch Kinzelbach mehrere bei seinem Aufenthalte in Aden im Jahre 1866.

Oder betrachten wir die Heldengestalt Juffuf ben Mahmud's, des nun verstorbenen Sultahns von Geledi, welcher seine Kriegerscharen im Kampfe gegen den Fanatismus siegreich durch einen großen Theil des Somaligebietes führte und dabei trotz der Mühen, welche das Zusammenhalten einer umfassenden Herrschaft in solchem Lande verursacht, für das Wohlbefinden seiner Unterthanen angelegentlichst sorgte! Auch diese unter den glücklichsten Verhältnissen lebenden Leute selbst, die fleißigen, zufriedenen, zu Scherz und Frohsinn aufgelegten Anwohner des Wobbiflusses, können als Gegenstück zu den schrecklichen Somalibeduinen Burtons dienen. Guillain stellt ihnen und den Brüdern Juffuf's, welche ihm bei seinem Aufenthalt in Geledi Gastfreundschaft gewährten, als bleibendes Andenken an seine Dankbarkeit und freundschaftliche Gesinnung nachfolgendes, beiden Theilen zur Ehre gereichende Zeugniß aus: „Bei einem Ausfluge nach Geledi, welchen der Kommandant und einige Officiere der französischen Kriegsbrigg Ducouedic unternahmen, haben die in Abwesenheit ihres Bruders, des Sultahns Juffuf ben Mahmud, mit der Regierung betrauten Prinzen Hadschi Ibrahim und Musa die sie besuchenden Reisenden mit einer Herzlichkeit aufgenommen, welche civilisirten Menschen Ehre machen würde; und obwol Kapitän Guillain Sorge getragen, die ihm und seinen Gefährten gespendeten Aufmerksamkeiten reichlich zu vergelten, so haben doch er und die Seinen gewünscht, in den Händen ihrer Gastfreunde eine Gabe von größerer Dauer zu lassen. Sie nehmen die angenehmste Erinnerung an die Stunden mit, welche sie in dieser lachenden Landschaft verbrachten, inmitten einer Bevölkerung, deren Wesen und Gewohnheiten an die kindliche Fröhlichkeit und angenehme Einfachheit patriarchalischer Sitten erinnern."

Bedenken wir ferner, daß den „unruhigen und rauflustigen Somali" die Verwaltung der Polizei zu Aden anvertraut ist, und daß dieses Amt von ihnen in musterhafter Weise versehen wird, so werden wir uns sicherlich zur Vorsicht in unseren Urtheilen über dieses Volk veranlaßt fühlen. Ein richtiges Bild erhalten wir nur dann, wenn wir die Licht- und die Schattenseiten gleichmäßig in Betrachtung ziehen; bei den Somali ist Dieses aber doppelt nothwendig, weil ihr Charakter, bei dem Einzelnen sowol wie bei den verschiedenen

Stämmen, so überaus reich an schroffen Gegensätzen ist. Sie sind bösartig, aber auch harmlos und gutmütig, hassen die Fremden und zeigen sich auch wieder gastfreundlich gegen sie. Als unruhig und rauflustig bekannt, halten sie doch als Schutzleute zu Aden die Ordnung aufrecht; und dem Dienen abhold, betrachten sie es als eine hohe Auszeichnung, daß einer der Ihrigen die Würde eines Lieutenants beim Sicherheitsdienste dort erhalten hat. In der Wüste düster und schwermütig, verbringen sie anderwärts die Nächte mit Gesang und Tanz; sogar die Frauen nehmen an solchen Vergnügungen Theil, während an vielen Orten dies Alles verpönt ist. Ihre Frömmigkeit steigert sich hier zur Härte und Glaubenswut, dort hört man Spötter die gottlosesten Lästerungen ausstoßen; und bei all ihrer wilden Tapferkeit ergreift oft ein ganzer Stamm vor einem angelegten Gewehre die Flucht.

Selbst ein Burton, welcher bekanntermaßen am liebsten die Nachtseiten afrikanischer Natur behandelt, wenn auch vielleicht nur, um einen Dämpfer auf die falsch verstandene Philanthropie eines großen Theiles seiner Landsleute zu setzen — selbst Burton weiß uns freundliche Bilder aus dem Leben der Somali aufzurollen; er führt uns nachdem er eben mit einem gewissen Behagen von der Verrätherei und Mordlust der Beduinen gesprochen, an eine Stätte der Gesittung, „wo der Mensch wieder seßhaft ist und das Feld bebaut". „Volle Ernten", sagt er, „lohnen hier des Landmanns Mühe. Knaben sitzen auf Rohrgestellen in den Bäumen und verjagen die Vögel, während die Väter das Getreide mit kleinen Sicheln schneiden, es dreschen oder mit Schaufeln gegen den Wind worfeln, um es von der Spreu zu reinigen. Selbst Erntegesänge fehlen nicht. Die Männer gehen ohne Waffen, die Bewohner der Dörfer nahmen uns freundlich auf".

Alle Eigenthümlichkeiten der Somali erklären sich ungezwungen, wenn man die Lebensweise und die Vergangenheit der einzelnen Stämme mit in Rechnung zieht, und nicht vergißt, daß alle auf der Stufe der Kindheit stehende Völker auch wie Kinder denken und handeln, bald böse, bald gut sind, bald ungestüm, bald nachgiebig, wie die Wallung des Augenblickes es fügt, und daß sie sich unter der Vormundschaft der Gesittung einem besseren Dasein entgegenführen lassen. Das richtige Benehmen gegen die Somali, namentlich die Beduinenstämme, besteht nach Guillain darin, daß man im Umgang mit ihnen nie die Vorsicht aus den Augen läßt, ohne sich jedoch von heftigen Reden oder drohenden Geberden erschrecken zu lassen. Ruhe und Besonnenheit flößt ihnen Achtung ein, und entschiedenes Auftreten dringt durch. Leicht erzürnt, wie sie sind, lassen sie sich doch leicht wieder versöhnen und tragen nicht lange nach. Auch ist ihnen ein gewisses Billigkeitsgefühl nicht fremd; so erschoß einmal, wie Burton erzählt, ein Araber zwei Somali, welche in übermütiger Neckerei zum Angriff gegen ihn heransprengten: in Anbetracht dieser Umstände begnügte sich der betreffende Stamm, eine kleine Geldentschädigung für die Angehörigen der Getödteten zu fordern.

Eine der hervorstechendsten Eigenthümlichkeiten der Somali ist ihr Stolz. Wie fast alle Beduinen- oder Nomadenstämme, verachtet der bedürfnißlose Bewohner der Steppe den durch Ueppigkeit verweichlichten, an eine Menge unnöthiger Dinge gewöhnten Ansäßigen. Dieser Stolz prägt sich in seinem Gesichte aus und verliert sich sobald nicht, selbst wenn er sich entschließt, seinen Aufenthalt in der gesitteten Welt zu nehmen oder das regere Treiben einer Stadt zu seinem Vortheile auszunützen. Selbst diejenigen Somali, welche in Aden als Hausdiener, Lastträger, Bootführer, Kesselheizer, sowie als Kaufleute und Agenten, in steter Anschauung der großartigen Macht und der Wunder Europas leben, verleugnen ihren Hochmut nicht; ihr stolzes Selbstgefühl und der edle Starrsinn, mit welchem sie ihren Sittengesetzen nachkommen, zwingt manchen nicht minder stolzen Weißen zu Achtung, ja zu Bewunderung: ein solcher Somali stirbt eher, als daß er etwas von ihm für unrein Erachtetes genießt, während doch Araber wie Türken im Geheimen gern gegen die Vorschriften des Korahn sündigen. Diese Sittenstrenge aber gibt ihrem Stolze, ihrer Weltverachtung immer neue Nahrung.

Die Somali beobachten, an Orten wenigstens, welche in geringer Verbindung mit der Außenwelt stehen, den Fremden mit mißtrauischen Blicken, weil sie meinen, er könne ihre Freiheit gefährten. Viele Stämme dulden nicht einmal einen eingeborenen Herrscher über sich und antworten, wenn man sie nach ihrem Sultahn fragt: „wir haben keinen Gebieter, jeder von uns ist Sultahn und dem Anderen gleich." Alles Dieses gilt jedoch, wie hier nochmals bemerkt werden soll, nur im Allgemeinen und ist nicht unter allen Umständen auf alle Stämme des großen Somalivolkes anwendbar. Die Medschertin z. B. und die Gebrun von Geledi erkennen eine oberste Staatsgewalt an, und die Somali von Aden befinden sich sehr wol unter englischem Schutze, sähen denselben sogar nicht ungern auf das gegenüberliegende Festland ausgedehnt.

Ziemlich allgemein findet man die Somali sehr neugierig und zudringlich. Durch angemessenes Auftreten aber kann man sich ihrer meistentheils erwehren, bei ansässigen Stämmen zumal, welche an und für sich viel bescheidener sind als die gesetzlosen, alle gesellschaftliche Ordnung mißachtenden Beduinen. Bettelei ist bei ihnen nicht minder verbreitet als bei den anderen Afrikanern; doch lassen sie sich mit Kleinigkeiten leicht zufrieden stellen. Mit Worthalten und Wahrheit sprechen nehmen es die Meisten nicht genau. Die Bewohner von Merka und Brawa namentlich gelten als freche Lügner; es gibt indessen einzelne Leute und ganze Stämme (die Isa nach Burton), welche nicht lügen noch falsch schwören.

In gewissen Theilen des Somalilandes steht ein schreckliches „Heldenthum des Mordes" in hohem Ansehen. Ein Jeder nämlich, der einen Feind erschlagen hat (auch wer einen Elephanten tödtete), erlangt das Recht, eine Straußenfeder als Kopfschmuck zu tragen. Ursprünglich konnten solche Auszeichnung wahrscheinlich nur Krieger erringen, welche sich in ehrlichem Kampfe verdient gemacht hatten; jetzt aber wird an vielen Orten, an der Küste von Adel und im Lande der Somali Medschertin, gemeiner Mord, selbst Meuchelmord und Mord an Schutzbefohlenen nicht verschmäht zur Eroberung der Straußenfeder-Auszeichnung; ja die Weiber sollen ihre „undekorirten" Männer hierzu aufstacheln, indem sie dieselben verspotten und als Feiglinge bezeichnen, bis endlich die Trophäe errungen worden ist. Wir können uns nicht entschließen, an die Wahrheit dieser Berichte in ihrem vollen Umfange zu glauben; einzelne solche Fälle werden vorgekommen sein, ganze Stämme mögen Mordlust zeigen, deshalb ist aber die Bezeichnung des gesammten Volkes als eines blutgierigen noch nicht gerechtfertigt. Und wie neuere Reisende auf das Bestimmteste nachgewiesen haben, daß es sich mit den Galla trotz ihrer berüchtigten Wildheit und trotz aller Fabeln, welche die Mahammedaner von ihnen erzählen, recht gut leben läßt, so werden auch bei den Somali, denen in vieler Beziehung ein männlich edler Charakter nicht abgesprochen werden kann, manche schlimme Eigenschaften übertrieben und entstellt worden sein. Solange wir nicht genauer über Sitten, religiöse Anschauungen und Aberglauben dieses Volkes unterrichtet sind, müssen wir mit unserem Verdammungsurtheil zurückhalten.

In körperlicher Beziehung findet Guillain die Somali weder besonders gut noch schlecht gebaut. Bei den Männern sind im Allgemeinen die Glieder zu dünn im Verhältniß zur Länge des Leibes. Die Weiber haben schmale Hüften und einen zu flachen Ansatz der unteren Extremitäten an den Rumpf. Im Durchschnitt werden die Männer gegen 1 m. 70, die Weiber 1 m. 60 groß. Das Haupt ist höher als lang oder breit, und die Längsnaht des Scheitels tritt bei Vielen so sehr hervor, daß sie einen Grat auf dem Scheitel bildet. Die Stirn ist hoch, aber schmal wie bei den Arabern; die Organe der Reflexion sind oft gut ausgebildet. Der Gesichtswinkel mißt 80 bis 84 Grad. Manche Gesichter haben einen hübschen, einzelne sogar einen geistig belebten Ausdruck. Die schwarzen und etwas tiefliegenden Augen sind eher klein als groß, der Jochbogen ist sehr entwickelt. Die verschiedenartig geformte und mit großer Oeffnung versehene Nase erreicht nie die Länge des Gesichtsdrittels sowol unter als über ihr. Der Mund ist groß, die Unterlippe dicker als die obere und etwas herabfallend, sodaß man die gutstehenden, weißen Zähne sehen kann, welche indessen durch den allzuhäufigen Gebrauch der oft erwähnten hölzernen Bürste vom Zahnfleisch entblößt sind. Das kleine Kinn tritt bei Vielen etwas zurück. Die Wangen sind hohl, die Ohren von mittler Größe.

Wie der schwächliche Bau der Glieder schon vermuten läßt, zeichnen sich die Somali nicht durch Körperkraft oder Ausdauer aus; nur im Laufen leisten sie Beträchtliches. Sie sind im Uebrigen der Ermüdung leicht zugänglich, namentlich die Männer, da diese ihre Muskeln weniger üben als die mit Arbeit überbürdeten Weiber. Beim Sitzen kauern sie sich gleich den meisten Afrikanern auf die Hacken nieder.

Man findet bei den Somali schwarzbraune und matte, sowie hellere und glänzende Haut. Die groben, schwarzen Haare sind kraus; wo man Locken sieht, darf man gemischtes Blut voraussetzen. Der Bartwuchs bleibt zumeist auf zwei kurze Büschel am Kinn beschränkt. Fast überall gleicht die Haartracht der bei Bardēra beschriebenen. An der Küste scheeren sich Viele das Haupt; an einzelnen Orten, namentlich im Inneren, bleicht man nach veralteter Sitte noch die Haare mit Aezkalk. Die Isa im Norden entfernen das Haar vom ganzen Körper — oft durch Absengen — weil sie es für unrein halten; den Schnurbart schneiden sie kurz, den Backenbart zupfen sie sorgfältig aus, und auf dem Hinterhaupt kratzen sie das Haar mit dem Dolche ab. Die Weiber der südlichen Somali vernachlässigen die Pflege ihres Haares sehr; sie halten es weder reinlich noch in Ordnung und hüllen es für gewöhnlich in ein schlechtes, blaues Taschentuch. Im Norden scheiteln die Unverheiratheten, welche den Kopf unbedeckt lassen, das Haar in der Mitte und flechten es in eine Menge harter, dünner Zöpfchen; bei festlichen Gelegenheiten schmücken sie es mit Blumen und färben es mit Ockererde roth.

Leider sind wir nicht in der Lage, unserer Beschreibung gute Bilder beizufügen. Umstehender Holzschnitt (Aden-Somali) nach einer uns gütigst überlassenen Photographie von Oberst Playfair mag indessen genügen, den allgemeinen Eindruck der Rasse zu verdeutlichen. Wer Gesichtstypen kennen lernen will, findet in Guillains Album Belehrung; einige der dort abgebildeten Köpfe sind auch in Petermann's Mittheilungen Jahrgang 1858 Tafel 18. in Umrissen dargestellt.

Um ein Bild von Tracht und Lebensweise der Somali im Allgemeinen zu geben, wollen wir die uns am besten bekannten Medschertin zunächst ins Auge fassen und mit ihnen die anderen Somali vergleichen, so weit diese etwas Abweichendes bieten. Guillain, welcher die Somali am eifrigsten und gewissenhaftesten beobachtet hat, wird wiederum unser Führer sein. Die Somali in der Nähe der Halbinsel Hafun kleiden sich sehr einfach. Als Staatskleid tragen die Männer zwei Stücke Baumwollenzeug, jedes von sechs oder sieben Vorderarmen Länge und drei Armlängen Breite; das eine wird als Schurz oberhalb der Hüften festgesteckt wie das Lendentuch der Suaheli, das andere, welches den besonderen Namen „Mero" führt, dient zu verschiedenem Gebrauche, wird bald um den Oberkörper, bald um das Haupt gewickelt oder auf die Schulter gelegt, kurz auf hundert verschiedene Arten, je nach Geschmack und Bedürfniß eines Jeden, verwendet. In Mukdischa dürfen nur Diejenigen, welche ihren Vater verloren haben, das erstgenannte Stück Zeug führen; die Kleidung der Anderen beschränkt sich auf den Mero, welcher hier „Tumunhall" heißt. Den Fuß schützen sie durch leichte, selbstgefertigte Sandalen; viele Somali gehen aber auch barfuß. Ihr Schmuck besteht in Armbändern oder Glasperlen; nächstdem führen sie ein oder einige Talismane — Säckchen, welche einen mit Korahnversen beschriebenen Zettel enthalten und am Halse an einem Faden über die Brust gehängt werden. Eine andere Art dieser Amulete oder Zauberabwendemittel wird als

Armband verwendet. In Aden hat Kinzelbach bemerkt, daß die Somali bei feierlichen Gelegenheiten zwei fast eigroße, polirte Bernsteinstücken an einem Lederriemen am Halse tragen; diese sollen einen guten Handelsartikel bilden.

Somalikrieger und Wasserträgerin aus Aden.

Die Somali gehen fast nie ohne Waffen; für gewöhnlich tragen sie ein Dolchmesser und in der Hand einen langen Spieß (im Norden oft mit zwanzigzölligem Eisen), auf der Reise auch einen leichten Wurfspieß; statt des Speres haben die Beduinen der unteren

Klassen auch öfters Bogen und Pfeile. Viele fügen dieser Ausrüstung noch eine leichte Holzkeule zu, ähnlich dem Streitkolben der Masai, doch mit schwächeren Knopfe. Ein aus dem Gallalande oder aus Ganane eingeführter Schild aus Rhinoceroshaut begleitet gewöhnlich den Speerträger. Die Häuptlinge und die wohlhabenden Küstenbewohner führen bisweilen zweischneidige Schwerter, ein Gebrauch, den sie den Arabern entlehnt haben. In dem friedlichen Brawa sieht man die Leute fast nur mit langen Stöcken gehen. Feuerwaffen sind noch ziemlich unbekannt im Somalilande, doch sehr gefürchtet.

Die Weiber bedecken sich mit Baumwollenzeug oder feingegerbten Fellchen. Ihr Unterkleid besteht aus einem mehrfach zusammengenähten Stück Leder (bei Unverheiratheten auch Amerikano?), welches, unter der rechten Schulter hin reichend, auf der linken festgeknüpft wird und bis über die Kniee herabfällt; über dieses wird oft noch ein Stück Zeug um die Lenden gebunden. Als zweites Häuptstück der Kleidung dient der Mero, welcher auch bei den Weibern eine große Mannichfaltigkeit der Verwendung zuläßt und als Mantel, Shawl oder flatterndes Kleid dient, unter Umständen auch den ganzen Körper vom Kopf bis zu den Füßen einhüllt. In Mukdischa ist nur dieses Gewand in Gebrauch; in Warscheich scheint sich die Kleidung auf den erstgenannten Schurz, welcher aber hier aus Rindenzeug gefertigt wird, zu beschränken. Allerwärts sollen die Frauen barfuß gehen. Wenig sorgsam sind sie in der Haartracht; diese ist fast immer schmuzig und in Unordnung, bald von einem Zipfel des Mantels bedeckt, bald in ein Stück gewöhnliches blaues Baumwollenzeug eingehüllt. Bisweilen bilden sie aus den seitlichen Haaren eine kleine Flechte, welche als „Schmachtlocke" bis auf die Schultern herabhängt. Viele Frauen tragen Ohrringe, die meisten schmücken ihren Hals mit einem Gehänge von Perlsträngen, welches auf der Brust, an Stelle eines Medaillons, ein Stück Muschel oder Fischknochen trägt. Amulete sieht man bei ihnen weit seltener als bei den Männern. Im Norden tragen die verheiratheten Frauen ein auf den Nacken herabfallendes Netzwerk von blauer Baumwolle auf dem Haupte. In Herrär, wo eine Bevölkerung ganz anderer Abstammung wohnt, weichen die Trachten beider Geschlechter einigermaßen von den hier beschriebenen ab. Zahnbürste, Nackenkissen und Haarkratzer oder Kamm finden sich bei den Somali aller Landstriche.

Wie die Wohnungen der Somali gebaut werden, wissen wir schon; auf die innere Einrichtung hingegen haben wir noch keinen Blick geworfen. Das Hauptgeräth ist ein rauhes Bett, „Kibani" genannt, von derselben Art wie die Kitanda der Suaheli. Zu diesem gehören Felle oder Matten. Letztere, von ziemlich grobem Geflecht gearbeitet, dienen ebensowol zum Bedecken der Sitze wie zum Behängen der Wände und als Thüren, oder als Schiedwände. Welcher Art die Kochgeschirre sind, haben wir nicht erfahren können; nur soviel wissen wir, daß Töpferwaare an vielen Orten unbekannt ist. Die Gefäße für Milch und Semen oder flüssige Butter werden zierlich aus Stroh geflochten; sie halten die Flüssigkeiten gut und haben nur den Nachtheil, daß sie nicht gehörig gereinigt werden können. Zur Aufnahme von festen Gegenständen dienen größere, mit Leder bedeckte Mattensäcke, oder Holzkisten von plumper Gestalt. Im Norden, wo man auch Holznäpfe und sehr hübsche geschnitzte Löffel hat, ist der Gebrauch von Flaschenkürbissen nicht unbekannt. In kleinen Gefäßen von Flaschengestalt, welche aus Rindenfasern gefertigt und mit Glasperlen, Kauris oder gefärbtem Leder verziert werden, führt der Somali auf Reisen das für seine Abwaschungen nöthige Wasser mit sich.

Die Mehrzahl der Somali lebt, weil mit der Viehzucht beschäftigt, hauptsächlich von thierischer Kost. Das Fleisch des Hammels und der Ziege zieht man dem des Kamels und der Gazelle bei weitem vor; Ochsenfleisch stellt man selbst diesem nach. Als Getränk dient vor Allem Kamelmilch; die Milch der Kühe und Ziegen wird fast ausschließlich zu

Semen verarbeitet, welches in großer Menge zur Ausfuhr kommt. Die Beduinen haben selten Gelegenheit, etwas Reis, Mtama und Datteln zu erlangen, nur wenn sie an die Küste kommen. Dort kaufen sie kleine Mengen dieser zumeist aus Indien und Arabien herbeigebrachten Nahrungsmittel und benutzen sie sparsam auf Reisen oder während der trockenen Zeit, wann ihre Heerden wenig Milch liefern. Auf Reisen genießen sie auch Kaffee, doch nicht auf unsere Art als Getränk, sondern als halbfestes Gericht, in Butter geröstet. Für gewöhnlich sehr mäßig, werden sie wahre Fresser, wenn ihnen ein Mahl umsonst geboten wird; sie verschlingen dann unglaubliche Mengen Fleisch, Reis und Semen, wie um sich für die Tage der mageren Kost zu entschädigen. Wenn sie dem Fremden ein Stück Vieh verkaufen, so machen sie nach ihrer Sitte Anspruch auf einen Theil des Schlachtfleisches und verzehren es dann auf einmal. Ganz anders beschaffen ist die Nahrung der Küstenbewohner; diese leben größtentheils von grobem Brod, Mtama und Datteln. Während des Nordostmonsuns genießen sie häufiger Milch, weil zu dieser Zeit die Kühe bei dem frischen Futter besonders ergibig sind. Eine Schüssel Reis gestatten sie sich nur an Festtagen, und das getrocknete Fleisch des Haifisches gilt ihnen für ein Schmarozergericht. Nur selten gönnen sie sich Fleisch bei ihren Mahlzeiten, gewöhnlich nur, wenn sie Gäste haben, von denen sie angemessene Entschädigung für solche Verschwendung zu erwarten haben. Bei Ras Hafun nähren sich die Leute besonders von frischen und gesalzenen Fischen und etwas Mtama. Viele Somali verabscheuen den Genuß von Fischen und Vögeln und befolgen auch außerdem eine Menge der strengsten Speisegesetze sehr gewissenhaft. Geistige Getränke sind ihnen ein Gräuel. Tabakrauchen ist den Somali unbekannt, dagegen kauen sie häufig Blättertabak, welchem sie ein wenig Holzasche beimischen, um den Geschmack etwas kräftiger zu machen, schnupfen auch wol.

In seiner Freizeit unterhält sich der Somali (wenigstens im Norden) gern mit Schach- und anderen Spielen, Abends mit Musik und Tanz. Hier und da lieben die Männer auch Waffenspiele, doch sind sie nicht so geschickte Fechter wie die Araber. Eine rege Gewerbsthätigkeit fehlt; Eisen- und Lederarbeiten werden indessen recht hübsch gefertigt. Die Weberei, welche in einigen Küstenstädten betrieben wird, liegt jetzt sehr darnieder, nur Mukdischa liefert noch über 360,000 Stück Baumwollenzeug jährlich. Im Mattenflechten leisten die Frauen viel. Der Fang und das Einsalzen von Fischen bildet den Haupterwerbszweig einiger kleinen Häfen. Schiffahrt und Rhederei liegt zumeist in den Händen von Arabern und Indiern. Der Handel ist unbedeutend; bei gesteigerter Nachfrage könnte jedoch viel Gummi, Weihrauch, Ambra und Kaffee ausgeführt werden, desgleichen Vieh, Häute, Semen, Straußenfedern, Elfenbein, Rhinoceroshörner. Mtama erzeugen nur wenige Landstriche im Ueberfluß. Sesamöl könnte man namentlich an den Flüssen Djuba und Wobbi in Menge bauen, ebenso Zuckerrohr. Kamele und Rinder bilden den Reichthum des Landes; Schafe, Ziegen, Esel und Pferde fehlen nicht. Die Somali des Inneren, beschäftigen sich mit Jagd und Krieg oder mit der Ernte der Gummiarten, an denen ihr Land so reich ist, stellen Umzäunungen für ihr Vieh her und hüten die Kamele; alle anderen Arbeiten, Wassertragen, Holzfällen und Hüttenbauen nicht ausgenommen, ruhen auf den Schultern der Frauen.

Im Somalilande verheirathet man sich in sehr jugendlichem Alter; die Knaben sind gewöhnlich fünfzehn, und die Mädchen dreizehn Jahre alt, wenn sie zusammengegeben werden. Heirathen in der Familie, sogar in demselben Stamme, sind verpönt. Nur in dem Falle tritt eine scheinbare Ausnahme ein, wenn der beweibte Bruder eines Mannes stirbt: letzterer ist dann, wie nach altem jüdischen Gesetze, verbunden, die verwitwete Schwägerin zu heirathen; sollte jedoch sein Harehm schon bis zum äußersten Maße gefüllt sein d. h. vier rechtmäßige Frauen enthalten, so muß er eine von diesen verstoßen. Man hält sehr darauf, sich nicht unter seinem Stande zu verheirathen. Der Verheirathung geht eine geschäftliche Verhandlung voraus: der Bräutigam und der Brautvater verständigen sich, was der eine Theil als Kaufpreis, damit ich mich dieses Ausdrucks bediene, der andere an Aussteuer gibt. Die Höhe dieser Summen richtet sich nach Rang und Vermögen der beiden Familien. Ein Bräutigam von Stande hat nicht selten bis 150 Thaler zu zahlen, zum Theil in Geld, zum Theil in Vieh und anderen Werthsachen; gehört er zur Familie des Sultahns, so steigt der beim Abschlusse der Heirath zu erlegende Preis selbst bis zu 1000 Thalern. Weit geringer stellt sich der Betrag der Mitgift, von welcher man indessen im Norden Nichts weiß. Der Vater gibt sie seiner Tochter nach der Hochzeit als unveräußerliches Eigenthum; sie kann darüber nach Belieben verfügen, muß es indessen zurückstellen, wenn sie durch ihr Benehmen eine Ehescheidung veranlaßt hat. Außerdem erhält sie von den Eltern ein Bett, Matten und einige andere Haushaltungsgegenstände, und von ihren Freundinnen Glasperlen, mit denen sie sich bräutlich schmückt.

Wenn es sich irgend ermöglichen läßt, wird die Ehe vor dem Kadi geschlossen; falls Dieses nicht angeht, vertritt irgend eine andere Person, welche den Korahn lesen kann, seine Stelle. Bei Vollziehung einer erstmaligen Trauung läßt sich die Braut oft aus Schüchternheit vertreten, sonst wohnt sie in Person bei. Ehescheidungen sind nichts Ungewöhnliches. Haben beide Theile dreimal vor Zeugen ihre Absicht eidlich kundgegeben, so gelten ihre Beziehungen für aufgelöst, und drei Monate danach hat die Frau die Freiheit, von Neuem zu heirathen. Eine Frau wird nur dann durch die Trennung beschimpft, wenn sie der schuldige Theil ist; andernfalls beklagt man sie und schätzt sie dann nur um so höher. Bei Ehebruch hat der Mann das Recht, seine pflichtvergessene Frau zu tödten; es gilt Dies als einzig anständige Art, die erlittene Schmach zu sühnen. Entrinnt die Sünderin, so wird sie von ihrem Stamme in schimpflicher Weise verstoßen. Ihr Mitschuldiger kommt mit einer Geldbuße davon. Unverheirathete Mädchen, welche mit Männern Umgang pflegen, müssen darauf verzichten, je die rechtmäßige Gattin eines Mannes zu werden. Im Allgemeinen übrigens sind die Somali nicht sehr eifersüchtig auf ihre Weiber; sie lassen sie unverschleiert gehen und zeigen sich manchmals sogar gegen Untreue erstaunlich nachsichtig. Wehe aber Dem, welcher auch nur den Schein auf sich ladet, als ob er Frauen oder Mädchen Gewalt anthun wollte — sein Leben wäre verwirkt.

Wird ein Kind geboren wird, so gibt ihm der Vater einen Namen. Die Mutter hat acht Tage nach der Niederkunft allen Verkehr mit Personen außerhalb ihrer Wohnung zu vermeiden. Sie nährt ihren Sprößling selbst und trägt ihn später in einem Stück Zeug fortwährend auf dem Rücken mit sich umher, selbst bei der Arbeit. Lernt das Kind laufen, so darf es, aber immer nur unter den Augen seiner Mutter, sich in der Nähe des Hauses umhertummeln; unter ihrer Aufsicht bleibt es auch, bis es erwachsen ist, oft selbst bis zu erfolgender Verheirathung. Der Vater kümmert sich, gleich den meisten Muslim, sehr wenig um den jungen Nachwuchs. Die ganze Erziehung besteht im Auswendiglernen einiger Korahnverse und der gebräuchlichsten arabischen Wörter; nur Wenige, wahrscheinlich nur die Kinder der Scheichs und der reichen Kaufleute, lernen lesen. Dieses schließt jedoch nicht aus, daß sich auch unter den Somali einzelne Gelehrte finden. Bei den Beduinenstämmen kann man von Erziehung eigentlich gar nicht reden, wenn man nicht ein wenig Anweisung im Bogenschießen, Reiten, Viehhüten und Melken so nennen will.

Auffälligerweise und ganz im Gegensatz zu den Suaheli ist das Verhältniß zwischen Kindern und Eltern ein sehr lockeres. Erstere gehorchen wol aus Furcht dem Vater und der Mutter, erweisen ihnen aber sonst sehr wenig Achtung und beeilen sich, das Joch der Elternherrschaft sobald als möglich abzuschütteln; und Das ist im Norden wie im Süden dasselbe. Nach ihrer Verheirathung stehen sie dem Hause, welchem sie entsprossen, kaum näher als irgend einer anderen Familie des Stammes; und wenn sie sich, wie es oft geschieht, auf

Reisen begeben oder nach längerer Abwesenheit zurückkehren, so zeigt sich weder beim Abschied noch beim Wiedersehen eine besondere Herzlichkeit. Ausgebildet ist die Gastfreundschaft. Wer einen Freund bei einem benachbarten Stamme besucht, wird gut empfangen und bewirthet, so lange er bleibt; bei seiner Abreise erhält er ein Geschenk, welches im Verhältniß zu seinem Range oder zur Größe der Freundschaft steht.

Jeder Stamm hat einen Kadi, welcher mit der Gerechtigkeitspflege betraut ist. Wichtige Fälle werden, bei den Medschertin wenigstens, vor dem Sultahn entschieden. Als Strafen kennt man nur Geldbußen und die Hinrichtung. Letztere kommt nach Guillain fast niemals vor; selbst für Todtschlag kann man sich durch ein sogenanntes Blutgeld loskaufen. Die Entschädigungssumme beträgt, besonders wenn der Schuldige nicht zugleich der Angreifer war, hundert Kamelstuten mit ihren Jungen oder eine entsprechende Summe Geldes, wobei man jedes Thier zum Werthe eines Thalers schätzt. Blutige Raufereien sind selten, weil der Beleidigte es vorzieht, seinen Widersacher zu einer Geldstrafe verurtheilen zu lassen; oft meint man allerdings, die Parteien wollen sich gegenseitig zerfleischen, doch gelingt es den anwesenden Freunden fast in allen Fällen, die Wütenden, welche übrigens nur einen erheuchelten Widerstand entgegensetzen, zu entwaffnen. Um so häufiger sind Kämpfe zwischen den verschiedenen Stämmen; derartiger „kleiner Krieg" scheint sogar bei den Somali, mit Ausnahme der friedfertigeren Medschertin, der gewöhnliche Zustand zu sein. Auch hierbei fließt wenig Blut. Gefangene werden nicht gemacht, weil der Somali seine Landsleute nicht in Sklaverei verkaufen darf. Wer dennoch in die Hände des Feindes fällt, war durch Verwundung behindert, das Schlachtfeld zu verlassen; er wird gut behandelt, da er fast immer einen Verwandten oder Bekannten trifft, welcher ihn pflegt und nach Beendigung des Krieges ihm die Rückkehr unter die Seinen ermöglicht. Sobald auf jeder Seite einige Leute, oft kaum ein Dutzend, gefallen sind, wird Friede geschlossen und der Ueberschuß der Todten dem betreffenden Stamme durch Geld oder Geldeswerth bezahlt.

Der Sultahn — im Norden „Gerad" genannt — hat, wo diese Würde überhaupt vorkommt, ziemlich wenig Einfluß, ist auch nicht Lehensherr des Bodens, wie Dies in anderen mahammedanischen Ländern der Fall. Im Medschertinlande bestehen seine Einnahmen aus einer Abgabe von einem Zwanzigstel der Ernten, ebensoviel von der Zahl der Kamele, und einem Zehntel von der Zahl der Ziegen. Außerdem bezieht er eine Kopfsteuer und einen Ausfuhrzoll.

In Sachen des Glaubens nehmen es nur einige Stämme ziemlich streng; im Allgemeinen hängt dem Somali der Mahammedismus lose auf den Schultern, und sein Gottesdienst besteht nur in äußerem Beiwerk. Die in gesegneten Landstrichen wohnenden Somali sind viel zu heiter und lebenslustig, als daß sie sich die strengen Vorschriften des Islahm gutwillig aufbürden lassen sollten; nur das eine Verbot strenger Sekten, den Gebrauch des Rauchtabaks betreffend, wird von ihnen gehalten, vermutlich weil sie an und für sich keinen Geschmack am Rauchen finden. Sie folgen nach Burton dem Bekenntniß der Schafe'iten.

Erbschaften werden zu gleichen Theilen unter den Söhnen des Verstorbenen getheilt.

Schon am 9. September Vormittags 11 Uhr, beim ersten Auffitzen unterhalb Bardēra, hatte der Baron den Abani nebst den beiden Baraka und dem Dolmetscher Kero an Land geschickt, um seine Briefe abgeben und frische Lebensmittel beschaffen zu lassen. Am anderen Morgen kamen die Abgesandten an Bord zurück. Lebensmittel brachten sie nicht mit, und ihre Neuigkeiten waren nicht die besten. Zwei Stunden oberhalb Bardēra, sagten sie, hemme ein großer Wasserfall die Weiterfahrt, auch seien die Bewohner von Bardēra und Ganane in Krieg verwickelt; Ganane liege noch zehn bis fünfzehn Tagemärsche entfernt. Weil Abdio schon von allem Anfang an sich außerordentlich furchtsam erwiesen hatte, so hegte man einiges Mißtrauen gegen diese Berichte; vielleicht hatte er sie eigens erfunden, um den Baron von der Weiterreise zurückzuschrecken, oder er hatte sich von den Bardëranern allerhand Lügen aufbinden lassen. Nach 9 Uhr Morgens ging Decken selbst an Land. Der Sultahn oder Scheich des Ortes, Hammadi ben Kero, empfing ihn mit arabischer Höflichkeit. Er bestätigte im Allgemeinen die von Abdio überbrachten Nachrichten, wennschon nach ihm die Aussichten bei weitem nicht mehr so schlimm waren. Die Feindseligkeit mit den Bewohnern von Ganane wenigstens war erlogen, nur das schräg gegenüberliegende Dorf Lala lebte im Streit mit ihnen; der Weg nach Ganane sollte nur vier bis fünf Tagereisen erfordern. Als Gastgeschenk wurde ein Ochse an Bord geschickt, in das Boot aber ein Sack Mtama, ein Gefäß mit Milch und eine Anzahl Hühner und Eier gelegt.

Hammadi ist, wie die meisten Bewohner von Bardëra, ein sehr strenger Mahammedaner; er raucht und schnupft nicht und bezeugt solchen Abscheu vor dem Tabak, daß er sein eigenes Haus nicht betreten wollte, als sein Besucher mit brennender Cigarre vor der Thür saß. Dem Anschein nach genoß Hammadi ben Kero nicht gerade viel Einfluß. Ihm zur Seite stand der gleichfalls beim Empfange gegenwärtige Scheich Ameio, der wohlhabendste Mann der Stadt, ein „Bruder“ des Scheichs Jigo in Brawa, also ein Verwandter Abdio's. Nachmittags besuchte Decken die Stadt noch einmal, diesmal in Begleitung von Schickh, Link und Trenn. Ein großes Gefolge empfing sie und begleitete sie beim Abschied nach dem Boote zurück.

Am 21. fuhr der Baron mit Abdio und dem Scheich Ameio nach der Ortschaft Lala. Diese ist bedeutend kleiner als Bardëra, und nicht durch eine Mauer geschützt. Der Häuptling sowol wie die Einwohner zeigten ein freundliches Verhalten, ließen sofort eine Ziege schlachten und schenkten einen Ochsen zum Mitnehmen auf das Schiff. Zu erhandeln war von ihnen durchaus Nichts, weil sie gar zu übertriebene Forderungen stellten.

Auch in Bardëra zerschlug sich Tags darauf der Handel. Decken erklärte den Verkäufern, solche Preise zu fordern, sei ebenso gut wie Stehlen. Um aber zu zeigen, daß er nicht geizig sei, schenkte er den beiden Aeltesten je ein Stück Zeug; sie nahmen es kaltblütig an, maßen sorgfältig nach, ob es auch die gehörige Länge besäße, schienen sich aber nicht im Geringsten beschämt zu fühlen. Abdio benahm sich bei diesen Verhandlungen so albern, daß Kero dem Baron heimlich bemerkte, dieser Mann werde den Msungu noch in Unannehmlichkeiten mit den Leuten verwickeln. Nach langem Reden versprach der Sultahn endlich, acht bis zehn Säcke Mtama zu liefern. Abdio erhielt den Auftrag, sie in Empfang zu nehmen, kam aber demselben nach seiner gewöhnlichen Art nicht nach, und so war das Getreide am andern Tage wieder verschwunden. Zuletzt gelang es dem Baron, noch selbst einige Schafe und mehrere Säcke Korn zu erhandeln: er mußte, wie er einsah, Alles selbst thun, denn Abdio hatte in der ganzen Zeit des Aufenthaltes vor Bardëra erst ein einziges Schaf gekauft. Daß man in zwei verhältnißmäßig bevölkerten und nicht ganz armen Ortschaften nicht mehr Lebensmittel beschaffen konnte, war offenbar nicht in Ordnung, und die Vermutung lag nahe, daß irgend welche Ränke hieran Schuld wären. In der That erfuhr auch Decken eines Tages, daß Hammadi ben Kero den Befehl gegeben habe, den Europäern Nichts zu verkaufen. Der kleine Scheich ging, da Dieses Nichts fruchtete, in seiner Unverschämtheit soweit, dem Baron durch Abdio glückliche Reise wünschen zu lassen, d. h. warf ihn auf höfliche Weise zur Stadt hinaus. Ob man diese Verschlechterung der Beziehungen dem Abdio zu verdanken hatte, oder ob die Leute aus eigenem Antriebe so handelten, war nicht klar zu ersehen.

Um in einem so schwierigen Falle nicht allein zu entscheiden, besprach der Reisende die nun zu ergreifenden Maßregeln mit Schick. Der Kapitän rieth, weiter stromaufwärts zu fahren, da man vielleicht bald andere Dörfer träfe, in denen der Handel minder schwierig wäre. Decken aber war anderer Ansicht: er hatte nur noch auf drei Tage Lebensmittel für die Mannschaft und fürchtete, in große Unannehmlichkeiten zu gerathen, wenn er weiter oben keinen besseren Markt fände. Gaben die Barderaner nicht gutwillig nach, so blieb ihm Nichts übrig, als Gewalt gegen sie zu brauchen, so unangenehm ihm Dieses war, schon deshalb, weil dann die Wasserstraße des Djuba für seine Expedition, und vielleicht noch für lange Zeit danach, verschlossen gewesen wäre. Damit Nichts unversucht bliebe, schickte er Abdio nochmals an Land und ließ Ameio bitten, an Bord zu kommen; er gedachte ihn so lange zurückzuhalten, bis man Lebensmittel in genügender Menge geliefert hätte. Wider Erwarten erschien Ameio nach Verlauf einer Stunde und erklärte, daß er erst jetzt von diesen Vorgängen erfahre, da er einige Tagelang in Geschäften verreist gewesen sei; wie Hammadi ben Kero solche Befehle erlassen könne, begreife er nicht, da jener gar nicht die Macht habe, sie durchzusetzen. Er für seine Person sei gern erbötig, den verlangten Proviant zu beschaffen, wolle auch den Scheich zur Abbitte zwingen.

Nach diesen Erklärungen wurde Ameio ungehindert entlassen. Von seinem Benehmen hing jetzt, wie man wol sagen darf, das Schicksal der Stadt ab; denn, hielt er sein Wort nicht und spielte mit den Anderen unter einer Decke, so war ein blutiges Zusammentreffen unvermeidlich. Zum Glücke lief noch Alles gut ab. Als Decken am Morgen des 24. an Land kam, brachte man ihm einen Ochsen zum Geschenk, zwei andere zum Preise von je vier Thalern und drei Schafe für je einen Thaler zum Verkaufe. Außerdem wurden im Dorfe Lala noch hundert Maß Mtama sowie eine Menge Eier und Hühner erhandelt, sodaß die Mannschaft für zwölf Tage reichlich versorgt war. Am Nachmittag trat Hammadi ben Kero dem Baron entgegen, legte seinen Turban auf die Erde und bot die Hand zur Versöhnung; als einzigen Entschuldigungsgrund gab er an, daß der Teufel in ihn gefahren wäre. Der Baron, noch empört von dem Verhalten des Scheichs, ging an ihm vorüber und wandte sich zu Ameio mit der Bemerkung, daß er mit Hammadi ben Kero Nichts mehr zu thun haben wolle. Zum Zeichen jedoch, daß er nicht feindlich gesinnt sei, schickte er ihm durch Abdio ein Geschenk von achtzig Yard Amerikano und fünf Thalern; eine gleiche Summe, aber die doppelte Menge Baumwollenzeug, erhielt Ameio.

Es wurde nun Alles zur Abreise fertig gemacht. Leider entlief in der Nacht ein am Lande angebunden gewesener Ochs, auch wurde eine noch versprochene Menge Korn nicht gebracht, sodaß an dem Proviant ein Ausfall von zwei Tagen entstand. Das Geld für den entlaufenen Ochsen wurde allerdings zurückgezahlt, doch änderte Dieses den Sachverhalt nicht viel, da man ja, wenn Noth eintrat, von dem Gelde nicht leben konnte. Früh sechs Uhr am 25. setzte sich der Welf in Gang; kurz nach elf Uhr erreichte er den sogenannten Wasserfall.

Fünfundvierzigster Abschnitt.

Ende der Expedition.

Letztes Aufsitzen des Welf. — An der Stromschnelle oberhalb Bardera. — Arbeiten am Wrack des Welf. Deckens Abreise nach Bardera. — Der Ueberfall. — Ein folgenschwerer Entschluß. — Rückfahrt nach Sansibar. — Vergebliche Bemühungen. — Was man über Deckens und Links Schicksal erfuhr. — Heimkehr der übriggebliebenen Fünf. — Wichtigkeit des Djubaflusses für den Binnenverkehr. — Der Wobbifluß und die Häfen der Somaliküste.

Ein eigentlicher Wasserfall war es nicht, was hier den Fluß versperrte, doch immerhin ein bedenkliches Hinderniß der Weiterfahrt. Der Strom schoß mit einer Geschwindigkeit von etwa sechs Seemeilen über einen stark geneigten, mit Steinen bedeckten Grund dahin; diese Geschwindigkeit aber war nahezu die äußerste, welche der Welf bei voller Dampfkraft zu erreichen vermochte. Dazu war es zweifelhaft ob das Fahrwasser überhaupt genügende Tiefe besaß, um dem Schiffe den Durchgang zu gestatten. Um sich vor Allem hierüber Gewißheit zu verschaffen, schickte der Baron sofort ein Boot zum Sondiren aus. Die mit dieser Arbeit Beauftragten ließen das Boot vom Lande aus etwa 200 Schritt weit bis jenseit der Schnelle hinaufziehen, vertrauten sich dann der Strömung an und maßen, während sie in rasender Eile hinabschossen, die Tiefe des Wassers. Dieses wurde mehrmals wiederholt und dabei immer eine Tiefe von nicht viel über drei Fuß gefunden. Hierbei muß jedoch bemerkt werden, daß, da in Folge der Heftigkeit des Stromes ein Lenken unmöglich war, das Boot immer auf demselben Wege hinabgerissen wurde; die Möglichkeit, daß rechts und links von dieser Sondirungslinie sich seichtere Stellen befanden, blieb also nicht ausgeschlossen. Am nächsten Tage (26. September) wurde die Untersuchung des Fahrwassers fortgesetzt, ohne daß ein wesentlich anderes Ergebniß erzielt worden wäre.

Da der Welf bei seiner jetzigen Ladung gegen drei Fuß Tiefgang hatte, war es ein sehr mißliches Unternehmen, ihn über die Stromschnelle hinwegzuführen. Vermehrt wurde die Schwierigkeit dadurch, daß die Fahrstraße nur achtzig bis hundert Fuß breit und am Beginn der Schnelle überdies durch eine Sandbank verengt war. Zwei andere Arme des Flusses, durch eine größere und eine kleinere Insel gebildet, boten noch weniger Aussicht auf ein glückliches Durchkommen, weil der eine zu seicht war, der andere aber, in welchem das Gefäll ein weit geringeres, eine sehr scharfe Biegung machte. Nunmehr lernte man erst den Schaden, welcher der Expedition durch den Verlust des Passepartout erwachsen war, in seinem vollen Umfange kennen: in Besitz des kleinen, leicht zerlegbaren Dampfers hätte selbst ein Wasserfall das Vordringen der Expedition nicht hemmen können!

Decken überlegte mit Kapitän von Schickh, was jetzt geschehen sollte. Mißlang der Versuch, die Schnelle zu überwinden, so war voraussichtlich das Schiff ein unbrauchbares Wrack; wurde er gar nicht unternommen, so konnte es wenigstens noch dazu dienen, die schwächeren Mitglieder der Expedition, welche an der Landreise nicht theilnehmen konnten, sowie die überflüssigen Gegenstände nach der Küste zurückzubringen. Trotzdem war der Anreiz groß, den Versuch zu wagen; denn oberhalb der schlimmen Stelle hatte man mehrere Meilen weit vortreffliches Fahrwasser gefunden, und nach den Aussagen der Eingebornen durfte man hoffen, den Fluß noch eine gute Strecke jenseit der berühmten Handelsstadt Ganane benutzen zu können. Außerdem hatte man in Bardēra vernommen, daß ein anderer Dampfer den Fluß heraufkäme und schon bis zu den Waseguadörfern vorgedrungen wäre. Die Wahrheit des Gerüchtes ließ sich kaum bezweifeln, da das gesehene Schiff so genau beschrieben wurde, daß man ohne Weiteres einen Schraubendampfer erkannte, und die Leute doch einen solchen noch niemals gesehen hatten. Welches Schiff es war, blieb freilich zweifelhaft. Nur die Annahme, daß Livingstone mit seiner „Lady Niassa" den Fluß heraufkam, hatte einigen Anspruch auf Wahrscheinlichkeit, obwol dem Baron nicht unbekannt war, daß Livingstones Dampfer sieben Fuß Tiefgang hatte, also viele Stellen ohne besondere Vorrichtungen nicht hätte überwinden können, und obwol es unbegreiflich blieb, wie ein Mann von Livingstones Rufe es vor der Welt rechtfertigen wollte, einen Fluß zu befahren, welchen ein Anderer schon zum Felde seiner Forschung erwählt und bereits mit so großen Opfern zu erforschen begonnen hatte: er hätte doch auf jeden Fall warten müssen, bis Dieser seine wohlerworbenen Anrechte freiwillig aufgab oder sich als unfähig erwies. Welche von diesen Ueberlegungen das meiste Gewicht hatte, mag hier unentschieden bleiben; gewiß ist nur, daß Decken den Entschluß faßte, soweit wie irgend möglich mit dem Schiffe vorzudringen. Der Dampfer sollte Nachmittags 2 Uhr dicht am linken Ufer des Flusses hinauffahren, weil hier eine verhältnißmäßig geringere Strömung war. Brenner wurde mit einigen Negern ausgeschickt, um einige überhängende Bäume umzuhauen und andere sichtbare Hindernisse der Fahrt thunlichst zu entfernen.

Zur bestimmten Zeit wurden die Anker gehoben. Die Spannung im Kessel betrug anfangs dreißig Pfund, ging aber bald mehr und mehr zurück. Dennoch bewegte der Welf sich langsam vorwärts. Unmittelbar vor der Schnelle angelangt, fühlte man plötzlich einen Stoß. Das Kommando „halt!" erschallte sofort, aber im nächsten Augenblicke schon, als der Strom das Schiff eben rückwärts trieb, stieß es mit dumpfem Krachen von Neuem auf. Ein leises Zittern durchlief das Fahrzeug und — es saß fest, trotz Strömung und Dampfkraft. Noch schien nicht alle Hoffnung verloren, denn der Welf war ja schon öfter auf Grund gerathen und doch immer wieder losgekommen. Bald jedoch wurde es Allen klar, daß zwischen dem früher und dem jetzt Geschehenen ein großer Unterschied obwalte. Aus dem Maschinenraume drang ein Rufen und Lärmen empor: das Wasser drang mit Macht in den Raum! Schon bedeckte es den Boden, und mit unglaublicher Schnelligkeit stieg es immer höher, bis es innerhalb in gleiche Höhe mit der Fläche des Stromes stand!

Wie in allen solchen Fällen bewahrte auch hier der Baron eine bewundernswerthe und unerschütterliche Ruhe. Gelassen und mit Umsicht ertheilte er die nöthigen Befehle zur Bergung der Güter, bestimmte am rechten Ufer des Flusses einen kleinen, ringsum von Wald begrenzten Platz zum Lager und ließ die Ladung in den Booten dorthin schaffen; dann ließ er die Lecke genauer untersuchen und erwog die Möglichkeit, das Schiff wieder flott zu bringen. Vier große, spitzige Steine hatten sich in den Schiffsboden eingedrückt und ragten nun vier bis fünf Zoll weit in den Raum hinein; auf ihnen saß der Welf wie festgenagelt. Er hatte sich in dem Maße, wie das Wasser eindrang, immer tiefer in das Riff gedrückt. Hätte er, wie die Nilboote, vorn geringeren Tiefgang gehabt als hinten, so hätte er in dieser

Weise niemals festfahren können oder wäre wenigstens leichter von der Untiefe wieder abgekommen — ein Umstand, welcher künftighin bei dem Bau von Dampfschiffen für Befahrung unbekannter Flüsse sorgsam beachtet werden sollte.

Um die nicht ohne Mühe aufgefundenen Lecke zu dichten, mußten diesmal ungewöhnliche Mittel ergriffen werden. Man befestigte, sobald die Güter in Sicherheit gebracht waren, über jedem der eingedrungenen Steine einen hölzernen Kasten, über den Längsrissen aber filzbeschlagene Breter, und zwar vermittelst Stangen, welche sich gegen die Deckwand stützten. Deppe und Bringmann nebst einigen Negern hatten mit dieser Arbeit drei volle Tage zu thun, zumeist bis an den Leib im Wasser stehend. Dann wurde an das Fortschaffen des eingedrungenen Wassers gegangen. Durch Menschenkraft hätte sich Dieses kaum bewerkstelligen lassen; es wurde daher der Kolben der Maschine von der Hauptwelle abgekuppelt und eine Verbindung der Schaufelräder mit den Pumpen hergestellt, so daß eine Art Schiffsmühle entstand. So gaben die hurtig arbeitenden Räder dem Wrack einen Schein von Beweglichkeit und Leben, während es doch hülfloser war als je.

Inzwischen waren am Lande fünf Zelte aufgeschlagen worden. In dem größten wurden Zeugballen, Gewehre und Schießbedarf untergebracht, in einem zweiten die Instrumente, Arzeneien u. s. f.; die Geschütze und andere Gegenstände, welche durch Regen nicht verdorben werden konnten, blieben im Freien am Strande stehen, erstere ohne Laffetten. An eine Befestigung des Lagers durch einen Dornverhau dachte man nicht sogleich, weil dringlichere Arbeiten vorderhand alle Kräfte in Anspruch nahmen. Uebrigens fürchtete man Nichts weniger als einen Angriff; hatte man doch schon mehrere Male die Waaren an Land geschafft, ohne eine Feindseligkeit erfahren zu haben, wie ja auch auf den verschiedenen Jagdstreifereien Niemand in Gefahr gekommen war. Man fühlte sich eben vollkommen sicher und ergriff keine Vorsichtsmaßregeln weiter, als daß man die Nacht über einige Mann an Land schlafen ließ und an beide Enden des Lagers je eine Wache mit scharfgeladenem Gewehre stellte.

Der Baron hatte sich schon am Tage nach dem Unfalle entschlossen, in seinem Boote nach Bardēra zurückzufahren, um neue Lebensmittel einzukaufen; denn der ganze Vorrath für dreißig Mann bestand nur noch in einigen Säcken Mtamakorn, vier Faß Schiffszwieback, zwei Ziegen und etwas eingemachtem Fleisch und Gemüse in Blechdosen. Link, Abdio, die Führer oder Dolmetscher Baraka und Kero nebst vier der anscheinend zuverlässigsten Neger sollten ihn begleiten; Brenner sollte diesmal zurückbleiben, damit das Lager nicht ohne Aufsicht wäre, indeß die Anderen im Schiffe arbeiteten. Sie nahmen zwei Doppelgewehre nach Lefaucheux, je vierzig Patronen, zwei Revolver und scharfe Haumesser mit; die Neger aber erhielten vier Karabiner mit fünfundsiebzig Stück Kugelpatronen. Als Tauschmittel hatte Decken mehrere Ballen Zeuge, Perlen u. dgl. zurechtgelegt, dazu eine Summe von sechshundert (?) Thalern theils in Gold, theils in Silber. Er wollte möglichst bald von der Stadt aus Lebensmittel schicken und einen Brief mit Maßregeln über das weitere Verhalten der Expeditionsmitglieder, während er selbst zu Lande nach Ganane ginge, um dort alles Nöthige für die Weiterreise vorzubereiten. Für den Fall, daß der Welf nicht wieder flott zu bringen wäre, sollte aus dem Holzwerke des Schiffes ein Boot oder Floß gebaut werden. Mit den Worten: „leben Sie wohl, ich denke, in vierzehn Tagen sehen wir uns wieder!“ bestieg er am 28. September vor Tagesanbruch die Gig, winkte noch einmal zum Abschied nach dem Welf hinüber und verschwand dann hinter der nächsten Biegung des Flusses. Keiner der zurückgebliebenen Europäer hat ihn je wiedergesehen.

Am 30. September waren die Arbeiten am Schiffe und im Lager größtentheils beendet. Der folgende Tag, ein Sonntag, wurde der Erholung gewidmet. Die Jäger gingen

Vormittags auf die Birsch, wobei sie das Glück hatten, unter anderem Wilde ein großes Flußpferd zu erlegen; nach Tische sollte das Lager mit einer Verschanzung umgeben werden. Es war gegen 1 Uhr Mittags; die Europäer hatten es sich im Schatten der Zelte und des Gebüsches umher bequem gemacht, und die Neger erfreuten sich nicht minder des süßen Nichtsthuns. Da rief auf einmal Trenn, welcher am obern Rande des Lagers hinter einem Tische saß und las: „Herr von Schickh, sehen Sie doch, drüben am andern Ufer sind eine Menge Eingeborne! Was mögen die wollen?“ Der Kapitän erwiederte: „Ah, das werden die Boten vom Baron sein, die den versprochenen Brief und das Schlachtvieh bringen.“ Jetzt ertönte von drüben der Ruf herüber: „hohohoi, dóre kēn“ (bringt ein Boot!). Infolge dessen wurde das Großboot bemannt, und Sereng, ein mit dem Landungsdienste betrauter arabischer Mischling, erhielt den Befehl, nach dem anderen Ufer zu fahren und zu fragen, was die Leute wollten, doch unter keinen Umständen Jemand in das Boot zu lassen. Da Sereng sich drüben in allzulange Unterhandlungen verwickelte, wurde er zurückgerufen. Er berichtete, daß zweihundert bewaffnete Somali da wären mit der Botschaft, angeblich vom Sultahn von Bardēra, daß die Ladung des Schiffes auf das andere Ufer geschafft werden möchte, weil auf dem rechten ein Angriff der Galla zu befürchten wäre; vom Baron selbst brächten sie keine Nachricht. Dieser Bericht wurde in so verworrener Weise gegeben, daß man erst nach mehrfacher Wiederholung daraus klug werden konnte.

Das klang sehr befremdend, denn, war der Baron noch in Bardēra, so hätte er jedenfalls einige Zeilen geschickt, und hatte er die Stadt schon verlassen, so mußte doch die erwartete Sendung da sein. Wegen dieser Ungewißheit, und da die Somali, von denen zuerst drei, dann nochmals drei auf eine Sandbank oberhalb des Welf gewadet waren, wiederholt nach dem Boote riefen, schickte der Kapitän noch einmal Sereng mit dem Auftrage hinüber, einige der Leute, aber nicht mehr als sechs, nach dem Lager zu bringen, damit man Näheres von ihnen erführe. Kaum war das Boot an der Sandbank angelangt, als die sechs Somali dort sich auf dasselbe stürzten, die darin befindlichen Leute in die Flucht schlugen und sich des Fahrzeugs bemächtigten — die überrumpelte Mannschaft suchte sich durch Schwimmen zu retten. Zu gleicher Zeit ertönte ein Hornsignal aus der Schar der Somali, und darauf hin stürzten am linken Ufer zwanzig bis dreißig Krieger mit geschwungenen Lanzen zwischen Büschen und Zelten von Süden her lautlos in das Lager.

Die Aufmerksamkeit der Europäer wurde erst dadurch erregt, daß die Neger der Expedition, laut heulend, mit entsetzten Gesichtern an ihnen vorüber sprangen oder sich in den Fluß warfen. Deppe, welcher einen günstigen Stand hatte und Alles übersehen konnte, schrie nun mit gellender Stimme: „zu den Waffen! zu den Waffen!“ Aber, die am Strande Befindlichen, Trenn, Schickh, Bringmann und Kanter, waren durch den plötzlichen Ueberfall von den Waffen abgeschnitten; nur Letzterer hatte von der Morgenjagd her noch sein Doppelgewehr bei sich. Theiß und Deppe konnten schnell noch jeder einen Karabiner ergreifen. Der Einzige, welcher eine einen wirksamen Hinterlader und genügenden Schießbedarf zur Hand hatte, war Brenner. Ehe er aber noch Zeit gefunden, sich zu erheben, war das fliehende Getümmel schon an ihm vorüber; ihnen nach durcheilten furiengleich, und mit langem, fliegenden Haar und hochgeschwungenen Speren, die dunklen Gestalten der Somali den offenen Platz im Nu. Brenner fühlte weder Furcht noch Mut; nur das deutliche Bewußtsein durchzuckte ihn, daß es jetzt zum Sterben ginge. Mit der Linken packte er die mit Posten geladene Doppelflinte, mit der Rechten that er einen Griff in die neben ihm stehende Munitionskiste, nahm zwei Patronen zwischen die Zähne und schob die übrigen unter das offenstehende Hemd, sprang dann mit mächtigem Satze ins Freie und überflog mit einem Blicke die einzelnen mordenden und plündernden Gruppen. Ein wüstes Traumgesicht schien ihn zu necken: Kanter, welcher seine zwei Schüsse bereits abgegeben hatte, floh nach dem

Ueberfall des Lagers durch Somali.

Flusse zu, anscheinend schwer verwundet. Fast gleichzeitig taumelte Trenn kaum zehn Schritt entfernt vorüber; er hielt die Hände weit vorgestreckt und wollte den Sper, welchen ein baumlanger Somali über ihm schwang, von sich abwehren — das Eisen aber senkte sich in die Brust des Wehrlosen, er stürzte zusammen und blieb liegen, ohne sich mehr zu rühren. Da erfaßte eine namenlose Wut den wie gelähmt Dastehenden. Sein erster Schuß galt dem Mörder des lieben Kameraden — er streckte ihn neben sein Opfer nieder. Dies lenkte die Aufmerksamkeit der Angreifer auf den Schützen. Einer warf seinen Sper nach ihm, aber ein wenig zu hoch; ein anderer zog eben die Sehne seines Bogens straff, doch er ward tödtlich getroffen, und der Giftpfeil fiel machtlos zur Erde. Nun kamen auch Theiß und Deppe zum Feuern; aber was konnten sie mit Perkussionsgewehren ausrichten, bei denen das Laden soviel kostbare Zeit in Anspruch nahm? Hätte ihr Gefährte nicht eine so herrliche Waffe gehabt, welche ihn in Stand setzte in fast ununterbrochenem Feuer zu liegen, sie wären Alle verloren gewesen. Mit furchtbarer Hast schob Brenner Patrone um Patrone in den abgeschossenen Lauf. Er feuerte in kurzen Zwischenräumen noch sechs bis sieben Mal. Sein dritter Schuß traf einen Somali, der eben Kanter ermordet hatte. Ein älterer Mann mit geschorenem Haupte, anscheinend ein Häuptling, erhielt aus nächster Nähe eine Ladung aus freier Hand, weil keine Zeit zum Zielen war; einem anderen Anführer, welcher mit dem Säbel vordrang, durchbohrte Theiß mit einer Kugel die Brust. So war noch Mancher gefallen, als die Angreifer, wie Dies fast alle Halbwilden thun, wenn sie kräftigen Widerstand finden, sich einer nach den andern zurückzogen. Das ganze Blutbad hatte nicht zehn Minuten gedauert.

Jetzt sammelten sich die Uebriggebliebenen, fünf Europäer und zwei Neger, am offenen Strande. Ihre ersten Worte betrafen die Lage des Barons und des Doktor Linck, welche sich offenbar in größter Gefahr befanden, vielleicht schon nicht mehr lebten, denn die Mörder waren ja als Barderaleute erkannt worden. Dann wurde die Möglichkeit erörtert, das Lager zu halten. Da indessen die Meisten keine Munition mehr hatten, und da die zurückgeschlagenen Feinde jeden Augenblick ihren Angriff erneuern konnten, galt es vor Allem, sich ein Boot zu verschaffen. Brenner sandte deshalb einen wohlgezielten Büchsenschuß nach der Sandbank, wo die oben erwähnten sechs Somali das Großboot besetzt hielten. Fünf der so bedrohten Feinde flohen, der eine aber legte sich flach auf den Boden des Bootes, welches langsam den Strom hinabtrieb, bis es am linken Ufer hängen blieb. Das letzte Rettungsmittel war also die Jolle, welche am Dampfer angebunden war. Brenner, ein vorzüglicher Schwimmer, entschloß sich, sie zu holen, trotz aller Gefahren des Wassers, und obwol er nicht wissen konnte, ob das Schiff nicht schon vom Feinde besetzt war. Einer der Neger kam ihm nachgeschwommen, und mit dessen Hilfe brachte er die Jolle nach dem rechten Ufer, wo die Anderen sofort einstiegen. Sie steuerten nach dem wieder im Besitz der Somali befindlichen Großboote, vertrieben die Insassen durch einige Schüsse und bestiegen es, als die überladene Jolle eben unter ihnen sank. Darauf legten sie sich mit dem Boote quer vor den Lagerplatz und deckten Brenner, welcher in Begleitung einiger Neger ausstieg, um Munition zu holen, mit schußfertigem Gewehre. Auf dem Rückwege von den Zelten sah sich Brenner noch die gefallenen Kameraden an: Trenns Antlitz war wachsbleich, die Augen hatten den unverkennbaren Ausdruck des Todes angenommen, es war längst jede Spur des Lebens von ihm gewichen; Kanter lag dem Flußufer näher, mit dem Angesicht auf der Erde, eine große, klaffende Wunde im Rücken und ebenfalls völlig todt. —

Für die Vertheidigungsfähigkeit der Geretteten war also gesorgt; was aber sollten sie nun thun? Sollten sie das Lager vertheidigen? Oder sollten sie nach Bardera fahren, um sich Gewißheit über das Schicksal des Barons und Links zu verschaffen? Ersterer Gedanke mußte bald als unausführbar aufgegeben werden. Die Feinde auf dem rechten Ufer waren über zweihundert Mann stark, und die auf dem linken Ufer setzten sich bereits mittelst der Jolle, welche sie aufgefangen hatten, mit ihnen in Verbindung. Gegen solche Uebermacht konnten fünf Europäer und die acht allmählich zurückgekommene Neger, von denen übrigens zwei verwundet waren, Nichts ausrichten; von ihrer Beihilfe mußte übrigens, wie die Erfahrung gelehrt hatte, vollständig abgesehen werden, da bei dem Angriffe vorher Keiner ein Gewehr zur Hand genommen hatte, mit Ausnahme eines einzigen, und dieser hatte eine Hinterladungsgewehr ergriffen, welches er nicht gebrauchen konnte, weil er dessen Einrichtung nicht kannte. Ebensowenig schien es thunlich, sich auf dem Wrack des Welf zu halten, denn dieses wurde von dem höher liegenden rechten Ufer aus, von welchem es etwa zehn Schritte entfernt stand, vollständig beherrscht, konnte auch mit leichter Mühe ohne Boot vom Lande aus erreicht werden. Eine Landung in Bardēra konnte gleichfalls zu Nichts führen; für einen feindlichen Angriff erschienen die Entkommenen zu schwach, und eine friedliche Erkundigung war schon deshalb unmöglich, weil keiner von ihnen — die beiden Dollmetscher waren ja mit dem Baron gegangen — die Somalisprache verstand. Uebrigens wußte Niemand, in welchem Theile der Stadt die beiden Europäer zurückgehalten wurden; daß sie aber mindestens ihrer Freiheit beraubt waren, konnte keinem Zweifel mehr unterliegen. Waren jedoch der Baron und Link noch am Leben, was höchst zweifelhaft erschien, so mußten, wenn die Anderen entkamen, die Barderaner Bedenken tragen, sich an Jenen zu vergreifen, weil sie dann ein Rachegericht zu fürchten gehabt hätten; fielen Alle zum Opfer, so war es ein Leichtes durch Tödtung auch der zwei Letzten den Verdacht der Schuld oder Mitschuld von sich weg auf Andere zu wälzen, etwa auf die als räuberisch bekannten Galla. Daher schien es dringend geboten, so schnell als möglich den Rückzug anzutreten, und zwar noch vor Eintritt der Nacht. In Sansibar angelangt, konnte man dann mit verstärkten Kräften versuchen, was sich weiter thun ließe. Diese Möglichkeiten wurden sorgfältig bedacht und erwogen, Alle stimmten überein, daß man vor der Hand schleunigst nach Sansibar zurückkehren müsse. —

So war denn ein folgenschwerer Entschluß gefaßt. Ihm gemäß wurde Alles zur Reise vorbereitet. Das Boot fuhr nach dem Wrack des Welf, wo Deppe die Papiere, Gelder und Werthsachen des Barons sammelte, Brenner Waffen und Munition zurechtlegte und Theiß Lebensmittel für die Fahrt. Die schönen Instrumente konnten wegen Mangel an Platz nicht mitgenommen werden, ebensowenig die Sammlungen von Naturgegenständen. Um fünf Uhr verließ das Häuflein der Uebriggebliebenen die Unglücksstätte, nachdem sie noch alle überflüssigen Waffen in das Wasser geworfen hatten. In traurigster Stimmung ließen sie sich stromabwärts treiben; zwei Mann, welche immer abwechselnd ruderten, vermehrten die Geschwindigkeit der Fahrt. Einige hundert Schritt unterhalb des Lagers sahen sie im Gebüsche die Jolle angebunden und nicht weit davon einen Eingeborenen, welcher ausgewaschene blutige Lappen aufhängte. Es wurde der Vorschlag gemacht, die Jolle mitzunehmen oder zu vernichten; allein es that Eile Noth, wenn man einem Hinterhalte zuvorkommen wollte, und man fuhr ohne Aufenthalt weiter. Nach neun Uhr kamen sie bei prächtigem Vollmondscheine in die Nähe von Bardēra. Da hier ein lebhafter Gegenwind einsetzte, so wurden acht Ruder in Thätigkeit gesetzt; wer nicht mit Rudern beschäftigt war, hielt das gespannte Gewehr in der Hand und lugte ringsum, ob nichts Verdächtiges sich zeigte. Die Stadt war jedoch wie ausgestorben, kein Laut sich hören, keine menschliche Gestalt erschien; die Gig des Barons, nach welcher man besonders aufmerksam ausspähete, war nirgends zu sehen. Später blieben wieder wie vorher nur zwei Neger an den Rudern; sie wurden allstündlich, der steuernde Europäer aller zwei Stunden abgelöst. An Schlaf konnte, schon wegen der Enge des Bootes, nicht gedacht werden.

In derselben Weise fuhr man auf der ganzen Rückreise Tag wie Nacht fort. Nur einmal, am 5. Oktober früh, hielt man, um auf einer Sandbank einige Enten zu braten, welche man erlegt hatte. In den Nachmittagstunden des 3. wurde Anole passirt, zwanzig Stunden später Sorori, am 4. gegen Mitternacht Schonde, einige Zeit danach Wegere, Hindi Abends 5 Uhr desselben Tages, und Jumbo in der Nacht vom 5. zum 6. October um 1 Uhr. In allen Dörfern, welche sie bei Tage durchfahren hatten, rief ihr Erscheinen die lebhafteste Bewegung hervor; die Leuten starrten sie an, liefen in die Hütten, riefen Andere herbei und waren offenbar so überrascht, daß sie nicht wußten, was sie thun sollten. An manchen Orten, so bei Sorori und Manamsunde, wurden die Fliehenden auch nach dem Dampfer und nach ihrem Führer gefragt; überall gaben sie die Antwort, daß sie dem zurückkehrenden Schiffe einige Tage vorausgingen, um dessen Ankunft weiter unten zu melden. In einem der Waseguadörfer, wo mehrere hundert Eingeborne zu Tanz und Spiel versammelt waren und im Flusse mindestens vierzig Baumkähne nebeneinander lagen, erregte ihre Ankunft unerhörtes Erstaunen; man gelangte jedoch, ohne aufgehalten zu werden, vorüber, denn das Boot erschien zu schnell und war verschwunden, ehe die Leute recht zur Besinnung kamen. Oberhalb und unterhalb Hindi brannte auf dem rechten Ufer der Wald; vermutlich war er behufs Ausdehnung der Pflanzungen angezündet worden. Hier erfuhr man auch, daß vor der Mündung ein englisches Kriegsschiff läge oder gelegen habe, um in Jumbo Erkundigungen nach der Expedition einzuziehen. Da man von der friedfertigen Sklavenbevölkerung hier kaum etwas zu befürchten hatte, dachte man daran, sich mit frischen Lebensmitteln zu versehen, doch wurde endlich beschlossen, ohne Verzug weiter zu fahren. Auch in Jumbo hielt man nicht, obwol Einige Dies vorschlugen.

Die Fahrt stromabwärts hatte einhundertundfünf Stunden gedauert. Fünf Tage lang so zu dreizehnt ununterbrochen auf engem Boote zu fahren, ohne sich ein einziges Mal ein wenig ausstrecken zu können, ist gewiß keine Annehmlichkeit; und während dieser Zeit hatten die Fliehenden ihre Nahrung zumeist in ungekochtem Zustande, zuletzt sogar rohes Getreide genießen müssen! Zum Glück war das Wetter im Allgemeinen günstig gewesen; es wehte zwar ein ziemlich heftiger Wind, doch fielen nur in den letzten Tagen einige tüchtige Regengüsse. Alle athmeten erleichtert auf, als sie eine Strecke oberhalb der Mündung wieder festen Boden betraten; von einem Schiffe freilich war trotz eifrigen Umherspähens mit den Nachtgläsern Nichts zu sehen. Die mitgenommenen Sachen wurden noch in der Nacht zu Bündeln geformt und Das, was sich nicht weiterschaffen ließ, in dem Boote an geeigneter Stelle versenkt, denn es konnte nicht daran gedacht werden, die Barre zu durchfahren. Dann wurde die Reise südwärts zu Fuß angetreten. Gegen vier Uhr Morgens setzte die Gesellschaft sich in Bewegung, anfangs rasch, bald aber immer langsamer, weil die Ermüdung von der anstrengenden Fahrt sich merklich machte. Mit Sonnenaufgang bekamen sie Kap Bissel in Sicht. Sie schritten dann, ohne zu rasten, zwischen Dornengestrüpp und über Korallenzacken weiter, oder durch losen, mit dünnem Gras bestandenen Sand, in welchem sie bei jedem Tritte bis über die Knöchel einsanken; Wasser fanden sie auf dem ganzen Wege von der Djubamündung an nur einmal an drei nicht weit von einander gelegenen Stellen. Gegen zehn Uhr Vormittags erreichten sie die rasenbedeckten Lagunen, welche nördlich vom Kap sich etwa fünfviertel Meilen weit ins Land erstrecken. Als sie diese hinter sich gebracht, fühlten sie sich völlig erschöpft; das sechstägige gezwungene Wachen, der beschwerliche Marsch, die Sorge um das Schicksal des Barons und seines Begleiters, der Gedanke an den ungewissen Ausgang ihrer Wanderung hatten sie in steter Aufregung erhalten. Ruhe that ihnen jetzt vor Allem Noth; sie wollten daher bis zur Ebbe rasten und dann nach einer der Inseln, welche vor dem Kap Bissel liegen, hinüber waden, um dort in Sicherheit neue Kräfte zu sammeln. Sie lagerten sich, stellten Wachen aus und schickten, da ihnen die Zeit der Ebbe unbekannt war, zwei Leute nach dem Kap, welche ihnen Nachricht bringen sollten, ob das Wasser genugsam gesunken wäre.

Lange Zeit kam Niemand zurück; auch die anderen Neger verloren sich trotz aller Aufmerksamkeit, so daß man sich schon verlassen wähnte; da erschienen endlich Zwei mit freudestrahlenden Gesichtern und meldeten, daß in der Bucht ein kleines Mtepe (genähtes Schiff) läge, welches mit der nächsten Flut in zwei Stunden nach der Insel Toala gegenüber der Schambamündung absegeln werde; der Besitzer wolle sie mitnehmen, und Assalon habe sich sofort des Fahrzeuges versichert. Augenblicklich brachen Alle auf und erreichten, nachdem sie einen Wiesengrund durchschritten, das Meer fast an derselben Stelle, wo früher der Welf gestrandet war; sie bestiegen das einige hundert Schritt weiter oben auf dem Sande sitzende Fahrzeug und gingen gegen drei Uhr Nachmittags, als es flott wurde, unter Segel. Was aus ihnen geworden wäre, wenn sie dieses Schiff nicht gefunden hätten, läßt sich unschwer vermuten; wahrscheinlich stand ihnen dann dasselbe Schicksal bevor, welches die Sklaven, vor deren Jammergestalten sie einige Monate vorher am nämlichen Orte erschraken, unterwegs betroffen hatte.

Das Mtpe hielt sich in dem innern Fahrwasser zwischen Küste und Riffen und kam am 4. Oktober gegen zehn Uhr Vormittags, nachdem es die Nacht über vor Anker gelegen, in Kiama (Kismaio der Seekarte) glücklich an. Hier wurden neue Lebensmittel gekauft, denn die Fahrgäste hatten bisher größtentheils vom Gnadenbrote des Schiffseigenthümers gelebt. Die sehr neugierigen und wahrscheinlich Verdacht witternden Bewohner der Insel beruhigte man mit der Aussage, daß es gelte, von Sansibar eine Verstärkung der Expedition zu holen. Am Abende des 9. endlich erreichte das kleine Schiff, welches allnächtlich bis Morgens fünf Uhr seinen Lauf unterbrach, die Insel Tula und legte sich hier dicht vor Auwesis Hause vor Anker. Der „Sultahn" und ehemalige Abani der Expedition nahm die Unglücksgenossen freundlich auf, lud sie sogar ein, in seinem Hause zu wohnen; sie gingen jedoch hierauf nicht ein, um immer bei ihrem Gepäcke bleiben zu können. Nach vielen Zureden bewogen sie den Besitzer des Mtepe, mit ihnen noch nach Lamu zu fahren. Auwesi schloß sich ihnen auf dieser Reise an. Durch widrige Winde aufgehalten, erreichten sie am 16. Oktober gegen fünf Uhr Abends die Stadt Lamu. Der hiesige Agent des französischen Sansibarhauses erwies ihnen viele Freundlichkeiten. Mit Wonnegefühl schlürften sie zum ersten Male wieder Kaffee, ein wahres Labsal nach so langen Entbehrungen; ebenso konnten sie sich wieder an Milch, Mtama, Brod und Bananen erquicken. Deppe schreibt in seinem Tagebuche, daß er sich nicht entsinne, je in seinem Leben mit größerem Genusse als damals gespeist zu haben. Hier fanden sie auch Briefe aus Europa vor und ein Fahrzeug mit Mannschaften und allerlei Sachen für die Expedition, welches vom Hamburger Konsul in Sansibar auf Deckens Wunsch nach Jumbo abgeschickt worden und eben hier eingelaufen war. Auf dieser Dau, welche aber erst noch kalfatert werden mußte, segelten sie am 19. Oktober weiter und erreichten, über Mombas fahrend, am 24. Oktober Morgens sieben Uhr Sansibar.

Das traurige Schicksal der Expedition erregte die lebhafteste Theilnahme aller Europäer der Stadt. Leider lag kein Kriegsschiff im Hafen; Herr von Schickh und seine Gefährten mußten also auf nachdrückliche Unterstützung ihrer weiteren Pläne verzichten. Sie rüsteten in Schnelle ein Küstenfahrzeug aus und segelten, nachdem sie einen Bericht über das Geschehene abgefertigt hatten, am 29. Oktober Abends sechs Uhr mit Assalon und drei Negern nach Norden. Nur der Tischler Bringmann blieb zurück; er trat einstweilen in die Dienste des Hauses O'Swald & Co., welchem er sich gerade damals durch seine Arbeit sehr nützlich machen konnte.

Ein merkwürdiger Zufall hatte es gefügt, daß der Führer jenes Schiffes derselbe Juma ben Saidi war, welcher durch seine Dummheit und Niederträchtigkeit den Verfasser des Reiseberichts auf seiner Komororeise so schwer benachtheiligt hatte. Jetzt wurde ihm von Seiten seiner Fahrgäste eine wenn auch geringfügige Vergeltung zu Theil: so oft nämlich seine Unkenntniß der Küste oder sein Ungeschick irgend welche Unannehmlichkeit bereitete, ward er mit reichlichen Püffen belohnt. Am 2. November, Abends 10 Uhr, brachte er das ihm anvertraute Gefährt mit Hilfe eines andern Schiffers, welcher ihm den Weg zeigte, glücklich in den Hafen von Lamu und legte es dem Zollhause gegenüber vor Anker. Am folgenden Tag, einem Freitage, wurde der Statthalter besucht, der des Frühgottesdienstes wegen erst Nachmittags zu sprechen war. Er sollte, laut einem Briefe vom Sekretair Said Madjids, den Reisenden zur Förderung ihres Vorhabens Soldaten mitgeben. Um dieses Verlangen drückte er sich in ächt arabischer Weise herum d. h. sagte alle mögliche Unterstützung zu, schenkte zwei Ziegen, wollte sogar Boten nach Jumbo schicken, während seine Gäste hier bleiben sollten u. s. w. u. s. w., gab aber die Soldaten nicht. Endlich ließ er sich erbitten, doch bestimmte er ausdrücklich, daß seine Leute (wahrscheinlich damit der Lamuhandel nicht beeinträchtigt würde?) auf keinen Fall weiter als bis Tula mitgingen. In dieser und der folgenden Nacht wurden zwei Beludschen als Wache an Bord genommen. Mit vieren der Söldner schiffte sich am 5. November die kleine Reisegesellschaft nebst einem „kundigen Piloten" nach Tula ein, wo sie am 7. Mittags anlangten; der gemißhandelt Nahosa hatte sich zwar sehr gesträubt noch weiter unter den gewaltthätigen Weißen zu dienen, aber doch endlich nachgeben müssen.

In Tula wurde Auwesi an Bord gerufen. Er sagte, daß er bisher noch Nichts von dem Unglück der Expedition gehört habe, daß man es auch in Jumbo und Brawa noch nicht kenne, und meinte auch, daß Abdio noch nicht wieder an der Küste angelangt sei. Gegen eine Entschädigung von dreihundert Thalern ließ er sich bereit finden, an der Fahrt nach Norden theilzunehmen. Er versprach, nicht nur für die Sicherheit der Reisenden nach Kräften zu sorgen, sondern auch in Allem, in Beschaffung von Nachrichten und was man sonst wollte, zu Diensten zu sein. Am folgenden Tage kam er mit einem alten Häuptling von Tula an Bord. Diesmal erfuhr man, es gingen bereits Gerüchte von dem Geschehenen an der Küste um, und überall herrsche große Aufregung; man dürfe deshalb nicht nach Brawa oder Jumbo, ja nicht einmal Kiama gehen, wenn man sich nicht der äußersten Gefahr aussetzen und das ganze Unternehmen scheitern machen wollte; damit jedoch nichts verabsäumt würde, wolle er allein nach jenen Orten reisen, welche er ja öfters besuche und deshalb auch jetzt besuchen könne, ohne Verdacht zu erregen; man solle sich bis zu seiner Rückkunft in Tula gedulden. Als schon Alles abgeschlossen war, versuchte Auwesi, fünfzig Thaler Reisegeld außerdem zu erpressen, kam aber hiervon zurück, als er sah, daß Herr von Schickh entschlossen war, in solchem Falle selbst und ohne ihn nach Brawa zu gehen. Für dieses Mißgeschick entschädigte sich Auwesi dadurch, daß er um so höhere Preise für die Lebensmittel ansetzte; so forderte er für sechzig Eier drei Maria-Theresienthaler, während man in Lamu für dieselbe Menge den sechsten Theil dieses Preises bezahlt hatte.

Am 9. November, Nachmittags, begab sich Auwesi auf die Reise. Schon zwei oder drei Tage darauf kam er wieder; er konnte höchstens bis Kiama gekommen sein, behauptete jedoch auf das Bestimmteste, Kismaio erreicht zu haben. Hier hätte man schon alle Einzelheiten des Ueberfalls gekannt und wäre in solcher Aufregung gewesen, daß er für rathsam erachtet hätte, schleunigst zurückzukehren; denn wenn die Nachricht nach Tula käme, oder wenn gar die Somali erführen, daß Europäer hier wären, getraue er sich kaum, für seine eigenen Unterthanen einzustehen. Deshalb rieth er nach Lamu zurückzugehen und sich dort unter den Schutz des Statthalters zu begeben; er wolle inzwischen zuverlässige Nachrichten einziehen, die an der Djubamündung versenkten Sachen beschaffen sowie den Abdio ben Nur, welcher nach Annahme Aller das Unglück verschuldet hatte, festnehmen und binnen zehn Tagen abliefern. Am andern Morgen begab er sich wieder auf die Reise, jedoch, weil der

Nordostmonsun bereits stark zu wehen anfing, nur bis Kap Bissel, um von dort an zu Fuße weiter zu gehen.

Während dessen gingen die Europäer nach Lamu zurück, wo sie am 14. November Nachmittags bei sehr heftigem Winde anlangten. Sie blieben, da sie sich in der Stadt nicht ganz sicher fühlten, an Bord ihres Fahrzeuges; den Statthalter, welcher gerad auf seinem Landsitze weilte, bekamen sie an demselben Tage nicht mehr zu sehen. Am 15., noch ehe der Erwartete zurückkam, lief eine Dau ein, auf welcher sie Mabruk Speke entdeckten, einen der Begleiter des Barons und Doktor Links auf dem Wege von der Stromschnelle nach Bardera. Sie riefen ihn sofort zu sich und vernahmen von ihm folgenden Bericht:

„Wir waren Mittags in Bardēra angekommen. Alle gingen an Land. Einer nur, Mbaruko, blieb beim Boote, bis Abdio ihn abrief. Später sandte der Baron mich aus, um nach dem Boote zusehen, doch ich fand es nicht; die Somali hatten es nach dem gegenüberliegenden Ufer geschafft. Unterwegs machte eine Frau mir ein Zeichen, daß man uns den Hals abschneiden wollte. Ich warnte den Baron, dieser aber sagte mir, ich sollte nicht bange sein. Wir gingen ungehindert in Bardēra spazieren. Man gab uns ein Haus, brachte Lebensmittel herbei und versprach Lastthiere für eine Reise nach Ganane. Schlachtvieh konnte nicht sofort beschafft werden, weil dieses in einiger Entfernung auf der Weide war. Was die Somali mit einander sprachen, konnten wir nicht verstehen. Eines Tages bewachten zwei von uns, Mbaruko und Achmed, die Thüre des Hauses unseres Herrn, als dieser von Abdio abgerufen wurde, um Schauri (Unterredung) zu halten. Abdio überredete jene Beiden, ebenfalls fortzugehen, da Niemand Etwas stehlen würde. Als auch diese fortgegangen waren, wurden die Gewehre aus dem Hause geholt. Der Baron erkundigte sich bei seiner Rückkunft, wo die Gewehre geblieben wären. Wir erklärten ihm, daß Abdio an Allem Schuld sei. Er forderte seine Gewehre zurück, allein man hielt ihn mit Versprechungen hin."

„Mittags trafen sechs Neger von der Expedition in Bardēra ein und erzählten von dem Gefecht am Djubaflusse bei dem Dampfer, und daß zwei Europäer getödtet seien. Der Baron bat aufs Neue um seine Gewehre. Die Somali willigten scheinbar ein, die Gewehre wiederzubringen, und holten sie auch, aber in dem Augenblicke, da der Baron sich danach bückte, stürzten sie auf ihn zu und banden ihm die Hände auf den Rücken. Der Doktor wurde nicht gebunden, aber festgehalten. Mich und die andern Begleiter des Barons überwältigte man ebenfalls. Abdio lief fort, als man den Baron festband. Man hielt uns in der Hütte; ich konnte aber sehen, daß man den Baron und dem Arzt nach dem Flusse führte und dort erstach. Den Baron stach man zweimal in die Brust, den Arzt einmal. Beide starben sofort. Ich sah, wie man die Leichname in den Fluß warf, und wie der Strom sie forttrieb. Abdio war nicht dabei, als Dieses geschah. Die Mörder waren Somali, aber keine Häuptlinge von Bardēra. Das Geld und Alles, was der Baron bei sich führte, wurde ihm weggenommen, nachdem er erstochen war. Nur ein Hemd ließ man dem Leichnam. Man wollte uns als Sklaven behalten, doch bestimmte der Sultahn, auf dessen Namen ich mich nicht besinne, man solle sich mit den Sachen der Europäer begnügen und uns die Freiheit geben."

„Abdio bekam einen Theil von dem Gelde, welches vertheilt wurde. Er ging dann mit drei Somali und den elf Leuten des Barons, welche jetzt in Bardēra waren, nach Brawa. Nachdem trafen noch zwei, Sereng und Feredji, dort ein. Ich blieb ungefähr zehn Tage in Brawa und mußte bei Abdio Sklavenarbeiten verrichten. Später fand ich einen Nahosa (Schiffer) welcher mich aus Gutmütigkeit mit an Bord nahm und nach Lamu brachte. Die Anderen werden mit erster Gelegenheit nachkommen."

Hiernach hielt Herr von Schickh weitere Nachforschungen für überflüssig. Er bat den Banian des Zollhauses, die Gegenstände, welche Auwesi bringen würde, sofort nachzuschicken, den Statthalter aber ersuchte er, den Verräther Abdio und andere etwa gefangene Schuldige unter starker Bedeckung in das Fort von Sansibar zu liefern. Dann gab er Befehl zur Abreise.

In trübseligster Stimmung fuhren die Unglücksgenossen längs der Küste nach Mombas, wo sie nach mancherlei Fährlichkeiten einige Tage später ankamen. Sie ankerten hier, um Lebensmittel zu kaufen, und vernahmen, daß das englische Kriegsschiff „Vigilant", Capt. Latham, mit einem Sekretär des Sultahns hier vorüber nach Brawa gedampft sei, um Erkundigungen über das Schicksal Deckens einzuziehen; näheres konnten sie indessen nicht erfahren. Sie versuchten, sich ein anderes Fahrzeug zu verschaffen, da sie auf der letzten Fahrt alles Zutrauen zu seiner Festigkeit und zu der Geschicklichkeit seines Führers verloren hatten; die Verhandlungen scheiterten jedoch an den unverschämten Forderungen der Bootseigenthümer. So reisten sie denn wie bisher weiter. Am Morgen des dritten Tages langten sie bei bald gutem, bald flauen Winde in Sansibar an. Wenige Tage nach ihnen traf auch der Vigilant ein und brachte eine Anzahl Neger von der Expedition. Sie wurden sofort in scharfes Verhör genommen. Ihre Aussagen, so sehr sie sich in gewissen Punkten widersprachen, kamen doch darin überein, daß der Baron sowol wie Linck in Bardēra ermordet wären.

Ein Grund, noch länger in Sansibar zu bleiben war nun nicht mehr vorhanden; man entschloß sich also, die bald bevorstehende Abreise des O'Swald'schen Schiffes „Kanton" zur Heimreise zu benutzen. Während Schickh im hanseatischen Konsulat die Protokolle über die Aussagen der Neger aufnahm, packten die Andern ihre Sachen zurecht, stellten eine Liste der Gegenstände auf, die versteigert werden sollten, wohnten dem Verkaufe selbst bei und schrieben das Tagebuch des Barons ab, welches nebst den Ergebnissen der Verhöre nach Europa geschickt wurde.

Am 12. Januar begaben sich die fünf Europäer an Bord der Kanton, Tags darauf verließ das Schiff den Hafen; am 14. Februar erreichten sie St. Helena, am 4. April liefen sie in Hamburg-Altona ein. Hier wurden sie von einem Beauftragten der von der Decken'schen Familie empfangen und ihrer Pflichten entbunden. Diejenigen von ihnen, deren Aussagen den Angehörigen des Barons von Wichtigkeit waren, fuhren nach Berlin, wo Mutter und Bruder des Ermordeten weilten. Ihre Mittheilungen stellten zwar den Tod des Barons nicht außer allem Zweifel, doch ließen sie auch dem Unverzagtesten kaum noch irgend welche Hoffnung. Ein Entschluß, was weiter in der Sache zu thun sei, konnte natürlich nicht sogleich gefaßt werden, und so kehrten denn auch die Letzten nach wenigen Tagen in ihre Heimat zurück.

Ein Rückblick möge zeigen, was wir dieser letzten Deckenschen Unternehmung, der Djubaexpedition, zu verdanken haben. In kurzen Worten lautet das Ergebniß so: „es gibt im Somalilande einen Fluß, welcher mit Schiffen von angemessener Größe und Bauart erwiesener Maßen eine Strecke von hundertsiebzig Seemeilen, die Krümmung mit eingerechnet aber vierhundert Seemeilen weit befahren werden kann." Wir haben durch Deckens Reise nicht erfahren wo der Djubafluß entspringt, doch ist es durch die Thatsache, daß der Fluß eine so weite Strecke oberhalb seiner Mündung immer noch fast dieselbe Wassermasse besitzt, zur Gewißheit geworden, daß seine Quellen in beträchtlicher Entfernung von der Küste liegen müssen. In Ermanglung weiterer Anhaltspunkte muß die schon früher öfters ausgesprochene Meinung: „der Godschebfluß Abyssiniens könne der Oberlauf des Djuba sein", außerordentlich an Wahrscheinlichkeit gewinnen. Wir zögern nicht im mindesten, uns ihr rückhaltslos anzuschließen, da bis jetzt keine Gründe gegen sie bekannt worden sind.

Weniger wahrscheinlich ist, was die Eingebornen in Jumbo sowol wie in Bardèra über eine Zweitheilung des Flusses sagen. Nach ihnen soll der Djuba bei Ganane einen Arm absenden, welcher mindestens ebenso bedeutend wäre als der uns bekannte; oberhalb des Trennungspunktes wäre dann der Fluß so wasserreich, daß man ihn noch ungeheure Strecken stromaufwärts, bis an die Berge von Abyssinien hin, befahren könne und ihn auch wirklich befahre, während weiter unterhalb ein eigentlicher Bootsverkehr nicht vorkommt. Beruhten diese Berichte auf Wahrheit, so würde der Juba eine unschätzbare Straße nach dem Innern darstellen; bis indessen gewichtige Beweise hierfür aufgebracht sind, müssen wir an solch sonderbarer Gabelung des Flusses zweifeln, schon um deswillen, weil dann die Frage entstände, wo der sich trennende Arm hinfließen solle. Durch Decken und seine Begleiter ist der Nachweis geliefert worden, daß von all den südlich vom Djuba gefundenen Flußmündungen keine die des unbekannten Stromes sein kann; es bliebe daher nur die Möglichkeit übrig, daß derselbe sich im Sande oder in einem Binnensee verlaufe, was allerdings nicht unmöglich, aber auch nicht besonders wahrscheinlich ist. Noch weniger statthaft erscheint die Annahme, daß der Wobbi, der einzige größere Fluß im Norden des Djuba, ein bei Ganane sich abzweigender Arm des letzteren sei.

Eine zweite Gabelung des Flusses soll weiter unten, zwischen Wegere und Manamsunde, gegenüber den ersten Ansiedelungen der Wabuni, stattfinden. Es wurde nämlich hier ein zehn bis zwölf Schritt breiter Arm gesehen, welcher aber ebensowol ein Zufluß wie ein Abfluß sein kann. Brenner neigt sich der letzteren Ansicht zu und meint, daß dieser Arm sich in der Nähe des Gleichers mit dem etwa 1° nördl. Br. entspringenden Scheriflusse vereinige; letzterer Fluß — ein übrigens nicht sehr bedeutendes Gewässer, welches nur dadurch wichtig wird, daß es eine weite Strecke des Gallalandes mit dem befruchtenden und belebenden Elemente versieht — ergießt sich dann unter 1° südl. Br. in den Kilowanjesee, das Quellbecken des Wubuschi- oder Durnfordflusses, welcher fünfundsiebzig Seemeilen südwestlich vom Djuba mündet.

Vergleichen wir den Djubafluß mit unseren deutschen Flüssen, so fällt es zunächst auf, daß er auf der langen Strecke von Jumbo bis Sorori (etwa 250 Seemeilen weit, die Krümmungen mit eingerechnet) nicht einen einzigen Zufluß aufnimmt und auch oberhalb nur einzelne unbedeutende Bäche, welche noch dazu in der trockenen Jahreszeit zumeist kein Wasser enthalten. Von Deckens fernsten Punkten bis zu der Mündung des Djubaflusses sind es in grader Linie hundertsiebzig Seemeilen; auf derselben Strecke nimmt nun der Rhein (von Emmerich bis Mannheim) zehn größere Zuflüsse auf, die Elbe (von Hamburg bis Torgau) zwölf, die Oder (von Stettin bis Breslau) achtzehn. Durch diese Eigenthümlichkeit stellt sich der Djuba dem Nil zur Seite, wennschon er in jeder andern Beziehung, sowol wegen des Fehlens einer Ueberflutung als auch wegen der Ebenheit der Landschaft, durch welche er fließt, gründlich von demselben verschieden ist. Ein andrer Umstand, welcher den Djuba auszeichnet, ist seine Schiffbarkeit. Bedenkt man, daß unsre größeren deutschen Flüsse — die Elbe z. B., welche bei Dresden mindestens dreimal so breit ist als der Djuba — ohne ausgedehnte Regulirungsarbeiten nur auf kurze Strecken ihres Laufes schiffbar sind und unausgesetzter Nachhilfe bedürfen, um fahrbar zu bleiben, so muß es in hohem Grade auffallen, daß der kleine, hundert bis dreihundert Fuß breite und höchstens zwanzig Fuß tiefe Djubafluß zu trockener Jahreszeit, mit einem, offen gesagt, ganz ungeeignetem Schiffe von hundertundzwanzig Fuß Länge ohne Weiteres befahren werden konnte. Allerdings hat der Welf auf seiner Fahrt einige Male aufgesessen, doch ist er immer wieder ohne besondere Anstrengung frei gekommen und würde die ganze Entfernung bis zu den Stromschnellen ungehindert haben zurücklegen können, wenn er einen um sechs Zoll geringeren Tiefgang gehabt hätte. Man ist mithin zu dem Ausspruche berechtigt, daß der Djubafluß der Befahrung mit flachgehenden Dampfern nicht das geringste Hinderniß entgegensetzt und daß er nächst dem Sambesi die beste bis jetzt bekannte Wasserstraße Ostafrikas ist. Die Barre an seiner Mündung verursacht keine Schwierigkeit, da sie bei Ebbe sechs bis acht Fuß Wassertiefe hat, also viel mehr, als für einen angemessenen Flußdampfer nöthig ist; und hinter ihr finden die Schiffe einen vollständig gesicherten Zufluchtsort. Noch weit mehr tritt die große Wichtigkeit des Djubaflusses hervor, wenn man die Bebauungsfähigkeit und den Reichthum des Landes, durch welches er fließt, mit in Rechnung zieht und bedenkt, daß diesem weiten Gebiete eine gute Verbindung mit der Küste fehlt.

Es gibt noch eine zweite Wasserstraße in das Innere des Somalilandes, aber sie ist nicht bis zur See hin offen. Wir meinen den Wobbi- oder Webbefluß, welcher einige dreißig Meilen nördlich von der Linie und ungefähr in der Mitte zwischen der Küste und dem Djubaflusse im Sande verläuft. An den Ufern dieses Flusses, welcher, aus der Gegend von Herrär kommend, nach Mukdischa zu strömt, dann aber sich südwestwärts wendet und auf eine Strecke von über hundert Meilen in nahezu gleicher Richtung mit der Küste und zwölf bis zwanzig Meilen von ihr entfernt fließt, finden sich hunderte von blühenden Dörfern, deren fleißige Bewohner sich vom Ackerbau nähren und im lebhaftesten Verkehre mit den Küstenstädten Mukdischa, Merka und Brawa stehen. Der Anbau des Bodens steht hier auf weite Strecken hin in eben solcher Blüte wie am Djuba in den Ansiedelungen der Sklaven und gibt uns ein Bild, zu welcher Bedeutung dereinst bei vermehrtem Verkehre dieser Theil des Somalilandes gelangen kann.

Auch hier ist Ackerbau und Handel noch bei Weitem nicht genug entwickelt, denn man baut, weil keine Nachfrage nach dem Ueberflusse geschieht, nicht viel mehr, als im Lande selbst gebraucht wird; und doch ist der Boden so fruchtbar, daß er ungeheure Mengen von Sesam, Oelsaat, Zuckerrohr und vortrefflichen Kaffee hervorbringen könnte. Nicht einmal der Hauptreichthum des Landes, das Vieh, wird gehörig ausgebeutet; wenigstens sind die Mengen von Fellen und geschmolzener Butter, welche jetzt in den Handel kommen, unbedeutend gegen Das, was das Land zu liefern vermöchte: der Verkehr stockt, weil es an Bewegung und Abfluß fehlt. Dies mag zum Theil seinen Grund mit darin haben, daß es im ganzen Somalilande trotz seiner weiten Küstenausdehnung nur wenig Häfen gibt, eigentlich nur einige mittelmäßige Rheden. Aber wenn auch die Hafenplätze Brawa, Merka, Gonderscheich, Mukdischa und Warscheich, sämmtlich zwischen 1° und 2° 15′ nördl. Breite gelegen, nur während der Hälfte des Jahres zugänglich und sicher sind, so ist Dies doch kein Grund, sie während dieser Zeit nicht zu benutzen, zumal sie, abgesehen von Berbera und Seila im Norden, die einzigen Punkte sind, an denen sich das Somaliland seiner reichen Erzeugnisse entledigen kann. Diesen Häfen der Ostküste wird sich übrigens, wenn sie einmal erst in Aufnahme gekommen sein werden, noch ein großer Theil der Waaren zuwenden, welche jetzt nach Norden gehen, weil die Bodenverhältnisse einen bequemeren Vekehr des Innern mit dem Osten als mit dem Norden bedingen. Es steht demnach, da so viele Vortheile nicht lange mehr unbeachtet bleiben können, dem Somalilande eine große Zukunft und allen Verhältnissen dort eine bedeutende Veränderung bevor. Möge unser Handelsstand und die Weisheit unserer Regierungen dafür sorgen, daß hierbei Deutschland nicht zu kurz komme; geschieht Dies doch, so liegt die Schuld hiervon wenigstens nicht an den deutschen Pionieren, welche in Ostafrika Hab und Gut, Gesundheit und Leben geopfert haben, um ihrem Vaterlande Nutzen zu schaffen!

Sechsundvierzigster Abschnitt.

Feststellung des Schicksals der Verschollenen.

Nothwendigkeit genauerer Nachforschungen. — Kinzelbach und Brenner als Beauftragte der Decken'schen Familie. — Brenners Verhandlungen in Brawa. — Eine Botschaft aus Bardēra. — Vernehmung des Augenzeugen Baraka. — Was Kinzelbach inzwischen in Sansibar gethan. — Ergebniß der Verhöre. — Kinzelbachs letzte Bemühungen und Tod.

Der traurige Untergang der von der Deckenschen Expedition, deren Beginn zu so großen Hoffnungen berechtigt hatte erregte überall die größte Theilnahme, und Dies umsomehr, als man die Unmöglichkeit fühlte, die Schuldigen zu züchtigen; denn, wer eigentlich den Ueberfall veranlaßt und ausgeführt hatte, war ja trotz aller Verhöre in Sansibar vollständig unbekannt. Auf den Bewohnern von Bardēra lag allerdings ein starker Verdacht, mehr noch auf Abdio, dem Geleitsmann der Expedition; Niemand aber konnte mit Bestimmtheit behaupten, daß diese Ansicht die richtige sei. Es tauchten sogar Zweifel auf, ob der Baron und Linck wirklich ermordet wären. Konnten nicht die Neger der Expedition zu falschen Aussagen gezwungen gewesen sein? Jemehr man hierüber nachdachte, destomehr stellte sich die Nothwendigkeit heraus, ganz zuverlässige Nachrichten über die Vorfälle in Bardēra und über die letzten Lebenstage der unglücklichen Reisenden zu erhalten, womöglich nach deren eigenen Aufzeichnungen.

Das Unternehmen war freilich ein mißliches. Wer sollte sich unter jene aufgeregten Somalistämme wagen, welche, nachdem sie Blut gesehen hatten, jedenfalls noch viel mordlustiger geworden waren? Konnte man es überhaupt verantworten, wieder Jemand nach jenen Gegenden zu senden, nachdem die übriggebliebenen Mitglieder der Expedition es unmöglich gefunden hatten, dort etwas mehr zu thun? Aber die Aufgabe hatte nicht blos ihren Gefahren, sondern auch ihren Reiz; und als bei den Angehörigen des Reisenden der Entschluß feststand, nochmals im Lande selbst genaue Nachrichten über die Verschollenen einziehen zu lassen, fehlte es schließlich nicht an Freiwilligen zur Ausführung desselben.

Zuerst bot der italienische Nilreisende Miani seine Dienste an. Er wollte sich mit einer kleinen bewaffneten Schar nach Bardēra durchschlagen, die Mörder und Verräther ausfindig machen und sie zur Verantwortung ziehen. Da aber Miani, obwol ein unternehmender, erfahrener und an Strapazen gewöhnter Mann, in jenen Gegenden Afrikas nicht bekannt war, und da auch sein ganzes bisheriges Auftreten ihm in den geographischen Kreisen Deutschlands nicht viel Zutrauen erworben hatte, wurde dieses Anerbieten abgelehnt.

Fast zu derselben Zeit theilte der damals in Berlin weilende Doktor Brugsch, vormals preußischer Konsul in Egypten, der tiefbetrübten Mutter des Reisenden mit, daß er einen zuverlässigen Mann kenne, welcher nicht abgeneigt sei, ein solches Wagniß zu unternehmen. Der Vorgeschlagene war kein Anderer als der durch seine Reisen mit Heuglin und Steudner bereits vortheilhaft bekannte Theodor Kinzelbach. Von kräftiger, achtunggebietender Gestalt, in orientalischen Sprachen bewandert und mit Afrikanern umzugehen gewohnt, voll Hingabe für Das, was ihm übertragen wurde, und beseelt von einem unerschütterlichen Gottvertrauen, schien er ganz der Mann zu sein, eine so schwierige Aufgabe durchzuführen, zumal er durch längere Dienste im Konsularwesen sich eine Menge juristischer Kenntnisse erworben hatte, welche ihn befähigten, unbestreitbare Angaben über die Vorgänge in Bardēra zu beschaffen. Allerdings war er verheirathet und besaß ein Geschäft in Kairo, doch hatte er sich in die ihm gestellte schöne Aufgabe bereits so eingelebt, daß ihn Nichts mehr zum Rücktritte veranlassen konnte. Er erhielt von der Frau Fürstin von Pleß eine Instruktion folgenden Inhalts:

> Der einzige und ausschließliche Zweck der Reise, welche ohne Zeitverlust anzutreten und sowol zu Lande wie zu Wasser ohne unnöthige Aufenthalte und Stationen zurückzulegen ist, besteht in der Aufgabe: „an Ort und Stelle genaue Erkundigungen über das Schicksal der angeblich in Bardēra ermordeten Reisenden, des Baron von der Decken und seines Begleiter Doktor Linck einzuziehen und die zuverlässigste Gewißheit über das Loos der Beiden zu erhalten.“ Zu diesem Zwecke sollen zunächst die eingeborenen Begleiter des Baron v. d. Decken, welche nach dem Untergang der Expedition zurückkamen, nochmals sorgfältig über alles Geschehene verhört werden; dann aber soll Kinzelbach auch versuchen, wenn irgend möglich nach Brawa vorzudringen, um dortselbst Genaueres zu erfahren.

Mit größter Umsicht bereitete nun Kinzelbach Alles auf seine Reise vor. Ausgerüstet mit vorzüglichen Empfehlungen seitens der Vertreter der europäischen Mächte, verließ er am 3. Sept. die alte Nilstadt, welche ihm zur zweiten Heimath geworden war. In Suez hatte er das Glück, den auf der Durchreise begriffenen Hamburger Konsul Herrn Schulz aus Sansibar zu treffen, welcher ihm vortreffliche Rathschläge in Bezug auf sein schwieriges Unternehmen ertheilte. Da sich nicht sogleich eine passende Reisegelegenheit fand, kam er erst gegen Ende des Monats nach Aden, von wo er auf einem Kriegschiffe nach Sansibar weiterzukommen hoffte.

Während er noch hier weilte, traf am 25. Oktober, ganz unerwartet für ihn, ein neuer Beauftragter der von der Decken'schen Familie in Aden ein, Richard Brenner, einer der übriggebliebenen Fünf von der Djubaexpedition. Brenner hatte zu Melkhof im Mecklenburgischen, auf dem Gute des Barons Julius von der Decken, wo er mit Ausarbeitung seiner Tagebücher beschäftigt war, von dem Anerbieten Kinzelbachs gehört und gemeint, daß er als früherer Begleiter Deckens viel eher wagen könne, was Kinzelbach, welcher der Sache doch ferner stand und nicht einmal das Somaliland kannte, so kühnen Muthes unternommen hatte. Nach kurzem Ueberlegen trug er dem Bruder Deckens seinen Plan vor. Sein Entschluß wurde von diesem mit Freude vernommen; ward noch an demselben Tage alles Nöthige in Ordnung gebracht, folgenden Tages verließ Brenner Melkhof, und schon wenige Wochen danach fuhr er von Triest über Kairo nach Aden ab. Ihn begleitete ein Herr Ravené aus Berlin, welcher auf eigene Kosten an der Reise theilzunehmen wünschte.

Kinzelbach hatte durch gütige Vermittlung des Politischen Residenten von Aden, Capt. Goodfellow, bereits einen Platz an Bord der nach Sansibar bestimmten englischen Kriegscorvette Highflyer, Commodore Pasley, erhalten, als Brenner mit seinem Gefährten ankam. In seiner außerordentlichen, schon oft bewährten Liebenswürdigkeit gestattete Pasley auch diesen Herren noch die Mitfahrt, da sie gleichfalls trefflich empfohlen waren und er hoffen durfte, durch ihre Bemühungen vielleicht nebenbei Genaueres über einige im Somalilande gefangen vermutete Engländer zu erfahren. Am 6. Nov. setzte der Dampfer sich südwärts in Bewegung, am 20. erreichte er Brawa, nachdem er am 15. bei Ras el Chel angelegt hatte.

Capt. Pasley wollte sich nicht vor Brawa aufhalten, ließ sich jedoch bewegen, einige Tage zu bleiben, um durch Vermittelung von Hadschi Osman, dem Begleiter und Sekretair Kinzelbachs, einen geborenen Brawaner, mit den Scheichs der Stadt Freundschaftsverträge zu Gunsten seiner Fahrgäste und anderer hierher kommenden Europäer abzuschließen. Dies gelang auch wider Erwarten gut; Scheich Rufai Dera, welcher das Wort führte, versprach den Reisenden besten Schutz, wenn auch nur für die Stadt und deren nächste Umgebung, da die Macht der Brawaner nicht weit reiche. Inzwischen hatte Kinzelbach mit Brenner sich dahin geeinigt, daß letzterer mit seinem Gefährten in Brawa aussteigen sollte, um hier seine Erkundigungen zu beginnen, während er selbst über die Seschellen nach Sansibar weiterzufahren gedachte.

Als dies Alles geordnet war, reiste am 22. Kinzelbach mit dem Highflyer weiter. Mit eigenthümlichen Gefühlen sahen die Zurückbleibenden dem rasch entschwindenden Schiffe nach; sie waren nun allein, ohne Schutz und Freunde in der fremden Stadt, deren Bewohner zum Mindesten keine wohlwollende Meinung gegen sie hegten. Noch an demselben Tage rief Brenner den schon erwähnten Scheich Rufäi, in dessen Hause er seine Wohnung aufgeschlagen hatte, händigte ihm fünfzig Thaler ein und sagte, daß er ihn zu seinem Abani erwähle. Der Scheich, sehr erfreut über das erhaltene Geld, versicherte die Fremden wiederholt seiner festen Freundschaft; dennoch hielt Brenner es für gerathen, ihn ausdrücklich darauf aufmerksam zu machen, daß eine Gewaltthat, welche die Brawaner etwa an ihm verüben möchten, schwere Bestrafung nach sich ziehen würde. Rufäi ist zwar keiner von den Sechs, welche den in Brawa ansässigen Somalistämmen vorstehen, hat somit eigentlich Nichts in der Stadt zu gebieten; durch sein ruhiges, gemessenes und würdevolles Benehmen hat er jedoch ein bedeutendes Ansehen und großen Einfluß im Rathe zu erlangen gewußt; in seinem Hause wurden auch die Schauri über alle wichtigen, die Stadt betreffenden Dinge abgehalten. Brenner bekam noch einen anderen, und zwar einen freiwilligen Beschützer, den Befehlshaber der arabischen Truppen in Brawa, einen Hauptmann über vier Beludschen! So gering das Ansehen und die Macht dieses Herrn Kommandanten auch war, so nahm man den angebotenen Schutz doch an, um den guten Mann nicht zu beleidigen.

Brawa zieht sich etwa 250 Schritt breit in einem Bogen von 800 Schritte Länge an ödem Meeresufer hin. Eine Reihe rother Hügel von 800 bis 1000 Fuß Höhe, auf denen kaum einige Sträucher gedeihen, schließt das Weichbild der Stadt nach dem fruchtbaren Innern zu ab. Von ihren dreihundert Wohngebäuden sind etwa zwei Drittel Somali-Bienenkörbe oder Lehmhütten mit Strohdächern, der Rest Steinhäuser, darunter vierzehn Moscheen. Von See aus nimmt sich die Stadt recht freundlich aus; zum Aufenthalt aber bietet sie wenig Annehmlichkeiten. Fünf tiefe, ausgemauerte Brunnen liefern ihr Trinkwasser, mit Ausnahme eines einzigen jedoch brackiges; sie entstammen wahrscheinlich besseren Zeiten, in denen Brawa noch nicht das ihm jetzt anhaftende Gepräge des Verfalles trug, desgleichen ein ziemlich gut erhaltener Thurm von sechzig Fuß Höhe und achtzehn Fuß Dicke auf einer Klippe im Meere, welcher nach einer arabischen Inschrift im Jahre 1140 der Hedschra erbaut wurde. Der Hafen taugt nicht viel; bei östlichen Winden wird er durch hohen Seegang unsicher. Küstenfahrzeuge besuchen ihn viel, von europäischen Schiffen laufen (nach Guillain) nicht mehr als drei bis vier im Jahre ein, zumeist Engländer, Amerikaner oder Mauritianer. Der Handel soll nach demselben Gewährsmann fast ebenso beträchtlich wie der von Mukdischa sein; nach Kinzelbach aber ist er sehr zurückgegangen und bringt dem Sultahn von Sansibar kaum zweihundert Thaler Zoll ein, was auf eine Gesammtbewegung von höchstens 10,000(?) Thalern schließen ließe. Bedeutender ist der Sklavenhandel; Brenner sah in vier Tagen sechs Sklavenkaravanen hier an- oder durchkommen: die Händler schlagen den Landweg ein, um nicht mit den englischen Kreuzern in Berührung zu kommen. Die hier mündenden Straßen verbinden Brawa einerseits mit Lamu, Merka und Mukdischa, anderseits mit Bardêra und Ganane. Kamele und Esel vermitteln den Landverkehr.

Der Boden um Brawa bringt gar Nichts hervor. Dagegen liegen herrliche und ausgedehnte Pflanzungen von Mtama, Mais, Reis, Sesam und Baumwolle in den fruchtbaren, trefflich bewässerten Niederungen des vier Stunden entfernten Wobbiflusses (s. Brenner, Geogr. Mitth. 1867, S. 303). Die Baumwolle wird größtentheils in der Stadt verarbeitet; zu Guillains Zeiten wurden alljährlich wenigstens 10,000 Stück Zeug fertig, ungerechnet die feineren Stoffe. Von anderen Waaren bietet der Markt: Ochsen, Schafe, Ziegen, Hühner, Milch, Semen, Talg, Häute, Rhinoceroshörner, Elfenbein, etwas Ambra, Myrrhen und arabisches Gummi. Früchte und Gemüse fehlen; Getreide wird nur wenig ausgeführt.

Guillain schätzt die Einwohnerzahl von Brawa, Sklaven eingerechnet, auf 5000; Kinzelbach gibt die Zahl der Männer auf 800 Tunne und Kudamm (s. oben S. 320) und 500 Araber an. Die Somali — ungerechnet die Anwohner des Wobbiflusses — gehören fünf Stämmen an, die Araber zweien. Im Allgemeinen haben die Bewohner einen friedlichen Anstrich, da sie nur selten Waffen führen. Die Tunne sind sehr stolz, und besorgen nicht die geringste Verrichtung, für die es Sklaven gibt, selbst. Aufgeblasen und übermütig, wenn sie sich ungestört wissen, zeigen sie sich furchtsam und ängstlich in Gegenwart von Soldaten Ahmed Jussufs oder wenn ein Kriegsschiff im Hafen liegt. Kinzelbach nennt die Brawaner verkommen in commercieller, politischer und moralischer Beziehung, roh, gemeinste Diebe, Betrüger und Lügner — es war ihm allerdings schlecht genug unter ihnen ergangen. Von der Glaubensstrenge der Barderaner zeigt sich bei ihnen keine Spur. Brenner sah ihre „hübschen Frauen von glänzend dunkelbrauner Hautfarbe“ unverschleiert auf den Dächern sitzen und bei seinem Anblick vor Freude in die Hände klatschen. Hauptsprache des Ortes ist ein etwas abweichendes Somali; Suaheli wird allgemein verstanden, arabisch spricht man nur wenig.

Brawa ist nach Guillain die jüngste der von den Arabern gegründeten Städte der Küste. Die Erinnerungen der Bewohner gehen nicht weit zurück; man erfuhr nur, daß vor Zeiten die Galla oder Tuni (Tunne?) sich hier eingenistet haben, worauf ein Theil der früheren Ansiedler sich nach dem höheren Binnenlande bei Ganaue zog, wo eben die Tuni hergekommen waren. Im Jahre 1822 unterwarf die Stadt sich dem Sultahn von Maskat; später stellte sie sich gleich Mombas unter englischen Schutz, 1837 aber, nach völliger Unterwerfung von Mombas, mußte sie einen Vertreter und Zolleinnehmer Seid Saids in ihren Mauern aufnehmen. Von ihrem Verhältnisse zu Sansibar ist schon früher die Rede gewesen.

Brenner erhielt in seinem Hause Besuch über Besuch, von Einheimischen und Fremden. So lästig ihm diese Gäste auch waren, so mußte er sie doch freundlich behandeln und ihre Anwesenheit dulden. Den einzigen Vortheil, welchen er von ihnen hatte, war der, daß er ihnen eine Menge Gegenstände abkaufen konnte, welche früher auf dem Welf gewesen waren: einen großen Schiffskompaß, zerbrochene und verbogene Instrumente, dazu auch einige traurige Erinnerungszeichen, den Rock Doktor Lincks und ein Hemd des Malers Trenn.

Zwei Tage nach Abfahrt des Highflyer versammelten sich die Angesehenen von Brawa zu einer großen Berathung. Brenner trat, von Rufäi schon im Voraus über das zu beobachtende Verhalten unterrichtet, in die feierliche Versammlung ein, begrüßte die Scheichs sowie die Aeltesten und nahm sodann zur Rechten Rufäis auf einer Kitanda Platz. Hiernach ward er von seinem Schutzmann im Namen der Versammelten nach dem Zwecke seines Besuchs in Brawa gefragt. Er sprach in wohlüberlegter Rede — denn er wußte, daß von dem Eindrucke derselben wahrscheinlich der Erfolg seiner Sendung abhing — zuerst im Allgemeinen von dem Verlaufe der Fahrt auf dem Djuba und von der Ungewißheit, welche immer noch über dem Schicksal des Barons und seines Begleiters verbreitet sei, und sagte dann, er sei gekommen, um genaue Erkundigungen hierüber einzuziehen; die Scheichs möchten ihn dabei unterstützen, indem sie einen Brief an den Sultahn Hadschi Ali ben Kero von Bardēra sendeten mit dem Befehle, Alles, was das Schicksal der beiden Deutschen betreffe, aufzuzeichnen und in der Moschee bei dem Korahn zu beschwören; desgleichen solle er die Bücher und Papiere des Barons sowie die beiden noch zurückgehaltenen gefangenen Sklaven Sale(?) und den Gallaknaben Mabruk sofort hierher senden und endlich dem weißen Manne in Brawa gestatten, daß er nach Bardēra käme und der Sitte seines Volkes gemäß ein Gebet an der Stelle spräche, wo jene Beiden zu Tode kamen. Für den Fall, daß Hadschi Ali Letzteres nicht gestatten wolle, sollten die Scheichs von Brawa ihrem Gaste sicheres Geleit nach der Stadt Ganane geben, welche gerade jetzt mit Bardēra im Kriege stände, da von dort aus vielleicht ein Besuch in Bardēra ermöglicht werden könnte. Jetzt ergriff ein hochbetagter Mann das Wort. Seine Rede wurde von einem neben ihm stehenden Gehilfen, an welchen sie gerichtet ward, gewissenhaft Satz für Satz der Versammlung vorgetragen, nachdem dieser immer die letzten Worte zum Zeichen des Verständnisses wiederholt hatte. Der Alte sprach in theilnehmender, freundlicher Weise; er hatte den Baron in Sansibar gesehen, als dort das Schiff gebaut wurde, und äußerte seine Befriedigung, keinen Theil an der Ermordung gehabt zu haben. Gegen den Aufenthalt Brenners in Brawa hatte er Nichts einzuwenden; für eine Reise nach Ganane aber meinte er keinen Schutz bieten zu können.

In derselben langsamen Weise, so daß jedes Wort den Zuhörern doppelt mitgetheilt wurde, einmal durch den Redner, das andre Mal durch sein Echo, äußerten sich noch Mehrere zu Gunsten Brenners; dann aber sprachen zwei alte Leute in schärfster Weise gegen sein Gesuch: sie erinnerten daran, daß im vorigen Jahre in Mukdischa einige Somali von den Engländern getödtet worden wären, weil sie ihr Eigenthum, theuer bezahlte Sklaven, nicht hatten herausgeben wollen; daß alljährlich eine Menge Schiffe verbrannt würden, blos weil sie Sklaven nach dem Norden brächten; endlich, daß die Bewohner von Hindostan ihr Land an die Weißen verloren hätten, welche anfangs auch nur gekommen wären, sich bei ihnen umzusehen, und meinten schließlich, mit den Weißen dürften die Somali niemals in Freundschaft verkehren, weil Dieses schweres Unglück bringen würde; dem Manne hier namentlich dürfe man nicht helfen, denn er habe bei dem Ueberfalle so manchen ihrer Landsleute getödtet. Brenners Entgegnung, daß er nur sein Leben vertheidigt habe, nachdem er gesehen, wie seine unschuldigen Gefährten tückisch ermordet wurden, beruhigte indessen die Versammlung wieder. Die Verhandlungen wurden zuletzt in Abwesenheit Brenners geführt. Am Nachmittag wurde dem ungeduldig Harrenden das Ergebniß verkündet: es solle binnen zwei Tagen der gewünschte Brief an den Sultahn von Bardēra abgesendet werden, durch Boten, welche der Msungu vorher noch sprechen könne; über die Reise nach Ganane wolle man nach Eintreffen der Antwort entscheiden. Die Scheichs erhielten ein Geschenk von dreißig Thalern, die Boten sollten fünfzig erhalten.

Am Abend desselben Tages kam Abdio ben Nur, welcher schon vorher einmal dagewesen, auf Brenners Zimmer. Er bot den Anblick eines schuldbewußten Sünders dar, blickte ängstlich und argwöhnisch im Zimmer umher, that höchst geheimnißvoll und sprach nur mit flüsternder Stimme; sein Kopf- und Barthaar war, jedenfalls in Folge von fortwährender Angst um sein Leben, so weiß geworden, daß er kaum wieder zu erkennen war. Nachdem er unter Erinnerung an die Gegenwart Allahs zur Wahrhaftigkeit gemahnt worden war, begann er eine verworrene Erzählung von der Reise auf dem Strome und Anderem mehr, was sein Zuhörer ebensogut kannte wie er selbst; durch Zwischenfragen in das richtige Geleis gebracht, erzählte er dann Folgendes:

„Gleich bei der ersten Ankunft in Bardēra war Hadschi Ali ben Kero sehr erzürnt auf den Bana Mkuba (den Baron), weil er ihm das übliche Begrüßungsgeschenk verweigert hatte; deshalb habe ich gerathen, nicht wieder nach Bardēra zurückzukehren, nachdem das Schiff zerbrochen war. Als wir (am 28. Sept.) Morgens das Schiff verlassen hatten, fuhren wir den Fluß hinab und trafen um 11 Uhr bei Bardēra ein. (Brenner unterbrach ihn mit der Frage: hat der Herr Baron Euch unterwegs nicht befohlen, von dem Schiffbruch Nichts zu erzählen? Abdio erwiederte: Ja, das that er, aber die Leute in Bardēra wußten Das schon; sie weiden ihr Vieh weit hinauf am Flusse, und da mag es einer der Hirten gesehen haben.) Nach der Landung in Bardēra befahl unser Herr dem Mbaruko, er solle das Boot gut befestigen, dann ging er mit dem Arzte und mir in die Stadt hinauf; die Sklaven brachten das Gepäck. Der Baron und sein Begleiter gingen in das Haus, in welchem früher Schauri gehalten wurde; ich selbst schlief in dem Hause meines Freundes Ameio.“ (Wegen Hadschi Ali und Hammadi ben Kero s. unten S. 365.)

„Weil Hadschi Ali ben Kero nicht kam, mußte ich ihn rufen. Er erschien am Abende. Während der Besprechung über den Ochsenkauf erzürnten sich Beide, und Hadschi Ali stand mit den Worten auf: Wer von uns Beiden ist hier der Herr, ich oder Du? Darauf verließ er ohne Gruß das Haus. (Brenner: warum erzürnten sich die Beiden? Du mußt es doch wissen, da Du als Dolmetscher dientest. Abdio: Hadschi Ali war schon böse gestimmt, als er das Haus betrat; der eigentliche Streit kam daher, daß der Msungu die Ochsen recht bald zu haben wünschte, während Hadschi Ali meinte, das gehe nicht so schnell.)

„Am nächsten Tage (Freitag, den 29. September) war unser Boot verschwunden. Wir gingen alle an den Strand hinab, aber das Boot blieb verloren. (Brenner: sage mir, Abdio, Du hast doch gewiß von den anderen Somali gehört, was aus dem Boote geworden ist; Du wirst mich jedenfalls nicht glauben machen wollen, daß Dir Das verborgen geblieben sei? Abdio: Ja, ich wußte es, aber ich wagte Nichts zu sagen, denn sonst wäre der Krieg gleich ausgebrochen. Das Boot war in der Nacht nach der Stadt am anderen Ufer geschafft, dort an das Land gezogen und in dichten Büschen versteckt worden. Hadschi Ali hatte Dies so veranstaltet.) „Der Bana Mkuba besichtigte die acht Ochsen, welche Mittags von den Weidegründen eingetroffen waren; dann schrieb er in seinem Hause einen Brief an die Wasungu bei dem Schiffe. Gegen Abend gingen er und der Arzt vor der Stadt spazieren mit den Gewehren. Die Somali bekümmerten sich um Beide nicht.“

„Während der folgenden Nacht wurde mir gesagt, daß die Leute aus der anderen Stadt und auch von Bardēra aufgebrochen wären, um das Lager zu überfallen. Ich ging heimlich zu dem Baron und erzählte ihm Dieses; er lächelte aber und sagte, ich solle Nichts fürchten. Ich habe zwar nicht gesehen, daß die Leute von Bardēra aufgebrochen sind, aber es war sehr menschenleer in der Stadt; Hadschi Ali jedoch befand sich in seinem Hause.“

„Am Nachmittag des 30. September sagte unser Herr plötzlich, wir sollten uns schnell fertig machen, um nach dem Schiffe zu gehen. Es war 2 Uhr, als wir von Bardēra fortgingen. (Wie sich später zeigen wird, war Abdio in Bardēra zurückgeblieben.) Niemand hinderte uns, und Niemand fragte, weshalb wir gingen. Auf einem schmalen Pfad am linken Flußufer, der zwischen Gesträuch und Bäumen hinführt und manchmal ziemlich weit vom Flusse abbiegt, gingen wir vorwärts. Jedermann war bewaffnet. Als die Nacht eintrat, legten wir uns dicht an dem Flusse ins Gebüsch. Von den Somali bemerkten wir Nichts. Am anderen Morgen hielten die beiden Wasungu Berathung, dann ging der Doktor mit Soliman nach dem Dampfer hinauf, während der Bana Mkuba mit uns nach Bardēra zurückkehrte. Um 4 Uhr Nachmittags (Sonntag, den 1. Oktober) kamen wir wieder in Bardēra an, und der Baron ging wieder in sein Haus."

„Am Montag Mittag (erster Tag nach dem Kampf bei dem Schiffe) kam plötzlich der Araber Sereng in Bardēra an. Die Kleider waren ihm vom Leibe gerissen, er selbst war überall blutrünstig. Kurze Zeit später kamen noch mehrere Leute vom Schiffe herab, Juma-Meier, Mabruki Charles und Andere. Sie erzählten dem Baron das Vorgefallene. Da forderte er sie auf, die Gewehre zu ergreifen und mit ihm nach dem Schiffe zu gehen. Aber Alle weigerten sich und sagten, es seien an tausend Somali dort, und sie würden alle getödtet werden."

„Eine Stunde später kamen die Somali zurück, gingen in das Haus des Barons, ergriffen und banden ihn und führten ihn nach dem Flusse hinab, wo er einen Messerstich in die Brust erhielt und darauf, nachdem ihm der Hals abgeschnitten war, in das Wasser geworfen wurde. Doch Dies habe ich nicht gesehen, denn man hatte mich gefesselt und so geschlagen, daß ich noch jetzt die Spuren davon trage."

„Ueber das Schicksal des Arztes habe ich Folgendes gehört: Gegen Abend kommt er mit Soliman beim Schiffe an, sieht aber keinen Msungu, sondern hört vom anderen Ufer herüber das Klagegeschrei der Somali, welche ihre gefallenen Krieger bestatten. Als die Beiden sich zurückziehen wollen, werden sie eine Schar Somali gewahr, welche mit lautem Geschrei auf sie eindringen; der Doktor wird mit einem Sper erstochen und dann in den Fluß geworfen, Soliman springt in den Fluß und rettet sich durch Schwimmen. Kero, welcher am Sonnabend die Ochsen nach dem Schiff bringen sollte, ist auf der Mitte des Weges ermordet worden." (Nach Anderen lebt er noch und wohnt in Bardēra; s. weiter unten die Darstellung nach Kinzelbachs Verhören.)

Diese Erzählung, sagt Brenner, stimmt im Wesentlichen mit den früheren Aussagen der Neger überein und weicht nur in den Punkten ab, welcher Abdio's verrätherische Handlungsweise betreffen. Sein ganzes Benehmen während dieser Unterredung zeugte gegen ihn. Mehr noch machte er sich dadurch verdächtig, daß er in der folgenden Nacht einen eigenen Boten nach Bardēra abschickte, jedenfalls um seine Freunde dort von allen Vorgängen in Kenntniß zu setzen und sie zu warnen; mit Gewißheit aber erhellt seine Verrätherei aus den Mittheilungen des Negers Hammadi, eines der besten Leute von der Schiffsmannschaft des Welf, welcher am 1. December auf einer Seereise von Makalla zufällig nach der Stadt Brawa kam.

Brenner war nicht wenig überrascht diesen Mann hier zu sehen; denn er hatte ihn, da er nach der Ermordung Deckens nicht nach Sansibar zurückgekommen war, für todt gehalten. Hammadi aber hatte sich mit Baraka nach der Sklavenkolonie Manamfunde begeben und war erst vor Kurzem nach Hindi und Jumbo gekommen, wo er sich als Matrose auf eine Dau vermiethete. Als er bei seiner Ankunft in Brawa die Anwesenheit eines Europäers von der Djuba-Expedition vernahm, suchte er diesen sofort auf, um sich eines Auftrags zu entledigen, welchen ihm der Baron in den letzten Augenblicken gegeben, da die Somali ihn gebunden fortführten. „Wenn Du einst nach Sansibar kommst", hatte sein gefangener Herr ihm geboten, „so gehe zum Konsul Witt oder zum Sultahn und sage, daß Abdio ben Nur unser Unglück veranlaßt hat; kannst Du Dies aber nicht, so sage es einem von den Weißen." Auf den Knieen liegend, betheuerte Hammadi mit thränenden Augen, daß er die Ermordung des Barons mit angesehen habe (? s. unten Kinzelbachs Verhöre), und leistete einen feierlichen Eid, daß er die reine Wahrheit rede. —

Um seinen Aufenthalt in Brawa bestens zu nützen, unternahm Brenner verschiedene Ausflüge in die Umgegend, namentlich nach dem Wobbiflusse, welchen von hier aus unsers Wissens noch kein Europäer besucht hat (s. Bd. III. III, Mémoire von Hassenstein, sowie Geogr. Mittheil. 1867, 302 ff.). In der Nacht vom 7. zum 8. Januar endlich trafen die am 27. November nach Bardēra abgereisten Boten wieder ein. Der Scheich Abdio, ein Verwandter des Abdio ben Nur meldete Brenner ihre Ankunft noch in der Nacht, wußte aber über den Erfolg ihrer Sendung Nichts zu sagen, obwol sie in seinem Hause wohnten; denn bei den Somali gilt es für durchaus ungehörig, Jemand auszufragen, bevor seine Botschaft an den Auftraggeber selbst bestellt hat. Brenner mußte sich also noch eine Weile gedulden.

Am folgenden Tage gegen 10 Uhr Morgens kamen die Scheichs mit großem Gefolge herbei. Als Alle Platz genommen hatten, erschien Rufai mit der Meldung, es seien zwei Leute aus Bardēra da, welche seinen Gast sprechen wollten. Nun erst traten die Boten, welche übrigens mit Jenen zugleich gekommen waren, in Reisetracht und mit Stäben in der Hand in die Versammlung ein. Sie baten, sich setzen zu dürfen, da sie einen weiten Weg zurückgelegt hätten, und blieben stumm, bis sie nach einigen einleitenden Fragen zum Erzählen aufgefordert wurden. Unterwegs mehrere Male von Eläi-Somali aufgehalten, welche mit den Kablalla von Bardēra im Kriege standen, und durch den hohen Wasserstand in den Niederungen des Wobbi sehr gehindert, waren sie erst am fünfzehnten Tage an das Ziel ihrer Reise gelangt. Sie hatten sich zunächst nach dem Dorfe Lala auf dem rechten Ufer des Flusses begeben, wo sie erfuhren, daß Hadschi Ali ben Kero alle befreundeten Somalistämme zusammengerufen habe, sodaß jetzt in und um Bardēra an 10,000 Krieger versammelt seien; mit dieser Macht beabsichtige er einen Hauptschlag gegen die Galla zu führen, zugleich aber hoffe er, auf sie gestützt, dem immer noch gefürchteten Rachegericht von Seiten der Europäer begegnen zu können. Die Mauer der Stadt hätte er in Vertheidigungszustand gesetzt, dagegen wären die Geschütze des Welf auf dem Kampfplatze stehen geblieben, und ein Theil der Einwohner von Lala hätte dort ein Dorf erbaut. Die Gewehre des Welf wären fast alle unbrauchbar und die Munition entweder verpufft oder durch Feuchtigkeit verdorben, sodaß jetzt die Somali wieder wie früher nur Spere, Pfeile und Bogen als Waffen besäßen. Am zweiten Tage nach Ankunft der Boten in Lala wäre Hadschi Ali von ihrem Besuche benachrichtigt worden. Er sei sofort über den Fluß gekommen und habe die erschreckten Leute hart angelassen, warum sie eine Botschaft der Weißen übernommen hätten, und was er davon denken solle, daß die Brawaner sich überhaupt noch mit den Weißen einließen? Ob man denn Krieg haben wolle? Darauf habe er den Ameio kommen lassen und ihm einen Brief diktirt, mit welchem versehen die Boten noch an demselben Tage die Rückreise antreten mußten, nachdem sie vom Sultahn ein Schaf zum Geschenk erhalten hatten. Der Brief lautet nach der Uebersetzung, welche Herr Konsul Dr. Wetzstein in Berlin freundlichst übernahm, folgendermaßen:

Im Namen des allbarmherzigen Gottes!

Lob sei Gott, dem Herrn der Welten! Der Erfolg ist für die Gottesfürchtigen, und die Feindschaft gilt nur den Gewaltthätigen.[1]) Gott segne unsern Herrn, den Propheten Mahammed, und seine Familie und seine Gefährten!

Dieses Schreiben wurde erlassen vom Scheich Mahammed Aden Kero, von Ameio, dem Sohne des Mahammed Kāb, und von allen Gemeindeältesten von Bārdēra an die erlauchte, hohe, edle und treffliche Frau Fürstin Adēle, die Mutter des Nemsāwi (Deutschen, d. i. des Barons); möge sie Gott leiten zur wahren Religion und zum rechten Wege!

Wir haben Dein geehrtes Schreiben erhalten, es gelesen und seinen Inhalt verstanden. Was wir Dir auf die Frage nach Deinem Sohn und seinem Gefährten, dem Arzte, mitzutheilen haben, ist, daß der unabänderliche Urtheilsspruch Gottes an ihnen vollzogen ist. Was Gott über sie verfügt hat, war ihr vorherbestimmtes Schicksal. So bescheide Dich denn dem Gottesurtheil gegenüber! Die Trauer nützt Nichts. Gott schenke Dir eine löbliche Geduld![2])

Was wir aber Dir, Du Beauftragter der Fürstin (d. i. Brenner), der Du Dich in Barâwa aufhältst, auf die Frage nach dem Gallaknaben, welcher im vergangenen Jahre bei ihm war, zu erwiedern haben, ist, daß wir diesen nicht gesehen haben; denn er ist nach einer fernen Gegend gereist, wohin wir unmöglich Nachrichten gelangen lassen können, da wir augenblicklich von jener Seite her heftig bekriegt werden. So viel haben wir Dir zu Deiner Information mitzutheilen.

Diese Schrift wurde nach dem aus Bârdêra geschickten Originale kopirt von dem Schulmeister Berio, dem Sohne des Abdallah, den 29. Schabân des Jahres 1283 der Hedschra (7. Januar 1867).

Dieses bezeugt:

Rufâi, Sohn des Dîra eigenhändig.	Schigo, Sohn des Abdio. Und ich bezeuge es: Der Pilger Abdelkâdir.	Der Scheich Mahmud Sohn des Pilgers Auwês eigenhändig.

Hierzu bemerkt Herr Dr. Wetzstein:

ad 1) Diese Phrase will indirekt sagen, daß der Baron seinen Tod durch gewaltthätige Handlungen verschuldet habe.

ad 2) Mittelst diesen aus Korahnstellen zusammengeflickten Redensarten (s. das gesperrt Gedruckte) suchen die Schreiber jeder Erklärung über die Schandthat auszuweichen.

Diesem Schreiben der Ortsvorsteher (Scheichs) und des Gemeinderaths von Bardēra fehlt das Datum. Die zweite Hälfte desselben ist miserabel stilisirt; überhaupt ist es vom Anfang bis zum Ende unverschämt gehalten und läßt keinerlei Zweifel übrig, daß die Mordthat von dem Gemeindevorstand wenn auch nicht angestiftet, so doch durch passives Verhalten der Thätern gegenüber (s. unten) möglich gemacht worden ist.

In obigem Briefe ist also weder von Auslieferung der Papiere des Barons die Rede, noch von Brenners Besuch in Bardēra, noch erfährt man überhaupt etwas Genaueres daraus. Die Scheichs von Brawa erklärten, daß es unter solchen Umständen für einen Europäer unmöglich sei, nach Ganane zu kommen; er würde schon in den ersten vier Tagereisen angegriffen werden. Der unter den Somali verbreitete Glaube, daß die Weißen ihr Land zu besitzen wünschen, und daß dem ersten nur zu bald die übrigen nachfolgen würden, gestatte auch dem mächtigsten Scheich nicht, die Erlaubniß zu einer solchen Reise zu geben, wenn er nicht in Feindschaft zu allen seinen Landsleuten gerathen wolle. Mit hinlänglicher Kriegsmacht sei die Reise allerdings ausführbar; aber um diese zu gewinnen, würden sicher zweitausend Thaler aufgewendet werden müssen. Diese Nachrichten und den Brief aus Bardēra nahm Herr Ravené, welcher seiner angegriffenen Gesundheit wegen abreisen mußte, am 9. Januar mit nach Sansibar.

Außerdem konnte sich Brenner noch beeidigte Aussagen einiger gerade anwesenden Somali aus Bardēra verschaffen; da sie nichts Neues enthalten und ziemlich ungenau sind, übergehen wir sie indessen. Er beschloß nun, zunächst nach Jumbo zu gehen, wo sich Bücher von der Expedition finden sollten, unter ihnen vielleicht auch Deckens Tagebuch. Die Bedenken der Scheichs beschwichtigte er durch die Erklärung, daß er ein Gelübde gethan habe, an der Mündung des Djuba, wo sein weißer Bruder mit dem kleinen Dampfer zu Grunde ging, ein Gebet zu sprechen Er mußte jedoch seinen Plan aufgeben, weil er erfuhr, daß sich unter den Somali in Jumbo das Gerücht verbreitet habe, er wolle „das auf der Rückreise von Bardēra an der Mündung des Djuba vergrabene viele Geld“ holen. Dafür bot sich ihm eine andere Reisegelegenheit. Er konnte ein kleines Fahrzeug des Scherif Kulatēn in Mukdischa, welches hier einlief, auf zwei Monate miethen und segelte auf demselben am 14. Jan. 1867 südwärts. Vier gänzlich unerfahrene Neger bildeten die Bemannung des zweiundzwanzig Fuß langen Bootes; der Fahrgast selbst mußte Kapitän, Steuermann und Matrose zugleich sein. In einem Tage gelangte er glücklich nach Kap Bissel. Von hier aus wollte er nach Manamsunde gehen, wo Baraka, der Führer der Expedition und Zeuge(?) der letzten Augenblicke des Barons, jetzt seinen Aufenthalt hatte. Von ihm hoffte er, weitere wichtige Aufschlüsse erhalten zu können. Zufällig erfuhr er hier, daß der Häuptling Aurowa der Wadjole-Galla, mit welchem der Baron vor zwei Jahren befreundet worden war, gegenüber Jumbo ein Lager aufgeschlagen habe. Er brach ohne Verzug dorthin auf, freilich gedrückt von der schweren Sorge, daß seine vier Neger sich mit dem Boote entfernen möchten. Er fand freundliche Aufnahme und ging am nächsten Morgen in Begleitung von sechs Galla nach Manamsunde weiter. In der Nähe des Ortes angelangt, brachte er in Erfahrung, daß Baraka jetzt in Hindi weile. Deshalb ging er, immer auf dem Gallaufer, nach Aurowas Lager zurück, und da die Galla sich bereits zum Aufbruche nach dem Süden rüsteten ihm also Nichts weiter nützen konnten, begab er sich wieder nach der Küste. Unterwegs traf er einen ihm bekannten Suaheli, welcher sich gegen gute Belohnung bereit finden ließ, den Baraka zur Stelle zu schaffen. Bei dem Boote war Alles in Ordnung.

Nach einigen Tagen traf Baraka ein. Seine Aussage, welche er später vor dem Konsulate wiederholte und in der Moschee auf den Korahn beschwor, lautet wie folgt:

„Der Sultahn von Bardēra, Mahammed Aden Kero, hat in den Schauri, welche über das Schicksal der beiden Europäer gehalten wurden, zum Guten geredet und den Tod der Europäer nicht gewollt; ich selbst habe gehört, daß er sagte: ‚das Schiff der Weißen ist gebrochen; wir wollen die übrigen Weißen vom Schiffe herbeiholen und dann alle nach Brawa senden.‘ Aber Abdio und Ameio haben mit Wut für Krieg und Tod gestimmt. Unser Herr wurde am 2. Oktober um 3 Uhr Nachmittags ermordet. Um 2 Uhr wurde er in das Haus des Ameio zum Schauri gerufen, und als ich dann mit ihm nach kurzer Zeit in unser Haus zurückkehrte, waren die Gewehre weggenommen. Der Bana Mkuba rief nach Abdio und schickte Hammadi hin zu ihm. Abdio aber ließ antworten, daß er mit den Weißen Nichts zu schaffen habe. Darauf setzte sich unser Herr auf die Kitanda, nahm sein Taschenbuch hervor, riß ein Blatt heraus und schrieb. In diesem Augenblicke war ich und Hammadi im Hause. Nachdem er fertig war mit Schreiben, faltete er das Blatt, steckte es in die linke Tasche und sagte: ‚ich glaube, ich werde sterben müssen; wenn ich ermordet werde, dann sucht diesen Brief (in der Tasche) und gebt ihn Said Madjid, oder Herrn Witt in Sansibar, und sagt ihnen, daß Abdio allein meinen Tod veranlaßt hat.‘ Dieses waren seine letzten Worte.“

Es verursachte unendliche Mühe, den Mann zu bewegen, daß er mit nach Sansibar ging und dort seine Aussagen vor dem Konsul abgab. Endlich gelang es aber doch, und das kleine Boot konnte sich wieder südwärts in Bewegung setzen. In Tula erfuhr Brenner von einem gewissen Ali ben Amedi, daß Dschilo, der Häuptling der Mandogu-Galla am Wubuschiflusse, im Begriffe sei, einen Kriegszug nach dem obern Djuba zu unternehmen. Dieses schien ihm ein außerordentlich günstiger Umstand zu sein; er nahm also Ali, welcher den Eindruck eines ruhigen, wahrheitsliebenden Mannes machte, an Bord seines Bootes und segelte mit ihm nach dem Wubuschi. Am 26. Januar lief er in die breite Mündung des Flusses ein. Nach sechsstündiger Fahrt erreichte er ein Suahelidorf, welches auf einer Höhe am rechten Ufer liegt, den fernsten Punkt, bis zu welchem drei Jahre vorher die Officiere des englischen Kriegsschiffes Lyra gelangten. Diesem Orte gegenüber wohnt eine Abtheilung Wabuni bis drei Tagereisen weit nach Nordwesten. Ali sagte: „alle diese Wabuni sind meine Sklaven"; und er schien Recht zu haben, nach dem unterwürfigen Benehmen der Leute zu urtheilen. Brenner ließ nun durch Ali einen ihrer Häuptlinge rufen und bat ihn, den Sultahn Dschilo zu benachrichten, daß er sobald als möglich hierher kommen möge, da ein weißer Mann ihn zu sprechen wünsche. Weil Dschilo im günstigsten Falle erst in sechs Tagen eintreffen konnte, unternahm Brenner inzwischen einige Ausflüge in die Umgegend, unter Anderm auch eine Fahrt den Wubuschifluß aufwärts, welcher wir die früher mitgetheilten Nachrichten über den Ursprung dieses Flusses verdanken. (Vergl. Geogr. Mitth. 1867, S. 310.)

Sultahn Dschilo, ein junger Mann von fünfundzwanzig Jahren, der Sohn eines unter den Galla weitberühmten Kriegers von gleichem Namen, war der erhaltenen Aufforderung gemäß nach dem Hause Amadis gekommen. Nach stundenlanger Berathung mit Brenner erhob er sich, legte seine Lanze quer vor die Thür und sagte: „gehe über meinen Sper hinweg, und Du bist für immer mein Freund." Nachdem Dieses geschehen, wurde eine Ziege geschlachtet, und Dschilo versprach, seinen weißen Freund nach dessen Rückkehr von Sansibar zu begleiten, wohin er wolle.

Am 9. Februar fuhr Brenner nach der Mündung des Wubuschi zurück. Am 11. traf er in Lamu ein, wo er von dem Agenten des französischen Sansibarhauses auf das Freundlichste aufgenommen wurde; es war sehr still in der Stadt, weil die Soldaten Seid Madjids ausgezogen waren, um Sultahn Simba von Witu zu bekriegen. Längs der Küste hin, über Malindi und Mombas fahrend, gelangte dann der Reisende am 26. Februar, nicht ohne mancherlei Gefahren überstanden zu haben, nach Sansibar. Seine Aufgabe durfte er als gelöst betrachten, nachdem Barakas Aussagen in dem Konsulate niedergelegt waren. Dennoch drängte es ihn, vermittels der am Wubuschi angeknüpften Verbindungen noch einen Versuch zu wagen, bis Bardēra selbst vorzudringen. Er konnte sein Vorhaben nicht in gewünschter Weise ausführen, hatte aber dafür Gelegenheit, uns ein höchst merkwürdiges Gebiet zu erschließen, „das junge Reich Witu und das Land der südlichen Galla" von welchem im nächsten Abschnitte die Rede sein wird. Mitte 1867 traf er wieder in Europa ein.

Kehren wir nun zu Kinzelbach zurück! Er hatte in Sansibar von Seiten des Sultahns sowol wie der Europäer die freundlichste Unterstützung seiner Pläne gefunden und war mit zahlreichen Empfehlungsbriefen an die Hauptpersonen in Brawa und Bardēra versehen worden. Ehe er jedoch die Reise nach dem Norden antrat, verhörte er noch einmal alle in Sansibar anwesenden Neger der ehemaligen Decken'schen Expedition, und zwar ohne die früheren Aussagen (mit Ausnahme einer einzigen) anzusehen, damit sein Urtheil nicht im Voraus beeinflußt würde. Die meisten der Leute bedienten sich bei ihren Erzählungen der Suahelisprache, einzelne erzählten auch in Arabisch, Französisch oder Deutsch; es fand dann, oft durch Vermittelung des Arabischen, eine Uebertragung in das Deutsche, Englische oder Französische statt, in welchen Sprachen die Protokolle vorliegen. Bei den einzelnen Verhören waren außer Hadschi Osman, dem Dolmetscher und Somali-Vertrauensmann Kinzelbachs, auch dieser oder jener der Europäer Sansibars gegenwärtig; namentlich war Père Horner, der Leiter der französischen Mission, sehr bedacht, die mühsame Arbeit Kinzelbachs zu fördern. Aus diesen mit größter Umsicht und Gewissenhaftigkeit geführten Verhandlungen lassen sich manche Ergänzungen unserer bisherigen Kenntniß von den Vorgängen in Bardēra ableiten; wir müssen also näher auf sie eingehen.

Bei der Abreise von Jumbo zählte die Expedition neunundzwanzig farbige Mitglieder und zwar, ihrer verschiedenen Beschäftigung nach:

1) Abdio ben Nur, Somali aus Brawa, 40 bis 50 Jahre alt: Abani (Schutz- oder Geleitsmann).
2) Kero, Mniassa-Sklave des Auwesi aus Tula, 40 Jahre alt: Dolmetscher.
3) Baraka I., freier Mkunti (Galla?) aus Hindi, 40 Jahre alt: Führer, Pilot.
4) Sereng, Araber aus Bagdad (oder Basra?), 30 bis 35 Jahre alt: I. Bootsmann.
5) Mabruk Speke, Mhiao, 35 Jahr alt: II. Steuermann (war mit Speke am Ukerewesee gewesen)
6) Achmed, Araber aus Scheheri in Hadramaut, 30 bis 35 Jahre alt: Matrose
7) Mbaruko, freier Mkunti, 30 Jahre alt: Matrose
8) Soliman, Siguja-Sklave einer Schwester Seid Madjids, 25 Jahre alt: Matrose

(5–8: genossen des Barons besonderes Vertrauen.)

9) Ali, freier Makua, 25 bis 30 Jahre alt: Matrose.
10) Baraka, Mhiao-Sklave, 25 Jahre alt: Matrose.
11) Hammadi, Makua-Sklave, 30 bis 35 Jahre alt: Matrose.
12) Mpati, freier Suaheli, 25 Jahre alt: Matrose.
13) Ferusi, Suaheli-Sklave, 25 Jahre alt: Matrose.
14) Mabruk-Hammisi, freier Mniamesi, 30 Jahre alt: Matrose.
15) Manjusi, freier Mkadīm, 25 Jahre alt: Matrose.
16) Mabruk-Charles, freier Makua, 18 Jahre alt: Matrose.
17) Meier, freier Mihao, 20 Jahre alt: Matrose.
18) Mabruki, freier Makua, 25 bis 30 Jahre alt: I. Heizer.
19) Hammadi gen. Maschīn, freier Mtuamu, 30 Jahre alt: Heizer(?).
20) Hammisi-Maschīn, Mniamesi-Sklave, 35 Jahre alt: Heizer.
21) Ngosi (auch Juma genannt), Mkunti-Sklave, 30 Jahre alt: Heizer.
22) Feredischi, freier Mkunti, 30 Jahre alt: Heizer.
23) Salamini, freier Mhiao, 40 Jahre alt: Heizer.
24) Assalon, Indier von der Malabarküste, 28 Jahre alt: Steward (Diener) des Barons.
25) Saidi, freier Angasijaner, 20 bis 25 Jahre alt: Diener.
26) Faridjallah, freier Makua, 25 Jahre alt: Diener.
27) Saleh, freier Angasijaner, 30 Jahre alt: Aufwärter der Matrosen.
28) Heri, freier Makua, 25 Jahre alt: Koch der Matrosen.
29) Mabruki, der Gallaknabe, 5 bis 8 Jahre alt: Ziegenhirt und Diener.

Hierzu kam noch Baraka II., ein freier Mhiao aus Schonde, welchen der Baron in Wegere (1° nördl. Br.) als Piloten mitnahm; er blieb in Bardēra zurück, als der Welf nach den Stromschnellen weiterfuhr, und trat später nicht wieder handelnd auf.

Von diesen neunundzwanzig Leuten waren sieben, nämlich Abdio, Kero, Baraka I., Speke, Achmed, Mbaruko und Soliman, am 28. September mit dem Baron und Linck in der Gig nach Bardēra gefahren; fünf: Hammisi-Maschīn, Hammadi-Maschīn, Charles, Meier und Ngosi, schwammen bei dem Ueberfall am 1. Oktober an das linke Ufer des Flusses; drei: Saleh, Faridjallah und Manjusi, kamen beim Durchschwimmen des Flusses um (von Krokodilen ergriffen?); vier: Sereng, Ferusi, Feredschi und Mabruk-Hammisi, fuhren mit dem Großboot zum zweiten Male nach der Sandbank und retteten sich beim Angriff der Somali auf verschiedene Weise; einer, der Gallaknabe Mabruki, wurde gefangen fortgeschleppt; von einem, Salamini, ist das Verbleiben nicht sicher festzustellen; acht: Ali, Baraka (Mhiao), Hammadi (Makua), Mpati, Mabruki (Makua), Assalon, Saidi und Heri, entkamen mit Schickh, Brenner, Deppe, Theiß und Bringmann im Großboote nach der Küste.

Drei Todte und einen Gefangenen abgerechnet, bleiben fünfundzwanzig Leute übrig, welche Aussagen abgeben konnten; siebzehn von diesen wurden von Kinzelbach in Sansibar verhört, unter ihnen acht, welche Zeugen der letzten Vorgänge in Bardēra waren: die Mannschaft der Gig und vier der auf das linke Ufer Geschwommenen. Außerdem hatte Brenner Aussagen von Abdio, Hammadi-Maschīn und Baraka beschafft, sodaß damals nur noch fünf Leute unverhört blieben: Kero (soll noch in Bardēra leben), Ferusi (floh nach Hindi), Feredschi (rettete sich mit Sereng nach Mansur unterhalb Bardēra), der verschollene Salimini, und Ali, einer der acht im Großboote Entkommenen. Von diesen fünf aber hatte einer, Feredschi, schon Ende 1865 im Hanseatischen Konsulate zu Sansibar Zeugniß abgelegt.

Wir wollen nun versuchen, der Wahrheit möglichst nahe zu kommen, indem wir die einzelnen Aussagen gruppenweise betrachten.

Von den im Großboote Entkommenen erfahren wir nur Näheres über den Kampf, und auch hierüber sehr wenig. Assalon will von Anfang mit gefeuert haben; Mabruki (Makua), Saidi und Ali erhielten von Herrn von Schickh Waffen, als die Somali nach dem Lager zurückkehrten, um zu plündern. Saidi, Heri und Mpati wurden von den Angreifern gepackt und sollten gleich dem Gallaknaben gefangen fortgeschleppt werden, als sie durch Schüsse befreit wurden, ersterer von Kanter, letzterer von Brenner. In eigentliche Gefahr war nur Hammadi (Makua) gerathen; er erhielt drei Lanzenstiche — am rechten Fuße, am Halse und im Rücken — rächte sich aber, indem er einen seiner Bedränger mit einem schnell aufgerafften Spere niederstach; andere Drei hatte Theiß erschossen.

Eine zweite Gruppe von Zeugen bilden diejenigen, welche mit Sereng im Großboote nach der Sandbank fuhren. Es waren Dies zusammen neun Leute (Sereng, Feredschi, Mabruk-Hammisi, Ferusi, Manjusi, Baraka (Mhiao), Hammadi-Maschīn, Mabruki (Makua) und Meier, bei der zweiten Fahrt aber, welche durch Eroberung des Bootes durch die Somali endigte, nur sechs. Hauptzeuge ist jedenfalls Sereng. Er behauptet, nach der ersten Fahrt an Land gestiegen zu sein und dort mit „Hadschi Ali", dem Sultahn des Dorfes Lala, gesprochen zu haben. Andere seiner Gefährten erzählen von einem „Brawamann", mit welchem Sereng gesprochen habe, einem Vetter Abdio's, also jedenfalls dem Scheich Ameio aus Bardēra; der des Somali kundige Mabruk-Hammisi weiß nur von einem „Somali" überhaupt, doch wäre es in diesem Falle unklar, wie der arabisch sprechende Sereng sich mit ihm verständigt haben sollte. Hadschi Ali also, oder wer es sonst gewesen ist, habe sich mit gehobenem Spere vor Sereng hingestellt und den Stock gefaßt, auf welchen dieser sich stützte. „Was machst Du denn, o Scheich", sagte Sereng betroffen; „ist der Baron mit euch gekommen?" — „„Nein, er kommt morgen."" — „Auch keine Ochsen?" — „„Nein."" — „Aber was wollt ihr denn eigentlich?" — „„Die Galla werden euer Lager überfallen, bringt schnell eure Sachen auf die Moslimseite."" Sereng konnte sich und seinen Stock losreißen und ruderte eiligst zum Lager zurück. Hier richtete er die Botschaft aus und bat, den Leuten Waffen zu geben. Herr von Schickh, der die Furchtsamkeit der Neger kannte, weigerte sich aber Dessen und sagte, die Europäer würden sich schon zu vertheidigen wissen. Als dann Sereng auf Schickhs Geheiß zum zweiten Male hinüberfuhr, um einige der Somali zu holen, blieben Hammadi-Maschīn, Mabruki-Makua und Meier auf dem rechten Ufer zurück. Bei dem Ueberfall des Bootes wurden Sereng und Feredji gefaßt und am linken Ufer des Flusses mit Stricken an Bäume gebunden. (In Serengs früheren Aussagen steht Nichts hiervon.) Es gelang ihnen mit großer Anstrengung nach einigen Tagen(?), sich wieder frei zu machen, indem sie ihre Fesseln durchjuckten. Sie kamen nach mannichfachen Entbehrungen bis Mansur, einer Ortschaft unterhalb Bardēra, und trafen hier später mit den anderen entkommenen Dienern des Barons zusammen. Von den Uebrigen schwamm Baraka nach dem Lager zurück, und Manjusi ertrank unterwegs oder wurde von einem Krokodile gefressen. Hammisi und Ferusi, welch letzterer einen Stich durch die Hand erhalten hatte, retteten sich auf das linke Ufer und flohen dann, ohne Bardēra zu berühren, nach Jumbo, von wo aus sie, nach längerem Aufenthalte in Lamu, am 9. December nach Sansibar gelangten.

Eine dritte Abtheilung der Neger hatte sich bei dem Beginn des Gefechtes in das Wasser gestürzt, um sich durch Schwimmen zu retten. Es war Dieses, wie einer von ihnen angab, ein wohlerwogener Entschluß, welchen sie gefaßt hatten, als sie, nach Ueberbringung der Botschaft vom linken Ufer, keine Waffen zu ihrer Vertheidigung erhielten. Fünf der Schwimmer (Hammis-Maschin, Meier, Charles, Ngosi und Hammadi-Maschin) erreichten, trotz heftiger Strömung und der Krokodile, glücklich das andere Ufer; drei (Saleh, Faridjallah und Manjusi) verschwanden, wie schon erwähnt. Jene kamen eine gute Strecke unterhalb der Sandbank an und sahen noch, ohne von den Somali belästigt zu werden, über eine Stunde lang dem Kampf und der darauffolgenden Plünderung des Lagers zu; was sie und namentlich Charles von hier aus bemerkten, erweitert übrigens unsre Kenntniß von den Vorgängen im Lager nicht wesentlich. Einige von ihnen beabsichtigten anfangs, als sie sahen, daß ihre Herren den Sieg gewonnen hatten, nach dem Lager zurückzuschwimmen; in Anbetracht der Gefahren des Flusses aber zogen sie es schließlich vor, sich geraden Weges nach Bardēra zu begeben. Dort treten sie am Mittag des 2. Oktober wieder als Zeugen auf. Zu ihnen gesellte sich am 3. oder 4. auch Salimini, dessen Erlebnisse unbekannt geblieben sind.

Von den vier Leuten, welche mit dem Baron, Doktor Linck und den Führern Abdio, Baraka und Kero am 28. Morgens in der Gig nach Bardēra gefahren waren, gibt uns der Araber Achmed aus Hadramaut den vollständigsten Bericht; ihm dürfen wir auch, der Klarheit seiner Aussagen wegen, das meiste Zutrauen schenken, zumal der Indier Assalon, eine zuverlässiger, kluger Mensch und Deckens Kammerdiener, ihm das gute Zeugniß gibt, daß er aufrichtig, intelligent und gefühlvoll (homme de coeur) sei. In guter Uebereinstimmung mit seinen Gefährten (Mabruk Speke, Mbaruko und Soliman) gibt Achmed an, daß sie Mittags 12 Uhr, also nach etwa fünfstündiger Fahrt in Bardēra angekommen seien, wo der Baron ein Haus, nicht weit vom Flusse, bezogen habe, von welchem aus man indessen das Wasser nicht habe sehen können. Es ist dieses nach Speke das Haus des Verwandten Abdios, also des Scheich Ameio, gewesen.

Hier blieben der Baron und Linck nebst Abdio und Baraka wohnen (nach Soliman sollen diese zwei nebenan gewohnt haben); die andern schliefen außerhalb, im Hofe. Mbaruko hatte als Wache im Boote zurückbleiben müssen, war aber nach einiger Zeit in das Haus geholt worden, weil Abdio meinte, solche Vorsicht sei überflüssig. Soviel aus den Verhören erhellt, mußten diese vier Leute nach der Ankunft in Bardēra ihre Gewehre und Säbel abgeben; einige von ihnen hatten Getreide zu mahlen, andere blieben zu Diensten des Barons. Am 29. scheinen Verhandlungen wegen des Einkaufs von Lebensmitteln stattgefunden zu haben; auch war der Baron mit Achmed und zwei anderen selbst auf den Markt gegangen d. h. hatte sich in den Häusern nach Vieh und Getreide erkundigt. Mbaruko behauptet, es wären schon an diesem Tage acht Ochsen nach dem Schiffe abgeschickt worden, doch sprechen die anderen Aussagen in Uebereinstimmung mit sonstigen Umständen durchaus dafür, daß Dieses später geschehen sei.

Den 30. Mittags meldete Abdio dem Baron, er habe am Abende zuvor erfahren, daß die Somali das Lager angreifen wollten (Soliman spricht von einem Somali, welcher im Gebüsche neben dem Hause versteckt gewesen und dem Baron die Warnung zugeraunt habe). Auf Deckens Frage, warum er nicht sofort Bericht erstattet, erwiederte Abdio, daß er sich gefürchtet habe. Man suchte nun vergebens, einen Boten zu erlangen, welcher nach dem Schiffe gehen könnte; Abdio, Baraka und Kero weigerten sich in bekannter Feigheit, solchen

Auftrag auszuführen, sodaß der Baron sich genöthigt sah, selbst die Warnung zu überbringen. Gegen vier Uhr Nachmittags brach er mit Linck und den vier Dienern auf, nachdem er Abdio und den beiden Anderen befohlen, das Haus inzwischen zu bewachen. Sie wanderten bis Einbruch der Dunkelheit (es war kein Mondschein) und übernachteten dann im Uferwalde. Am anderen Morgen bat Decken seinen Begleiter, mit Soliman allein weiter zu gehen, und kehrte mit den drei Anderen nach Bardēra zurück, nachdem er ihnen eingeschärft, Nichts davon zu sagen, daß sie nicht bis an das Schiff gekommen wären. Aller Wahrscheinlichkeit nach bestimmte ihn ein Fußleiden zur Umkehr, sowie der Wunsch, möglichst schnell die versprochenen Lebensmittel nach dem Lager zu schicken.

Am 1. Oktober gegen Mittag traf der Baron in Bardēra ein, als Abdio und die beiden Anderen gerade ihre Mahlzeit zu sich nahmen. Zu seiner Verwunderung waren die zurückgelassenen Sachen nicht mehr vorhanden; sie wurden jedoch ohne Weigerung von Abdio (in Begleitung von Speke) aus dem Nachbarhause schnell herbeigebracht. Nun drang der Baron in Abdio, das Schlachtvieh endlich zu beschaffen. Dieser versprach auch, daß es bis zum nächsten Morgen von den Weideplätzen da sein solle. Den 2. früh wurden in kurzer Zeit acht Kühe auf dem Markte erhandelt. Der Baron schrieb noch einen Brief und schickte damit um 9 Uhr den Führer Kero mit einem Somaliführer nach dem Lager. Wie Kinzelbach später in Brawa von Somali aus Bardēra erfuhr, war Kero etwa halbwegs den nach dieser Seite des Ufers entkommenen Negern der Expedition begegnet; diese aber, ungewiß, ob die Nahenden Feinde wären, hatten sich eine Zeit lang verborgen gehalten, bis jene ihnen aus dem Gesichte verschwunden waren. Auf dem weiteren Wege wurde Kero dann von einer Schar der bei dem Ueberfalle betheiligt gewesenen Somali ergriffen und fortgeführt. Einem Gerüchte nach soll er getödtet worden sein, wahrscheinlicher aber ist die Angabe, daß er seinen Feinden, die es ohnehin nur auf die Franken abgesehen hatten, zu entrinnen wußte, oder von ihnen verschont wurde; er soll noch jetzt in Bardēra leben.

An demselben Tage soll, nach Achmed, auch das am Ufer angebunden gewesene Boot vermißt worden sein; anderen Aussagen zufolge wäre Dies aber schon früher geschehen. Wie Dem auch sei, wir folgen hierin Achmed, welcher am ausführlichsten berichtet. Gegen 11 Uhr meldete Abdio, was geschehen war; eine Stunde später ging er mit Mabruk Speke fort, um nach dem Boote zu suchen. Um 1 Uhr holte Abdio die andern Diener des Barons, weil das Boot sich nicht sogleich fand. Er hatte sie in einer unerwarteten Richtung einige Häuser weit geführt, als sie von einem Trupp Somali aufgehalten und in das nahegelegene Haus des „Scheich" (wahrscheinlich Hamadi ben Kero) geführt wurden, wo Charles, Meier und ihre Gefährten sich befanden. Von ihnen vernahm Achmed vom Ueberfall des Lagers und vom Tode Kanters und Trenns. Er wollte dem Baron sofort Nachricht davon geben, Abdio aber erbot sich, Dieses selbst zu thun, und ging nach Kurzem fort. Bald jedoch kam er wieder, um Meier und Charles zu holen, weil der Baron seinem Berichte keinen Glauben schenke. Um 4 Uhr wurden auch die Anderen (Alle?) gerufen. Achmed und Mbaruko erhielten Zutritt, als Charles das Haus verließ. Der Baron erzählte ihnen, Abdio habe ihn fortgelockt unter dem Vorwand, einen Besuch mit ihm machen zu wollen; als er zurückgekommen, wären die Waffen verschwunden gewesen. Jetzt traf auch Speke ein und berichtete, daß er vergeblich nach dem Boote gesucht habe. Er sollte nun mit Abdio (nach Anderen „Ameio") gehen, um die Waffen zu holen, wurde aber von diesem bedeutet, zurückzubleiben, da man den Auftrag allein besorgen könne. Nach einiger Zeit kamen etliche Somali mit den Waffen herbei. Es traten zuerst zwei, dann noch zwei ein; anstatt aber die Gewehre auszuliefern, benutzten sie einen günstigen Augenblick, den Baron zu überwältigen und ihn zu binden, worauf dann noch mehrere von ihnen in die Hütte drangen und den Gefesselten fortführten. Die Diener Deckens versuchten, ihrem Herrn zu Hilfe zu kommen, wurden indessen mit Stöcken zurückgetrieben. Abdio stand theilnahmlos dabei, sei es nun, daß er nicht eingreifen konnte, oder nicht wollte. Der Zug nahm den Weg durch die Stadt nach dem Flusse. Abdio folgte ihm eine Strecke; nach einer Viertelstunde kam er zurück, und bald danach erschienen auch die Somali wieder, welche inzwischen den Baron ermordet hatten. Die Neger wurden, nach Achmed, nicht eingesperrt, sondern blieben die ganze Nacht vor dem Hause stehen, da ihnen verwehrt wurde, einzutreten; erst am folgenden Tage führte Abdio sie in ein anderes Haus. Mbaruko behauptet, daß er und seine Gefährten nach einer Moschee gebracht und dort eingesperrt worden wären.

Hören wir nun, wie Charles die letzten Vorfälle erzählt. Als er mit Meier, Ngosi, Hammis Maschin und Hammadi-Maschin (derselbe, welcher Ende 1867 von Brenner verhört wurde) gegen Mittag in Bardêra ankam, wurden sie von den Somali ergriffen und zum „Sultahn“ (Hammadi ben Kero? — nach früheren Aussagen Mbarukos „in das Haus des Bruders von Hadschi Ali“) geführt, welcher sogleich den Abdio rufen ließ. Dieser, von ihnen befragt, wo der Baron wäre, entfernte sich wieder, um seinem Herrn die Ankunft der fünf Leute zu melden. Anstatt aber Dieses zu thun, bat er den Baron, wie Charles später erfuhr, mit ihm zu einer Unterredung zu gehen, lockte wol auch die Diener unter irgend einem Vorwand von dem Hause fort; währenddessen nun wurden die Waffen von den Somali weggenommen. Erst um drei Uhr kam Abdio zurück und führte die vom Kampfe entronnenen Neger zum Baron. Sie trafen nur Achmed an der Thür. Der Baron war über das Wegnehmen der Gewehre sehr erzürnt und befahl Abdio, sie sofort herbeizuschaffen. Dann ließ er Charles von dem Ueberfall erzählen, richtete viele Fragen an ihn und schrieb Notizen in ein kleines Buch. Hierauf wurde Achmed gerufen und gefragt, weshalb er den Raub der Gewehre zugelassen hätte. Achmed antwortete Nichts. In diesem Augenblicke trat Speke ein mit der Nachricht, daß er das Boot nicht gefunden habe. Er wurde fortgeschickt, um Abdio beim Herschaffen der Gewehre zu helfen, worauf der Baron von Neuem zu schreiben begann. Das Eintreten der zwei und dann nochmals zweier Somali, das Fesseln und Fortführen des Barons wird von Charles ziemlich ebenso erzählt wie von Achmed; für später aber gibt er an, daß er mit sämmtlichen Dienern gebunden und in ein nahes Haus gebracht worden wäre, wo der alte Scheich von Lala (Hadschi Ali?) sich befand. Dann wäre auch Abdio und später die Schar der Mörder zurückgekommen, deren einer die blutbefleckten Beinkleider des Barons, seine Schuhe, Mütze und seinen Ring in Händen hatte; derselbe trat dann mit seiner blutigen Lanze vor den Sultahn und forderte einen der Diener als Sklaven zur Belohnung für den vollbrachten Mord. Der alte Sultahn beschwichtigte ihn jedoch, indem er ihm Baumwollenzeug versprach, und sagte, daß er die Neger sämmtlich nach Brawa schicken wolle.

Etwas abweichend hiervon berichtet Hammis, sie wären sogleich nach ihrer Ankunft um 2 Uhr zum „Emir“ (Hammadi ben Kero?) geführt worden, der sie nicht unfreundlich empfing und ihnen sagte, daß der Baron getödtet wäre(!); dann hätte er sie in eine Moschee bringen lassen, wohin nach einer Stunde Charles, Speke, Achmed und Mbaruko geführt worden wären. Solche Widersprüche dürfen nicht allzusehr auffallen, da die Neger im Allgemeinen nicht gewohnt sind, Geschehenes richtig aufzufassen und in der genauen Reihenfolge der Vorgänge wiederzugeben. Ziehen wir Dies in Rechnung, so erfahren wir aus Hammisis Berichte, daß Charles zum Baron ging, während die Anderen sich in des Emirs Haus begaben, und daß schließlich Alle sich in demselben Hause befanden; ob Das aber am Tage nach dem Ueberfalle oder später geschehen, bleibt ungewiß. Sonst hat Hammisi Nichts gesehen.

Dieser Aussage nähert sich diejenige Meiers einigermaßen, welcher behauptet, mit Charles geradwegs in die Letzterem bekannte Wohnung Deckens gegangen zu sein, während die anderen Drei sich dem „kleinen Sultahn“ (Hammadi ben Kero?) vorgestellt hätten. Auch ihm zufolge saß Achmed vor dem Hause. Meier und Charles traten ein und fanden den Baron allein in seinem Zimmer. (Meier, welcher nicht als besonders zuverlässig gelten kann, erzählt auch von der Wegnahme der Gewehre durch Abdio und „den kleinen Sultahn“, was er doch jedenfalls nicht gesehen hat; er verwechselt offenbar Gehörtes und Selbstgesehenes.) Als der Baron die Nachricht vom Lager erfahren, wäre er mit dem Revolver nach dem Flusse gegangen; Meier aber wäre mit Charles, Achmed und Mbaruko vier Häuser weit in das Haus des „kleinen Sultahns“ geführt worden, wo die Anderen sich schon befanden. Nach dreiviertel Stunden wurden sie Alle von Abdio zu ihrem inzwischen zurückgekehrten Herrn gebracht, dessen Gefangennahme durch die Somali nun erfolgte. Meier sowol wie Charles haben gehört, daß der Baron Geld für seine Freigebung bot, allerdings ohne Erfolg.

Ngosi endlich gibt an, daß die fünf Angekommenen um 12 Uhr sämmtlich in des „Emirs“ Haus gingen. Sie sollten anfänglich getödtet(?) werden, wurden aber nur gefesselt und in die Moschee gebracht. Er behauptet, die Stimme des Barons gehört zu haben, als dieser von den Somali gebunden vorübergeführt wurde; anderen, glaubwürdigeren Zeugen zufolge hat jedoch der Baron unterwegs kein Wort gesprochen. Ngosis verworrener Erzählung nach wären Achmed, Speke und Mbaruko erst um Mitternacht in die Moschee „gekommen“ (gebracht worden?).

Diese sämmtlichen Zeugen versichern, Deckens Ermordung nicht gesehen zu haben, sind jedoch überzeugt, daß dieselbe, wie ihnen die Somali erzählten (außer Abdio selbst, Baraka und Kero, verstand Hammis-Maschin etwas Somali, sowie wol auch mehrere der Somali sich in Suaheli ausdrücken konnten), am Ufer des Flusses stattgefunden hat. Mabruk Speke versichert auf das Bestimmteste, seine gegentheilige, auf S. 342 mitgetheilte Aeußerung beruhe auf einem Mißverständniß oder sei durch Vergeßlichkeit veranlaßt worden. Davon, daß Baraka und Hammadi, die späteren „Augenzeugen“ Brenners, bei der Ermordung zugegen gewesen, spricht keiner der Verhörten.

Es bleibt nun noch übrig, Lincks Schicksal soweit als möglich festzustellen. Wie schon erwähnt, gingen Linck und Soliman am Morgen des 1. Oktobers nach dem Schiffe zu, während Decken mit den drei Anderen nach Bardēra zurückkehrte. Sie wanderten bis 2 Uhr nordwärts weiter und erreichten endlich sehr ermüdet eine Stelle (oberhalb des Welf), von welcher aus sie das Schiff sehen konnten. Was Soliman nun erzählt, läßt mit Bestimmtheit darauf schließen, daß die Europäer bereits das Lager verlassen hatten. Man darf also seine Angabe „um 2 Uhr“, wie überhaupt alle derartigen Angaben der Neger, nicht so genau nehmen, und unbedenklich die Zeit der Ankunft mindestens drei Stunden später setzen; ohnehin findet sich in einem früheren, auch für das Umklammerte giltigen Protokolle „4 Uhr“ als Stunde der Ankunft genannt. Eine Schar bewaffneter Somali kam ihnen dort entgegen. Beide eilten nach dem Flusse; Linck, ein gewandter Schwimmer, sprang hinein (und schwamm stromaufwärts), Soliman rettete sich, durch Waten vermutlich, nach dem Wrack des Welf. Als er sich nach seinem Herrn umsah, entdeckte er keine Spur mehr von ihm, wahrscheinlich weil derselbe bereits weiter oben gelandet war. Auf dem Schiffe selbst befand sich Niemand, dagegen war das Lager noch von Somali erfüllt, welche sich in die vorgefundenen Schätze theilten; sie waren hiermit so eifrig beschäftigt, daß sie nicht Zeit fanden, den ungebetenen Beobachter, welchen sie jedenfalls bemerkt hatten, zu belästigen. Soliman blieb die Nacht über auf dem Wrack und ließ sich am andern Morgen, als er seinen Herrn auch dann nicht bemerkte, auf einem rohen Floß, welches er aus einigen vorgefundenen Bretern zusammenfügte, den Fluß hinabtreiben. Er fuhr die ganze Nacht hindurch bis zum Morgen, stieg dann am linken Ufer ans Land und ging zu Fuße weiter. Die folgende Nacht verbrachte er auf einem Baume, und am 3. Oktober kam er gegen Mittag in Bardēra an. Er wurde gebunden und nach dem schon mehrfach erwähnten Hause (Wohnung des Scheichs, Moschee, nach Anderen auch „Chan“ oder Waarenhaus) gebracht. Hier erfuhr er von seinen Gefährten, daß man den Baron fortgeführt habe, ohne auf sein Anerbieten eines reichen Lösegeldes zu achten; die Somali aber erzählten ihm, daß der Weiße ermordet wäre. Von Linck wußte Niemand Etwas; dieser kam, nach Aussagen der Barderaner, erst am 4. Oktober nach der Stadt und wurde, während er, den Namen des Barons rufend, durch die Straßen lief, von einem jungen Somali ohne Mühe überwältigt und getödtet.

Wenn wir hier im Allgemeinen von „Somali“ sprechen, geschieht Dies ohne Unterscheidung zwischen den Angreifern des Lagers und den Bewohnern von Bardēra: beide sind jedoch, wie sich später herausstellen wird, wahrscheinlich ganz verschiedene Leute gewesen. Unter den Somali also entstand nun die Frage, was mit den gefangenen Dienern des Weißen zu beginnen sei. Einige stimmten dafür, sie als Sklaven zu behalten, standen aber hiervon ab, als sie erfuhren, daß dieselben Glaubensgenossen von ihnen wären. Einer der Zeugen, Soliman, erzählt, Hadschi Ali habe ihre Freilassung nur dadurch bewirkt, daß er bei der Beutetheilung sich die Neger als seinen Antheil ausgebeten habe. Wie Dem auch sei, soviel steht fest, daß einige Tage nach Deckens Ermordung, wahrscheinlich am 8. oder 10. Oktober, nach Eintritt der Nacht die in Bardēra befindlichen Diener des Barons von Abdio und Baraka in südlicher Richtung weiter geführt wurden. Sie erreichten, nachdem sie die Nacht hindurch gelaufen waren, am nächsten Morgen 7 Uhr die Ortschaft Mansur, unterhalb Bardēra am Djubaflusse gelegen. Hier trafen sie Sereng und Feredschi an, welche, wie wir wissen, sich hierher durchgeschlagen hatten, ohne Bardēra zu berühren. Von Hadschi Ali oder seinen Beauftragten mit Nahrungsmitteln versehen, setzten sie gemeinschaftlich die Reise nach der Küste fort. Nach fünfzehn oder sechzehn Tagen beschwerlichen Marsches, während deren sie viel von Durst zu leiden hatten, langten sie in Brawa an. Nur Baraka und Hammadi-Maschin, welche später beide von Brenner verhört wurden, hatten sich unterwegs entfernt, um sich nach Manamsunde zu begeben, wo sie sich noch längere Zeit danach aufhielten; Salimini blieb unweit der Stadt halbverschmachtet liegen. Den in Brawa Angekommenen wurde ihre volle Freiheit gelassen. Speke fand zuerst Gelegenheit, nach Süden weiterzukommen; auf seiner Reise traf er, wie schon erzählt, in Lamu mit Herrn von Schickh und den anderen Europäern zusammen, welche dann mit ihm nach Sansibar zurückkehrten. Von den Uebrigen kamen einige auf Küstenschiffen fort, vier aber, Mbaruko, Hammisi-Maschin, Charles und Meier, wurden von dem englischen Kriegsschiffe Vigilant, Kapitän Latham, welches am 11. November mit einem Sekretär des Sultahns von Sansibar abgefahren war, noch in Brawa angetroffen und ohne Verzug nach Sansibar gebracht. Die Aussagen, welche sie während der Reise dahin sowie im Konsulate zu Sansibar ablegten, wurden mit erster Gelegenheit nach Europa geschickt; sie stimmen im Wesentlichen mit den hier benutzten Ergebnissen derjenigen Verhöre überein, die Kinzelbach ein Jahr später mit der größten Sorgfalt anstellte: was abweichend ist, muß der mangelnden Verstandes- und Gedächtnißbildung der Neger zu Gute gehalten werden.

Jetzt handelt es sich darum, zu erfahren, wer den Ueberfall des Lagers, sowie die Ermordung des Barons und Doktor Lincks veranlaßt hat. Schwerer Verdacht lastet in dieser Beziehung auf Abdio. Erwägt man aber, daß Abdio seit Beginn der Flußfahrt dem Baron fortwährend von der Weiterreise bis Bardēra abgerathen und ihn vor den Bewohnern dieser Stadt als „bösen Leuten“ gewarnt hat, so wird dieser Verdacht schon wesentlich abgeschwächt; denn hätte Abdio die Europäer in eine Falle locken wollen, so wäre dieses Benehmen doch ganz widersinnig gewesen. Ueberdies ist Abdio nach Aussagen Aller, die ihn kennen (darunter auch der damalige hanseatische Konsul in Sansibar, Herr Witt, welcher in vielfacher Geschäftsverbindung mit ihm stand), für durchaus unfähig zur Durchführung eines so weit angelegten Verrathes zu erachten: er ist ein furchtsamer, fast feiger und in vielen Stücken kindisch schwacher Mensch, welcher dieser Eigenschaften wegen zwar sehr schlecht für die Stellung eines Abani oder Geleitsmannes paßt, ebensowenig aber auch zur Entwerfung eines so schändlichen Planes. Desgleichen ist es unwahrscheinlich, daß er Verrath geübt habe, um sich Genugthuung für irgend welche Kränkung seitens seines Herrn zu verschaffen; er war allerdings ziemlich anspruchsvoll und hat während der Reise wol öfters über Zurücksetzung oder ungenügende Würdigung seiner Stellung geklagt, soll aber niemals eine wirkliche Unbill erfahren haben. Wahrscheinlich hätte sich auch zu seiner Ehrenrettung keine Hand erhoben, da er als „Sabb“ (s. S. 320) bei den rassenstolzen echten Somali von Bardēra eine ziemlich untergeordnete Rolle spielte. Die bisher noch nicht erwähnte Thatsache, daß vor der Ankunft in Bardēra die prächtigen Hunde des Barons erkrankten und einer nach dem anderen qualvoll dahin starben, läßt sich auch ohne Verdächtigung Abdios erklären, selbst wenn man es für unmöglich hält, daß die schönen, treuen Thiere dem Stiche giftiger Insekten (den Denderobofliegen oder ähnlichen) erlagen; es kann recht gut einer von den Leuten, sogar Abdio selbst, ihnen Pfeilgift in das Futter gemischt haben, um die ihnen furchtbaren Geschöpfe, die Bringer täglich neuen Entsetzens, aus dem Wege zu schaffen — an einen zu veranstaltenden Ueberfall brauchen die Schuldigen deshalb noch nicht gedacht zu haben.

Auch die Neger der Expedition können nicht die Verräther ihres Herrn gewesen sein. Der Baron war bei seinen Dienern beliebt, weil er zwar streng, aber auch sehr gut gegen sie war; selbst bei denjenigen zwei oder drei, welche wegen Diebstahls eine Züchtigung empfangen hatten oder noch empfangen sollten, überwog Furcht und Achtung vor dem „großen Herrn“ alle etwa aufkeimenden Wiedervergeltungsgelüste. Daß sie ab und zu einen Schlag bekommen würden — aber gewiß eher von den anderen Europäern als vom Baron — wußten sie übrigens, ehe sie ihren Dienst antraten, denn diese „Eigenthümlichkeit“ der Wasungu ist leider an der ganzen Küste bekannt genug. Nie aber hat ein Neger sich wegen solcher Kleinigkeit blutig gerächt — eher würde bei uns in Europa ein Kind seinem Vater einer Züchtigung wegen einen Schabernack anthun! Die ostafrikanischen Schwarzen lassen ihren Herrn zur Stunde der Gefahr im Stiche, dienen auch vielleicht, wenn sie eingeschüchtert oder bestochen sind, seinen Feinden, aber die Gefahr selbst heraufbeschwören werden sie nicht. Daß Jemand von der Mannschaft den Baron aus Eigennutz verrathen habe, ist gleichfalls nicht gut denkbar, da keiner dieser Leute einen Vortheil von dem Unfalle gehabt hat noch auch wahrscheinlicher Weise haben konnte.

Eher wäre es möglich, daß Hammadi ben Kero den Ueberfall aus Rache angestiftet habe, weil der fremde Eindringling die zur Versöhnung gereichte Hand verschmähte. Aus dem weiter unten Gesagten geht indessen mit ziemlicher Wahrscheinlichkeit hervor, daß der Scheich von Bardēra an dem Geschehenen unschuldig ist. Ein Anderes wäre es freilich, wenn der Beleidigte Hadschi Ali, der Häuptling von Lala, gewesen wäre. Aber gerade in diesem Punkte ist Deckens Tagebuch so bestimmt, daß man seiner Darstellung Gewalt anthun müßte, um eine solche Verwechselung möglich erscheinen zu lassen. Doch alles Dies unberücksichtigt gelassen, hätte keiner dieser Beiden die Macht gehabt, seiner Privatrache wegen die Somali zu bewaffnen: durch Habsucht und Raubgier wurden die Angreifer zu der That getrieben, und sie hätten dieselbe sicherlich vollbracht, auch wenn ihr Obmann, der aber Hadschi Ali nicht war, ihnen hätte wehren wollen.

Um den ganzen Hergang klar entwickeln zu können, müssen wir der Erzählung vorgreifen und die Ergebnisse von Kinzelbachs späteren Erkundigungen in Brawa schon jetzt mit in Rechnung bringen.

Auf beiden Ufern des Djubaflusses wohnen in der Breite von Bardēra die gefürchteten Kablallah-Somali (so lautet der Name nach Brenner, Kinzelbach schreibt Kabalahach); sie stehen unter dem Scheich Hassan Achmed, welcher der größte Gelehrte und frömmste Muslim im ganzen Somali- und Suahelilande sein soll. Hassan Achmed ist selbst Kablallah, aber gebürtig aus dem Lande der Ugadin-Somali. Er kann nicht eigentlich Sultahn der Kablallah genannt werden, denn diese unbändigen Beduinen wollen nichts von einer streng-gegliederten Oberherrschaft wissen; wol aber steht er in hohem Ansehen bei ihnen, und sie folgen seinem Rathe. Die Stadt Bardēra (mit Lala) ist eine Republik und wird von Somali aus den verschiedensten Stämmen bewohnt; sie bildet mit den Orten Mansur, Bender und Marda, letzterer oberhalb Bardēra am Djubaflusse gelegen, einen Gemeindeverband, und ihre Bewohner stehen durchaus nicht im Rufe der Gewaltthätigkeit. Ihr oberster Scheich, oder Präsident der Republik wenn man will, ist Mahammed Aden (Adam) Kero, vom Eläistamme, gleichfalls ein frommer Gelehrter; außerhalb der genannten Ortschaften und namentlich im Gebiete der Kablallah ist er ohne Einfluß. Der mehrfach genannte alte Sultahn Hadschi Ali, welcher öfters mit diesem Hammadi ben Kero verwechselt wurde, ist nach Kinzelbach eine durchaus verschiedene Person: er ist der Aelteste des Somalidorfes Lala schräg gegenüber Bardēra.

Die auch von ihren Stammesverwandten gefürchteten Kablallah sollen den Ueberfall des Lagers unter Mitwirkung der nicht minder gefürchteten Borani-Galla ausgeführt haben, mit denen sie damals auf freundschaftlichem Fuße lebten. Nichts war für diesen Schlag von Leuten natürlicher, als daß sie eine so überaus treffliche Gelegenheit sich zu bereichern, wie sie der Schiffbruch des Welf bot, nach Kräften benutzten. Sie kamen wahrscheinlich von Süden herauf und wurden, wie sich annehmen läßt, durch beutelustige Bewohner der Ortschaften Lala und Bardēra verstärkt. Daß auch Hadschi Ali sich unter ihnen befand, ist nicht gerade unmöglich, doch auch nicht sehr wahrscheinlich; keinesfalls aber war Hammadi ben Kero bei den Räubern, da dieser ja nach den Aussagen Aller während des Ueberfalles in Bardēra weilte. Eher wäre eine Betheiligung Ameios denkbar — der arabischsprechende Mann z. B., mit welchem Sereng auf der Sandbank zu thun hatte, könnte ganz gut Ameio gewesen sein — doch enthalten wir uns hierüber des Urtheils, da die Thatsachen eher gegen als für eine Mitschuld Ameios sprechen.

Wenn die Kablallah also die Räuber waren, so erklärt es sich ganz einfach, wie Abdio dem Baron die Nachricht von dem beabsichtigten Ueberfalle geben konnte; und glauben wir späteren Berichten, welche sagen, daß die räuberischen Horden allzu mächtig waren, als daß die Barderaner ihnen hätten entgegen treten können, so erklärt sich auch ferner die Furcht Abdios und der Anderen, den Baron nach dem Schiffe zu begleiten, sowie das unthätige Zusehen des ohnehin nicht besonders einflußreichen Mahammed Aden Kero (Hammadi ben Kero). Soviel steht fest, hätten Decken oder Linck, nachdem sie Abdios Warnung erhalten, kein Hinderniß geachtet, so hätten sie auch die Nachricht noch rechtzeitig in das Lager bringen und den Ueberfall vereiteln können. Daß die beiden Europäer die Sache nicht eifriger betrieben, daß sie z. B. bei Einbruch der Dunkelheit nicht mit Fackellicht weiter marschirten, beweist klar, daß sie es nicht ernst genug mit der gemeldeten Gefahr nahmen: Abdio hatte schon so oft seine Aengstlichkeit bewiesen und so viele alberne Gerüchte hinterbracht, daß man recht gut auch in diese Nachricht Mißtrauen setzen durfte.

Die Angreifer hatten den schlauen Plan gefaßt, die Europäer dadurch zu vereinzeln, daß sie dieselben aufforderten, die Schiffsgüter nach dem andern Ufer zu bringen. Als Dieses nicht gelang, wußten sie trotzdem ihr Vorhaben auszuführen und die Insassen des Lagers so zu überraschen, daß kaum an eine Vertheidigung gedacht werden konnte. Noch aufgeregt von dem Morden und Plündern und erbittert über den Verlust so vieler tapferer Stammesgenossen, eilten sie dann nach Bardêra, wo sie den Baron ergriffen und zum Tode führten. Sie verweilten noch einige Tage in der Stadt und erhielten dadurch Gelegenheit, auch den vom Schiffe zurückkommenden Linck zu ermorden. Ihre Raublust war nun befriedigt, ihr Rachedurst gekühlt, und sie zogen wieder nach den Orten, von denen sie gekommen waren, um sich in Ruhe der Beute zu erfreuen.

So wenigstens lautet die Erklärung verschiedener unbetheiligter Somali, welche Kinzelbach über die Veranlassung zur Ermordung Deckens vernahm. Was hiervon wahr ist oder nicht, vermögen wir nicht zu entscheiden; wir wollten indessen diese Erklärung nicht übergehen, da von vielen Seiten bereits so Schlimmes gegen Abdio und die Bewohner von Bardêra vorgebracht worden ist. Die volle Wahrheit werden wir wol nie erfahren; daher bleibe es dem Einzelnen überlassen, sich das Wahrscheinlichste aus dem Gemeldeten zu entnehmen.

Es liegt uns jetzt nur noch ob, zu erzählen, auf welche Weise die Berichterstatter Kinzelbachs das Verhalten Abdios während und nach diesen Vorgängen zu erklären suchten. Sie behaupteten, Abdio und Mahammed Aden Kero hätten Furcht vor dem aufbrausenden Zorne des Barons gehabt, als die Unglücksbotschaft von den entronnenen Dienern nach Bardêra gebracht worden, deshalb sich vor Allem der Waffen Deckens versichern wollen, da ihr Besucher, welcher die Verhältnisse nicht kannte, ihnen offenbar die Schuld an Vorgängen, welche sie doch nicht verhindern konnten, zuschieben mußte. Daß der Baron, hätte er bei Empfang jener Nachricht seine Waffen noch gehabt, die seiner Ansicht nach am meisten Betheiligten ohne Weiteres gestraft und den Tod seiner treuen Begleiter gerächt haben würde, ist allerdings nicht undenkbar. Abdio und Genossen mußten sich der Person Deckens aber auch deswegen versichern, weil dieser, wenn er entronnen wäre, jedenfalls ein blutiges Rachegericht über die Stadt heraufbeschworen hätte: kannten sie doch seine Thatkraft und wußten sie doch, daß dieser Mann vor Nichts zurückschrecken würde, um seinen Zweck zu erreichen. Mit der Festnahme Deckens bezweckten sie ferner, ihren Besucher vor der Rache der jede Stunde zurückerwarteten Kablallah sicher zu stellen; sie wollten ihn dann solange festhalten, bis er, zu ruhigerer Ansicht gekommen, ihnen eidlich gelobt hätte, ihre Stadt in Frieden zu lassen. Ihr Vorhaben wurde jedoch vereitelt — die Kablallah kamen dazu und führten den Baron hinweg, ohne daß man sich ihnen zu widersetzen gewagt hätte.

Noch von einem Verdachte ist Abdio zu reinigen: er hat auf der Rückreise nach Brawa, nach den übereinstimmenden Aussagen Aller, einen sehr schweren Kübel bei sich gehabt, welcher unter seiner und Barakas steter Aufsicht von zwei Mann getragen wurde. In diesem Kübel befand sich unter einer oberflächlichen Schicht von Mais ohne allen Zweifel das Geld (500 oder 800 Thaler), welches Decken mit nach Bardêra genommen hatte. Daraus jedoch, daß Abdio das Geld an sich brachte, folgt noch nicht mit Gewißheit, daß er den Verrath angestiftet, oder Deckens Ermordung veranlaßt, oder überhaupt einen Antheil an der ganzen Unthat gehabt hat; denn er kann ebensogut dieses Geld, welches sich in seines Verwandten, Ameio, Hause befand, ohne Wissen der Anderen mitgenommen haben, sodaß er also nicht seinen Herrn bestohlen, sondern nur die Räuber um einen Theil der Beute betrogen hätte. Unrecht bleibt es freilich, daß er dieses Geld nicht an das Konsulat zu Sansibar auslieferte. Allein wir erfahren, daß er vor seiner Abreise mit dem Baron von Schulden gedrückt war, von denen er sich mit Hilfe dieses Schatzes leicht befreien konnte; wir brauchen also gar nicht einmal die Verschiedenheit der Somaliansichten über Recht und Eigenthum in Rechnung zu ziehen, um es erklärlich zu finden, daß Abdio jenes Geld ohne weiteres Bedenken zu seinem Nutzen verwandte: hatte er doch infolge der ihm von allem Anfange verleideten Expedition so manches Ungemach ertragen, so manche Sorge auf sich nehmen müssen, für welche Niemand ihn entschädigen konnte.

Selbstverständlich ist durch dieses Alles Abdios Unschuld nicht bewiesen, allein auch seine Schuld steht nicht so unbestreitbar da, daß man seine Auslieferung, oder seine Bestrafung an Ort und Stelle, verlangen könnte. Hätte man indessen Abdio auch wirklich vor ein europäisches Gericht stellen können, so würde er wahrscheinlich „wegen Mangels an Beweisgründen" freigesprochen worden sein.

Kinzelbach hatte seine Verhöre und Erkundigungen längst beendet, als der Südwind einzusetzen begann, der ihn nach Brawa führen sollte. Er war aufs Beste versehen mit Empfehlungen aller einflußreichen Personen in Sansibar. Außerdem hatte er, Dank den Bemühungen des damaligen preußischen Konsuls Brugsch in Kairo und der französischen Konsuln in Suez und Dschidda, drei Schreiben des Großscherifs von Mekka an alle Somalifürsten, an den Kablallahfürsten Hadschi Ali (ben Kero?) und an Abdio, sowie zwei Briefe des Statthalters von Hedschas an sämmtliche in jenen Gegenden ansäßigen Araber erhalten, denen theils das Unternehmen Kinzelbachs aufs Angelegentlichste zur Unterstützung empfohlen, theils dringend zugeredet wurde, die Wahrheit über Deckens Schicksal zu sagen. Kinzelbach ließ sich durch die bisher bekannt gewordenen Aussagen über das traurige Ende von der Deckens und Lincks nicht in der Annahme beirren, daß doch vielleicht noch einer der beiden Unglücklichen am Leben sein könne, und mit dem festen Vorsatze, sein Möglichstes zur Aufklärung ihres Schicksals zu thun, reiste er voll Gottvertrauen in einem Küstenfahrzeuge ab. Er langte am 26. April in Brawa an und fand freundliche Aufnahme bei den Aeltesten der Stadt. Von Brawa aus gedachte er, vielleicht mit Hilfe Achmed Jussufs von Geledi, nach Barděra oder Ganane gelangen zu können, um an Ort und Stelle alles Wünschenswerthe zu erfahren.

Auch er traf mit Abdio ben Nur zusammen und benutzte diese Gelegenheit, von ihm nochmals eidlich bekräftigte Aussagen über Das, was er seiner Zeit in Barděra gesehen, zu erlangen. Es erhellt aus diesen Aussagen von Neuem, daß weder Abdio, noch einer der Diener, noch irgend ein Bürger aus Barděra bei der Ermordung des Barons zugegen war. Wie es aber dabei zugegangen, erfahren wir durch Scheich Mahammed (oder Achmed) Adda, den Wasir des Mahammed Aden Kero, welchem die Mörder es erzählt hatten:

„Der Baron habe am Ufer des Djubaflusses, nahe dem Tränkplatze oberhalb der Stadt, einen Lanzenstich in das Herz und einen Messerschnitt quer über den Unterleib erhalten und sei sofort verschieden; der Eläi Mahammed Gurre aus Rachwěn handhabte das Messer, der Eläi Mahammed Hassano die Lanze; beide Thäter sind an Kablallahweiber verheirathet und in deren Stamme eingebürgert." Die Kablallah ließen ihn liegen, nachdem sie ihn seiner Kleider und Werthsachen beraubt hatten. Hier sahen ihn nach dem Abendgebete Scheich Adda und andere Barderaner, mit zwei tiefen Wunden in Brust und Leib; sie und einige von der Schar der Mörder begruben den Leichnam im Flusse und sahen noch, wie er im Wasser verschwand. Linck wurde von denselben Kablallah am 3. oder 4. Oktober vor dem Hauptthore der Stadt getödtet.

Die anderen Ergebnisse von Kinzelbachs Verhandlungen in Brawa haben wir schon oben (S. 320 und 365) mitgetheilt. Zu bemerken ist nur noch, daß nach Addas bestimmter Versicherung im ganzen Somalilande kein Europäer in Gefangenschaft leben soll.

Kinzelbachs Abreise wurde monatelang durch die abscheulichsten Lügen und Ränke verzögert. Erst am 11. November gelangte er nach Merka, nachdem er zu der Ueberzeugung gekommen war, daß die Bewohner von Brawa die größten Lügner seien, denen man kaum in irgend Etwas trauen könne. Er war auch mehrfach bestohlen und beschwindelt worden. Tiefer als Alles aber betrübte ihn, daß auch sein vermeintlich so treuer Diener Hadschi Osman ihn niederträchtig betrogen hatte (67). Einen Monat später endlich kam er wirklich nach Geledi, (oder Sigala im Geledilande), der Hauptstadt des Sultahns Achmed Jussuf, von wo aus die längst versprochene und so vielfach verhandelte Reise nach Bardēra, auf welche er so viel Hoffnung gesetzt hatte, beginnen sollte. Aber noch ehe er hierzu vorbereitet war, starb er im Hause des Sultahns: er starb an gebrochenem Herzen, wie man wohl annehmen darf, aus Gram darüber, daß er, trotz seiner treuesten Hingabe an die ihm anvertraute Sache, so wenig ausrichten konnte. Einige behaupten, er sei vergiftet worden; für solche Beschuldigung ist jedoch, nach Brenner, kein rechter Grund vorhanden. Achmed Jussuf ist als ein durchaus anständiger Mann bekannt und den Europäern wohlgeneigt, auch hat er dadurch, daß er den Leichnam seines Gastes nach Mukdischa bringen und dort am Meeresstrande begraben ließ, jeden Verdacht von sich entfernt. Brenner wollte auf seiner Rückreise das Grab Kinzelbachs besuchen, allein widrige Winde verwehrten ein Anlegen in den unsichern Häfen des Somalilandes.

So war denn den vielen Opfern ein neues hinzugefügt. Möge es das letzte gewesen sein, und möge Deutschland nun beginnen, praktischen Nutzen zu ziehen, wo seine Forscher so lange und schwer sich mühten!

Anhang.

Das Land Witu und die südlichen Galla.

Sultahn Simba, der Wohlthäter der südlichen Galla. — Geschichte der Heimat Simbas. — Natürliche Vortheile des Landes Witu. — v. d. Decken über die südlichen Galla. — Aeußeres, Lebensweise und Sitten der Galla nach Wakefield und Brenner. — Was den Ostafrikanern noth thut.

Wir würden uns einer Unterlassungssünde schuldig machen, wollten wir nicht zum Schlusse noch dem Lande der südlichen Galla, welches wir hauptsächlich durch Brenners Reisen im Jahre 1867 kennen lernten, einige Aufmerksamkeit widmen. Dieses Land verdient unsere Beachtung in hohem Grade, nicht nur wegen der Mannichfaltigkeit seiner Erzeugnisse, sondern namentlich auch deshalb, weil es von einem Volke bewohnt wird, welches durch seine körperlichen und geistigen Anlagen sich in vortheilhafter Weise von allen seinen Nachbarn unterscheidet und der Hoffnung auf eine reiche Entwicklung Raum gibt. Krapf hob zuerst die guten Eigenschaften der Galla rühmend hervor, mit denen er auf seinen Reisen in Abyssinien sowie im mittleren Ostafrika näher bekannt worden war; später fand auch der englische Missionär Wakefield bei seinen Ausflügen, daß die südlichen Galla durchaus nicht so schlimm wären, als sie bei uns, namentlich aber bei den Mahammedanern jener Küste, verschrieen sind. Brenner endlich, welcher das Land wol am genauesten kennt, wies durch seine Berichte auf das Ueberzeugendste nach, daß die Galla ein wohlbefähigtes und gutgeartetes Volk sind, welches seinen früheren schlechten Ruf hauptsächlich den Arabern der Küsten verdankt, mit denen es in wohlbegründeter Feindschaft lebt; ein von ihm mitgebrachter Gallaknabe setzte durch seine Fassungsgabe, natürliche Verstandesschärfe und Bildungsfähigkeit, durch sein Ehrgefühl und sein musterhaftes Benehmen Alle, die ihn kennen lernten, in Verwunderung.

Nach den uns vorliegenden dürftigen Nachrichten müssen wir annehmen, daß die Galla früher das jetzige Somaliland bis hinüber nach Abyssinien inne gehabt haben. Durch Ansiedlung und Ausbreitung der arabischen Familien, aus denen das Somalivolk sich bildete, wurden sie nach Süden und Westen verdrängt, und jetzt nehmen sie das Gebiet zwischen dem Djubaflusse und 35° östl. Länge von Greenwich, von den Abhängen des abyssinischen Hochlandes und von Herrär bis herab nach Malindi ein. Ein Volk, welches unter so verschiedenen Breitengraden über eine so große Strecke verbreitet ist, zeigt natürlich nicht geringe Verschiedenheiten im Aeußern und in der Lebensweise; in der Hauptsache jedoch kommen die nördlichen und südlichen Galla, zwischen denen man hauptsächlich unterscheiden muß, überein: sie sprechen dieselbe, an den äußersten Grenzen des Gebietes fast gleich verständliche Sprache und sind Nomaden ohne feste Wohnsitze, ausgenommen einige Stämme im Norden und die Bewohner des uns zunächst angehenden Landes Witu.

Um zu erfahren, wie es zuging, daß die vormals unsteten Hirten sich zum Leben des Ackerbauers bequemten, müssen wir auf die Geschichte der Wituinseln (Lamu, Pata u. s. w.) zurückkommen; denn von diesen Stätten alter Gesittung kam der Mann ins Land, dessen weiser Umsicht und Thatkraft das Unmöglichscheinende gelang: Sultahn Simba d. i. „der Löwe". Simba stammt aus einer Familie, welche, gleich den Msara von Mombas, mit erstaunlicher Ausdauer gegen jede Fremdherrschaft ankämpfte und nur durch Mangel an festem Zusammenhalten endlich den Arabern erlag. Aber während die Msara, freilich hart mitgenommen von der Rache des Sultahns von Sansibar, sich endlich in die verhaßten neuen Verhältnisse fügten, verließ der letzte der Herrscher von Pata, eben unser Simba, in edlem Stolze das Land seiner Väter, um sich in dem freien Binnenlande ein neues Reich zu gründen. Und dieses Reich ward nicht durch Gewalt errichtet und zusammengehalten — es kam durch Einführung eines ganz neuen Grundsatzes zur Blüte: der Sultahn bemühte sich, so unerhört Dies auch in mahammedanischen Ländern ist, in ernster Weise um das Wohlergehen seiner neuen Unterthanen, erklärte aus eigenem Antrieb die Sklaverei für aufgehoben und gewährte Allen den gleichen Schutz der Person und des Eigenthums! Kein Wunder, daß die Unterdrückten, Verstoßenen und Unglücklichen von allen Seiten herbeieilten, um sich unter Simbas Scepter fortan eines ruhigen Lebensgenusses zu erfreuen. War doch Simba zugleich Verkünder und Vollstrecker einer himmlischen Botschaft, welche die Völker jenes Gebietes einem neuen, besseren Dasein entgegenführen mußte.

Ueber die frühesten Vorgänge auf den Wituinseln gibt unsere „Tabellarische Uebersicht der Geschichte Ostafrikas" in Band III., III. des Decken'schen Reisewerkes genügende Auskunft; an dieser Stelle ist uns nur Das wichtig, was sich nach Vertreibung der Portugiesen aus den Inseln und Küstenstrichen nordwärts vom Kap Delgado zutrug. Ehrgeizige Ränke, Kämpfe um die Oberherrschaft und gegen die von der anderen Partei herbeigerufenen Fremden sind die Hauptzüge dieses Geschichtsbildes, bei dessen näherer Betrachtung man sich in die Lager der nordischen Guelfen und Ghibellinen versetzt glaubt.

An die Stelle der Portugiesen, vorläufig nur als Beschützer oder Oberherren der kleinen Fürsten Ostafrikas und als Vermittler bei deren Streitigkeiten, waren die Araber von Omahn getreten. Unter ihre Herrschaft gerieth Pata zuerst im Jahre 1698, als Sif ben Sultahn ben Sif ben Malek Fürst von Maskat war. Damals herrschte auf Pata Bana (Herr) oder Fumo Schah Ali; ihm zur Seite als Statthalter wurde ein Araber aus der Familie der Nebehän gesetzt. Dieser heirathete eine Verwandte des Sultahns und wußte seinen aus dieser Ehe entsprossenen Sohn nach Schah Alis Tode unter dem Namen Bana Tamu Mku an das Ruder zu bringen. Wahrscheinlich machte sich Pata auch unabhängig von Maskat; denn bald darauf finden wir die Insel wieder als selbständigen Staat genannt. Tamus Sohn, Fumo Bakari, welcher im Jahre 1733(?) nachfolgte, gebot nicht nur über Lamu und Manda, sondern auch über die ganze Küste zwischen Kilesi in 3° 40' südlicher Breite und dem Djubafluß, sowie über die Insel Pemba. Das kleine Reich hielt sich lange Zeit unabhängig, während Kiloa, Sansibar und Merka sich Achmed ben Said, dem mächtigen Imahm von Maskat, unterworfen hatten. Eine gefährliche Nachbarschaft hatte es in Mombas, wo Mahammed ben Osman, der arabische Statthalter, sich gleichfalls zum unabhängigen Herrscher erklärt hatte. Der Streit begann damit, daß unter Bakaris Nachfolger Fumo Omar, welcher im Namen der Muana Mimi, der Tochter von Bana Tamu, regierte, die Insel Pemba sich an Mombas anschloß, wohin sie durch ihre Lage ohnedies mehr als nach Pata gehörte. Pata verlor sogar für einige Zeit seine Selbständigkeit an Mombas, machte sich jedoch 1794 unter dem neuen Herrscher Fumo Ammadi wieder frei. Als dann im Jahre 1785 die Mjara sich dem Imahm Said ben Achmed unterwarfen, sah sich Pata 17$\frac{86}{87}$ gleichfalls genöthigt, die Herrschaft der Araber zu dulden, welche nun an der ganzen Küste vom Somalilande bis hinab zum Kap Delgado als Herren galten.

Als im Jahre 1806 Seid Said, der eigentliche Begründer der arabischen Machtstellung an der Küste von Ostafrika, zur Herrschaft gelangte, fand Fumo Ammadi gleich den Mjara von Mombas es gerathen, auch dessen Oberhoheit anzuerkennen. Hierdurch war der Insel Pata die Ruhe nur für kurze Zeit gesichert; denn schon im nächsten Jahre starb Fumo Ammadi, und es entstanden, wie das hier fast selbstverständlich war, lange Erbfolgestreitigkeiten, zu deren Schlichtung endlich die Hilfe von Mombas angerufen wurde. Man kämpfte viele Jahre hindurch mit wechselndem Erfolge, zuletzt auch auf der Insel Lamu, deren unglückliche Bewohner Schutz bei Seid Said von Maskat suchten. Der schlaue Said beutete die Sache zu seinem Vortheil aus und ließ 1811 in Lamu ein Fort errichten, dasselbe, welches jetzt noch steht.

Bald danach wurde Pata wiederum in Unruhen verwickelt. Bana Kombo ben Scheikh, ein Enkel Fumo Ammadis, hatte gegen seinen Nebenbuhler Wisir die Hilfe von Mombas angerufen und auch erhalten; dieser aber wendete sich zur Erlangung seines Rechtes nach Maskat. Erst Ende 1822 sandte Seid Said unter Emir Hammed eine Flotte aus, welche die Mombasianer unter dem tapfern Mabruk, dem Bruder Abdallah ben Achmeds, von Pata vertrieb und Wisir als Statthalter einsetzte. 18$\frac{34}{35}$ entbrannte nochmals der Kampf auf Pata, und wiederum wurden die Parteien von Mombas und Maskat-Sansibar unterstützt. Im Verlaufe desselben fiel Bana Wisir von Mörderhand, und Fumo Bakari, ein Sohn Bana Scheikhs, wurde von Seid Said zum Statthalter ernannt. Der übermächtige Sultahn scheint jedoch auf die Dauer nicht viel ausgerichtet zu haben; noch 1837 währten die Unruhen fort, und 1843, als Krapf hier vorüberfuhr, lag wiederum eine Sansibar-Flotte vor Pata.

Selbst in dem befestigten Lamu fehlte es nicht an unzufriedenen Geistern; denn als 1850 des Sultahns Sohn Seid Hilali, welcher sich am Hofe zu Sansibar in vielen Stücken hintangesetzt fühlte, nach Lamu kam, nahmen ihn die Einwohner mit Jubel auf und versprachen sogar, wie auch die Bewohner der anderen Inselstädte, seine Sache zu der ihrigen zu machen; sie vertrieben auf eigene Faust die Besatzung des Forts und bemächtigten sich des Zollhauses. Seid Hilali, welcher mit allem Diesen nicht recht einverstanden war und es nicht mit seinem Gewissen vereinigen konnte, gegen seinen Vater zu kämpfen, schickte einen Brief nach Sansibar, um sein Verhalten bei diesen Vorfällen in das richtige Licht zu setzen; dann begab er sich auf die Pilgerschaft nach Mekka, starb jedoch schon unterwegs in Aden im Juli 1851. Seid Said, welcher inzwischen in Maskat beschäftigt gewesen war, konnte erst 1853 die Ordnung in Lamu wiederherstellen.

Schon 1855 war Seid Said wieder in Feindseligkeiten mit Pata verwickelt, wo seit dem Jahre 1840 Scheich Mahammadi, genannt Fumo Aloti regierte. Der Krieg zog sich mehrere Jahre hin, ohne daß der Sultahn wesentliche Erfolge errang, und wurde nur dadurch beendigt, daß Mahammadis Sohn — der jetzt Simba genannte Herrscher von Witu — mit allen seinen Anhängern die Insel verließ. Zwar erfuhr Simba auch auf dem Festlande noch Angriffe von Seiten der Araber; er schlug sie aber mit Hilfe der Galla dermaßen zurück und befestigte seine Herrschaft so, daß er jetzt wol für immer vor seinen alten Bedrängern gesichert sein wird. Gänzlich hat er übrigens die Araber nicht vom Festlande hier vertreiben können; denn, wenn wir nicht irren, befindet sich auch jetzt noch das Fort von Kau, welches früher zu Pata gehörte, in den Händen des Sultahns von Sansibar; auch die Stadt Tscharra am Osi steht noch einigermaßen unter arabischem Einfluß, und in der Nähe der Küste müssen die Galla fortwährend vor Angriffen der Araber auf ihrer Hut sein. Selbstverständlich wäre es einem so einsichtigen Manne wie Simba sehr erwünscht, auch die Küste frei zu haben. Er hat zu diesem Behufe schon verschiedene Schritte gethan, unter Anderen auch (allein vergeblich) sich durch Brenners Vermittelung um den Schutz der preußischen Regierung beworben. Es ist nicht zu bezweifeln, daß das Land Witu dereinst aus seiner Abgeschlossenheit heraustreten und aufhören wird, ein Binnenland zu sein; immerhin aber wird dies noch einige Zeit dauern.

Das Land der südlichen Galla ist nach Brenner das bestbebaute und fruchtbarste, welches er auf seinen Reisen gesehen. Auch Wakefield rühmt mit warmen Worten die Schönheit des reichen Binnengebietes der Formosa-Bai und sein gesundes Klima. Drei größere Flüsse, der Sabaki, Dana und Osi, versehen Witu mit befruchtender Feuchtigkeit und erleichtern die Abfuhr der Erzeugnisse des Bodenbaues; die weite Bai aber, in welche sie münden, ist der Hafen für diejenigen Schiffe, welche späterhin ohne Vermittelung von Arabern oder Indiern in Handelsbeziehungen zu den Galla treten werden. Näheres über das Land selbst zu sagen, ist hier nicht der Platz, weil Petermanns Geographische Mittheilungen (1868 Heft X. u. XV.) bereits zwei lange Aufsätze über dasselbe gebracht haben, und weil wir nach Brenners glücklicher Rückkehr von seiner dritten Reise nach Ostafrika, vielleicht schon im nächsten Jahre, einen noch ausführlicheren Bericht zu erwarten haben werden. Ueber die Bewohner von Witu hingegen seien einige kurze Bemerkungen gestattet.

Decken selbst war schon im Jahre 1861 bei Gelegenheit einer Fahrt nach Takaungu und Malindi (68) mit den Galla in Berührung gekommen. Die als so wild verrufenen Leute lachten und scherzten munter im Umgange mit den Reisenden und machten auch sonst in ihrem Auftreten einen günstigen Eindruck. Von riesigem Wuchse und schlank gebaut, waren sie Urbilder von männlicher Kraft. Ihre Haut war ziemlich dunkel, ihr Bartwuchs stärker als bei anderen Afrikanern. Als einzige Bedeckung trugen sie ein langes Stück grobes Zeug von Kamel- oder Ziegenhaarstoff, welches auf verschiedene Art um den Körper geschlungen war; ein Halsband und ein Fingerring bildeten ihren einzigen Schmuck. Zur weiteren Ausstattung gehörte ferner eine kleine, sehr sauber aus Baumfasern geflochtene Wasserflasche, eine lange Lanze mit sehr breiter Eisenspitze und ein kurzes, breites, vorn zugespitztes Messer, welches unter Anderem auch zum Entmannen getödteter Feinde dienen soll.

Ausführlicher beschreibt Wakefield das Aeußere der Galla. Die Häuptlinge, sagt er, tragen bunte Baumwollentücher, welche von den Hüften bis zu den Knieen reichen, aber nicht, wie bei den Suaheli, einfach durch Unterstecken, sondern mittels eines weichen Gürtels von baumwollenem Stoffe zusammengehalten werden. Als zweites Kleid hängen sie über die Schultern ein großes Stück Zeug in Gestalt eines Mantels oder einer Toga, welches in anmutigem Faltenwurf bis über den Schurz herabfällt. Von Zierrathen machen die Galla einen starken Gebrauch. Am häufigsten sieht man einen massiven Elfenbeinring am rechten Arme, über dem Ellbogen. Ein anderer Armschmuck, bestehend aus zwei Stücken Leder, breit in der Mitte, aber nach den Enden sich verjüngend und mit Messingdraht zusammengebunden, wird nur von den Häuptlingen und ihren ersten Beamten getragen. In Chaffa tragen die höheren Beamten Ringe von Eisen- oder anderem Draht in großer Anzahl am rechten Arme. Perlhalsbänder sind sehr beliebt, namentlich solche aus Messing- oder Eisenperlen, welche auf einen Drahtring gereiht sind. Von Glasperlen sieht man hauptsächlich die kleinen, feinen, rothen, die sogenannten Samsam. Beim Schlafengehen legt der Galla seinen Gürtel ab, wickelt ihn um die Scheide seines Messers, welches stets darin befestigt ist, und benutzt die so gebildete Rolle als „Kopfkissen“. Muß er im Freien auf bloßer Erde schlafen, so hüllt er sich in seine weite Toga vollständig ein, selbst Kopf und Gesicht mit, zum Schutz gegen die lästigen Mücken. Obwol die Galla sehr kriegerisch sind, führen sie keine anderen Waffen als Spere und Schilde; Schießgewehre trifft man nur im Norden in geringer Anzahl. Die Klinge des oft sieben Fuß langen Speres, welcher niemals zum Werfen dient, ist breit, aber ziemlich kurz. Kein Galla verläßt ohne diese Waffe seine Wohnung. Schilde werden nur in Kriegszeiten geführt; sie sind etwa anderthalb Fuß im Durchmesser, kreisrund, mit Büffelhaut überzogen und mit Röthel bemalt. Eine nicht ungewöhnliche Waffe ist ferner die Streitkeule, welche bei verschiedenen ostafrikanischen Völkerschaften, namentlich auch bei den Masai, zu finden ist. Ein Messer im Gürtel vervollständigt die Ausrüstung.

Wir sehen, daß die tapferen Galla nur mit Nah-Waffen versehen sind; Bogen und Pfeile werden nur von Kindern, und zwar mehr als Spielzeug denn als Waffe, benutzt.

Dschilo Waré Feifomaka
vom Stamme der Jmomatta-Galla am oberen Dana.

Nach Brenner führen die Galla auch an Daumen und kleinem Finger der rechten Hand eiserne Streitringe mit halbzölligen Stacheln. Sie werden im Handgemenge, der beliebtesten Kampfweise, mit großem Geschicke gebraucht. Ein wohlgezielter Schlag mit dieser furchtbaren Handbekleidung ist fast immer tödtlich. Auch beim Kriegstanz kommt der Streitring sehr oft zur Verwendung; man sieht in Folge dessen die Brust beinahe jeden Mannes mit einer Menge tiefer Wunden bedeckt, welche bei solcher Gelegenheit, wann die Aufregung der Tanzenden den höchsten Grad erreichte, beigebracht wurden.

Die Frauen tragen, wie ihre Schwestern bei den Masai, Wapare und anderen Völkerschaften, hauptsächlich Schurze aus feinem, weichen Leder. Das aus mehreren Fellchen zusammengenähte Kleid geht unterhalb der linken Schulter hin und wird über der rechten mit beiden Enden festgeknüpft; um die Lenden wird es nochmals enger zusammengeschnürt. Diese kleidsame Hülle reicht bis ziemlich auf die Füße und läßt beide Arme unbedeckt, sodaß sie beim Arbeiten nicht gehindert sind; sie eignet sich wegen ihrer Haltbarkeit ganz vorzüglich für die weiten Märsche, bei denen oft tagelang durch Busch und

Gestrüpp gewandert wird. Von Schmucksachen kommt ein enges Halsband von Glas- oder Eisenperlen, oder von kleinen weißen Muscheln, am gewöhnlichsten vor. Außerdem werden auch weitere Halsbänder aus weißen, rothen oder gemischten Perlen und ein auf die Brust herabhängendes Schild aus Perlen und dünnen Messing-Platten getragen, letzteres indessen nur von vornehmen Frauen. Wie bei einigen der Völkerschaften, welche wir auf den Dschagga-Reisen kennen lernten, ist der linke Arm der Gallafrauen oft mit einem langen, vom Handgelenk bis zum Ellbogen reichenden, schneckenförmig zusammengerollten, hohlen Drahtkegel gepanzert; der rechte Arm hingegen wird mit zahlreichen, engen Ringen von Eisendraht behängt. Die Fußgelenke erhalten gleichfalls Metallschmuck.

Auf die Pflege des Haares verwendet das schöne Geschlecht nicht viel Sorgfalt. Man läßt diese Zierde des Weibes ungehindert wachsen, bis unter dem Busche von wild aussehenden, schwarzen Haaren das Gesicht kaum mehr hervorsieht. Die Männer tragen das Haar zumeist kurz, rasiren es auch nicht selten ganz ab; doch fehlen bei ihnen, wie uns Wakefield lehrt, abenteuerliche Frisuren nicht gänzlich. Das Tätowiren des Körpers ist unbekannt; von Fetteinreibungen wird nur ein mäßiger Gebrauch gemacht.

Die Galla haben mit den eigentlichen Negern Nichts als die dunkle Hautfarbe gemein. Durch ihren ganzen Körperbau und namentlich durch ihre Gesichtsbildung nähern sie sich mehr den Europäern als der semitischen Rasse. Ihr Haar ist schwarz und lockig wie bei dem dunklen europäischen Typus; ihre Haut besitzt keine unangenehme Ausdünstung. Obwol von riesigem Wuchse, besitzen sie doch keine ungewöhnlichen Körperkräfte, wie ihre einförmige, oft entbehrungsreiche Lebensweise auch erwarten läßt. Ihre Hände sind klein und zierlich, die Arme eher schwach als stark.

Ueber den Ursprung der Galla wissen wir sehr wenig. Wakefield hörte auf seinen Reisen, daß die Galla, Wakuafi und Wakamba von demselben Elternpaare abstammen sollen. Dieses ist indessen jedenfalls nicht richtig, da die Wakamba einem ganz anderen Sprachstamme, dem südafrikanischen, angehören. Eher mögen die Galla mit den Abyssiniern verwandt sein, wenn auch nicht so nahe, wie Speke annimmt, welcher beide Völkerschaften unter dem Namen „Wahuma“ fast unterschiedslos zusammenfaßt. Jedenfalls darf man erwarten, daß durch genauere Forschungen über den Ursprung aller dieser ostafrikanischen Stämme noch die merkwürdigsten Thatsachen ans Licht kommen werden.

Der Name Galla soll nach Krapf soviel als „Eingewanderte“ bedeuten. Brenners Angabe, wonach bei den Küstenbewohnern alle „Barbaren und Ungläubige“ den Namen „Galla“ führen, hat indessen weit mehr Wahrscheinlichkeit für sich; Galla werden z. B. auch die Masai genannt (Korre-Galla), die Wakuafi und andere mehr. Die Galla selbst nennen sich Orma d. i. „starke oder tapfere Männer“. Aus diesem Worte hat Krapf den Namen Ormanien zur Bezeichnung des gesammten Galla-Landes im Norden und Süden des Gleichers gebildet.

Wie schon oben gesagt, wurden die Galla erst durch das unaufhaltsame Vordringen der Somali nach ihren jetzigen Wohnstätten verdrängt. In das Niederland von Abyssinien kamen sie, nach Krapf, im 16. Jahrhundert. Wann sie sich bis zur Formosa-Bai ausdehnten, wissen wir nicht zu sagen.

Man muß zwischen den nördlichen und den südlichen Galla unterscheiden: erstere sind hier und da von Abyssinien abhängig, haben auch an einzelnen Stellen das Christenthum oder den Islahm angenommen; letztere leben in voller Freiheit und verharren noch bei dem Glauben ihrer Väter. Der mächtige Stamm der Boran-Galla in der Nähe der Linie, welcher bereits zu den nördlichen Galla gehört, hat sich mit dem Islahm und seinen Anhängern wenigstens befreundet; ihre Stammgenossen in Witu aber leben mit den Mahammedanern der Küste in unversöhnlicher Feindschaft, als ob sie ahnten, daß ihnen von diesen nichts Gutes kommen könnte. Eine eigenthümliche Erscheinung ist es, daß die mahammedanischen Wolla-Galla in Abyssinien sich durch Fanatismus, Treulosigkeit und Raublust vor allen anderen auszeichnen, während die heidnischen Galla im Süden die Freundschaft unverbrüchlich halten.

Es wäre durchaus falsch, die Galla als Götzendiener bezeichnen zu wollen. Schon der Name „Heide“ scheint bei ihnen nicht recht angewandt zu sein, weil sie keine Idole besitzen oder verehren, vielmehr an ein unsichtbares höchstes Wesen glauben, welches übermenschliche Kräfte besitzt und die Gebete derer, welche sich vertrauensvoll zu ihm wenden, erhört. Der mehrfach erwähnte Missionär Wakefield hielt mit den südlichen Galla Betstunden ab (prayer meetings), bei denen diese als so roh verschrieenen „Wilden“ viel Verständniß und eine sehr würdige Haltung zeigten. Nach Krapf sollen die Galla indessen der Schlange als „Mutter des Menschengeschlechts“ eine hohe Verehrung zollen, was stark an die Gebräuche der früheren Abyssinier und Egypter sowie an den Götzendienst der Juden in der Wüste erinnert. Als Namen des höchsten Wesens gibt Krapf Wake oder Waka an; zwei Untergottheiten, Oglie, eine männliche, und Atetie, eine weibliche, sollen unter ihm stehen. Merkwürdiger Weise halten manche Galla-Stämme den Sonntag und den Sonnabend heilig; diesen nennen sie den Sanbata Tena, den kleinen, jenen Sanbata Gudda, den großen Sabbat. Wahrscheinlich findet sich dieser Brauch nur bei den ansässigen Stämmen der nördlichen Galla, welche viel mit abyssinischen Christen zusammengekommen sind: die südlichen Galla, zumeist Nomaden, haben kein besonderes Bedürfniß nach einem ausschließlich der Ruhe gewidmeten Tage, weil sie an jedem Tage, falls sie nicht auf der Reise sind, genugsam ausruhen können. Eine regelmäßige Verehrung des großen Geistes ist nach Brenner vollständig unbekannt. Nur bei Landplagen, wie Wassermangel und Krankheit, gehen die Aeltesten unter Anführung des Häuptlings vor das Lager, um zu beten; sie entblößen den Oberkörper, wenden das Antlitz gen Himmel und rufen in leisen Molltönen den Waka an. Zur Zeit des Neumondes hat ihrer Meinung nach Waka sich weg gewendet; sie unternehmen dann keinen Kriegszug und bringen die langen Nächte ruhig zu; mit Erscheinen des neuen Himmelslichts aber kommt auch Waka aus dem Lager der Feinde zurück, und Freude, Tanz und Gesang beginnt, namentlich bei Vollmond, die Nächte zu füllen.

Die südlichen Galla sind sehr willensstark und lieben die Freiheit über Alles; es kommt bei ihnen nicht selten vor, daß gefangene Krieger den Tod der Sklaverei vorziehen. Durch ihre Sittenstrenge übertreffen sie die Völker des südafrikanischen Sprachstammes bei Weitem; so dürfen, um nur Eines anzuführen, junge Mädchen nur in Begleitung einer alten Frau ausgehen, welche sie bewachen muß. Bei der Wahl eines Gatten wird den Mädchen eine entscheidende Stimme zugestanden. Der junge Mann bewirbt sich, nach Brenner, in der Weise, daß er in die Hütte der Auserwählten tritt, seine Messingkette vom Halse nimmt und sie lächelnd, ohne ein Wort zu sagen, in den Schooß der Jungfrau wirft: weist diese die Gabe nicht zurück, so ist die Verlobung geschlossen, und es handelt sich nur noch darum, die Entschädigung an Rindern zu bestimmen, welche der Vater für das Hergeben seiner Tochter erhält. Obwol die Frauen tüchtig in der Wirthschaft arbeiten müssen, nehmen sie doch keine untergeordnete oder gedrückte Stellung ein. Sie können sogar, wenn der Mann seine Pflichten, etwa in Beschaffung der nöthigen Vorräthe, versäumt, diesen in recht unangenehmer Weise bestrafen, indem sie ihn unter Hohnreden, an denen die ganze weibliche Nachbarschaft theilnimmt, für einige Zeit verbannen; der schimpflich Ausgestoßene muß dann unter den Junggesellen oder in der Einsamkeit des Waldes leben. Häuptlingen ist es gestattet, mehrere Frauen zu haben; gewöhnliche Leute haben an einer genug.

Abgesehen von den seßhaften Stämmen in Witu, sind die südlichen Galla durchaus Nomaden. Sie leben fast ausschließlich von Fleisch, Blut, Milch, Butter und Honig.

Der echte Gallahirt hat kein Bedürfniß nach pflanzlichen Nahrungsmitteln. Rohes Fleisch wird von ihm verschmähet, dagegen trinkt er, namentlich bei den Tänzen zur Zeit des Vollmondes, das warme, rauchende Blut der Rinder, welche man zu diesem Behufe einfängt, anzapft und dann wieder laufen läßt. Wakefield erzählt, daß oft auch Milch mit dem Bluttranke gemischt wird. Ein unentbehrliches Genußmittel ist den Galla der Tabak, der jedoch nicht geraucht wird. In der zartesten Jugend schon beginnen sie, die scharfen Blätter zu kauen, und wenn sie sich das edle Kraut nicht verschaffen können, werden sie krank. Das Anbieten von Tabak ist der Anfang jeder Freundschaft sowie der Beginn eines näheren Verhältnisses zwischen Liebesleuten; mit einem Primchen Tabak beruhigt die Mutter ihr schreiendes Kind. Der von Brenner mitgebrachte, etwa elf Jahre alte Gallaknabe nahm häufig noch spät Abends, von unwiderstehlichem Verlangen getrieben, etwas Tabak in den Mund; wenn er dann früh aus dem Schlafe geweckt wurde, hatte er den Bissen noch zwischen den Zähnen.

Den Reichthum der Galla machen ihre Heerden aus. Der Ueberfluß an Vieh ist so groß, daß auf den Kopf der Bevölkerung, mit Einschluß von Frauen und Kindern, durchschnittlich sieben bis acht Stück Kühe kommen. Bei dem fast gänzlichen Mangel an Handelsverkehr mit der Küste ist es erklärlich, daß die Milch fast nur zum Trinken, nicht auch zur Butterbereitung verwendet wird; selbst die werthvollen Felle der Thiere kommen dem Handel nicht zu gute. Die vorherrschend silbergrauen Rinder sind von der gebuckelten Art, mit weitstehenden Hörnern und hängenden Ohren. Fettschwanzschafe und weiße Ziegen mit schwarzen Rückenstreifen und gewundenen Hörnern sind ebenfalls in Menge vorhanden; Ziegen und Schafe werden jedoch ebensowenig wie Kälber geschlachtet(?). Kamele gibt es bis herab an den Sabakifluß; sie dienen nur zum Wassertragen, nicht auch zum Reiten. Pferde finden die gleiche Verwendung, kommen aber im Süden nur in geringer Anzahl vor, während im Norden ganze Stämme vortrefflich beritten sind. Zum Reiten, namentlich auf Märschen zum Weiterschaffen der Kinder, dienen nur Ochsen; man legt ihnen einen einfachen Sattel auf und lenkt sie vermittelst eines Strickes, welcher durch einen Ring in der Nase gezogen ist. Viehseuchen sind unbekannt, und die Tsetse-Fliege tritt nur selten auf. Die Ueberwachung der Heerden, ihr Schutz gegen Raubwild und gegen die beutelustigen Masai und Wakuafi nimmt die ganze Thätigkeit der Männer in Anspruch. Die Rinder sind, nach Brenner, derart abgerichtet, daß sie den Zuruf des Hirten durch einen eigenthümlichen Ton beantworten.

Wie es sich von einem Wandervolke erwarten läßt, ist der Staatsverband der Galla ein ziemlich lockerer. Oberster Häuptling ist der Heiitsch (Hein nach Krapf); ihm zur Seite stehen die Aba Worati d. i. Familienväter. In den Versammlungen führt der Heiitsch mit einem Elfenbeinstabe den Vorsitz. Von den Galla in der Nähe von Takaungu berichtet Decken, daß jeder der sieben Stämme, in welche sie zerfallen, zwei Häuptlinge habe, welche nach je sieben Jahren ihre Stelle an Andere abtreten. Einer der beiden heißt der große, der andere der kleine Heiitsch (Heiu); jedem ist ein „Mora“ als Vollstrecker ihrer Befehle beigeordnet. Unter diesen vier obersten Beamten des Stammes steht der „Laskari“ oder öffentliche Sprecher, welcher, von jenen im Voraus unterrichtet, in den Versammlungen das Wort führt. Der Heiitsch ist zugleich der einzige Kaufmann des Stammes; keiner seiner Unterthanen darf unmittelbar mit Fremden handeln. Die nördlichen Galla haben eine wesentlich andere Verfassung.

Krapf schätzt die Gesammtzahl der Galla auf sieben bis acht Millionen. Die Bevölkerung scheint nach Süden zu, wo hauptsächlich Viehwirthschaft getrieben wird, viel dünner zu werden; denn Brenner hält die südlichen Galla zusammengenommen für nicht über 20,000 Köpfe stark, während er für die Borani-Galla in der Nähe des Gleichers schon 150,000 Mann angibt.

Genaueres über die Galla werden wir vielleicht schon im nächsten Jahre durch Brenner erfahren, welcher nach glücklicher Rückkehr von seiner neuen Reise alle seine Erfahrungen in einem besonderen Buche herauszugeben gedenkt.

Außer den Galla, den eigentlichen Herren des Landes, wohnen in Witu noch Wabuni und Wapokomo, zusammen etwa 15,000 an Zahl; von beiden Völkerschaften ist früher schon ausführlich die Rede gewesen. In neuerer Zeit sind auch noch Wadoë dazugekommen, welche vormals an der Küste gegenüber Sansibar ansässig waren. Die Zahl der eingewanderten Sklaven betrug vor einigen Jahren etwa 16,000; sie bilden nebst den Wapokomo den Kern des ackerbauenden Theiles der Bevölkerung.

Den gebildetsten und den herrschenden Theil der Bevölkerung machen die etwa 13,000 Mann starken Einwanderer aus Pata, Lamu, Takaungu und Mombas aus, die einstigen Herren des Küstenlandes, jene klugen und unternehmenden Abkömmlinge der ersten persisch-arabischen Ansiedler in Ostafrika. Sie bilden den Adel des Landes und die Berather des Herrschers.

Die Ackerbauer von Witu liefern uns den Beweis, daß auch in Afrika durch Ordnung der geselligen Verhältnisse und durch weise Verwaltung die Völker zu höherer Entwicklung gelangen. Diese Wahrnehmung ist aber um so erfreulicher, als wir im Verlaufe der Decken'schen Reisen das Gegenstück hierzu kennen lernten: daß durch Krieg, Gesetzlosigkeit, Unsicherheit des Besitzes und Sklavenhandel blühende Landstriche veröden, gutgeartete Völker verwildern. Den Bewohnern Ostafrikas, welche wie alle sogenannten „Wilden" als Kinder zu betrachten sind, thut hauptsächlich eine vernünftige Vormundschaft noth; findet diese, eine bessere natürlich als die jetzige arabische, dereinst für größere Strecken statt, so wird das Land auch wieder zu der alten Blüte kommen, welche die Portugiesen in Erstaunen setzte, und die Bevölkerung wird sich des Wohlbefindens zu erfreuen haben, auf welches sie durch ihre Anlagen und durch die über sie ausgeschütteten reichen Gaben der Natur ein so großes Anrecht hat. Diesen Zustand aber herbeizuführen, haben Nationen, welche auf der Höhe der Gesittung stehen, nicht nur das Recht, sondern auch die Pflicht.

Lebensbilder der Verstorbenen.

I.

Baron Carl Claus von der Decken stammt aus einer weitverbreiteten, alten Familie Hannovers. Er wurde zu Kotzen in der Mark Brandenburg am 8. August 1833 geboren als jüngstes der drei Kinder von Baron Ernst von der Decken und dessen Gemahlin Adelheid geb. von Stechow, Tochter des königlich preußischen Obersten Friedrich von Stechow auf Kotzen und Stechow. Sein Vater war im Alter von sechszehn Jahren zur englischen Legion getreten und hatte als Lieutenant in der Schlacht bei Waterloo mitgekämpft, war dann Adjutant Seiner Königl. Hoheit des Herzogs von Cumberland in Berlin geworden, und stand später als Stallmeister und Kammerherr in hannoverschen Diensten, unter den Königen Georg III., Georg IV., Wilhelm IV. und Ernst August.

Schon in seiner frühesten Jugend entwickelten sich bei dem jungen Decken die hervorragendsten Charakterzüge des nachmaligen Reisenden. Eine lebhafte Wißbegierde, welche sich unter Anderem dadurch kund that, daß er den Unterrichtsstunden seiner älteren Geschwister oft und mit der größten Aufmerksamkeit beiwohnte, trat schon im dritten Lebensjahre bei ihm hervor; seine späterhin so erstaunliche Willensfestigkeit äußerte sich, als er kaum der Schule entwachsen. Von allen Lehrgegenständen fesselten ihn Geschichte und Erdkunde am meisten. Mit vielem Eifer zeichnete er Landkarten, und Reisebeschreibungen las er leidenschaftlich. Hierdurch, sowie durch öftere Ausflüge mit seinen Eltern — nach Berlin, Mecklenburg und Schlesien — scheint der erste Grund zu seiner späteren Reiselust gelegt worden zu sein.

Bis zu seinem dreizehnten Lebensjahre blieb der junge Decken im elterlichen Hause; dann fand er Aufnahme in der Erziehungsanstalt des würdigen Predigers Göschen zu Wunsdorf im Hannoverschen. Nach seiner Einsegnung, Ostern 1849, trat er in die Gelehrtenschule zu Lüneburg ein. Hier fand er, abgesehen von seinen alten Lieblingsfächern, vorzüglich an Mathematik und den neueren Sprachen Geschmack; das Studium der alten Sprachen hingegen zog ihn wenig an. Ganz besonders war er für den Kriegerstand begeistert; er schien zu fühlen, daß er zu einem Beamten oder Stubengelehrten nicht passen würde, und bat deshalb seinen Vormund, den Major von der Decken, er solle ihn zum Militär gehen lassen. Dieser weigerte sich aber ganz entschieden und versuchte sogar, den Mündel durch Strenge an das Studium, für welches er ihn bestimmt hatte, zu fesseln. Allein Decken wollte sich nicht tyrannisiren lassen! Er wandte sich schriftlich an

König Ernst August, welcher ihn von klein auf gern hatte, beklagte sich bitter über den ihm angethanen Zwang und sprach seinen lebhaften Wunsch aus, Soldat zu werden. Der König fand Wohlgefallen an der Keckheit des Jünglings und veranlaßte (im Jahre 1850) dessen Aufnahme in das Kadettenkorps zu Hannover; an die Mutter Deckens, mit welcher er in stetem Briefwechsel stand, schrieb er: „Ihr Carl ist ein ganz famoser Bengel, der zu großen Hoffnungen berechtigt.“ Da gegen einen königlichen Befehl Nichts mehr unternommen werden konnte, so fügte der Vormund sich in das Unvermeidliche, die Mutter aber, wenn sie auch die eigenmächtige Handlungsweise ihres Sohnes nicht billigen konnte, sah doch mit Freude, daß dieser nun seiner Lieblingsneigung folgen durfte.

König Ernst August bezeugte dem jungen Kadetten fortdauernde Gnade bis zu seinem 1851 erfolgten Ableben, zog ihn häufig zum Pagendienste bei Höchstseiner Person und gab der Mutter öfters brieflich Nachricht über das gute Betragen und das Wohlbefinden seines Schützlings.

Deckens Mutter hatte sich indessen im Jahre 1848 zum zweiten Male vermählt, und zwar mit ihrem Schwager, dem Fürsten Hans Heinrich X. von Pleß. Der Fürst wurde für Carl und seine Geschwister ein wahrer Vater; überhaupt herrschte zwischen den beiden Familien fortwährend das liebevollste Verhältniß. Leider trennte der Tod schon nach sieben Jahren die glückliche Ehe wieder.

In dem Jahre 1851 trat der junge Decken nach glücklich bestandener Officiersprüfung als Junker in die Armee ein. Zwei Jahre später wurde er als Lieutenant in das zu Lüneburg und Harburg garnisonirende Königin-Husaren-Regiment versetzt. Als Offizier hatte er viel freie Zeit übrig, welche er hauptsächlich auf das Studium der Literatur und der Naturwissenschaften verwandte; außerdem unternahm er längere Urlaubsreisen, auf denen er den größten Theil Deutschlands, Frankreich, das nördliche Spanien, Ungarn und Italien besuchte. Doch nach wenigen Jahren schon hatte Europa keinen Reiz mehr für ihn; er kannte Alles, hatte die ungewöhnlichsten Dinge mitgemacht (u. A. in Wien einige Luftballonfahrten) und sehnte sich nun, neue Wunder zu sehen. So entstand der Wunsch in ihm, Algerien, die neu eroberte Militärkolonie Frankreichs, kennen zu lernen, sowol fachwissenschaftlicher Studien als auch der Jagd und des allgemeinen Interesses wegen. Im Jahre 1857 hatte er Alles für diese Reise vorbereitet; er befand sich bereits in Marseille, von wo ihn der Dampfer in das fremde Land führen sollte, als ihm der Telegraph eine schwere Erkrankung seiner Mutter meldete. Er eilte in die Heimath zurück und verschob seine Reise bis nach Genesung der Fürstin. Erst im folgenden Jahre konnte er sein Vorhaben ausführen; am 8. Januar 1858 schiffte er sich in Marseille ein, sechsunddreißig Stunden Fahrt brachten ihn nach dem prächtig gelegenen Algier.

Durch ausgezeichnete Empfehlungsbriefe unterstützt, konnte er bis zu den fernsten Punkten vordringen, über welche sich damals die französische Herrschaft erstreckte. Leider sind seine Aufzeichnungen über diese Reise nicht so zusammenhängend, daß wir ihm überall hin folgen könnten, doch erfahren wir immerhin, daß er von Algier aus über Medeah und Boghar nach Laghuat vordrang, ein anderes Mal Bu-Sada, Biskra, Batna, Constantine und Setif besuchte und an verschiedenen Stellen, so auch drei Wochen lang in den Wäldern von Thumea, der Jagd nach Landesweise oblag. Durch ein langwieriges Fieber verhindert, seinen Reiseplan in voller Ausdehnung durchzuführen, kehrte er schon nach viermonatlicher Abwesenheit in die Heimat zurück.

In Hannover wieder angelangt, schwelgte er noch lange in den schönen Erinnerungen, welche er unter heißerer Sonne gesammelt. Seine Jagdtrophäen und Sammlungen von Erzeugnissen Algeriens dienten ihm zur Ausschmückung eines „afrikanischen Zimmers“, und in diesem verkehrte er oft mit ernsten, gereifteren Männern, deren Umgang er von jeher vorzugsweise gesucht hatte. Jetzt bedurfte es nur noch eines leichten Anstoßes, um aus dem Vergnügungsreisenden einen Forscher werden zu lassen; seine Kenntnisse und Erfahrungen, sein kräftiger Körper, seine Zähigkeit und Willensstärke befähigten ihn vor Vielen dazu, sein Vermögen sicherte ihm außerdem manche Vortheile, welche Anderen entgingen. Der Gedanke, wenigstens einige Jahre lang dem Reisen ganz und gar zu leben, beschäftigte ihn mehr und mehr; vielleicht wirkten auch persönliche Verhältnisse auf seinen Entschluß mit ein, kurz, er bat um seine Entlassung aus dem hannoverschen Dienste. König Georg versuchte in verschiedenen Audienzen, ihm seine Reisepläne auszureden, allein Carl von der Decken blieb bei seinem Vorsatze. So erhielt er denn endlich im Frühjahre 1860 seinen Abschied. Ueberaus schwer wurde ihm die Trennung von seiner Familie, namentlich von seiner Mutter, an welcher er mit einer innigen, wahrhaft kindlichen Liebe hing, was auch seine hinterlassenen Briefe in schönster Weise darthun.

Zuerst dachte Decken daran, englische Dienste in Indien zu nehmen; dann aber entschied er sich für eine selbständige Unternehmung in Südafrika. Er wollte von Natal aus in das Innere eindringen und bei dem großartigen Wildstande dort seine schon in Algerien angeregte Jagdlust befriedigen. Eine Entdeckungsreise lag ursprünglich wol nicht in seiner Absicht; indessen würde er auf seinen Jagdausflügen sicher auch der Wissenschaft Dienste geleistet haben, wie Dies ja von anderen Nimrods ebenfalls geschehen ist. Hätte er diese seine südafrikanischen Jagdpläne ausgeführt, so wäre er jedenfalls nicht der berühmte Forschungsreisende geworden, welcher er jetzt ist, und hätte wahrscheinlich keine Gelegenheit erhalten, sich um sein Vaterland durch Erschließung so reicher, der höchsten Kultur fähigen Gebiete, wie die des mittleren Ostafrika es es sind, verdient zu machen. Ein scheinbar unbedeutender Umstand lenkte ihn in die Bahn, auf welcher er später so Großes leisten sollte. Vor seiner Abreise besuchte er noch den berühmten Reisenden Heinrich Barth in Berlin, um dessen einsichtsvolle Rathschläge zu vernehmen. Dieser interessirte sich sehr lebhaft für einen außerordentlich befähigten jungen Hamburger, Dr. Albrecht Roscher, welcher im schon Juni 1858 nach Sansibar an der Ostküste von Afrika abgereist war und nun, nachdem er an Ort und Stelle sich gründlich vorbereitet, die Absicht hegte, von Kiloa aus nach dem Niassasee vorzudringen. Da Roscher durch Mangel an hinreichenden Mitteln in seinen besten Unternehmungen gelähmt wurde, suchte Dr. Barth den jungen, reichen Baron zu bestimmen, daß er sich mit Roscher vereinigte: die Jagd war hier in größerer Nähe des Gleichers nicht minder ergiebig, das Land war überdies noch völlig unbekannt, ein vielversprechendes Feld für wichtige Entdeckungen; außerdem bot sich die schöne Gelegenheit, von den Erfahrungen und Kenntnissen eines fachmäßig durchgebildeten, bereits erprobten Reisenden Nutzen zu ziehen. Die Vereinigung von zwei so thatkräftigen Männern ließ in der That Großes für die Erforschung jener Gebiete erwarten; Barth sprach mit Wärme für diesen Plan, und Decken konnte — der Welt zum Heil aber zum Unglück für ihn und die Seinigen — einer so lockenden Aussicht nicht widerstehen.

Mit vortrefflicher Ausrüstung versehen, segelte der junge Reisende im Frühjahre 1860 auf einem Schiffe der Herren Wm. O'Swald & Co. von Hamburg ab. Nach einer siebenundachtzigtägigen glücklichen Fahrt um das Kap der guten Hoffnung kam er am 28. Juli wohlbehalten in Sansibar an.

Wie ein Donnerschlag traf ihn dort die Nachricht, daß Roscher nicht mehr am Leben, daß sein erwählter Gefährte im Inneren Afrikas ermordet sei! Jetzt war ihm sein Weg bestimmt vorgezeichnet: er mußte der Spur des Unglücklichen folgen und den Versuch wagen, dessen Papiere zu retten, vielleicht auch dessen Tod zu rächen.

Wir haben die Geschichte der Reisen von der Deckens hier nicht zu wiederholen, sondern nur zu zeigen, wie sein Charakter im fortwährenden Kampfe mit einer endlosen Reihe von

Widerwärtigkeiten sich zu jener ihm eigenthümlichen, beneidenswerthen Festigkeit entwickelte, wie sein Wirken sich immer mehr ausdehnte, und wie er immer näher an das ihm gesteckte große Ziel hinan kam, bis das Verhängniß ihn ereilte; es gilt, die dramatische Seite dieses Daseins ins Auge zu fassen: dem Geschichtlichen ist in den zwei ersten Bänden des Reisewerkes, der Wissenschaft in den übrigen vier Abtheilungen Rechnung getragen.

Die erste Reise Deckens mißlang, wie bekannt, unter so unangenehmen Verhältnissen, daß der schwergeprüfte aber ungebeugte Held unserer Darstellung sich vom Süden der Suahelüküste wegwandte und seine Aufmerksamkeit auf das von deutschen Missionären entdeckte Gebiet der Schneeberge Ostafrikas richtete. Hierdurch aber näherte er sich seinem Ziele abermals um einen Schritt. Das von ihm selbst erwählte Gebiet hatte schon mehrere Jahre vorher das Interesse Richard Burtons erregt. Dieser unternehmende Mann hatte eine Zeit lang die Absicht gehabt, nach Dschagga, dem Lande des Schneeberges Kilimandscharo, vorzudringen und sich die Gewißheit zu verschaffen, ob die vielbemäkelte Entdeckung Rebmanns auf der Wahrheit beruhe; durch Erkundigungen aber zu der Ueberzeugung gekommen, daß sich seit jener Zeit die Verhältnisse geändert, und daß eine solche Reise unverhältnißmäßig hohe Kosten verursachen würde, stand er von seinem Plane ab und wendete sich auf einem südlicheren Wege dem großen Seengebiete Ostafrikas zu, wo seinem Ehrgeize noch schönere Palmen winkten. Decken hielt es in seinem praktischen Sinne für nützlicher, ein der Küste näher gelegenes Gebiet gründlich zu erforschen und womöglich der Gesittung zu erschließen, als Hunderte von Meilen weit nach dem Inneren zu gehen und von dort blos Kunde von unbekannten Völkern, Bergen und Seen zu bringen, welche vielleicht Jahrzehende lang nach ihm von Niemand wieder besucht werden könnten. Er fand die Schwierigkeiten der Reise nicht so groß, wie sie Burton dargestellt hatte, und es glückte ihm, das Kilimandscharoland zwei Mal zu besuchen. Auf beiden von Mombas aus unternommenen Reisen erreichte er seinen Zweck nicht vollständig. Das erste Mal, mit Thornton im Jahre 1861, lag ihm hauptsächlich die Feststellung der Berichte Rebmanns über den Kilimandscharo am Herzen; er wünschte namentlich den Berg bis zur Schneegrenze zu besteigen, konnte aber, trotz seiner Geschicklichkeit im Umgange mit den Völkerschaften des Inneren und trotz seiner Zähigkeit im Festhalten seines Zieles, keine größere Höhe als 8000 Fuß über dem Meeresspiegel erreichen. Er hatte jedoch immerhin die Lage des einen Schneeberges und die Natur des Landes zweifellos festgestellt und die Bekanntschaft merkwürdiger Volksstämme gemacht, in deren Gebiete neue, wichtige Probleme zu lösen waren. Es blieb ihm noch die Untersuchung des anderen Schneeberges übrig, von welchem uns zuerst der verdienstvolle Krapf berichtet hat; er beabsichtigte auf seiner nächsten Expedition im folgenden Jahre wo ihn Kersten begleitete, durch die weiten Masai-Ebenen vorzudringen, womöglich das Ostufer des Ukerewesees zu erreichen und über den Keniaberg zurückzukehren. Aber auch diesmal zeigte sich wieder die Allmacht eines feindlichen Geschicks: das wilde Nomadenvolk der Masai verwehrte ihm das Eindringen in sein ausgedehntes Gebiet, an dessen Grenze, in Aruscha, Decken sich schon befand, und trotz wochenlanger Unterhandlungen eröffnete sich keine Aussicht zur Weiterreise. Das Mißgeschick war herb. Um nicht ganz ohne Ergebnisse zurückkommen zu müssen, entschloß sich der Reisende zu einem Abstecher nach dem nordwärts gelegenen Kilimandscharo, vielleicht daß ihn diesmal das Glück bei der noch immer beabsichtigten Bergbesteigung besser begünstigte. Es gelang ihm nach mehreren vergeblichen Versuchen, den Berg wenigstens bis zu einer Höhe von 14,000 Fuß zu besteigen; auch wurden die früheren Beobachtungen und Messungen dergestalt vervollständigt, daß jenes Gebiet jetzt mit zu den bestaufgenommenen Afrikas gehört: Karte III. und IV. des Reisewerkes sind eine Frucht dieser Bemühungen. Fortan durfte Niemand mehr es wagen an dem Vorhandensein von schneebedeckten Bergen in Ostafrika zu zweifeln. Dafür aber daß er diesen Beweis geliefert, erhielt Decken später die goldene Medaille der Geographischen Gesellschaft in London, die höchste Auszeichnung, welche einem Reisenden zu Theil werden kann.

Ende December 1862 kam Decken von seiner zweiten Dschaggareise nach der Küste zurück. Zunächst besuchte er mit dem englischen Kriegsschiffe „Gorgo", dessen Kapitän ihn zu einer Kreuzfahrt einlud, einige Punkte der Küste, die portugiesische Insel Ibo, und Johanna, die Perle der Komoren; dann weilte er wieder eine Zeit lang in Sansibar, um eine neue Reise vorzubereiten. Er hatte die Ueberzeugung gewonnen, daß er in der bisherigen Weise nicht fortfahren könne; denn all seine Mühe war durch das Veto eines einzigen Stammes im Inneren vereitelt worden, und Niemand konnte ihm dafür bürgen, daß Dies bei der nächsten Expedition nicht wieder ebenso der Fall sein würde. Demgemäß suchte er sich von den Menschen unabhängiger zu machen. Hierzu konnte ihm Nichts geeigneter erscheinen, als die Betretung des Wasserwegs. Da aber noch keiner von den Flüssen des mittleren Ostafrika erforscht war, so mußte vorerst an die Untersuchung dieser Gewässer gegangen werden, damit man dann den geeignetsten Weg, welcher das weiteste Vordringen gestattete, wählen konnte.

Eine bedeutende Erbschaft, welche ihm inzwischen von einem Oheim zugefallen war, machte es ihm möglich, außergewöhnliche Mittel für die nächste Expedition zu verwenden: es wurde ein eisernes Dampfschiff für die Untersuchung der Flüsse Ostafrikas bestellt und eine beträchtliche Verstärkung der Reisegesellschaft in Aussicht genommen. Da voraussichtlich über ein Jahr vergehen mußte, bis eine derartige Expedition vollständig ausgerüstet war, so beschloß Decken, zur Erholung und Unterhaltung mehr als großer, wissenschaftlicher Entdeckungen wegen, sich einstweilen nach Madagaskar zu wenden; gestatteten es die Umstände, so wollte er versuchen, von der leicht zugänglichen Hauptstadt Tananarivo aus nach der Westküste Madagaskars vorzudringen und so auch der Wissenschaft einigen Nutzen zu bringen.

Auf der Hinreise nach dem afrikanischen Rieseneilande hatte er einige Wochen auf den Seschellen zu verweilen, um die Ankunft des Postdampfers, welcher ihn nach Réunion führen sollte, zu erwarten. Mit ausgezeichneten geselligen Fähigkeiten begabt, fühlte er sich bei dem lustigen Völkchen dieser Inselgruppe und im anregenden Umgange mit gebildeten Europäern wieder für einige Zeit recht wohl, fand auch Interesse an den zahlreichen Bekanntschaften, welche man dort so leicht anknüpft; lange aber gefiel ihm dieses halbcivilisirte Leben nicht. In einem Briefe an die Fürstin von Pleß, seine Mutter, schrieb er von dort: „ich glaube nicht, daß selbst Bourbon (Réunion) oder Mauritius mich lange fesseln werden; ich lobe mir die Wildniß, wo man Tag und Nacht die frische Luft frei athmen kann! Wo Mühsal und Entbehrung mit Fülle und Bequemlichkeit wechselt, soweit letztere bei dem Wanderleben möglich, wo die Ereignisse Einen fortwährend in Athem halten und kleine Aufregungen, welche andere Leute Gefahren nennen, sich täglich bieten, da gefällt es mir vorderhand noch am besten. Das Leben im Busche hat für mich noch so viel Reiz, daß ich mit keinem der Sybariten Europas tauschen möchte."

In Réunion fand der Baron einen lieben Freund wieder, den General-Vikar Abbé Fava, welcher die französische Mission zu Sansibar gegründet und mehrere Jahre geleitet hatte. Durch diesen trefflichen Mann auf das Gastfreundlichste aufgenommen und in die angenehmste Gesellschaft eingeführt, lernte er die Kolonie von der vortheilhaftesten Seite kennen. Mit ganz besonderer Vorliebe besuchte er unter kundiger Führung die musterhaft geleiteten Schulen, Spitäler, Rettungshäuser und sonstigen Wohlthätigkeitsanstalten, und auf öfteren Ausflügen erfreute er sich an den großartigen Naturschönheiten der Insel. Auch dem

Nachbareiland Mauritius widmete er einige Zeit und fand hier gleichfalls die angenehmsten Beziehungen. So verbrachte er in anregendem Genusse einige Wochen, deren er später stets mit ganz besonderem Vergnügen gedachte.

Doch damit dem Angenehmen einige Bitterkeit nicht fehle, mußte Decken schon kurze Zeit nach seiner Ankunft auf Réunion einen herben Verlust erfahren: sein treuer Diener Koralli starb! Er war des Reisenden Begleiter von Beginn seiner Laufbahn an gewesen und konnte mit Recht als ein unersetzlicher Gefährte bezeichnet werden, denn er war seinem Herrn sozusagen Alles in einer Person. Leider haben wir uns weder ein Bild von ihm für unsere Gedenktafel der Todten der Expedition verschaffen können noch genauere Angaben über sein früheres Leben als die auf S. 130 dieses Bandes enthaltenen.

Der schöne Traum einer Reise nach der wunderreichen, großen afrikanischen Insel war inzwischen in Nichts zerflossen: die erste Nachricht, welche Decken beim Betreten von Réunion empfangen, war, daß König Radama II. ermordet und ganz Madagaskar in Aufruhr sei. Unter solchen Umständen den früheren Plan noch ausführen zu wollen, wäre thöricht und verwegen gewesen; Decken entschloß sich also rasch, nach Europa zurückzukehren, um durch seine Anwesenheit die Ausrüstung der neuen Expedition thunlichst zu beschleunigen. Anfang August 1863 verließ er Réunion, einen Monat später langte er über Marseille in der Hauptstadt Frankreichs an, wo sein Bruder Julius ihn bewillkommte. Vor Allem natürlich widmete er der so lang entbehrten Familie wieder einige Tage. Bald aber zogen die Pläne der neuen Reise, welche seinen Sinn erfüllten, ihn wieder hinaus; sie ließen ihn nirgends zur Ruhe kommen, er reiste fast unausgesetzt in Deutschland, England und Frankreich umher, theils in Angelegenheiten des Schiffsbaues, theils, um Schutz und Unterstützung der Regierungen für sein Unternehmen zu erlangen. Dieses Wanderleben, bei welchem Aerger und Enttäuschungen nicht fehlten, hatte in der That nichts Angenehmes; dennoch aber fühlte der Baron in ruhigeren Stunden, daß ein wirklicher höherer Genuß des Lebens doch nur inmitten der gesitteten Welt möglich ist; Europa gefiel ihm wieder, und er wäre vielleicht noch jetzt von seinem großen Vorhaben abgestanden, wenn es nicht schon zu spät gewesen wäre — man hatte schon gar zu viel von dem opfermutigen, kühnen Reisenden gesprochen und hegte allzu hohe Erwartungen von ihm, als daß er die Welt durch ein Zurückziehen in das Privatleben täuschen durfte! Zu seinen Freunden äußerte er indessen, er würde, wenn das Glück ihm diesmal nur ein wenig lächelte, mit dieser Reise seine Entdeckungsfahrten beschließen. Er ahnte vielleicht, daß sein treues Unglück möglicherweise noch mehr thun könnte, als ihn blos verfolgen.

Wohin er auch in Europa kam, überall wurde er mit der größten Auszeichnung empfangen, und von allen Seiten erhielt er Beweise der Anerkennung seines angestrengten und erfolgreichen Strebens. Wie die Londoner Geographische Gesellschaft ihn durch Zuerkennung ihrer großen goldenen Medaille geehrt hatte, so ernannten ihn die K. K. Geographische Gesellschaft zu Wien, das freie deutsche Hochstift zu Frankfurt a. M. und die Hamburger Zoologische Gesellschaft zu ihrem Ehrenmitgliede, und sein Landesherr, welcher den lebhaftesten Antheil an den Forschungen seines ehemaligen Officiers nahm, bedachte ihn mit dem Welfenorden.

Der gewichtigen Unterstützungen, welche Decken von Seiten verschiedener Regierungen fand, haben wir schon ausführlich gedacht; von den Mühen, welche er bis zur Abreise der Expedition im Juni 1865 hatte, schweigen wir, um den Gang der sich nun drängenden Ereignisse desto genauer zu verfolgen.

Ohne irgend einen Unfall kam Decken mit seinem Dampfer im Geleite des englischen Kanonenbootes Lyra bis zur Insel Tula; hier aber begannen die „Tage des Unglücks“: die

Cholera brach unter der Mannschaft aus, er selbst erkrankte schwer und entrann kaum dem Tode; sein Schiff trieb auf den Strand, noch ehe es den zu erforschenden Djubafluß erreichte, und als es, in ziemlich beschädigtem Zustande wieder freigekommen, die Barre des Flusses passirte, ging der zweite, kleinere Dampfer in der Brandung verloren, und der wackere Maschinist Hitzmann ertrank — — alles Dies in Zeit von kaum drei Wochen!

Noch einmal lächelte dem Baron das Glück: sein Dampfer kam, wenn auch unter vielen Schwierigkeiten, glücklich bis zu der berühmten Somalistadt Bardēra, in gerader Linie hundertfünfzig Seemeilen oberhalb der Djubamündung. Aber Das war nur die Ruhe vor Ausbruch des Gewitters, und gerade hier, wo der Zweck des Schiffes nahezu erfüllt war und die Landreise bald beginnen sollte, geschah der letzte Schicksalsschlag, welcher den bisher unerschütterten Mann mit so vielen seiner Leute vernichtete.

Es ist zu wiederholten Malen von verschiedenen Seiten geäußert worden, daß Decken durch sein Verhalten gegen die Eingeborenen sein Geschick selbst herbeigeführt habe. Dem aufmerksamen Leser wird es indessen nicht entgangen sein, daß der Baron in Bardēra ganz nach denselben Grundsätzen gehandelt hat, welche er auf seinen früheren Reisen bewährt gefunden, um sein Weiterkommen zu sichern und die Karawane vor Ueberfall und Vernichtung zu schützen. Wir erinnern nur an sein achtunggebietendes Auftreten gegen die ihn am Kadiaro umtobenden Wateita, an seine Geduld bei den Verhandlungen mit den böswilligen Manki von Kilema und Madjame sowie an sein geschicktes Benehmen in der Stadt Jumbo am Djubaflusse, welches ihm, wo er noch am Tage vorher nicht eingelassen und an demselben Morgen noch mit Ermordung aller Expeditionsmitglieder bedroht wurde, eine freundliche Aufnahme verschaffte. Baron von der Decken verstand es gewiß wie wenig andere Reisende, die Leute zu behandeln; er hatte seine Studien in Algerien begonnen, in Ostafrika vollendet. Die drei Möglichkeiten auf welche jener Vorwurf begründet werden könnte, sind übrigens schon früher widerlegt worden.

Mit dem Tode des Barons war auch der Untergang der Expedition besiegelt. Es war zwar eine letzte Verfügung Deckens vorhanden seit der Zeit, da er an der Cholera schwer erkrankte; aber wer von den Uebriggebliebenen hätte den Mut haben sollen, Das weiterzuführen, was dem mit so seltenen Eigenschaften ausgestatteten Chef nicht gelungen war? Decken war die Seele des Unternehmens — ohne ihn mußte das Ganze zerfallen. Erst dann, als die alte Ordnung aufgehoben war, konnte einer der Geretteten wieder daran denken, auf eigene Faust nach eigenem Plane das Werk Deckens der Vollendung näher zu bringen: Richard Brenner, welcher eben jetzt wieder unterwegs ist, um schweizerischen und österreichischen Kaufleuten mit seinen ostafrikanischen Erfahrungen zu nützen.

Was den Baron von der Decken so sehr zum Afrikareisenden befähigte, war, außer der Kraft und Widerstandsfähigkeit seines Körpers, welche allen Eingeborenen Ehrfurcht abnöthigte, hauptsächlich sein eiserner Wille. Durch diesen erst wurde er völlig Herr seiner Natur und in Stand gesetzt, die größten Schwierigkeiten zu überwinden. Unwandelbar fest war Decken auch in seinem Verhalten gegen die Eingebornen, und niemals wich er von den einmal für richtig erkannten Grundsätzen ab. Das aber ist beim Reisen in diesen Ländern eine hohe Tugend; nicht nur der Reisende selbst, auch seine Nachfolger ziehen Vortheil aus solcher Zuverlässigkeit und bestimmtem Auftreten. Besäßen die arabischen Händler, denen der Europäer dort nachwandelt, nur ein wenig von dieser Tugend, so wäre es ein Leichtes, überall hin vorzudringen; denn die Eingeborenen sind gutartig, wo sie mit den lügnerischen Schacherern der Küste noch nicht in Berührung gekommen; nur auf den vielbesuchten Handelsstraßen und Märkten sind sie verdorben, und zwar weniger die Unterthanen, als die Halunken von Scheichs, Sultahnen u. dergl. In Gefahren und schwierigen Lagen endlich bewahrte Decken stets die besonnenste Ruhe.

Bei dieser Festigkeit des Charakters und Willens und Rücksichtslosigkeit gegen sich selbst müssen wir um so mehr des Reisenden Herzensgüte bei fremdem Leiden bewundern. Wie schön zeigte sich sein menschenfreundlicher Sinn bei Ausbruch der Cholera unter der Mannschaft des Welf: selbst leidend und schwach, stand er — als echter Ritter des Johanniterordens, dessen ihm vom Könige von Preußen vor Beginn seiner Reise verliehenes Kreuz er stets bei festlichen Gelegenheiten als einzige Auszeichnung trug — den kranken Negern in liebevollster Weise bei, ordnete umsichtig Alles an, was ihre Leiden erleichtern, was dazu dienen konnte, die Gefahr von den Gesunden abzuwenden. Nicht minder edel, ein zweiter barmherziger Samariter, benahm er sich im Jahre 1860 auf seiner fluchtähnlichen Rückreise nach Kiloa, als er den von einer Schlange gebissenen Beludschen, welcher sogar von seinen Kameraden im Stiche gelassen und aufgegeben wurde, verband und verpflegte, obwol er wußte, daß dieser nicht zu den besten seiner Soldaten gehörende Mann ihn jedenfalls mit Undank belohnen würde, und obwol jede Stunde kostbar war.

Daß Decken sich mit den ränkevollen Küstenarabern nicht befreunden konnte, darf bei der Geradheit seines Wesens nicht befremden. Für die vertriebene Familie der heldenmütigen Msara hingegen, welche er in Takaungu kennen lernte, hegte er immer die größte Theilnahme und gönnte ihnen von Herzen, daß sie dereinst ihr verlorenes Erbe wieder erhalten möchten; leider war es ihm nicht vergönnt, das hoffnungsvolle junge Reich Witu kennen zu lernen, in welchem derartige Träume sich in schönerer Gestalt bereits verwirklicht haben. Mit Seid Madjid, dem Sultahn von Sansibar lebte er nicht auf besonders gutem Fuße, doch erhielt er von ihm durch Vermittelung der englischen und hanseatischen Konsuln immer bereitwilligst Briefe für die Statthalter des Küstenlandes, auf welches hauptsächlich sich die Macht dieses Fürsten erstreckt. Wichtigere Dienste, als der Sultahn ihm zu leisten vermochte, empfing er von den Befehlshabern der englischen und französischen Kriegsschiffe, welche er, mehr durch seine ritterliche Liebenswürdigkeit als durch die ihm von Europa aus gegebenen Empfehlungen, für sich gewonnen hatte. Ebenso stand er zu den anderen Europäern fast ausnahmslos im besten Verhältnisse, und ihnen, namentlich den Herren Witt und Schulz, den Inhabern des vormals hanseatischen Konsulates, verdankt er zahllose Gefälligkeiten.

Auf der Reise sorgte Decken in erster Linie für das Weiterkommen und den Lebensunterhalt der Karawane; bei astronomischen und anderen Messungen, in denen er wohlbewandert war, half er, so oft sein Beistand nöthig schien. Im Uebrigen hatte er vorzüglich das Studium von Sprache und Sitten der Völker, sowie als ausgezeichneter Jäger die hohe Jagd übernommen. Die reichen Sammlungen von Wirbelthieren und namentlich Vögeln, welche er heim schickte, verdanken wir fast ausschließlich seiner Geschicklichkeit. Weit mehr noch hätte er hierin übrigens leisten können, wenn er schon von Anfang an einen tüchtigen Präparator bei sich gehabt hätte (s. Vorwort zu Band III. 1., Zoologie).

Vor vielen anderen Entdeckungsreisenden zeichnete sich unser Baron durch seinen klaren, auf das Praktische gerichteten Sinn aus. So erbot er sich unter Anderem, eine Handels- und Missionsstation in dem trefflich gelegenen Dschaggalande zu errichten, von welcher aus dann weitere Unternehmungen bis zum Gebiete der Seen hin vorbereitet werden könnten; und deshalb auch legte er der Erforschung des Djubaflusses so viel Wichtigkeit bei. Es kam ihm bei seinen Reisen weniger darauf an, ungeheure Länderstrecken zu durchmessen, als Das nutzbar zu machen und festzuhalten, was einmal erforscht worden war. Seinem Vaterlande vor Allem, deutschem Handel und Gewerbfleiße wollte er durch seine Bemühungen Vortheile verschaffen. Vor 1866 jedoch mußte dieses sein Streben in den maßgebenden Kreisen unverstanden bleiben, sodaß er blos das Verdienst erringen konnte, sein Alles für einen edlen Zweck geopfert zu haben; wäre es ihm vergönnt gewesen, Deutschlands nationale Wiedergeburt mitzuerleben, so hätte er ohne Zweifel das Begonnene auch vollendet, seine großen Ideen verwirklicht.

Aus diesem Bestreben Deckens erklärt sich auch der Umstand, daß seine Routen sich auf einen verhältnißmäßig kleinen Raum beschränken. Dieses thut jedoch dem Werthe der Decken'schen Forschungen keinen Abbruch. Nur wer nicht vertraut ist mit den einzig dastehenden Schwierigkeiten des Reisens in Ostafrika, wird die Verdienste eines Pioniers der Kultur nach der Anzahl der von ihm zurückgelegten Meilen bemessen; der Kundige jedoch weiß, wie falsch dieser Maßstab ist. Zum Reisen gehört vor allen Dingen Glück, in höherem Maße als zu den meisten anderen Dingen. Wenn nun Einer mit Glück soviel erreicht wie von der Decken, so wird er sicherlich in der Geschichte der Geographie mit größter Anerkennung genannt werden; hat er aber, gegen ein wirklich ungewöhnliches Unglück jahrelang ankämpfend, solche Erfolge erzielt, dann hat er Anspruch auf unvergänglichen Ruhm und auf die Dankbarkeit der Nation, für deren Bestes er das Alles gethan. Und nicht nach dem Erfolge allein mißt sich das Verdienst, sondern auch nach dem Aufwande von Entschlossenheit, Ausdauer und Mühe, welche nöthig waren, um das klar vorgezeichnete Ziel zu erreichen.

Die Sammlungen des Reisenden sind von dessen Familie in nachahmenswerther Liberalität dem Berliner Museum überlassen worden; die Ergebnisse seiner Forschungen finden sich in dem wissenschaftlichen Theile (s. Vorwort zu Band II.) dieses Werkes niedergelegt, welchem auch, soweit Dies in den Plan des Ganzen paßte, eine Darstellung alles Dessen beigefügt wurde, was man bisher durch zerstreute Mittheilungen über jene Theile Ostafrikas erfuhr. Gelehrte, Reisende oder unternehmende Kaufleute, welche sich später mit diesen Ländern beschäftigen wollen, finden mithin in dem Decken'schen Reisewerke einen treuen Rathgeber, welcher sie nur in seltenen Fällen im Stiche lassen wird.

Es ist nun an Deutschland, Das praktisch auszunützen, was ihm der Reisende von der Decken und seine Familie geboten haben. Findet ihre mit sovielen theuren Menschenleben erkaufte Gabe Dank und Anerkennung, dann wird es auch nicht an Männern fehlen, welche sich auf ähnliche Weise Verdienste zu erwerben trachten. Von Schweizern und Oesterreichern wird bereits unter Führung eines der Gefährten Deckens ein Versuch zur Ausbeutung der neuerschlossenen, reichen Gebiete gemacht; es fehlt nur noch, daß die eigentlichen Erben sich des Vermächtnisses würdig zeigen!

II.

Deckens Begleiter auf der ersten Dschaggareise, der englische Geolog Richard Thornton, wurde geboren am 25. April 1838 zu Cottingley im Kirchspiele Bingley, Yorkshire, als zweitjüngstes der elf Kinder eines Gentleman von angesehener Stellung, welcher indessen bei seinem Tode im Jahre 1843 ein nur geringes Besitzthum hinterließ. Richard empfing seine erste Erziehung in dem Gymnasium von Bingley. Mannichfache Anregung gab ihm auch der nunmehr verstorbene Wundarzt Mr. William Ainley dort, ein durchgebildeter Naturforscher, welcher den zehnjährigen Schüler gelegentlich zu seinen Sammelspaziergängen einlud, ihm dann zum Dank für seine Bereitwilligkeit einen Einblick in seine Arbeitsstube gestattete, ihm Bücher lieh u. dgl. mehr. Hierdurch bekam Richard schon frühzeitig Geschmack an wissenschaftlichen Bestrebungen, und bald begann er, auf eigene Faust die malerische Umgebung seines Wohnortes mit ihren Wäldern und Moorflächen, Höhlen und Bergwerken, zu durchforschen.

Als Richard vierzehn Jahre alt war, siedelte er mit seiner Familie nach Bradford, sechs Meilen ostwärts von Bingley, über und besuchte nun die höhere Schule dieser Stadt. Auch hier trieb ihn die Liebe zu der Natur ins Freie. Seine Sonnabendferien benutzte er fast

Die Todten der Expedition.

Kinzelbach. Thornton.
Linck. Trenn.
Kanter. Hitzmann.

regelmäßig zu Ausflügen nach den ausgedehnten Eisenwerken, Kohlenminen und Steinbrüchen in der Nachbarschaft. Nebenbei beschäftigte er sich auch mit chemischen Studien.

Bis dahin war der junge Thornton in seiner Neigung zum Umherwandern nicht gestört worden, weil er immer ein guter und strebsamer Knabe gewesen war; seine Mutter hatte ihm gern, so oft er darum bat, das nöthige Geld zu kleinen Eisenbahnfahrten nach entfernteren Punkten gegeben: da er aber an den Sonntagen darauf immer sehr ermüdet und so zerstreut war, daß er oft aus der Kirche ging, ohne seinen Hut mitzunehmen, so entschlossen sich die Seinigen, Dem ein Ende zu machen, und schickten ihn in seinem fünfzehnten Jahre nach Buckinghamshire in ein Pensionat.

Im Oktober 1855 trat Thornton, der sich inzwischen für das Studium des Bergbaufaches entschieden hatte, in die königliche School of Mines. Hier zeichnete er sich in den verschiedenen Fächern sehr aus, sodaß der Präsident Sir Roderick Murchison auf ihn aufmerksam wurde. Auch in der Praxis des von ihm erwählten Berufes bildete er sich nach Kräften aus. So arbeitete er in den Ferien des Jahres 1856 sechs Wochen lang in den Bleiminen von Alston Moor in Cumberland; Ostern 1857 begleitete er den Professor Smythe auf einer Inspektionsreise nach den Zinnminen von Cornwall, in den Sommerferien aber durchwanderte er Schottland, besuchte die Kohlenbergwerke bei Newcastle und danach die Grubendistrikte von Leyborn, Barnard Castle und Middleton, und im Winter desselben Jahres betheiligte er sich mit Genehmigung des Schulvorstandes an der Landesvermessung in Kent.

Im folgenden Jahre erfüllte sich Thorntons sehnlichster Wunsch, eine Zeit lang in fernen Ländern reisen zu können: sein Gönner, Sir Roderick Murchison, hatte für ihn eine Anstellung als Geolog bei der Expedition erwirkt, welche Livingstone im Auftrag des Staates zur Erforschung des Sambesiflusses unternehmen sollte. Der junge Mann war damals zwanzig Jahre alt; begeistert für sein Fach, und ein Bewunderer seines nunmehrigen Chefs, konnte er die Zeit kaum erwarten, da seine Träume sich verwirklichen sollten. Niemand erschien besser für diese Stelle geeignet als er, denn außerdem daß er treffliche Kenntnisse besaß, war er überaus thätig und unternehmend und von Kindheit auf an Anstrengung und Entbehrungen gewöhnt; er hatte oft dreißig bis vierzig englische Meilen in einem Tage zurückgelegt und war ein ebenso guter Schwimmer wie Bootlenker. Alle seine trefflichen Eigenschaften hatte Richard sich einzig durch seine Willenskraft und Ausdauer erworben, ohne von seiner Familie hierin begünstigt zu werden; die Seinigen waren daher nicht wenig erstaunt, als sie ihn zu einer so ehrenvollen Stellung gelangt sahen.

Im März 1858 verließ Livingstones Expedition die Gestade Englands; im Juni darauf langte sie, nachdem sie unterwegs in Sierra Leone und am Kap der guten Hoffnung angelegt, an der Mündung des Sambesi an. Schon jetzt begannen die Schwierigkeiten der Reise. Es galt vorerst, nach Tete, dem künftigen Hauptquartiere der Expedition zu kommen. Das Fahrwasser des Flusses war trotz der günstigen Jahreszeit so schlecht, daß man hiermit bis zum November angestrengt zu thun hatte. Alle mußten mit Hand anlegen. Thorntons Aufgabe war es, Tiefenmessungen vorzunehmen und eine Karte des Flusses zu entwerfen; letztere ward am 10. Januar 1859 in der Londoner Geographischen Gesellschaft vorgelegt und brachte dem jungen Geologen viel Lobsprüche seitens des Vorsitzenden ein.

Nach der Ankunft in Tete hatte Richard vor Allem die zahlreichen Kohlenlagerstätten in der Umgegend (der portugiesische Statthalter bezeichnete ihm deren dreiunddreißig) zu untersuchen, weil diese möglicherweise für den Dampfer Livingstones von großem Nutzen werden konnten. Er ließ zunächst zwei Tagereisen von Tete, an dem Ufer des Morongosiflusses, einen Schacht graben. Seine Arbeiten wurden ihm, zumal da er damals weder Portugiesisch noch die Negersprache verstand, durch das Ungeschick und die Querköpfigkeit seiner eingeborenen Arbeitsmannschaft sehr erschwert. Die Leute weigerten sich, ihn nach den Orten zu führen, welche er besuchen wollte, weil ihnen der Befehl hierzu nicht vor Beginn der Reise gegeben worden war; andermal wieder verschwanden sie in Dörfern, wo ihre Bekannten wohnten, oder sie machten sich mit den Lebensmitteln aus dem Staube; sie bestritten sein Recht, ihnen Etwas zu befehlen, weil er es nicht wäre, der sie für ihre Dienste bezahlte; außerdem hatten sie abergläubische Bedenken gegen den Gebrauch der Meßgeräthe, welche Thornton auf jeder Bodenerhebung aufstellte, da sie meinten, er verscheuche dadurch die Wolken und sei somit Schuld an der Dürre, welche damals gerade herrschte.

Auch sein Gesundheitszustand beeinträchtigte den raschen Fortschritt seiner Untersuchungen. Oeftere Fieberanfälle, welche an Heftigkeit stetig zunahmen, sowie ein unerträgliches Hautjucken plagten ihn, und an Händen und Füßen hatten sich in Folge von Mückenstichen entzündliche Geschwüre gebildet. Dies bestimmte ihn endlich, nach Tete zurückzukehren. Hier angelangt, mußte er mehrere Wochen lang das Bett hüten. Seine Lage war eine sehr unangenehme: schlafen konnte er nur nach Opiumgenuß, und ärztliche Hilfe war nicht zu erlangen, weil Dr. Livingstone und Dr. Kirk nach dem gleichfalls zu untersuchenden Schireflusse abgereist waren. Bevor der Aermste noch genesen, traf indessen Livingstone wieder ein und überreichte ihm — ein officielles Schreiben, welches Thorntons Entlassung aussprach, „weil er seine Pflichten als Geolog der Expedition nicht erfüllt habe", und ihm den Bezug seines Gehaltes von vorigem 3. Mai an verweigerte!

Trotzdem setzte Thornton, als mit Beginn der kühleren Jahreszeit seine Gesundheit sich besserte, die Forschungen, welche Murchison ihm aufgetragen, bis zum 18. Juli fort. Dann schloß er sich den portugiesischen Elfenbeinhändlern Senhor Clementina und Senhor Manoel an, welche eben in Geschäften nach Sumbo reisen wollten und ihn freundlichst zur Theilnahme eingeladen hatten. Während der fast halbjährigen Dauer dieses Ausflugs erfuhr Thornton die größte Güte von Seiten dieser Herren. Nach ihrer Rückkehr nach Tete (2. Januar 1860) schenkte Clementina ihm sogar den Sklavenknaben, welcher ihn unterwegs bedient hatte. Dieser Neger, welcher nun Seguat d. h. „Gabe, Geschenk" genannt wurde, begleitete den Reisenden fortan auf allen seinen Ausflügen und begab sich nach dessen Tode freiwillig wieder zu seinem früheren Herrn Senhor Clementina.

Auf seiner Tour mit den Portugiesen hatte Thornton eine Skizzenkarte des Sambesi von Expeditions-Eiland in dem Arme Luabo bis eine Tagereise vor der Mündung des Kafueflusses ergänzt, mit Ausnahme einer Strecke von drei Tagemärschen zwischen Kebrabasa und Tschikova; ebenso hatte er unausgesetzt Winkel nach wichtigen fernen Punkten gemessen und eine Sammlung von Gesteinsarten zusammengebracht. Bei seinem weiteren Aufenthalte in Tete setzte er, durch ein Darlehen seines Freundes Clementina unterstützt, seine Forschungen in der Umgegend fort.

Der Beginn der heißen Jahreszeit gab den Reisenden seinen vorjährigen Leiden wieder preis. Zu ihnen gesellte sich ein sehr schmerzhaftes Augenübel, welches sich zu zeitweiliger Blindheit steigerte. Er wohnte damals, mit Seguat als einzigem Gefährten, in einem ärmlichen Hause fast ohne jegliches Wirthschaftsgeräth; und vor ihm lag die Aussicht, daß seine Forscherlaufbahn durch Verschlimmerung seines Leidens für immer beendigt werden könne. Dies Alles drückte seinen Geist nicht wenig nieder; doch seine Gesundheit besserte sich, als Dr. Kirk ihm später ärztlichen Beistand widmen konnte, und es ward ihm möglich, seine Ausflüge wieder aufzunehmen.

Er untersuchte nun die Schnellen von Kebrabasa und später die von Lupata. Hierbei gelangte er zu der Ueberzeugung, daß es zur Sicherung seiner Schlüsse nöthig sein würde, einige Punkte der Küste zu besuchen, und so entschloß er sich, den Sambesi vorderhand zu verlassen. Zu gleicher Zeit hoffte er auch, in minderer Abgeschiedenheit von der civilisirten Welt eher wieder einmal Kunde von den Seinigen zu erhalten, von denen er seit nahezu zwei Jahren Nichts gehört hatte, obwol sie ihm fast jeden Monat mit der Kap-Post geschrieben und ihm sogar eine vollständige, neue Ausrüstung geschickt hatten.

Am 12. December 1860 schiffte sich Thornton mit seinem Diener Seguat in Kilimane auf einem halbzerfallenen Schooner von etwa dreißig Tonnen Tragkraft ein; am 11. Januar 1861 erreichte er den Hafen von Mosambik. Hier genoß er einen Monat lang die Gastfreundschaft des portugiesischen Kaufmanns Soares; dann fand er Aufnahme auf der amerikanischen Bark „Persia", Kapitän Ashley, welche auf ihrem Wege nach Sansibar hier einlief. Am 2. März kam er in Sansibar an, wo der amerikanische Konsul Mr. Webb ihm für die Dauer seines Aufenthaltes sein Haus zur Verfügung stellte.

In Sansibar lernte Thornton den Baron von der Decken kennen, welcher sich eben für seine Reise nach dem Schneeberg Kilimandscharo vorbereitete. Wie Beide sich vereinigten, und was sie erreichten, ist im ersten Bande bereits ausführlich erzählt. Thornton arbeitete auch hier mit unermüdlichem Eifer; die Aufnahme des Kilimandscharogebietes, welche wir Band II. Karte I. den Lesern bieten können, verdanken wir größtentheils seinen Bemühungen, und nicht geringer ist sein Antheil an der geologischen Erforschung dieses Landstriches, deren Ergebnisse Dr. Sadebeck für Band III. III. des Decken'schen Reisewerkes zusammengestellt hat (s. auch Mémoire von Hassenstein daselbst).

Nach Beendigung dieser Reise faßte der junge Geolog den Plan, auf eigene Faust eine größere Anzahl von Küstenpunkten zu besuchen, um vollständig klar über die Struktur des Ostrandes von Afrika zu werden. Zu diesem Zwecke bestellte er sich in England eine neue Ausrüstung. Inzwischen unternahm er vom 25. Februar bis 12. März 1862 einen Ausflug nach dem Panganiflusse, welchen er schon Ende vorigen Jahres auf der Rückreise von Mombas berührt hatte; gegen Ende März aber wandte er sich wieder südwärts, da sich ihm Aussichten zu einem Ausgleich mit Livingstone boten.

Am 17. April kam Thornton in Mosambik an, sieben Wochen später in Schupanga. Hier brachte er vor allen Dingen erst seine schon früher begonnene Karte des Kilimandscharogebietes zum Abschluß. Anfang November endlich konnte er eine Durchzeichnung seiner Konstruktion nach Sansibar an den Baron senden, welchem er sie vor seiner Abreise noch versprochen hatte. Dann brach er am 7. November nach dem Innern auf, um die Gebiete nördlich vom Sambesi und westlich vom Schireflusse geologisch zu untersuchen; die im Lande herrschende Hungersnoth zwang ihn jedoch, noch vor Vollendung seiner Forschungen nach Tete zu eilen. Am 17. December dort angekommen, fuhr er am 2. Januar 1863 nach Schupanga zurück, als er vernahm, daß Livingstones neue Expedition in nächster Zeit erwartet würde. Livingstone war mit seinen beiden Dampfern „Pioneer" und „Lady Nyassa" bereits den Schire aufwärts abgereist; Thornton fuhr ihm daher in seinem eigenen Boote nach und holte ihn auch glücklich am 28. Januar in der Nähe der Elephant Marsh ein. Er begleitete ihn bis zum 23. Februar und wendete sich dann nach Mission Station. Da hier große Noth um Lebensmittel war, bot er sich an, über Land nach Tete zu gehen, um Schlachtvieh herbeizuholen; Rev. Rowley von der Mission schloß sich ihm an. Am 2. April kamen die Beiden mit mehr als hundert Schafen und Ziegen zurück; sie hatten unterwegs die größten Strapazen erdulden müssen, konnten sich jedoch an dem Bewußtsein erfreuen, ihre darbenden Kameraden aus Noth und Gefahr gerettet zu haben.

Der arme Thornton hatte sich leider zu viel zugemutet; denn als er neun Tage nach seiner Rückkehr von Tete wieder bei Livingstone an Bord des „Pioneer" eintraf, wurde er von Fieber und Dysenterie auf das Heftigste befallen, und bereits am 21. April war er seinen Leiden erlegen.

Sein berühmter Gönner, Sir Roderick Murchison, widmete dem so früh dahingeschiedenen, unermüdlichen Forscher die wärmsten Worte der Anerkennung; er rühmte ihm nach, daß wol nie ein einzelner Geolog in so kurzer Zeit soviel geleistet habe als sein junger Freund. Leider ist der geringste Theil von Thorntons Beobachtungen der Wissenschaft zu Gute gekommen; seine geologische Karte des Sambesigebietes ging mit einem Schiffe verloren, und in seinen Tagebüchern — elf dicke Foliohefte, welche sein Bruder und seine Schwester der Londoner Gesellschaft in Abschrift übergaben — liegt ein noch beträchtlicherer Schatz vergraben, wahrscheinlich für immer, da ihn kein Fremder wol wird heben können! Ueber siebentausend Messungen der Lage und Höhe von geographischen Punkten finden sich in jenen so mühsam gefertigten Aufzeichnungen, abgesehen von den zahllosen Bemerkungen über Gesteine und Bodenbau, von den erstaunlich genauen Beschreibungen des Landes und seiner Bewohner. Wäre es Thornton vergönnt gewesen, dieses Material zu verarbeiten, er würde sich einen der ersten Ehrenplätze unter den reisenden Naturforschern errungen haben!

III.

Ueber den Maschinisten Hitzmann und den Maschinenmeister Kanter, welche während der Djuba-Expedition ihren Tod fanden (s. S. 293 u. 337), können wir eine genauere biographische Mittheilung nicht geben; besser sind wir über den Bildungsgang des neben Kanter ermordeten Landschaftsmalers Eduard Trenn unterrichtet.

Trenn stammt aus einer unbemittelten Familie zu Görlitz in der preußischen Provinz Schlesien. Schon frühzeitig schwärmte er für die edle Malkunst. Die Verhältnisse gestatteten ihm jedoch nicht, seiner Neigung nachzuleben; er mußte an zeitigen Broterwerb denken und ward deshalb nach seiner Konfirmation zu einem Tischler in die Lehre gebracht. Der Gedanke, dereinst noch Maler zu werden, ließ ihm aber keine Ruhe und begeisterte ihn, nachdem seine Lehrzeit zu Ende, zu dem kühnen Entschlusse, mit einer Ersparniß von sieben Thalern nach Berlin zu wandern, um dort die Akademie zu besuchen!

Der neunzehnjährige junge Mann kannte die Welt gar wenig, als er in der fremden, großen Stadt ankam. Das ungewohnte Geräusch des dortigen Lebens betäubte und verwirrte ihn; nirgends sah er Rath und Hilfe, umsoweniger da er mehrere Tage lang nicht den Mut fand, die nöthigen Schritte zur Sicherung seiner Zukunft zu thun. Endlich zwang ihn die Noth dazu, denn seine kleine Baarschaft war bereits verzehrt. Als frommer Sohn Schlesiens suchte er Zuflucht bei der Kirche. Sein guter Stern führte ihn zu dem wackeren Prediger Noël, welcher sich des armen Kunstjüngers in der wohlwollendsten Weise annahm und ihm einen Platz in dem Atelier des ausgezeichneten Landschaftsmalers Eschke vermittelte.

So war denn Eduards sehnlichster Wunsch erfüllt, er konnte sich der Malerei widmen. Aber jetzt begannen für ihn Leiden anderer Art; ein Gespenst bedrohte ihn, welches er nicht kannte, so lange er noch auf dem goldenen Boden des Handwerks stand — der Hunger! Die Kunst bot ihm wol hohen Genuß, aber keinen Verdienst, und die Unterstützungen edelmütiger Gönner reichten nicht aus, ihn vor bitterem Mangel zu schützen. Der talentvolle, durch seinen angestrengten Fleiß ohnedies schon geschwächte Künstler brach zu wiederholten Malen aus Mangel an Nahrung ohnmächtig zusammen. Entmutigt aber wurde er durch so schlimme Erfahrungen nicht; sah er doch, daß er tüchtig vorwärts kam. Er verdoppelte vielmehr seine Anstrengungen und suchte den schulmäßigen Gang seiner Studien soviel als möglich zu beschleunigen, freilich nicht immer zur Zufriedenheit seiner akademischen Lehrer.

Drei Jahre lang hatte Trenn in Eschkes Atelier gearbeitet; dann versuchte er, auf eigenen Füßen zu stehen und Gewinn von der erlangten Fertigkeit zu ziehen. Sein allmählich zu schöner Entwickelung gekommenes Talent hatte sich vorzüglich im Fache der Landschaftsmalerei bewährt; es mußte ihm daher vor Allem daran liegen, Gelegenheit zu Naturstudien zu erhalten, ohne welche ja die begabteste Phantasie Nichts zu schaffen vermag. Das Glück kam seinen Wünschen entgegen. Ein vermögender Mäcenas nahm den jungen Maler als Begleiter auf einer Reise nach Kreuznach mit. Nach einigen angenehm verlebten Wochen jedoch fand der edle Mann, daß unter solchen Umständen der ihn sonst begleitende Bediente erspart werden könnte: er entließ also diesen und mutete dessen Dienste dem Künstler zu. Zum Glück war zufällig der berühmte Bildhauer Kauer auf Trenns Leistungen aufmerksam geworden; er erlöste den armen Maler aus der unwürdigen Stellung und versah ihn in edelster Weise mit Mitteln zu einer längeren Wanderung im Rheinthale. Eine Frucht dieser ersten Studienreise Eduard Trenns war unter Anderem das Oelgemälde „Buchenwald im Hundsrück", welches der Berliner Kunstverein ankaufte.

Ein zweiter Ausflug, und zwar nach dem schottischen Hochlande, gab Stoff zu drei großen Bildern in Oel, deren eines, „Schottische Strandlandschaft bei Sturm", der durch seine treffliche Privatgallerie bekannte Kaufmann Ertel in Breslau erwarb, das andere, „Mondscheinlandschaft nach schottischen Hochlandsmotiven", der Baron von Thiele-Winkler, das dritte, „Loch Leven", der Baron von Mitzschke-Kollande.

Um diese Zeit erfuhr Trenn, daß Baron von der Decken einen Maler für seine neue Reise nach Ostafrika zu gewinnen wünsche. Er meldete sich und ward unter mehreren Bewerbern als der geeignetste erwählt. Seine Freude war überaus groß: er sollte die wundervolle Natur der Tropen kennen lernen, und zwar in einer sehr angenehmen Stellung, welche ihm Ersparnisse ermöglichte, mit denen er die sich mühsam durch das Leben schlagenden Seinigen unterstützen konnte. Dazu fand er einen lieben Freund und Kameraden in dem gleichzeitig für das Decken'sche Unternehmen gewonnenen Dr. Linck. Beide junge Männer, welche wegen ihres liebenswürdigen und bescheidenen Wesens überall gern gesehen waren, verweilten bis zu ihrer Abreise noch einige Wochen in traulichem Beisammensein auf Melkhof bei Brahlstorf in Mecklenburg-Schwerin, einer der schönen Besitzungen von Deckens älterem Bruder Julius.

Auf der Insel Sansibar boten sich dem Pinsel Trenns die schönsten Stoffe. Er malte dort hauptsächlich in Wasserfarben und wußte sowol Bilder aus der Stadt und Umgegend wie Typen der Bevölkerung sehr wirkungsvoll darzustellen, wie die zahlreichen von ihm gefertigten Skizzen beweisen. Sein Talent erwarb ihm die besondere Gunst der in Sansibar weilenden Europäer, deren einige selbst sehr hübsch aquarellirten. Die Tage verflossen ihm auf das Angenehmste; nur störte ein Unwohlsein, zu welchem jedenfalls das sorgenvolle Leben seiner Studienjahre den ersten Grund gelegt, bisweilen sein Wohlbefinden, wennschon nicht in ernstlicher Weise.

Ganz anders war Dies später unterwegs, wo die Anregungen Sansibars ihm fehlten. Die Landschaften am Djubaflusse, die einförmigen Uferwälder und Grasebenen dort, täuschten ihn offenbar in seinen Erwartungen; er mußte sich hier mit der unbestimmten Hoffnung trösten, daß die Hochlande des oberen Djuba ihn hierfür entschädigen würden. Aber auch körperlich besaß Trenn die alte Frische nicht mehr; er genoß sehr wenig, und nur sehr leichte Speisen, und fühlte sich fortwährend abgespannt. Dennoch wußte Niemand recht, was ihm eigentlich fehlte, da weder Fieber noch Dysenterie, die gewöhnlichsten Krankheiten jener Gegenden, sich bei ihm kundthaten — er siechte langsam dahin, vielleicht an einem Leberleiden, seiner gelben Hautfarbe nach zu schließen.

In diesem Zustand ereilte ihn der Tod von Mörderhand. Die Kunst verlor in ihm eine tüchtige Kraft, deren Streben vollste Anerkennung verdient, seine Familie ihre beste Stütze, denn Eduard Trenn war der Stolz und die Hoffnung der Seinigen. Das Andenken an den liebenswürdigen Künstler aber lebt fort bei Allen, welche ihn kannten.

IV.

Trenns lieber Freund, Dr. med. Hermann Albert Linck, der Arzt der Djuba-Expedition, wurde am 10. December des Jahres 1839 zu Danzig geboren. Er war der zweite Sohn einer unbemittelten Familie, welche in stiller Zurückgezogenheit lebte und sich mit aller Hingebung der körperlichen und geistigen Pflege ihrer Kinder widmete. Als sechsjähriger Knabe trat er in die damalige höhere Bürgerschule zu St. Petri und Pauli ein und machte hier, getrieben von seiner Lernbegierde, unter der sorgsamen Leitung trefflicher Lehrer die erfreulichsten Fortschritte, bis er in seinem vierzehnten Jahre die Reife für die Prima dieser Schule erlangt hatte.

Mit seiner mehr und mehr hervorgetretenen Befähigung hatte sich in ihm eine entschiedene Neigung für das Studium der Wissenschaften ausgebildet. Seine Eltern kamen seinen Wünschen entgegen und ließen ihn vom Jahre 1853 an das Danziger Gymnasium besuchen. Er fand sich bald in die neue Bahn hinein; seine Strebsamkeit, verbunden mit einem guten Humor, machte ihm alle Anstrengungen leicht und ließ ihn rasch vorwärts kommen, sodaß er Ostern 1859 die Abgangsprüfung mit Auszeichnung bestehen konnte.

Der junge Linck hegte den Wunsch, sich der Heilkunde zu widmen, hätte jedoch jedenfalls hiervon abstehen müssen, wenn ihm nicht eine außerordentliche Unterstützung zu Theil geworden wäre: er fand auf Grund seines günstigen Reife-Zeugnisses und der gütigen Verwendung einflußreicher Gönner Aufnahme in das Königliche medicinisch-chirurg. Friedrich-Wilhelms-Institut zu Berlin und erhielt durch die Fürsorge edler Männer seiner Vaterstadt aus verschiedenen Stiftungen Stipendien, welche zur Deckung der übrigen Bedürfnisse ausreichten.

Mit froher Zuversicht verließ er im April des Jahres 1859 das elterliche Haus und begab sich, begleitet von den Segenswünschen seiner Eltern und Geschwister, nach Berlin, seinem neuen Bestimmungsorte. Auch hier lag er seinen Studien in gewissenhafter Weise ob; durch seine Tüchtigkeit erwarb er sich das Wohlwollen aller seiner Lehrer, und nicht selten erhielt er durch Prämien und ähnliche Aufmunterungen die schmeichelhaftesten Beweise hiervon. Bei allem Ernste indessen, welchen sein Studium von ihm forderte, besaß er einen nicht leicht zu trübenden Frohsinn; durch diesen sicherte er sich die Freundschaft seiner zahlreichen Kommilitonen, in deren geselligen Kreisen er niemals fehlen durfte. Seine Heiterkeit sowie sein anspruchsloses, von jeder Selbstüberhebung freies Gemüt verschafften ihm auch die Zuneigung manches hochstehenden Gönners.

Zu Anfang des Jahres 1863, nach seiner Doktor-Promotion, trat Linck in die Charité, um hier eine praktische Schule durchzumachen und sich zu seinem Staats-Examen vorzubereiten. Unter angestrengter Arbeit, welche aber durch manchen glücklichen Erfolg und durch lohnende Erkenntniß versüßt wurde, überwand er das letzte Jahr seiner Studien und wurde im Februar des Jahres 1864 im zweiten Garde-Regiment zu Fuße als Unterarzt angestellt. Die Staatsprüfung bestand er im April desselben Jahres zur Zufriedenheit seiner Vorgesetzten und diente dann als Assistenzarzt in demselben Regimente weiter.

Mittlerweile war ihm die Nachricht zugegangen, daß Baron von der Decken einen Arzt und Zoologen als Reisebegleiter suche. Die lockende Aussicht, in dem fernen Ostafrika ein neues und ergiebiges Feld für seinen wissensdurstigen Geist zu finden, sowie wol auch die Hoffnung, in solcher Stellung Etwas für die Seinen zu erübrigen, welche durch ein schweres Augenleiden seines Vaters hilfsbedürftig geworden, ließen in ihm den Entschluß reifen, sich um die erwähnte Stellung zu bewerben. Es hatten sich Viele gemeldet, doch die Wahl fiel auf ihn, und es gelang, wenngleich nicht ohne Mühe und nur durch Verwendung einflußreicher Gönner, von Sr. Majestät dem Könige den erforderlichen dreijährigen Urlaub zu erhalten. Am 1. Mai trat er aus seinem bisherigen Dienstverhältnisse. Dem Drange seines Herzens folgend, eilte er zuvörderst nach seiner Heimat, um seine Eltern und Geschwister zu beruhigen, welche höchst niedergeschlagen waren und nur ungern in seine Theilnahme an einer so gefahrvollen Reise willigten. Nach einem Aufenthalte von wenigen Tagen schied er mit schwerem Herzen von seinem beinahe erblindeten Vater und seiner schmerzerfüllten Mutter, in der Hoffnung, sie nach drei Jahren wiedersehen und ihnen dann eine kräftige Stütze werden zu können.

Linck fand in Sansibar viel Gelegenheit, seine Kenntnisse zum Besten leidender Mitmenschen zu verwerthen und lehrreiche Erfahrungen über klimatische Krankheiten zu sammeln. Außerdem legte er botanische und zoologische Sammlungen an und übte sich auf die meteorologischen, magnetischen und andere Beobachtungen ein, welche er während der Reise übernehmen sollte.

Das Festland lernte er zuerst bei Gelegenheit der Untersuchung des Osiflusses in der Formosa-Bai kennen. Später begleitete er den Baron fast regelmäßig auf seinen Ausflügen, und überall war er eifrig bedacht seine Kenntnisse zu vermehren, die Sammlungen der Expedition zu bereichern. Er war eines der nützlichsten Mitglieder der Reisegesellschaft. Unschätzbar war sein ärztlicher Beistand während der Cholerazeit und bei bisweiligen Erkrankungen Einzelner. Seine und Deckens magnetischen Inklinations- und Intensitätsbeobachtungen in Tula, Jumbo u. s. w. sind höchst werthvoll. Außerdem muß seine Betheiligung an der Vermessung des Djubaflusses, bei welcher er die Geschwindigkeitsbestimmungen übernahm (s. Hassensteins Mémoire in Band III., III. des Reisewerkes), lobend anerkannt werden. Die zu dieser Zeit von ihm gesammelten Pflanzen und Thiere gingen leider in Folge des Ueberfalles oberhalb Bardêra verloren.

Noch weit mehr würden Lincks Verdienste hervorgetreten sein, wenn die Expedition in gewünschter Weise hätte fortgesetzt werden können. Doch der strebsame, unermüdlich thätige junge Mann, welcher, gleich Trenn, dereinst der Trost seiner Angehörigen werden sollte, erlag einem gemeinen Mörder! Der 4. Oktober ist sein wahrscheinlicher Todestag, sein Grab ist vermutlich, wie dasjenige Deckens auch, der Djubafluß.

V.

Es bleibt uns noch die traurige Pflicht, eines nicht minder unglücklichen Mannes zu gedenken, welcher sein Leben daran setzte, um Gewißheit über das Schicksal Deckens und Lincks zu erlangen — Theodor Kinzelbachs.

Gottlob Theodor Kinzelbach wurde am 25. Juni 1822 in Stuttgart geboren. Sein Vater war der auch in weiteren Kreisen durch seine physikalischen und gewerblichen Apparate rühmlichst bekannte Hofmechanikus Kinzelbach.

Theodors Erziehung war hauptsächlich darauf berechnet, den jungen Mann für die dereinstige Uebernahme des väterlichen Geschäftes tüchtig zu machen. Er wurde deshalb in die polytechnische Schule zu Stuttgart geschickt, während er zugleich seine Lehrzeit im elterlichen

Hause bestand. Behufs weiterer Ausbildung arbeitete er dann zu Aarau in der Schweiz in der bekannten Werkstätte des Mechanikers Kern, und später, vom Jahre 1845 an, in einer größeren mechanischen Fabrik Londons. Im Jahre 1847 kehrte er nach seines Vaters Wunsche zu dessen Unterstützung nach Hause zurück. Bald danach fing er an, auf eigene Rechnung mathematische Instrumente für Südamerika zu fertigen, was er indessen wegen der ungünstigen politischen Verhältnisse dort wieder aufgeben mußte.

Während seines Aufenthalts im Auslande hatte Kinzelbach sich tüchtige Sprachkenntnisse erworben. Der Wunsch, sich weiter in der Welt umzusehen, mag schon zu dieser Zeit in ihm entstanden sein, wennschon sich erst später hierzu Gelegenheit bot; damals beherrschte ihn ein niemals befriedigter Trieb nach religiöser Erkenntniß und Erforschung geheimer Naturkräfte, welcher ihn unter Anderem auch veranlaßte, in den Bund der Freimaurer einzutreten. Ebenso widmete er sich mit ganz besonderem Eifer dem Studium des thierischen Magnetismus und der Phrenologie; seine hierauf gerichteten Experimente, welche er mehrere Jahre lang mit einem Freunde anstellte, erregten sogar ungewöhnliches Aufsehen und brachten ihn mit vielen interessanten Persönlichkeiten in nähere Berührung, mit Gelehrten der verschiedensten Fächer und mit Personen aus den höchsten Ständen.

Neben diesen mannichfachen Beschäftigungen vertiefte er sich auch in das Studium der orientalischen Sprachen, und Dies namentlich brachte wol endlich den Wunsch in ihm zur Reife, das Morgenland aus eigener Anschauung kennen zu lernen. Er wendete sich zu diesem Zwecke nach Konstantinopel, eröffnete hier ein Geschäft in optischen Artikeln und suchte zugleich, deutschen Industrie-Erzeugnissen Eingang zu verschaffen. Der Krimkrieg vereitelte jedoch sein Unternehmen; er gab es auf und nahm danach, durch seine Kenntniß der italienischen Sprache hierzu empfohlen, eine Stellung auf der Kanzlei des österreichischen Konsulates an. Schwärmend für orientalische Lebensweise und Sitten, besuchte er von Konstantinopel aus Jerusalem, Damaskus und andere Orte des gelobten Landes. Erst 1859, als sein Vater gestorben war, kehrte er in die Heimath zurück, doch nur um sich mit noch größerem Eifer auf die Erlernung der Sprachen des Ostens, namentlich des Neugriechischen und Arabischen, zu verlegen.

Im Jahre 1861 wurde er vom Hofrath Dr. Theodor von Heuglin veranlaßt, sich der Deutschen Expedition zur Aufsuchung Vogels anzuschließen. Mit Begeisterung nahm er das verlockende Anerbieten an, und bald war er mit den Höhenmessungen, astronomischen und meteorologischen Bestimmungen, welche er während der Reise übernehmen sollte, vollständig vertraut. Was er im Verein mit Heuglin und später mit Werner Munzinger leistete, ist allzu bekannt, als daß wir darauf zurückzukommen brauchten; nur erwähnen wollen wir, daß er sich der übernommenen Aufgabe mit größter Treue und Gewissenhaftigkeit hingab. Mit sehr geschwächter Gesundheit, noch leidend am afrikanischen Fieber, traf er im Jahre 1862 wieder in Stuttgart ein, und nur sehr langsam erholte er sich von den erduldeten Strapazen.

In dieser Zeit lernte Kinzelbach seine spätere Frau, eine Engländerin Namens Louise Storry kennen. Nach seiner Verheirathung mit ihr siedelte er im Jahre 1864 nach Kairo über. Ein Handelsgeschäft, welches er hier begann, entsprach seinen Erwartungen nicht, sodaß er daran dachte, Haus und Geschäft wieder aufzugeben. Da stellte ihm der preußische Konsul Dr. Brugsch das Anerbieten, im Auftrage der Fürstin von Pleß das Schicksal des vermeintlich im Somalilande ermordeten Baron Carl von der Decken zu erforschen. Diese Aufgabe hatte sehr viel Reiz für ihn; weder Schwierigkeiten und Gefahren, noch Rücksichten auf die Seinigen hielten ihn ab, seine Bereitwilligkeit hierzu zu erklären. Im September 1866 trat er die Reise an; seine Frau ließ er in Kairo zurück.

Von Kinzelbachs weiteren Erlebnissen bis zu seinem Tode in Geledi sowie von dem Erfolge seiner Bemühungen ist schon des Längeren die Rede gewesen; die vortrefflichen Eigenschaften seines Herzens hervorzuheben, hatten wir jedoch noch nicht Gelegenheit. Er besaß eine wirklich seltene Herzensgüte und Aufopferung, nicht nur gegen Freunde, sondern überhaupt gegen Alle, mit denen er irgendwie in Berührung kam. Von edelster Gesinnung und Handlungsweise, wurde er selbst durch bittere Erfahrungen nicht irre gemacht in seinem guten Glauben an die Menschheit. Er beleidigte absichtlich nie Jemand und war ebensowenig einer Beleidigung durch Andere zugänglich. Sein urwüchsiger, nie zu trübender Humor wird Allen, welche in nähere Berührung mit ihm kamen, unvergeßlich bleiben. Gefahr kannte er eigentlich nicht, wie er auch auf seinen Reisen nie eine Waffe bei sich führte. Was er sich einmal vorgenommen, führte er mit eiserner Willensfestigkeit aus. Dazu war er äußerst mäßig und bescheiden und wußte sich mit den nothwendigsten Lebensbedürfnissen zu behelfen. Sein Freund Werner Munzinger sagt über ihn: „Was Kinzelbach im hohen Grade auszeichnet, ist ein von tiefem psychologischen Interesse geschärfter Blick in das Leben der Menschen, welcher sieht und unterscheidet, wo eines Anderen Auge rastlos weggleitet; unschätzbar war mir sein durchaus zuverlässiger, goldener Charakter, gepaart mit einem göttlichen Humor.“

Bemerkt sei noch, daß Frau Fürstin von Pleß, Kinzelbachs Auftraggeberin, durch Aussetzen einer Pension für die Witwe des Unglücklichen sorgte.

Datumanzeiger.

Vorbemerkung: Falls die Zahlenangaben des Textes und des Datumanzeigers einmal nicht übereinstimmen, sind letztere als die richtigen zu betrachten.

Roschers Reisen.

1859. September. Albrecht Roschers Ankunft in Sansibar.
6. Febr. — 24. April 1859. Küstenwanderung.
25. Aug. Abreise von Kiloa.
19. Nov. Ankunft am Niassasee.
Vier Monate Aufenthalt in Nusewa.
1860. 17. März. Rückreise nach dem Ruvuma.
19. März. Ermordung Roschers zu Kisunguni.

---

v. d. Deckens erster Versuch.

28. Juli. Baron Carl Claus v. d. Deckens Ankunft in Sansibar mit seinem Diener Koralli.
30. Sept. Deckens Abreise nach Kiloa.
13. Okt. Versammlung der Häuptlinge zu Kiloa.
19. Okt. — 2. Nov. 1860. Beludschen von Sansibar geholt.
23. Nov. Abreise von Kiloa nach dem Inneren.
18. u. 19. Dec. 1860 in Mesule, Deckens fernstem Punkte.
1861. 1. Jan. Wiederankunft in Kiloa. Krank am Fieber; später Abreise nach Sansibar.

* * *

22. Febr. Von Sansibar nach Mombas.
24. Febr. Ausflug nach Kisoludini und
3. März. Rückkehr nach Sansibar, nach Besuch des Panganiflusses.
2. März. Richard Thorntons Ankunft in Sansibar.

Erste Dschaggareise.

28. Mai. v. d. Deckens und Thorntons Abreise nach Mombas.
Ausflüge in der Umgegend von Mombas.
14.—16. Juni. Thornton nach den Antimonlagerstätten von Maweni im Dorumalande.
28. Juni. Abreise von Mombas.
4. Juli. Lager am Fuße des Kilibassi.
5. Juli. Ankunft an dem Kadiaro.

1861. 7. Juli. Besteigung des Berges bis zur Höhe von 4000 Fuß.
10. Juli. Feindseligkeiten der Wateita.
11. Juli. Abreise.
12. u. 13. Juli. In der Wildniß ohne Wasser.
14. Juli. Den Schneeberg Kilimandscharo zum ersten Male gesehen; Lager am sog. Elephantenflusse.
15. Juli. Ankunft am Paregebirge.
17. u. 18. Juli. In Kisuani.
20. Juli. Ankunft am See Jipe; Marsch längs des Ostufers.
22. Juli. Ankunft in Dafeta.
24. Juli. Messungsausflug nach einem Hügel (Stat. XIX.).
26. Juli. Abreise.
27. Juli. Ankunft in Kilema.
3. u. 4. Aug. Ausflug nach dem Süd- und dem Nordhügel.
8.—11. Aug. Besteigung des Kilimandscharo bis zur Höhe von 8000 Fuß.
17. Aug. Abreise, Weg durch die Ebene.
20. Aug. Ankunft in Madschame.
29. Aug. Erster Aufbruch und Rückkehr.
31. Aug. Nach dem Grabhügel des Manki.
5. Sept. Nachts 1 Uhr. Abreise, Weg durch die Ebene.
8. Sept. Wiederankunft in Dafeta.
12. Sept. Abreise.
13. Sept. Zweite Ankunft in Kilema.
16. Sept. Abreise.
16. Sept. Zum dritten Male in Dafeta.
20. Sept. Abreise.
Marsch längs des See Jipe, großartige Jagd.
24. Sept. An den Ngurunga (Wasserlöchern) und wieder in Kisuani.
25. Sept. Wieder in dem alten Lager an den Parebergen.
26. Sept. Thorntons Messungsausflug nach Stat. XLV.
28. Sept. Abreise von Pare und Ankunft in Gondja.
29. Sept. In Mbaramu. Folgenden Tags Thornton nach Stat. XLVIII.
2. Okt. Abreise.
6. Okt. Ankunft in Wanga an der Küste.
8. Okt. Abreise nordwärts.
11. Okt. Wiederankunft in Mombas.
15.—18. Okt. In Kisoludini bei Rebmann.
Decken und Koralli krank.
31. Okt. Abreise von Mombas und Ankunft in Takaungu.
1.—3. Nov. In Malindi.
4. Nov. Wieder in Takaungu.
7. Nov. Abreise.
8. Nov. Rückkunft nach Sansibar.

* * *

1862. Januar? v. d. Deckens Ausflug nach Bagamoio und Magagoni an der Küste gegenüber Sansibar.
Febr. u. März. Besuch in Minterano und Kanatsi an der Westküste von Madagaskar.
Juli. Otto Kerstens Ankunft in Sansibar.

Zweite Dschaggarreise.

1862. 19. Aug. Abreise von Sansibar nach Mombas.
20. Aug.—2. Okt. Aufenthalt in Mombas.
Verschiedene Ausflüge auf der Insel und dem benachbarten Festlande.
3. Okt. Abreise von Mombas. Wanderung südwärts längs der Küste.
7. Okt. Ankunft in dem Küstenstädtchen Wanga.
9. Okt. Abreise nach dem Inneren.
14. Okt. Ankunft in Mbaramu.
Vereinigung mit dem Elephantenjäger Msuskuma.
17. Okt. Abreise über Gondja und das frühere Lager am Paregebirge.
19.—21. Okt. In Kisuani.
22. Okt. Abreise über die Ngurunga.
23. Okt. Das Südende des See Jipe erreicht.
24. Okt. Ankunft im Usangagebiete am Fuße der Ugonoberge.
26. Okt. Ausflug auf das Gebirge.
27. u. 28. Okt. Lager am Westufer des See Jipe.
Fahrt über den See mittelst des eisernen Bootes.
29. u. 30. Okt. Lager am Nordende des Sees, jenseit des Abflusses.
Trennung von Msuskuma. Nachrichten aus Dafeta geholt.
2. Nov. Ankunft im Aruschagebiete im Lande der Masai.
3. Nov. Erster Lagerplatz.
4. Nov. Zweiter Lagerplatz näher den Aruschabergen.
Vergebliche Verhandlungen wegen der Weiterreise nach Westen.
14. Nov. Abreise.
15. Nov. Ankunft in Uru im Dschaggalande.
Vergebliche Verhandlungen wegen Besteigung des Kilimandscharo.
20. Nov. Abmarsch unter Feindseligkeiten der Eingeborenen; Weg durch die Ebene.
22. Nov. Ankunft im Dschaggareiche Kilema.
Lager neben dem Elephantenjäger Msuskuma. Messungsausflüge.
27. Nov. Abends. Aufbruch nach dem Kilimandscharo.
29. Nov. Die Höhe von 14000 Fuß erreicht.
1. Dec. Rückkunft nach Moschi.
4. Dec. Abreise; Weg nördlich von Dafeta hin.
6. Dec. Lager am Südende des See Jipe.
Briefe nach der Küste durch eine Karawane aus Pangani befördert.
Leute nach Usanga nach Proviant ausgeschickt.
8. u. 9. Dec. Messungsausflug nach den Hügeln am See.
11.—13. Dec. Lager am Ostufer des Sees, nördlich von den Messungshügeln.
14. Dec. Abmarsch nach der Küste.
16. u. 17. Dec. Lager am Fuße der Buraberge. Schlechter Markt.
19. u. 20. Dec. Lager am Fuße der Ndaraberge.
22. Dec. Ankunft an den zweiten Ngurunga.
24. Dec. Das Wanika-Wakambadorf Mamangaro im Kiriamagebiete erreicht.
26. Dec. Rückkunft nach Mombas.
30. Dec. Wieder in Sansibar.

* * *

1863. März. v. d. Decken besucht Lamu(?), Ibo und die Komoreninsel Johanna auf dem englischen Kriegsschiffe „Gorgo".

Projektirte Madagaskarreise.

11. April. Abfahrt an Bord des „Pleiad" nach den Seschellen.
24. April. Ankunft in Port Victoria auf der Insel Mahe (Seschellen).
22. Mai. Weiterfahrt auf dem P. & O. Dampfer „Nepaul".
27. Mai. In Port Louis (Mauritius).
28. Mai. Ankunft in St. Denis, Hauptstadt der Insel Réunion oder Bourbon. Nachricht von den Unruhen auf Madagaskar erhalten, Reise dorthin aufgegeben. St. Denis und Umgegend kennen gelernt.
5. Juni. Koralli stirbt, wird am folgenden Tage auf dem Kirchhofe zu St. Denis begraben.
20.—24. Juni. Tour de l'Isle.
29. Juni—9. Juli. Reise nach Salazie. (3.—5. Juli: Kerstens Besteigung des Piton des Neiges, 8. Juli: Besuch der Source Pétrifiante.)
15.—20. Juli. Quer durch die Insel (von Salazie nach Cilaos, über St. Louis und die Léproserie zurück).
30. Juli—4. Aug. Kerstens Besuch der Plaine des Palmistes und Besteigung des Vulkans (3. Aug.).
Inzwischen Besuch des Barons auf der Insel Mauritius.
7. Aug. Abfahrt von St. Denis auf dem „Nepaul".
12. Aug. Wiederankunft auf den Seschellen (Port Victoria).
Der Baron reist nach Europa weiter, um seine neue Expedition besser betreiben zu können; Kersten kehrt nach einigem Aufenthalt nach Sansibar zurück.
? Aug. Kerstens Rückkunft nach Sansibar.

* * *

26. Okt.—15. Nov. Grandidiers und Kerstens Ausflug nach der Küste (Wanga, Kiluluhügel bei Muoa, Jomboberg).
Später: Ausflug nach dem Kinganiflusse und Bagamoio mit Grandidier und den Officieren der „Licorne".

Komororeise.

1864. 20. Febr. Kerstens Abreise von Sansibar an Bord eines arabischen Küstenschiffes. Fünftägige Fahrt längs der Küste.
26. Febr. Sturm; vom Reiseziele verschlagen.
1. März. Ankunft auf der Insel Nossibé an der Nordwestküste von Madagaskar. Langes Warten auf eine Reisegelegenheit.
18.—20. März. Ausflug nach den Kraterseen im Inneren.
7. April. Abreise.
10. u. 11. April. In Murunsanga an der madagassischen Küste südlich von Nossibé. Besuch der Hova-Festung Andufa.
18. April. Ankunft in Fumboni auf der Komoroinsel Moali (Moheli oder Mohilla).
24. u. 25. April. Quer durch die Insel nach dem Südhafen Niumaschua.
26. April. Abreise.

1864. 27. April. Ankunft in Kitanda Mdjini, Hauptstadt der Insel Angasija oder Großkomoro.

Verschiedene Ausflüge in der Umgegend.

5. Mai. Die Stadt Mroni südlich von Kitanda besucht.

6. Mai. Die Stadt Dsujini nördlich von Kitanda auf dem Berge besucht.

18.—21. Mai. Besteigung des Vulkans.

26.—29. Mai. Fahrt längs der Westküste nach Tanihuli im Nordwesten der Insel und zurück nach Kitanda.

9. Juni. Messungen auf dem Berge Irrehabu.

20. Juni. Abreise.

21.—24. Juni. Im Küstendorfe Mnasi nördlich von der Mündung des Ruvuma.

27.—30. Juni. Auf der Insel Schole von der Mafiagruppe.

Messungsausflüge.

1. Juli. Nach Drene an der Westküste von Mafia.

2. Juli. Abreise.

4. Juli. Rückkunft nach Sansibar.

* * *

1. Sept. Baron v. d. Deckens und Kapitän von Schickhs Ankunft in Sansibar.

Kleinere Ausflüge.

30. Nov. Ankunft der neuen Expeditionsmitglieder und der Ausrüstungsgegenstände auf dem O'Swald'schen Barkschiffe „New-Orleans".

18. Dec. Beginn des Aufbaus von Deckens Flußdampfer „Welf".

1865. 3. Jan. Welf fertig aufgestellt; mit dem Nieten angefangen.

8. Febr. Der Baron mit Dr. Linck und Brenner auf dem französ. Kriegsschiffe „Loiret" nach der Formosa-Bai.

11. Febr. Die Barre des Osiflusses auf Deckens kleinem Dampfer „Passepartout" passirt.

Aufenthalt in der Stadt Kau. Entdeckung des Belondsoni-Kanales, welcher die Flüsse Osi und Dana verbindet; die „Stadt" Tscharra am Dana besucht (14. Febr.).

16. Febr. Die Mündung des Danaflusses entdeckt.

17. Febr. Wieder an Bord des „Loiret".

20. Febr. Rückkunft nach Sansibar.

26. Febr. Kerstens Heimkehr nach Europa.

Djubaexpedition.

15. Juni. Abfahrt des Welf im Geleite des englischen Kriegsdampfers „Lyra".

17. Juni. Vor Lamu geankert. 19. Juni. Weiterfahrt.

20. Juni bis 11. Juli. Vor Anker bei der Insel Tula.

22. Juni. Jagdausflug nach dem Festlande mit den englischen Officieren.

24.—28. Juni. Untersuchung des Tulaflusses mittelst des „Passepartout".

28. Juni. Abfahrt der „Lyra".

30. Juni—2. Juli. Untersuchung des Schambaflusses.

1865. 4.—8. Juli. Ausflug nach den kleinen Seen eine Tagereise von der Küste.

8. Juli. Die Cholera bricht aus an Bord des Welf.

12. (13.?) Juli. Abfahrt von Tula.

12.—23. Juli. Halt bei der Insel Kiama; der Baron erkrankt gefährlich.

18. Juli. Der letzte Cholerakranke stirbt.

24.—28. Juli. In Refuge Corner bei Kismaio oder Kap Bissel.

25. Juli Nachts 2 Uhr. Der Welf treibt auf den Strand, kommt bei der nächsten Flut mit großem Schaden wieder frei. Ausbesserung des Welf und Passepartout.

27. Juli. Der Baron mit Linck nach der Mündung des Djubaflusses.

28. Juli. Ankunft in der Somalistadt Jumbo. Linck kehrt zum Dampfer zurück.

29. Juli. Der Welf passirt die Barre des Djubaflusses. Der Passepartout verloren, Maschinist Hitzmann ertrunken!

1. Aug. Lager oberhalb Jumbo am rechten Ufer des Flusses bezogen.

6. „ Decken besucht die Djubainsel und Stadt Dschungoni.

10. „ Mündung des Flusses von dem Baron, Schickh und Deppe aufgenommen.

13. Aug. Große Jagd in der Grasebene am rechten Ufer.

15. Aug. Abreise von Jumbo; Fahrt stromaufwärts; Stat. I. bei Gosch.

16. u. 17. Aug. Vor Hindi (Stat. II.).

18.—20. Aug. Vor Manamsunde (Stat. III.); Holz eingenommen.

21. u. 22. Aug. Bei dem ersten Wabunidorfe; Holz eingenommen auf Stat. IV.

23. Aug. Die Linie passirt. Weitere Wabunidörfer erreicht; Holz eingenommen auf Stat. V.

25. u. 26 Aug. Stat. VI. in 0° 48′ N. Br. erreicht; Holz eingenommen.

27. „ Festgefahren oberhalb Wegere; nach Ausschiffen der Kohlen am folgenden Tage wieder frei. Holz eingenommen. Halt bis 30. Aug. (Stat. VII.).

31. Aug. bis 4. Sept. Auf Stat. VIII. Deppes und Theiß' Verirrung.

5.—9. Sept. Kurze Fahrten, öfteres Aufsitzen und Holzeinnehmen.

9. u. 10. Sept. Holzstation XII.

11. u. 12. „ Holzstation XIII.; viel verwitterter Kalkstein an den steiler gewordenen Ufern.

13. u. 14. Sept. Halt oberhalb Anole (Stat. XIV.). Kanter und Linck besteigen einen Hügel am linken Ufer.

15. Sept. Gutes Fahrwasser; 16. Sept. Holz eingenommen auf Stat. XV.

17. „ Letzte Station vor Bardēra erreicht; 18. Sept. Halt für magnetische Beobachtungen. (Stat. XVI.)

19. Sept. Ankunft in Bardēra. (Stat. XVII.)

23. Sept. Streit mit dem Sultahn wegen des Verkaufs von Lebensmitteln, Ausgleich am folgenden Tage.

25. Sept. Ankunft vor den Stromschnellen nach vierstündiger Fahrt.

26. „ Der Welf fährt fest, ohne wieder loskommen zu können; Lager am rechten Ufer des Flusses aufgeschlagen.

1865. 28. Sept. Der Baron fährt mit Linck und sieben Leuten in seiner Gig nach Bardêra zurück, um Lebensmittel zu beschaffen und die Weiterreise vorzubereiten. Ankunft gegen Mittag.

30. Sept. Decken hört von dem beabsichtigten Ueberfall und bricht mit Linck und vier Negern nach den Stromschnellen hin auf, kehrt aber halbwegs am 1. Okt. nach Bardêra zurück, während Linck mit Einem Manne (Soliman) weitergeht.

1. Okt. Ueberfall des Lagers, Ermordung von Trenn und Kanter. Die fünf übriggebliebenen Europäer flüchten sich mit acht Negern der Expedition im Großboote stromabwärts und fahren gegen Mitternacht an Bardêra vorbei; einige Neger, welche sich nach dem linken Ufer gerettet haben, wandern nach Bardêra.

Decken kommt gegen Mittag in Bardêra wieder an.

Linck kommt gegen Abend an die Stromschnellen und findet Lager wie Schiff von den Europäern verlassen.

2. Okt. Das Großboot setzt seine Reise stromabwärts ohne Unterbrechung fort.

Kero wird vom Baron mit acht Kühen nach dem Lager geschickt.

Die geflüchteten Neger treffen Mittags in Bardêra ein, ohne mit Kero zusammengetroffen zu sein.

Die bei dem Ueberfalle des Lagers betheiligten Somali (Kablallah?) kommen in Menge nach Bardêra; von ihnen (?) wird Abends sechs Uhr der Baron ermordet — die Neger bleiben verschont.

4. Okt. Linck kommt nach Bardêra zurück, und wird gleichfalls (von den Kablallah?) getödtet; Soliman, der seinen Herrn schon am 1. Okt. Abends verloren hatte, kam schon am 3. zurück, wurde aber verschont.

4. Okt.(?) Abends treten die übrigen Neger der Expedition von Bardêra aus ihre Rückreise nach der Küste unter Abdios Führung an; sie kommen am nächsten Morgen nach Mansur, wo noch zwei ihrer Kameraden zu ihnen stoßen, und langen nach vierzehn Tagen (?) in Brawa an.

6. Okt. Nachts 2 Uhr erreichen die im Großboote Geflüchteten das Meer; sie versenken das Boot und wandern nach Kismaio weiter. Nachmittags 3 Uhr Abfahrt südwärts in einem Küstenschiffe.

9. Okt. Ankunft in Tula.

16. „ Ankunft in Lamu; zwei Tage Aufenthalt.

21. „ Ankunft in Mombas.

24. „ Rückkunft nach Sansibar.

Vergebliche Bemühungen Schickhs und seiner Gefährten.

29. Okt. Schickh, Brenner, Deppe und Theiß reisen mit vier Leuten in einem Küstenfahrzeug wieder nach Norden ab, um genaue Erkundigungen einzuziehen; Bringmann bleibt in Sansibar zurück.

2. Nov. Ankunft in Lamu. Verhandlungen mit dem arabischen Statthalter.

5. Nov. Weiterreise.

7. Nov. Ankunft in Tula. Verhandlungen mit Auwesi, der von der Weiterfahrt abräth und selbst das Nöthige besorgen will.

1865. 9. Nov. Auwesi reist nach Norden ab, kommt aber schon am 11. oder 12. (?) zurück und räth zu schleuniger Rückkehr nach Lamu, weil die Aufregung überall sehr groß sei.

12. Nov. Der „Vigilant", Kapt. Latham, fährt mit einem Sekretär des Sultahns nach Brawa ab, um Schickh zu unterstützen und Erkundigungen einzuziehen.

13. (oder 14. (?) Nov. Schickh und Genossen reisen nach Süden ab, Auwesi wieder nach Norden.

14. Nov. Schickh und Genossen wieder in Lamu.

15. Nov. Mabruk Speke, welcher am 28. Sept. mit dem Baron und Linck nach Bardēra gefahren war, trifft ein und meldet die Ermordung der Reisenden in Bardēra.

16. Nov. Rückfahrt nach Sansibar.

? Wiederankunft in Sansibar.

? Ankunft des „Vigilant" in Brawa.

? Rückkunft des „Vigilant" nach Sansibar.

13. Dec. Rückkehr der übriggebliebenen Expeditionsmitglieder nach Hamburg-Altona, wo sie am 4. April 1866 eintreffen.

Feststellung des Schicksals der Verschollenen.

1866. 25. Sept. Theodor Kinzelbach, von Baron v. d. Deckens Mutter beauftragt, kommt in Aden an.

25. Okt. Richard Brenner, Beauftragter vom Bruder v. d. Deckens, trifft gleichfalls in Aden ein.

6. Nov. Kinzelbach und Brenner, welche von Kapt. Pasley auf dem „Highflyer" Passage erhalten, reisen von Aden ab.

20. Nov. Ankunft in Brăwa. Kinzelbachs Verhandlungen mit den Scheichs, um Schutz für seinen zurückbleibenden Gefährten 2c. zu erwirken.

22. Nov. Der „Highflyer" reist mit Kinzelbach über die Seschellen nach Sansibar ab, wo er am 28. Dec. eintrifft.

---

22. Nov. 1866 bis 14. Jan. 1867. Brenner in Brawa.

24. Nov. Brenner trägt den versammelten Scheichs von Brawa seine Wünsche vor. Am Abende wird Abdio von Brenner verhört.

27. Nov. Zwei Boten reisen nach Bardēra ab mit einer Aufforderung an den Sultahn, Auskunft über das Schicksal der beiden Europäer 2c. zu geben.

1. Dec. Hammadi Maschīn, einer der noch nicht verhörten Neger der Djubaexpedition, kommt in Brawa an und gibt vor Brenner seine Aussagen ab.

4. u. 5. Dec. Ausflug nach dem Wobbiflusse.

13.—16. „ Zweiter Ausflug nach einer südlicheren Stelle des Wobbiflusses.

1867. 8. Jan. Rückkunft der Boten von Bardēra mit der Antwort des Sultahns.

14. „ Abreise Brenners von Brawa.

15. Jan. ff. Ankunft Brenners bei Kismaio (Kap Bissel). Besuch eines Gallalagers; Ausflug am rechten Ufer des Flusses bis Manamsunde.

1867. Baraka, ein neuer sog. Augenzeuge der Ermordung v. d. Deckens, wird bewogen, mit nach Sansibar zu gehen und dort seine Aussagen abzugeben.

26. Jan. bis 9. Febr. Brenner auf dem Wubuschiflusse (Durnfordfluß). Besuch des Lagers der Wabuni. Entdeckung des Kilowanjesees (Quellsee des Wubuschi). Freundschaft mit dem Gallahäuptling Dschilo geschlossen.

10. Febr. Weiterreise südwärts.

26. Febr. Ankunft in Sansibar, wo Kinzelbach seit 28. Dec. 1866 mit nochmaliger Aufnahme genauer Verhöre der zurückgekommenen Neger der Expedition und mit Vorbereitung seiner Reise nach Bardēra beschäftigt ist.

12. März bis Anfang 1868. Brenners Reisen im Lande der südlichen Galla.

* * *

26. April. Kinzelbachs Ankunft in Brawa.

Sammlung vielfacher Aussagen über Deckens Tod. Lange Bemühungen um das Weiterkommen nach Bardēra.

11. Nov. Abreise.

12. Nov. bis 14.(?) Dec. Kinzelbach in Merka, von wo aus Sultahn Achmed Jussuf von Geledi ihn nach Bardēra weiterbefördern will.

15.(?) Dec. Kinzelbachs Abreise nach Geledi.

? Kinzelbachs Tod in Sigala (Geledi). Seine Leiche wird von Achmed Jussuf nach Mukdischa geschafft und dort am Meeresstrande beerdigt.

Nachtrag.

Mittheilungen aus Arabischen Schriftstücken des C. C. v. d. Decken'schen Nachlasses.

Diese Schriftstücke, 50 der Zahl nach, enthalten, mit Ausnahme der in Bräwa über Carl v. d. Decken's letzte Schicksale aufgenommenen Protokolle und einiger amtlichen Schreiben, nur Privatbriefe an den Baron und Kinzelbach, deren Inhalt ohne allgemeineres Interesse ist. Alle diese Schriften wurden unserm mit dem Arabischen so vertrauten Landsmanne Herrn Konsul Dr. Joh. Gottfr. Wetzstein zur Einsicht vorgelegt, welcher sie katalogisirte, und hierbei fand, daß sich dieses ostafrikanische Idiom von anderen Dialekten des Arabischen durch Eigenthümlichkeiten unterscheidet, deren Kenntniß für den Semitologen nicht ohne Interesse ist. Diese Papiere wurden daher, damit sie der Wissenschaft erhalten blieben, mit ihrem Verzeichnisse von der Familie v. d. Deckens der Königlichen Bibliothek zu Berlin übergeben. Von mehreren derselben hatte Herr Dr. Wetzstein die Güte, dem Herausgeber dieser Reisen die deutsche Uebersetzung zu diktiren. Diese Diktate liegen den folgenden Mittheilungen zu Grunde; die Nummern sind die des Verzeichnisses.

I. Zwei Briefe (Nr. 3 und 5 des Verzeichnisses) von Tangâi, dem Kommandanten der Festung von Mombas, bekannt durch seine feine Art, sich Geschenke auszubitten (s. Bd. I. S. 208). (Vergl. auch II. auf folg. S. als Muster eines Danksagebriefes.)

Nr. 3 des Verzeichnisses.

Durch die Gnade Gottes!

An unseren theuren, sehr geehrten, hochachtbaren Kornel [1]) Baron, welchen Gott zum rechten Glauben leiten möge!

Die Sache selbst anlangend, so thun wir Dir zu wissen, daß wir von Dir gern eine sechsläufige Pistole haben möchten, weil wir ein außerordentliches Verlangen nach einer solchen tragen, und überlassen es Dir, ob (Du sie uns) um Geld oder zum Geschenke (geben willst). Allah, Allah [2])! Wir werden Dir dankbar sein. Und kann ich Dir in irgend einer Sache behilflich sein, so bedarf es nur einer Andeutung von Deiner Seite. Und lebe wohl!

Von Deinem gottbedürftigen Freunde, dem Dschemmedari
Tangâi ibn Schêmbi el Belûschi (dem Beludschen, aus Beludschistân).

Eigenhändig, den 16. Scha'bân 1277 (28. Februar 1861).

[1]) Colonel d. i. Oberst, weil v. d. Decken Officier war.
[2]) Dies macht die Sache sehr dringlich.

Nr. 5.

Durch die Gnade Gottes!

An den hochthorigen[1]), edlen, hochherzigen und hochzuverehrenden Kornel Baron, welchen Gott in Obhut nehmen möge!

Wir befinden uns wohl durch Gottes Gnade; mögest Du nie aufhören, Dich ebenso zu befinden, so Gott will! Um zur Sache zu kommen, so thun wir Dir kund, daß es unsere Absicht war, Dich gestern zu besuchen; aber wir wurden verhindert, denn unser Kind, welches krank war, ist zur Barmherzigkeit Gottes eingegangen, wodurch unser Gemüt gar sehr betrübt wurde.

Ferner wollten wir Dich bitten, daß Du es nicht unterläßt, uns alle Deine Wünsche oder Beschwerden anzuzeigen, wobei es nur der Andeutung bedarf, und wir werden Dir dankbar sein.

Gruß[2]) von Deinem gottbedürftigen Freunde, dem Dschemmedari Tangâi ibn Schêmbi el Belûschi.

Eigenhändig, den 27. Safar 1279 (25. August 1862).

P. S. Desgleichen thun wir Dir zu wissen, daß Du Dich mit etwas Thee und Papier um uns verdient machen kannst; wir haben nicht mehr genug davon. Deine Gefälligkeiten gegen uns sind ja so zahlreich. Gruß und Lebewohl!

Zweites P. S., querüber geschrieben: Thee gibt es nicht mehr in der Stadt Mombâse, wir haben gesucht aber keinen gefunden; Du wirst entschuldigen!

Gott behüte Dich!

[1]) Aus einem „hochthorigen" Hause stammt der vornehme, reiche und gastfreie Mann.

[2]) Selâm, der muselmännische Gruß wird selten an einem Christen verschwendet, doch hier hat es seinen besonderen Grund.

II. Dankbrief des Scheich **Suleimân ibn Ali** an Kinzelbach, Nr. 21 des Verzeichnisses. Die Uebersetzung dieses sowie des folgenden Schreibens erhielten wir von Herrn Professor Dr. **Dieterici** in freundlichster Weise geliefert, da Herr Konsul **Wetzstein** zur Zeit nicht in Berlin weilte. Es sind hierin einige Endreime, wie sie sich in arabischen Briefen häufig finden, durch Transskription gekennzeichnet.

Vorerst volles, hohes Heil (**selami-l-wâfir**) und reichlich herrlichen Lobpreis (**azimi-l-mutakathir**) Sr. Hochwohlgeboren unserem Freunde (**e-nau'i-l-insâni**) Mr. Kinzelbach, dem Preußen (**el brussiani**). Gott der Gepriesene bewahre ihn vor allem Uebel, gebe Gedeihen allen seinen Verhältnissen und lasse ihm glücken die Dinge, Amen.

Was nun weiter anlangt, so kam der Geehrte (Bote), welcher vortrefflich Alles überbringt, und ebenso die Flinte und was dazu gehört von Geräthen. Gott mag Euch wirklich sein Wohlwollen schenken und Euch ausrüsten mit seinen Gnaden! Er genüge Euch, statt unser, durch Güte und lasse Euch kein Uebel zustoßen; er segne Euch in Eurem Leben, lasse Euch zu Eurem gehofften Ziele gelangen (**mámûlakum**) und lasse uns zur Schönheit (d. i. zum Glück, zu einem wohlgefälligen Andenken) bei Euch kommen (**éndakum**)! Ja, er beliebe die glückliche Vollendung der Geschäfte wie Ihr sie erstrebt, und stets weigere der Edelsinn, daß du nicht zu den Edelsten gehörest! Ich vertraue auf Gott. Du bist der Vorstand des Edelmutes und Erstlingsspender desselben (**mubtakirahu**), Du bist die Sonne des Himmels der Güte und sein Mond (**ghamarahu**).

So weit. Nicht höre auf in Gesundheit und Heil (**'âfijâti**) und in reichlicher Güte vom Herrn zu sein (**wâfijâti**). Amen.

Am 25. Ramadhân 1283 (1. Febr. 1867). Gesiegelt: Scheich Suleimân ibn Ali.

الى المعتضد بالله ماحذرين شعبان الى الجناب الأمجد محبنا ومحبوبنا العزيز كرنل نابرت دام عزه

لازالت محروسا من نوب الزمان ومأنوسا من طوارق الحدثان

اما بعد فالباعث لتحرير احرف المحبة والوداد هو الاستفقاد

عنك وعن حالك لا اصابك سوء ولا مكروه واثناء انسانك

وصلت محباسة البلاد وهذه الساعة وصل الحماد ارشد

وجاب الخادم الذي نوى عليك نفقة ونالك الفيد باه اكراما

لجنابك لتعلم بذلك وانت سالم والسلام خير مبدأ وختام

كتبه بامر خادم احمد بن نبهان في ٢٦ شهر صفر ١٢٧٩

Couvert-Adresse: Sr. Hochwohlgeboren, dem Vorzüglichsten, dem Ruhm der Tapferen Mr. Kinzelbach (el musathir kunûz-el-bach d. i. „der die Schätze der Würde in sich birgt"). Gott möge ihm verleihen was er liebt und woran er Wohlgefallen findet!

III. Schreiben, auf Befehl des Sultâns Mâdjid vom Staatssekretär Ahmed ibn Nomân an Baron von der Decken gerichtet, Nr. 8 des Verzeichnisses. Wir geben davon auf umstehender Tafel 15 ein lithographisches Faksimile, damit sich der Leser eine Vorstellung von dergleichen Schriften aus der Kanzlei eines arabischen Fürsten machen könne.

Im Namen Gottes, des Erhabenen!

Von dem gottgläubigen Madjid ibn Said an Sr. Hochwohlgeboren unsern Freund und Geliebten, Kornel Nabren (Kolonel Baron). Lang währe seine Würde! Nicht höre er auf bewahrt zu sein von den Wechselfällen der Zeit (min naub-ez-zamâni) und wohl gehütet von den Wegen des Geschickes (min tawâik-al-hadatâni). Die Absicht des Schreibens, geliebter und vertrauter Bruder, ist, nach Deinem Zustande zu forschen. Kein Uebel und nichts Widerwärtiges treffe dich; Du mögest, so Gott will, wohl nach Mombas kommen! Soeben kam der Djemmedari (Hauptmann), den Gott stärke, und brachte den Diener, welcher auf Dich einen Angriff machte; sogleich haben wir ihn gebunden, um Dich zu ehren. Du mögest Solches wissen. Du aber bist wohl (ungetroffen). Die Gesundheit ist aber das beste Gut. Den 26. Safer 1279 (24. August 1862).

NB. Es handelt sich um Festnehmen eines Beludschen, welcher bei der im ersten Bande S. 220 erwähnten Fahrt auf dem Panganiflusse aus einem Hinterhalte auf Deckens Boot geschossen hatte.

IV. Zwei Briefe des Auwêsi, Sultân von Tûla, Nr. 31 und 32 des Verzeichnisses.

Nr. 31. Ein sehr langer und mit großer Gewandtheit geschriebener Brief an Kinzelbach, welcher den Schreiber nach der Stadt Bârdêra hatte schicken wollen. Der Schluß des Briefes lautet:

Ja, ich bin ein Somâli, aber das Somâli-Idiom der Inseln ist ganz verschieden von demjenigen des Inneren, und Deine Bekannten in Brâwa werden mir es bescheinigen und mein Wort bestätigen, daß ich weder mit den Kawlallah (sic) bekannt bin noch ihre Sprache verstehe. Indessen, wenn Du willst, daß ich für andere Zwecke zu Dir komme[1]), außer denen, die in dem Briefe ausgesprochen sind, so laß mich Das wissen und ich werde sofort zu Dir kommen. Vorderhand schicke ich den Brief durch meinen Sohn; halte ihn nicht auf, denn wir sind hier sehr beschäftigt.

Darauf sagt Auwesi noch, daß er sich zum Auskundschaften nicht eigne, zumal man bei den Kawlallah, einem rohen und wilden Volke, seines Lebens nicht sicher sei.

Nr. 32. An Osmân (ibn) Abdallah el-Brawi (den Brawaner, Kinzelbachs Vertrauensmann). Dieser Brief war Einlage des Vorigen (Nr. 31).

Meinen Gruß zuvor! Ich befinde mich wohl und wünsche, daß Du es auch bist. Deinen geehrten Brief habe ich bekommen und daraus ersehen, daß Ihr wünscht, ich soll zu Euch kommen und Euch behilflich sein, um Nachrichten über dem Hambarûn[2]) einzuziehen bei den Einwohnern von Bâldêr. Dazu passe ich nicht. Auch ein Brief von mir kann Euch bei den Kawlallah Nichts nützen, denn ich kenne sie nicht, und sie kennen mich nicht. Wie habt Ihr doch an mich schreiben und mich zu Euch bestellen können in einer solchen Sache? Du bist doch ein verständiger Mann; wie konnte Dir Solches einfallen? Und wenn Euch Einer solchen Rath gegeben hat, wie konntet Ihr ihm folgen? Ihr kennt ja meine Angelegenheiten! Indessen, wenn die Europäer etwas Anderes beabsichtigen sollten als Das, was Du in Deinem Briefe erwähnt hast, so benachrichtige mich davon auf der Stelle; in diesem Falle werde ich mein Geschäft hier im Stiche lassen und zu Euch kommen, so Gott will, nach Eintreffen Eurer Nachricht[1]). Vorderhand aber würde mir die Reise schwer fallen, und zwar der fremden Kapitale wegen, welche ich im Lande ausstehen habe; denn jetzt ist die Zeit, die Gelder einzusammeln.

Entschuldige mich also, und wenn Ihr sonst noch ein Anliegen bei mir habt, so bedarf es ja nur einer Andeutung. Lebe wohl!

Von Deinem ergebenen Freunde Owês (Auwesi) ibn Mâi, welchem Gott gnädig sei! Geschrieben den 10. Safar 1284 (14. Juni 1867) nach der Hedschra des Profeten.

[1]) Damit will der ehemalige Abbani des Barons vielleicht andeuten, daß, falls etwa die Europäer einen Rachezug nach Bardêra vorbereiten wollten, er sofort kommen und seine Dienste anbieten würde.

[2]) Hambarûn, verstümmelt aus „Herr Baron"!

V. Zwei Briefe von Mahammed (Muhammed) Aden Kero in Bardêra an Kinzelbach, Nr. 46 und 47 des Verzeichnisses.

Nr. 46.

Im Namen des barmherzigen Gottes!

Lob und Ehre sei Gott; Gebet und Gruß von uns dem Gottgesandten! Dieses Schreiben geht aus von dem Scheich Mahammed ibn Adam ibn Chêr[1]) an Herrn Kinzelbach, den Abgesandten. Es kam zu uns der Hambarûn und wir nahmen ihn ehrenvoll auf; wir behandelten ihn freundschaftlich[2]), saßen zusammen und beriethen uns zusammen über alle seine Angelegenheiten und waren wie zwei Brüder und wie zwei Hände, von denen die eine die andere wäscht. Darauf theilte er uns seine Absicht, nach Kenâne (Ganane) zu reisen, mit und sprach zu mir: „Scheich Mahammed, schreibe mir einen Brief nach Kenâne, damit sie wissen, daß ich ein Reisender bin und nichts Anderes will außer mir das Land ansehen, und schreibe mir die Namen ihrer Vornehmen auf!" Und ich schrieb ihm Dieses. Dann aber sagte ich zu ihm: „Hambarûn, reise nicht nach Kenâne; denn vor Dir sind viele Steine, deren Köpfe wie Lanzenspitzen sind; sie verletzen das Schiff, und der Weg zwischen den Steinen ist eng, so daß Niemand zu Schiffe durchkommen kann." Er antwortete: „Diese Angaben genügen mir nicht; ich werde gehen, um die Steine mit meinen Augen zu sehen." Darauf sagte ich: „Warte, lieber Freund!" und wir gingen, ich und er, zur Stadt hinaus, und Niemand war bei uns außer Gott; da sahen wir, ich und er, die Köpfe der Felsen mit unseren Augen[3]). Ich sagte: „Da siehe!" Da sah er und wußte es. Aber er ließ sich nicht warnen und nahm weder meinen Rath noch den Rath meiner Leute an.

Dieses ist das Verhältniß zwischen mir und dem Hambarûn. Darauf reiste er ab, kehrte zurück und benachrichtigte uns von Gottes Schickung[4]). Und wir nahmen ihn freundlich auf in unserem Hause und gaben ihm Speise und Trank. Und es kamen die Räuber und nahmen sein Schiff, während er in unserem Hause war und wir ihm keinen Beistand leisten konnten. Hernach warfen sie sich auf sein Gepäck, und es entstand ein Kampf zwischen ihnen, in dessen Folge sie zu mir kamen und ihn aus meinen Händen nahmen. Da verfügte Gott was er verfügte. Die beste Rede ist die, welche kurz ist und nur andeutet[5]).

[1]) So nennt sich der Scheich von Bardêra im eigenen Briefe. Mahammed ist also sein Eigenname, Adam der seines Vaters, Chêr (oder in der gewöhnlichen Somâli-Form Chêro) der seines Großvaters oder Ahnherrn, also der Familienname. In diesem Reisewerke wird er, wie im Lande selber, immer Ma-

hammed Aden Kero (Chêro) genannt, und hierzu möchten wir uns eine sprachliche Bemerkung erlauben. Zunächst ist die Weglassung des Wortes ibn (Sohn) auch in anderen Ländern arabischer Zunge gewöhnlich, z. B. in Syrien, wo es aber meistens durch Einschaltung des Artikels el ersetzt wird, so daß die Redeweise dem griechischen Ἀλέξανδρος (τοῦ) Φιλίππου analog wird. Sodann ist die zur bequemeren Aussprache aus Adam entstandene Form Aden beachtenswerth. In den meisten Briefen wird sie mit dem aspirirten d (dem arabischen dhâl) geschrieben, einem ungemein weichen Laute. In den himjarischen Inschriften jener bronzenen Votivtafeln, die in den Ruinen der alten Tempel Jemens und Hadramauts gefunden werden und neuerdings viel nach Europa gekommen und in der Zeitschrift der Deutschen Morgenländischen Gesellschaft erklärt worden sind, finden sich oft die beiden Wörter Adam und Aden (mit den aspir. d); vielleicht ist auch hier das Letztere eine Erweichung des Ersteren, denn die arabischen Stämme Ostafrikas stammen aus Südarabien, und es könnte sich wol bei ihnen diese phonetische Eigenthümlichkeit als organisch begründet erhalten haben. Man vergleiche die genannte Zeitschrift Bd. XIX, S. 238, wo eine Inschrift mit den Worten beginnt: Sidbadekir Berân Aden, was = S. ibn B. ibn A. zu sein scheint, denn auf Zeile 4 wird ibn Aden wiederholt. (NB. In derselben Zeitschrift steht auch Pistorius' Abhandlung über die Somalisprache.)

[2]) Die satzverbindende Partikel „und" ist in dem vorliegenden Somalischreiben immer weggelassen.

[3]) Diese Angabe ist nicht wahr; Decken erwähnt in seinem sehr ausführlichen Tagebuche kein Wort von einem solchen Rekognoscirungs-Ausfluge.

[4]) Nämlich von seinem Schiffbruch.

[5]) Dieser Schluß ist sehr sonderbar. Möglich daß Kero aus Furcht vor den Kablallah keine weiteren Aufschlüsse geben wollte.

Nr. 47.

Dieses ist eine zuverlässige Mittheilung des Scheich Mahammed ibn Adam und des Scheich Hasan ibn Achmed, des ganzen Gemeinderaths und der Einwohner von Bâl-Tir (Bardēra). O Osmân, ibn Hadschi Auwês (Sohn des Pilgers Obês), Dir und Deinem Genossen Gruß! Wir sagen Euch, es ist uns unmöglich, denn die Einwohner von Bâl Tir sind schwach und in der Gewalt (wörtlich: unter dem Fuße) der Kablallah; und die Kablallah sind Deine Feinde, sie wollen durchaus nicht, daß Kinzelbach in das Gebiet von Bâl Tir komme. O Kinz-el-Bach[1]), nimm Dich in Acht, denn die Kablallah sind Deine großen Feinde . . . . .

[1]) „Bach" hat keinen Sinn; der Minister des Sultâns von Sansibar schreibt sehr höflich: Kinz-el-Bâki, Schatz des ewigen Gottes.

VI. Nachträgliche Aussagen des Abdio ibn Nur über v. d. Deckens letzte Stunden. Auszüge aus dem Protokoll vom 25. Juni 1867, Nr. 30 des Verzeichnisses.

Bei des Barons Zurückkunft nach Bardēra sagte Mahammed Aden Kero: „kommt nicht in das Land; ich weiß, daß Euer Schiff zerbrochen ist, kehrt zurück nach Jumbo."

Abdio gesteht diesmal zu, daß er am 30. September nicht mit nach dem Schiffe gegangen sei, „aus Furcht vor dem Baron".

Am 2. Oktober 3½ Uhr kamen Galla vom Stamme des Renôbil, des Abêker Hasan und des Ali (ibn) Magen und sprachen zum Baron: „Komm mit zu Aden Kero, wir haben zusammen zu sprechen." Da ging er mit ihnen und wir hinter ihm zu Scheich Mahammed Kero, währenddessen eine Anzahl Leute in des Barons Haus ging und sein Gewehr stahl. Im Hause des Scheichs Mahammed forderten sie ihn auf, sich zu setzen, aber er sprach: „Nein, ich setze mich nicht"; und er ging fort und war sehr ärgerlich. Als er nach Hause kam und die Flinte nicht fand, rief er: „Wo ist meine Flinte?" und er schrie laut auf und zog eine Pistole. Da flohen alle Leute und wir flohen mit ihnen. Nun brachten sie die Flinte, und mit ihr kamen vier von den tapfersten der Kablallah, und ungefähr zehn stellten sich bei dem Hause auf, außerhalb desselben; und sie faßten den Hambarûn und banden ihn und gingen mit ihm zum Flusse. Nach einer Viertelstunde kehrten Alle zurück und brachten die Beinkleider und seine Mütze; und daran war Blut, und ich sah mit meinen Augen das Blut. Desgleichen brachten sie die Pistole. Und Berak (Baraka) und die Matrosen und ich, wir waren alle gefangen (?) in den Händen der Kablallah. Und sie nahmen die Flinte des Baraka und nahmen mir meine Kleider (?). Da gab mir der Scheich Ameio eines von sich. Und nach der Rückkehr der Kablallah vom Flusse vereinigten sich mit ihnen der Scheich Renôbil und der Scheich Abêkr, und sie gingen zusammen in das Haus des Hambarûn und nahmen alle Werthsachen (Güter) an Silber und Kleidungsstücken, Pulver, Blei, Flinten und Waaren.

Desgleichen, als sie den Hambarûn fortzogen, sprach dieser zu mir: „o Abdio, o Abdio!" Währenddessen war ich gefangen (?) in den Händen der Kablallah. Darauf blieben wir sechs Tage, nachdem am vierten auch der Hakim (Dr. Linck) vom freien Lande zum Stadtthore von Baldire gekommen war; er war durstig und sie tödteten ihn am Thore. Als wir von seiner Ankunft hörten gingen wir zu ihm, fanden ihn aber getödtet, und ich, Abdio ibn Abd-Nûr habe ihn mit meinen Augen (?) todt gesehen; er hatte Lanzenstiche, ungefähr fünf, und sie schleiften ihn zum Flusse.

Nachdem sechs Tage vorüber waren, reisten wir um Mitternacht ab und waren zwölf Tage (?) unterwegs, bis wir nach Brâwa gelangten. Und alle Matrosen aßen im Hafen Brawa in meinem Hause. Und ich erkläre, daß die Scheichs Muhammed Kero und Ameio nicht im Rathe saßen, als man den Tod des Hambarûn und der Anderen beschloß. Und ich kenne in Baldire mehr als fünfhundert (?!) Leute, welche bei dem Tode des Barons zugegen waren. Ich versichere, daß sich von den baaren Geldern des Hambarûn außer den zehn Thalern, die er mir im Hafen von Dschub (Jumbo) gegeben, kein einziger Pesa in meiner Hand befindet. Das ist es, was ich weiß.

Geschrieben in Brawa am Dienstag und Mittwoch den 21. Safar des Jahres 1284 (25. Juni 1867).

NB. Unterschrieben von Kinzelbach auf der einen Seite, auf der anderen von Hadschi Osmân ibn Abdallâh aus Brâwa.

Darunter steht: Und ich, Abdio ibn Abd-Nûr bekenne, daß alles Vorstehende (das auf diesem Papiere Geschriebene) meine mündliche Aussage ist!

Dann folgt eine Bescheinigung des Mai ibn Omar, Kadi von Brawa, „daß er das Vorstehende in Gegenwart der unten genannten Personen Wort für Wort gelesen habe"! Hierauf:

Und ich, der Scheich Mahmûd, der Wekil (Stellvertreter) des Sultahn Mâdjid, desgleichen der Scheich Schêgô (Schigo) von den Honoratioren Brawas, und Hadschi Osmân, der Schreiber des Mr. Kinzelbach, und Mr. Kinzelbach selbst, wir bezeugen, daß der Kadi Mai ibn Omar „es von Anfang bis zu Ende gelesen hat", und wir bezeugen auch, daß der Scheich Abdio Abd-Nur, nachdem der Kadi das Papier gelesen, erklärt hat: „Alles Dieses ist von mir, mit meinem Munde, vom Anfang bis zum Ende gesprochen worden!"

Und ich, Mahmûd, anwesend in der Eigenschaft als Zeuge von Seiten des Sultahn Mâdjid in Sandschibâr, und ich, Scheich Schêgô in der Eigenschaft als Zeuge in Stellvertretung der Angesehenen von Brawa, bezeuge, „daß Abdio Abd-Nur eigenhändig das Zeichen seiner Unterschrift machte"!

NB. Die schändliche Komödie, welche man mit diesen scheinbaren Zeugnissen dem armen Kinzelbach gegenüber aufführte, beweist, welche Schurken die Honoratioren von Brawa sind, und stellt entweder die Ehrlichkeit oder den Verstand des Herrn „Stellvertreters des Sultân Mâdjid" in ein sehr schlechtes Licht.

Die mit (?) versehenen Stellen sind dem früher Mitgetheilten zufolge unwahr oder der Unrichtigkeit verdächtig.

VII. Zwei Briefe aus Mukdischa, Nr. 36 und 37 des Verzeichnisses.

Nr. 36. Schreiben des Scherif Kulatên aus Mukdischa (Makdischo) an Kinzelbach, erhalten in Merka am 2. December 1867.

Im Namen des Allbarmherzigen!

An den hochgeehrten Mister Kinzelbach, den Gott den rechten Weg leiten möge. Gottes Gruß und Barmherzigkeit mit Dir! Dieser Brief mit seiner Einlage (das nachfolgende Schreiben des Gemeinderathes) kommt aus Mukdischa (69), und wir zeigen Dir an, daß wir Deinen Brief erhalten haben. Desgleichen brachte uns ein Kameltreiber neun Körbe, ohne daß wir wissen, was darin ist. Auch ist (Dein Reisegefährte) Osmân Abd-Bâne hier angekommen und hat uns benachrichtigt, daß Du auf dem Wege umgekehrt seist. Gott sei Dank, daß Du Dies gethan. Diese Umkehr ist ein Glück und kein Schaden für Dich. Du hättest Dich in das Verderben gestürzt, und ganz unzweifelhaft würde Dich ein Unglück betroffen haben, wenn Du nach Mukdischa über die Gebirge gekommen wärest. Die Wüstenbewohner (Beduinen) warteten Alle Deiner Ankunft; sie hatten sich am Ufer gelagert, um Dich mit schlimmen Absichten zu empfangen. Als wir Deine Umkehr hörten, freuten wir uns. Den Scheich Achmed ibn Jusuf anlangend, so machen diesem die Beduinen Viel zu schaffen, und das Land ist voll Unruhe auf allen Seiten. Wir haben ihm von den Beschwerden und der Gefahr, die Du ausgestanden, geschrieben, aber noch keine Antwort erhalten. Sowie diese ankommt, schicken wir sie Dir nach Merka (69) oder Brâwa. Du aber, gehe mit Dir zu Rathe! Daß Du nach Bardēra gelangen könntest, ist undenkbar. Nimmermehr wirst Du dahin gelangen, und wenn Du alle Schätze der Welt bieten wolltest. Diese meine Auskunft ist die Wahrheit; wenn Du nur auf mein Wort hören wolltest, denn ich bin aufrichtig in Deiner Angelegenheit. Doch ich hoffe, Freund, daß Du selbst das Richtige erkennen wirst. Soviel können wir Dir sagen: willst Du durchaus zu uns kommen, so sei auf Deiner Hut. Jedenfalls erwarte die Antwort des Scheich Jusuf, denn jeder einzelne von den Somali will Deinen Untergang. Gott befohlen!

Von Deinem Freunde, dem Sêjid (Seid) Kulatên, dem Sohne des Sêjid Musahhared-din dem Nasariden, den 5. Djemâdi 1284 (5. Okt. 1867?).

P. S. Der Sultân von Mukdischa schickt Dir einen Brief durch die Hand des Scheich Osmân, welcher Dir völligen Aufschluß giebt.

Couvert-Adresse: Zu Händen des Herrn Kinzelbach, des Deutschen, d. Z. in Merka.

NB. Es finden sich noch zwei Briefe von Scherif Kulatên in Kinzelbachs Papieren, aber diese sind gefälscht und untergeschoben; sie sind Beweisstücke für die Verrätherei von Hadschi Nûr und Hadschi Osmân, an deren Adresse sie gerichtet sind.

Nr. 37. Schreiben des Vorstandes des Gemeinderathes in Mukdischa an den Hadschi Nûr; zugleich für Kinzelbach bestimmt; empfangen am 2. December 1867.

Im Namen Gottes!

An unseren theuren, geehrten und erleuchteten Freund, den edlen Scheich Hâgg (Hadschi, Pilger) Nûr ibn Haddâd.

Gottes Gruß zuvor! Unsere Mittheilung, lieber Freund, beabsichtigt etwas Heilsames; alles Heilsame aber bereitet Freude, und diese möge Dir niemals fehlen!

Wisse, Freund, daß wir Dich als unser Auge und als unsere Seele ansehen, und glauben, daß Alles, was uns schadet oder freut, auch von Dir als Schade oder Freude empfunden wird. Unser Nutzen und Schaden ist also ein gemeinsamer, und dennoch sehen wir Dich Etwas thun, was unsere Herzen mit Kummer, unser Gemüt mit Sorge erfüllt hat. Du weißt, daß unser Land voll Unsicherheit und Treulosigkeit ist, daß unsere Beduinen die schändlichsten Stämme sind, die es geben kann, daß sie gegen keinen vornehmen Mann irgend welche Rücksicht haben, daß sie ihren eigenen Scheich nicht ehren, sich vor ihren Geistlichen nicht schämen und ihre Fürsten nicht hochschätzen. Du weißt Das, und trotzdem bringst Du einen christlichen Mann zu uns, und zwar auf einem Wege, welcher weit abliegt von den beiden Häfen Brawa und Merka, sodaß wir vermuten müssen, Du hast im Geheimen irgend einen schlimmen Anschlag, dergleichen bei den muselmännischen Machthabern, nicht aber bei den christlichen (!) vorzukommen pflegen. Wir erkennen daraus, daß Du auf unser Verderben, unser Unglück ausgehst. Darum, Freund, begehren wir von Gott, von dem Profeten und von Dir, daß Du auf dieses Vorhaben nicht zum zweiten Male zurückkommst noch heimlich ausführst, was Du immer im Sinne haben magst. Die Beduinen unseres Landes halten weder den Kleinen gegenüber das gegebene Wort, noch schämen sie sich den Großen gegenüber. Es wäre schrecklich, wenn die Christen bei Deinen Lebzeiten (d. h. um einen durch Deine Schuld ums Leben gekommenen Europäer zu rächen) in unsere Länder kämen! Möge Gott und mögest Du uns davor bewahren, wenn es jemals zwischen Dir und uns Gefälligkeit und Liebe gab! Als die Beduinen, Freund, von eurer Reise gehört hatten, lagerten sie sich am Meeresufer, mit Gier auf Euch wartend, und wir wußten Nichts von dem Allen! Nun, Gott sei Dank, welcher sie und Euch noch auseinander gehalten hat! Dieses wollten wir Dir zu wissen thun. Zünde den Brand nicht vorsätzlich an und lebe wohl!

Schließlich senden Dir die Sultâne ihre besten Wünsche, nämlich der Imâm (Obergeistliche) Mahmûd, Sohn des Sultân Benjamin, der Sultân Osmân ibn Môdi, der Sultân Mahmûd, Sohn des Sultân Abû Bekr, der Sultân Mâô, Sohn des Sultân Omar, der Sultân Môdi, Sohn des Sultân Achmedi, und die übrigen Sultâne.

Couvert-Adresse: Zu Händen des Scheich und Pilgers (Hâgg) Nur ibn Haddâd ibn Abû Bekr, zur Zeit in Bender (im Hafenplatz) Merka.

NB. Der vorstehende Brief zeichnet sich durch seine edle Fassung aus und gereicht den „Alten von Mukdischa" sehr zur Ehre. Die in ihm erwähnten Sultâne sind die Senioren der Patricier-Familien, welche die herrschende Aristokratie dieser uralten, ehemals weit mächtigeren Hafenstadt bilden. Im Anfang dieses Jahrtausends hießen diese Herren nicht Sultâne, sondern Mokaddimên d. i. „Vorsteher", und jeder fremde Kaufmann, welcher mit der Stadt Geschäfte machen wollte, mußte sich zur Sicherung seines Lebens, Schiffs und Eigenthums aus diesen Mokaddimên einen Beschützer (Abbani) auswählen. Vergl. hierüber Das geographische Wörterbuch des Jâkût el Hamaûs, herausgeg. von Ferd. Wüstenfeld, Leipzig 1866 bis 1870, Bd. IV. unter d. Art. Makdesso.

* * *

Zu Seite 334 muß nachträglich noch bemerkt werden, daß der vermeintliche Dampfer Livingstones ein englisches Kriegsschiff war, welches, wie man später erfuhr, sich verabredeter Maßen in der Mündung des Djubaflusses gezeigt hatte, um Nachrichten über den Stand und Gang der Expedition einzuziehen.

Zu Seite 113 f. des ersten Bandes: Der Roman von der Prinzessin Bibi Sálima ist nicht mit ihrer Verheirathung zu Ende gegangen; der Gatte der Entführten starb Mitte dieses Jahres an den Folgen einer schweren Verletzung, welche er sich beim Aussteigen aus einem Wagen der Pferde-Eisenbahn zugezogen, die beklagenswerthe junge vollständig europäisirte Wittwe kehrte mit ihrer jungen Familie nach Sansibar zurück! Dies aber ist möglicherweise der Anfang eines neuen und längeren Romans.

Anmerkungen zum zweiten Bande.

(34) Seite 68.

Zu einer vollständigen magnetischen Ortsbestimmung gehört die Messung 1) der magnetischen Abweichung (Mißweisung, Deklination oder Variation) d. i. des Winkels, um welchen die magnetische Nordlinie von dem wahren Norden nach Osten oder Westen hin abweicht; 2) der Inklination (englisch: dip) oder des Neigungswinkels der Magnetnadel gegen die Horizontalebene; 3) der Horizontalintensität (Horizontalkomponente des Erdmagnetismus) oder der Stärke desjenigen Theils der magnetischen Gesammtkraft, welcher in horizontaler Richtung wirkt. Auf Reisen begnügt man sich oft mit Bestimmung zweier dieser „Konstanten", der Deklination und der Horizontalintensität, weil der Apparat zur Bestimmung der Inklination, das „Inklinatorium", ziemlich kostspielig ist und schwer fortzuschaffen. Die während der Decken'schen Expeditionen angestellten magnetischen Beobachtungen finden sich in der dritten Abtheilung von Band III (wissenschaftlicher Theil) des Reisewerkes.

(35) Seite 72.

Der Kingani fluß verdient eine bessere Berücksichtigung, als ihm bisher zu Theil geworden. Er fließt durch ein fruchtbares Gelände, längs einer vielbesuchten Handelsstraße hin und ist vermutlich auf eine weite Strecke schiffbar. Außer ihm harrt auch der Lufidschi, nächst dem Djuba wahrscheinlich der bedeutendste Fluß des mittleren Ostafrika, noch der Untersuchung.

(36) Seite 75.

Bagamoio ist durch seinen regen Verkehr mit dem Inneren der wichtigste Küstenplatz zwischen Mombas und Kiloa.

(37) Seite 103.

Wer sich eingehender über die Westküste Madagaskars zu unterrichten wünscht, findet gute Auskunft in Guillain, Documents sur l'histoire, la géographie et le commerce de Madagascar, Paris 1845 (Abdruck aus den Annales Maritimes et Coloniales), einem Buche, welches kaum minder hohen Werth besitzt als desselben Verfassers ofterwähntes Buch über die ostafrikanische Küste.

(38) Seite 108.

Cycloone sind Wirbelstürme von ungeheurer Ausdehnung. Ihre Drehung (Rotation) erfolgt in der südlichen Hemisphäre in gleichem Sinne mit den Zeigern einer Uhr, in der nördlichen Hemisphäre aber in entgegengesetzter Richtung; ihre Fortbewegung (Translation) geschieht von dem Gleicher aus nach höheren Breiten in der Bahn einer nach Osten hin offenen Parabel. In Ostafrika scheinen diese Drehstürme nur auf der Grenze des Gebietes der Monsune und des Passates vorzukommen. Nördlich von den Komoren bis zum Somalilande weiß man nicht von solchen Wirbelstürmen; auf den Seschellen hat man bisher nur einen beobachtet (im Jahre 1862, s. S. 115 f. dieses Bandes). Desto häufiger wüten sie auf den Maskarenen: auf Réunion zählt man jedes Jahr durchschnittlich einen heftigen „coup de vent".

(39) Seite 115.

Marqués sind alte bourbonische Münzen aus dem 18. Jahrhundert (1 Marqué = 3 Sol à 1/2 Sou = 0,6 sgr.). Auf den Seschellen rechnet man 13 Marqués = 1 Franc, 16 = 1 engl. Shilling.

(40) Seite 120.

Kreolen sind im Lande geborene Kinder eingewanderter Eltern, nicht zu verwechseln mit Mulatten oder Mischlingen von Europäern und Eingeborenen. Kreolen sind z. B. Europäer, welche in Brasilien, Indien oder China geboren sind, desgleichen in Sansibar geborene Araber sowie in Amerika geborene Neger, obschon man gewöhnlich letztere nicht so nennt.

(41) Seite 130.

Die Kolonie Réunion wird nach Maillard von einem Gouverneur oder Statthalter verwaltet, welcher das Staatsoberhaupt und den Marineminister repräsentirt und mit dem Oberbefehl über die Truppen sowie mit der gesammten Verwaltung der Insel betraut ist. Unter ihm stehen der Ordonnateur, der Directeur de l'Intérieur und der Procureur général; ein Kontroleur, welcher unmittelbar mit dem Minister verkehrt, sorgt für die geschäftsmäßige Ordnung.

Der Ordonnateur vertritt den Minister für alle Ausgaben im Interesse des Heeres, der Flotte und der Finanzen. Er hat sehr ausgedehnte Vollmachten, besonders was die Marine, die Aushebung, den ärztlichen Dienst u. s. w. betrifft; wichtiger aber für die Kolonie sind seine Befugnisse im eigentlichen Finanzfache. Unter ihm steht der Trésorier général (Großschatzmeister), welcher die Einkünfte der Insel sowie die Marinegelder verwaltet und alle Zahlungen leistet.

Der Direktor des Innern hat das bei weitem wichtigste Amt; seine Stellung entspricht ungefähr der eines Präfekten und zugleich Unterpräfekten in Frankreich. Ihm zur Seite stehen ein Generalsekretär und verschiedene Bureauchefs, nämlich 1) der Direktor der Registratur und der Domänen, welchem zugleich die Verwaltung der Forsten und Gewässer und das Erbschaftswesen anvertraut ist; 2) der Zolldirektor; 3) der Steuerdirektor, welcher auch die Ueberwachung des Postdienstes mit besorgt; 4) der Inspektor des öffentlichen Unterrichts; 5) der Chef des Dienstes der Brücken und Wege, welcher nach dem auf S. 146 Gesagten eine ganz besonders verantwortungsreiche Stellung hat, und 6) der Polizeidirektor.

Dem Procureur général liegt die Leitung des Gerichtswesens ob; er ist der Vorgesetzte aller Magistratspersonen, Richter, Advokaten, Notare u. s. w., sowie Präsident des kaiserlichen Gerichtshofes in St. Denis und der zwei Tribunale erster Instanz (zu St. Denis und St. Pierre), außer denen es, beiläufig bemerkt, noch neun Friedensgerichte in den verschiedenen Gemeinden der Insel gibt.

Die gesetzgebende Gewalt liegt in den Händen des Generalrathes (Conseil général), welcher im Jahre 1854 an Stelle der früheren Assemblée coloniale gesetzt wurde, und dessen Mitglieder unter den Bewohnern der Kolonie zur Hälfte vom Gouverneur, zur Hälfte von den Municipalräthen ernannt werden, welch letztere gleichfalls der Statthalter ernennt. Der Generalrath schickt aller drei Jahre einen Abgeordneten des Landes in den Colonialrath zu Paris.

Die Gesetze werden von dem Gouverneur und dem Generalrath erlassen; die Bürgermeister (Maires) haben in Gemeindeangelegenheiten das Verordnungsrecht. Dem Gouverneur steht außerdem noch seit dem Jahre 1825 ein Conseil privé zur Seite, welcher ihn mit berathet und erforderlichen Falls seine Verantwortlichkeit theilt; er besteht außer den drei obengenannten Chefs der Verwaltung aus zwei Angesehenen der Insel, welche ihre Stellvertreter haben. Wenn es sich um religiöse und Gegenstände des Unterrichts handelt, wohnt den Sitzungen des Conseil privé auch der Bischof von St. Denis mit berathender Stimme bei.

(42) Seite 137.

Der Name „La Possession" kommt wahrscheinlich daher, daß hier die Franzosen landeten, als sie im Jahre 1643, 1649 oder 1654 die Insel in Besitz nahmen.

(43) Seite 140.

Der Borer (engl. Name) oder Perce-Canne, die Raupe von Borer Sacharellus Guenée, wurde von Ceylon durch Rohrstecklinge eingeführt, zuerst nach Mauritius und später nach Réunion, wo er indessen bisher nur den Feldern von Sainte-Marie und Sainte-Suzanne größeren Schaden zugefügt hat, während er auf der fast ausschließlich zuckerbauenden Nachbarinsel eine wahre Geißel des Landes ist. Die gelb-graue Raupe lebt innerhalb der Rohrstengel und verpuppt sich unter einigen zusammengehefteten Blättern; der aus ihr entstehende Nachtschmetterling ähnelt dermaßen einem vertrockneten Zuckerrohrblatte, daß man sehr aufmerksam suchen muß, um ihn unter den Blättern, zwischen denen er sich bei Tage versteckt, zu finden. Das vom Borer angefressene Rohr stirbt entweder ab, oder theilt, wenn es ausgepreßt wird, dem Safte eine hohe Neigung zu gähren mit. Leider kennt man noch kein Mittel zur Vertilgung des schädlichen Kerfes.

(44) Seite 144.

Man theilt die Insel Réunion in eine „Partie du Vent" (Hälfte am Winde) und „Partie sous le Vent" (Hälfte unter dem Winde); erstere umfaßt die „Communen" von St. Denis, Ste. Marie,

Ste. Suzanne, St. André, St. Benoît und Ste. Rose, letztere die von St. Philippe, St. Joseph, St. Pierre, St. Louis, St. Leu und St. Paul. Daß diese Eintheilung nicht ganz naturgemäß ist, kann man aus der Karte ersehen, wenn man berücksichtigt, daß die herrschenden Winde auf Réunion Südsüdost und Südost sind.

(45) Seite 146.

Das „Atelier Colonial", welches der Insel ausgezeichnete Dienste leistet, besteht nach der neuen Organisation von 1856 aus zehn Brigaden von je fünfzig Engagés (s. Anmerk. 52), hauptsächlich Terrassiers, Mineurs und Handlanger, denen für jede Brigade eine Abtheilung Bauhandwerker (Maurer, Zimmerleute, Schmiede) beigegeben ist.

(46) (nicht „47") Seite 157 u. 178.

Nach Bory de St. Vincent verstehen die Kreolen unter „Ambavilles des Hauts" eine Menge Pflanzen verschiedener Familien, namentlich Hubertien, Hypericeen (millepertuis), Bruyères, Seriphien (armoselles) u. s. w., welche in den Hochebenen der Insel so zahlreich wachsen und dem Reisenden das Erklimmen von steilen Abhängen oft sehr erleichtern.

(47) Seite 167.

Der braune oder Bohea-Thee, Thea Bohea L., welcher ein sehr zuträgliches und angenehmes Getränk liefert, wächst besonders in den höheren Theilen der Insel und wird von Maillard den ärmeren Klassen der Bevölkerung von Réunion sehr zum Anbau empfohlen, weil seine Kultur allen Familiengliedern einträgliche Beschäftigung verschafft.

(48) Seite 172.

Radama's Begünstigung der Fremden und besonders der Franzosen scheint viel zur Herbeiführung der Revolution beigetragen zu haben; er hatte u. A. einer französischen Gesellschaft unter dem von ihr zum „Herzog von Emirn" (Provinz im Innern der Insel) ernannten Lambert das ausschließliche Recht der Ausbeutung aller madagassischen Naturschätze verliehen. Doch ehe noch die Bergleute, Ingenieure ꝛc. ankamen, welche den Genuß dieses ungeheuren Privilegiums ermöglichen sollten, trat der Umsturz ein. Neuere Nachrichten über Madagaskar finden sich (abgesehen von selbständigen Werken wie Sibree, Madagascar and its people, London 1870) in Illustrated London News vom 6. Februar 1869 (Krönung der Königin am 3. September 1868) und Augsb. Allg. Zeitung 1870 Nr. 5, außerordentliche Beilage (Einführung des Christenthums am Hofe).

(49) Seite 178.

Die Gaulette, ein veraltetes aber immer noch gebräuchliches Maß auf Réunion, enthält nach Maillard 15 pieds de roi = 4 m. 872591, ist also etwas größer als die „Ruthe" der meisten deutschen Staaten; eine Geviert-Gaulette, welche im Texte als Feldmaß genannt ist, entspricht 23 □ m. 742145. Etwas abweichend ist die Gaulette von St. Marie, welche nur 12 Fuß hat = 3 m. 898068.

(50) Seite 182.

Meine Siedepunktsbestimmung ergab 9037' engl. für die Meereshöhe des alten Kraters, während Maillard (s. Karte von Réunion) hierfür den wahrscheinlich genaueren Werth von 8618' angibt.

(51) Seite 187.

Richard Thorntons Biographie ist S. 386 ff., im Anhange dieses Bandes gegeben, in den „Lebensbildern der Verstorbenen".

(52) Seite 189.

Mit Aufhebung der Sklaverei auf Réunion im Jahre 1848 begann eine sehr starke Einführung von Engagés (freien Arbeitern) aus Madagaskar, Ostafrika, Indien u. s. w. Gegenwärtig dürfen nur noch Indier „engagirt" und in das Land gebracht werden, weil der Handel mit madagassischen und Negerarbeitern zu vielen Gesetzesübertretungen Anlaß gab. Die Engagés erhalten von dem „Engagisten" außer Nahrung, Wohnung u. dgl. einen monatlichen Lohn von zehn bis fünfzehn Francs und müssen von demselben nach Erlöschung ihres ersten Kontraktes kostenfrei in ihre Heimat zurückbefördert werden, falls sie es verlangen. Der Unternehmer, welcher die freien Arbeiter einführt, erhält von dem Arbeitgeber für Abtretung eines fünfjährigen Kontraktes 375 bis 400 Francs. Die Zahl der auf diese Art Eingewanderten betrug im Jahre 1860 über 64,000.

(53) Seite 191.

Friedels Buch, erschienen im Jahre 1867 bei Albert Eichhoff in Berlin, kann den Freunden deutscher Kolonisation nicht genug empfohlen werden. Es betrachtet, nach einer einleitenden Beschreibung der Insel

Formosa, das Kolonisationswesen in Bezug auf Deutschland vom ethischen, rechtlichen, politischen, administrativen, staatswirthschaftlichen, volkswirthschaftlichen und technischen Gesichtspunkte aus und schließt mit einer Aufzählung der bis jetzt in Vorschlag gebrachten Kolonisationsprojekte.

(54) Seite 207.

Auf Mayotte scheint die europäische Bevölkerung zahlreicher zu sein; nach der Revue maritime et coloniale, Tome VIII., 1863, S. 249 ff., gibt es dort 77 europäische Ansiedler, 38 Civilbeamte, 131 Officiere und Soldaten. Die Besatzung beider Inseln soll gleich stark sein, nämlich auf Nossibé sowol wie auf Mayotte:

1 Kompagnie „Infanterie de Marine" (100 Europäer),
2 Kompagnien „Soldats Indigènes" zu je 112 Mann (2 Officiere und 8 Unterofficiere aus Europa, 15 Unterofficiere aus dem Lande),
1 Abtheilung „Artillerie de Marine" (27 Kanoniere und 8 Arbeiter).

(55) Seite 227.

Nach Brenners Mittheilungen in der Kölnischen Zeitung hatte die Königin von Mohilla im Jahre 1867 Herrn Lambert (s. S. 98, 99 u. Anm. 48), dem sog. Duc d'Emirne, gewisse Strecken der Insel zum Anbau von Zuckerrohr überlassen, danach aber sich geweigert, den eingegangenen Verbindlichkeiten nachzukommen Infolge dessen legte sich am 11. November desselben Jahres die französische Dampfcorvette „Indre" vor Fumboni, um Gerechtigkeit für Herrn Lambert zu erlangen. Die Königin ließ sich jedoch weder einschüchtern, noch auch durch Zureden des mit anwesenden französischen Konsuls von Sansibar und des Wesirs von Seid Madjid zur Vernunft bringen, sondern erklärte einfach, „sie habe die Regierung an ihren elfjährigen Sohn abgetreten, für welchen der Vertrag mit Hrn. Lambert nicht mehr bindend sein könne". Auch eine ihr noch bewilligte Frist bis nächsten Vormittag 10 Uhr ließ sie unbenutzt vorübergehen, sodaß die Corvette sich genöthigt sah, ihre Befehle zur Ausführung zu bringen. Um 12 Uhr Mittags, nach hundertundfünf Schüssen, war die Stadt nur noch ein Trümmerhaufen!

(56) Seite 232.

In Deutschland ist es noch sehr schwierig, gute Holzschnitte von ausländischen Rassenköpfen zu erlangen; bei unserem, nach guten photographischen Vorlagen gezeichneten Bilde „Komorotypen" haben die Köpfe dreimal geschnitten werden müssen, ehe sie einigermaßen befriedigten. Bei der rasch zunehmenden Wichtigkeit der Anthropologie steht es zu hoffen, daß dieser dringende Uebelstand bald Abhilfe finde.

(57) Seite 233.

Näheres über die Komoren und ihre Geschichte findet sich, außer an genannter Stelle, wo die früheren Berichte, durch Neues vermehrt, zusammengestellt sind, in derselben Zeitschrift (Revue maritime et coloniale) Jahrgang 1844, 1846 und 1858.

(58 u. 59) Seite 234.

Am häufigsten leiden die Einwohner von Kitanda an Gliederreißen, besonders Schmerzen in den Handgelenken, und an Augenweh, letzteres wol durch den blendend weißen Sand des Strandes verursacht; Beulen sah ich nur bisweilen, Hydrocele nur einmal bei einem Kinde, Elephantiasis gar nicht. Auffällig war mir ein Knabe mit hellrostbraunem Haupthaar.

Die Menstruation tritt zumeist im sechzehnten oder siebzehnten Jahre ein, sehr selten schon im dreizehnten oder vierzehnten, und verliert sich erst im fünfundfünfzigsten bis sechzigsten wieder; als Sonderbarkeit wurde mir erzählt, daß eine alte Frau von fünfundsiebzig Jahren die Regeln von Neuem bekam. Bei der Verheirathung ist der Mann gewöhnlich nicht unter siebenundzwanzig, die Frau nicht unter zwanzig Jahr alt, während bei den Arabern die Ehe oft mit siebzehn resp. dreizehn bis vierzehn Jahren geschlossen wird.

Die Hauseinrichtung der Angasijaner betreffend, ist ein sonderbarer Beleuchtungsapparat zu erwähnen vergessen worden: ein fünf bis sechs Zoll breites Bret von drei Fuß Länge mit einem rechtwinkelig vorspringenden Bretchen am unteren Ende, auf welchem drei kleine Pflöcke in schräger Richtung befestigt sind, zwischen die man ein flaches, thönernes Lämpchen stellt; diese „Laterne", welche an einem Nagel an der Wand hängt, fehlt wol in keinem Haushalte. Ebenso gibt es in den meisten Häusern eine gemauerte Cisterne zum Auffangen des Regenwassers; letzteres dient zum Trinken, das brackige Wasser der Senkbrunnen am Strande hingegen zum Kochen und Waschen.

Ebenso möge hier eine nachträgliche Bemerkung über die Thiere von Angasija Platz finden. Sehr häufig sieht man den fliegenden Hund (Pteropus Edwardsii Geoffr.), die Zibetkatze und einen Tanrek (Centetes ecaudatus Schreber); außerdem sammelten wir eine neue Spitzmaus, Crocidura albicauda Ptrs. (s. Bd. III, 1. S. 7). Die Vogelwelt ist mannigfaltig, in unserer Sammlung aber leider sehr spärlich vertreten; zahlreiche Tauben beleben die Gehölze, Perlhühner (eigene Art?) die Bergabhänge;

von Raubvögeln sahen wir nur einen sehr schönen, großen Uhu. Kerbthiere fanden wir gar nicht, ebensowenig Landmollusken, abgesehen von einigen verlassenen Gehäusen, die von ziemlich großen Einsiedlerkrebsen (Coenobita clypeatus M. Edw.), welche auf die Palmen klettern sollen, besetzt waren. Das Meer birgt viel Fische, Seesterne u. dergl. Von Hausthieren sind Rinder und namentlich Ziegen wichtig.

(60) Seite 236.

Nach freundlichen Privatmittheilungen von Kapitän Bigrel hatte der Sultahn Achmed oder Hammadi von Mroni (unser Muniemku) etwa im Jahre 1854 die Herrschaft an seinen Sohn Mahammed ibn Sultahn (?) und seine zwei Neffen Msasum und Muniemku theilweise abgetreten, derart, daß er und die drei jungen Leute jeder abwechselnd ein Jahr regierten. Die drei Mitregenten waren indessen mit diesem Antheil an der Macht nicht zufrieden, denn sie beredeten sich, ihren Vater und Oheim gänzlich zu entfernen und ihn seiner Güter zu berauben. Es gelang ihnen auch, sich eine zahlreiche Partei zu bilden; doch der bedrängte Sultahn Achmed rief seinen Nachbar in der Stadt Kitanda Mdjini, den Sultahn Msasum, mit welchem er bisher in wenig freundschaftlichen Beziehungen gelebt hatte, zur Hilfe herbei und versprach ihm hierfür eine seiner Töchter zur Ehe. Die Parteigänger Achmeds, welche fürchteten, in Msasum einen fünften Theilnehmer an der Herrschaft zu erhalten, traten nun offen mit ihren Absichten heraus, sammelten eine Schar von 12 bis 1500 Mann und lagerten sich bei der Stadt Ikoni. Zum Glück für den alten Muniemku kam zu dieser Zeit (December 1864) der „Loiret", Kapitän Bigrels Schiff, nach Mroni; die Franzosen leisteten dem bedrängten Sultahn kräftigsten Beistand und es gelang, die Aufrührer mit ungeheurem Verluste zurückzutreiben und völlig zu zerstreuen. Die Herren Usurpatoren flüchteten sich auf das Schnellste nach verschiedenen Küstenorten am Kanale von Mosambik; den einen von ihnen, Muniemkus Sohn, traf Bigrel im Jahre 1866 noch auf Nossibé an. Seitdem soll Ruhe und Frieden auf Angasija nicht wieder gestört worden sein.

(61) Seite 249.

Der portugiesische Schriftsteller Barro de Rezende, Verfasser einer Geographie und Statistik der ostafrikanischen Besitzungen Portugals im Jahre 1635 (s. Guillain Band I. S. 469), kennt bereits die drei kleineren Inseln der Mafia-Gruppe (Schole, Jua-ni und Kibondo); er nennt sie Auxoly, Coa und Zibondo, was indessen Guillain nicht zu deuten weiß, da er diese Inseln in Nordwesten von Mafia sucht: offenbar sind ihm die Namen Schole ꝛc. unbekannt.

(62) Seite 275.

Die Patschuni, von denen auch viele in Mombas wohnen, sind nach Guillain II, 11. 238 aus der Vermischung von Suaheli, Arabern und Somali entstanden. Sie saßen ursprünglich an der Küste der fünfhundert Inseln, von Kiama bis hinab nach Pata, wurden aber durch die Galla verdrängt und wohnen jetzt auf der letztgenannten Insel und dem dazugehörigen Küstenstriche, zum Theil auch, wie schon erwähnt, in Mombas. Ihr eigentlicher Name ist Wagunja, was die Araber in „Patschuni" (Badjouyna oder Badjouna nach Guillain) verdrehten.

(63) Seite 280.

Brenner zählt die portugiesischen Ruinen, welche sich an der ostafrikanischen Küste von Malindi bis zum Gleicher finden, sehr übersichtlich in Petermanns Geogr. Mittheilungen 1868 Heft X. S. 362 und 363 auf. Nach dieser Quelle sind sie auf den Karten V und VI angegeben.

(64) Seite 299.

Arc Angelo gibt sich selbst als Engländer aus, obgleich sein Name eher italienisch klingt. Im Maiheft der Proceedings der R. Geogr. Society 1866, S. 113, spricht er von dem Journale, welches er während seiner Djubafahrt geführt haben will; dasselbe sollte später in dem Journal R. G. S. veröffentlicht werden, doch ist Dies nie geschehen.

(65) Seite 309.

Baron von der Decken glaubt zwei Arten Krokodile im Djubaflusse unterscheiden zu müssen, die eine flach und breit, die andere mit einem stachligen Kamm auf dem Schwanze. Ein elf Fuß langes Krokodil, welches Decken mit einem Schusse in das Schulterblatt erlegte und an Bord bringen ließ, hatte an den Vorderfüßen von fünf Zehen drei mit Krallen versehen, und an den Hinterfüßen eine Schwimmhaut zwischen den Zehen.

(66) Seite 320.

Der Name „Darud" soll „der Starke" bedeuten. Manche Stämme der Somali leiten ihre Namen von der Stammmutter her, wie z. B. die Hebr Awel und die Hebr Gerhadschis; denn das Vorwort „Hebr" bedeutet soviel als „Mutter".

(67) Seite 368.

Hadschi Osmân hat Kinzelbach, seinen Herrn, nicht nur durch Fälschung von Briefen (s. Anhang S. 411) schändlich betrogen, sondern ihn auch bestohlen. Hadschi Nûr Haddâd, Kinzelbachs Kommissär im Auftrage Seid Madjids und Osmâns Mitschuldiger, gibt an, daß er, von Osmân verführt, in Lamu Kinzelbachs Beinkleider herbeigeholt, worauf Osmân die Schlüssel zu der Reisetasche Kinzelbachs herausgenommen, diese geöffnet und dreiundzwanzig Thaler entwendet habe, von denen er acht für sich behielt, sechs dem Hadschi Omar und neun ihm selbst gab. Er (Haddâd) habe aus Mitleid mit seinem Vetter und Schwager Osmân die ganze Schuld und Schande damals allein auf sich genommen; übrigens habe er die neun Thaler durch Kupfergeschirr im Werthe von elf Thalern ersetzt und sei jetzt (Ende November 1867) wieder respektabel und zu treuesten Diensten bereit. Osmân hingegen habe seine Betrügereien in Brawa noch viel toller betrieben, habe zu unnöthigen Ausgaben veranlaßt, Briefe falsch vorgelesen, andere nicht abgeschickt und die Botengelder unterschlagen u. s. w., Alles aus Rücksicht für seine erbärmlichen Landsleute, die Tunne (und, wie wir hinzusetzen, für seinen Geldbeutel).

Kinzelbach schildert in einem Briefe aus Aden den Hadschi Osmân als einen ältlichen, lebhaften, witzigen Mann von sehr einnehmendem Aeußern, welcher in Aden als Imâm (Vorbeter in der Moschee), als gewandter Schreiber und als Erzähler allgemein bekannt und beliebt war. Er hatte ein sehr wechselvolles Leben geführt, war früher, als Sekretär des Sultahns Scharmalka (von Seila) der Mitschuld an der Ermordung des französischen Konsuls Lambert verdächtig, sammt seinem Herrn und vielen Anderen auf einem französischen Kriegsschiffe um das Kap nach Brest und von da nach Paris und Stambul gebracht, schließlich aber als unschuldig mit Geldentschädigung nach Aden zurückgeschickt worden. Hier hatte er in letzter Zeit dem politischen Residenten Colonel Mereweather bei dem Abolitionsvertrage mit den Medschertin-Somali als Dolmetscher gedient. Er ist ein Schwager auch des Scherif Kulatên in Mukdischa, welcher unserem Kinzelbach in vielfachen Beziehungen sehr gefällig war, doch aber durch sein späteres Benehmen ein wenig verdächtig wurde, was bei der Verwandtschaft mit dem saubern Hadschi Osmân nicht wundern darf. — Der zweite dieser frommen Pilgerschufte war Hadschi Omar aus Geledi, ein Vetter, wie er sagte, des Sultahns Achmed Jussuf und seit Mai 1866 in Sansibar ansässig, wo er ein Haus und ein Tabaksgeschäft besaß. Er wurde durch Hadschi Osmân bei Kinzelbach eingeführt und von diesem als „zweiter Vertrauter“ angenommen, in Brawa aber, Ende August 1867, wegen Betrügereien und Lügen wieder entlassen. Er war ein freigelassener Sklave, welcher sich durch seine Gewandtheit emporgearbeitet hatte; sein Verhalten liefert uns von Neuem den Beweis, daß in jenen Gegenden derartigen Parvenüs gegenüber die größte Vorsicht zu beobachten ist. Hadschi Nûr Haddâd, der dritte des saubern Kleeblattes, erhielt übrigens später von Kinzelbach in dessen letztem Briefe, wenige Tage vor seinem Tode, das Lob, daß er auf der Landreise nach Sigala (Geledi) treu gewesen und sich sehr nützlich erwiesen habe; ob dieses Urtheil durch die Gutmütigkeit des schon todtkranken Kinzelbach veranlaßt wurde, oder ob es wirklich begründet war, soll hier nicht untersucht werden.

Weitere Aufklärungen erhalten wir, wenn wir die Verwandtschaft des Abdio Abd-Nûr näher betrachten. Abdio ist der jüngere Bruder des Scheich Schigo, durch dessen Vermittelung er in Deckens Dienste kam, und dieser Schigo ist der einflußreichste Mann, gewissermaßen der Sultân von Brawa. Ein anderer Bruder von ihm ist der „Regent“ (Sultân) von Jumbo. Nach dem Zeugniß des Hadschi Haddâd ist Scheich Schigo gleichfalls ein Gauner, welcher Kinzelbach auf alle mögliche Weise in Brawa zurückhielt und die ihn auf der Reise nach dem Innern begleiten sollenden Soldaten bestach, daß sie ihm das Reisen gründlich verleiden möchten.

Schigo war zu Kinzelbachs Zeit verlobt mit Dede, der Tochter des verstorbenen Scheich Auwesi in Brawa, in dessen Hause Kinzelbach wohnte; die Frau dieses Auwesi aber, die damals noch lebende Mana Nana ist eine Schwester von Hadschi Osmân, und sein ältester Sohn, welchem jetzt das Haus gehört, ist Scheich Mahmûd, ein gleichfalls nicht unverdächtiger Mann; seine andere Tochter Ada endlich ist verheirathet mit Hassan Mödi, dem jüngsten Bruder von Abdio Abd-Nur. Dieser Mödi stand, wenn wir nicht ganz irren, früher gleichfalls in Beziehung zu dem Baron; er erhielt „in Anerkennung vielfacher Gefälligkeiten“ fünfzig oder hundert Thaler geborgt, welche aber, wie nicht anders zu erwarten war, zurückzuzahlen vergessen wurden. Die verwandtschaftlichen Beziehungen des Scheich Ameio in Bardêra zu der mächtigen Familie Abdios haben wir früher schon erwähnt. Daß man unter solchen Umständen in Brawa nichts einigermaßen Zuverlässiges über die Vorgänge in Bardêra erfahren konnte, darf nicht befremden; es ist sogar nicht sicher, ob wir dem Sultahn Auwesi von Tula, dem Vetter und Schwiegersohn des Hadschi Auwesi in Brawa, vollständig trauen dürfen, trotz seiner biederen Briefe, von welchen wir im Nachtrag S. 407 f. auszugsweise Uebersetzung gegeben haben. Jedenfalls aber ist dieser Auwesi und vielleicht auch der schon seit Jahrzehnten den Reisenden bekannte und dienstfertige Scherif Kulatên noch der Beste von der ganzen Brawa-Sippschaft.

(68) Seite 372.

Decken besuchte, wie wir schon früher beiläufig erwähnt haben, Ende Oktober und Anfang November 1861 nach der Rückkehr von seiner ersten Dschaggareise die Städte Takaungu und Malindi. Takaungu liegt etwa 1000 Schritt landeinwärts, an einem Meeresarm von einigen Meilen Länge und durchschnittlich 80 Schritt Breite, welcher, der heftigen Brandung an seiner Mündung wegen, nur zur Flutzeit für Boote zugänglich ist. Die Ufer dieser Bucht sind steil abfallende Korallenfelsen von etwa 100 Fuß Höhe; an ihrem Nordeingange bemerkt man die Ruinen eines kleinen Forts, welches früher wahrscheinlich die Einfahrt beherrschen sollte. Die Stadt ist nicht unbedeutend (Decken schätzt ihre Einwohnerzahl auf 3000), doch sieht man von See aus wegen der vielen Windungen des Meeresarms Nichts von ihr als den Flaggenstock. Sie wurde von der Familie der Msara nach ihrer Vertreibung aus Mombas angelegt und nimmt noch jetzt beträchtlich zu; die Einwohnerschaft besteht, abgesehen von einigen schachernden Indiern, nur aus den Msara und deren Sklaven. Steinerne Häuser findet man nicht in der Stadt, sondern nur die an der Küste üblichen Wohnungen aus Stangen und Lehm mit Palmstrohdächern. Früher war sie unbefestigt, und nur ein in geringer Entfernung gelegenes Dickicht bot den Einwohnern Zuflucht bei etwaiger Gefahr; zu Deckens Zeit aber (1861) fingen die Leute an, eine Ringmauer zu bauen. Der Reisende fand die liebenswürdigste Aufnahme bei den edlen Msara und ihrem Aeltesten, dem Hammis ben Raschid. Als Merkwürdigkeit von Takaungu müssen wir erwähnen, daß die Leute hier bei gewissen Festlichkeiten eine ungeheure Trommel auf einem kleinen vierrädrigen Wagen umherfahren, das erste derartige Gefährt, welches Decken in Ostafrika sah.

Malindi erscheint vom Meere aus sehr ansehnlich, da die Häuser längs des Strandes hin gebaut sind und die Ruinen der alten Stadt überdies den falschen Schein von Größe vermehren. Die Stadt, welche früher so blühend war, lag nach ihrer Zerstörung durch die Portugiesen (?) lange Zeit wüste. Schon der alte Seid Said, der Vater des jetzigen Sultahns Madjid von Sansibar, versuchte hier eine Ansiedlung zu errichten; aber erst in neuerer Zeit gelang das Unternehmen, und die junge Niederlassung entwickelte sich ziemlich rasch. Im Jahre 1861 hatte sie, nach Decken, eine Einwohnerschaft von 50 Freien, 150 Soldaten (Beludschen) und 1000 Sklaven. Die Häuser sind ebenfalls aus Lehm und Stangen gebaut und mit Palmstroh gedeckt; neuerdings fängt man aber an, auch Steinhäuser zu errichten; leider verhindert der Aberglaube die frommen Bewohner, das theilweis noch sehr gut erhaltene Mauerwerk der Häuser der alten Stadt zu benutzen, man wählt für die Neubauten lieber freie Plätze zwischen den Ruinen aus.

Der noch stehenden Umfassungsmauer nach zu urtheilen, muß die alte Stadt Malindi ziemlich bedeutend gewesen sein. Ihre Lage jedoch ist sehr unglücklich gewählt, da man kein Trinkwasser in der Nähe haben kann, vielmehr, um dieses nothwendigste Lebensbedürfniß zu finden, anderthalb Stunden weit nach einem Sumpfe oder Teiche gehen muß, noch dazu unter militärischer Bedeckung, weil die Galla den Weg oft unsicher machen, oder nach dem einige Meilen weiter nördlich mündenden Sabakiflusse. Es ist geradezu unbegreiflich, daß man die neue Stadt nicht nach der Mündung des Flusses verlegt hat.

Man hat viel von portugiesischen Ruinen in Malindi gefabelt, doch fand weder Decken bei zweitägigem Umherstreifen auf der Trümmerstätte, noch in späteren Jahren Brenner Etwas, das an jene kühnen Seefahrer erinnert hätte. Sämmtliche Inschriften, welche beide Reisenden sahen, sind altarabischen oder persischen Ursprungs; nur die sogenannte Vasco de Gama-Säule (Vasco de Gama Pillar der Seekarten), deren Abbildung wir im ersten Bande gegeben haben, rührt von den Portugiesen her. Die Geschichte Ostafrikas, welche ja ziemlich genau bekannt ist (s. Tabellarische Uebersicht Band III., 3. Abtheilung), erwähnt übrigens auch Nichts von portugiesischen Bauten in Malindi, noch läßt sie vermuten, daß die Portugiesen hier anders als in den arabischen Häusern gewohnt haben, welche in Menge und von vorzüglicher Einrichtung vorhanden waren. Das Vorkommen von persischen Inschriften wird durch die Aussage der Einwohner, daß die Gründer der Stadt aus Schiras hergekommen, erklärt, und interessant ist es, daß man vor einigen Jahren mehrere hundert persische Goldmünzen hier gefunden haben will. Leider war keine derselben mehr aufzutreiben. Der Hafen von Malindi, wenn man überhaupt von einem solchen reden darf, ist möglichst schlecht; die Seefahrer dieser Küste hüten sich daher auch, ohne Noth nach Malindi zu gehen: die Schiffe finden nicht den geringsten Schutz, und das Wasser ist so flach, daß sie anderthalb Meilen vom Strande ankern müssen. Krapfs Mittheilung von einem „schönen Hafen“ beruht daher auf einem Irrthum.

Der Sabakifluß, welchen Decken in Begleitung vieler Soldaten besuchte, ist von der Stadt aus in anderthalb Stunden zu erreichen. Eine große Barre, von welcher Krapf meint, „daß sie künstlich hergestellt sei, um das Einlaufen von Schiffen zu verhindern“, verschließt die Mündung; man findet auf ihr bei niedrigem Wasser nicht ganz zwei Fuß Tiefe. Decken folgte dem Laufe des Flusses einige tausend Schritt und fand die Ufer mit Mangrovebäumen besetzt; seine Breite beträgt nicht über dreihundertundfunfzig Fuß, seine Tiefe nimmt von der Mündung an eine Strecke weit zu. Nach Brenner ist der Fluß bis etwa 45 Meilen von der Küste schiffbar. (Siehe den Karton auf Karte III des ersten Bandes.)

Auch in Malindi zeigten sich die Einwohner sehr gastfreundlich, obgleich sie einige Wochen vorher durch die Boote des englischen Kriegsschiffes „Gorgo“ viel Unbill erlitten hatten: die Engländer, vermutlich noch aufgebracht über den kurz vorher durch Suri-Araber versuchten Angriff auf einen ihrer Kreuzer, hatten drei Fahrzeuge, welche, um Korn zu laden, im Hafen lagen, verbrannt, zehn Leute, von denen sechs im Wasser schwammen, erschossen und ein Haus angezündet; man zeigte noch mehrere Kugeln und eiserne Raketenhülsen, welche in die Stadt gefeuert worden waren.

(69) Seite 411.

Merka ist nach Kinzelbach die bedeutendste der vier Somalihafenstädte, Brawa, Mukdischa, Merka und Warscheich; auch ihre Rhede ist die beste. Die Zolleinnahmen (für Alles, was nicht von Sansibar kommt) betragen drei- bis fünftausend Thaler jährlich; ein Drittel davon beziehen die Bimal-Somali, der herrschende Stamm, welcher jedoch nicht in der Stadt selbst wohnt. Der Wali (Statthalter) Seid Madjids ist eigentlich nur Zolleinnehmer und hat weder mit der Verwaltung noch mit der Gerechtigkeitspflege viel zu thun; zwölf Beludschen bilden seine Garde und Dienerschaft. Merka hat viele Steinhäuser, alle im guten Stande. Die Araber sprechen Somali, und die Bimal verstehen ein wenig arabisch. Sie regieren sich selbst, wahrscheinlich auf ähnliche Weise wie die Brawaner, und sind gute Unterthanen Seid Madjids, wie sie behaupten, jedoch unabhängig von Achmed Jussuf, dem Herrscher von Geledi. Die Bimal sind tapfer, den Wissenschaften ergeben und fromm, zugleich aber duldsam. Außer dem Drittheil von den Zolleinnahmen beziehen sie noch hundert Thaler jährlich von den Bewohnern der Stadt. Die Zahl der Einwohner schätzt Kinzelbach auf 800 Araber und 700 Kudamm oder Merka-Somali. Was für vortreffliche Muslim die Merkaner sind, geht daraus hervor, daß sie jährlich den vierzigsten Theil ihres Vermögens den Armen und den Ulemas (Geistlichen) schenken und gegen 300 Sklaven freilassen, theils um ein gutes Werk zu verrichten, theils um Gelübde zu erfüllen. Es sollen 5000 Freigelassene und Kinder von solchen unter ihnen wohnen. Viele von den Freigelassenen wandern aus, außerdem entlaufen jährlich sechzig bis hundert Sklaven; diese Leute bilden dann die Sklavenkolonien, deren wir schon mehrere bei Gelegenheit der Reise auf dem Djuba kennen gelernt haben. Für das Alterthum von Merka zeugt die Erwähnung der Stadt im geographischen Wörterbuche des Jâkût. —

Mukdischa, welches schon Guillain im Jahre 1847 besuchte (s. Band II. 1. seiner Documents etc.), besteht aus zwei getrennten Stadttheilen: Hameruin (nach Kinzelbach Hamer-weni), auf einem Hügel gelegen, und Schangani, in der Ebene. Die Häuser sind zumeist von Stein und gut erhalten. In der Hügelstadt wohnen etwa 2500 Männer, davon 150 Araber, der Rest Kudamm, hier Hamer-Somali genannt, in Schangani wohnen 500 Araber und 500 Kudamm, genannt Schangani-Somali. Letzter Ort ist Sitz des Statthalters, welchem drei (!) Soldaten zur Verfügung stehen, und des Abgal-Sultâns Jakub, eines Vasallen von Achmed Jussuf, welcher überhaupt an der ganzen Küste von Gesira bis Warscheich als Souzerän gilt. Die Zolleinnahmen von Mukdischa betragen, je nach der Ergibigkeit des Jahres, 500 bis 2000 Thaler, wovon der Sultahn Jakub ein Drittel erhält. Ueber die Sinnesart der Bewohner von Mukdischa berichtet Guillain ausführlich; gegen Kinzelbach benahmen sie sich sehr verständig (s. im Anhange S. 411 die Uebersetzung der Briefe Nr. 36 u. 37). Kinzelbach erzählt, daß diese Leute, wie überhaupt die Somali und Araber dieses Küstenstriches, die sonderbare Meinung haben, daß die Engländer — von anderen Frendschi ist gar nicht die Rede — ihnen nur zur See überlegen wären, aber gründlich heimgeschickt werden würden, wenn sie einmal ans Land kämen. Bemerkenswerth ist das hiesige Strandrecht: dem Retter oder Finder gehören die gestrandeten Güter zu eigen; in Brawa ist es ebenso, in Merka gehören sie ihm nur zur Hälfte. Ueber die Vergangenheit der Stadt vergleiche man Jâkût's geographisches Wörterbuch, wo es heißt, daß Makdeschu (oder Makdeschu, wie es auch genannt wird) im Alterthume die größte Stadt an der Sansibar-Küste (arabisch suâhil Zangibâr) war. Näheres hierüber siehe „Tabellarische Uebersicht der Geschichte Ostafrikas“, Bd. III, III. des v. d. Decken'schen Reisewerkes.

In den drei Städten Brawa, Merka und Mukdischa gibt es viel Rindvieh, Schafe, Ziegen und Kamele, dagegen wenig Esel, Katzen und Hühner; von wilden Thieren finden sich sehr zudringliche Hyänen, Leoparden, wilde Hunde und, doch ziemlich selten, Löwen, von jagdbarem Wilde Gazellen und Antilopen. Das Klima dieses Küstenstriches soll sehr zuträglich sein; Lieutenant Christopher sagt, daß er sich hier sehr wohl befunden habe. Die Wärme schwankt zwischen 20 und 26° R.

Weitere Einzelheiten über das Somaliland, welche die Erkundigungen Kinzelbachs ergeben haben, gibt Hassensteins Mémoire in der 3. Abtheilung von Band III. des Reisewerkes; eine Skizze der Umgegend von Brawa und des untern Laufs des Wobbi nach Brenners Angaben gibt der Karton auf Karte V dieses Bandes.

Vollständiges Namen- und Sachregister

für den erzählenden Theil (Band I und II).

Nebst kurzer Erläuterung der darin vorkommenden Wörter.

Vorbemerkung: C ist überall, wo dies statthaft war, durch K ersetzt. I und Jod sind zusammengefaßt. P. = Port und St. = Saint sind bei der alphabetischen Ordnung nicht mit gerechnet; es muß daher immer nach dem Anfangsbuchstaben des eigentlichen Nennwortes gesucht werden. Ä, Ö ꝛc. sind unter A, O ꝛc. zu suchen. Die Seitenzahlen ohne vorstehende II. beziehen sich, wenn der Zusammenhang es nicht anders ergibt, auf Bd. I.

A.

B.

D.

F.

H.

J und Jod.

K.

L.

M.

O.

P.

Q.

R.

T.

U.

V.

W.

X.

Y.

Z.

Von dem wissenschaftlichen Theile des **von der Decken'schen Reisewerkes,** welcher ein besonderes, in seinen einzelnen Abtheilungen getrennt verkäufliches Ganze bildet, ist bis jetzt erschienen:

Dritter Band, erste Abtheilung: Säugethiere, Vögel, Amphibien, Crustaceen, Mollusken und Echinodermen, bearbeitet von W. C. H. Peters, J. Cabanis, F. Hilgendorf, Ed. v. Martens und C. Semper, nebst faunistischen Uebersichten der bisher im mittleren Ostafrika beobachteten Thiere dieser Klassen. 12 Bogen Groß Lexikon-Oktav mit 35 lithographirten Tafeln, zumeist in Buntdruck.

Vierter Band: Die Vögel Ostafrikas. Von O. Finsch und G. Hartlaub. 57 Bogen Text mit 11 Tafeln in Buntdruck.

Erscheinen wird noch im Laufe dieses Jahres:

Dritter Band, zweite Abtheilung: Insekten und Spinnenthiere. Von A. Gerstäcker. Etwa 22 Bogen mit mindestens 12 kolorirten Tafeln in Kupferstich.

Dritter Band, dritte Abtheilung: Botanik (P. Ascherson, M. Kuhn, P. G. Lorenz, W. Sonder). Geologie (A. Sadebeck). Meteorologie, astronomische und magnetische Beobachtungen (O. Kersten). Mémoire zu den Karten (B. Hassenstein). Sprachliches und tabellarische Uebersicht der Geschichte Ostafrikas (O. Kersten). Verzeichniß der Ostafrika betreffenden Literatur (B. Hassenstein).